Eberhard STÜBER/Norbert WINDING
ERLEBNIS NATIONALPARK HOHE TAUERN

Die Deutsche Bibliothek – CIP-Einheitsaufnahme

Erlebnis Nationalpark Hohe Tauern / [Hrsg.: Tiroler Nationalparkfonds Hohe Tauern].
Von Eberhard Stüber und Norbert Winding. – Innsbruck; Wien: Tyrolia-Verlag
NE: Stüber Eberhard; Winding Norbert; Tiroler Nationalparkfonds Hohe Tauern

Band Tirol: Naturführer und Programmvorschläge für Ökowochen, Schullandwochen,
Jugendlager und Gruppentouren im Nationalpark Hohe Tauern (Tiroler Anteil) und Umgebung /
unter Mitarbeit von Elisabeth Faber [mit Beitr. von Anton Egger ...]. – 1994
ISBN 3-7022-1937-4
NE: Faber, Elisabeth

Impressum:

Herausgeber, Verleger und Medieninhaber:
Amt der Tiroler Landesregierung, Nationalparkverwaltung Tirol
und der Tiroler Nationalparkfonds Hohe Tauern, Kirchplatz 2, 9971 Matrei in Osttirol

Grafik: Renate Hochmayer, Klaus Leitl
Kartographie: Peter Gruber
Gestaltung und Layout: Ferdinand Rieder und Peter Gruber

Fotos:
Alpenzoo, Seite 50; Egger E., Seite 100; Faber E., Seite 70, 252, 253, 257, 262, 263; Ferdinandeum, Seite 53; Gruber P., Seite 8, 53, 62, 63, 79, 81, 101, 103, 116, 117, 126, 141, 159, 188, 214, 218, 225, 229, 236, 244, 289; Havel L., Seite 139; Hermerka S., Seite 46, 74, 191, 248; Illich I., Seite 34, 221; Kurzthaler M., Seite 45, 82, 97; Ladislav L., Seite 232; Lammerhuber L., Seite 64, 78; Murauer K., Seite 110; NPHT-Tirol, Seite 34, 41, 45, 63, 75, 83, 178, 193, 234, 246, 256, 292; Ott P., Seite 162; Retter W., Seite 63, 127, 130, 147, 156, 238, 247, 260; Rieder F., Seite 46, 290, 291, 296; Rogl T., Seite 231; Stotter H., Seite 35; Stüber E., Seite 22, 27, 30, 31, 32, 33, 35, 37, 39, 51, 57, 58, 59, 65, 73, 86, 90, 94, 105, 107, 109, 110, 112, 114, 117, 131, 132, 133, 136, 139, 142, 143, 144, 145, 149, 161, 164, 165, 167, 168, 170, 171, 172, 173, 175, 177, 179, 180, 181, 182, 183, 184, 185, 189, 190, 196, 197, 198, 200, 203, 209, 210, 213, 214, 215, 216, 217, 219, 220, 221, 222, 223, 226, 235, 245, 248, 268, 282, 284, 295, 299, 300, 303, 309; Trost R., Seite 69; Winding N., Seite 89, 123, 124; Zmölnig J., Seite 42, 44, 45, 119, 251

Titelbild: Naturheilkundliche Wanderung im Umbaltal. Foto: Martin Kurzthaler; Luftbild, Seite 238, freigegeben vom BMLV, Zahl 13.088/78/-1.6/85; Kartengrundlage: ÖK 1:500.000. Vervielfältigung mit freundlicher Genehmigung des Bundesamtes für Eich- und Vermessungswesen (LA) Zl. L 70036/94

Gesamtherstellung: Athesia-Tyrolia Druck GmbH, 6020 Innsbruck, Exlgasse 20

© 1994 by Tiroler Nationalparkfonds Hohe Tauern, A-9971 Matrei in Osttirol, Kirchplatz 2

Alle Rechte, insbesondere das Recht der Vervielfältigung sowie Übersetzung, vorbehalten.
Kein Teil des Werkes darf in irgendeiner Form (Fotokopie, Mikrofilm oder ein anderes Verfahren)
ohne schriftliche Genehmigung des Tiroler Nationalparkfonds Hohe Tauern reproduziert
oder unter Verwendung elektronischer Systeme gespeichert, bearbeitet,
vervielfältigt oder verbreitet werden.

Gedruck auf umweltfreundlichem, chlorfrei gebleichtem Papier

Matrei in Osttirol, im März 1994

Erlebnis Nationalpark Hohe Tauern

Band Tirol

Naturführer

und Programmvorschläge für Ökowochen,
Schullandwochen, Jugendlager und Gruppentouren
im Nationalpark Hohe Tauern
(Tiroler Anteil) und Umgebung

Von
Eberhard STÜBER und Norbert WINDING
unter Mitarbeit von Elisabeth FABER
Nationalparkinstitut
des Hauses der Natur in Salzburg

lebensministerium.at

Dieser Naturführer wurde mit maßgeblicher
finanzieller Unterstützung des Bundesministeriums
für Land- und Forstwirtschaft, Umwelt und Wasserwirtschaft erstellt

2. Auflage, Oktober 2003

Mit Beiträgen von:

Dr. Anton EGGER, Iselsberg: Die Geologie der Täler
Univ.-Prof. Dr. Werner PAAR, Universität Salzburg: Kapitel „Mineralien und Bergbau"
Univ.-Doz. Dr. Meinrad PIZZININI, Tiroler Landesmuseum Ferdinandeum: Geschichte, Entstehung der Kulturlandschaft und historische Verkehrswege in der Nationalparkregion
Dr. Helmut WITTMANN, Haus der Natur: Die Pflanzenwelt des Nationalparks

Begehungen der Wanderwege und naturwissenschaftliche Aufnahmen:

Mag. Elisabeth FABER, Dr. Inge ILLICH, Prof. Dr. Mag. Eberhard STÜBER, Sabine WERNER, Dr. Norbert WINDING, Dr. Helmut WITTMANN

Ökologische Programme und Erlebnisspiele:

Mag. Elisabeth FABER, Haus der Natur; Dr. Mag. Elisabeth GEISER, Haus der Natur; Prof. Dr. Eberhard STÜBER, Haus der Natur; Dr. Norbert WINDING, Haus der Natur; Dr. John HASLETT, Universität Salzburg

Für die Durchsicht einzelner oder mehrerer Abschnitte sowie für fachliche Hinweise danken wir:

Dr. Anton EGGER, Iselsberg; Univ.-Doz. Dr. Georg GÄRTNER, Institut für Botanik der Universität Innsbruck, für Ergänzungen zur „Pflanzenwelt des Nationalparks"; OR. Dr. Wolfgang GATTERMAYER, Hydrologischer Dienst der Landesbaudirektion Tirol, für Angaben zur Klimatologie Osttirols; Dir. Alois HEINRICHER, Lienz, insbesondere für ornithologische Hinweise; Univ.-Prof. Dr. Volker HÖCK, Institut für Geologie der Universität Salzburg, insbesondere auch für die geologische Übersichtskarte und die Ergänzungen zum Beitrag „Der geologische Aufbau der Hohen Tauern"; Univ.-Doz. Dr. Gernot PATZELT, Institut für Geographie, Universität Innsbruck, für Angaben zu den Gletschern der Täler; Bezirksjägermeister Dr. Hermann SPINNER, Lienz, für die Vermittlung der Steinwilddaten; TIROLER NATIONALPARKVERWALTUNG in Matrei; Dr. Gerhard TARMANN, Tiroler Landesmuseum Ferdinandeum, insbesondere für entomologische Hinweise; Dr. Helmut WITTMANN, Ökologisches Institut des Hauses der Natur, insbesondere auch für die Determination von Pflanzen; Mag. Martin KURZTHALER, für Ergänzungen zur 2. Auflage

Ein besonderer Dank gilt dem Bundesministerium für Land- und Forstwirtschaft, Umwelt und Wasserwirtschaft und dem Land Tirol für die Bereitstellung eines Zuschusses als Beitrag zur Förderung des Nationalparkes Hohe Tauern.

Inhalt

Vorwort 7
Zum Geleit 9

Allgemeiner Überblick über die Hohen Tauern 11
1. Der Nationalpark Hohe Tauern: Zielsetzungen, Werdegang, Gliederung und Schutzinhalte ... 11
2. Der geologische Aufbau der Hohen Tauern 16
3. Die Gletscher und ihre landschaftsformende Kraft 22
4. Die Pflanzenwelt des Nationalparks (Schwerpunkt Osttirol) 28
5. Die Tierwelt des Nationalparks 37
6. Geschichte, Entstehung der Kulturlandschaft und historische Verkehrswege
   in der Nationalparkregion 52
7. Nationalparkzentrum für den Tiroler Anteil des Nationalparkes Hohe Tauern und
   Bildungseinrichtungen für die gesamte Tiroler Nationalparkregion 60

Die einzelnen Tauerntäler, Regionen und Nationalparkgemeinden 65
Textgliederung für die einzelnen Täler bzw. Gemeinden:
Natur
Topografie, Geologie, Geomorphologie
Gesteine
Mineralien und Bergbau
Beherrschende Gipfel
Gletscher
Gewässer
Vegetation und Tierwelt
Naturdenkmäler und naturkundliche Besonderheiten
Wirtschaft
Kulturelle Besonderheiten
Nationalparkeinrichtungen
Empfehlenswerte Wanderungen und Touren
**Programmvorschläge für Nationalparkwochen für verschiedene
   Monate und Wetterverhältnisse**

Tiroler Nationalparkregion
1. Marktgemeinde Matrei in Osttirol 65
2. Das Virgental: Gemeinden Virgen und Prägraten 104
   Gemeinde Virgen 108
   Gemeinde Prägraten 127
3. Defereggental: Gemeinden Hopfgarten, St. Veit und St. Jakob 155
   Gemeinde Hopfgarten im Defereggental 159
   Gemeinde St. Veit im Defereggental 170
   Gemeinde St. Jakob im Defereggental 176
4. Gemeinde Kals am Großglockner 208
5. Südwestliche Schobergruppe: Gemeinden Nußdorf-Debant,
   Iselsberg-Stronach und Dölsach 238
   Gemeinde Nußdorf-Debant 242
   Gemeinde Iselsberg-Stronach 244
   Gemeinde Dölsach 247

**Leicht erreichbare angrenzende Salzburger und Kärntner
Nationalparktäler und Naturpark Rieserferner**
6. Felbertal: Gemeinde Mittersill 267

7. Winklern – Das Tor zum Nationalpark im Mölltal 277
8. Naturpark Rieserfernergruppe in Südtirol 284

Vorschläge für ökologische Programme und Erlebnisspiele während der Nationalparkwoche 286

Empfehlenswerte Literatur über die gesamte Region des Nationalparks Hohe Tauern 313

Zusätzlich verwendete Literatur 315

Deutsche und lateinische Namen der erwähnten Pflanzen 318

Organisatorisches 325

Für jede Gemeinde Informationen über:
   Nützliche Adressen
   Empfehlenswerte Unterkünfte für Jugendgruppen
   Hütten im Exkursionsgebiet
   Literatur und Karten

Marktgemeinde Matrei in Osttirol 325
Gemeinde Virgen 327
Gemeinde Prägraten 327
Gemeinde Hopfgarten im Defereggental 329
Gemeinde St. Veit im Defereggental 329
Gemeinde St. Jakob im Defereggental 330
Gemeinde Kals am Großglockner 331
Gemeinde Nußdorf-Debant 332
Gemeinde Iselsberg-Stronach 334
Gemeinde Dölsach 334
Gemeinde Mittersill 335
Gemeinde Winklern 336

Allgemeiner Überblick über die Hohen Tauern

1. Der Nationalpark Hohe Tauern: Zielsetzungen, Werdegang, Gliederung und Schutzinhalte

Die Nationalparkidee und ihr Ursprung

Die erste Bezeichnung Nationalpark stammt aus den USA, wo 1872 der erste Nationalpark geschaffen wurde. Es handelt sich um den 8991 km² großen Yellowstone-Nationalpark. Der Amerikanische Kongress verfolgte damit die Absicht, großartige Naturlandschaften zur Erbauung und Freude gegenwärtiger und zukünftiger Generationen zu schützen und vor jeglicher Nutzung der natürlichen Ressourcen zu bewahren.

Auch in Europa fasste die Nationalparkidee bald Fuß. So wurde in Schwedisch-Lappland bereits 1909 der 75 km² große Abisko-Park und der heute 146 km² große Peljekaisepark errichtet.

In Österreich gab es bereits im Jahre 1909 durch die damalige Gründung der heute großen und traditionsreichen Naturschutzvereine „Verein Naturschutzpark Stuttgart-Hamburg" und „Österreichischer Naturschutzbund" erste diesbezügliche Bemühungen. In den Jahren 1913 und 1914 erwarb der „Verein Naturschutzpark" auf Anregung des Salzburger Rechtsanwaltes und zeitweiligen Landeshauptmann-Stellvertreters Dr. August Prinzinger 11 km² Wald- und Almgebiete im damals noch unberührten und außergewöhnlich schönen Stubach- und Amertal, um sie für einen zukünftigen Nationalpark zu bewahren. Inzwischen wurden jedoch das Stubach- und Amertal durch energiewirtschaftliche Nutzung, schitouristische Erschließung und Straßenbauten als Nationalparkgebiet weitgehend entwertet. Auch am Neusiedlersee im Osten Österreichs gab es bereits in den 30er-Jahren Bemühungen durch den Österreichischen Naturschutzbund, einen Nationalpark zu errichten. Doch auch diesem Vorhaben stellten sich schier unüberwindliche Hindernisse entgegen. Erst 1993 konnte dieser Nationalpark verwirklicht werden.

Inzwischen sind in fast allen europäischen Staaten und in vielen außereuropäischen Gebieten Nationalparke errichtet worden. Laut UNO-Verzeichnis vom Jahre 1990 existieren auf der ganzen Welt derzeit 1392 Nationalparke mit einer Gesamtfläche von rund 3,1 Millionen km².

Nationalparke in und um Österreich

Nach langem Ringen wurde mit Gründung des Nationalparkes Hohe Tauern der erste Nationalpark Österreichs geschaffen. Sein Werdegang wird nachfolgend noch näher beschrieben. Die Hohen Tauern blieben jedoch nicht das einzige derartige Schutzgebiet Österreichs.

Nationalparke in Österreich, gesamte Fläche 2514 km²

Stand 2003:

1981–1992 Nationalpark Hohe Tauern
Drei-Länder-Nationalpark
   Größe   1.809 km²
   davon   Kernzone   1.136 km²
                  Außenzone   673 km²

1987 Nationalpark Nockberge
   Größe   184 km²
   davon   Kernzone   77 km²
                  Außenzone   107 km²

1993 Nationalpark Neusiedlersee-Seewinkel
   Größe   97 km²
   davon   Naturzone   50 km²
                  Bewahrungszone 47 km²
Ungarischer Teil:
   Größe   235 km²

1996 Nationalpark Donauauen
   Größe   93 km²
   davon   Naturzone   64,54 km²
                  mit Management-
                  Maßnahmen   17,34 km²
                  Außenzone   11,12 km²

1997 Nationalpark Kalkalpen
   Größe   208,37 km²
   davon   Naturzone 186,46 km²
                  Bewahrungszone 21,91 km²

2000 Nationalpark Thayatal
 Größe 13,30 km^2
 davon Naturzone 12,6 km^2
  Außenzone 0,70 km^2
 Nationalpark Podyji auf tschechischer Seite:
 Größe 62,60 km^2
 davon Kernzone 22,60 km^2
  Pflegezone 17,80 km^2

2002 Nationalpark Gesäuse
 Größe 110,53 km^2
 davon Naturzone 95,05 km^2
  Bewahrungszone 15,47 km^2

Darüber hinaus schließen an die Grenzen Österreichs und in der näheren Umgebung bereits eine Reihe von Nationalparken an:

Schweiz:
Graubünden, Schweizerischer Nationalpark, 168,9 km^2, gegründet 1914

Bundesrepublik Deutschland:
Nationalpark Berchtesgaden, 208 km^2, gegründet 1978
Nationalpark Bayerischer Wald, 131 km^2, gegründet 1970

Tschechien:
Nationalpark Riesengebirge, 385 km^2, gegründet 1963

Slowakei:
Nationalpark Hohe Tatra, 741 km^2, gegründet 1948

Ungarn:
Nationalpark Fertö (Nationalpark Neusiedlersee), gegründet 1991 (siehe oben)
Nationalpark Hortobagy, 520 km^2, gegründet 1973
Nationalpark Kiskunsagi, 306 km^2, gegründet 1975

Italien:
Nationalpark Gran Paradiso, 700 km^2, gegründet 1922
Nationalpark Stilfser Joch, 1346 km^2, gegründet 1935

Slowenien:
Nationalpark Triglav, 848 km^2, gegründet 1961

Kroatien:
Nationalpark Plitvice, 192 km^2, gegründet 1949

Es sind dies nur jene Nationalparke, die in unmittelbarer Nachbarschaft zu Österreich liegen. In einigen unserer Nachbarstaaten gibt es aber auch noch andere, weiter entfernt liegende Nationalparke.

Die Bedeutung von Nationalparken

Der Nationalpark ist eine besondere Form des Naturschutzes. Nur in großflächigen, von Menschen wenig beeinflussten Schutzgebieten ist es möglich, funktionierende Ökosysteme zu erhalten und somit das Überleben vieler Tier- und Pflanzenarten zu sichern, die in unserer Zeit allseits bedroht sind. Ein Nationalpark soll auch ein „Gen-Pool" sein, wo ursprüngliche, bodenständige und durch Jahrhunderte angepasste Arten erhalten bleiben und z. B. auch für die Renaturierung von veränderten Landschaften zur Verfügung stehen. Nationalparke sollen vor allem auch Gebiete sichern, in denen sich Ökosysteme ohne Zutun des Menschen weiterentwickeln können, in denen also ökologische Prozesse möglichst ungestört ablaufen können. Die Reservate in einem Nationalpark sind auch bestens geeignet zur Erforschung von natürlichen Funktionsabläufen in Ökosystemen, deren genaue Kenntnis auch zur Vermeidung von Fehlern bei Eingriffen in andere Ökosysteme oder bei der Schaffung von Lebensräumen aus zweiter Hand bedeutsam sind. Großräumige Nationalparke haben somit als ökologische Weichenstellung für die Zukunft eine unschätzbare Bedeutung.

Der Weg zum Nationalpark Hohe Tauern

Am 21. Oktober 1971 unterzeichneten die drei Landeshauptleute von Kärnten, Salzburg und Tirol in Heiligenblut eine Vereinbarung, den Drei-Länder-Nationalpark Hohe Tauern zu errichten. Gleichzeitig wurde die Nationalparkkommission mit Sitz in Matrei gegründet. Die Aufgabe dieser Kommission war es, den Aufbau des Drei-Länder-Nationalparkes voranzutreiben, die Bevölkerung über den Nationalpark zu informieren und die Koordination zwischen den drei Bundesländern herzustellen. Energiewirtschaftliche Interessen (Großkraftwerk Osttirol, Kraftwerk Oberpinzgau), schitouristische Projekte und der Widerstand einzelner Gemeinden und Grundbesitzer verhinderten lange Zeit die Verwirklichung dieses großen, weit in die Zukunft weisenden raumpolitischen Vorhabens. Durch intensive Aufklärung und Berücksichtigung der Wünsche der Menschen, die in der Nationalparkregion leben, konnte allmählich eine allgemeine Zustimmung auch der gesamten Bevölkerung erreicht werden. Als erstes Bundesland erklärte die Kärntner Landesregierung am 18. November 1981 durch eine Verordnung ein Gebiet von 195 km^2 im Bereich der Glockner- und Scho-

Der größte Naturschutzgebiets-Verbund Europas

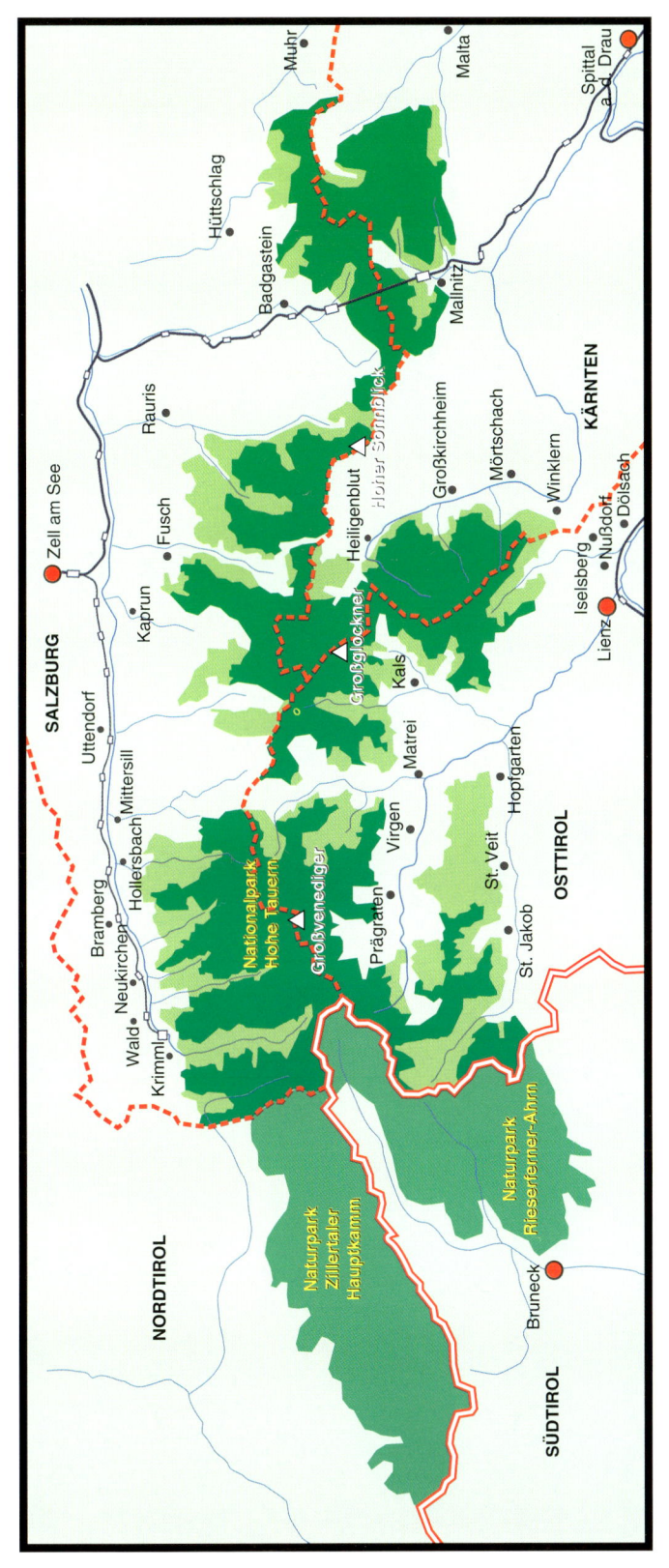

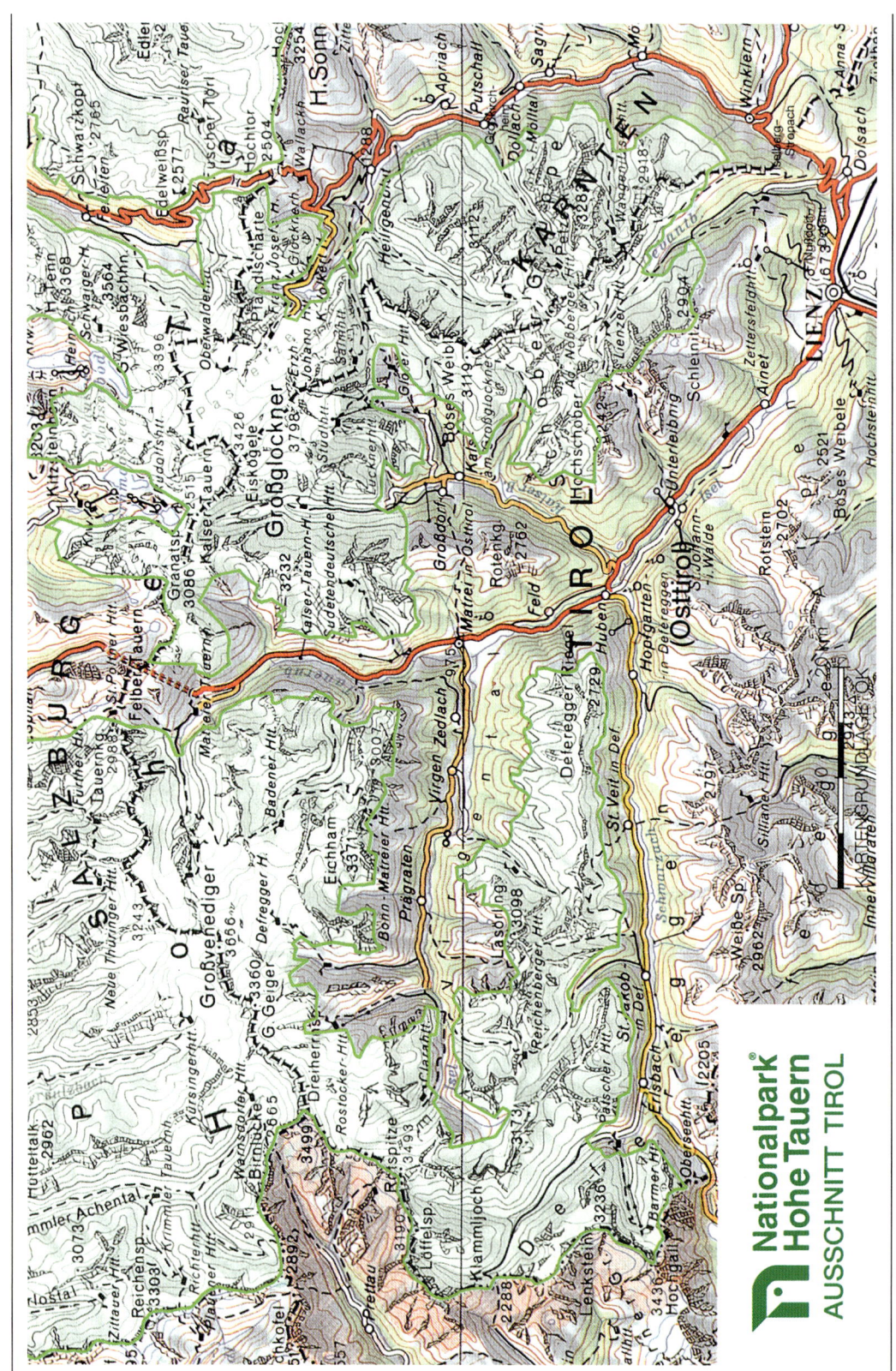

bergruppe zum Nationalpark. 1983 wurde schließlich im Kärntner Landtag ein eigenes Nationalparkgesetz beschlossen und 1986 wurden noch Gebiete im Bereich der Ankogelgruppe, der Hochalmspitze und im Mallnitzer Tauerngebiet dem Kärntner Anteil eingegliedert. Der Kärntner Anteil umfasst somit sechs Nationalparkgemeinden und eine Fläche von 373 km².

Am 19. Oktober 1983 beschloss auch der Salzburger Landtag ein Gesetz über die Errichtung eines Nationalparks im Salzburger Anteil der Hohen Tauern, das am 1. Jänner 1984 in Kraft trat. Damit verzichtete das Land Salzburg auf die hydroelektrische Nutzung der letzten fünf noch verbliebenen Gletscherbäche auf der Nordseite der Hohen Tauern. Mit 1. Jänner 1991 wurde der Salzburger Nationalparkanteil noch mit Gebieten der Gemeinden Badgastein und Hüttschlag im Pongau sowie Muhr im Lungau erweitert. Seit Anfang 1991 umfasst somit der Salzburger Nationalparkanteil eine Fläche von 804 km². Das entspricht rund 11 % der Salzburger Landesfläche. Am Nationalpark haben 13 Salzburger Gemeinden Anteil.

Am 9. Oktober 1991 beschloss schließlich auch der Tiroler Landtag ein eigenes Nationalparkgesetz, das am 1. Jänner 1992 in Kraft trat. Die Gebietsverordnung wurde am 18. Februar 1992 erlassen. Der Tiroler Anteil umfasst eine Fläche von 610 km² und es haben daran 10 Gemeinden Anteil.

Seit 1992 ist somit der Nationalpark Hohe Tauern als der Drei-Länder-Nationalpark komplett, als der er 1971 in Heiligenblut konzipiert wurde.

Größe und Gliederung des Nationalparks Hohe Tauern

Gesamtgröße des Nationalparks
Stand 2003   1809 km²

Nationalpark im Bundesland Tirol:
Kernzone   350 km²
Außenzone   260 km²   610 km²

Nationalpark im Bundesland Salzburg:
Kernzone   506 km²
Außenzone   266 km²
Sonderschutzgebiete   32 km²   804 km²

Nationalpark im Bundesland Kärnten:
Kernzone   286 km²
Außenzone   72 km²
Sonderschutzgebiete   37 km²   395 km²

Mit einer Gesamtfläche von über 1800 km² ist der Nationalpark Hohe Tauern der größte Nationalpark Mitteleuropas und des gesamten Alpenraumes. Wenn wir den anschließenden Naturpark Rieserferner-Ahrn und den Naturpark Zillertaler Hauptkamm dazureihen, kommen wir auf eine Fläche von ca. 2500 km². Das ist der größte Naturschutzgebiets-Verbund der Alpen (s. Karte).

Nach den Schutzbestimmungen gliedert sich der Nationalpark in drei Zonen: Kern- und Außenzone und Sonderschutzgebiete.

Kernzone:

Bei der Kernzone handelt es sich um eine weitgehend unberührte Naturlandschaft, in der der Schutz der Natur in ihrer Ganzheit im öffentlichen Interesse liegt. Hier ist jeder Eingriff in die Natur und in den Naturhaushalt sowie jede Beeinträchtigung des Landschaftsbildes untersagt, z. B. auch der Abbau von Mineralien (zuständige Behörde: Landesregierung von Salzburg bzw. Kärnten und Bezirkshauptmannschaft von Lienz in Osttirol).

Ausgenommen sind unter anderem:
– Jagd und Fischerei nach den landesgesetzlichen Bestimmungen
– Waldnutzung: plenterartige Nutzung, Schadholzaufbereitung, Holzgewinnung zur Deckung des Eigenbedarfs der Almwirtschaft
– die zeitgemäße Almwirtschaft

Außenzone:

Bei der Außenzone handelt es sich um eine traditionelle Kulturlandschaft (zuständige Behörde: jeweilige Bezirkshauptmannschaft). Bewilligungspflichtige Maßnahmen durch die Bezirksverwaltungsbehörde sind unter anderem:
– die Errichtung oder wesentliche Änderung von baulichen Anlagen
– die Errichtung oder wesentliche Änderung von Straßen, Wegen, Parkflächen
– jede auffällige Veränderung natürlicher oder künstlicher Gewässer einschließlich deren Uferbereiche sowie von Mooren und sonstigen Feuchtgebieten
– der Abbau von Mineralien

Gestattet sind unter anderem:
– Jagd und Fischerei
– Waldnutzung nach den forstgesetzlichen Bestimmungen
– zeitgemäße Almwirtschaft

Verbote im gesamten Nationalpark (Kern- und Außenzone) unter anderem:
– Errichtung oder wesentliche Änderungen von Anlagen zur Energieerzeugung, die über die Eigenversorgung von Alm- und Schutzhütten hinausgehen
– Errichtung von Schleppliften und Seilbahnen für die Personenbeförderung
– Anlage von Schipisten
– Errichtung oder Widmung von Straßen und Wegen für den öffentlichen Verkehr mit Fahrzeugen
– Gewinnung und Aufarbeitung von Gesteinen

Sonderschutzgebiete (Echte Reservate):

Die Landesregierung kann im Nationalpark in der Außenzone oder in der Kernzone gelegene Gebiete zur vollen Erhaltung ihrer landschaftlichen und ökologischen Bedeutung einschließlich ihrer Tier- und Pflanzenwelt mit ausdrücklicher Zustimmung der in Betracht kommenden Grundeigentümer und in ihren Rechten erheblich beeinträchtigten Nutzungsberechtigten durch Verordnung zu Sonderschutzgebieten erklären.

In Sonderschutzgebieten ist jeder Eingriff in die Natur und Landschaft untersagt. Die Landesregierung kann Ausnahmen von diesem Verbot vorsehen, sofern diese dem Schutzzweck des Nationalparkes nicht zuwiderlaufen.

Derzeit gibt es bereits die Sonderschutzgebiete „Großglockner–Pasterze–Gamsgrube" mit 37 km^2 in Kärnten und das „Piffkar" (Fuscher Tal, 4,7 km^2), „Untersulzbachtal" (27 km^2) und „Wandl" (Rauriser Tal, 13 ha). Eine Reihe weiterer Sonderschutzgebiete ist geplant. So ist in Salzburg z. B. die Ausweisung des Sonderschutzgebietes „Prossauwald" (45 ha, Gasteiner Tal) vorgesehen sowie in Kärnten das Sonderschutzgebiet „Kachlmoor/Gößnitzfall" (40 ha).

2. Der geologische Aufbau der Hohen Tauern

Die Hohen Tauern bilden das Kernstück des so genannten **Tauernfensters** in den Zentralalpen, das sich vom Brenner im Westen bis zum Katschberg im Osten erstreckt. Das Tauernfenster ist ein riesiges tektonisches Fenster, das uns Einblick in das tiefste tektonische Stockwerk der Ostalpen gewährt. Durch seine Größe und Form ist dieses tektonische Fenster einmalig auf der Welt.

Im Tauernfenster treten Gesteinsserien des **Penninikums,** des strukturell tiefsten Stockwerks, zu Tage. Diese Serien sind im Schweizer Alpenteil mächtig entwickelt, tauchen dann an der Grenze zu den Ostalpen in Graubünden unter das **ostalpine Deckensystem** und kommen von diesen umrahmt im Engadiner Fenster, im Tauernfernster, sowie am Alpenostrand (Rechnitzer Fenstergruppe) wieder an die Oberfläche. Bemerkenswerterweise werden dabei die höchsten Berge der Ostalpen von den tektonisch zutiefst liegenden Gesteinsschichten gebildet.

Die geologischen Baueinheiten des Tauernfensters

„Das Alte Dach" und die Habachserie

Es handelt sich um die ältesten Gesteine des Tauernfensters. Durch Funde von Mikrofossilien (Acritarchen – planktontische Organismen) in den Habachphylliten kann man auf ein Alter von 600 Millionen Jahren (jüngstes Präkambrium) schließen. Es handelt sich dabei um die bisher ältesten Fossilienfunde in den Ostalpen.

Die Gesteine der **Habachserie,** früher auch als **„Untere Schieferhülle"** bezeichnet, bestehen zum Großteil aus basischen Vulkaniten des Erdaltertums, die vor etwa 350 bis 500 Millionen Jahren gebildet wurden. Man findet ehemalige Basalte, Andesite und Ryolithe sowie sandige und tonige Sedimente, Gesteine, die heute in den vulkanischen Inselbögen rund um den Pazifik vorkommen. Während der alpidischen Gebirgsbildung wurden diese Serien zu Schiefern, Gneisen, Serpentiniten, Prasiniten und Amphiboliten umgewandelt.

Eng verwandt mit der Habachformation ist das so genannte **„Alte Dach",** auch Altkristallin bezeichnet, das zum Teil aus ähnlichen Gesteinen wie die Habachformation besteht, aber möglicherweise noch ältere Schiefer und Gneise enthält. Das wesentliche Merkmal des „Alten Daches" ist, dass es nicht nur während der alpidischen Gebirgsbildung, sondern bereits bei der variskischen oder bei noch älteren Gebirgsbildungen in tiefe Krustenteile versenkt, deformiert und metamorph überprägt wurde. Die

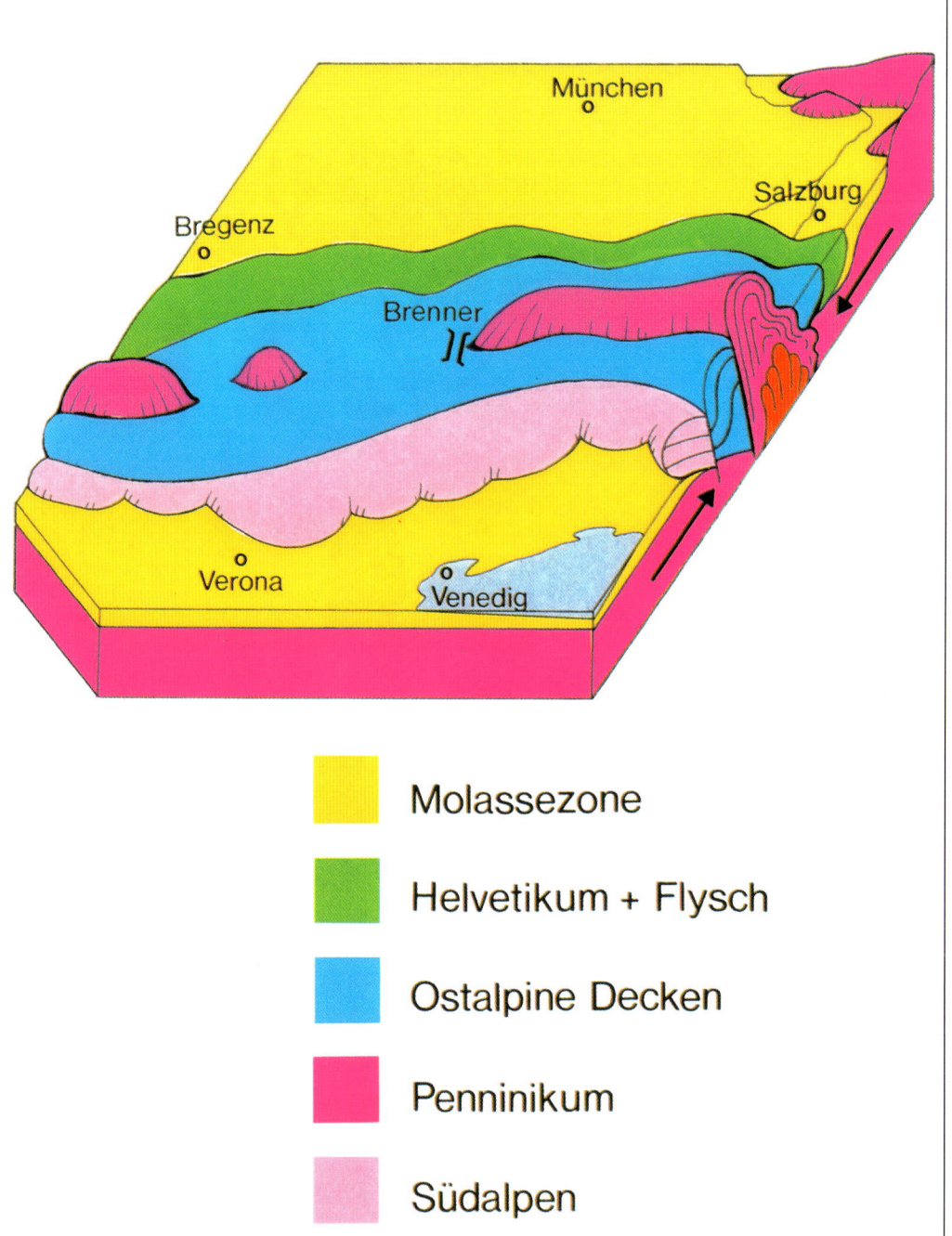

Abb. 2: Stark schematisiertes Blockdiagramm der westlichen Ostalpen

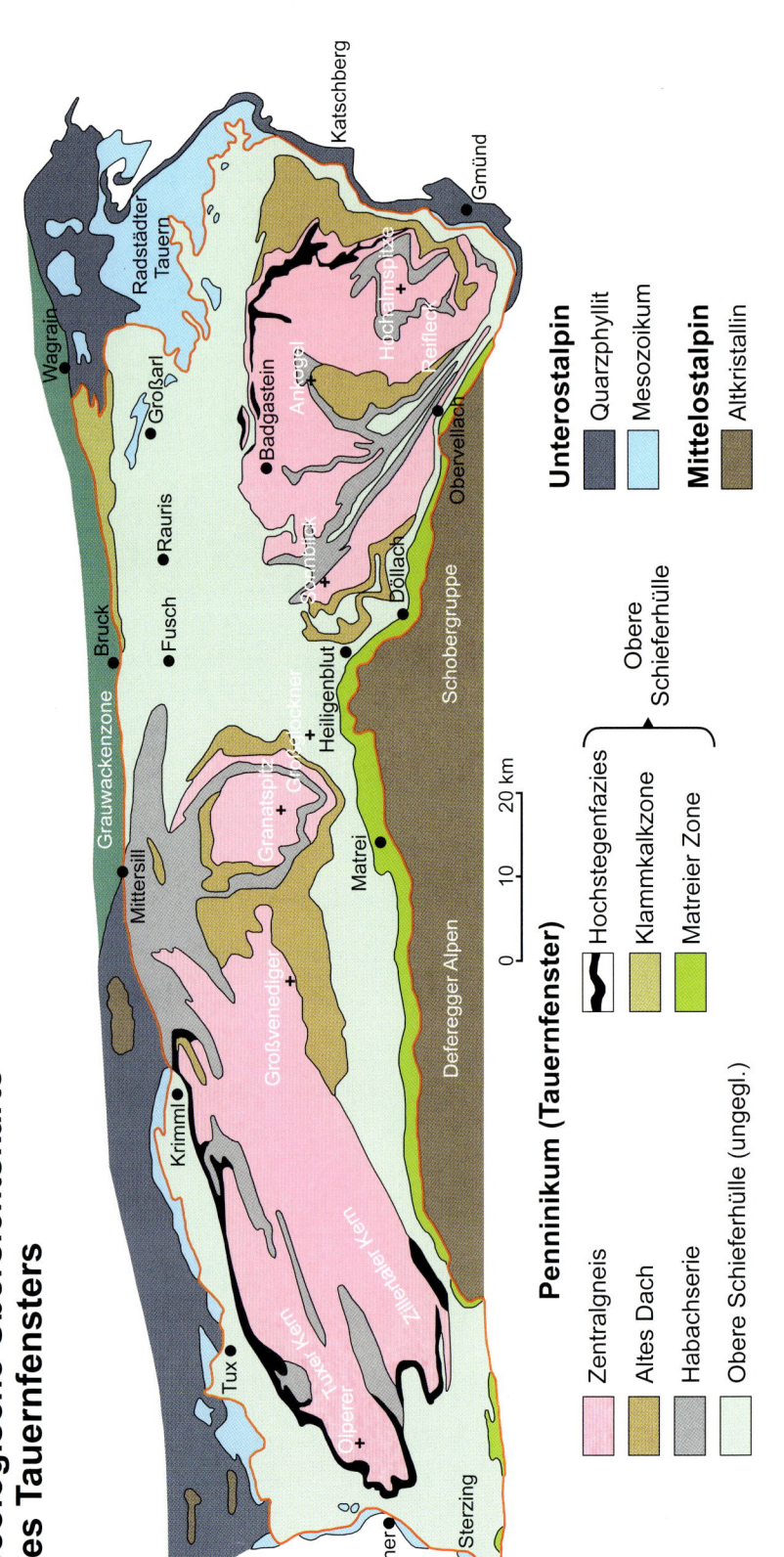

Abb. 3: Geologische Übersichtskarte des Tauernfensters und seines Rahmens

Gesteine wurden zu Gneisen, Granatglimmerschiefern und Amphiboliten umgewandelt.

Der Zentralgneis

Die Zentralgneiskerne

Die Zentralgneise entstanden aus einer Gesteinsschmelze (Magma), die während der variskischen Gebirgsbildung vor etwa 300 Millionen Jahren in einer Tiefe von ca. acht bis fünfzehn Kilometer in die älteren Gesteinskomplexe des „Alten Daches" und der Habachserien eindrang. Das vorwiegend saure Magma erstarrte zu Graniten, Granodioriten und Tonaliten, die später bei der alpidischen Gebirgsbildung vor etwa 30 Millionen Jahren in verschiedene Gneise umgewandelt wurden. Im Nationalpark Hohe Tauern gibt es den Großvenedigerkern, den Granatspitzkern, den Sonnblick- und Ankogel-Hochalmspitzkern.

Die „Obere Schieferhülle"

Es handelt sich um die jüngsten Gesteine des Tauernfensters – vorwiegend Sedimentgesteine –, die im Zeitabschnitt vom Perm bis zur Unterkreide in der Tethys bzw. im Penninischen Ozean abgelagert wurden. Dieser Penninische Ozean war im Laufe seiner langen Entwicklung durch das Erdmittelalter in Bezug auf Größe, Tiefe, Landeinfluss und seinen ökologischen Bedingungen einem großen Wandel unterworfen. Das beweisen die in den einzelnen Zeiten abgelagerten Sedimente.

Im Perm war der kontinentale Einfluss noch sehr stark, und gegen Ende der Untertrias bildete sich ein flaches Schelfmeer. In dieser Zeit haben Flüsse quarzreiche Sande und Schotter abgelagert, aus denen sich Sandsteine und Konglomerate bildeten. Im flachen Schelfmeer wurden in der Mitteltrias Kalke und Gips abgelagert, aus denen sich Dolomitmarmore und vermischt mit anderen Sedimenten Rauwacken entwickelten.

Diese Gesteinsserien werden als Wustkogelserie und Seidlwinkeltrias bezeichnet, die im Bereich der Edelweißspitze und dem oberen Seidlwinkeltal landschaftsprägend sind.

Am Beginn der Jurazeit kam es dann zu einem Zerbrechen des flachen Schelfbereiches. Es entwickelte sich ein tiefer Ozean, in dem mächtige tonige und mergelige Tiefseesedimente zur Ablagerung kamen. Sie haben sich durch die Metamorphose in Phyllite, Kalkglimmerschiefer, Quarzite und Granat-Chloritoidschiefer verwandelt. Da diese Gesteine jenen in Graubünden sehr ähnlich sind, werden sie auch als Bündner Schiefer bezeichnet. In der Jurazeit verbreitete sich der Meeresboden entlang von Störungszonen, wodurch basaltisches Magma empordringen konnte. Es entstanden so genannte Ozeanbodenbasalte, die sich durch Metamorphose zu Prasiniten und Grünschiefern verwandelten. So wird der aus einem harten Prasinit bestehende Gipfel des Großglockners aus einem ehemaligen Ozeanbodenbasalt aufgebaut.

Das große Penninische Meeresbecken hatte aber zu allen Zeiten auch sehr unterschiedliche ökologische Bereiche, in denen entsprechend den Bedingungen Sedimente zur Ablagerung kamen, die sich in Zusammensetzung, Fossilgehalt und Strukturen von anderen Sedimentabfolgen unterscheiden. Man spricht daher von verschiedenen Fazies, wie Brennkogelfazies, Glocknerfazies, Fuscherfazies oder Klammkalkfazies.

Bei der Klammkalkfazies handelt es sich um metamorphe Sedimente einer karbonatreichen Fazies, bestehend aus Kalken, kalkigen Quarziten, Schwarzphylliten und Brekzien, die in einem schmalen Streifen im Norden des Penninikums von Wagrain bis Bruck auftreten und in den Klammen (z. B. Liechtensteinklamm, Gasteinerklamm, Kitzlochklamm) aufgeschlossen sind. Diese Sedimente wurden ursprünglich am südlichsten Rand des Penninischen Ozeans abgelagert und im Zuge der Deckenüberschiebungen nach Norden verschoben. Die Klammkalkfazies wurde daher ursprünglich dem Unterostalpin zugerechnet. Sie gehört nach neueren Ansichten heute zum Penninikum.

Die „Matreier Zone"

Es handelt sich um einen schmalen Gesteinsstreifen am Südrand des Tauernfensters. Die Zone besteht aus Quarziten, Brekzien, Kalk, Gips, Dolomiten, Kalkglimmerschiefer und verschiedenen Phylliten. In diesen Gesteinen befinden sich auch große Gesteinsschollen aus permotriadischen Gesteinen und Serpentiniten. Ursprünglich wurde die **Matreier Zone** als tektonische Mischungszone zwischen Penninikum und Unterostalpin gedeutet. Heute rechnet man sie aufgrund neuerer Erkenntnisse zum Pennin.

Der Rahmen des Tauernfensters

Der Rahmen wird im Norden durch die oberostalpine Grauwackenzone und die oberostalpinen nördlichen Kalkalpen, im Nordwesten von der unterostalpinen Quarzphyllitzone, im

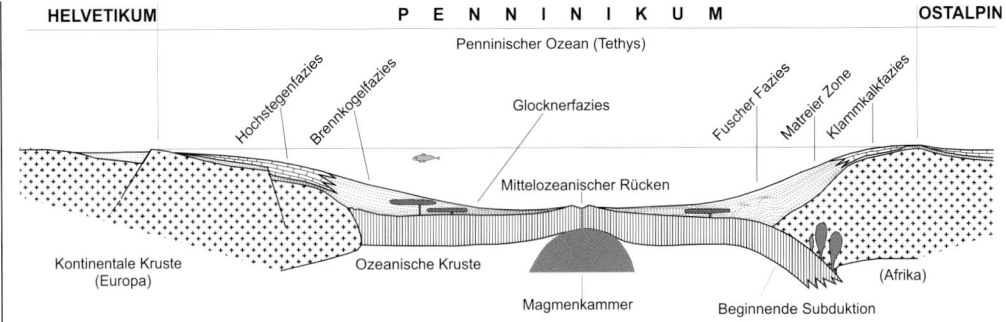

Untere Kreide (vor ca. 120 Millionen Jahren)

Abb. 4: Das Meeresbecken, aus dem später die Alpen hervorgegangen sind (schematisierter Querschnitt)

Nordosten von den unterostalpinen Radstädtertauern (Radstädter Mesozoikum) und im Westen, Süden und Südosten vom mittelostalpinen **Altkristallin**, zu dem die Lasörlinggruppe, die Deferegger Alpen und die Schobergruppe gehören, gebildet.

Die Rieserferner Tonalitintrusion

Der Rieserferner Tonalit ist ein landschaftsprägendes Gestein der Rieserferner Gruppe, das sich mehrfach aufgeschlossen vom Patsch im inneren Defereggental auf der Nordseite dieses Tales in einem schmalen Streifen bis in die Schobergruppe zieht. Dieses granitähnliche Gestein unterscheidet sich vom Granit durch den höheren Gehalt an Plagioklas, eine geringere Quarzmenge und die deutlich sichtbaren, dunklen Gemengteile an Hornblende und Biotit. Die Tonalitintrusion erfolgte vor ca. 30 Millionen Jahren im Bereich der so genannten Periadriatischen Naht, einer Schwachstelle der Erdkruste, in die Gesteine des ostalpinen Altkristallins. Dort hatte die Magmaschmelze Zeit, sich langsam abzukühlen und auszukristallisieren, und es entstand ein körniges Tiefengestein.

Die Entstehung des Tauernfensters

Am Beginn des Erdmittelalters bildete sich ein ausgedehntes, flaches Epikontinentalmeer, das sich nicht nur über die heutigen Alpen, sondern bis in das Gebiet des Himalaja erstreckte. Dieses Meeresbecken wird auch als Tethys bezeichnet.

Im mittleren Jura, vor 170 Millionen Jahren, begann eine sehr starke Bruch- und Dehnungstektonik. Es bildete sich der tiefe Penninische Ozean und eine ozeanische Kruste. In der Unterkreide endete die Dehnungstektonik und es setzte eine Einengungstektonik ein. Damit begannen auch die eigentlichen Prozesse der alpidischen Gebirgsbildung (vor ca. 80 Millionen Jahren). Ein großer Teil der ozeanischen Kruste wurde wieder dem Erdmantel zugeführt. Die ostalpinen Gesteinseinheiten, ursprünglich südlich des Penninischen Ozeans situiert, wurden in Form von Decken über das Penninikum geschoben. Im Alttertiär, vor 40 bis 30 Millionen Jahren, gab es eine zweite, so genannte jungalpidische Gebirgsbildung mit weiteren Überschiebungen und der damit verbundenen ausgedehnten Regionalmetamorphose aller Gesteine.

Erst im Jungtertiär kam es zu isostatischen Ausgleichsbewegungen, die zu einer kuppelförmigen Aufwölbung und Heraushebung des Tauernfensters führten. Die auf dem Penninikum aufgelagerten ostalpinen Decken glitten auf allen Seiten ab, vor allem aber nach Westen und Osten. Erst durch die mit der Hebung einsetzende Erosion kamen die penninischen Gesteinsserien im so genannten Tauernfenster zum Vorschein.

Durch die mit der Aufwölbung verbundene starke Dehnung entstanden auch die alpinen Klüfte, in denen sich aus heißen Lösungen die alpinen Kluftminerale bildeten.

Eine ausführliche Information über die Geologie der Hohen Tauern finden Sie in dem Buch der wissenschaftlichen Schriften des Nationalparks „Geologie" von Karl Kreiner, Institut für Geologie und Paläontologie der Universität Innsbruck, aus dem wir die hier beigefügten grafischen Darstellungen entnehmen durften.

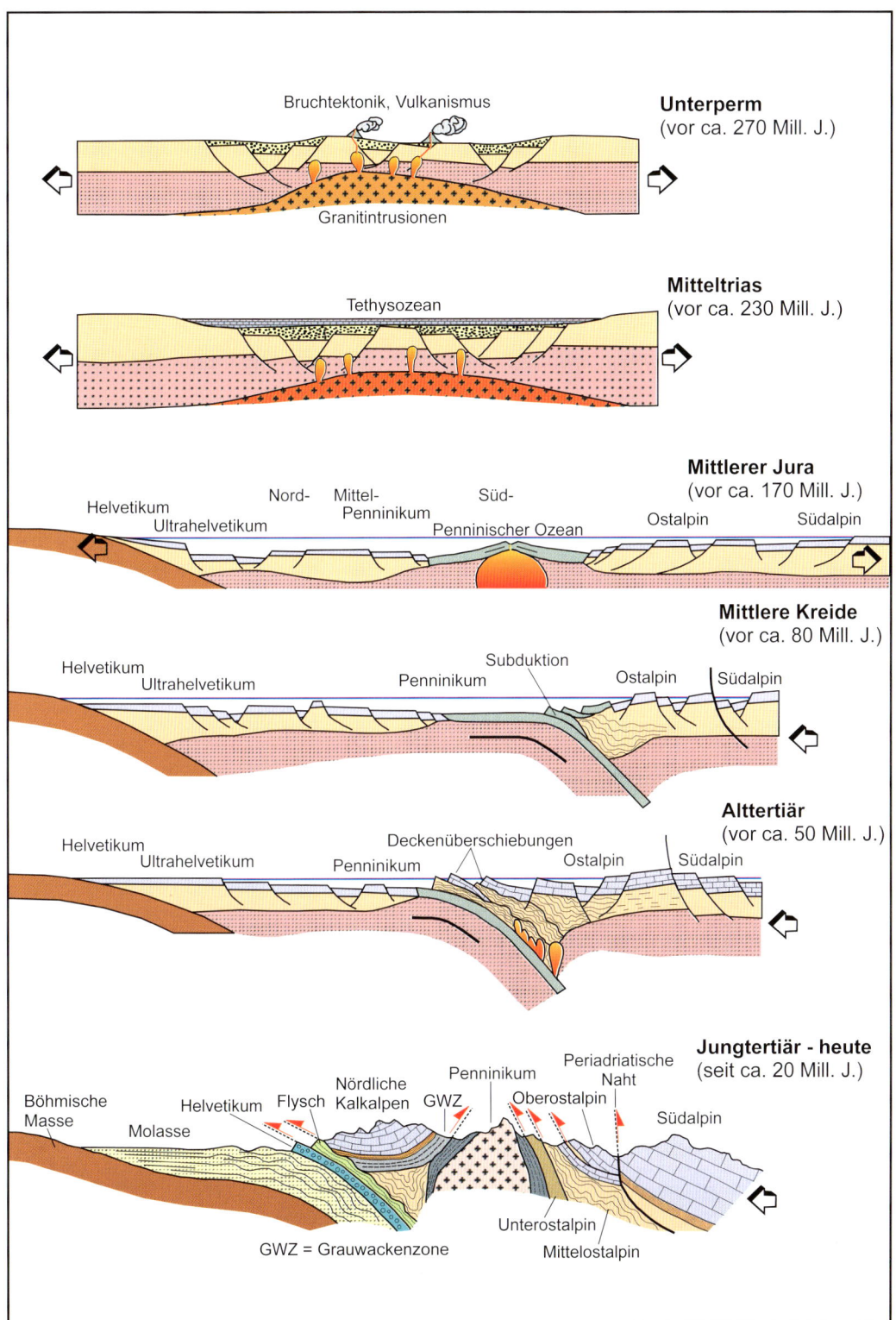

Abb. 5: Bildung der Alpen durch Überschiebung und Faltung der ehemaligen Schichten des Meeresbodens (schematisierter Querschnitt)

3. Die Gletscher und ihre landschaftsformende Kraft

Gletscher sind ein imposantes und charakteristisches Element der Hochgebirge. Je nach ihrer Lage im Gebirgsrelief prägen sie als **Kar-, Hang-, Hänge-** oder **Talgletscher** das Landschaftsbild der Hohen Tauern in entscheidender Weise. Im Salzburger Nationalparkanteil bedecken sie eine Fläche von rund 82 km², im Kärntner Anteil ca. 31 km² und in der Tiroler Nationalparkregion rund 60 km², das sind 10 % der Nationalparkfläche. Diese Flächenausdehnung stellt jedoch nur eine Momentaufnahme dar: Als Reaktion auf die Klimaschwankungen wachsen und schrumpfen Gletscher im Lauf von Jahren bis Jahrtausenden.

Die 342 Gletscher befinden sich vorwiegend in der Venediger-, Granatspitz- und Glocknergruppe sowie zu einem kleineren Teil in der Ankogel-Hochalmgruppe. Was die vertikale Verbreitung der Gletscher betrifft, so finden wir von der Nordseite (Mittel etwa 2700–2800 m) zur Südabdachung (Mittel etwa 2900–3000 m) einen Anstieg, der mit den geringeren Niederschlägen im Süden des Hauptkamms zusammenhängt. Während sich die meisten Gletscher durchwegs oberhalb der 2000-m-Grenze befinden, reichen an wenigen Stellen Einzelgletscher tiefer herab, so z. B. der tiefstgelegene Gletscher, das Boggenei-Kees im Fuscher Tal, ein Lawinengletscher, dessen unterer Rand sich bei 1750 m Seehöhe befindet.

Umbalkees mit Gletschersee

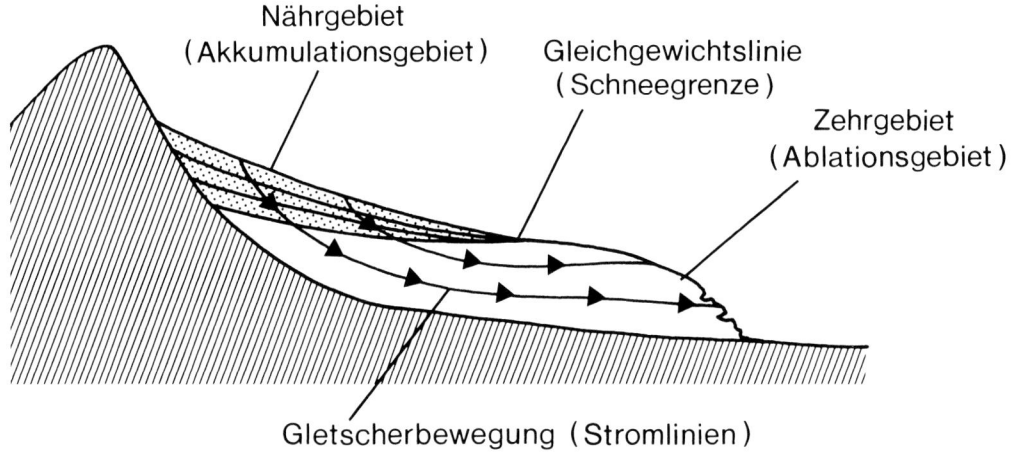

Abb. 6: Modellgletscher (nach Slupetzky 1986)

Gletscher entstehen dadurch, dass in einem Gebiet über viele Jahre hinweg der gefallene Schnee im Sommer nicht vollständig abschmilzt: So häuft sich Schneeschicht auf Schneeschicht. Durch den sich dabei verstärkenden Druck, durch Schmelz- und Gefriervorgänge verfestigt sich der Schnee mit der Zeit zu Eis. Das dabei entstehende Gletschereis ist nun keine starre Masse, sondern beginnt im Gebirgsrelief durch die Schwerkraft langsam talabwärts zu fließen (Fließgeschwindigkeit der heutigen Tauerngletscher: 1–100 m/Jahr, während der Eiszeit: 100 m bis mehrere 100 m/Jahr). Dabei erreichen die sich bildenden Gletscherzungen tiefere Lagen, in denen während des Sommers kein Schnee mehr liegen bleibt und wo nun der Gletscher durch die Wärme und Sonneneinstrahlung nach und nach abschmilzt. Den Bereich, in dem sich das Gletschereis bildet und anhäuft, nennt man **Nähr-** oder **Akkumulationsgebiet** und die Zone des Abschmelzens **Zehr-** oder **Ablationsgebiet**. Die Trennlinie zwischen beiden Abschnitten, an der sich Zuwachs und Abtrag die Waage halten, ist die **Gleichgewichtslinie** (siehe Abb. 6). Ihre Höhenlage über viele Jahre wird als Schneegrenze bezeichnet.

Niederschlagsreiche Winter und vor allem kühle Sommer bewirken grundsätzlich ein Wachsen und Vorstoßen (es fließt mehr Eis aus dem Nährgebiet nach, als im Zehrgebiet abschmilzt), niederschlagsarme Winter und warme Sommer hingegen ein Schrumpfen der Gletscher. Die einzelnen Gletscher reagieren jedoch nicht gleichzeitig und im gleichen Ausmaß auf diese klimatischen Einflüsse. Die Massenänderung und die Gletscherbewegungen hängen nämlich noch von einer Reihe weiterer Faktoren ab: von der Gletschergröße, von der Massenänderung, vom Relief, vom Gefälle des Untergrundes, von der Neigung der Gletscheroberfläche, der Exposition zur Sonne usw. Kleinere Gletscher reagieren meist rascher auf Klimaänderungen, große mit jahrzehnte- oder jahrhundertelanger Verzögerung. Ihre größte Ausdehnung erreichten die Alpengletscher in der **Eiszeit**. Während dieser erdgeschichtlichen Periode kam es mehrmals zu Kaltzeiten, in denen die Alpen von einem ausgedehnten Eisstromnetz bedeckt waren und die Gletscher bis weit ins Alpenvorland hinausströmten (Abb. 7). Die letzte große Vergletscherungsperiode in den Alpen, die **Würm-Eiszeit**, begann vor rund 22.000 Jahren, erreichte ihren Höhepunkt um ca. 18.000 vor heute und ging vor 14.000 bis 15.000 Jahren wieder zu Ende. Während dieses Gletschermaximums lag die Schneegrenze etwa 1200 m tiefer als heute und die Sommertemperaturen waren um durchschnittlich 10 °C niedriger. In der anschließenden Periode des etappenweisen Gletscherrückganges kam es zwischendurch zu Klimarückschlägen und als Reaktion darauf zu Vorstößen der Gletscher, z. B. im so genannten **Gschnitz-, Daun- und Egesenstadium** (ca. 13.000, ca. 12.000 und zwischen ca. 10.000 und 11.000 Jahren vor heute), bis die Alpengletscher zu nacheiszeitlicher Größe zurückgeschmolzen waren.

Auch in der Nacheiszeit (im Postglazial; ab ca. 10.000 Jahre vor heute) kam es immer wieder zu Gletscherwachstum und -rückgang. Der

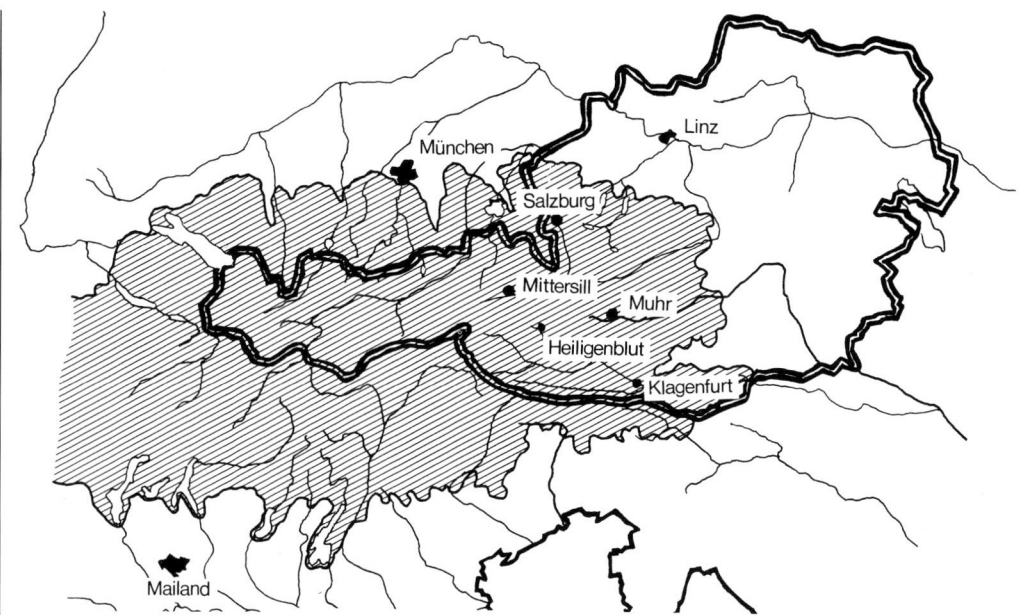

Abb. 7: Die maximale Ausdehnung der Gletscher im Ostalpenraum während der letzten (Würm-) Eiszeit (nach van Husen, 1987)

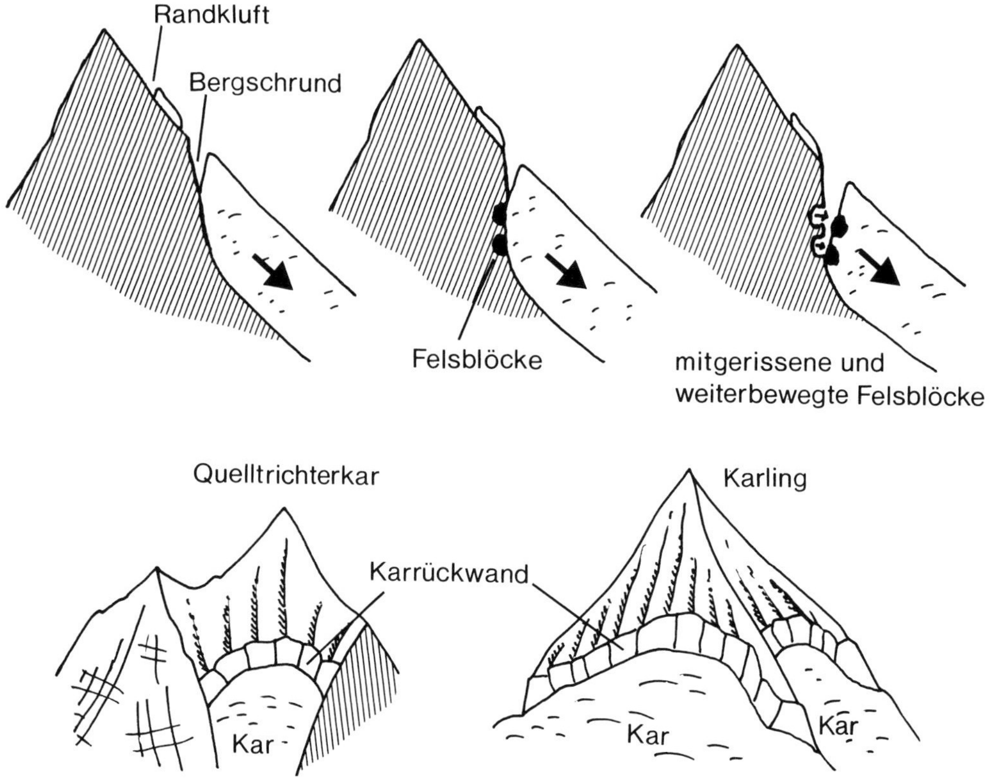

Abb. 8: Karbildung und Rückverwitterung der Karwand am Bergschrund (nach Slupetzky 1986)

Gletscherschliff des Schlatenkeeses

letzte kräftige Vorstoß erreichte sein Maximum in den Jahren 1850–1855. Obwohl seither die Gletscher kräftig zurückschmolzen, folgten z. B. noch 1915–1920 und 1970–1980 kleinere Vorstöße. Dazwischen liegen jeweils Perioden von mehr oder weniger starken Gletscherrückgängen. Auch jetzt befinden sich die meisten (Ost-)Alpengletscher wieder auf dem Rückzug (nach Messungen des Österreichischen Alpenvereins im Jahr 1992: 98 % der Gletscher).

Die bis zu kilometerdicken Eismassen, die während der Eiszeiten die Alpen bedeckten und über Jahrzehntausende langsam mit schier unvorstellbarem Gewicht und Druck vom Gebirge herab und ins Alpenvorland hinausflossen, stellten eine bedeutende landschaftsformende Kraft dar. Sie haben das voreiszeitlich vorhandene Gebirgsrelief maßgeblich modifiziert und einen charakteristischen glazialen (eiszeitlichen) Formenschatz hinterlassen, der heute für unsere Gebirgslandschaft so charakteristisch ist. Entscheidend ist hier einerseits die **erodierende Wirkung** (Abtragung) und andererseits der **Transport und die Ablagerung von Gesteinsmaterial** durch die Gletscher.

Durch Hobel- und Schleifprozesse leistet der Gletscher Tiefen- und Seitenerosion. Dabei wird dies weniger vom Eis selbst verursacht, das sich unter Druck plastisch verformt, sondern vielmehr durch die vereinte Wirkung der fließenden Eismassen und der mitgeführten Gesteinsbrocken und Sandpartikel („Feilen-" und „Schmirgelpapierwirkung"). Aber auch durch Anfrieren des Eises wird Gestein mitgerissen und weiters schwemmt das unter Druck stehende Schmelzwasser zerkleinertes und zerriebenes Gesteinsmaterial immer wieder weg. Eine Kombination all dieser Vorgänge ergibt die Erosionsleistung der Gletscher. Wesentlich ist darüber hinaus auch noch ein Zusammenwirken mit der Frostverwitterung, vor allem im Bereich des Bergschrundes (Abb. 8) an der Fels/Eis-Grenze im Nährgebiet. In diese Gletscherspalte dringt der Frost ein, Felsblöcke werden gelockert, fallen in den Spalt oder werden durch die Eisbewegung mitgerissen und schließlich vom Eis weitertransportiert. Über Jahrzehntausende entstanden während mehrerer Kaltzeiten auf diese Weise Felsstufen wie die Karrückwände (Abb. 8, siehe auch weiter unten).

V-förmige **Kerbtäler** wurden durch die in den Tälern abströmenden Eismassen so während der Eiszeiten zu den heutigen U-förmigen **Trogtälern** (Abb. 9) und überschliffene Felsflächen zeugen heute als **Gletscherschliffe** von der Kraft des glazialen Eisstromes. Die von Gesteinsbrocken eingekratzten Schrammen zeigen auf diesen Schliffen noch die ehemalige Fließrichtung des Eises. Je nach vorgegebenem Relief (Stufen, Engstellen usw.), der Härte des Untergrundgesteins und der Gliederung des Eisstromnetzes (z. B. einzelne Gletscherzunge oder vereinte Wirkung am Zusammenfluss

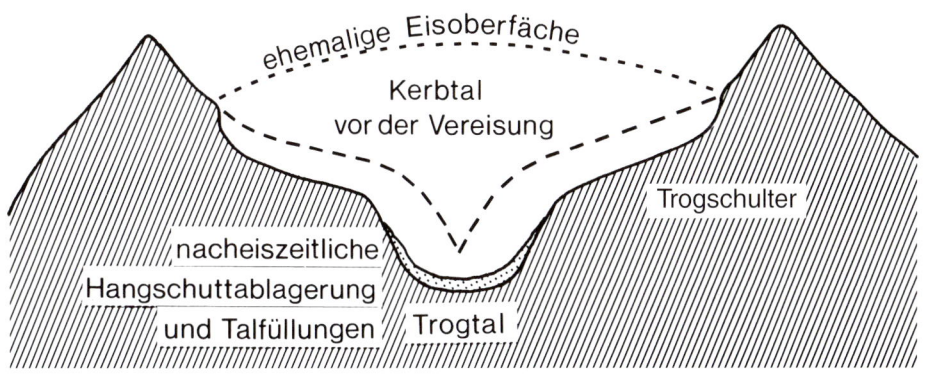

Abb. 9: Schematisches Profil durch ein alpines Trogtal

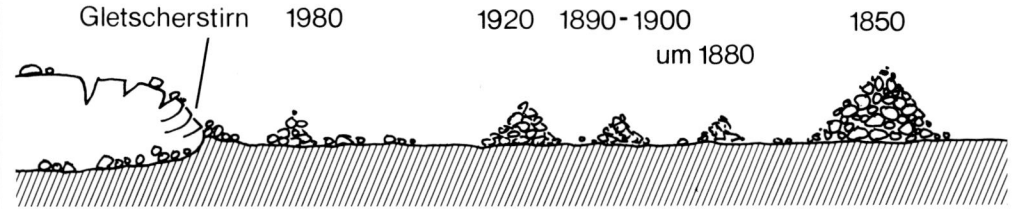

Abb. 10: Schema der Moränen innerhalb des „1850er-Walles" (Gletschervorfeld; nach Slupetzky 1986)

zweier oder mehrerer Gletscherströme) erfolgte die Erosion mehr oder weniger gleichförmig oder es kam zu Wannenbildungen, Auskolkungen (**Gletscherkolke**) oder zu **Rundhöckern**. Eine vereinte Wirkung der Schürfkraft der Gletscher und der Frostverwitterung schuf aus voreiszeitlichen Mulden und Quelltrichtern die charakteristischen Kare (Abb. 8). Die oben beschriebene, frostbedingte Versteilung der Karhänge und Karrückwände wandelte so auch viele Bergrücken und Gipfelhänge zu scharfen Graten um, wobei die Verschneidung mehrerer Kare zur charakteristischen Gipfelform der **Karlinge** führte (z. B. Großglockner; solche markanten Bergformen tragen auch den Namen „Horn", z. B. Wiesbachhorn, Großer Hornkopf usw.). In den Gletscherkolken und Karböden entstanden schließlich nach Wegschmelzen des Eises viele schöne **Karseen**.

Eine typische Gletschererosionsform sind auch die so genannten **Gletschertöpfe**, in den Felsgrund eingesenkte zylindrische Löcher. Ihre Entstehung verdanken sie dem Schmelzwasser, das durch Spalten, Röhren und Gänge von der Eisoberfläche in die Tiefe gelangt und an der Basis zwischen Fels und Eis unter enormem hydrostatischem Druck steht. Wegen der dadurch bedingten Fließgeschwindigkeit werden im Wasser Sand und Blöcke mitgerissen, die bei rotierender Bewegung im Laufe der Zeit im Felsuntergrund Rinnen und Töpfe entstehen lassen. Das Ergebnis des Ausschwemmungs- und Mahlprozesses sind Gletschertöpfe, die eine Größe von wenigen Dezimetern bis mehreren Metern Durchmesser und Tiefe haben können.

Das Gesteins- und Schuttmaterial, das Gletscher an der Basis oder auf der Oberfläche mit sich führen, lagern sie in Form von **Moränenwällen** ab: am Rand der Gletscherzunge als **Seitenmoräne** und am Zungenende als **Endmoräne**. Letztere wird bei Vorstößen von der Gletscherstirn noch zusätzlich wie von einem Bulldozer aufgeschoben (Abb. 10). Bei der Vereinigung zweier Gletscherströme entsteht die so genannte **Mittelmoräne**. Flächenhaft im ehemaligen Gletschervorfeld abgelagertes Moränenmaterial wird als Grundmoräne bezeichnet.

Beim Rückzug der Gletscher bleiben die Moränen als charakteristische landschaftsformende Elemente zurück. So haben die riesigen eiszeitlichen Gletscher, die aus den Tauerntälern hinausströmten, die wellige Hügellandschaft am Alpenrand (vorwiegend Hügel aus Grund- und Endmoränen) aufgeschüttet. Die Moränenwälle der späteiszeitlichen Gletschervorstöße (Daun, Gschnitz, Egesen) sind in den inneralpinen Tälern zurückgeblieben. Im Vorfeld der heutigen Gletscher sind zumeist die Moränenwälle der nacheiszeitlichen Gletschervorstöße zu finden. Am auffälligsten sind die Seiten- und Endmoränen der jüngsten Vorstoßperiode zwischen dem 17. und 19. Jahrhundert mit den Moränenwällen der maximalen Ausdehnung von 1850. Seit dieser Zeit haben sich die Gletscher – mit Unterbrechungen – zurückgezogen (Abb. 10).

Im Gletschervorfeld kann man gut studieren, wie die Besiedelung des eisfrei gewordenen Geländes durch Pflanzen und Tiere abläuft. Die Moränenwälle der verschiedenen Gletschervorstöße geben dazu die nötigen Marken vor, die anzeigen, wie lange die jeweilige Zone eisfrei war und für die verschiedenen Lebewesen zur Besiedelung zur Verfügung stand (Abb. 10). So bekommt man auch eine Vorstellung, wie hinter den zurückweichenden Gletschern nach der Eiszeit die Wiederbesiedelung der Alpen mit Tieren und Pflanzen ablief. Zuerst etablierte sich jeweils eine karge Pioniervegetation, es folgte eine niedrigwüchsige Pflanzendecke, die sich zusehends schloss und bis in die klimatisch möglichen Höhenlagen drang nach und nach die Bewaldung vor. Die Alpen waren jedoch auch während der Eiszeit nie gänzlich frei von Leben. Aus den riesigen Eisströmen ragten die höchsten Bergspitzen heraus, ähnlich wie man dies auch heute noch bei den großen Alpengletschern (z. B. Burgställe bei der Pasterze) oder noch besser z. B. in

Grönland und Island sieht. Auf diesen isolierten Gipfeln und Graten, den so genannten **Nunatakern**, die in den kurzen Sommern schneefrei werden, lebten karge Lebensgemeinschaften von Flechten, kleinen Blütenpflanzen, wenigen Bodeninsekten und Spinnen, die dort zum Teil die Eiszeiten überdauerten. Als Eiszeitrelikte leben sie zum Teil noch heute auf solchen Bergspitzen. Manche dieser Organismen blieben bis heute in ihrer Verbreitung gänzlich auf solche Inseln beschränkt und einige leben sogar nur auf einem einzigen Alpengipfel und sonst nirgends auf der Welt! Darüber hinaus gibt es auch auf der Eis- und Firnoberfläche charakteristische Lebewesen, die vortrefflich an diese extremen Bedingungen angepasst sind, wie z. B. Gletscherflöhe und Schneealgen sowie in Schmelzwasserlöchern an der Eisoberfläche mikroskopisch kleine Wimpertierchen, Bärtierchen und Rädertierchen.

Besonders hervorzuheben ist noch die große Bedeutung der **Gletscher im Wasserhaushalt des Hochgebirges**. Gletscher speisen die meisten Bäche der Hohen Tauern und **speichern große Wassermengen** über Jahrzehnte und Jahrhunderte. Ein Beispiel mag dies verdeutlichen: Allein das Wasser, das beim Gletscherschwund des Obersulzbachkeeses zwischen 1850 und 1969 abschmolz (700 bis 800 Millionen m^3), könnte leicht den Wörthersee in Kärnten oder den bayerischen Chiemsee zur Hälfte füllen. Das Obersulzbachkees verkleinerte seine Fläche in dieser Zeitspanne von 16 auf 11 km^2. Und wenn man die verbliebene Eismasse allein dieses Gletschers auf die gesamte europäische Bevölkerung aufteilen würde, so würde jeder Europäer ungefähr 900 Liter Wasser bekommen.

Da Gletscher in kühlen Jahren einen Teil des Niederschlages speichern, können sie diesen in warmen und trockenen Jahren als „Gletscherspende" zusätzlich zum Jahresniederschlag abgeben und damit die Bergbäche speisen. Gletscher haben daher einen bedeutenden Einfluss auf den Wasserkreislauf des Gebirges. Wegen der vielfältigen Funktionen, die Gletscher im Hochgebirge einnehmen, ist der Schutz dieses wichtigen Alpenelements eine besondere Aufgabe des Nationalparkes. Zahlreiche Gletscher sind bereits in den Alpen schitouristisch erschlossen und zahlreiche Gletscherbäche zur energiewirtschaftlichen Nutzung abgeleitet. Zumindest im Nationalpark Hohe Tauern soll dies unterbunden bleiben.

Blockgletscher

Abschließend ist noch auf ein besonderes Phänomen des Hochgebirges hinzuweisen, das auch im Nationalpark anzutreffen ist – die **Blockgletscher**. Sie tragen zwar den Namen „Gletscher", weil man früher annahm, sie entstünden aus stark schuttverhüllten Gletschern, haben damit aber meist nicht direkt zu tun. Sie sind eine Form des fließenden **Perma-** oder **Dauerfrostbodens**. Blockgletscher sind „gefrorene Schuttmassen", die langsam hangabwärts fließen, gleichsam wie ein sich in extremer Zeitlupengeschwindigkeit bewegender Lavastrom. Die ständig gefrorenen Schuttmassen bestehen meist aus feinkörnigem Gesteinsmaterial. Darüber liegt eine 0–5 m dicke oberste Schicht, die im Sommer auftaut. Sie besteht aus grobblockigem Material. Neben **aktiven Blockgletschern**, die im Inneren Bodeneis aufweisen und langsam fließen, gibt es auch „**fossile Blockgletscher**". Sie zeigen noch die charakteristischen Fließstrukturen, ihre Oberflächen sind jedoch eingesunken, weil das Eis im Schuttkörper ausgeschmolzen ist.

Im Nationalpark Hohe Tauern gibt es in der Lasörling- und Schobergruppe besonders viele Blockgletscher. Allein in der Schobergruppe sind von 126 Blockgletschern noch 67 bewegungsaktiv.

Tauernfleck-Blockgletscher

4. Die Pflanzenwelt des Nationalparks (Schwerpunkt Osttirol)

Wer als Wanderer oder Urlauber zum ersten Mal in die Bergwelt des Osttiroler Nationalparkgebietes kommt, wird von der gewaltigen Kulisse der gletscherbedeckten Gipfel zutiefst beeindruckt. Doch nicht minder erlebnisreich ist ein Spaziergang durch die Bergwiesen an der Sonnseite des Virgentales, ein Besuch der schattigen Schlucht des Umbaltales oder eine Wanderung über die Kalser Almen oberhalb der Waldgrenze, von wo sich ein überwältigender Rundblick über die so vielfältige und abwechslungsreiche Landschaft an der Südabdachung der Hohen Tauern bietet. In ihren Grundzügen unterscheidet sich die Pflanzenwelt Osttirols – mit Ausnahme der südlichsten Landesteile und der Lienzer Dolomiten – in den wesentlichsten Zügen kaum von der in den übrigen Zentralalpen. Wie allgemein im Gebirge können wir vom Tal zu den Gipfeln eine Abfolge von Vegetationszonen unterscheiden, die als Höhenstufen keineswegs scharf horizontal verlaufen, sondern sich immer wieder miteinander verzahnen und in den tiefen Talfurchen manchmal auf- oder auch absteigen.

Unter den gegebenen mitteleuropäischen Klimabedingungen wäre Osttirol ein Waldland, doch hat der Mensch seit Jahrtausenden die Wälder gerodet, Äcker, Wiesen und Weiden geschaffen und somit das natürliche Pflanzenkleid grundlegend umgestaltet. Die klimatischen Ereignisse während und nach der Eiszeit regelten die Wiederbesiedelung der so lange eiszeitbedeckten Höhen und Täler durch Pflanzen und Tiere. Schritt für Schritt drang der Wald wieder aus den Niederungen in die Höhen vor. Etwa 10.000 v. Chr. setzte diese späteiszeitliche Wiederbewaldung ein, immer wieder unterbrochen von Klimaverschlechterungen, die das Artenspektrum der Pflanzen- und Tierwelt entscheidend beeinflussten. Doch es war erst der Mensch in den letzten tausend Jahren, der das vielfältige Bild der Osttiroler Landschaft zum gegenwärtigen Zustand formte. So ist es verständlich, dass wir um viele Siedlungen nur mehr kümmerliche Reste der ursprünglichen Pflanzenwelt antreffen, dafür aber Pflanzengesellschaften vorfinden, die ihre Entstehung der gestaltenden Hand der Bergbauern verdanken. Eines der charakteristischen Beispiele dafür sind die blumenreichen Bergmähder oberhalb der heutigen Waldgrenze, wie wir sie im hinteren Virgental etwa bei Prägraten in ihrer schönsten Ausbildung sehen können. Auch die Virgener Feldflur – ein geradezu klassisches Beispiel alpenländischer Kulturlandschaft – geht primär auf die prägende Wirkung und die Siedlungstätigkeit des Menschen zurück.

Gerade in der Region des Nationalparkes – und hier vor allem seiner Kernzone – verzahnen sich jedoch uralte Kulturlandschaften mit nahezu ungestörten Bereichen des hochalpinen Urlandes, dessen abwertende Bezeichnung „Ödland" schon längst nicht mehr Gültigkeit hat. Um einen Überblick über diese ungeheure Vielfalt an Pflanzen und Pflanzengesellschaften gewinnen zu können, wollen wir eine Wanderung durch die Höhenstufen des Osttiroler Nationalparkgebietes mit seiner charakteristischen Vegetation beschreiten. Die am weitesten verbreitete und vielerorts prägende Waldgesellschaft in Osttirol ist der

Fichtenwald

Dieser Waldtyp prägt viele Tallandschaften Osttirols in Höhenlagen zwischen 700 und 1800 m. Während an der Nordabdachung der Hohen Tauern oder auch im niederschlagsreicheren Südteil Osttirols die Buche vielerorts in Talniederungen vorherrscht, ist in kontinentaleren, d. h. niederschlagsärmeren Tälern, wie dem Virgen- (Schattseite), Defereggen- oder Kalser Tal die Fichte dominierend. Bei geringen Niederschlägen kann sich die Buche gegen die Konkurrenz der Fichte nicht behaupten, weshalb sie im Nordteil Osttirols völlig fehlt.

In Talniederungen und in günstigen Holzbringungslagen sind die Fichtenwälder meist Wirtschaftswälder, die sich durch einen artenarmen Unterwuchs mit Drahtschmiele, Hainsimse, Sauerklee, Wachtelweizen und Etagenmoos auszeichnen. Trotz ihrer menschlichen Prägung sind diese Waldtypen in Osttirol jedoch wesentlich arten- und strukturreicher als zum Beispiel die Fichtenmonokulturen des Alpenvorlandes. An steilen Bergflanken oder über ehemaligem Bergsturzmaterial sind die Fichtenwälder sehr naturnah, weisen einen üppigen Unterwuchs mit zahlreichen Hochstaudenelementen auf und sind nicht selten von Bartflechten dicht bewachsen. In derartigen Bereichen – wie zum Beispiel an Nordhängen des Virgentales – besitzen diese Waldtypen ein geradezu märchenhaftes Aussehen und man kann sich des Eindruckes eines „Zauberwaldes" oftmals nicht erwehren.

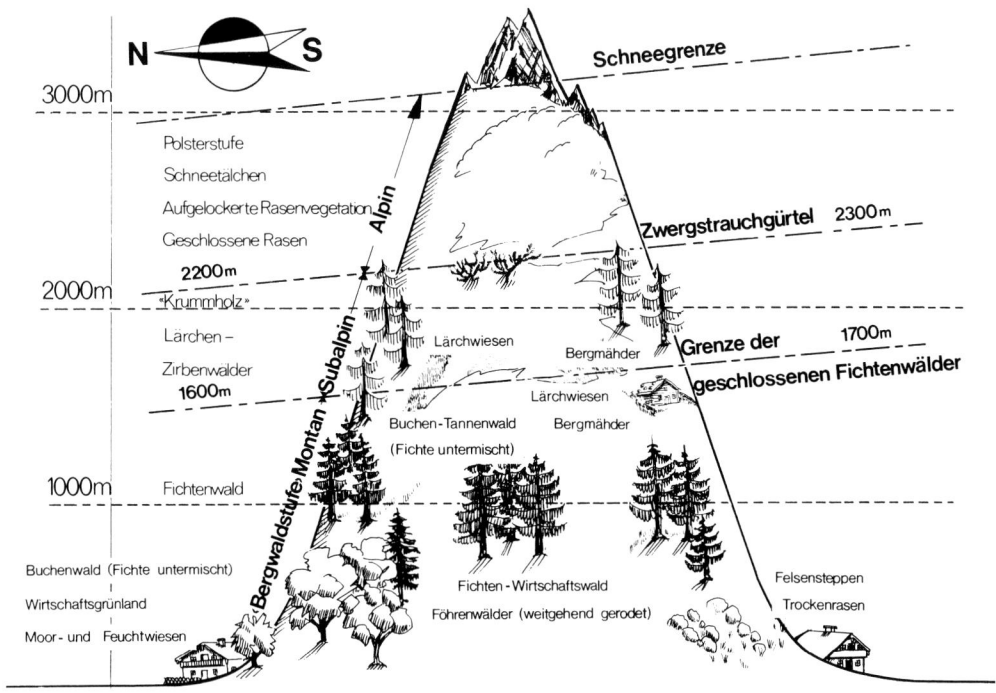

Abb. 11: Die Höhenstufen der Vegetation – Nord- und Südseite der Hohen Tauern

Der so genannte „Subalpine Fichtenwald" ist zwischen 1400 und 1700 m Seehöhe verbreitet. Auffälliges Charakteristikum dieser Waldbestände ist die Spitzkronigkeit und der schlanke Wuchs der Fichten, eine Anpassung an den oftmals enormen Schneedruck in dieser Höhenlage. Im Unterwuchs finden sich zahlreiche Moose, Farne und Zwergsträucher, vor allem die Heidelbeere. Mit zunehmender Höhenlage und taleinwärts durchsetzt die Lärche die oftmals eher monotonen Fichtenwälder und gibt diesen in Talflanken vor allem im Herbst mit ihrer leuchtend gelben Nadelverfärbung ein besonderes Gepräge.

Nur sehr vereinzelt findet man im Osttiroler Nationalparkgebiet

Laubwälder

An klimatisch begünstigten Orten treten trotz der Niederschlagsarmut vereinzelt Lindenwälder im Umfeld des Nationalparkgebietes auf. Die schönsten davon existieren im Iseltal zwischen Moos und Huben. Neben der Winterlinde treten hier anspruchsvolle Baumarten wie Spitzahorn, Ulme, Esche, Zitterpappel und Mehlbeere auf. Diese Lindenwälder werden als Relikte wärmerer und feuchterer Klimaepochen in der Nacheiszeit gedeutet, die sich nur mehr an besonders begünstigten Standorten bis in die heutige Zeit erhalten konnten.

Zu den Laubwäldern zählen auch die bachbegleitenden Grauerlenauen. Diese werden jedoch in einem späteren Kapitel besprochen. Ebenfalls an besonders klimatisch begünstigten Standorten tritt eine weitere Waldgesellschaft im nördlichen Osttirol auf: der

Kiefernwald

Kiefernbestände stocken heute an sonnenexponierten, flachgründigen, trockenen Standorten, zumeist an den steilen Abbrüchen der nacheiszeitlich geformten Trogtäler. Auf diesen nährstoffarmen und trockenen Standorten kann sich die anspruchslose Rotkiefer gegen die geradezu übermächtige Konkurrenz der Fichte behaupten. Die Kiefer war in trockeneren und wärmeren Klimaperioden der Nacheiszeit wesentlich weiter verbreitet, sie ist jedoch vor allem durch die Konkurrenz der Fichte auf ihre heutigen Wuchsorte zurückgedrängt worden. Kiefernwälder sind – einerseits bedingt durch die geringe Beschattung der Hauptbaumart, andererseits auch durch den relativ großen Abstand der Einzelbäume auf den kargen Standor-

Lindenwald in der Mündungsschlucht der Schwarzach

ten – äußerst artenreich. Der Unterwuchs zeigt nicht selten Anklänge an Trockenrasen und beherbergt eine Reihe von botanischen Kostbarkeiten, wie zum Beispiel verschiedene Orchideenarten. Über der breiten Fichtenwaldzone, in die – wie erwähnt – kleinere Laubwald- und Kiefernbestände eingestreut sind, schließt der

Lärchen-Zirben-Wald

an. Mit zunehmender Höhe lichten die Waldbestände auf und die Lärche sowie auch die namensgebende Zirbe werden aspektbildend. Der Mensch hat im Bestreben, die Weidegebiete in den Hochlagen auszudehnen, viele dieser Waldbestände gerodet, weshalb vor allem reine Zirbenwälder heute nur mehr sporadisch anzutreffen sind, und zwar überwiegend an Fels- und Blockstandorten. Dort bieten jedoch diese urigen, knorrigen und oftmals windzerzausten Baumgestalten einen imposanten Eindruck. Prächtige Zirbenbestände finden sich heute zum Beispiel noch im hinteren Defereggental (Oberhauser Zirbenwald).

In vielen Bereichen unserer Alpen wurde bei den großflächigen Rodungen ein lichter Bestand an Lärchen übrig gelassen. Diese so genannten „Lärchenwiesen" dienten als Weidefläche, wobei die restlichen Lärchen einerseits als Schattenspender für das Weidevieh und andererseits als Schutz vor Bodenerosion gute Dienste leisteten. Den Unterwuchs dieser Gehölzformation bilden neben Arten der Almweiden bzw. des Bürstlingrasens auch eine Reihe von Zwergsträuchern und krautigen Pflanzen des Zwergstrauchgürtels. Als Besonderheit können derartige lichte Lärchenwälder mit Stinkwacholder im Unterwuchs, die so genannten

Sebenstrauch-Lärchen-Wälder

angesehen werden. Vor allem an den Steilflanken im Virgental sind diese Bestände besonders schön entwickelt. Ihre Entstehung ist zum wesentlichen Teil auf menschlichen Einfluss zurückzuführen. So hat der Mensch die ursprünglichen Fichten- bzw. Lärchen-Fichten-Wälder gelichtet, wodurch von den Steilflanken und Trockenrasen der lichtliebende Seben-

Sebenstrauch-Lärchen-Wald – ein typischer Lebensraum des Virgentales

strauch einwandern konnte. Vor allem bei geringer Weideintensität kann der Sebenstrauch durch Ausbildung von Kriechtrieben recht schnell in die aufgelockerten Waldbestände eindringen und im Unterwuchs dominieren.
Oberhalb des Lärchen-Zirben-Waldes bzw. auch oberhalb der Lärchenwiesen schließt die nächste Pflanzenformation, der

Zwergstrauchgürtel

an. Er bildet in einer Höhe zwischen 2100 und 2300 m den Übergang von der subalpinen in die alpine Stufe. Bei den bereits erwähnten großflächigen Rodungen zur Gewinnung von zusätzlicher Weidefläche wurde der Waldbereich jedoch oftmals um 200 bis 400 m „nach unten gedrückt", wodurch der Zwergstrauchgürtel – unterbrochen von Weiderasen – heute viel größere Flächen einnimmt, als dies bei natürlicher Vegetationszonierung der Fall wäre. Typische Vertreter des Zwergstrauchgürtels sind die Rostrote und die Behaarte Alpenrose, der Zwergwacholder, die Latsche, die Heidelbeere, die Preiselbeere und verschiedene Weidenarten. Gerade im Virgen- und im Defereggental, wo Zwergstrauchformationen besonders schön und großflächig entwickelt sind, bietet sich im Herbst ein eindrucksvolles Bild. Die rot verfärbten Blätter der Zwergsträucher ergeben zusammen mit den Brauntönen der welkenden Gräser für den Betrachter ein unvergessliches Farbenspiel. Die unterschiedliche Ausprägung des Zwergstrauchgürtels lässt auch auf Unterschiede im Untergrundgestein schließen. So kommt über saurem Ausgangsgestein (Silikat) nur die Rostrote Alpenrose (Blätter am Rande kahl und unterseits rostrot) als dominierendes Element vor, während sie auf basischem Boden (Kalkgestein) von der nahe verwandten Behaarten Alpenrose (Blätter am Rand bewimpert und unterseits grün) abgelöst wird.

Alpine Rasen

Ab einer Höhe von ca. 2300 m klingen die Zwergsträucher allmählich aus und die Stufe der alpinen Rasen beginnt. Je nach Untergrundgestein haben wir verschiedene Pflanzengesellschaften zu unterscheiden. Auf mehr oder weniger flachen, lange schneebedeckten Hängen über Silikat ist der Krummseggenrasen die häufigste Rasenformation. Namensgebend ist die Krummsegge, deren Blätter obligat von einem Pilz befallen werden und daher „krumm" – d. h. gebogen – sind. Daneben sind noch Arten wie die Klebrige Primel (auch „Blauer Speik" genannt), die Zwergprimel, das Zwergseifenkraut, das Zweizeilige Kopfgras und das Krainer Greiskraut für diese Lebensgemeinschaft bezeichnend. An exponierten und dem Wind ausgesetzten Stellen ist die Dreispaltige Binse oftmals aspektbildend.
Über Kalk- oder Kalk-Glimmer-Schiefer tritt auf schrofigen, stark gegliederten Hängen der Blaugras-Horstseggen-Rasen auf. Die Vorkommen dieser Pflanzengesellschaft erstrecken sich vom Talboden bis in den alpinen Bereich. Sie ist dem Besucher unserer Gebirge als „die Blumenwiese der Alpen" bekannt. Bezeichnend ist die beeindruckende Vielfalt an auffälligen und bunten Blütenpflanzen wie Brillenschötchen, Alpensteinquendel, Alpenaster, Edelweiß, Clusius-Enzian, Alpenwundklee, Alpensonnenröschen, Alpenhornklee und vielen anderen. Die namensgebenden Arten, das Blaugras und die Horstsegge – eine Gras- und eine Sauergrasart –, sind zwar eher unscheinbar, aber doch so bezeichnend, dass ihre Namen in der Bezeichnung dieser Gesellschaft festgehalten wurden.

Die alpine Polsterstufe

Zwischen der alpinen Rasengrenze und den höchsten Gipfeln siedeln verschiedenste Polsterpflanzen auf humuslosem Schutt und Fels, die selbst extremsten Klimafaktoren (häufiges Einschneien, Kälte, Wind, intensive Sonnenstrahlung) trotzen. Je unwirtlicher die Lebensbedingungen werden, desto lückiger werden die Rasenformationen, bis zuletzt nur mehr ei-

Gämsheide oder Alpenazalee, eine Charakterart der Windecken

Alpenaster    *Krainer Kreuzkraut*

nige wenige Pioniere überbleiben. Viele der in diesen Höhenlagen (ab ca. 2500 m) vorkommenden Pflanzen „igeln" sich richtiggehend gegenüber den Unbilden des Klimas ein, wodurch oftmals recht kompakte Polster entstehen. Diese Wuchsform hat dieser Pflanzenformation auch ihren Namen gegeben. Trotz der Härte ihrer Lebensbedingungen zeigen die dominierenden Arten Roter Steinbrech, Moossteinbrech, Stängelloses Leimkraut, Alpenmannsschild, Rudolphs Steinbrech, Einblütiges Hornkraut, Hoppes Hungerblümchen, Edelraute, Zwergmiere und Gletscherhahnenfuß ein buntes Mosaik aus rot, blau, gelb und weiß gefärbten Blüten. Eine recht auffällige Organismengruppe in dieser Höhenlage sind auch die Flechten. Wir kennen diese Lebewesen zwar auch als Baumbärte und bodenbewohnende Becherflechten aus dem Tiefland, doch treten sie dort nirgends so massiv auf wie hier in den Hochlagen unserer Gebirge. Ihr spezialisierter Stoffwechsel, der es ihnen ermöglicht, auch bei tiefen Temperaturen zu wachsen, verschafft ihnen hier einen Konkurrenzvorteil gegenüber den – aus Sicht der Stammesgeschichte gesehen – modernen Blütenpflanzen. Oftmals werden diese ja auch von Arten wie dem Isländischen Moos, der Gelben Fadenflechte, der Totengebeinflechte und anderen richtiggehend überwuchert. Als wahre Überlebenskünstler zeigen sie sich jedoch in Lagen über der alpinen Polsterstufe – also ab ca. 3000 m Seehöhe. Auch in dieser Höhe sind noch sämtliche Felsflächen fast durchgehend von Flechten überzogen. Besonders auffällig sind sie auf Silikatgestein, wo verschiedene, recht bunte Arten wie Landkartenflechten, Blutaugenflechte und Nabelflechten beeindruckende Mosaike bilden. So unglaublich es klingen mag – das Leben reicht im Gebirge bis in die höchsten Höhen und in die unwirtlichsten ökologischen Nischen. Selbst das ewige Eis ist belebt; oft ist es nämlich von Algenüberzügen der rötlich gefärbten Schneealge bedeckt, die auf offenen Schneeflächen in den Hochlagen unserer Gebirge ihren Lebensraum hat. Während die bisher geschilderten Vegetationseinheiten sehr streng an bestimmte Höhenstufen gebunden sind (man spricht von zonaler Vegetation), stehen dem eine Reihe von Lebensgemeinschaften gegenüber, die von anderen ökologischen Faktoren und weniger von der Höhenlage geprägt werden (= azonale Vegetation).

Gletscherhahnenfuß, höchststeigende Blütenpflanze der Alpen

Wiesen und Weiden

Eine der auffälligsten und am weitesten verbreiteten Pflanzenformationen im Nationalpark ist der Bürstlingrasen (auch Bürstling-Weiderasen). Das namensgebende Gras – der Bürstling – zeigt gegenüber den Auswirkungen der Beweidung (Tritt, Fraß) große Resistenz bzw. Toleranz. Durch diese Eigenschaft erhielt die Pflanze derartig große Konkurrenzvorteile gegenüber anderen Arten, dass sie heute die „dominierende Grasart" auf sämtlichen Weiden in der oberen Montanstufe und der Subalpinstufe darstellt. Vor allem die großen, durch

Zweiblütiger Steinbrech auf feuchtem Karschutt

Blütenpracht der Bergmähder

Waldrodungen frei gewordenen Flächen werden neben Zwergstrauchformationen großflächig von Bürstlingrasen eingenommen. Von der Artenzusammensetzung her bietet diese Rasengesellschaft ein recht einheitliches, ja fast monotones Bild. So treten neben der namensgebenden Grasart nur noch wenige Blütenpflanzen wie etwa Bärtige Glockenblume, Schweizer Löwenzahn, Arnika, Alpenbrandlattich und Katzenpfötchen auf.

Stärker beweidete Flächen mit größerem Nährstoffangebot werden als Almdungwiesen bzw. als Fettkrautweiden bezeichnet. Neben einigen Gräsern wie dem Alpenrispengras, dem Alpenlieschgras und dem Rotschwingel prägen eine Reihe von Korbblütlern (Goldpippau, Großkopfpippau) das Bild dieser Lebensgemeinschaften. In den Fettkrautweiden – zumeist im Umfeld der Almen – ist eine Pflanze im Osttiroler Nationalparkgebiet besonders auffällig: die Wollige Kratzdistel. Ihre bis 1½ m hohen Stängel tragen mehrere apfelgroße, wollige Blütenköpfchen. Durch ihr Stachelkleid werden diese Pflanzen vom Vieh gemieden und bilden oftmals größere Herden, die den kurz abgebissenen Weideflächen ein besonders schönes Gepräge verleihen.

Dort, wo durch die Exkremente des Weideviehs und des Wildes die Nährstoffe richtiggehend im „Überangebot" vorhanden sind, entwickeln sich die so genannten „Lägerfluren". Sie sind großflächig um Almhütten und an Verebnungsflächen in höheren Lagen, auf denen die Tiere bevorzugt „lagern", entwickelt. Oftmals sind sie durch das massive Auftreten des großblättrigen Alpenampfers schon von weitem zu erkennen. Andere recht bezeichnende Arten sind die Brennnessel, der „Gute Heinrich" (eine Gänsefußart), der Frauenmantel, die Stachelige Kratzdistel und der Tauerneisenhut.

Eine weitere, recht charakteristische Rasenformation sind die Bergmähder. Diese äußerst blumenreiche und attraktive Pflanzengesellschaft verdanken wir der gestaltenden Hand der Bergbauern. Nach der Rodung der Wälder in höheren Lagen wurden die Flächen durch regelmäßige Mahd bewirtschaftet. Dadurch entstanden auf ehemaligem Waldboden blumenreiche Wiesen mit gutem Heuertrag. Bis in Seehöhen von über 2300 m wurde zumeist in zweijährigem Rhythmus gemäht und das Heu – oftmals sehr mühsam – ins Tal gebracht. Wenn auch die Bergmähder Osttirols heute kaum mehr bewirtschaftet werden, so zählen sie doch zu den großen botanischen Kostbarkeiten der Ostalpen.

Die blumenreichen Bergmähder verdanken wir der harten Arbeit der Bergbauern

Das Bergheu konnte vielfach erst im Winter abtransportiert werden

Eine weitere Besonderheit im Osttiroler Nationalparkgebiet stellen die ausgedehnten

Trockenrasen und Sebenstrauchheiden

dar. Diese sind an steilen, zumeist schrofigen, trockenen, überwiegend südexponierten Hängen entwickelt. Vor allem im Virgental reichen sie vom Talboden bis in eine Höhe von 1900 m und bilden besonders durch ihre Verzahnung mit Wald und Weideflächen einen äußerst vielfältigen Lebensraum.

Schon vom Talboden aus fallen diese Standorte durch die oft quadratmetergroßen, den Fels überziehenden Matten des Sebenstrauches oder Stinkwacholders – einer giftigen Wacholderart – auf. Eine Vielzahl von lichtliebenden, an die trockenen Standortverhältnisse optimal angepassten und oftmals sehr bunten Pflanzenarten besiedeln diese Sonderstandorte. Unter ihnen sind vor allem Buschnelke, Berglauch, Dickblättrige Alpendistel, Feldbeifuß, Echter Wermut, Gewöhnliche Heilwurz, Nickender Tragant, Wulfens Hauswurz, Schafschwingel, Einjähriger Mauerpfeffer, Waldschotendotter, Spinnwebhauswurz und Feuerlilie hervorzuheben.

Die heute in Osttirol vorhandenen Trockenrasen und Sebenstrauchheiden stellen zumeist anthropogene – also durch den Menschen geschaffene – Lebensräume dar. Allerdings geht dieser Einfluss des Menschen schon in jene historischen Zeiten zurück, in denen der Wald von Bauern und Bergwerksbetrieben „zurückgedrängt" wurde. Damals haben sich aus ehemals vorhandenen lichten Wäldern über flachgründigem, trockenem Boden (Waldsteppen, Föhrensteppen) charakteristische Pflanzengesellschaften – eben Trockenrasen und Sebenstrauchheiden – entwickelt. Als völlig natürlich kann man diese Pflanzenformationen an jenen Standorten ansehen, an denen der Wald aufgrund der Trockenheit und Flachgründigkeit des Bodens von Natur aus nicht aufkommen kann, also an Felsabbrüchen oder in ähnlich baumfeindlichen Biotopen.

Bachbegleitende Pflanzengesellschaften

Die auffälligsten bachbegleitenden Pflanzenformationen in den Tieflagen der Tauerntäler sind die Grauerlenauen. Sie säumen mit mehr oder weniger dichten Beständen sämtliche unserer Alpenflüsse und sind dort entwickelt, wo das Flussbett schon weitgehend gefestigt ist. In ihrem Unterwuchs ist eine reiche und oftmals üppige Vegetation von großblättrigen, krautigen Pflanzen entwickelt. Die Grauerle kann mit Hilfe von Wurzelbakterien Luftstickstoff binden und diesen so dem Naturkreislauf zurückführen. Aus diesem Grund ist in diesen Grauerlenauen eine richtiggehend „stickstoffliebende" Artengarnitur vorhanden.

In unmittelbarer Wassernähe – also dort, wo der Gebirgsbach vor allem bei der frühsommerlichen Schneeschmelze im Hochgebirge die Ufer ständig neu gestaltet – ist der Tamariskenbusch entwickelt. Diese Pflanzengesellschaft und die sie prägenden Pflanzenarten sind durch optimale Regenerationsfähigkeit an diese recht unwirtlichen Standortbedingungen gut angepasst. Charakteristische Arten sind Deutsche Tamariske, Lavendelweide, Purpurweide, Rosmarinweidenröschen und Uferreitgras. Oftmals finden wir auf den ausgedehnten Schuttflächen auch eine Vielzahl von Alpenpflanzen, deren Samen durch das Wasser von den höchsten Höhen bis hierher transportiert wurde. So treffen wir manchmal selbst die „Hochalpinisten" der Alpenpflanzen, wie den Rudolphs Steinbrech oder den Alpenmannsschild auf Kiesbänken der Tallagen.

Der Tamariskenbusch zählt heute zu den extrem bedrohten Pflanzengesellschaften; durch Uferverbauten, die Anlage von Kraftwerken oder durch Wasserausleitung zur Gewinnung hydroelektrischer Energie steht diese Pflanzengesellschaft und die für sie charakteristischen Arten (vor allem die Deutsche Tamariske) nicht nur in Österreich, sondern in ganz Mitteleuropa knapp vor der Ausrottung. Umso wertvoller sind die in Osttirol noch erhaltenen, relativ großflächigen und intakten Bestände, vor allem jene am Kalser und am Deferegger Bach.

In höheren Lagen sind entlang von Bächen, aber auch auf feuchten Wald- und Weideböden so genannte Hochstaudenfluren entwickelt. Große, breitblättrige Arten wie die Österreichische Gämswurz, der Graue Alpendost, der Knotenfuß, der Gelbblaue Eisenhut, die Meisterwurz und die Klettendistel bilden den Aspekt.

Nicht ausschließlich auf Wasserläufe beschränkt sind Grünerlengebüsche. Sie stocken oftmals auch auf wasserzügigen, steilen und vor allem von Lawinenstrichen durchzogenen Hängen. Die Grünerle hat die Fähigkeit, durch Niederlegen des Astwerkes dem Druck der Schneemassen auszuweichen und kann daher auch derartige Standorte besiedeln. Erwähnenswert sind in diesem Zusammenhang auch noch Quellfluren, die oftmals recht attraktive Pflanzengesellschaften beherbergen. Vor allem die gelben Blüten des Fetthennensteinbrechs oder die weißen, rot punktierten Blüten des Sternsteinbrechs zieren oft zu Tausenden diese Biotope.

Moore

Moorgesellschaften sind im Osttiroler Nationalpark – im Gegensatz zu vielen anderen Gebieten Mitteleuropas – noch relativ reichlich vorhanden. Während jedoch echte Hochmoore, also Biotope, die nur durch nährstoffarmes Niederschlagswasser versorgt werden, in typischer Ausprägung nicht vorkommen, treten Niedermoore in praktisch allen Tälern recht häufig auf. Es handelt sich zum einen um Silikat-Niedermoore, in denen nur wenige „Blütenpflanzen" – wie zum Beispiel das Sumpfveilchen –, dafür aber eine ganze Reihe von Sauergräsern – wie die Braunsegge, die Igelsegge oder die Rasenhaarbinse – den Aspekt bestimmen.

Dort, wo basisches Untergrundgestein vorhanden ist, sind Kalk-Niedermoore entwickelt. Der verbreitetste Typ ist das Rauhseggen-Ried, benannt nach der Rauhsegge – einem charakteristischen Sauergras. Diese Feuchtbiotope sind – vor allem im Frühsommer – durch einen großen Blütenreichtum gekennzeichnet. Als recht auffällige Arten dieses Lebensraumes seien Mehlprimel, Simsenlilie, Breitblättriges Knabenkraut, Sumpfläusekraut, Fieberklee, Sumpfpippau, Alpen-Maßlieb, Weiße Sumpfwurz, Studentenröschen, Trollblume, Mückenhändelwurz, Sumpfkreuzblume und das Alpenfettkraut, eine fleischfressende Pflanze, erwähnt.

Eine botanisch oftmals hochinteressante Lebensgemeinschaft stellen die Verlandungszonen alpiner Seen dar. Im Sommer sind derartige Flächen oft von Tausenden leuchtend weißen, „wolligen" Blütenständen von Scheuchzers Wollgras bedeckt.

Schuttgesellschaften

Bewegter Felsschutt stellt für Pflanzen von Natur aus einen recht ungünstigen Lebensraum dar. Ständig können sie fortgerissen, verschüttet oder umgeworfen werden. Einige Arten haben es jedoch durch ein langes Wurzelsystem, durch die Fähigkeit, immer wieder aus dem Felsmaterial herauszuwachsen, oder mithilfe anderer Anpassungsmechanismen geschafft, hier ihr Fortkommen zu finden. Bezeichnend für silikatischen Schutt sind Kriechende Nelkenwurz, Alpensäuerling und mehrere Gämswurzarten. Im Kalk bzw. im Kalkschieferschutt ist das Alpenleinkraut mit seinen violett-gelb gefärbten Blüten eine bezeichnende Art.

Schneetälchen

In feuchten Mulden der Hochlagen unserer Gebirge bleibt der Schnee fast das ganze Jahr hindurch liegen; nicht umsonst werden solche Biotope in der Biologie als „Schneetälchen" bezeichnet. Pflanzen, die hier leben, haben nur eine Vegetationszeit von weniger als zwei Monaten zur Verfügung, um zu blühen und nach der anschließenden Befruchtung reife Samen hervorzubringen. Nur ganz wenigen gelingt dies, wie etwa der Krautweide – dem „kleinsten Baum der Welt" –, dem Zwergruhrkraut, dem Gelbling oder dem Alpenschaumkraut.

Abschlussbemerkung

Wie aus dem oben Geschilderten hervorgeht, ist die Vegetation und Flora im Nationalpark zwar vom Menschen schon geprägt und geformt worden, aber trotzdem – oder vielleicht gerade deshalb – äußerst reich und in vielen Bereichen naturnah bzw. natürlich entwickelt. Für viele heute bedrohte Arten und Lebensräume stellt der Osttiroler Nationalparkanteil und sein Umfeld ein Refugium und Erhaltungszentrum dar. Sind wir uns dessen bewusst und schonen wir auch als Besucher die Pracht und Vielfalt unserer Alpenflora.

Schneetälchen mit seiner kargen Moos-, Flechten- und Weidenflora

5. Die Tierwelt des Nationalparks

Allgemeines

Insgesamt dürften wohl an die 10.000 verschiedene Tierarten im Bereich der Hohen Tauern leben, wenn man alle Lebensräume wie Fels und Erdboden, stehende und fließende Gewässer, Schnee und Eis, Wald und Fluren von den Tallagen bis in die Gipfelregion zusammen betrachtet. Dies ist jedoch nur eine äußerst grobe Schätzung. Nach wie vor ist nämlich unser Wissen über die Tierwelt des Nationalparkes in vielerlei Hinsicht mit zahlreichen Lücken behaftet. Besonders trifft dies auf die Kleinlebewesen zu, bei denen es noch vieles zu entdecken gibt. Generell gilt: je mehr geforscht wird, desto mehr interessante Funde treten zu Tage. So wiesen beispielsweise in den letzten Jahren verschiedene Wissenschaftler bei Untersuchungen über das Vorkommen von Insekten und Spinnentieren nicht nur unzählige neue Arten für die Hohen Tauern nach. Immer wieder wurden auch weltweit für die Wissenschaft neue Arten entdeckt, etwa neue Schmetterlings-Arten im Osttiroler Nationalparkanteil, neue Weberknecht-Arten im Kärntner Gößnitztal und neue Schlupfwespen- und Schwebfliegen-Arten im Bereich der hochalpinen Forschungsstation an der Großglockner-Hochalpenstraße.

Wenig weiß man auch noch über die Funktion vieler – selbst wohl bekannter – Tiere des Nationalparks im Wirkgefüge der alpinen Ökosysteme. Jüngste Untersuchungen des Nationalparkinstituts des Hauses der Natur (Salzburg) haben z. B. aufgezeigt, dass unter anderem besonders alpine Feld- und Schneemäuse einen bedeutenden Einfluss auf die Grasheide-Vegetation des Hochgebirges haben. Man muss also nicht nur in die Welt der Kleinlebewesen blicken, um Unbekanntes zu erforschen.

Bestandsaufnahmen der Tierwelt und weiterführende ökologische Forschungen sind daher eine wichtige Aufgabe im Nationalpark. Zunächst muss man einmal die Glieder der Lebensgemeinschaften kennen und im Weiteren vor allem Einblicke in ihre Wechselbeziehungen bekommen (Tiere, Pflanzen und Mikroorganismen eingeschlossen), um unsere Hochgebirgsökosysteme und ihre Funktion besser verstehen und damit erhalten zu können.

Mit der zunehmenden Seehöhe werden die Lebensbedingungen schwieriger und die Lebensräume karger. Tierleben existiert jedoch im Nationalpark von den Tallagen bis hinauf auf die höchsten Gipfel. Dabei ist im Allgemeinen eine deutliche Abnahme der Artenzahl und auch der Siedlungsdichte der einzelnen Arten und der Tiere insgesamt zu bemerken. Viele dieser Lebewesen und vor allem jene, die unter extremen alpinen Bedingungen leben, sind dabei an ganz bestimmte Umweltbedingungen angepasst und können nur unter diesen existieren. Sie sind besonders sensibel gegenüber Umweltveränderungen, die den Rahmen ihrer natürlichen Umweltschwankungen übersteigen. Solche Veränderungen setzt jedoch, unbewusst oder bewusst, vor allem der Mensch. Schutzbedingungen, wie sie ein Nationalpark schaffen will, sind daher gerade für sie besonders wichtig. Wegen der Fülle der Arten, die übrigens zum Teil nur Spezialisten bestimmen können, muss sich die nachfolgende Abhandlung auf einige Besonderheiten und auffälligere Vertreter der Tierwelt des Nationalparkes beschränken und hierbei vor allem auf die Wirbeltiere.

Säugetiere

Tiefere Lagen und Bergwaldstufe

Das größte Tier dieser Region ist der **Rot-** oder **Edelhirsch**. Männliche Hirsche können bei einer Schulterhöhe von bis zu 1,5 m ein Gewicht bis zu 200 kg erreichen. Ähnlich wie beim Reh tragen nur die männlichen Tiere ein Geweih, das bis zu 5–6 kg wiegen kann. Es ist für den Hirsch Waffe und Statussymbol zugleich. Das Geweih wird jährlich zwischen Februar und Mai abgeworfen und von Juli bis August wieder aufgebaut. Das weitgehend dämmerungs- und nachtaktive Rotwild ist heute in ungestörten Bereichen der Bergwälder bis hinauf zur Waldgrenze weit verbreitet. In Gebieten, die vom Menschen kaum begangen werden, steigt es im Sommer gelegentlich sogar bis in die hochalpinen Grasheiden in Höhen bis zu 2700 m empor. Ein besonderes Erlebnis ist die Beobachtung eines röhrenden Hirsches oder eines kraftvoll Rivalitätskampfes in der Brunftzeit im September/Oktober. Gelegentlich hört man um diese Zeit im Nationalpark das Hirschröhren in ruhigen Nächten bis ins Tal herab.

Leichter als den Rothirsch bekommt man im Nationalpark das **Reh** zu Gesicht. Häufiger kommt es in den Wäldern der tieferen Lagen vor, steigt aber auch im Bergwald bis an die Waldgrenze und gelegentlich sogar bis weit darüber hinaus. Vom Herbst bis Frühjahr leben die Rehe gesellig. Dann beginnen jedoch die Böcke, Reviere zu markieren und gegen Rivalen zu verteidigen. Auch die weiblichen Tiere leben im Sommer mit ihren Kitzen weitgehend territorial und siedeln meist auch in den Revieren von Böcken. Während der sommerlichen Brunft kommt es zur Befruchtung, die Kitze werden jedoch erst nach dem Winter im nächsten Frühjahr gesetzt. Daraus folgt eine neun- bis zehnmonatige Tragzeit mit einer besonderen, verzögerten Embryonalentwicklung, während der der Keim eine mehrmonatige winterliche Ruhephase durchmacht.

In der Waldstufe kommt eine Reihe von kleinen Säugerarten vor, die jedoch großteils recht heimlich leben. Die häufigsten davon sind die **Rötelmaus**, die man gelegentlich während einer stillen Waldrast raschelnd über den Boden huschen sieht, und die **Waldspitzmaus**, eine Vertreterin der Insektenfresser. Eine weitere Spitzmausart ist zwar nicht so häufig wie diese, jedoch für den Alpenraum recht typisch, die **Alpenspitzmaus**. Sie bevorzugt in der Waldstufe feuchte, kühle Gräben und kommt auch in der Alpinstufe bis rund 2300 m Höhe vor.

Ein kleines Waldsäugetier, die **Alpenwaldmaus** *(Apodemus alpicola)*, wurde 1995 erstmals in der Tauernregion entdeckt und zwar im Fuscher Tal. Seither erfolgten auch in anderen Tauerntälern Nachweise in verschiedenen Waldtypen, wobei sich eine gewisse Vorliebe für höher gelegene Fichtenwälder zeigte. Die Alpenwaldmaus *Apodemus alpicola* wurde erst 1989 als eigene Säugetierart beschrieben und war bis vor wenigen Jahren nur aus den nordwestlichen Alpen bekannt.

Von den kleinen Nagetieren im Nationalpark ist besonders die seltene **Birkenmaus** (oder **Waldbirkenmaus**) zu erwähnen, eine Vertreterin der Hüpfmäuse, mit kräftigen, langen Hinterbeinen. Sie hat einen langen Schwanz und einen markanten schwarzen Längsstrich, der vom Scheitel über den Rücken bis zum Schwanz reicht. Die Birkenmaus bewohnt vorwiegend die obere lichte, zwergstrauchreiche Bergwaldstufe und vielleicht auch lockere Grünerlengebüsche. Sie wurde jedoch bisher im Nationalpark nur im Dösener Tal bei Mallnitz sowie im Gasteiner, Rauriser, Fuscher und Kapruner Tal nachgewiesen und ist wohl auch für die Osttiroler Region zu erwarten.

Ein leicht zu beobachtendes Nagetier des Bergwaldes ist das **Eichhörnchen**, das tagaktiv ist und bis zur Waldgrenze hinauf vorkommt. Die Anwesenheit des Eichhörnchens lässt sich auch leicht durch charakteristisch angenagte Fichtenzapfen und abgebissene Fichtenzweige feststellen. Sein kugelförmiges Nest baut es bevorzugt in dichten Fichtenkronen.

Im Gegensatz zum Eichhörnchen sind die vorwiegend nachtaktiven Schläfer oder Bilche sehr heimliche Bergwaldnagetiere. Über ihr

Hermelin im Winterkleid

Vorkommen im Nationalpark wissen wir noch relativ wenig Konkretes und es wäre interessant, hierüber mehr zu erfahren. Am verbreitetsten von ihnen ist wahrscheinlich der kleine graue **Baumschläfer** (**Tiroler Baumschläfer**), der vor allem Fichtenbestände zwischen rund 1000 und 1500 m Höhe bevorzugt, jedoch bei uns auch bis an die Waldgrenze hinauf vorkommt. Der **Gartenschläfer**, der vor allem felsige Standorte liebt, ist in Österreich in seiner Verbreitung mit einigen Ausnahmen auf inneralpine Trockentäler beschränkt (Vorarlberg und Tirol, einschließlich Osttirol). Es gibt jedoch auch einen Nachweis aus der Gegend von Heiligenblut und aus dem Habachtal. Auch über die Verbreitung der **Haselmaus**, des kleinsten Schläfers, gibt es im Nationalpark bisher nur wenige Daten. Sie belegen jedoch das Vorkommen in allen drei Nationalparkanteilen. Die Haselmaus gilt als ein typisches Tier von Schlägen und Waldrändern der Buchen-Mischwald- und Buchen-Tannenwald-Gebiete. Im Gasteiner Tal wurde sie jedoch z. B. auch relativ zahlreich in einem hochstauden- und gebüschreichen Fichtenwald in rund 1700 m Höhe nachgewiesen und im Bereich von Mallnitz bis ca. 1900 m Höhe.

In den Tallagen und im Bergwald lebt auch eine Reihe von Beutegreiferarten: **Baum-** oder **Edelmarder, Steinmarder, Hermelin, Mauswiesel, Iltis, Dachs** und **Fuchs**. Am ehesten bekommt man davon das **Hermelin** oder **Große Wiesel** zu Gesicht. Es ist sowohl im braunen Sommer- als auch im weißen Winterkleid besonders an der schwarzen Schwanzspitze vom **Mauswiesel** oder **Kleinen Wiesel** zu unterscheiden. Das Hermelin ist in Tallagen nicht selten im Bereich der Wiesen und um die Siedlungen zu beobachten, aber auch in lichten Waldbereichen und hinauf bis in die Region weit oberhalb der Baumgrenze. Das Mauswiesel bevorzugt eher offene bis halb offene Lebensräume und hier eher wärmere und trockenere Bereiche. Gebietsweise steigt es nicht so hoch hinauf wie das Hermelin, kann aber doch auch Höhen bis über 3000 m erreichen. Es trägt meist das ganze Jahr über ein braunes Haarkleid, kann aber besonders in höheren Lagen auch ein weißes Winterfell bekommen.

Der **Baummarder** ist ein typischer Bewohner der ausgedehnten Bergwälder und steigt hier bis in den Baumgrenzebereich auf. Der **Steinmarder** hingegen meidet geschlossene Waldungen und zieht felsigere Bereiche und vor allem den Siedlungsraum vor. Er kann im Gebirge zum Teil auch noch in Blockfluren oberhalb der Waldgrenze angetroffen werden. Der Iltis bewohnt verschiedene halb offene Landschaften und hält sich gerne an Gewässern und auch in der Nähe des Menschen auf. Er dürfte auch bis in manche Tauerntäler vordringen.

Der **Dachs** ist vorwiegend ein Dämmerungs- und Nachttier und wird daher nur relativ selten beobachtet. Er ist jedoch in den Bergwäldern weit verbreitet, hat aber den Schwerpunkt seines Vorkommens in Laub- und Mischwaldgebieten. Er legt große, weit verzweigte Baue an, die über Generationen von Gruppen bewohnt werden. Sein Speisezettel ist sehr vielseitig und umfasst sowohl tierische als auch pflanzliche Nahrung. Ein wichtiger Nahrungsbestandteil dürften vor allem Regenwürmer sein. Auch der **Fuchs** ernährt sich sehr vielseitig. Er frisst sowohl Beeren als auch kleine Wirbellose (z. B. Heuschrecken), kleine Wirbeltiere und Aas. Obwohl er vom Menschen schon lange Zeit stark verfolgt wird, hat er sich bis heute gut behauptet. Er ist im Bergwald weit verbreitet und steigt im Hochgebirge bis etwa 2500 m Höhe. Oft bewohnt er alte Dachsbaue, kann sich aber auch selbst Baue graben. Zu den natürlichen Feinden des Fuchses zählen neben der Tollwut vor allem der Steinadler, der Uhu und der Luchs.

Auch von den großen, vor über 100 Jahren ausgerotteten Beutegreifern des Waldes, dem Luchs und dem Braunbären, gibt es seit einigen Jahren wieder Lebenszeichen im Nationalpark! So wurden einzelne Hinweise auf **Luchse** in der Kärntner Schobergruppe, im Murtal sowie aus dem Defereggental bekannt. Der Luchs ist jedoch derzeit in der Nationalparkregion nicht als Standwild anzusehen, sondern tritt hier nur als gelegentlicher Gast auf. Die Luchse, die hier umherstreifen, gehen wohl auf Wiedereinbürgerungsaktionen im steirischen Turrachtal in den Jahren 1976–1979 zurück. Seither treten Luchse vor allem im Raum der Karnischen und Gailtaler Alpen sowie in den Gurktaler Alpen im Dreiländereck Kärnten, Steiermark und Salzburg auf. Da es inzwischen auch wieder Luchse in Slowenien gibt, können auch von dort Tiere zugewandert sein.

Ein 1971 bei Matrei erlegter, wandernder **Braunbär** blieb für die letzten Jahrzehnte der einzige Nachweis dieses Beutegreifers in den Hohen Tauern, bis im Jahr 2002 gleich drei verschiedene Bären den Nationalpark besuchten. Auf der Tauern-Südseite streifte die Bärin „Vida" durch Osttirol und Kärnten. Sie war „namentlich" bekannt, weil sie aus einem Wiedereinbürgerungsprojekt im Trentino stammte. Von Wissenschaftlern wurde ihre Wanderroute mithilfe eines Sendehalsbandes bis in die Hohen Tauern verfolgt. Auf der Tauernnordseite wurde im Frühjahr und Sommer 2002 je ein Bär im Rauriser und Fuscher Tal festgestellt. Letzterer dürfte laut Experten ein zweieinhalb Jahre alter Bär gewesen sein. Somit bekräftigt sich die Meinung, dass die jüngst in den Tauern festgestellten Bären mit Ausnahme von „Vida" umherstreifende Halbwüchsige waren, die aus dem inzwischen etablierten österreichischen Bärenbestand stammen. Derzeit schätzt man die österreichische Bärenpopulation auf über 30 Tiere, die sich vor allem auf das südliche Kärnten sowie die niederösterreichischen und steirischen und wohl auch oberösterreichischen Kalkalpen verteilen.

Region oberhalb der Waldgrenze

Das stattlichste Tier dieser Region ist zweifellos der **Steinbock**. Der Mensch sah in ihm von alters her ein besonderes Wesen und schrieb allen seinen Körperteilen wundersame Heilwirkung zu. Dieser Aberglaube führte jedoch zu einer rücksichtslosen Vernichtung des Steinwildes in weiten Teilen der Alpen. In den Ostalpen waren Bereiche im ehemals salzburgischen Zillertal die letzten Zufluchtsstätten. Von dort aus versuchte bereits 1499 der Salzburger Erzbischof Leonhard von Keutschach, Steinböcke im Felber-, Hollersbach- und Habachtal wieder einzubürgern, was jedoch neben anderen Gründen wegen der Wilderei und möglicherweise auch im Zusammenhang mit einer Klimaverschlechterung im 17. Jahrhundert misslang. Ende des 18. Jahrhunderts wäre das Steinwild aus dem gesamten Alpengebiet verschwunden, wenn es nicht im oberitalienischen Gran-Paradiso-Gebiet eine Zufluchtsstätte gefunden hätte, der man rechtzeitig Schutz angedeihen ließ. Von hier aus erfolgte schließlich die Wiedereinbürgerung im gesamten Alpengebiet. Derzeit dürften im Bereich der Hohen Tauern wieder rund 750 Stück Steinwild leben. Nachstehend ist eine Übersicht über die Wiedereinbürgerung bzw. Wiederbesiedelung für die Hohen Tauern zusammengestellt. Das Steinwild lebt in getrennten Geißen- (mit Kitzen) und Bockrudeln. In der Brunftzeit (Dezember, Jänner) bilden sich gemischte Rudel.

Häufiger und verbreiteter als das Steinwild ist die **Gämse**. Während ältere Böcke Einzelgänger sind, leben Geißen und Kitze in zum Teil großen Rudeln zusammen, geführt von einer erfahrenen Leitgeiß. Die Gämsen bewohnen im Sommer vor allem grasig durchwachsene Felsbereiche bis über 3000 m Höhe und im Winter teilweise auch den obersten Waldbereich. Gämsen können im Nationalpark relativ leicht beobachtet werden. Bei Gefahr lassen sie einen charakteristischen heiseren Pfiff hören.

Ein heute weit verbreitetes Tier der Region oberhalb der Waldgrenze ist das **Murmeltier**, ein hörnchenartiges Nagetier. Es bewohnt die weiten alpinen Matten bis hinauf an die Schneegrenze. Murmeltiere sind gesellig und leben in Familienverbänden in Territorien. Bei Gefahr, z. B. wenn ein Adler auftaucht, warnt ein Tier durch einen schrillen Schrei, der wie ein Pfiff wirkt. Die Murmeltiere verschwinden dann blitzartig in den Bauen. Sie besitzen Dauerbaue oder gelegentlich auch getrennte Sommer- und Winterbaue. Die Letzteren befinden sich dann meist in tieferen Lagen und reichen auch tiefer in den Boden, mit einer großen Schlafkammer. In dieser wird gemeinschaftlich der sechsmonatige Winterschlaf abgehalten. Da in früheren Jahrhunderten dem Murmeltier wegen seines „Mankeischmalzes" (Murmeltierfett), das in der Medizin Anwendung fand (und findet), sehr nachgestellt wurde, kam es

Murmeltier

Die Steinwildkolonien in den Hohen Tauern
Stand 2002

Tiroler Anteil:
Erfolgreiche Wiedereinbürgerungen:
1969 in Kals (Ködnitztal)
1976 in Matrei (Mattersberg)
1979 in Prägraten (Pebellalm und Umbaltal)
In angrenzenden Gebieten: 1976 Gerlos-Wimmertal und 1987/88 Zillergründl
(von hier aus auch Zuwanderung nach Osttirol)
Zugewanderte Kolonien: im Bereich Kals/Teischnitztal und Dorfertal, Virgen
Gesamtbestand im Osttiroler Anteil der Hohen Tauern: ca. 420 Tiere

Kärntner Anteil:
Erfolgreiche Wiedereinbürgerungen:
1960–1965 Gebiet zwischen Gößnitz- und Gradental
1989 Gebiet Kreuzkopf/Jungfernsprung-Aichhorn
Von diesen Gebieten starke Abwanderung
Zugewanderte Kolonien: Leitertal/Franz-Josefs-Höhe/Pfandlscharte, Großes und Kleines Fleißtal, Fragant
Heutiger Bestand im Kärntner Anteil der Hohen Tauern: rund 200 Tiere

Salzburger Anteil:
Erfolgreiche Wiedereinbürgerungen:
1970 Naßfeld/Gasteiner Tal
1978 Obersulzbachtal
1989 Anlauftal/Gasteiner Tal
ab 1994 Raurisertal (Bucheben)
Zugewanderte Kolonien: Mühlbachtal, Amertal, Stubachtal
Gesamtbestand im Salzburger Anteil: ca. 120 Tiere

Alpensteinbock

bis zur Mitte des vorigen Jahrhunderts in weiten Bereichen der Alpen, so auch in den Hohen Tauern, zur Ausrottung dieser Art. Wahrscheinlich war jedoch das Murmeltier früher in den mittleren und östlichen Ostalpen allgemein nur inselartig verbreitet. Im Land Salzburg haben sich Murmeltiere nur im Bereich des Hagengebirges und Steinernen Meeres bis in unsere Zeit gehalten. Erst Anfang unseres Jahrhunderts begannen umfangreiche Wiedereinbürgerungen. Heute ist das Murmeltier in den Hohen Tauern ein häufiges Säugetier.

Das höchststeigende Säugetier der Alpen ist die **Schneemaus**. Sie ist eine relativ große, silbergraue Wühlmaus mit kurzem Schwanz und kann auch tagsüber unschwer beobachtet werden. Sie bewohnt mit Vorliebe spaltenreiche Böden und schutt- bzw. blockreiche Gebiete mit unterschiedlichem Bewuchs bis hinauf über 3000 m Höhe. Unter der Schneedecke ist sie auch im Winter aktiv. Als weiteres Charaktertier der Alpinstufe ist auch der **Schneehase** besonders an die strengen Bedingungen dieses Lebensraumes angepasst. Sein Fellkleid bietet ihm das ganze Jahr über eine gute Tarnung: im Sommer ist es graubraun, im Winter weiß. Durch seine besonders breiten Pfoten ist er außerdem mit einem „Schneeschuh" ausgestattet, der ein allzu leichtes Einsinken in der Schneedecke verhindert. Der Schneehase ist ein ursprünglich arktisches Faunenelement, das als Eiszeitrelikt in den Alpen überdauert hat und heute eine typische arkto-alpine Verbreitung zeigt (Vorkommen einerseits in der Alpinstufe der Alpen und andererseits in den Tundren des Nordens).

Vögel

Knapp über 110 Vogelarten brüten im Bereich des Nationalparkes und seines Vorfeldes. Eine Reihe von zusätzlichen Arten ist im Frühjahr oder Spätsommer/Herbst zu beobachten, wenn sie auf ihrem Zug nach Süden bzw. Norden die Alpen überqueren. Wegen der insgesamt relativ hohen Artenzahl kann nachstehend nur auf die Brutvogelfauna eingegangen werden. Dabei wird zuerst, beginnend im Bergwaldgebiet, kurz auf einige Besonderheiten der wichtigsten Lebensräume hingewiesen und danach das Vorkommen der Brutvogelarten des in diesem Buch behandelten Gebietes in einer tabellarischen Übersicht zusammengefasst.

Vögel der Bergwaldregion

In den tieferen Lagen sind in der Nationalparkregion und ihrem engeren Vorfeld in manchen Bereichen noch Laub- bzw. Laubmischwälder (siehe Kapitel „Die Pflanzenwelt der Hohen Tauern") zu finden. Diesen Beständen folgend, dringen einige typische Laubwald-Vogelarten lokal relativ weit in das Alpeninnere vor, wo sie sonst weitgehend fehlen. Solche Arten sind z. B. **Gelbspötter, Sumpf-** und **Blaumeise, Waldlaubsänger** und **Weißrückenspecht**. Letzterer besiedelt dabei nur naturnahe Montanmischwälder mit reichlichem Totholzanteil und konnte bisher im Nationalparkgebiet nur im Fuscher Tal nachgewiesen werden. Als typischer Bewohner von Laubgebüschen ist die **Gartengrasmücke** zu nennen. Sie ist eine Charakterart der dichten, bachbegleitenden Erlengebüsche vorwiegend tieferer Lagen, besiedelt aber gelegentlich auch Grünerlengebüsche bis 1900 m Höhe.

Eine wichtige Rolle in der Lebensgemeinschaft des Waldes nehmen die Spechte ein. Neben dem oben erwähnten seltenen Weißrückenspecht kommen im Bergwald noch weitere fünf Arten vor, der häufigste ist der **Buntspecht**. In deutlich geringerer Dichte, aber weitgehend regelmäßig kommt der krähengroße **Schwarzspecht** in den ausgedehnteren Wäldern vor. In aufgelockerten, mit Wiesen und Weiden durchsetzten Wäldern findet man lokal den **Grün-** und **Grauspecht**. Ein Spezialist der Bergfichtenwälder ist der Dreizehenspecht. Diese Spechtarten legen sich meist jedes Jahr neue Bruthöhlen an und schaffen so mit der Zeit ein reiches Angebot an Lebensstätten für eine Reihe weiterer Tierarten. Die Höhlen dienen zahlreichen Vögeln als Brut- und Schlafplatz und ermöglichen auch manchen Schläfern, Fledermäusen sowie Eichhörnchen, Mardern, Hummeln usw. eine Ansiedlung. Eine weitere Spechtart, der **Wendehals**, baut selbst keine Höhlen. Auch er brütet in vorhandenen Spechthöhlen oder z. B. auch Nistkästen. Der Wendehals kommt als eine Besonderheit der Tauernsüdseite in lichten, sonnigen Lärchenwiesen bis in rund 1600 m Höhe vor.

Den oben genannten Laubwaldvögeln sind noch einige charakteristische Nadelwaldarten gegenüberzustellen. In fast allen Nadelbaumbeständen (vor allem Fichte) findet man die **Tannenmeise** und das **Wintergoldhähnchen**, etwas seltener auch das **Sommergoldhähnchen**. Goldhähnchen sind mit nur rund 9 cm Größe und 5 g Gewicht unsere kleinsten heimischen Vögel. Etwas ausgedehntere Fichtenbestände benötigt die **Haubenmeise**. Sie ist in den Nationalparkwäldern nicht selten. Im Nadelwaldbereich findet man weiters als einen

Hänfling

Charaktervogel von sonnigen, aufgelichteten Lärchenbeständen den **Berglaubsänger**. Als eine wärmeliebende Art trifft man ihn vor allem auf der Tauernsüdseite regelmäßig an, während er auf der Salzburger Tauernseite nur eher lokal verbreitet ist.

Als charakteristische Vögel der Nadelwälder unserer Bergregion sind auch die kleinen Eulenarten **Sperlings-** und **Rauhfußkauz** und der schon erwähnte **Dreizehenspecht** zu nennen. Der Sperlingskauz ist nur wenig größer als ein Spatz. Er ist ein tag- und dämmerungsaktiver Vogel- und Kleinsäugerjäger, der Beutetiere bis zur eigenen Körpergröße schlägt, ja manchmal sogar etwas größere. Der Rauhfußkauz ist wie die meisten Eulen nachtaktiv und benötigt für die Brut vor allem Schwarzspechthöhlen.

Bemerkenswerte Bergwaldbewohner der Hohen Tauern sind auch das **Auerhuhn** und das **Haselhuhn**. Beide Arten sind nicht sehr leicht zu beobachten und benötigen reich gegliederte und vielstufig geschichtete Waldabschnitte, wobei das Haselhuhn vorwiegend die tieferen Lagen mit hohen Laubholzanteilen bewohnt. Wesentlich leichter kann man in den Bergwäldern den **Tannenhäher** beobachten. Durch die Anlage zahlreicher, weit verstreuter Vorratslager von Zirbennüsschen, von denen immer wieder welche ungenutzt bleiben ist er ein wichtiger Faktor für die Verbreitung der Zirbe. Dort, wo sich der Wald nach oben hin lichtet und schließlich die Waldgrenze bildet und auch in der oberen, walddurchsetzten Almregion liegt das Hauptverbreitungsgebiet des **Birkhuhns** und der **Ringdrossel**. Letztere kann jedoch gebietsweise auch bis herab auf ca. 1000–1100 m Höhe angetroffen werden. Der **Birkenzeisig** ist ebenfalls ein charakteristischer Vogel der Waldgrenzeregion. Er hat jedoch in den letzten 10 bis 20 Jahren begonnen, sein Brutgebiet in weiten Teilen der Alpen talwärts auszudehnen und ist nun schon Brutvogel mancher Nationalparkdörfer. Eine Besonderheit der Wald- und Baumgrenzeregion der Tauernsüdseite ist der **Hänfling** oder **Bluthänfling**. Sein Hauptverbreitungsgebiet ist das Kulturland der Niederungen. In klimatisch günstigen Lagen der Tauernsüdseite brütet er jedoch auch in der obersten Subalpinstufe.

Vögel der Bäche

Bergbäche sind ein besonders prägendes Element unseres Hochgebirges. An diesen Gewässern gibt es zwei Spezialisten unter den Vögeln, die man auch relativ leicht beobachten kann: die **Wasseramsel** und die **Gebirgsstelze**. Die Wasseramsel ist unser einziger echter Wasservogel unter den Singvögeln, der auch hervorragend schwimmt und taucht. Die Wasseramsel führt einen Großteil der Nahrungssuche tauchend durch, wenn sie am Grund der Bäche nach verschiedensten Insektenlarven sucht. Die Gebirgsstelze sucht ihre Nahrung, ebenfalls Insekten und deren Larven, vorwiegend am Ufersaum der Bergbäche. Ein seltener Charaktervogel naturnaher Flussabschnitte mit Schotterflächen ist in der Nationalparkregion – insbesondere an der Isel in Osttirol – der gefährdete **Flussuferläufer**. An schotterreichen Flussstrecken der Isel kommt möglicherweise auch noch der ebenfalls gefährdete **Flussregenpfeifer** als Brutvogel vor.

Vögel der Felsstandorte unterhalb der Waldgrenze

Felsen in der Bergwaldstufe sind nicht nur wichtig als Horstplätze für einige größere Vogelarten wie **Steinadler, Kolkrabe, Uhu, Wander-** und **Turmfalke**, sie sind auch ein charakteristischer Lebensraum für Felsspezialisten. Vor allem an sonnigen, ausgedehnten Südwänden brüten zwei Arten, deren Hauptverbreitungsgebiet bei uns das südliche Europa ist; es sind dies die **Felsenschwalbe** und der **Alpensegler**. Beide kommen häufiger auf der Tauernsüdseite vor (Täler des Kärntner und Tiroler Nationalparkanteils), die Felsenschwalbe aber auch in einigen Tälern der Tauernnordseite. Der Alpensegler brütet dort wahrscheinlich nur im Mur-, Großarl- und Gasteiner Tal. Als Besonderheit der Tauernsüdseite sind auch noch einzelne Felskolonien der **Mehlschwalbe** zu erwähnen (z. B. Umbaltal). Solche Wände stellen die ursprünglichen Brutplätze dieser Schwalbe dar, die jedoch heute fast nur mehr an menschlichen Bauten brütet.

Felsenschwalbe

Bartgeier

Vögel der Alpinstufe

Die weiten Grasheiden, Schutt- und Geröllfluren und Felsregionen oberhalb der Baumgrenze sind der Lebensraum unserer größten heimischen Greifvögel, des Steinadlers und der Geier. **Steinadler** leben paarweise in riesigen, 50–150 km² großen Territorien. Im Bereich des Nationalparks (Nord- und Südseite der Tauern) dürften rund 25 Paare leben.

Eine Besonderheit des Nationalparks sind zweifellos die Geier. Zwischen Mai und September halten sich regelmäßig zwischen 40 und 80 Stück **Gänsegeier** (auch **Weißkopfgeier** genannt) in den Hohen Tauern auf. Es sind reine Übersommerer, das heißt, die Tiere brüten nicht bei uns. Diese Gänsegeier stammen aus dem nördlichen Balkangebiet. Von dort streichen jährlich jüngere Tiere (Geschlechtsreife frühestens mit 4–5 Jahren) bzw. nicht brütende Altvögel oder Tiere, deren Brut erfolglos blieb, in die Tauern. Hier fliegen sie das gesamte Gebiet ab. Im Bereich des Rauriser und Hollersbachtales liegen die bekanntesten Schlafwände dieser Tauerngeier. Die Schlafplätze sind leicht an den weißen Kotstreifen erkennbar, auf denen sich gerne stickstoffliebende rostrote Krustenflechten ansiedeln. Deshalb werden die „Geierwände" im Volksmund oft als Rotwände bezeichnet. Eine ehemals heimische, jedoch ausgerottete Geierart ist der **Bartgeier**. Erfreulicherweise kann man ihn wieder in den Hohen Tauern segeln sehen. Sein derzeitiges Come-back ist auf ein erfolgreiches Wiedereinbürgerungsprojekt in den Alpen zurückzuführen. 1986 begann man im Rauriser Krumltal unter fachkundiger Betreuung jährlich Jungtiere freizulassen. Das Projekt wurde dann bald auf den gesamten Alpenbogen ausgedehnt mit weiteren Freilassungsorten in

Bartgeier

Alpenmauerläufer, ein typischer Brutvogel in den Osttiroler Klammen und alpinen Felsregionen

Frankreich, in der Schweiz und in Italien. In den Hohen Tauern setzte man die Freilassungen in Rauris bis 1999 fort. Seither werden die Wiedereinbürgerungsgebiete auf den gesamten Nationalpark verteilt. Im Jahr 2000 wurden Junggeier im Kärntner Seebachtal freigelassen, 2001 im Innergschlöß/Matrei und 2002 im Gasteiner Tal. 1997 hat sich in Frankreich der erste Bruterfolg in freier Wildbahn eingestellt. Seither (bis 2002) sind dort und schließlich auch in den italienischen Alpen insgesamt 13 Jungvögel erbrütet worden. Der erste Brutversuch in den Hohen Tauern, 2001 in Heiligenblut, scheiterte leider. Aber die Entwicklung stimmt auch hier zuversichtlich.

Die karge, schneereiche Hochgebirgsregion ist auch der Lebensraum unseres höchststeigenden Raufußhuhns, des **Alpenschneehuhns**. Es ist in der Alpinstufe des Nationalparkes nicht selten. Im Sommer trägt es ein braun geflecktes, im Winter ein weißes Federkleid und ist so das ganze Jahr über bestens getarnt. Deutlich seltener ist ein weiterer alpiner Hühnervogel, das **Steinhuhn**. Wegen seiner scheuen und heimlichen Lebensweise in meist unwegsamem, felsigem Gelände ist es nur schwer zu beobachten. Als wärmeliebende Art kommt es bevorzugt auf der Tauernsüdseite vor.

Weitere Hochgebirgsspezialisten sind auch unter den Singvögeln zu finden. Die häufigste dieser Arten ist der **Wasserpieper**, ein Charaktervogel der alpinen Grasheiden. Er ist zwar unscheinbar gefärbt, kann jedoch durch seinen markanten Singflug leicht entdeckt werden. Während des Gesanges, einer monotonen Folge von hohen „zi"- oder „tschri"-Lauten, steigt der Wasserpieper hoch in die Luft und gleitet mit weit ausgebreiteten Flügeln und erhobenem, gespreiztem Schwanz fallschirmartig zurück zum Boden. An klimatisch begünstigten sonnenexponierten Grashängen und Bergmähdern bis oberhalb der Waldgrenze findet man auf der Tauernsüdseite lokal auch noch die **Feldlerche**, die sonst nur das weite Kulturland offener Tallagen bewohnt.

Wo die Grasheiden von Steinen und Geröllstreifen durchsetzt sind, liegen die Territorien des **Steinschmätzers**, der lokal auch im Tiefland und in Tundren des Nordens vorkommt. Felsige Bereiche sind der Lebensraum der **Alpenbraunelle** und des **Hausrotschwanzes**. Erstere ist ein reiner Hochgebirgsvogel, während Letzterer häufig auch an Gebäuden und in Siedlungen des Tales vorkommt. Ein hoch spezialisierter Felsvogel und wohl der beste Kletterer unter den Alpenvögeln ist der **Mauerläufer**. Er bewohnt ausgedehnte Felswände der Alpinstufe, brütet aber gelegentlich auch in entsprechenden Lebensräumen tieferer Regionen, so auch in manchen Klammen in Talnähe. Der Extremste unter den Singvögeln des Hochgebirges ist der **Schneefink**, ein Verwandter unseres Hausspatzen. Er brütet mitunter noch oberhalb von 3000 m und ist auch im Winter kaum unter 2000 m Höhe anzutreffen. Der Schneefink ist in manchen erschlossenen Gebieten, vergleichbar dem Hausspatzen im Tal, zu einem alpinen Kulturfolger geworden (Bruten in Schutzhütten und anderen Bauten). Eine Anpassung an den Menschen hat auch die **Alpendohle** entwickelt, die es besonders versteht, verwertbare Abfälle im Bereich von Schutzhütten und Berggasthöfen zu nutzen.

Schneefink, der höchststeigende Brutvogel der Alpen

Übersicht über die Brutvogelfauna des in diesem Führer behandelten Nationalparkbereichs und seines Vorfeldes (einschließlich der übersommernden und wiedereingebürgerten Geier):

Legende:

🏠 = Siedlungsgebiet

🌳 = Laubwald, Mischwald

᎗ = offenes Kulturland (Wiesen, Weiden) tieferer Lagen

🌲 = Nadelwälder tieferer Regionen

᎗🌳 = halboffenes Kulturland tieferer Lagen (gegliederte Flächen mit Hecken, Baumgruppen, Waldrändern)

🌲🌲 = Nadelwälder höherer Regionen einschließlich der eingeschlossenen Almen und der Waldgrenzeregionen

〰🌿 = Feuchtgebiete, Teiche, kleine Seen tieferer Lagen

🪨 = Felsstandorte unterhalb der Waldgrenze

〰 = Bäche

⛰ = Alpinstufe

ˢ = gilt nur für die Tauernsüdseite

Arten, die relativ leicht festzustellen sind:

	🏠	᎗	᎗🌳	〰🌿	〰	🌳	🌲	🌲🌲	🪨	⛰
Stockente				•	•					
Turmfalke		•	•						•	•
Türkentaube	•									
Kuckuck	•		•			•	•	•		
Mauersegler	•								•	
Buntspecht	•					•	•	•		
Feldlerche		•								•ˢ
Rauchschwalbe	•	•	•	•						
Mehlschwalbe	•	•	•	•						
Gebirgsstelze					•				•	
Bachstelze	•	•	•							
Wasserpieper								•		•
Baumpieper			•							
Wasseramsel					•					
Zaunkönig	•					•	•	•		
Heckenbraunelle	•					•	•	•		
Mönchsgrasmücke	•		•			•				
Zilpzalp	•		•			•	•	•		
Wintergoldhähnchen	•						•	•		
Sommergoldhähnchen	•						•			
Hausrotschwanz	•	•	•						•	•
Rotkehlchen	•		•			•	•	•		
Misteldrossel							•	•		
Wacholderdrossel	•	•	•			•	•	•		
Singdrossel	•					•	•	•		
Ringdrossel							•	•		

	🏠	🌱	🌳	🌾	〰️	🌲(Laub)	🌲(Nadel)	🌲🌲(Wald)	⛰️(Fels)	🏔️
Amsel	•		•			•	•			
Haubenmeise						•	•	•		
Weidenmeise						•	•	•		
Kohlmeise	•		•			•	•	•		
Tannenmeise	•		•			•	•	•		
Waldbaumläufer						•	•	•		
Kleiber	•					•	•	•		
Goldammer	•		•			•	•			
Buchfink	•		•			•	•			
Grünling	•	•	•			•	•			
Birkenzeisig	•									
Gimpel						•	•	•		
Fichtenkreuzschnabel							•	•		
Haussperling	•									
Star	•	•	•			•	•			
Eichelhäher						•	•			
Tannenhäher							•	•		
Alpendohle										•
Rabenkrähe (selten Mischlinge Raben-/Nebelkrähe)	•	•	•			•	•			
Kolkrabe		•	•						•	•

Arten, deren Beobachtung etwas Geduld bzw. Erfahrung erfordert oder die weniger regelmäßig oder selten vorkommen:

	🏠	🌱	🌳	🌾	〰️	🌲(Laub)	🌲(Nadel)	🌲🌲(Wald)	⛰️(Fels)	🏔️
Wespenbussard			•			•				
Bartgeier										•
Gänsegeier										•
Sperber			•				•	•		
Habicht			•			•	•	•		
Mäusebussard		•				•	•			
Steinadler									•	•
Baumfalke		•	•	•		•				
Wanderfalke		•	•						•	•
Haselhuhn						•	•			
Alpenschneehuhn										•
Birkhuhn							•			
Auerhuhn							•	•		
Steinhuhn									•	•
Flußuferläufer					•					
Ringeltaube		•	•			•	•			
Turteltaube			•							
Uhu		•	•	•					•	•
Sperlingskauz							•	•		
Waldkauz			•			•	•			
Waldohreule		•	•	•						
Rauhfußkauz							•	•		

	🏠	🌿	🌳	🎋	〰️	🌲	🌲	🌲	🪨	⛰️
Alpensegler									•	•
Wiedehopf			•							
Wendehals	•		•							
Grauspecht	•		•			•	•			
Grünspecht	•		•			•	•			
Schwarzspecht						•	•	•		
Dreizehenspecht							•	•		
Felsenschwalbe									•	
Alpenbraunelle										•
Gartenrotschwanz	•		•					•		
Braunkehlchen		•								•s
Schwarzkehlchen		•								
Steinschmätzer										•
Steinrötel										•
Sumpfrohrsänger				•						
Gelbspötter						•				
Klappergrasmücke	•		•					•		
Dorngrasmücke			•							
Gartengrasmücke						•				
Berglaubsänger							•	•		
Waldlaubsänger						•				
Grauschnäpper	•		•			•	•	•		
Schwanzmeise	•		•			•	•			
Sumpfmeise	•		•			•				
Blaumeise	•		•			•				
Mauerläufer									•	•
Pirol						•				
Neuntöter			•					•		
Elster	•		•							
Dohle	•	•	•							
Feldsperling	•		•							
Schneefink										•
Girlitz	•	•	•			•				
Stieglitz	•	•	•							
Erlenzeisig							•	•		
Hänfling	•	•	•					•		
Kernbeißer						•				

Alpen- oder Bergmolch (unten Männchen, oben Weibchen)

Amphibien und Reptilien

Ein weit verbreiteter Lurch der Hohen Tauern ist der **Grasfrosch**. Er hat eine stumpfe Schnauze und einen gesprenkelten Bauch. Seine Rückenfärbung ist sehr variabel (grau, braun, rötlich, oliv, gelblich). Der Grasfrosch steigt in den Hohen Tauern noch über die Waldgrenze empor und kann gelegentlich sogar bis über 2500 m Höhe gefunden werden. Im Frühjahr sind in Bergtümpeln auch seine großen Laichballen auffällig. Grasfrösche unternehmen gleich anderen Froschlurchen oft weite Wanderungen von und zu ihren Laichplätzen. Über die Wanderungen der Grasfrösche des Nationalparkgebietes wissen wir jedoch noch relativ wenig.

In tieferen Lagen leben noch drei weitere Froschlurch-Arten: die **Gelbbauchunke**, der **Laubfrosch** und die **Erdkröte**. Während Erstere weitgehend auf die talnahen Bereiche beschränkt sind und vor allem der Laubfrosch sehr selten ist, ist die Erdkröte in den Hohen Tauern einigermaßen verbreitet und kommt lokal noch bis in rund 2000 m Höhe vor.

Weit verbreitet im Nationalpark ist der schwarze **Alpensalamander**. In den Hohen Tauern findet man ihn bereits im lichten Bergwald und darüber hinaus bis hoch in die Alpinstufe. Er ist bestens an die rauen Hochgebirgsbedingungen angepasst und bringt zwei lebende Junge zur Welt. Der Alpensalamander ist vorwiegend nachtaktiv und versteckt sich tagsüber unter Steinen, Ästen oder in Bodenlöchern. Bei feuchtem Wetter trifft man ihn aber nicht selten auch tagsüber an. In der Osttiroler Nationalparkregion kommt in den südlichen Teilen des Bezirks (z. B. Lienz-Debanttal) in Laubwäldern bis rund 1000 m Höhe auch der **Feuersalamander** vor.

Der **Alpenmolch** oder **Bergmolch** ist vor allem während des Frühjahres leicht zu beobachten, wenn er sich zur Laichzeit in Tümpeln und Bergseen aufhält. Um zu diesen Gewässern zu kommen, muss er unter Umständen sogar über Schneefelder wandern. Im Hochgebirge bleiben die Molche zum Teil den Sommer über in den Gewässern. Bergmolche sind leicht an der orangeroten Unterseite zu erkennen. Zur Laichzeit haben die Männchen auch noch wunderschöne blaue Flanken. Der Alpenmolch ist im Nationalpark weit verbreitet und man findet ihn von den Tallagen bis über 2000 m Höhe, gelegentlich sogar bis ca. 2500 m. Sehr selten ist hingegen in der Nationalparkregion der **Teichmolch**. Er ist ausschließlich auf die Tallagen beschränkt und es gibt in Osttirol wahrscheinlich nur ein aktuelles Vorkommen.

Unter den Reptilien des Nationalparkes ist die **Berg-** oder **Waldeidechse** wohl die häufigste Art. Die meisten Exemplare haben eine vorwiegend braune Färbung. Bergeidechsen können aber mitunter auch sehr dunkel sein. Während der Paarungszeit haben die Männchen zum Teil eine schöne orangerote Unterseite. Bergeidechsen leben einerseits in Mooren des Flachlandes und andererseits in der Montan- bis oberen Alpinstufe. In den tieferen Lagen kann man in Osttirol lokal auch die **Mauereidechse** finden. Sie dringt hier als wärmeliebende Art von Süden her bis in die Tauernregion vor. Dafür fehlt in den Tallagen Osttirols offenbar die **Zauneidechse**, die in den tieferen Lagen nördlich des Tauernkammes verbreitet vorkommt. Im Gegensatz zu diesen beiden Arten ist die Bergeidechse lebend gebärend. Durch diese Anpassung kann sie nicht nur Gebirge bis hoch hinauf in die Alpinstufe besiedeln, sondern auch den Norden bis in arktische Regionen. Ähnliches gilt auch für die lebend gebärende **Kreuzotter**. Sie ist die einzige Giftschlange der Hohen Tauern. Die Färbung der Kreuzotter ist sehr variabel. Vor allem hellere Tiere haben ein deutliches Zickzackband auf der Oberseite. Daneben gibt es auch braune und schwarze Kreuzottern. Erstere Variante wird oft als Kupferotter, letztere als Höllenotter bezeichnet. Auch die Kreuzotter steigt bis weit in die Alpinstufe empor und bevorzugt Grasheiden mit Blockwerk oder sonnige Rasen. Ihre Nahrung besteht fast ausschließlich aus Mäusen. Seltener als die Kreuzotter ist in den hohen Tauern die **Ringelnatter**. Sie hält sich bevorzugt in Wassernähe auf, dürfte aber kaum in größere Höhen aufsteigen. Sie kann jedoch im Hochgebirge gelegentlich bis über 2000 m angetroffen werden. Eine der seltensten Reptilienarten der Hohen Tauern ist wohl die **Schlingnatter** oder **Glattnatter** (auch **Österreichische Natter** genannt), die oft mit der Kreuzotter verwechselt und wie diese leider oft auch verfolgt wird. Sie ernährt sich hauptsächlich von Eidechsen und anderen Schlangen (Kreuzottern). Die Schlingnatter liebt trockene, sonnige Hänge und steinige Berglehnen. Über ihre Verbreitung in den Hohen Tauern wissen wir jedoch noch relativ wenig. Im Allgemeinen kann man sie mit der Kreuzotter noch über 2000 m Höhe antreffen.

Schwarze Kreuzotter oder Höllenotter, eine häufige Farbvariante im Hochgebirge

6. Geschichte, Entstehung der Kulturlandschaft und historische Verkehrswege in der Nationalparkregion

Der Hirschbichl im innersten Defereggental, eine Jagdstation mittelsteinzeitlicher Jäger. Von hier stammen die ältesten menschlichen Funde aus der gesamten Nationalparkregion (7./6. Jahrtausend v. Chr.)

Geschichtlicher Überblick

Der Bezirk Lienz des Bundeslandes Tirol lässt sich geographisch deutlich in drei Regionen gliedern: Lienzer Raum, Drautal als Teil des Pustertales, Iselregion mit dem Defereggen- und dem Kalser Tal, dem Matreier Becken und den dort einmündenden Tälern Virgental und Tauerntal. – Neben Nußdorf-Debant und Dölsach sind es in erster Linie die Gemeinden der Iselregion, die am Nationalpark Hohe Tauern Anteil haben.

Die bisher ältesten Funde in diesem Bereich, die auf die Anwesenheit von Menschen hinweisen, stammen vom so genannten **Hirschbichl** (ca. 2140 m) im innersten Defereggental in der Nähe des Staller Sattels. Sie sind in die **ältere Mittelsteinzeit** (7./6. Jahrtausend v. Chr.) zu datieren. Es handelt sich hauptsächlich um Steingeräte zur Fell- und Fleischbearbeitung, die wohl von Jägern herrühren. Der Hirschbichl gehört zu einer Fundgruppe, die als saisonale **Jägerrastplätze** gedeutet werden.

Zu den ältesten Fundplätzen der Region zählt weiters **Kals**. Ein aufgefundenes **Lochbeil** aus Serpentin gehört der Zeit um 2000 v. Chr. an. Beim Bau einer Felsenkapelle stieß man auf eine **prähistorische Feuerstätte** mit zahlreichen Tierknochen, die auch als Kultplatz gedeutet wird.

Mit der **Bronzezeit** (ca. 17.–13. Jahrhundert v. Chr.) wird die Überlieferung dichter. Das zur

Bruchstück einer Situla (Bronzeeimer) aus Virgen/Welzelach aus dem 5. Jahrhundert v. Chr., dargestellt ist eine Hasenjagd

Lochbeil aus Serpentin aus Kals (um 2000 v. Chr.)

Legierung mit Zinn benötigte Kupfer wurde aus den Lagerstätten der Iselregion gewonnen. Besonders das **Virgental** stellt sich als früher Siedlungsboden dar, wenn aus nahezu allen urgeschichtlichen Perioden immer wieder Funde ans Tageslicht kommen. Zum Beispiel wurden auf der „Burg" hinter Obermauern Fundamente von Wohnbauten aus der frühen **Eisenzeit** (7.–5. Jahrhundert v. Chr.) ausgegraben. Aus Virgen/Welzelach stammt ein **hallstattzeitlicher** und kulturhistorisch äußerst bedeutsamer Fund (5. Jahrhundert v. Chr.): ein Gräberfeld mit 56 **Brandgräbern**. Unter den reichen Beigaben befanden sich Schmuck, Waffen, Gefäße, Werkzeuge, Geräte. Der wichtigste Fund ist ein figural verziertes Bruchstück einer Situla (Bronzeeimer). Die Iselregion gehörte – neben dem Bereich des übrigen Bezirkes Lienz – der **latènezeitlichen** Kulturgruppe „Fritzens-Sanzeno" an, was aus dem Fundmaterial deutlich hervorgeht. Auch in der **Keltenzeit** ist das Virgental mit Funden wieder sehr stark vertreten. Noch bevor das keltische „**Regnum Noricum**" dem Römischen Reich angeschlossen worden ist, lassen sich Handelsbeziehungen mit den Römern anhand von Münzfunden nachweisen. Gewichtiges Zentrum im äußersten Westen der Provinz Noricum war die Stadt **Aguntum** östlich des heutigen Lienz, die in einer langen friedlichen Periode materiellen Wohlstand und eine kulturelle Blüte erlebte. Die mehrfache Gefährdung Aguntums musste sich auch auf die Iselregion auswirken. Eine echte Umstrukturierung der ethnischen Gegebenheiten der ganzen Gegend brachte nach dem Ende des weströmischen Reiches in der **Völkerwanderungszeit** die Niederlage der **Bajuwaren** gegen die **Slawen** bei Aguntum. Diese waren von Osten heraufgezogen, während die Bajuwaren durch das Pustertal vorgedrungen waren. Dadurch bildeten sich im Lienzer Raum in der Folgezeit auch politische Grenzen aus. Während das Pustertal zum **Herzogtum Bayern** gehörte, wurde der Bereich östlich der Lienzer Klause, das Lienzer Becken mit Iseltal, zum **Herzogtum Kärnten** geschlagen. Diese Grenze wurde dadurch gemildert, dass Bajuwaren und Karantanen im Reich **Karls des Großen** vereint wurden.

Im westlichsten Teil des Herzogtums Kärnten lag der Lienzer Gau in der **Grafschaft Lurngau**. Hier konnte sich das Geschlecht der **Meinhardiner**, der späteren Grafen von Görz, durchsetzen. In der 2. Hälfte des 12. Jahrhunderts gelangte Graf **Heinrich von Lechsgemünd** im Heiratsweg in den Besitz einer großen Grundherrschaft im Raum Matrei. Ihm gehörte jenseits des Tauern bereits der Oberpinzgau mit Mittersill.

Um 1200 konsolidierten sich die politischen Kräfte in der Iselregion – und auch im Bereich des übrigen Bezirkes Lienz – für Jahrhunderte. Im Jahr 1207 verkaufte der Graf von Lechsgemünd seinen gesamten Besitz dies- und jenseits des Tauern an **Erzbischof Eberhard von Salzburg**. Zur salzburgischen „Herrschaft **Windisch-Matrei**", welche Bezeichnung üblich wurde, gehörten Matrei-Markt, das nur spärlich bewohnte Tauerntal, rund zwei Drittel des Defereggentales mit Hopfgarten und St. Veit und das Iseltal in Richtung Lienz bis vor St. Johann im Walde. Die Bezeichnung von Gericht und auch Pfarre Matrei als „Windisch-Matrei" ist erstmals 1334 nachweisbar, zu einem Zeitpunkt, als der allergrößte Teil slawischen Volkstums und die slawische Umgangssprache aus dem Iseltal bereits verschwunden waren. Man nimmt an, dass es sich bei der Bezeichnung „Windisch-Matrei" um eine Einführung der Salzburger Kanzlei handelte, um den Unterschied zu Matrei am Brenner herauszustellen. Der übrige Bereich der Iselregion, das Virgental, Kals und das innere Defereggental, gehörte zur Herrschaft Lienz in der Grafschaft Görz. Er wurde unterteilt in das Gericht Kals und das Gericht Virgen, wozu auch St. Jakob in Defereggen gehörte. Die Grafen von Görz konnten in ihren Gebieten die volle Landeshoheit ausbauen und galten als reichsunmittelbare Fürsten.

Mit dem Tod des letzten Grafen von Görz im Jahr 1500 fielen alle seine Gebiete, damit auch die Herrschaft Lienz, an König **Maximilian I.**, den späteren Kaiser. Die Gerichte im Pustertal vereinigte er mit der **Grafschaft Tirol**. An den Grenzen gegenüber der salzburgischen Herrschaft Windisch-Matrei änderte sich nichts. Die unmittelbare Verwaltung in der Herrschaft Lienz wurde zunächst durch die Freiherren bzw. Grafen von Wolkenstein-Rodenegg geführt und von 1653 bis 1783 durch das Königliche Damenstift in Hall im Inntal. Wie schon in der Görzer Zeit kam es auch nun mit dem salzburgischen Nachbarn mehrfach zu Meinungsverschiedenheiten und Streit.

Die tirolisch-salzburgische Nachbarschaft im Iseltal währte durch Jahrhunderte. Erst in der **Napoleonischen Ära** kam Bewegung in die stabilen politischen Verhältnisse. Mit dem so genannten Reichsdeputationshauptschluss (1803) wurden alle geistlichen Fürstentümer aufgelöst. Im Fall Salzburg übernahm dieses der Habsburger Erzherzog Ferdinand, und außerdem gelangte es nun in den Rang eines Herzogtums. Diese Herrschaft dauerte nicht lange, denn mit dem Frieden von Pressburg vom Dezember 1805 wurde das Herzogtum Salzburg – und damit auch die Herrschaft Windisch-Matrei – unmittelbar dem **Kaisertum Österreich** angeschlossen, während Tirol mit dem **Königreich Bayern** vereint wurde. Im Jahr der **Tiroler Erhebung 1809** kämpften gegen Ende des Aufstandes auch die Matreier Seite an Seite mit den benachbarten Tirolern. Im Jahr 1811 wurde durch Napoleon eine Neuregelung getroffen. Er vereinigte das gesamte östliche Pustertal, egal welchem Herrschaftsbereich es bisher unterstanden hatte, mit den illyrischen Provinzen, die direkt dem **Kaisertum Frankreich** angehörten. Damit riss nach etwas mehr als 600 Jahren die enge Bindung von Matrei zu Salzburg ab. Im Sommer 1813 beseitigten österreichische Truppen die französische Fremdherrschaft und 1814 wurde die ehemals salzburgische Herrschaft Matrei offiziell mit **Tirol** und **Österreich** vereinigt.

Entstehung der Kulturlandschaft

Vor der **Völkerwanderungszeit** waren in der Iselregion vor allem das Matreier Becken und das Virgental besiedelt, wozu wohl der **Bergbau** den Ausschlag gegeben hatte. Auch im Kalser Tal fanden sich Hinweise auf Besiedlung in der Römerzeit. Das Defereggental hingegen, durch seine schluchtartige Verengung vom Iseltal her schwer zugänglich, scheint noch nicht nennenswert besiedelt gewesen zu sein. Mit dem Abdrängen der **Slawen** ins Iseltal änderte sich die Situation. Mag die bisherige Oberschicht auch abgewandert sein, so ersieht man doch aus manchen Quellen, dass die romanisierte Bevölkerung weiter existieren konnte, dass die Landnahme der Slawen – weil vielleicht in der Minderzahl – eher friedlich vor sich gegangen ist. Im Reich Karls des Großen stießen die **Bajuwaren** nach. Die ehemalige ethnische Konstellation lässt sich sehr gut an überlieferten **Flurnamen** ablesen, wofür Kals besonders gute Beispiele vorrömischer, alpenromanischer, slawischer und germanischer Flur- und Örtlichkeitsnamen bietet. Im Virgental ist die Situation ähnlich; ein bezeichnendes Beispiel für slawische Namen ist die Ortsbezeichnung „Prägraten", was so viel wie „vor der Burg" heißt. Das Defereggental scheint erst jetzt von den Slawen von Osten her besiedelt worden zu sein. Später rückten Bajuwaren von Westen über den Staller Sattel vor. In Defereggen war die slawische Besiedlung wohl am dichtesten.

Mit Konsolidierung der Verhältnisse und der Einführung der Grafschaftsverfassung im Fränkischen Reich war der Gaugraf faktisch Grundherr. Er schenkte Grund und Boden an geistliche Institutionen und an Adelige, womit ihnen die Verpflichtung zur **Rodung** auferlegt war.

Im Mittelalter wurde überhaupt die Grundlage für Wirtschaftsformen gesetzt, die im Bereich der Landwirtschaft bis ins 19. Jahrhundert gültig blieben, was natürlich nicht nur auf die Täler der Iselregion beschränkt blieb. Interessant sind die bäuerlichen Besitzverhältnisse in unserem Raum. **Vollfreie Bauern** mit Grund und Boden als Privateigentum gab es eher wenige. Andererseits kam aber auch das andere Extrem, die Leibeigenschaft, eine persönliche und wirtschaftliche Unfreiheit, nicht allzu lange vor. Die Masse der Bauern hatte ein **Freistiftgut** inne. Dabei konnte der Bauer den Hof an sich nur jeweils für ein Jahr in Pacht nehmen. Es sind aber keine Fälle von „Abstiftung" bekannt. Unter der Gefahr des Verlustes des Anwesens waren die Untertanen aber der Willkür des Grundherrn bezüglich Abgaben ausgeliefert. Neben dem jährlichen Zins waren noch verschiedene andere Gebühren zu entrichten. Die Abgaben wurden zunächst in Naturalien beglichen, mit zunehmender Geldwirtschaft auch in Münzen. Den gesamten Grundbesitz eines Herrn oder einer Institution bezeichnete man als „Urbar". Dieser Name wurde auch für das Verzeichnis der Güter, Grundstücke und der darauf liegenden Natural- bzw. Geldzinse üblich.

Zu den wichtigsten Grundherren in der inneren Iselregion zählten das Hochstift Salzburg, die Grafen von Görz und Kloster Neustift bei Brixen. Daneben gab es noch zahlreiche kleinere Grundherren wie die verschiedenen Kirchen, die den Grundbesitz teils aus der Hand von Adeligen übereignet bekommen hatten.

Wesentlich günstiger war das **Lehenrecht**, eine langfristige Verleihung eines Gutes gegen entsprechenden Zins. Oft sind die Lehengüter aus den Besitzungen freier Bauern entstanden. Die bäuerliche **Besiedelung** in den Tälern der Iselregion beschränkte sich seit jeher nicht nur auf **Talsiedlungen**, sondern bezog auch die **Hanglagen** mit ein. Im Matreier Becken und im Tauerntal reicht die Besiedlung über 1500 m hinauf. Im Virgental mit Prägraten steigt die Obergrenze der Dauersiedlungen nur selten über 1500 m an. Der Grund dafür liegt in der starken Vergletscherung des nahen Venedigermassivs, wobei sich die kalten Luftmassen bei einer Engstelle innerhalb des Tales aufstauen. In Defereggen, Paralleltal zum Virgental, reicht die Besiedlung auf den sonnseitigen Hängen viel weiter hinauf. Nicht wenige Höfe liegen über 1600 m, ja, selbst die Marke von 1700 m wird knapp überschritten! Das Ansteigen der Siedlungsgrenze in diesem Tal hängt natürlich mit der günstigen geografischen Lage zusammen, mit dem Schutz gegen Norden durch die gletscherfreie Lasörlinggruppe. Für dieses Tal ist noch **Jagdhaus** in der Nähe des Klammljoches erwähnenswert. Schon im Jahr 1212 wird Jagdhaus genannt; die dortigen sechs Schwaighöfe waren ganzjährig bewirtschaftet. Doch die Gehöfte, mit rund 2000 Meter Seehöhe weit über der durchschnittlichen Obergrenze der Dauersiedlungen gelegen, konnte man nicht halten und so wurden sie weiterhin als Almen genützt. Im Kalser Tal steigt die Siedlungsgrenze ebenfalls auf über 1600 m und 1700 m hinauf. Die Nähe der Gletscher wirkt sich hier insofern weniger aus, als die kalten Luftmassen ungehindert durch das nach Süden offene Tal abfließen können.

Auf Grund der Höhenlage spielte in der Iselregion immer schon der **Getreidebau** im Vergleich zur **Viehzucht** eine untergeordnete Rolle. Von größter Bedeutung waren daher die hoch über den Dauersiedlungen gelegenen **Almen**.

In früheren Jahrhunderten kam hier neben der Landwirtschaft dem **Bergbau** wirtschaftlich einige Bedeutung zu. Zugleich formte er die Kulturlandschaft entscheidend mit. Abgesehen von prähistorischer und römischer Zeit dürfte er nach einer Unterbrechung in Defereggen, und zwar im Raum Hopfgarten, neuerlich eingesetzt haben. Hier hat sich auch der aus dem Slawischen kommende Bergname „Rudnig" erhalten, was „Erzberg" bedeutet. Eine erste Blüte des Bergbaues fällt noch in die Zeit vor 1500. Entsprechend der Verflechtung der politischen Grenzen zwischen der salzburgischen Herrschaft Windisch-Matrei und den angrenzenden görzischen bzw. später Tiroler Gerichten kam es im Bergbau immer wieder zu Meinungsverschiedenheiten. Schließlich wurde zwischen Tirol und Salzburg ein gemeinsamer Bergrichter bestellt, ein so genannter „sumulativer Bergrichter".

Die Bergschätze von Defereggen und Virgen waren relativ reichhaltig und veranlassten die Freiherren von Wolkenstein-Rodenegg zur Gründung der Messinghütte in Lienz. Zwar erreichte der Bergbau in der Iselregion nie jene Bedeutung wie im Salzburgischen oder in Nordtirol, doch bot er vielen Menschen eine Existenzmöglichkeit neben der kargen Landwirtschaft. Einer der Gründe war, dass den vielen einheimischen Gewerken, den Bergbauunternehmern, zu denen Bürger aus Lienz und Matrei, Beamte, Geistliche und selbst Bauern gehörten, Betriebskapital und Erfahrung fehlten. Erst als Schwazer Gewerken am Plintes im Trojeralmtal (Defereggen) und die Glaureter Gewerkschaft mit Sitz in Fieberbrunn sich engagierten, arbeitete man rentabel. Belehnungen wurden in erster Linie auf Kupfer, Eisen, Blei, kaum auf Gold und Silber vergeben. Im 17. Jahrhundert ließ der Bergbau bereits stark nach, im 18. Jahrhundert ist er erloschen. Heute erinnern noch kahl geschlagene Berglehnen, Mundlöcher, Halden und vor allem das „Handelshaus" von 1627 als ehemaliges Verwaltungsgebäude des Deferegger Bergwerkshandels an den ehemaligen Bergbau in diesem Tal. Im Kalser Tal waren die Kupfervorkommen im Teischnitztal und bei Staniska besonders ergiebig. Von der Glaureter Gewerkschaft wurde 1610 in Unterpeischlach eine Schmelzhütte errichtet, in der auch Erz aus dem Defereggental verhüttet wurde. Der Bergbau in Kals wurde – wie in den anderen Seitentälern – bis in die zweite Hälfte des 18. Jahrhunderts betrieben.

Mit dem Rückgang des Bergbaues in Defereggen verloren viele Menschen eine Existenzgrundlage im ohnehin übervölkerten Tal. Neben dem Bergbau sah man bereits seit ca. 1600 im **Hausierhandel** eine Lebensgrundlage. Durch ihre Wanderungen kamen die Deferegger mit **lutherischen Lehren** in Berührung, die dann im heimatlichen Tal vor allem im salzburgischen Teil verbreitet wurden und ab 1684 schließlich zur Ausweisung durch den Salzburger Erzbischof führten. Die Glaubensunruhen zogen sich noch bis ins 18. Jahrhundert hinein. Zum Großteil aus den **sozialen und wirtschaftlichen Missständen** des 17./18. Jahrhunderts zu verstehen sind die „**Prophezeiungen**" des Matreier Bauern Virgil Oberegger, vulgo „Egger-Gille". Die meisten seiner Sprüche sind an die unterdrückten Bauern gerichtet und immer wieder ist vom „Herrenerschlagen" die Rede. Kein Wunder, dass die Obrigkeit diese Aussagen zu unterbinden suchte. Die schwierigen sozialen Verhältnisse der Menschen in der Iselregion, wie sie in der 1. Hälfte des 19. Jahrhunderts herrschten, beschreibt treffend Beda Weber (1838): „Haben sie ein gutes Jahr, so fällt der Schweiß des Arbeitens und die Fülle des Jahres den Gläubigern und den Grundherren in die Hände, und der arme Thölderer (Thalbewohner), wie die Lienzner sie nennen, darbt von Rechtes wegen. Ist das Jahr unglücklich, was bei der Ungunst der Ortslage häufig eintrifft, so haben beide, der Geber und Nehmer, nichts, der Gläubiger darbt ohne Zinsen, der arme Schuldner darbt von Noth wegen. Die Bevölkerung einst wenig zahlreich, daher in besserem Verhältnisse mit den aufgebürdeten Leistungen, hat sich im Laufe der Zeit sehr vermehrt, die Güter wurden getheilt, geviertheilt und geachttheilt, um auf jedem winzigen Flecke eine Familie anzusiedeln. Daraus erwuchs eine völlige Unerschwinglichkeit der Lasten, die man von beiden Seiten mit einer Art Gleichgültigkeit anzusehen genöthigt ist, weil keine gewöhnliche Menschenhülfe das Uebel zum Bessern wenden kann. ... Man kann daher die österreichische Regierung nicht genug preisen, dass sie mit der ihr eigenen Gerechtigkeitsliebe, mit der ihr eigenen Umsicht und Beharrlichkeit auch an dieses verjährte Uebel Hand anlegt, und es zum Bessern hinauszuleiten bestrebt ist." Die von Beda Weber angedeuteten sozialen Fortschritte gipfelten im **Revolutionsjahr 1848,** das die bäuerliche Bevölkerung von allen überkommenen Lasten befreite und zu unabhängigen Grundeigentümern machte. Dennoch dauerte es noch lange Zeit, bis die Armut aus dem Tal schwand.

Historische Verkehrswege über die Tauern

Konkrete Hinweise auf eine Begehung von **Felber- und Kalser Tauern** in der Römerzeit oder noch vorher besitzen wir nicht, dürfen aber annehmen, dass der Übergang bereits benützt wurde. An der neuerlichen Christianisierung nach der Völkerwanderungszeit beteiligte sich im Bereich der ehemaligen römischen Provinz Noricum neben Aquileia auch Salzburg. Bezeichnenderweise erzählen einige Ruperti-Sagen von der missionarischen Tätigkeit des ersten Salzburger Bischofs südlich der Tauern. So soll selbst die Gründung der Pfarre Kals auf ihn zurückgehen. Kals mit dem Ruperti-Patrozinium gehört zu den Urpfarren, deren Gründung in karolingische Zeit fällt.

War auch der Übergang über den Kalser Tauern von nicht unwesentlicher Bedeutung, so war der Felbertauern doch wichtiger und mehr begangen. Die Grafen von Lechsgemünd vereinigten Besitzungen im Oberpinzgau und im Iseltal. Ihnen folgte das Erzstift Salzburg, das sich in seiner Herrschaft gegen die Grafen von Görz, die über den Alpenhauptkamm in den Pinzgau ausgreifen wollten, durchzusetzen vermochte. Immer fungierte der Übergang am Felbertauern gleichsam als Klammer. Der Weg war verhältnismäßig schmal, nicht mit einem Wagen zu befahren, sondern bloß mit **Saumtieren** zu begehen. Die Benützer des Überganges gehörten allen sozialen Schichten an; ihre Motive waren unterschiedlichster Art. Zur Abwicklung des Handels bildete sich der Berufsstand der **Säumer** („**Samer**"). Längere Zeit hindurch bestand auch eine regelmäßige Nachrichtenübermittlung über den Felbertauern. Bewohner südlich des Berges hatten geschäftlich oder bei vorgesetzten Behörden in der Hauptstadt Salzburg zu tun. Hauptsächlich aus den Verzeichnissen der Mauttarife sind die transportierten **Handelsgüter** zu erschließen. In nördlicher Richtung wurden vor allem verfrachtet Blei, Stahl, Eisen, Samt, Seide, Gold- und Silberwaren, Stoffe, Gewürze, Spezereien, Südfrüchte, Honig, Weine; in südlicher Richtung Salz, Gold, Silber, Kupfer, Leder, Leinwand, Tücher, Vieh, Holzwaren, geräuchertes Fleisch usw. Die Fortsetzung der Nord-Süd-Verbindung über den Tauern führte einerseits nach Friaul bzw. ins Venezianische und andererseits über den Unterpinzgau nach Salzburg oder über den Pass Thurn nach Nordtirol bzw. weiter nach Bayern.

Die Wege über den Tauern stellten zwar ideale kurze Verbindungen in Nord-Süd-Richtung

Saumhandel über die Alpen – Ölbild von Franz und Placidus Altmutter in der Innsbrucker Hofburg

dar, bargen aber auch genügend **Gefahren**: plötzlich auftretende Gewitter, einfallender Nebel, Hagel, Schneefälle, Lawinen. Dazu kamen die Beschwerlichkeit des teils sehr steilen Weges und – in früherer Zeit – die generelle Angst vor dem Hochgebirge, in dessen Klüften und Schründen man Geister und Dämonen vermutete. Besonders für Leute, die wenig bergerfahren oder den geforderten körperlichen Strapazen nicht gewachsen waren, wies der Tauern große Tücken auf. Immer wieder passierten Unglücke, wovon die kanonischen Bücher von Mittersill und Matrei berichten. Danach kamen auf der Südseite des Felbertauern zwischen 1566 und 1904 90 Personen ums Leben.

Am meisten begangen dürfte der Felbertauern vom Beginn des 14. bis um die Mitte des 16. Jahrhunderts worden sein. Wie an den meisten Alpenübergängen wurden auch hier von Seiten Salzburgs **Unterkunftsstätten** eingerichtet. Sie sollten den Reisenden Schutz und Unterkunft bieten. Zu beiden Seiten des Felbertauern

Kalser Tauernhaus

entstanden solche Häuser: **Tauernhaus-Spital und Schößwend** auf der Nord- und das **Matreier Tauernhaus** auf der Südseite. Mit geänderter Funktion bestehen sie heute noch. Man nimmt an, dass sie im 12./13. Jahrhundert gegründet worden sind. Während Schößwend und Spital bereits im Jahr 1350 urkundlich genannt werden, scheint das Matreier Tauernhaus erst 1448 auf. Wie die anderen Tauernhäuser war auch dieses als Schwaighof errichtet worden, d. h., aufgrund der Höhenlage war nur Viehzucht möglich. Im überlieferten Urbar heißt es über die Höfe im hintersten Tauerntal: „Undterm Tawern. Die erst swaig daselbst ist genannt die gast Swaig ..." Die Abgaben waren hauptsächlich in Käse zu entrichten. Der Inhaber der „Gastschwaige" erhielt von der Salzburger Kammer jährlich 15 Gulden als Entschädigung für die Instandhaltung des Weges auf den Tauern. Er musste auch mittellose Wanderer verköstigen und am Tauern Verunglückte und Tote hinab ins Tal bringen. Er war angehalten, mit seinen Knechten die Wegweiser instand zu halten, ebenso zwei Unterstandshütten am Tauern, welche er überdies mit genügend Brennholz zu versehen hatte. Diese dienten als notdürftige Unterkunft für in Nacht und Nebel geratene Reisende.

Nachdem die Herrschaft Windisch-Matrei zu Beginn des 19. Jahrhunderts endgültig von Salzburg abgetrennt und mit Tirol vereinigt worden war, erlitt der Verkehr über den Tauern starke Einbußen, besonders nachdem die Pustertalbahn 1871 eröffnet worden war. Dennoch gab es noch genügend Wanderer und **Viehtriebe** über den Tauern. Weiterhin gingen z. B. zahlreiche Weber aus der Matreier Gegend, die Deferegger Händler und Frauen aus dem hintersten Iseltal, um sich als Jäterinnen im Pinzgau ein wenig Geld zu verdienen.

Bisher verfolgten die Begehungen des Felbertauern einen bestimmten, vielfach wirtschaftlichen Zweck. Rein **touristische Wanderungen** setzten in den Sechzigerjahren des 19. Jahrhunderts ein. Die steigende touristische Begehung des Felbertauern hängt mit der Entdeckung der Ost- und Südanstiege des Großvenedigers zusammen. Dabei war der Felbertauern der kürzeste Zugang von Norden her.

Friedrich Simony, der berühmte Pionier der **Hochgebirgstouristik**, hat als Erster eine touristische Beschreibung des Felbertauern verfasst, die er im „Jahrbuch des Oesterreichischen Alpen-Vereines" von 1865 veröffentlichte. Er war von Mittersill aus aufgestiegen: „Immer öder, immer rauer wird der Weg, der kahle, stellenweise durch einstige Gletscher abgeschliffene Felsboden ist jetzt mit Steintrümmern übersäet, nur die hie und da aufragenden Stangen lassen noch die einzuschlagende Richtung in dem wüsten Chaos der Felsen erkennen. Was wir überschauen, hat das Gepräge der wildesten Hochgebirgsnatur. Doch schon dämmert das Kreuz auf der Tauernhöhe durch das jagende Gewölke; nur noch ein stark abschüssiger Schneestreifen scheidet uns von demselben – nach wenigen Schritten ist es erreicht." Simony hat auch verschiedene Wanderer am Tauern erlebt und beschrieben: „Eine bunte Karawane von Marktleuten, Handwerksburschen, Teppichkrämern, Viehhändlern und ein langer Trieb von Rindern und Pferden zieht an uns vorüber. Die sichtliche Ermüdung an den zwei- und vierbeinigen Teilhabern des Zuges lässt leicht erraten, dass alle heute den Weg über den Tauern zurückgelegt haben, um am nächsten Tag auf irgend einer Pinzgauer ‚Dult' als Käufer, Verkäufer oder Ware rechtzeitig einzutreffen."

Als Zugang zum Venedigermassiv nun zwar in Anspruch genommen, blieben die Berge der Umgebung des Überganges aber noch ziemlich unbekannt, da ein alpiner Stützpunkt fehlte. In der Nähe des Kalser Tauern gab es schon einige Zeit die Rudolfshütte (1874), bis endlich 1922 die St. Pöltener Hütte am alten Weg über den Felbertauern fertig gestellt werden konnte. Ein neuer Abschnitt in der Geschichte des Felbertauern begann mit dem Bau einer **Straßen-**

verbindung. Um die Sicherheit des Überganges über den Alpenhauptkamm zu erhöhen und die wirtschaftliche Bedeutung zu steigern, waren schon seit dem 16. Jahrhundert immer wieder Straßenprojekte erwogen worden. Sie kamen jedoch nie zur Ausführung. In der 2. Hälfte des 19. Jahrhunderts plante man eine Bahnlinie über den Felbertauern, der auch – so argumentierte man – strategische Bedeutung zukommen sollte. Jedoch nicht dieses Projekt wurde verwirklicht, sondern die weiter östlich liegende Tauernbahn (1909). Die bald nach dem Ersten Weltkrieg vor allem vom Bezirk Lienz ausgehenden Bestrebungen zum Bau einer Straße, um eine innerösterreichische Verbindung zum übrigen Bundesland und zur Landeshauptstadt zu haben, wurden erst nach Jahrzehnten in die Tat umgesetzt. Die **Felbertauernstraße** mit dem 5,2 km langen Tunnel unter dem Alpenhauptkamm wurde im Juni 1967 eröffnet.

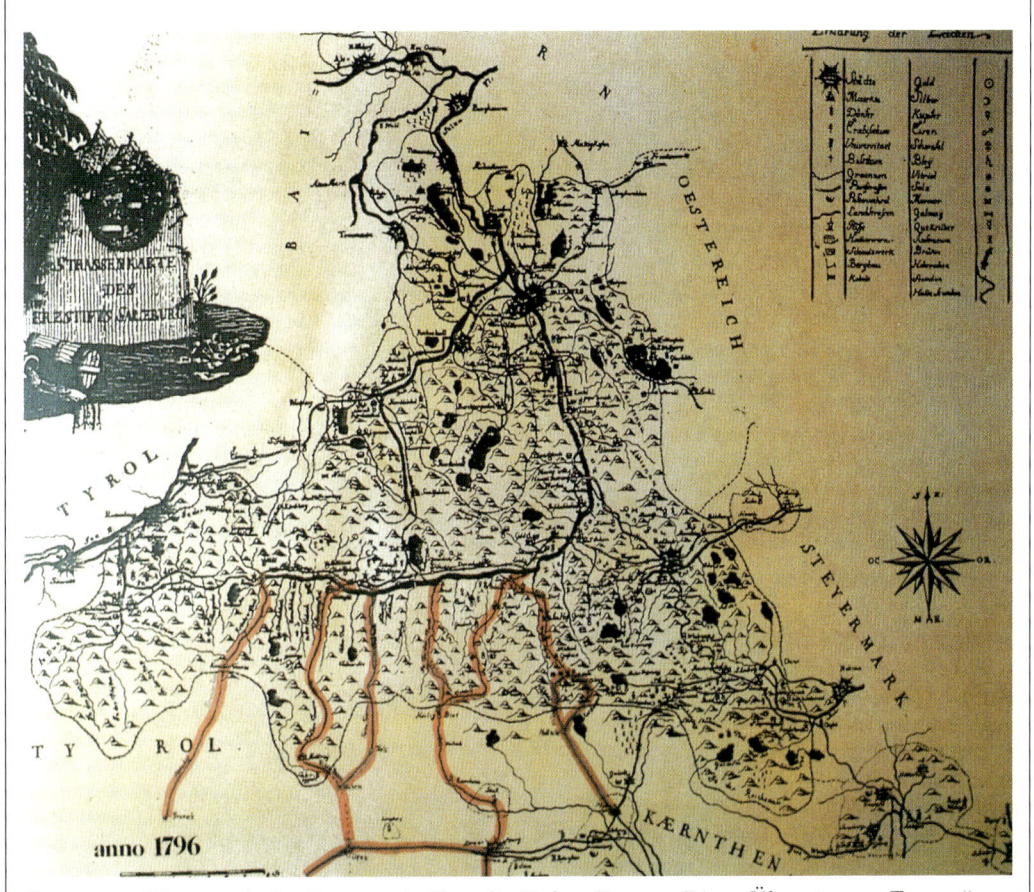

Saumwege führten seit der Bronzezeit über die Hohen Tauern. Diese Übergänge, „Tauern" genannt, gaben dem Gebirge den Namen.

7. Nationalparkzentrum für den Tiroler Anteil des Nationalparks Hohe Tauern und Bildungseinrichtungen für die gesamte Tiroler Nationalparkregion

Nationalparkhaus Matrei

Das ehemalige Schulhaus am Matreier Kirchplatz hat seit dem Jahr 2002 als Tiroler Nationalparkhaus eine neue Bestimmung. Schon von außen sieht man diesem markanten Bau seine neue Aufgabe an – ein großes Steinadler-Foto ziert die gläserne Fassade. Der Adler ist nicht nur das Tiroler Wappentier, sondern auch Symbol für den Nationalpark Hohe Tauern. Das Nationalparkhaus ist Sitz der **Tiroler Nationalpark-Direktion** sowie der **Gebiets- und Besucherbetreuung** und somit gleichermaßen Anlaufstelle für Bewohner wie Besucher der Nationalparkregion. Hier erhält man **Informationen** über den Nationalpark sowie Hilfe bei der Planung von Nationalpark-Touren oder Nationalparkwochen. Auch können Führungen oder betreute Nationalparkprogramme gebucht werden. Neben diesen Einrichtungen der Tiroler Nationalparkverwaltung ist das Haus auch **Sitz des Nationalparkrates Hohe Tauern**, der Dachorganisation der drei Länder-Verwaltungen des Nationalparks sowie Sitz der **Koordi-**

Historisches Gebäude modern adaptiert – das Nationalparkhaus am Kirchplatz in Matrei i. O.

nationsstelle der Nationalparkakademie Hohe Tauern, die sich inzwischen mit ihrem breiten Bildungs- und Veranstaltungsprogramm einen guten Namen gemacht hat. Im Dachgeschoss des Hauses ist überdies eine **Außenstelle der Bezirksforstinspektion** untergebracht.

Neben der umfassenden **Nationalpark-Informationsstelle** ist für jeden Nationalparkbesucher die **großzügig gestaltete Ausstellung „Tauernwelten"** im Erdgeschoss und Untergeschoss des Nationalparkhauses sehr empfehlenswert. Gleich im Eingangsbereich findet man die allgemeine Nationalpark-Information sowie eine nette Kinderecke, in der ein spielerischer Zugang zur faszinierenden Tierwelt des Gebietes geboten wird. Die weitere Schau vermittelt interessante Aspekte der Besiedlungsgeschichte und traditionellen Kulturlandschaft von den ersten Steinzeitjägern bis zur heutigen Alm- und Bergbauernkultur. Am Weg in das Untergeschoss begleitet den Besucher ein rauschender Bach, der unter einem Glasboden verschwindet. In diesem Raum wird die Bedeutung und Faszination des Wassers und der Gletscher mit einer großartigen 3D-Diaschau vermittelt. Ein weiterer Raum präsentiert schließlich den Hochgebirgs-Nationalpark als Arche Noah der Extreme, als Lebensraum von Kletterkünstlern, Überlebenskünstlern, Methusalems, Riesen und Zwergen sowie Gipfelstürmern unter den Tieren und Pflanzen.

Nationalparkhaus – Zentrale für Initiativen der Wasserschule in der Tiroler Nationalparkregion

Der Nationalpark Hohe Tauern könnte auch als „Park der stürzenden Wasser, Gletscher und Seen" bezeichnet werden, ein Park mit einer außergewöhnlichen Vielfalt an unberührten Wasserlebensräumen. Deshalb wurde auch die Idee der Gründung einer Wasserschule, welche die vielfältige Bedeutung des Wassers auf unserer Erde auch für den Menschen bewusst machen soll, im Nationalpark Hohe Tauern begründet. Die Idee und ihre Verwirklichung verdanken wir Herrn Gernot Langes-Swarovski, der als damaliger Präsident des Vereins der Freunde der Hohen Tauern die Einrichtung initiierte und auch finanzierte. Die offizielle Eröffnung dieser Wasserschule erfolgte durch Herrn Bundespräsident Dr. Thomas Klestil am 21. Juni 2000 im Vorfeld der berühmten Umballfälle in der Gemeinde Prägraten.

Die Wasserschule wurde von Frau Mag. Angelika Staats mit viel Initiative aufgebaut und für den gesamten Nationalpark Hohe Tauern von ihrem Büro im Nationalparkhaus in Mallnitz aus organisiert. Die Wasserschule war bisher in den drei Bundesländeranteilen so organisiert, dass ausgebildete Nationalparkbetreuer als Wasserschullehrer an die Schulen der Nationalparkregion und darüber hinaus gingen und mit den Schülern insbesondere der Volks- und Hauptschulen fünftägige Kurse durchführten. Dabei wurde das Wasser aus verschiedenen Blickwinkeln betrachtet. Es wurde untersucht, experimentiert, geforscht und diskutiert. Für diesen interessanten, projektorientierten Unterricht haben sich viele Schulen interessiert und jährlich etwa 3500 Schüler teilgenommen. Für Freilanduntersuchungen hat die Wasserschule einen eigenen Forscherkoffer entwickelt. Weiters werden immer wieder Wettbewerbe ausgeschrieben und jährlich ein Wasserfest „Wissen mit Spiel und Spaß" veranstaltet. Für Pädagogen finden laufend Fortbildungsseminare statt, deren Ziel es ist, fachliche und didaktische Grundlagen für den Unterricht zum Thema Wasser zu erarbeiten und zu vermitteln. Mit dieser mobilen Wasserschule ist es dem Nationalpark Hohe Tauern gelungen, hohe Wasserkompetenz im Bildungsbereich zu erreichen und den Wasserschulgedanken weit über die nationalen Grenzen hinauszutragen.

Das Haus des Wassers in St. Jakob i. Def.

Während bisher die mobile Wasserschule aus dem Nationalpark hinaus in die Schulen der Nationalparkregion oder darüber hinaus ging, soll nun mit dem Haus des Wassers im wasserreichen Nationalpark Hohe Tauern der umgekehrte Weg eingeschlagen werden. Die Schülergruppen, Familien und Interessenten sollen in den Nationalpark kommen, um hier im Haus des Wassers und in seiner unmittelbaren Umgebung das Wasser in seiner Vielfalt stark erlebnisbetont zu erleben.

Lage und Einrichtung

Das Haus des Wassers befindet sich taleinwärts am sonnseitigen Hang im Bereich des Lärchen- und Zirbenhofes. Es ist für eine Gesamtkapazität von ca. 50 Schülern (zwei Schulklassen) konzipiert und verfügt über alle im Umgang mit dem Wasser und seinen Eigenschaften und seiner Lebenswelt notwendigen Arbeitsräume. Es stehen zur Verfügung: ein Veranstaltungsraum mit Bibliothek und PC-Arbeitsplätzen, eine Wasserwerkstatt, ein Kreativ- und

Das Haus des Wassers ist der Treffpunkt für die forschende Jugend Europas

Experimentierraum, Aufenthaltsterrasse sowie ein Umfeld für Unterricht im Freien mit verschiedenen Wasserlebensräumen.

Beste Infrastruktur

Im benachbarten Lärchen- und Zirbenhof können 50–60 Personen untergebracht und verpflegt werden. In unmittelbarer Nähe befindet sich auch eine Bushaltestelle für Fahrten talaus- oder taleinwärts.

Haus des Wassers – ideale Lage im Nationalpark Hohe Tauern

Der Osttiroler Nationalparkanteil verfügt innerhalb des gesamten Nationalparks über die vielfältigsten Wasserlebensräume.
Er ist daher auch international geradezu prädestiniert, eine derartige Einrichtung zu führen. Auch in unmittelbarer Nähe befindet sich, durch den Wassererlebnisweg erschlossen, eine unglaubliche Vielfalt an verschiedenen Wasserlebensräumen, die vom Haus des Wassers leicht zugänglich sind.

Zielsetzungen und Programm

- Das Bildungsangebot der „Mobilen Wasserschule", insbesondere für Volks- und Hauptschulklassen, wird übernommen.
- Die Wasserschule ist aber auch für Schüler, Jugendliche, Jugendorganisationen, Studenten und Familien außerhalb der Nationalparkregion und über die Grenzen Österreichs hinaus zugänglich.
- Nicht mehr die Schule allein ist der Lernort, sondern der Nationalpark selbst mit seiner Wasservielfalt.
- Das Haus des Wassers soll ein internationaler Treffpunkt sein, eine Plattform zu den Themen Wasser, Nationalpark, Schutzgebiete usw.
- Das Haus des Wassers soll ein innovatives Beispiel für einen zukunftsorientierten Bildungsweg sein mit grenzüberschreitender, internationaler Vorbildwirkung und Ausstrahlung.
- Das Haus des Wassers ist eine Stätte des Erlebens, Erfahrens, Erforschens und Erlernens, ein kreativer Begegnungsraum zu diesem Thema.
- Das Haus des Wassers ist ein Ganzjahresbetrieb mit abgestimmten Sommer- und Winterprogrammen.
- Das Haus des Wassers wird durch professionelles Management des Nationalparks Hohe Tauern geführt und garantiert qualifizierte Betreuung durch die gut ausgebildeten Nationalparkmitarbeiter.
- Die Kursdauer beträgt im Allgemeinen fünf Tage.
- Gesamtkapazität ca. 50 Schüler – zwei Schulklassen.

Nationalparkhaus – Zentrale für die Organisation der Projektwochen und Wandertage im Nationalpark

Jährlich besuchen unzählige Schulklassen und Jugendgruppen im Rahmen von Projektwochen und Wandertagen den Nationalpark Hohe Tauern.

Die Tiroler Nationalparkverwaltung bietet ihnen Halbtags- und Ganztagsexkursionen sowie Vorträge und Informationseinrichtungen zu unterschiedlichen Themen an und ist ihnen gerne bei der Programmerstellung für den Nationalparkbesuch behilflich. Speziell ausgebildete Nationalparkbetreuer stehen für Exkursionen und Projekte zur Verfügung. Auf dem Programm stehen z. B. eine Öko-Rallye oder Wildbeobachtung; auf Wunsch auch eine Einführung in Lebensräume wie Bergbach, Bergwald und Gletscherregion.

Die Nationalparkbetreuer sind bemüht, in einer stark erlebnisbetonten, spielerischen und kreativen Auseinandersetzung mit der Natur die Schüler für den Nationalpark zu begeistern und ihnen ökologisches Gedankengut zu vermitteln.

Für Lehrer gibt es im Nationalparkhaus auch entsprechende Unterlagen über die Angebote für Projektwochen, Wander- und Jugenderlebnistage.

Unterricht im Freiland-Labor

Der Kessler-Stadl in Matrei

Beim Großbrand in Matrei 1897 sind nur wenige Gebäude verschont geblieben. Dazu gehörte der Kessler-Stadl. Der heutige Besitzer stellte

Der Kessler-Stadl – ein Haus der Kultur und Begegnung

diesen Stadl dem Alpenverein für 30 Jahre zur Verfügung. Dieser koordinierte die Sanierungsarbeiten in den Jahren 1989–1993, an denen sich Bund, Land und Alpenverein beteiligten.

Der Kessler-Stadl ist heute ein wichtiges Kultur- und Bildungszentrum für den Nationalpark Hohe Tauern, insbesondere für Seminare, Vorträge und Jugendarbeit.

Der Stadl bietet Räumlichkeiten für Ausstellungen, für Vorträge, Workshops und Kleingruppen. Eingebaute Nasszellen erlauben auch die vorübergehende Einrichtung eines Laborbetriebes.

Der Vorplatz eignet sich während der warmen Jahreszeit hervorragend zur Veranstaltung von Märkten, Festen und verschiedenen Freiluftaufführungen.

Der Mitterkratzerhof in Bichl, Gemeinde Prägraten

Es handelt sich um ein ortstypisches Stubenhaus am Sonnenhang oberhalb von Prägraten mit einer 200-jährigen Geschichte. Auf Initiative der bäuerlichen Besitzerfamilie, dem Nationalpark Hohe Tauern und dem Österreichischen Alpenverein wurde dieses Haus großzügig saniert und für 40 Jahre gepachtet.

Im Gebäude befindet sich ein großer Veranstaltungsraum für 110 Personen mit einer Bühne für Theateraufführungen sowie verschiedene Räumlichkeiten für Seminare, Kurse und Besprechungen. Für Selbstversorgung wurde auch eine kleine Küche eingerichtet.

Das Haus wird heute vom Alpenverein und vom Nationalpark genutzt. Es befindet sich dort eine Nationalpark-Informationsstelle für die Gemeinde Prägraten. Weiters dient der Hof vor allen Dingen als Stützpunkt und Arbeitsplatz der Nationalpark-Volontäre, die dem Nationalpark vielfältige Dienste erweisen.

Mitterkratzerhof – Stützpunkt für Nationalpark-Volontäre, Kulturhaus und Informationsstelle

Die einzelnen Tauerntäler, Regionen und Nationalparkgemeinden

1. Marktgemeinde Matrei in Osttirol

Blick auf Matrei und das Tauerntal

Natur

Topografie, Geologie, Geomorphologie

Vom Talschluss in Innergschlöß bis zur Einmündung in die Isel hat das **Matreier Tauerntal**, das zwischen der Venedigergruppe und der Granatspitzgruppe verläuft, eine Länge von 20 km. Während im obersten Abschnitt das Tal West-Ost-gerichtet ist, verläuft es ab dem Matreier Tauernhaus in Nord-Süd-Richtung und mündet durch die Prosseggklamm in das Matreier Becken. Auch das anschließende **Iseltal** zwischen Matrei und Huben hat noch den gleichen Nord-Süd-Verlauf. Die zwei großen Seitentäler des Tauerntales sind im Westen das **Froßnitztal** und im Osten das **Landecktal**.

Das Gebiet all dieser Täler gehört zur Gemeinde Matrei, die mit 278 km² die größte Gemeinde Osttirols und die zweitgrößte des Bundeslandes Tirol ist. Zur Gemeinde Matrei gehören somit große Teile der **Venedigergruppe** mit dem Großvenediger (3666 m), die westlichen Teile der **Granatspitzgruppe** und die östlichen Bereiche der **Lasörlinggruppe**. Der Anteil der Gemeinde Matrei am Nationalpark beträgt 156,88 km², das sind 56,4 % der Gemeindefläche.

Infolge der Nord-Süd-Erstreckung des Tauerntales wird das gesamte geologische Profil der Tauernsüdseite durchschnitten. Das Iseltal südlich vom Matreier Becken liegt im ostalpinen **Altkristallin**, das aus verschiedenen *Gneisen*, *Phylliten*, *Glimmerschiefern* und *Amphiboliten* aufgebaut ist. Im Ortsgebiet von Moos und Huben treten *tonalitische Ganggesteine* auf, die bei St. Johann i. W. steinbruchmäßig abgebaut werden. Tonalite sind Tiefengesteine mit viel *Plagioklas*, weniger *Orthoklas*, etwas *Quarz*, *Hornblende* und *Biotit*. Zum Altkristallin gehören u. a. die Gipfel Rotenkogel und Großer sowie Kleiner Zunig.

In Matrei beginnt das **Penninische Tauernfenster** mit der **Matreier Zone**. Dazu gehören z. B. die aus *Dolomitmarmor* bestehenden Abbrüche des Burgfelsens von Schloss Weißenstein und des Falkensteins. Die Matreier Zone zieht sich im Osten weiter zum Kals-Matreier-Törl, wo am Goldried-Panoramaweg *Quarzite*, *Dolomitmarmore*, *Kalkglimmerschiefer* und *Serpentinite* anstehen und aufgeschlossen sind.

Die **Obere Schieferhülle** beginnt bei der Prosseggklamm und reicht nach Norden bis zum Parkplatz Rabental. Während im Süden die *Kalkglimmerschiefer* und dunklen *Phyllite* überwiegen, dominieren im Nordabschnitt die grünen *Prasinite*. Zur Oberen Schieferhülle gehören unter anderem die Gipfel Ochsenbug, Hintereggkogel, Stanzlegg, Strichwandkogel, Bretterwandspitze und Kendlspitze und die Gesteine der Prosseggklamm.

Das nächsttiefere Stockwerk ist die als **Untere Schieferhülle** bezeichnete Gesteinsserie aus verschiedenen *Glimmerschiefern*, *Gneisen* und *Amphiboliten*. Sie setzt sich bis zum Talschluss Innergschlöß fort, weist jedoch mit Annäherung an die Venediger-Kerngesteine eine zunehmende Migmatisierung mit heller *Aplit-Äderung* auf. *Migmatite* sind Mischgesteine aus Tiefengesteinen und metamorphen Schiefern (aus Sedimentgesteinen hervorgegangen). Diese stark gefältete Gesteinsserie kann man am Gletscherweg Innergschlöß im Bereich der vom Schlatenkees glatt geschliffenen Felsbuckel gut beobachten. Die Kerngesteine des Venedigermassivs sind hauptsächlich *Tonalitgneise* mit Einschaltungen von *Granitgneis*. Sie sind zwischen Alter und Neuer Prager Hütte gut aufgeschlossen. Ähnliche Gneise, die aber zum Granatspitzkern gehören, stehen im Landecktal im Bereich des Schandlasees und der Karl-Fürst-Hütte an. Dort sind sie in dem Blockgebiet um den Schandlasee gut zu sehen.

Das **Froßnitztal** weist zwischen Gruben und Löbbentörl eine Schichtfolge von der Oberen Schieferhülle bis in die Untere Schieferhülle auf. Bemerkenswert sind hier die so genannten *Knorrkogel-Augengneise* am Löbbentörl sowie die bänderartig ausgebildeten, meist feinkörnigen *eklogitischen Gesteine* zwischen Weißspitze und Dabernitzkogel (Badener Hütte). Die Knorrkogel-Augengneise sind grobkörnige Gneise mit großen *Kalifeldspäten*. Die eklogitischen Gesteine sind fein- bis mittelkörnige, oft gebänderte Gesteine mit roten *Granaten* und *Omphaciten (Augitmineral)*, die unter besonders hohem Druck und hoher Temperatur entstanden sind.

Wie in anderen Tälern der Hohen Tauern haben Gletscher und Bäche auch diese Talbereiche geformt und viele in der Landschaft gut erkennbare Formbildungen geschaffen. Eindrucksvolle Zeugen der Eiszeit sind die von den Gletscherströmen **trogförmig ausgeschürften Täler und Becken**. Gute Beispiele hiefür sind das untere Iseltal sowie die mit Stufen in das Tauerntal einmündenden Seitentäler. Der Eisstrom der Würmeiszeit vor 20.000 Jahren hatte bei Matrei eine Dicke von 1400 m und reichte bis in eine Talhöhe von 2400 m. Von späteiszeitlichen Gletschervorstößen des so genannten Gschnitzstadiums vor ca. 13.000 Jahren vermuten Wissenschaftler **Moränenwälle** auf beiden Talseiten innerhalb der Prosseggklamm. Auch die scharffirstigen Moränenwälle und Hügel, die am Südrand des Matreier Beckens vom Lukasserkreuz Richtung St. Nikolaus verlaufen, werden dem Gschnitzstadium zugerechnet. Bei der Katalpe (1725 m) sind an der Nordseite des äußeren Froßnitztales mehrere Wälle zu erkennen, die dem späteiszeitlichen Daunstadium vor 12.000 Jahren zugerechnet werden. (siehe auch allgemeines Kapitel über Gletscher).

Nahe der heutigen Gletscher sind besonders bei den Talgletschern wie z. B. Schlatenkees und Froßnitzkees die Moränen des Gletscherstandes von 1850 oft als mächtige Wälle gut zu erkennen. Das weite Matreier Becken verdanken wir dem Zusammenfluss zweier großer Gletscherströme aus dem Virgen- und dem Tauerntal. Unter den Formbildungen des Wassers beeindrucken besonders die ca. 120 m tiefe **Prosseggklamm** (siehe auch Kapitel „Naturdenkmäler und naturkundliche Besonderheiten") und die 30 bis 40 m tiefe **Schlucht bei Gruben** im Tauerntal. In der Landschaft gut zu erkennen sind auch die **V-förmigen Taleinschnitte**, die **Schwemmkegel und Schotterterrassen**, die von Bächen im Laufe von Jahrtausenden gebildet wurden. Besonders eindrucksvoll ist der große Schwemmkegel des Bretterwandbaches, auf dem sich Matrei befindet, und die von der Isel angeschnittene Schotterterrasse im Bereich des Mellitzbaches. Auffallend ist auch ein **Bergsturz** bei Brühl, südlich von Matrei, dem das hochinteressante Moorgebiet zumindest teilweise seine Entstehung verdankt.

Gesteine

Die auffallendsten Gesteine sind hier die hellen, bräunlich verwitternden *Kalkglimmerschiefer*, welche die so genannten Bretterwände bilden. Sie sind auch die Gesteine der Prosseggklamm. Nördlich des Felbertauernstüberls fallen an der Felbertauernstraße die grünen *Prasinite* auf. Die Gesteine der Matreier Zone kann man an den Felsen von Schloss Weißenstein – *Dolomitmarmor* – und am Panoramaweg des Kals-Matreier-Törls – *Quarzit, Kalkglimmerschiefer, Schwarzphyllit/Glanzschiefer, Dolomitmarmor, Kalkbrekzien* und *Serpentinit* – sehen. *Paragneise* sind an der Kalser Straße bei Huben aufgeschlossen, die *Tonalitgneise* und *Granitgneise* bei der Prager Hütte oberhalb von Innergschlöß und die ostalpinen *Glimmerschiefer, Phyllite* und *Paragneise* im Gebiet des Zunigsees.

Mineralien und Bergbau

Im Froßnitztal befinden sich berühmte Mineralfundstellen alpiner Kluftmineralien. Sehr große grün patinierte *Bornit*-Kristalle mit weizenkorngroßen Knoten und Drähten von gediegenem Gold stammen möglicherweise von der Weißspitze. Vom östlichen Abhang der Vorderen Eichhamspitze sind bis zu 7 cm große *Brookit*-Zwillinge in Begleitung von *Rutil, Anatas, Quarz* und *Chlorit* bekannt. Gute Fundmöglichkeiten für Kluftmineralien sind im hintersten Abschnitt des Tauerntales gegeben. Am Schlatenkees-Knorrkogel findet man *Axinit* in Klüften von *Pegmatitgneis*-Lagen, auch *Adular, Albit, Apatit* und *Zeolith*-Mineralien.

Am Nussingkogel wurden hervorragende Kristalle von *Hämatit* (auch *Eisenrosen*), *Bergkristalle* und *Titanit* entdeckt. Westlich des Raneburger Sees und auf der Schildalpe befinden sich unbedeutende *Uran*-Mineralisationen.

Die frühere rege Bergbautätigkeit im Gemeindegebiet ist durch heute noch vorhandene Belehnungsbücher belegt. Gruben sollen in der unmittelbaren Umgebung des Marktes bei Bruggen, Prossegg, in Schlossnähe, in Lublaß, in Lasach bei Bichl und – in schon größerer Entfernung – in Feld, Huben, am Lottersberg, unterm Falkenstein usw. bestanden haben. Ihre Lage ist aber schon lange nicht mehr bekannt. Dies gilt auch für eine der bedeutendsten Gruben im so genannten **Zarach** an der Nordostflanke des Hintereggkogels, wo es ein verzweigtes Stollensystem gegeben haben soll.

Bergbau und Schurftätigkeit galten vor allem dem *Kupfer, Eisen* und *Gold* (Lottersberg). Spuren einstiger Bergmannstätigkeit sind noch auf der Steiner Alm, der Kessler Alm, am Zunigsee, in Feld und im Froßnitztal erhalten geblieben. In Letzterem befand sich der berühmte Bergbau am Südwestabhang des Dabernitzkogels, einem der wenigen Plätze in Osttirol, wo **Eisenerz** *(Magnetit)* in größerer Menge schon vor 1471 abgebaut worden war. Es wurde in der Schmelzhütte („Blähüt") in Gruben verschmolzen und das Roheisen mittels Pferdefuhrwerken ins Hammerwerk nach Unterpeischlach gebracht.

Der Bergbau erlebte seine Glanzzeit 1600 bis 1630, als die Gruben von den Glaureter Gewerken gepachtet worden waren. Nach dem Grafen von Wolkenstein und anderen Pächtern kam der Bergbau zum Erliegen. Kurzzeitig, zwischen 1845–1850, wurde er wieder aufgenommen und 5000 Zentner *Magnetit* produziert.

Von Gruben wurde das Erz nach Oberdrauburg geflößt, von wo es über den Gailbergsattel nach Laas zum Hochofen geliefert wurde. Heute sieht man noch das ehemalige **Knappenhaus**, hinter dem die frühere Erzscheideanlage zu erkennen ist. Die Abbaue (Tagebaue) befanden sich etwa zwischen 2616 und 2700 m Seehöhe, einer sogar in 2800 m. Die Vererzung (*Magnetit* mit etwas *Kupferkies* und *Pyrit*) besteht aus 4 Derberzlagen von 1 bis 3 m Mächtigkeit und tritt im Verband von *Kalkglimmerschiefern* und *Grünschiefern* auf.

Beherrschende Gipfel

Der 3666 m hohe **Großvenediger**, der dritthöchste Berg Österreichs, wurde in der Zwischenkriegszeit sogar namensgebend für „Ma-

Am Gletscherweg Innergschlöß: Schlatenkees, Schwarze Wand, Großvenediger

trei am Großvenediger". Nachdem schon 1828 Einheimische mit Erzherzog Johann vergeblich versucht hatten, den vergletscherten Berg zu besteigen, gelang der Gipfelsieg vom Gschlößtal aus erstmals 1865 dem Osttiroler Maler Franz von Defregger (zusammen mit dem Lienzer Egid Pegger) unter der Führung des „Staller Nandl". Die Erstbesteigung von Salzburg aus erfolgte bereits im Jahr 1841.

Im Innergschlöß, das als einer der beeindruckendsten Talschlüsse der Ostalpen gilt, sieht man den **Kleinvenediger** (3477 m) hinter dem Schlatenkees aufragen, während südlich davon **Schwarze Wand** (3511 m) und **Hoher Zaun** (3467 m) auffallen. Die beiden Letzteren werden in unmittelbarer Nähe vom **Rainerhorn** überragt, das mit einer Höhe von 3560 m der höchste zur Gänze auf Osttiroler Boden stehende Gipfel ist. Die Grenze zum Viltragental bildet der **Vordere Kesselkopf** (2709 m). Von den vielen Dreitausendern der Venedigergruppe ist auch die **Kristallwand** (3329 m) am Übergang zum Froßnitztal besonders markant. In der Granatspitzgruppe ist der **Große Muntanitz** (3232 m) zu nennen, dessen Gipfel sich Matrei mit Kals teilt. Nordwestlich des Marktes Matrei ragt der **Ochsenbug** (= Kristallkopf, 3007 m) auf. Als östlichster Gipfel der Lasörlinggruppe und durch seine zentrale Lage in Osttirol ist der **Große Zunig** (2776 m) ein besonders schöner Aussichtsberg.

Gletscher

Mit 40 Gletschern ist Matrei die gletscherreichste Gemeinde Osttirols und weist hier von allen Gemeinden mit rund 25 km^2 die zweitgrößte Gletscherfläche auf.

Die eindrucksvollste Gletscherlandschaft bietet sich dem Besucher im Talschluss von Innergschlöß. Hier liegt auch der größte Gletscher Osttirols, das rund 9 km^2 große **Schlatenkees**. Sein Firngebiet wird rund um den flachen „Oberen Keesboden" von den höchsten Gipfeln der Venedigergruppe nur wenig überragt. Von dort fließt das Kees in einem eindrucksvollen Eisbruch auf den „Unteren Keesboden", wo es eine wenig zerklüftete Zunge bildet. Hier fließt ihm von Süden ein Teilstrom zu, der unterhalb der Kristallwand wurzelt. Da von dieser viel Schutt auf den Gletscher fällt, ist der südliche Zungenteil vollkommen von Schutt bedeckt. Die Hauptzunge ist schuttfrei, weil ihr Einzugsgebiet fast nur von firnbedeckten Gipfeln umrahmt wird. Das Zungenende befindet sich heute in rund 2100 m Höhe, oberhalb einer Steilstufe. Beim vorigen großen Gletscherhöchststand, in der Mitte des Jahrhunderts, floss die Zunge mit einem großartigen Eisbruch noch über diese Stufe hinab bis zum Gschlößtalboden, überschritt dort den heutigen Gschlössbach in ganzer Breite und reichte am Gegenhang noch 20 bis 25 m hoch hinauf! Das Zungenende lag damals in nur 1720 m Höhe und war damit das am tiefsten gelegene der ganzen Ostalpen. Seither ist der Gletscher, unterbrochen von einzelnen zwischenzeitlichen Vorstößen, auf das heutige Niveau zurückgegangen und schmilzt derzeit jährlich um einige weitere Meter zurück. Im Vorfeld des Schlatenkeeses wurde bereits 1978 ein eindrucksvoller Gletscherweg errichtet, zu dem ein empfehlenswerter Führer erschienen ist (siehe Literaturhinweise). Weitere große Gletscher im Einzugsbereich des Gschlößbaches sind das **Viltragenkees** und das **Nördliche Viltragenkees** (rund 3 bzw. 1 km^2).

Von eindrucksvollen Gletschern geprägt ist auch das innere Froßnitztal. Das Froßnitzkees oberhalb der Badener Hütte erreicht hier als der größte Gletscher eine Fläche von knapp 3 km^2. Auch bei diesem Kees sind, begrenzt durch mächtige alte Seitenmoränen, noch deutlich die Spuren der alten Gletscherzunge sichtbar, die um 1850 bis in den Grund des Taleinschnitts reichte.

Im östlichen Einzugsgebiet des Tauernbaches sind als die bedeutendsten Gletscher das **Prägratkees** im Landecktal und das **Gradötzkees** im Steinerbachtal zu erwähnen. Sie umfassen jeweils eine Fläche von rund 1 km^2.

Einige **Blockgletscher** befinden sich im Gebiet von Matrei vor allem in den Hochkaren der Granatspitzgruppe.

Gewässer

Die Matreier Region verfügt über einen bemerkenswerten Reichtum an schönen Hochgebirgsgewässern: malerische **Bergseen** und „Lacken" unterschiedlichster Größe und Eigenart, „wilde" **Bäche** und rauschende **Wasserfälle**. Sie sind zum Teil bei den Routenbeschreibungen und im Kapitel „Naturdenkmäler und naturkundliche Besonderheiten" näher beschrieben.

Eine besondere naturkundliche Rarität sind die „**Wildflussstrecken" der Isel** zwischen Feld und Huben. Hier gibt es noch ausgedehnte Flussschotterfluren mit besonderen Pflanzen- und Tierarten und naturnahe *Grauerlen*-Auen. Derartige Flussstrecken sind in Mitteleuropa

Lacken im Bereich „Sandeben" am Weg zum Sandeben-Törl

schon äußerst selten und in den Hohen Tauern in ähnlicher Weise nur noch am Kalser Bach anzutreffen. Auch der Tauernbach weist einige sehr naturnahe Strecken auf. Besonders eindrucksvoll ist die **Prosseggklamm**. Völlig naturbelassen sind die meisten Nebenbäche, zum Teil tosende Gletscherbäche, wie z. B. der schöne Froßnitzbach und die Bäche des Innergschlöß. Der Landeckbach wird zu den Stauseen in das Salzburger Stubachtal abgeleitet. Das Landecktal ist daher nicht in den Nationalpark eingegliedert.

Von den zahlreichen herrlichen Wasserfällen der Matreier Region sind vor allem der **Obere** und **Untere Steiner Wasserfall** im Bereich der Prosseggklamm bzw. darüber, der **Schlatenbachfall** im Innergschlöß, der **Tauern-Dichtenbachfall** am Gschlößweg, der **Löbbenbachfall** gegenüber dem Matreier Tauernhaus und der **Seebachfall** im Ortsteil Raneburg zu erwähnen.

In den Hochkaren an der westlichen Talflanke des Tauerntales liegen der Raneburger, Wildenund Löbbensee. Der **Löbbensee** (2225 m) umfasst eine Fläche von etwa 3 ha und erreicht eine maximale Tiefe von 15 m. Er beherbergt *Seesaiblinge* vom Schwarzreuter-Typus. In der Nachbarschaft des Löbbensees liegt in südlicher Richtung noch der kleine **Eissee** (2233 m), der größere Bestände von *Scheuchzers Wollgras* aufweist. In der nächsten größeren Karstufe oberhalb des Löbbensees befindet sich in 2514 m Höhe der **Wildensee**, der eine Fläche von 5 ha umfasst. Auch hier leben *Seesaiblinge* vom Schwarzreuter-Typus. Der **Raneburger See** liegt westlich oberhalb der Ortschaft Raneburg in 2273 m Höhe und ist 3 ha groß.

Im inneren Einzugsgebiet des Gschlößbaches findet man eine Reihe von Kleinseen, so z. B. die **Lacken** und **Niedermoortümpel des Salzbodens**, die man am Gletscherschaupfad erreicht. Das größte Gewässer ist hier der **Salzbodensee** (2137 m) und das wohl bekannteste, das **Auge Gottes**, ein dreieckiger Tümpel mit einer kleinen Insel, die den „Augapfel" bildet. Steigt man von hier in Richtung Löbbentörl auf, so gelangt man in 2500 m Höhe zur **Kristallkees-Lacke** (Fläche rund 0,7 ha), in deren Umgebung sich noch weitere Lacken befinden. Unweit der Prager Hütte liegt in 2651 m Höhe der

Eissee, der ca. 0,8 ha misst. Weitere Kleinseen bzw. Lacken findet man z. B. „**In den Wandln**" unterhalb des Nördlichen Viltragenkeeses, im Bereich „**Sandeben**" unterhalb des Gschlößkeeses bzw. Sandebentörls und nördlich oberhalb von Außergschlöß den kleinen **Keespöllachsee**. Nördlich über dem Ausgang des Gschlößtales liegt in 2461 m Höhe noch der **Dichtensee**. Er bildet den Ursprung des Dichtenbaches und umfasst etwa 3 ha.

Der Messelingbach, der beim Matreier Tauernhaus in den Tauernbach mündet, birgt an seinem Oberlauf entlang des Dreiseenweges drei übereinandergestaffelte wunderschöne Seen, die nach ihrer Farbe benannt sind, den **Grünen** (2246 m), **Schwarzen** (2344 m) und **Grauen See** (2500 m). Der Grüne See ist 2,5 ha, der Schwarze See 1,5 ha und der Graue See 1 ha groß. Der Grüne und Graue See sind relativ seicht und erreichen nur eine Tiefe von 3,5 bzw. 3 m, während der Schwarze See bis zu 11,5 m Tiefe aufweist und dadurch seine Farbe erhält. Der Graue See empfängt einen Teil seines Wassers vom Abfluss des östlich oberhalb in 2543 m Höhe gelegenen und 0,8 ha großen **Hochgassersees**. Im südöstlich anschließenden Nachbartal des Messelingbaches liegt im Hochkar am Fuß des Daberkeeses ein Gletschersee, der milchig-grüne **Dabersee** (2424 m). Mit einer Fläche von 5 ha ist er ebenso groß wie der Wildensee. Eine Besonderheit ist der im oberen Landecktal gelegene **Schändlasee** oder **Schandlasee** (2371 m). Er umfasst eine Fläche von 1,7 ha, ist aber bereits zum Großteil verlandet. Der Gletscherbach verästelt sich im flachen Seebecken und bringt immer wieder Sand und Schotter ein. Im Landecktal gibt es einen weiteren See, der jedoch energiewirtschaftlich genutzt sowie überstaut und abgeleitet ist: **Beim See** (2279 m; 2,5 ha).

Auch das Froßnitztal beherbergt einige Kleinseen und Lacken, z. B. nordwestlich der Badener Hütte unterhalb des Froßnitzkeeses. Hier liegt in 2750 m Höhe die **Keespölachlacke**, die ca. 0,8 ha misst. Zahlreiche „Lacken" liegen im Bereich der Froßnitzer Ochsenalpe. Die größte davon ist mit etwa 0,7 ha der **Lackachtümpel** (2432 m). Die **Michlbachlacke** (2500 m) ist rund 1 ha groß und bildet den Ursprung des Michlbaches, der in den unteren Froßnitzbach mündet.

Schließlich sind für den Matreier Anteil an der Lasörlinggruppe noch zwei Kleinseen zu erwähnen, der **Arnitzsee** (2504 m) und der **Zunigsee** (2196 m). Der größere der beiden, der Arnitzsee, ist ca. 0,8 ha groß.

Vegetation und Tierwelt

Wie ganz Osttirol erweist sich auch der Matreier Raum im Vergleich zur Tauernnordseite deutlich klimabegünstigt und trockener. Der mittlere Jahresniederschlag beträgt 827 mm, die mittlere Jännertemperatur $-3,5°$ und die mittlere Julitemperatur $+16,1°$ (1981–1990). Der kalte „Tauernwind", der von Norden durch das Tauerntal herabstreicht, kann jedoch für empfindliche Abkühlung sorgen.

Von Huben (814 m) bis zum Großvenediger (3666 m) sind auf dem verschiedenartigen Gesteinsuntergrund in der Marktgemeinde Matrei die unterschiedlichsten Pflanzenstandorte zu finden – dementsprechend vielfältig ist die Vegetation. Auf den talnahen Hängen des Matreier Beckens sowie bei Stein und Gruben prägen inneralpine Flurgehölze zwischen den Wiesen und seltenen Äckern das Landschaftsbild. *Birke*, *Mehlbeere*, *Zitterpappel*, *Hasel* und *Rosen* sind die häufigsten Arten entlang der trockensteinigen Einfriedungen, *Esche*, *Eberesche*, *Bergahorn* und *Traubenholunder* an den feuchteren Stellen. In den Laubwaldresten des Iseltales zwischen Moos und Huben gibt es auch *Winterlinde*, *Ulme* und *Spitzahorn* und wärmeliebende Sträucher wie *Berberitze*, *Stachelbeere* und *Schlehdorn*.

Die *Fichtenwälder* haben auf den basischen Böden des untersten Tauerntales *Schneeheide* und *Wacholder* als Unterwuchs. Große Flächen werden an allen Talhängen von *Lärchen-Fichten*-Wald und von *Grünerlen*-Gebüsch eingenommen. Am Fuß des Hintereggkogels und im Landecktal gibt es auch *Legföhren*-Bestände. Auf sauren Böden sind Zwergstrauchheiden mit *Rostroter Alpenrose* und *Heidelbeere* im ganzen Gemeindegebiet weit verbreitet, *Besenheide* und *Zwergwacholder* herrschen auf der Sonnseite des oberen Tauerntales und des Froßnitztales vor. Über dem basischen Gestein nördlich von Matrei wachsen dagegen *Schneeheide* und *Bewimperte Alpenrose*.

Auf den steilen *Kalkglimmerschiefer*-Hängen, z. B. um Bretterwandspitze und Nussingkogel, sind *Blaugras-Horstseggen*-Halden typisch. Zahlreiche Arten dieser Pflanzengesellschaft wie *Wundklee*, *Buschnelke*, *Alpenaster*, *Brillenschötchen* und *Edelweiß* findet der Wanderer schon im Gebiet Glanz – Steiner Almen – Felbertauernstüberl. In der Gegend von Stein wachsen auch ausgesprochene Trockenzeiger wie der *Nickende Tragant*, die *Spinnwebhauswurz* und vereinzelt der *Sebenstrauch*.

Mehrere Niedermoore sind im Froßnitztal,

Gschlößtal, um Aßlab und in der Umgebung der Sudetendeutschen-Hütte zu finden. Die Verlandung von Seen lässt sich besonders am Schandlasee und Raneburger See gut beobachten. Ein bedeutendes Feuchtgebiet im Iseltal ist die „Brühl" (nähere Beschreibungen im nächsten Kapitel).

Ähnlich wie die Flora ist auch die Tierwelt des Matreier Raumes sehr vielfältig. Im weiten Matreier Becken kommen charakteristische Arten des Kulturlandes vor, wie die im Alpeninneren eher seltene *Feldlerche*, die vereinzelt auch noch oberhalb der Waldgrenze, z. B. in den sonnigen *Edelweiß*-Wiesen, auftritt, oder die ebenfalls inneralpin seltene *Elster*. In der teils offeneren, teils gegliederten Kulturlandschaft der unteren Talhänge und bis in den Bereich des Matreier Tauernhauses sind z. B. auch *Neuntöter* und *Braunkehlchen*, die in weiten Teilen Mitteleuropas schon selten sind, einigermaßen regelmäßig vertreten. Die Waldfauna umfasst entsprechend den vorhandenen Waldtypen sowohl charakteristische Laub- und Mischwald- als auch Nadelwaldbewohner einschließlich der typischen Bergwaldarten. Als wärmeliebendes Charaktertier lichter, sonniger Wälder tritt unter den Vögeln regelmäßig der *Berglaubsänger* auf. Oberhalb der Waldgrenze ist schließlich eine komplette, repräsentative Alpinfauna vertreten mit Charakterarten wie *Schneefink*, *Alpenschneehuhn*, *Alpenschneehase*, *Gämse* und *Steinbock*.

Als bedeutender Feuchtlebensraum für Tiere ist unter anderem besonders die „Brühl" hervorzuheben. Sie beherbergt z. B. fünf Amphibienarten, was für inneralpine Verhältnisse ausgesprochen selten ist. Ebenso sind auch die naturnahen Wildflussstrecken an der Isel zwischen Moos und Huben aus zoologischer Sicht ein außergewöhnlicher Lebensraum. Hier kann man unter anderem *Flussuferläufer* und mit etwas Glück *Flussregenpfeifer* beobachten.

Das nach Süden offene Iseltal, das sich nach Norden über das Tauerntal und dessen Nebentäler bis an den hier relativ niedrigen Alpenhauptkamm (Matreier- bzw. Felbertauern) fortsetzt, ist eine wichtige Wanderlinie für Zugvögel. Im Herbst und Frühjahr wurden bisher im Matreier Raum über 100 Zugvogelarten festgestellt, darunter auch lokale „Raritäten" wie z. B. *Pracht-* und *Sterntaucher*.

Offenbar ist die nach Süden bzw. dann im weiteren Verlauf nach Südosten offene Talfurche auch für andere Tiere eine günstige Wanderroute. So drangen hier vereinzelt *Braunbären* in die Alpen vor. Der *Braunbär* wurde zwar auch in Osttirol schon im letzten Jahrhundert ausgerottet, bis in jüngere Zeit traten hier jedoch vereinzelte wandernde Exemplare auf. Noch im Jahr 1971 wurde im Gebiet unterhalb des Kals-Matreier Törls ein *Braunbär* erlegt. Er ist heute im Heimatmuseum Matrei ausgestellt. Diese Tiere stammen höchstwahrscheinlich aus Slowenien, wo es wieder gesicherte Braunbärenbestände gibt. Es ist nicht auszuschließen, dass sich aus diesem Gebiet im Laufe der Zeit Bären auch in den Alpen wieder dauerhaft ansiedeln.

Naturdenkmäler und naturkundliche Besonderheiten

Die Grauerlenauen und ausgedehnten Schotterflächen an der Isel

Zwischen Moos und Huben sind an der Isel noch Reste der ehemals ausgedehnten Grauerlenauen vorhanden. Die Hauptbaumart – die *Grauerle* – besiedelt jene Bereiche, die schon relativ gut von Vegetation gefestigt sind und nur mehr bei größeren Hochwasserereignissen überspült bzw. weggerissen werden. Die *Grauerle* vermag mithilfe von *Strahlenpilzen,* mit denen sie im Wurzelbereich eine Lebensgemeinschaft (Symbiose) eingeht, Luftstickstoff zu binden, der für fast sämtliche Farn- und Blütenpflanzen nicht direkt verfügbar ist. Dadurch kommt es zu einer großen Nährstoffanreicherung in Grauerlen-dominierten Beständen. Der Unterwuchs von Grauerlenauen wird deshalb zumeist von großblättrigen Arten dominiert. So treten in der Krautschicht des Erlenwaldes unter anderem *Klettendistel, Brennnessel, Behaarter Kälberkropf, Weiße Pestwurz* und *Bittersüßer Nachtschatten* auf.

Den Grauerlen sind zum Fluss hin ausgedehnte Schotterfluren vorgelagert, Lebensräume, die heute in Mitteleuropa schon zu den großen Raritäten zu zählen sind. Die hier lebenden Pflanzen sind in optimaler Weise an die Dynamik des Standortes angepasst und vermögen mit beinahe unglaublicher Zähigkeit auf dem bewegten Untergrund immer wieder Fuß zu fassen. Als typische Arten dieser im wahrsten Sinne des Wortes „bewegten" Lebensräume sind mehrere Weidenarten (*Purpurweide, Lavendel-*

Rosmarinweidenröschen, eine Pionierpflanze der Flussschotterflächen, die auch Überflutung übersteht

Flussuferläufer

weide), das *Rosmarinweidenröschen* mit seinen auffallend großen roten Blüten und das *Uferreitgras* zu nennen. Neben diesen „ufertypischen" Arten sind hier noch viele Alpenpflanzen zu finden, die von den höchsten Gipfeln herab mithilfe des Wassers als Samen auf die Schotterbänke gelangen und hier zumindest für kurze Zeit ihr Dasein fristen können. So finden wir hier *Alpenleinkraut, Moossteinbrech, Fetthennensteinbrech, Frühlingsmiere, Alpentragant, Alpenrispengras, Alpengänsekresse, Bachgänsekresse* und *Kriechendes Gipskraut.*
In diesem Bereich, in dem die Isel ausgesprochenen Wildflusscharakter aufweist, finden wir auch eine ursprüngliche Flussvogelfauna. Neben den Charakterarten *Wasseramsel* und *Gebirgsstelze* brütet hier noch der seltene *Flussuferläufer,* ein knapp starengroßer Schnepfenvogel, der die locker verwachsenen Schotterfluren besiedelt, sowie der seltene *Flussregenpfeifer,* der 1993 erstmals hier nachgewiesen wurde.

Lindenbestände im Iseltal zwischen Moos und Huben

Auf den sonnseitigen Hängen bei Moos gibt es *Lindenwald*-Fragmente, die von der Straße aus gut zu sehen sind. Ein besonders schöner Lindenwald existiert auf der Sonnseite bei Huben. Dem Winterlindenbestand sind *Ulme, Esche, Spitzahorn, Zitterpappel, Mehlbeerbaum* und vereinzelt *Fichte* und *Lärche* beigemischt. In der Strauchschicht kommen wärmeliebende Arten wie *Berberitze, Stachelbeere, Schlehdorn* und *Seidelbast* vor. Weiters findet man hier im Unterwuchs typische Laubwaldarten wie *Klebrigen Salbei, Christophskraut, Mauerlattich* und *Nesselblättrige Glockenblume.*

Feuchtgebiete in der „Brühl" südlich von Matrei

Südlich von Matrei, nach der Brücke der Matreier Tauernstraße über die Isel, liegen am Fuß des Aschenberges mehrere durch *Grauerlen*-Bestände und Weideflächen gegliederte Feuchtgebiete nahe beisammen.

Die Brühl, eines der ökologisch wertvollsten Feuchtgebiete Osttirols

Ganz im Norden liegt ein **Niedermoor mit Streuwiesencharakter**, in dem *Pfeifengras, Breitblättriges Wollgras, Saumsegge, Mehlprimel, Gemeines Fettkraut, Zweihäusiger Baldrian, Simsenlilie, Kuckuckslichtnelke, Sumpfläusekraut, Studentenröschen, Mückenhändelwurz, Trollblume* und *Schnabelsegge* dominieren. Viele dieser Arten sind heute in Österreich als bedroht einzustufen, d. h. sie stehen auf der so genannten „Roten Liste". Besonders hervorzuheben ist in diesem Bereich jedoch das reichliche Auftreten der *Flohsegge (Carex pulicaris)*, einer in ganz Österreich bereits als stark gefährdet eingestuften Pflanzenart. Die hangseitigen, etwas höher gelegenen und trockeneren Wiesenbereiche, die das Niedermoor begrenzen, sind typische extensive Weideflächen, wie sie ebenfalls heute schon selten geworden sind. Hier blühen im Juni Arten wie *Arnika, Mückenhändelwurz, Duftende Händelwurz, Lebend gebärender Knöterich, Bergklee, Waldhyazinthe, Brillenschötchen, Steirische Teufelskralle, Gewöhnliche Heilwurz, Echte Schlüsselblume* und *Aufrechtes Fingerkraut*. Immer wieder eingestreut in die Weiderasen finden sich Disteln, die vom Weidevieh aufgrund ihrer Stacheligkeit gemieden werden, wie z. B. *Ackerkratzdistel* und *Gemeine Kratzdistel*, aber auch die *Nickende Distel* mit ihren großen roten, nickenden Köpfchen.

Südlich und südwestlich dieses Bereiches, zwischen einem beweideten Bergsturzhügel, einer ehemaligen Richtstätte und dem bewaldeten Berghang, erstreckt sich iselabwärts ein ca. 5 ha großes sehr **mannigfaltiges Areal**. Hier finden sich zwischen den bachbegleitenden *Grauerlen*-Auen reiche *Schilf-* und Großseggenbestände, in denen zumeist die *Schnabelsegge* dominiert. Eingestreut wachsen hier *Steife Segge, Rispensegge, Graugrüne Simse, Sumpfdotterblume, Bachnelkenwurz, Sumpflabkraut, Sumpfkratzdistel, Fieberklee, Wasserampfer, Gemeiner Wolfstrapp, Gewöhnliche Sumpfbinse, Sumpfpippau, Schildehrenpreis, Braunsegge, Igelsegge, Sumpfveilchen* und *Gemeiner Gilbweiderich*. Eingebettet in diesen Feuchtkomplex sind immer wieder offene Wasserflächen, in denen Arten wie die *Kleine Wasserlinse, Berchtholds Laichkraut* und das *Alpenlaichkraut* sowie der *Gemeine Wasserschlauch* vorkommen. In einigen der Niedermoore sind kleinere *Torfmoosbülten* entwickelt. Hier wachsen *Rundblättriger Sonnentau, Sumpfweidenröschen, Mehlprimel* und der seltene *Sumpfdreizack*.

Der gesamte Bereich ist als wahres Refugium

Sumpfrohrsänger am Nest

von seltenen und bedrohten Pflanzen zu betrachten. Er ist aber auch ein bedeutender Lebensraum für zahlreiche zum Teil gefährdete Tiere. In den Gewässern laichen hier *Grasfrosch, Erdkröte, Gelbbauchunke, Teichmolch* und *Alpenmolch*. Das Vorkommen des *Teichmolches* ist außerdem eines der ganz wenigen, vielleicht sogar das Einzige in den Hohen Tauern. Darüber hinaus ist das Gebiet auch Lebensraum einer reichhaltigen Insektenfauna und man kann z. B. zahlreiche Schmetterlinge beobachten, wie *Trauermantel, Aurora-* und *Zitronenfalter* usw. Neben zahlreichen anderen Vogelarten beherbergt das Gebiet weiters den in den Hohen Tauern seltenen *Sumpfrohrsänger*. In der nahen Felswand brütet der *Kolkrabe*. Für durchziehende Vögel, die sich im Frühjahr und Herbst für kurze Zeit hier niederlassen, ist das Gebiet auch eine bedeutende Raststation.

Naturdenkmal Lärchengruppe am Schlossberg Weißenstein

Das Schloss Weißenstein (1029 m, siehe auch „Kulturelle Besonderheiten") auf einem *Dolomitmarmor*-Felsen nördlich von Matrei befindet sich in Privatbesitz, der Schlosspark ist aber auf einem Fußweg zwischen Prosseggweg und Felbertauernstraße öffentlich begehbar. Der Hang weist einen schönen alten Baumbestand von *Fichten, Lärchen, Eschen, Birken, Bergahorn* usw. auf, beim Eingang ins Schloss steht eine große *Sommerlinde*. Eine Gruppe von alten *Lärchen* am Steilhang zwischen Schloss und Prosseggweg wurde zum Naturdenkmal erklärt. Am Schloss Weißenstein brüten *Dohlen*.

Es ist die einzige Kolonie dieser Art in der Osttiroler Nationalparkregion.

Naturdenkmal Zedlacher „Paradies"

Es handelt sich um einen der ältesten und großartigsten *Lärchen*-Bestände der Ostalpen mit 400–500 Bäumen. Die größten Bäume haben ein Alter von über 500 Jahren und einen Stammumfang in 1 m Höhe bis zu 6,7 m. Dieser Lärchenwald liegt oberhalb von Zedlach auf einer Hangterrasse in ca. 1570 m Seehöhe. 1973 wurden mehrere Baumgruppen, insgesamt 44 der schönsten und größten Lärchen, zum Naturdenkmal erklärt. Eine Wanderung durch diesen Wald zählt zu den eindrucksvollsten Naturerlebnissen in der Osttiroler Nationalparkregion (siehe Wanderung Nr. 2).

„Baum der Mitte" im Zedlacher „Paradies"

„Paradiessee" im Bereich des Zedlacher Lärchenwaldes

Durch Änderung der Wasserverhältnisse ist der einstige See heute nur noch eine feuchte Wiesenmulde, die im Frühjahr Wasser führt. Der „Paradiessee" liegt außerordentlich malerisch inmitten von blumenreichen Wiesen, die wieder mit Holzzäunen abgegrenzt sind und vom *Lärchen*-Wald eingerahmt werden. Ein Heustadl erhöht noch den landschaftlichen Reiz. Der seichte See selbst ist mit dem *Sumpfschachtelhalm* und *Wasserknöterich* dicht bewachsen. In den Randzonen kommen noch verschiedene Seggen, *Sumpfvergissmeinnicht* und *Schildehrenpreis* dazu. Der „Paradiessee" ist ein bedeutender Laichplatz für *Grasfrosch*, *Erdkröte* und *Alpenmolch*. Er beherbergt eine reiche Kleintierwelt und bietet auch der *Ringelnatter* einen Lebensraum.

Eine zoologische Attraktion ist in dieser Sumpfwiese die hohe Dichte der *Säbeldornschrecke (Tetrix subulata)*, die hier ihren bisher einzigen Standort in der Tiroler Nationalparkregion hat.

Prosseggklamm und Steiner Wasserfall

Mehr als hundert Meter unterhalb des eiszeitlichen Trogbodens des Tauerntalgletschers führt ein ca. 1 km langer Wanderweg durch eine eng eingeschnittene, tiefe Schlucht von Prossegg Richtung Gruben. Im Zuge der nacheiszeitlichen Talformung hat sich der Tauernbach tief in die *Kalkglimmerschiefer-Kalkphyllit-Grünschiefer*-Formation der Oberen Schieferhülle eingefressen, wobei im Klammbereich infolge leichterer Erosion eine Anlehnung der Fließrichtung an das Ost-West-Streichen der Schichten eingetreten ist. Insgesamt überwiegen die kalkig-schieferigen Gesteine. Der imposante **Steiner Wasserfall** stürzt hingegen über einen *Grünschiefer*-Plattenschuss, der auch im längeren der beiden Klammwegtunnels aufgeschlossen ist.

Auf dem kalkhaltigen Untergrund findet man eine Fülle interessanter Pflanzenarten, z. B. *Alpenaster*, *Türkenbundlilie*, *Händelwurz* und *Waldvöglein*. Die geschützte Lage ermöglicht an sonnigen Stellen das Gedeihen ausgesprochen trockenheits- und wärmeliebender Pflanzen wie *Echter Wermut* und *Feldbeifuß*. Auch die Tierwelt ist mit wärmeliebenden Arten vertreten, wie z. B. mit der *Mauereidechse*, die im Bereich der Prosseggklamm wahrscheinlich ihre nördliche Verbreitungsgrenze in Osttirol erreicht (siehe auch Wanderung Nr. 4).

Schandlasee (2371 m)

Es handelt sich um einen ökologisch außerordentlich interessanten See, der bereits weitgehend verlandet ist. Der Name kommt von „Schändlichem See", nämlich ein See, der gar kein See mehr ist und die Besucher „enttäuscht". Das Seebecken ist ringsherum vom groben Blockwerk eines einstigen Kargletschers umrahmt. Die anstehenden Felsen sind abgeschliffen. Der See selbst ist bis auf einige Seichtwasserflächen zugesandet. Heute verästelt sich der Gletscherbach im Seebecken in viele Arme und bringt immer wieder Sand und Schotter ein. Es gibt bereits drei große Flächen, die sich etwas herausheben und eine Vegetationsdecke aufweisen. Daneben sind noch viele kleine Verlandungsinseln mit Vegetation zu sehen. Außerordentlich interessant ist die Besiedelung der Sandflächen durch Pflanzen, die wir hier genau studieren können. Die ersten Pioniere sind das *Schneetälchen-Haarmützenmoos (Polytrichum sexangulare)* und das *Norwegische Haarspitzenmoos (Polytrichum norwegicum)*, später siedeln sich Schneetälchenpflanzen wie *Krautweide* und *Kleine Soldanelle* an. Die heute verlandeten ehemaligen Seeflächen zeigen ein abwechslungsreiches Mosaik aus Verlandungsgesellschaften mit *Scheuchzers Wollgras* und Niedermoorbereichen mit *Braunsegge* und *Rasenhaarbinse*. Auf den großen Verlandungsinseln fallen Horste der *Rasenschmiele* als Weideanzeiger besonders auf. Von den Vögeln kann man in der Verlandungszone immer wieder *Wasserpieper* beobachten.

Neben dem verlandeten See ist auch der Gebirgsrahmen mit Sillingkopf, 2859 m, Großem Landeckkogel, 2898 m, Stubacher Sonnblick, 3088 m, Granatspitze, 3086 m, mit Prägratkees und der Kalser Bärenkogel, 3078 m, besonders beeindruckend.

Gletscherweg Innergschlöß

Der landschaftlich besonders schöne Rundweg im Venedigergebiet führt an das Schlatenkees, den mit rund 9 km² größten Gletscher Osttirols, heran (siehe Kapitel „Gletscher"). Der Lehrweg, für dessen Begehung man 3–4 Stunden braucht, beginnt im hinteren Gschlößtalboden bei Moränen aus der Zeit des großen Gletschervorstoßes von 1847–1850. Die Moränen aus vergangenen Jahrhunderten sind nun von *Lärchen*, *Zirben* und *Ebereschen* bewachsen. Zwischen *Grünerlen* gedeihen üppige Hochstauden wie *Alpenmilchlattich, Grauer Alpendost, Meisterwurz* und *Blauer Eisenhut*. Oberhalb der Steilstufe, in der der Schlatenbach einen Wasserfall bildet, erstreckt sich der flache Salzboden mit mehreren kleinen Lacken und Niedermooren. Dort wachsen *Schmalblättriges Wollgras, Rasenhaarbinse* und *Braunsegge*. Der in 2137 m Seehöhe zwischen Moränenwällen gelegene **Salzbodensee** wird von Grundquellen gespeist. Nur wenig höher liegt das „**Auge Gottes**", ein dreieckiger Tümpel mit einer Insel aus *Scheuchzers Wollgras*. An dieser Stelle bietet sich ein besonders schöner Überblick über die von Großvenediger (3666 m) und Kleinvenediger (3477 m) herabziehende Hauptgletscherzunge des **Schlatenkeeses**. Der Lehrweg führt über den **Schlatenbach**, der besonders in der warmen Jahreszeit viel milchig-trübes Schmelzwasser aus dem **Gletschertor** empfängt. Blaugrün schimmern die Eisflächen an den durch Unterspülung geschaffenen Abbruchstellen.

Eindrucksvoll sind auch die rund abgeschliffenen Felsbuckel im Gletschervorfeld. Aus den Schrammen, die vom Eis mitgeführte Steine auf dem Untergrund hinterlassen haben, kann man die Fließrichtung des einstigen Gletschers ablesen. Die Moränen von früheren Gletschervorstößen werden von *Fetthennensteinbrech, Alpensäuerling, Alpenleinkraut, Kriechender Nelkenwurz* und *Einblütigem Hornkraut* besiedelt. Auch *Alpenwucherblume, Wundklee* und *Traubensteinbrech* sind hier verbreitet, seltener sieht man die *Schwarze* und *Echte Edelraute*. Der Gletscherrundweg führt über den **Prager Hüttenweg** durch den Zwergstrauchgürtel wieder hinunter ins Gschlößtal.
Eine genaue Beschreibung des Lehrweges mit 24 Haltepunkten gibt der **Naturkundliche Führer** zum Nationalpark Hohe Tauern, Band 1, „Gletscherweg Innergschlöß" des Österreichischen Alpenvereins (siehe auch Wanderbeschreibungen Nr. 13).

Wirtschaft

Die Marktgemeinde Matrei in Osttirol ist mit 277,8 km² Gesamtfläche die zweitgrößte Landgemeinde des Bundeslandes Tirol und umfasst auch die Fraktionen bzw. Orte Kienburg, Huben, Moos, Feld, Mattersberg, Klausen, Seblas, Klaunz, Preßlab, Glanz, Hinterburg, Franz-Eichhorst-Weg, Kaltenhaus, Proßegg, Bichl, Waier, Ganz, Bruggen, Auerfeld, Zedlacher-Straße, Zedlach, Hinteregg, Gruben, Berg, Raneburg und Tauer. Matrei, das 1170 als „Materaie" erstmals urkundlich aufscheint, wurde bereits 1280 als Markt erwähnt. Durch Jahrhunderte war die **Landwirtschaft,** besonders Viehzucht, die wichtigste Wirtschaftsform. Die Nutzung von hoch gelegenen Almen und Bergmähdern prägt das Leben der Matreier Bauern. In neuerer Zeit wurden die ohnehin geringen Ackerlandflächen in der Nähe der Bauernhöfe zu Gunsten von Wiesen weiter verkleinert, die Bergmähder teilweise aufgelassen und auf den Almen Gemeinschaftsställe errichtet (Bodennutzung 1999: Ackerland 0,41 km², Wiesen 12,62 km², Weiden 3,69 km², Almen und Bergmähder 64,92 km²). Der Wald (52,76 km²), teils im Privat-, teils im Gemeindebesitz, besteht aus rund 75 % Fichte und 25 % Lärche und weist vielfach für die Nutzung schwierige Geländeverhältnisse auf. 70 % des Waldes sind Schutzwald. Die Beschäftigung der heimischen Bevölkerung in Land- und Forstwirtschaft ist seit der Jahrhundertwende von 85 % auf unter 10 % zurückgegangen; **Handels- und Gewerbebetriebe** haben zugenommen.

Bedingt durch die wunderschöne Landschaft, die durch die Bauern ganz wesentlich mitgestaltet wird, hat sich nun der Tourismus zum führenden Wirtschaftszweig entwickelt. Er begann bereits im vorigen Jahrhundert nach der Erstbesteigung des Großvenedigers, mit der Gründung eines Bergführervereins in Matrei 1881, nahm seinen Aufschwung mit dem Schutzhüttenbau in den 20er-Jahren des vorigen Jahrhunderts und stieg von den 50er-Jahren bis 1974 ständig an. Aufgrund des dann folgenden Nächtigungsrückgangs bemühte man sich um die Belebung auch der Wintersaison durch den Bau der Goldriedbahnen, die seit 1980 in Betrieb sind. Ein weiterer touristischer Meilenstein wurde durch den Bau einer Einseilumlaufbahn gesetzt. Die Winternächtigungen konnten von 38.000 in der Wintersaison 1980/81 auf 118.000 im Winterhalbjahr 2002/03 angehoben werden. Durch die Schaffung des Nationalparks kann man auf eine Ausweitung des „sanften Tourismus" und behutsamen Umgang mit der Natur, deren Schönheit ja die Voraussetzung des Fremdenverkehrs ist, hoffen.

Kulturelle Besonderheiten

Pfarrkirche St. Alban

Der 1777–1783 nach den Plänen des Osttirolers Thomas Mayr errichtete frühklassizistische Kirchenbau ist mit 52 m Länge und 20 m Breite die größte Landkirche Tirols. Sie wurde unter Einbeziehung des 68 m hohen gotischen Turms anstelle der 1334 geweihten kleineren gotischen Kirche erbaut und mit prachtvollen Fresken und Statuen in vorwiegend spätbarockem Stil (von Johann Paterer und anderen) ausgestattet. Zwei alte Bildnisgrabsteine von Pfarrern aus dem 16. Jahrhundert sind nun im Kircheninneren an der linken Seitenwand eingelassen. Urkundlich wird schon 1170 ein Pfarrer in Matrei genannt. Die erste Pfarrkirche stammte jedenfalls aus karolingischer Zeit und brannte 1325 bis auf das Mauerwerk ab. Der große, 1735 erbaute Pfarrhof (**Widum**) trägt das Wappen des Salzburger Fürsterzbischofs Sigmund III. Graf von Schrattenbach.

Klaunzbühel und Klaunzkapelle

Das älteste Matrei dürfte auf dem Klaunzer Bichl als Bergbausiedlung gegründet worden sein. Bei der Klaunzkapelle wurden 1890/91 Schlacken von Kupfererz aus der Zeit um die Mitte des 2. Jahrtausends vor Christus gefunden, beim Thalerhof am Klaunzerberg Schlacken, eine bronzene Messerspitze, Tierknochen und Teile von keramischen Bechern und Töpfen.

In schöner Aussichtslage auf dem „Klaunzbichl" oberhalb der Pfarrkirche steht, von *Lärchen* und *Rotföhren* umgeben, die **Klaunzkapelle**. Die schlichte Mariahilfkapelle mit drei Rundbogenfenstern wurde 1713 geweiht. Ihr Satteldach und der eigenartige Spitzhelm des Turmes sind mit Holzschindeln gedeckt. Das Kirchlein, das man durch den Turm betritt, wird vor allem bei Bitte um Kindersegen aufgesucht. Nördlich des Klaunzbühels steht am rechten Ufer des Bretterwandbaches die 1611 erbaute **Bachkapelle**, die wie durch ein Wunder von allen Vermurungen verschont geblieben ist. Ihre Außenwand schmückt das moderne Fresko einer Schutzmantelmadonna. Etwas bachaufwärts wurde eine alte **Wassermühle** mit einem großen unterschlächtigen Mühlrad aufgestellt.

St.-Nikolaus-Kirche – Kleinod Tirols von internationaler Bedeutung

Der romanische Bau mit seinem eindrucksvollen Chorturm liegt weithin sichtbar auf einer Anhöhe südlich der Isel im Ortsteil Ganz. Die Kirche wurde wahrscheinlich Ende des 12. Jahrhunderts erbaut, aber erst 1346 urkundlich erwähnt. Im 14. und 15. Jahrhundert wurde das Kirchenschiff gotisiert und mit einem spätgotischen Netzrippengewölbe versehen. Kunsthistorisch besonders wertvoll sind die **romanischen Fresken** in den zwei übereinander stehenden Altarräumen des Chorturms. Ein einheimischer Maler schmückte Ende des 13. Jahrhunderts den Unterchor mit Szenen aus dem Paradies und Darstellung der Nikolauslegende, noch älter sind die von einem

St.-Nikolaus-Kirche in Matrei i. O.

Künstler aus Padua geschaffenen Fresken im Oberchor. Außen am Turm ist über einem Sakristeianbau ein Christophorusfresko (1520) zu sehen. Sehenswert ist auch das alte Messnerhaus unterhalb der Kirche sowie ein zweigeschossiger Wirtschaftshof in Holzblockbauweise mit typischem Mittelflurgrundriss aus dem 17. Jahrhundert, neben dem der einzige erhaltene Kornkasten Matreis steht (1626).

Schloss Weißenstein

Nördlich des Marktes Matrei erhebt sich auf einem nach drei Seiten steil abfallenden „weißen" *Dolomitmarmorfelsen* das Schloss Weißenstein, bis ins 14. Jahrhundert als „Schloss Matrey" bezeichnet. Der „Seinzgerturm", einst Gefängnis, ist der älteste Teil des vermutlich in der Mitte des 12. Jahrhunderts errichteten Bauwerks. Um 1207 wurden Schloss und Herrschaft an die Erzbischöfe von Salzburg verkauft, die bis 1803 Matrei durch Pfleger verwalteten. Unter Erzbischof Leonhard von Keutschach wurde das Schloss um 1500 weiter ausgebaut und befestigt, verfiel aber dann, als der Pfleger und Amtmann vom Schloss ins Gerichtshaus am Hintermarkt übersiedelte. Im 19. Jahrhundert kam es in Privatbesitz, wurde restauriert und zu einem der frühesten Nobelhotels umgebaut (Schlosspark siehe „Naturdenkmäler und naturkundliche Besonderheiten").

Heimatmuseum Medaria

Dieses recht interessante und vielseitige Museum ist im Keller des Rathauses mitten im Ort Matrei untergebracht. Bemerkenswert sind archäologische Funde wie spätsteinzeitliche Feuersteinschaber aus Zedlach und Matrei (Weißenstein) sowie ein steinzeitlicher Abschlagstein aus Prägraten. Aus der Bronzezeit stammen verschiedene Bronzefragmente aus der Umgebung von Matrei. Aus der Eisenzeit (5. Jahrhundert v. Chr.) sind von einem hallstattzeitlichen Gräberfeld mit 56 Brandgräbern, welches in der Nähe des Weilers Berg in der Ortschaft Welzelach bei Virgen gefunden wurde, verschiedene Grabbeigaben wie Schmuck, Waffen, Gefäße, Werkzeuge, Geräte ausgestellt. Vom prominentesten Fund, einer Situla (Bronzeeimer), ist ein Abguss in Kunststoff zu sehen. Der oberste Bildstreifen zeigt eine Prozession von gefäßtragenden Frauen und behelmten Männern, die auf einer Syrinx blasen. Im mittleren Bildstreifen ist eine Festszene mit Zechern und bedienenden Frauen und links außen eine Hasenjagd zu erkennen. Der Hasenjäger ist in dem Moment dargestellt, in dem er seine Wurfkeule ausschwingt, um sie gegen den Hasen zu schleudern. Er ist nur mit

Schloss Weißenstein

Heimatmuseum Matrei

Eine Schülergruppe bestaunt das riesige Wasserrad der Venezianersäge

Rock und Gürtel bekleidet. An der Seite trägt er einen langen Dolch mit geschmückter Scheide. Am untersten Bildstreifen sind schließlich wilde Tiere wie Wolf und Steinbock abgebildet. Interessant ist weiter eine Goldmünze des byzantinischen Kaisers Justinus II. aus dem 6. Jahrhundert aus Obermauern sowie Geräte und Grabbeigaben aus der keltischen und römischen Zeit. Ein besonderes Gedenken gilt dem Freiheitshelden Johann Panzl während der Tiroler Freiheitskämpfe 1809.

Reichhaltig ist die Sammlung an bäuerlichem und handwerklichem Kulturgut. Besonders herausgestellt wird dabei ein Gewehr und eine Taschenuhr eines Wilderers, der 1839 in eine Gletscherspalte stürzte und dabei tödlich verunglückte. Seine Leiche wurde mit der Wildererausrüstung erst 90 Jahre später gefunden. Eindrucksvoll sind auch die Masken der Matreier Klaubaufe, die am 5. Dezember mit dem Nikolaus zu sehen sind.

In einem zweiten Raum befindet sich eine interessante Mineraliensammlung aus Osttirol mit besonders schönen Bergkristallen, einer Zitrinstufe vom Großglockner und Adularen und Sphenen aus dem Felbertauerntunnel. Unter den ausgestellten Tieren fällt ein Braunbär auf, der aus der Gotschee (Slowenien) bis nach Osttirol gewandert ist und im Goldried-Schigebiet von Matrei 1971 geschossen wurde.

Das venezianische Gatter beim Matreier Tauernhaus

Dieses 200 Jahre alte Gatter war bis 1970 in Betrieb. Mit Unterstützung des Nationalparks konnte der Verfall gestoppt und das Gatter als Freilichtmuseum erhalten bleiben.

Es handelt sich um eine so genannte wasserbetriebene Sägemühle, wie sie früher weit verbreitet waren.

Der Name Venezianergatter kommt tatsächlich

von Venedig. Die im 15. Jahrhundert größte Handelsstadt Mitteleuropas benötigte zum Aufbau ihrer mächtigen Flotte und der Pfahlbauten Unmengen von Schnittholz. In den großen Waldungen der venezianischen Alpen begann die Entwicklung einer effektiven, wasserbetriebenen Säge. Wahrscheinlich waren es italienische Wanderarbeiter oder sogar die Tauernsäumer, die diese venezianische Sägetechnik bis in die Tauerntäler brachten.

Knappenhaus Dabernitzen im Froßnitztal

Die Ruinen vom bedeutenden Eisenerzabbau (*Magnetit*) in 2516 m Seehöhe sind von Gruben über die Katilalm und den Knappensteig in ca. 5 Stunden zu erreichen (erste Tagesetappe des „Großen Tauern-Treck"). Das halb verfallene Knappenhaus enthielt drei große Räume, die im Sommer den Bergknappen, im Winter den Erzziehern Unterkunft boten. Letztere brachten das Eisenerz auf dem von den Glaureter Gewerken erbauten Knappenweg nach Gruben („Seinitzen") zur Verhüttung. Auch die Erzscheideanlage ist noch zu sehen, wo das Erz in zwei Güteklassen sortiert wurde. Die Abbaustellen für das im Tagbau gewonnene Eisenerz erstrecken sich bis hinauf ins Kar des Dabernitzkogels auf ca. 2800 m Seehöhe. Dort sind Spuren eines Unterstandes und ein fast verschütteter Stollenmund zu sehen (genaue Beschreibung des Bergbaus im Froßnitztal siehe Kapitel „Mineralien und Bergbau").

Historischer Übergang über den Felbertauern

Die Bedeutung Matreis ist eng mit dem Saumhandel über den Felbertauern verknüpft, der vom 14. bis zur Mitte des 16. Jahrhunderts seine Blüte erreichte. 1448 wird das **Matreier Tauernhaus** als „Gastschwaige unterm Tauern" erwähnt, die die Säumer auf ihrem gefahrvollen Weg über den 2490 m hohen Pass betreute. Auf dem Weg nach Süden waren die Saumpferde vorwiegend mit Salz beladen (auch Metalle, Tuchwaren, Leder), nach Norden wurden Wein, Südfrüchte, Gewürze, Seide usw. transportiert. Im 18. und 19. Jahrhundert benützten viele Osttiroler den Übergang, um im Salzburgischen als „Jätergitschen" (jätende Mädchen) oder „Störhandwerker" (Weber, Schneider, Schuster, Korbflechter) ihr Brot zu verdienen oder Handel zu treiben (Deferegger). Auch der Viehtrieb über den Felbertauern wurde im vorigen Jahrhundert in großem Maßstab betrieben. Das **Zirbenkreuz** über dem Tauernbach erinnert z. B. an sechs Viehtreiber, 250 Rinder, 50 Ziegen und einige Pferde, die im Sommer 1879 bei einem Schneesturm umkamen. Die Passüberquerung forderte viele Opfer – 90 Tote sind im Matreier Totenbuch verzeichnet. Heute wird der alte Übergang nur mehr von Wanderern benützt. Die 1967 eröffnete Felbertauernstraße ermöglicht mit ihrem 5,2 km langen Tunnel einen problemlosen Personen- und Warenverkehr zwischen Tauern- und Felbertal.

Almdörfer

Wegen der kleinen Bewirtschaftungsflächen um die Bauernhöfe spielt im Raum Matrei seit Jahrhunderten die Almwirtschaft eine große Rolle. Ursprünglich durften Wald und Weide von jedermann unbeschränkt genutzt werden, im 15. und 16. Jahrhundert wurden dann die Nutzungsrechte der Almgemeinschaften in „Alpordnungen" festgelegt. Die meist hölzernen Almgebäude der einzelnen Bauern, wo von Juni bis September die Senner die Kühe molken und Butter und Käse herstellten, stehen platzsparend an einer lawinensicheren Stelle auf engstem Raum beisammen. Ein typisches solches Almdorf ist **Außergschlöß** (1659 m), ein bäuerliches Kulturdenkmal, das die einzigartige Landschaft wesentlich bereichert. Die dicht gedrängten Holzgebäude am Eingang zum Gschlößtal wurden vom Heimatkundlichen Verein Matrei mithilfe der Marktgemeinde restauriert. Ähnlich wie die malerischen Hütten der **Schildalm** (1500 m), die man bei der Zufahrt zum Matreier Tauernhaus jenseits des Tauernbaches sieht, haben sie ihre ursprüngliche Aufgabe verloren und werden heute als Ferienwohnungen genützt. Aus Gründen der Wirtschaftlichkeit und Personalersparnis wurden nach dem 2. Weltkrieg nämlich Gemeinschaftsställe gebaut. Dort betreuen jetzt einige wenige Angestellte das Milchvieh der gesamten Almgemeinschaft und kümmern sich auch um das „Galtvieh" (Ochsen, Kälber, Schafe), das nach wie vor den ganzen Sommer auf den Hochweiden im Freien bleibt. So auch in der Almsiedlung **Innergschlöß** (1691 m), deren über 200 Jahre alte Almgebäude unter Denkmalschutz gestellt wurden. Die Almdörfer im Froßnitztal bestehen aus zahlreichen alten Steinhäusern. Die **Zedlacher Alm** (Froßnitzalm, 1846 m) liegt auf einem flachen Schuttkegel südlich vom Froßnitzbach, die **Mitteldorfer Alm** am Steilhang über dem Nordufer. Die Nutzung der Froßnitzalm ist schon 1207 urkundlich belegt.

Felsenkapelle im Gschlöß

Schon 1688 wurde am Weg zwischen Außer- und Innergschlöß von den Almbesitzern eine Marienkapelle erbaut. Nachdem sie zweimal von Lawinen zerstört worden war, erweiterte man 1870 die natürliche Höhlung eines von der „Weißen Wand" herabgestürzten Felsblocks zu einem kleinen Kirchenraum. Gegen den Weg zu wurde eine Fassade mit Eingangstor, zwei Spitzbogen- und einem Rundfenster angemauert, gekrönt von einem kleinen Turm mit Glocke. In dieser 1969/70 erneuerten Felsenkapelle wird eine kleine Marienfigur als Gnadenbild besonders verehrt, die die Lawinenabgänge nur leicht beschädigt überstanden hat.

Nationalparkeinrichtungen in der Gemeinde Matrei

– Nationalparkhaus
– Bildungszentrum „Kessler-Stadl"
– Waldlehrweg „Zedlacher Paradies"
– Gletscherlehrweg „Innergschlöß"

Empfehlenswerte Wanderungen

1. Naturkundliche Wanderung in die Brühl

Ausgangspunkt: Matrei (Pfarrkirche)
Gehzeit: 1 Stunde bis Brühl; als naturkundliche Rundwanderung mindestens 3 Stunden
Höhenunterschied: nicht nennenswert
Schwierigkeitsgrad und Ausrüstung: leichte Wanderung; wasserdichtes Schuhwerk
Außerhalb des Nationalparks

Die Feuchtgebiete in der Brühl südlich von Matrei bieten Gelegenheit, eine Vielzahl teils schon recht selten gewordener Pflanzen- und Tierarten kennen zu lernen.
Der Zugang von Matrei aus erfolgt über den **Hildenweg**, der unterhalb der Goldriedbahnen bei der von der Pfarrkirche kommenden Unterführung beginnt. Zuerst als asphaltierte Zufahrtsstraße, dann als angenehmer Fußweg führt er östlich der Matreier Tauernstraße zwischen Häusern und trockenen Wiesen mit *Wiesensalbei* und *Wundklee* am Hang entlang. Jenseits des Matreier Beckens sieht man die romanische St.-Nikolaus-Kirche am Eingang ins Virgental, das von den Bergen der Lasörlinggruppe und der gletschertragenden Venedigergruppe begrenzt wird. Einmal führt der Weg mitten durch einen Bauernhof, dann wieder durch Wald, in dem man *Eichhörnchen* und *Buchfink* beobachten kann. Am Waldrand findet man *Alpenrebe* und *Brillenschötchen*, das kalkhältigen Boden anzeigt.
Vorbei am Weiler **Seblas**, kommt man gegenüber vom **Trattnerhof**, der eine bereits 1524 getäfelte Wohnstube und eine eigene Hofkapelle aus dem 18. Jahrhundert besitzt, an die Bundesstraße. Auf dieser überquert man die Isel und gelangt nach der Brücke rechts über einen Weidehügel in das Gebiet der Brühl. Genaue Beschreibung dieser einzigartigen Niedermoor- und Sumpflandschaft siehe Kapitel „Naturdenkmäler und naturkundliche Besonderheiten".
Das Feuchtgebiet selbst sowie der **Rückweg nach Matrei auf dem Iseldamm** eignen sich sehr gut für Vogelbeobachtungen. Nach einer halbstündigen Wanderung am Ostufer der von *Grauerlen* und *Weiden* gesäumten Isel erreicht man die Bichler Straße, eine *Birken*-Allee, der man nach rechts Richtung Matreier Pfarrkirche folgen kann. Man kann aber auch, vorbei an den Tennisplätzen, der Isel entlang bis zur Prosseggklamm gehen.

Trattnermühle

2. Waldlehrweg „Zedlacher Paradies"

Schmiedeeiserne Tierfiguren als Wegbegleiter

Ausgangspunkt: Parkplatz Jösenhof, oberhalb von Zedlach, ca. 1300 m, von hier Rundgang durch den zauberhaften Lärchenwald

Gehzeit: ca. 2 Stunden
Höhenunterschied: gering
Schwierigkeitsgrad und Ausrüstung: gute Wege; feste Wanderschuhe

Der Wanderweg führt durch einen der ältesten und großartigsten Lärchenbestände der Ostalpen. Die größten Bäume haben ein Alter von über 500 Jahren. Einer der markantesten Bäume ist der „Baum der Mitte" mit einem Stammumfang in 1 m Höhe von 6,7 m. Auf dem Waldlehrweg gibt es Informationen über diesen Lebensraum und die außergewöhnlich großen und alten Lärchengestalten.
Geschmiedete Figuren des bekannten Matreier Metallbildhauers Erich Trost, darunter auch ein großer Bär, erhöhen die märchenhafte Wirkung dieses Zauberwaldes bei den einzelnen Stationen des Lehrweges. Die Schautafeln bergen Erzählungen über die natur- und kulturkundlichen Besonderheiten des Waldes und haben direkten Bezug zu den lokalen Eigenheiten.

3. Wanderung vom Zedlacher „Paradies" in das Almgebiet der Wodenalm, 1825 m

Ausgangspunkt: Zedlacher „Paradies"
Gehzeit: 1 Stunde

Paradiessee im Zedlacher Lärchenwald

Lärche in Zedlach

Höhenunterschied: ca. 300 m
Schwierigkeitsgrad und Ausrüstung: guter Waldweg; Bergschuhe
Außerhalb des Nationalparks

Vom Zedlacher „Paradies" kann man auf dem Forstweg mit mäßiger Steigung in 1½ Stunden zur Jausenstation „Wodenalm" (1825 m) wandern. Von hier führt ein Almweg auf ein Hochplateau mit blumenreichen Almwiesen und Heustadln. Es ist dies ein sehr erholsames und wunderschönes Almgebiet, umrahmt von aufgelockertem *Lärchen*-Wald, mit schöner Aussicht auf die umliegenden Berge. An dieses Plateau schließen die nicht mehr gemähten einstigen Zedlacher Bergwiesen an. Von der Wodenalm kann man als Rückweg auch einen Fußweg über den Strumerhof zum Zedlacher Lärchenwald wählen.

4. Rundwanderung Oberer Steiner Wasserfall – Äußere Steiner Alm – Innere Steiner Alm

Ausgangspunkt: Parkplatz Felbertauernstüberl
Gehzeit: 2½ Stunden zur Äußeren Steiner Alm, 4½ Stunden für Rundweg
Höhenunterschied: 800 m
Schwierigkeitsgrad und Ausrüstung: Wanderung; leichte Wanderschuhe
Nationalparkwanderung

Nahe der Materialseilbahnstation beginnt der Anstieg auf dem Karrenweg nach Stein, dessen Höfe noch von keiner Straße erschlossen sind. Dem basischen Untergrund (*Kalkglimmerschiefer, Grünschiefer*) entsprechend, wachsen am Wegrand *Schneeheide, Wundklee, Alpensteinquendel, Kriechendes Gipskraut* und *Buschnelke*. Bis 50 cm hoch wird der *Nickende Tragant* mit gelben Schmetterlingsblüten, ein Trockenzeiger, der wegen seiner stark aufgeblasenen Hülsen auch *Alpenblasenschote* heißt.
Nach einer halben Stunde Wanderung durch *Schneeheide-Fichten*-Wald steht man vor dem großartigen **Oberen Steiner Wasserfall**, der in mehreren Stufen über die Steilwand herabstürzt. Der Weg ist hier in die gebänderten Felsen hineingesprengt, die aus *Kalkglimmerschiefern* mit *Dunklen Phylliten* bestehen. Im Frühling blühen dort *Alpenastern* und Polster von *Silberwurz* und *Herzblättriger Kugelblume*. Auf der Brücke über den Bach, der von *Kahlem Alpendost* und *Engelwurz* gesäumt wird, spürt man den Sprühregen des tosenden Wasserfalls. Dann kommt man zu trockenen Felsen mit *Traubensteinbrech, Berggamander* und *Weißem Mauerpfeffer*, der Futterpflanze der *Apolloraupen*. Den *Apollofalter* kann man auf dieser Wanderung häufig beobachten, besonders an den *Skabiosenflockenblumen* und *Alpendisteln* des nun folgenden sonnigen Abhangs. Hier wächst auch vereinzelt der wärmeliebende *Sebenstrauch*, eine giftige Wacholderart mit schuppenförmigen Blättern.
Während man mehrere kleine Bachläufe mit *Fetthennensteinbrech, Geflecktem Knabenkraut, Simsenlilie* und *Mückenhändelwurz* überquert, sieht man vor sich die malerischen Bauernhöfe von **Stein**. Sie liegen gegenüber von Hinteregg auf einem alten eiszeitlichen Talboden. In ihren Ursprüngen gehen die Höfe auf Schwaigen aus dem 13. Jahrhundert zurück. Das alte Bichlergut – ein typischer Osttiroler Paarhof – erhielt schon 1437 das Erbrecht.
Oberhalb des Weilers führt der Weg über einen mit Flurgehölzen bestandenen Hang hinauf. Man sieht hier *Heckenrosen, Berberitzen, Traubenholunder* und dornige *Sanddorn*-Sträucher. Bei der Weggabelung hält man sich rechts „zur Äußeren Steiner Alm" (Weg 514) und überwindet auf einem angenehm schattigen Weg in Kehren ca. 300 Höhenmeter. Im Juli sieht man im lichten Wald, durchsetzt von *Schneeheide* und *Wacholder*, häufig die *Dunkelrote Sumpfwurz*, das *Große Zweiblatt* und die *Akelei* blühen, seltener auch die *Türkenbundlilie*. Diese Pflanzen sind uns aus den Kalkalpen vertraut, für die Hohen Tauern sind sie eine Besonderheit. An alten *Fichten* sieht man *Specht*-Löcher, neben dem Rauschen des Wasserfalls hört man *Tannenmeisen, Berglaubsänger* und *Tannenhäher*. Nach Überstieg über einen Weidezaun bei einigen uralten *Lärchen* kommt man in Almgebiet mit *Trollblumen* und Lägerfluren. Die Aussicht reicht hier vom Ochsenbug (3008 m) jenseits des Tauerntales bis zu den Gletschern der Venedigergruppe im Nordwesten.
An einem Viehunterstand links vorbei führt nun der Weg oberhalb des **Steiner Baches** weiter bergan. In dem von Felsen und einzelnen *Lärchen* durchsetzten Weiderasen finden sich sowohl Silikatpflanzen (*Besenheide, Preiselbeere, Bärtige Glockenblume*) als auch kalkliebende Arten (*Schneeheide, Immergrüne Bärentraube, Alpenaster, Buschnelke, Alpengrasnelke*). Eiszeitliche Moränen überdecken hier den Gesteinsuntergrund und bedingen eine faszinierende Blütenvielfalt. Richtung Trigenköpfl und Nussingkogel tritt dagegen in dunkelgrünen Felsplatten der *Grünschiefer*

zu Tage, der aus vulkanischen Gesteinen des Ozeanbodens hervorgegangen ist.

Zwischen großen Felssturzblöcken versteckt, die von den fleischroten Blüten der *Spinnwebhauswurz* übersät sind, liegt die als Jausenstation geführte **Äußere Steiner Alm** (1909 m). Von dort auf die Sudetendeutsche Hütte (2656 m) 2 Stunden, bzw. über die Edelweißwiese und Glanz nach Matrei 2 Stunden (siehe Wanderung Nr. 8). Ein Abstecher zur **Edelweißwiese** (1950 m) mit ihren botanischen Kostbarkeiten und schönem Ausblick ist auf jeden Fall lohnend (nur 15 Minuten von der Steiner Alm).

Rückweg über **Innere Steiner Alm** (weiter innen im Tauerntal) = **Hoanzaalm**: Zurück in westlicher Richtung, quert man einen blumenreichen Hang mit Weidegangeln zwischen *Zwergwacholder* und anderen Zwergsträuchern, die sich als Anpassung an Wind und Schneedruck eng an den Boden anschmiegen. Über eine *Grünschiefer*-Kuppe mit *Alpenastern* und *Schnee-Enzian* führt dann der Weg bergab durch *Alpenrosen-Lärchen*-Wald. In steilen Bach- und Lawinenrinnen wachsen *Grünerlen* und Hochstauden wie *Blauer Eisenhut, Wolfseisenhut* und *Platanenblättriger Hahnenfuß*. An den Felsen aus *Kalkglimmerschiefer* und *Grünschiefer* fallen *Silberwurz, Wundklee, Spinnwebhauswurz* und die *Immergrüne Bärentraube* mit 1 m langen Ausläufern auf. In der Umgebung der **Inneren Steiner Alm** (1770 m) findet man über alten Grundmoränen dann auch *Rostrote Alpenrosen* und Weiderasen mit *Goldpippau* und *Scheuchzers Glockenblume*. Die ganz aus Schieferplatten erbaute Alm mit einigen Nebengebäuden liegt an einem kleinen Bach und lädt zu einer Jausenrast ein.

Dann folgt man dem Weg nach Süden durch den steilen **Zlemwald**, der aus *Lärchen* und *Fichten*, weiter unten dann nur mehr aus *Fichten* mit Unterwuchs von *Hainsimse* und *Waldwachtelweizen* besteht. Oft begegnet man Schafen auf dem sacht fallenden Karrenweg, der immer wieder Steilrinnen mit *Grünerlen*-Gebüsch quert und an dem unter anderem die gelb blühende *Klebrige Kratzdistel* häufig ist. An felsigen Stellen findet man die *Niedrige Glockenblume* und andere kalkliebende Arten, in Sumpfwiesen *Breitblättriges Wollgras, Sumpfherzblatt, Mehlprimel* und *Waldhyazinthe*. Oberhalb des Weilers **Stein**, der von *Goldhafer*-Mähwiesen und wärmeliebenden Flurgehölzen umgeben ist, mündet der Rundgang in den bereits bekannten Weg über **Oberen Steiner Wasserfall** zum **Felbertauernstüberl**.

5. Bergtour auf die Zunigalm und über den Zunigsee auf den Großen Zunig, 2771 m

Ausgangspunkt: Matrei, Zellbrücke
Gehzeit: 4–5 Stunden, bis zur Zunigalm 2½ Stunden
Höhenunterschied: Großer Zunig, 1771 m
Schwierigkeitsgrad und Ausrüstung: bis zur Zunigalm leicht; zum Großen Zunig Ausdauer und Trittsicherheit erforderlich; feste Bergschuhe
Nationalparkwanderung

Von der Zellbrücke an der Straße Richtung Virgen geht es zunächst auf einem gut beschilderten Güterweg durch landwirtschaftliches Kulturland aufwärts bis zum Beginn des eigentlichen Fußweges. Vom Güterweg aus sieht man auffallende Moränenwälle mit scharfen Firstlinien. Es handelt sich vermutlich um Ufer- und Endmoränen des eiszeitlichen Gschnitzgletscher-Vorstoßes vor ca. 13.000 Jahren. Bis zum Abgang des Fußweges, wo sich auch ein ausgewiesener Parkplatz befindet, ist die Anfahrt mit Pkw oder Kleinbussen möglich. Dadurch spart man sich etwa ¾ Stunden des Weges. Der Fußweg führt durch den Bergwald zur bewirtschafteten **Zunigalm** in 1846 m. Sie befindet sich im Bereich eines mehrere Almhütten umfassenden Almdorfes mit noch sehr ursprünglichen, schönen Almhütten. Von dieser Alm aus hat der Besucher einen herrlichen Rundblick auf die Venediger- und Glocknergruppe, das Virgen- und Tauerntal einschließlich des Marktes Matrei. Eindrucksvoll sind auch die steilen Bergwiesen auf der gegenüber liegenden Seite des Zunigbaches, die heute noch teilweise gemäht werden.

Bei der Zunigalm beginnt auch der Lasörling-Höhenweg, der über die Arnitzalm, Wetterkreuzhütte, Zupalseehütte, Lasörlinghütte, Bergerseehütte bis zur Neuen Reichenberger Hütte führt. Immer wieder gibt es hier Abstiege in das Virgental und verschiedenste Wegkombinationen.

Die Zunigalm ist aber auch Ausgangspunkt für die Besteigung des Kleinen und Großen Zunig. Der Fußweg verläuft durch eine ausgedehnte Alpenrosenheide mit *Rostroter Alpenrose* aufwärts zum **Zunigsee** in 2012 m Höhe. Es handelt sich um einen ganz seichten See, der durch Moränenwälle eines späteiszeitlichen Gletschervorstoßes aufgestaut wurde. Um den See kann man verschiedene Hochgebirgsvögel wie *Wasserpieper, Hausrotschwanz, Steinschmät-*

zer, *Kolkraben* und *Alpendohlen* beobachten. Über die alten Ufermoränen, die mit Zwergsträuchern bewachsen sind, verläuft der weitere Fußweg aufwärts zur **Zunigscharte** in 2355 m. Dort beginnt bereits der *Krummseggenrasen*. Hier zweigt der unschwierige Weg auf den Kleinen Zunig in 2443 m ab.

Am Gipfel des Großen Zunig mit Blick auf die Glocknergruppe

Bei der Scharte beginnt auch der durchwegs steile, aber gut gesicherte Aufstieg auf den **Großen Zunig** (2771 m). Da der Große Zunig eine sehr zentrale Lage in Osttirol hat, ist der Rundblick auf alle Bergketten Osttirols und Südtirols großartig. Die Vegetation auf den kalkfreien, sehr alten *Glimmerschiefern* des den Zunig aufbauenden Altkristallins ist artenarm. Am Gipfel wachsen noch *Einblütiges Hornkraut, Moossteinbrech, Zweiblütiges Sandkraut, Moschusschafgarbe, Zweizeiliges Kopfgras* und *Felsenschwingel*.
Als Variante gibt es auch eine unschwierige Rundwanderung von der Zunigalm über das Malereck, den Dolomitenblick zum Zunigsee und zurück zur Zunigalm. Die Gehzeit beträgt 2½ Stunden.

6. Bergtour auf den Ochsenbug (Kristallkopf), 3007 m

Ausgangspunkt: Hinteregg, 1433 m, Zufahrt mit Pkw über Zedlach und Strumerhof (zu Fuß 2½ Std. ab Matrei/ Tauernbach)
Gehzeit: Anstieg ca. 4½ Stunden, insgesamt 8 Stunden
Höhenunterschied: ca. 1600 m

Schwierigkeitsgrad und Ausrüstung: im ersten Wegstück und im Gipfelbereich Steilabfälle, die Vorsicht und Trittsicherheit verlangen. Sonst steil, aber bei entsprechender Ausdauer problemlos begehbar; Bergschuhe
Nationalparkwanderung

Die Wanderung beginnt oberhalb der auf einem alten eiszeitlichen Tauerntalboden liegenden *Goldhafer*-Mähwiesen von **Hinteregg**. Ein Stück bergab durch den Wald mit einigen uralten großen *Lärchen* und der blau blühenden *Alpenrebe* kommt man zu steil abfallenden *Kalkglimmerschiefer*-Felsen mit *Latschen*-Beständen. *Weiße Schafgarbe, Kriechendes Gipskraut, Silberwurz, Herzblättrige Kugelblume* und andere Kalkzeiger blühen neben dem schmalen Steig, der durch Drahtseile gesichert ist. Weiter geht es durch *Fichten*-Wald mit *Akelei* und *Dunkelroter Sumpfwurz* und dann steil bergauf über eine Lichtung mit schönem Ausblick zur vergletscherten Granatspitzgruppe. Im folgenden subalpinen *Fichten-Lärchen*-Wald gibt es immer wieder offene Stellen mit *Schneeheide, Gemeinem Sonnenröschen, Berggamander, Alpensteinquendel, Brillenschötchen* und *Buschnelke*. Bei alten hölzernen Heuhütten erreicht man die **Nunitzwiesen**, ausgedehnte ehemalige Bergmähder mit teils Kalk-, teils Silikatflora (*Besenheide, Rostrote Alpenrose*) und einem eindrucksvollen Rundblick auf Lienzer Dolomiten, Schober- und Granatspitzgruppe und ins Froßnitztal. Vom ehemals wichtigen Bergbaugebiet **Zarach**, wo vor mehr als 300 Jahren Eisenerz abgebaut wurde, kann man die Spuren nur mehr erahnen. Auf Schlackenhalden wächst in Massen die *Dreifädige Binse*, wegen ihrer braunen Farbe auch Gämsenhaar genannt. Auch *Flechten (Cladonia arbuscula), Felsenleimkraut, Besenheide* und dergleichen besiedeln, oft in Kümmerformen, diese trockenen Standorte.
Beim **Nunitzköpfl**, 2025 m, wendet sich der Weg nach Süden, nun wieder steiler hinauf, durch Zwergstrauchheide mit *Behaarter,* meist aber *Rostroter Alpenrose*. An Felsen mit *Edelweiß* vorbei, über *Bürstling*-Weiderasen mit Lägerfluren und über offene Stellen mit *Alpenleinkraut, Fetthennen*- und *Rudolphs Steinbrech* gelangt man zu einem Sattel nördlich des Hintereggkogels, von wo man schon das Gipfelkreuz des Ochsenbug sieht. Immer wieder kann man *Kolkraben* und *Murmeltiere* hören. Nun quert man, leicht bergab gehend, Geröllfelder. Am Wegrand wachsen zahlreiche typische Kalkpflanzen wie *Schwarze Schafgarbe, Gerardis*

Miere, *Wimper-Nabelmiere* und *Immergrünes Felsenblümchen*. Dann geht es steil hinauf zwischen Polstern von *Silberwurz, Stängellosem Leimkraut* und *Zwergprimel*, Felsplatten mit *Rudolphs* und *Blauem Steinbrech* und Schneetälchenvegetation.

Der gut markierte Weg führt weiter auf der rechten Seite einer mit Hangschutt gefüllten Rinne, in der meist Schnee liegt. Hier sind Krautweideböden mit *Gelbling, Zwergruhrkraut* und *Zwergsoldanelle* auf eingeschwemmter Erde zu finden. Auf der sonnigen Lehne dieses Grabens geht es nun ca. 500 Höhenmeter nach Westen auf den Gipfel zu. Pionierpflanzen wie das *Einblütige Hornkraut* und die schon genannten alpinen Polsterpflanzen wachsen auf dem *Kalkglimmerschiefer*-Untergrund. Nach Überwindung einer felsigen Steilstufe ist bald das Gipfelkreuz des Ochsenbug (3007 m) erreicht und man wird mit einer herrlichen Aussicht belohnt.

Die kürzere Route von Virgen aus über die „Bretterwand" eignet sich nur für erfahrene Alpinisten. Mit Gruppen sollte man auf dem beschriebenen Weg nach Hinteregg zurückkehren.

7. Zweitägige Rundwanderung von Matrei auf die Sudetendeutsche Hütte (2656 m)

1. Tag: Matrei – Glanz – Steiner Alm – Sudetendeutsche Hütte

Ausgangspunkt: Matrei
Gehzeit: 4½ Stunden (Matrei – Glanz: 1 Stunde, Glanz – Äußere Steiner Alm 1½ Stunden, von dort zur Sudetendeutschen Hütte 2 Stunden)
Höhenunterschied: 1650 m
Schwierigkeitsgrad und Ausrüstung: unschwierige Wanderung, Ausdauer erforderlich; Bergschuhe
Nationalparkwanderung

Von Matrei aus geht man an der Nordseite des **Bretterwandbaches** zuerst auf einer Asphalt-, dann Schotterstraße hinein in den **Bürgergraben**. Kurz nach einem Schotterwerk zweigt nach links der Weg Richtung Falkenstein – Glanz ab. Zwischen *Grauerle, Esche* und *Birke*, später *Hasel, Berberitze* und *Gemeiner Heckenkirsche* führt der grasbewachsene Weg nun aufwärts, immer noch parallel zum Bach mit seinen Schutzbauten gegen die gefährlichen Muren und Hochwässer. Bei einem romantischen Wasserfall wendet sich der Weg dann nach links hinauf zu den Wiesen und folgt in flachen Kehren einer aufgelassenen Straße. Dabei quert man die Zufahrtsstraße zur Seilbahn nach Preßlab und sieht immer wieder den hellen *Dolomitmarmor* des **Falkensteins** (1711 m, Klettergarten) aus dem Mischwald hervorleuchten. An Bauernhöfen und Wiesen vorbei erreicht man in westlicher Richtung die Asphaltstraße von Hinterburg nach **Glanz**, die Pkw-Benützer von der Felbertauernstraße bis zum Parkplatz Glanz (1530 m) befahren können.

Vom Ende der Asphaltstraße beim höchstgelegenen Bauernhof geht es nach links Richtung Edelweißwiese sehr steil durch *Lärchen-Fichten*-Wald mit einigen uralten *Lärchen* auf den Lichtungen. *Schneeheide, Herzblättrige Kugelblume, Berggamander, Alpensteinquendel, Wundklee* und *Fransenenzian* neben dem Weg zeigen den kalkhältigen Untergrund dieser Waldweide an. Am **Glanzer Berg** ist der *Kalkglimmerschiefer* von Hangschutt und Moränen überlagert. Auf einer sonnigen Almwiese mit sowohl *Besenheide* und anderen auf saurem Gestein wachsenden Arten als auch kalkliebender *Schneeheide, Glänzender Skabiose, Brillenschötchen* und *Berglauch* hüpfen und zirpen eine Unzahl verschiedenster Heuschrecken, z. B. die auffallende *Grüne Sattelschrecke*.

Dann wird der Weg flacher und führt durch felsdurchsetzten *Lärchen*-Weideboden mit *Zwergwacholder, Immergrüner Bärentraube, Silberwurz* und *Feldspitzkiel* und über *Bürstlingrasen* an Almhütten vorbei. Am Rande von Bergmähdern stehen die **Trogschupfen**, alte Heuhütten aus dicken Holzbohlen, und urige Holzschlitten für den Heutransport. Nach einer **Quelle** kommt man zur **Edelweißwiese**, einer artenreichen Mähwiese, die nun durch einen breiten, ebenen Weg erschlossen ist. Am anstehenden *Kalkglimmerschiefer* blühen *Kriechendes Gipskraut, Gemeines Sonnenröschen, Thymian* und *Klappertopf*. Typische Arten des *Blaugras-Horstseggenrasens* wie *Alpensüßklee, Kopfiges Läusekraut, Edelweiß* und *Alpenaster* sieht man besonders am Ende der Wiese, wo der Weg um eine Felsnase scharf nach rechts abbiegt. Dort finden sich auch *Kalkglockenenzian, Silberwurz, Berggamander* und *Herzblättrige Kugelblume*. An den Felsen wachsen *Traubensteinbrech* und *Blauer Steinbrech* sowie *Spalierweiden* und *Alpenbärentraube*.

Der Weg führt nun leicht bergab durch lockeren *Lärchen*-Wald, wo Bestände der kalkliebenden *Behaarten Alpenrose* von *Rostroter Alpenrose*, die saure Böden bevorzugt, abgelöst werden. Der Talgrund des **Steiner Baches** besteht hier aus eiszeitlichen Moränen. Über

Wiesen, die im Frühling mit *Trollblumen* übersät sind, kommt man jenseits des Baches zur **Äußeren Steiner Alm** (1909 m), die wahrscheinlich ihren Namen von den umgebenden Felssturzblöcken („Stoana") herleitet. Von der Alm mit Jausenstation führen zwei Wege hinunter zur Felbertauernstraße (2 Stunden, siehe Wanderung Nr. 4). Ein anderer Weg führt über das Trigenköpfl (2621 m) auf den Nussingkogel (2989 m, 3 Stunden).

Von der Steiner Alm sieht man zwischen Nussingkogel und Gradötzspitze bereits die **Sudetendeutsche Hütte** (2656 m), zu der man noch 2 Stunden steil emporsteigt. Bis zum Talschluss geht es noch fast eben, wieder vorbei an Felsblöcken aus *Grünschiefer*, die mit *Lärche, Zwergwacholder, Rostroter Alpenrose* und *Blauer Heckenkirsche* sowie *Immergrüner Bärentraube, Zwergmispel* und *Alpenrebe* bewachsen sind. Im Weiderasen fallen die Horste der raublättrigen *Rasenschmiele*, ferner *Stachelige Kratzdistel* und *Bunter Eisenhut* auf. An den Schuttmassen, die vom Trigenköpfl zum Weg heruntergeschwemmt wurden, kann man alle Stadien des Bewuchses beobachten. Von erster Besiedelung durch *Fetthennensteinbrech, Alpenleinkraut* und *Kriechendes Gipskraut* über Spaliersträucher (*Silberwurz, Quendelblättrige Weide, Herzblättrige Kugelblume*) bis zum *Lärchen*-Wald. Wo heute die Materialseilbahn zur Sudetendeutschen Hütte beginnt, befand sich früher eine **Schmelzhütte** zur Eisengewinnung. An der Wende vom Mittelalter zur Neuzeit wurden in der Umgebung der Steiner Alm *Pyrit* und *Hämatit* abgebaut.

Zwischen mehreren Bachläufen, die den Geländestufen der Gesteinsschichten aus *Grünschiefer* und *Kalkglimmerschiefer* folgen, windet sich der Weg nun in Kehren 600 Höhenmeter den Hang hinauf. Auch hier findet man Elemente der Silikat und der kalkliebenden *Zwergstrauchheide*. Im ausgedehnten *Blaugras-Horstseggen*-Rasen sieht man häufig *Feldspitzkiel* und *Brillenschötchen*, im steinigen Gelände *Silberwurz* und *Traubensteinbrech*. An fein geschieferten Felsen blühen botanische Kostbarkeiten wie *Echte Edelraute* und *Edelweiß*.

Die flachen Kuppen nahe der Hütte – von ehemaligen Gletschern geformt, die hier auch Moränen hinterließen – sind mit hochalpinen Polsterpflanzen wie *Zwergprimel, Stängellosem Leimkraut* und *Moossteinbrech* bewachsen. Die flach an den Boden angedrückte *Gämsheide* besiedelt windausgesetzte Stellen, die auch im Winter schneefrei bleiben. Dagegen gedeihen in Senken, wo der Schnee lange liegen bleibt, *Kleine Soldanelle, Alpenehrenpreis, Krautweide, Zwergruhrkraut, Zweiblütiges Sandkraut* und *Kurzblättriger Enzian*. *Polstersegge, Krummsegge* und *Bürstling* sind häufige Gräser des von Schafen beweideten Areals, dazwischen sieht man zahlreiche kurzstängelige Exemplare von *Bergnelkwurz* und *Mutterwurz*. Über kleine Wasserläufe erreicht man die **Sudetendeutsche Hütte**, 2656 m, die weithin sichtbar neben einem kleinen, flachen See liegt.

Von der Hütte mit Übernachtungsmöglichkeit führt der Sudetendeutsche Höhenweg Richtung Bergbahn Glocknerblick (3 Stunden; siehe Gemeinde Kals: Wanderung Nr. 9) und übers Kals-Matreier Törl zur Goldriedbergbahn (4½ Stunden). Besteigung des Großen Muntanitz, 3232 m, siehe Wanderung Nr. 8.

Ein empfehlenswerter Rückweg nach Übernachtung auf der Sudetendeutschen Hütte:

2. Tag: Am Dr.-Karl-Jirsch-Weg über Nussingscharte (2741 m), Kessleralm und Taxeralm zur Felbertauernstraße

Ausgangspunkt: Sudetendeutsche Hütte, 2656 m
Gehzeit: 4½ Stunden
Höhenunterschied: ca. 1400 m
Schwierigkeitsgrad und Ausrüstung: Ausdauer erforderlich; Bergschuhe
Nationalparkwanderung

Auf dem Weg über die Törlesgrube zur **Nussingscharte** wachsen auf dem basischen Untergrund (*Grünschiefer* und *Kalkglimmerschiefer*) häufig Polster von rot blühendem *Rudolphs Steinbrech* mit winzigen gegenständigen Blättchen, die Kalk ausscheidende Drüsen tragen. Als weitere hochalpine Pionierpflanzen findet man den ähnlichen *Roten Steinbrech*, den *Moschussteinbrech* und das *Einblütige Hornkraut*. Mit seinen wunderschönen blauvioletten Rachenblüten ist das *Alpenleinkraut* ein auffallender Schuttkriecher. Immer wieder kann man *Murmeltiere* beobachten und ihre pfiffähnlichen Warnschreie hören. Neben den Ausgängen ihrer unterirdischen Baue blüht an sonnigen Stellen die streng geschützte *Edelraute*.

Von der **Nussingscharte** (2741 m) sieht man nach Nordwesten hinüber ins Tauerntal und nach Nordosten zum Backträgerkees und zum

Kleinen Muntanitz. Nun geht es über flechtenbewachsene Felsen den Nordabhang hinunter. *Alpenmannsschild, Moossteinbrech* und *Stängelloses Leimkraut* finden sich als hochalpine Polsterpflanzen auf den sauren Rohböden. Auch der *Zweiblütige Steinbrech* mit fleischigen, runden Blättern kommt hier vor. Moränenwälle lassen frühere Vorstöße des Backtrögerkeeses erkennen, in schattigen Mulden halten sich Dauerfrostböden. Allmählich gehen die offenen Schuttgesellschaften mit einzelnen Polsterpflanzen in geschlossene *Krummseggenrasen* mit *Klebriger Primel* und *Rundblättriger Teufelskralle* über. Daneben finden sich Matten von *Quendelblättriger Weide*, die mit Vorliebe Kalkrohböden besiedelt und *Silberwurz*-Teppiche. In geologischer Hinsicht kennzeichnet ein rascher Wechsel verschiedener West-Ost verlaufender Gesteinsserien die Schuppenzone zwischen Oberer und Unterer Schieferhülle. Jenseits des Tauerntales sieht man den Raneburger See (2272 m) und die teils vergletscherten Berge, die das Froßnitztal umgeben.

Der Weg führt nun über einen durch seine Pflanzenvielfalt beeindruckenden Hang steil hinunter zu der am Petersbach gelegenen Kessleralm. Die *Echte Mondraute*, ein eigenartiger Farn mit halbmondförmigen Fiedern, ist hier ebenso zu finden wie verschiedene *Enzian*-Arten und die für *Blaugras*-Wiesen typischen Schmetterlingsblütler. Die **Kessleralm** ist von Weiderasen und einem breiten Zwergstrauchgürtel umgeben, in dem *Rostrote Alpenrose* und *Heidelbeere* vorherrschen und im Herbst die *Alpenbärentraube* mit ihren rot verfärbten Blättern hervorleuchtet. Kurz bevor man den vom Muntanitzkees herunterkommenden **Petersbach** überquert, zweigt nach links der „Hoanzer Weg" zur Inneren Steiner Alm ab.

Oberhalb der Materialseilbahn führt der Dr.-Karl-Jirsch-Weg nun am Westhang entlang durch lockeren *Lärchen*-Wald mit *Rostroter Alpenrose*. Man quert Lawinenstriche mit ausgedehnten *Grünerlen*-Beständen und Hochstauden, z. B. *Meisterwurz, Weißem Germer, Wolfseisenhut* und *Waldstorchschnabel*, dazu *Himbeere* und *Verschiedenblättriger Kratzdistel*. An trockenen Stellen der **Zulwiesen** wachsen *Besenheide, Preiselbeere, Arnika* und *Bärtige Glockenblume* sowie das klebrige *Weißliche Habichtskraut* mit dickem, gefurchtem Stängel. Wo der Weg in Serpentinen über steilen Weiderasen hinunterführt, blüht sehr zahlreich die *Perückenähnliche Glockenblume*. In dem Moränen- und Schuttmaterial, das hier den *Gneis*-Untergrund überdeckt, bilden sich häufig Muren, die von *Alpenleinkraut, Fetthennensteinbrech* und *Schildampfer*, später dann von *Grünerlen* besiedelt werden.

Über trockene Zwergstrauchheide und Weiderasen mit einzelnen *Lärchen* gelangt man schließlich zu den Holzhäusern der **Oberen Taxeralm**. Von dort führt ein Fahrweg in Kehren durch dichten *Lärchen-Fichten*-Wald hinunter zur **Felbertauernstraße**. Die Postbushaltestelle Richtung Matrei befindet sich straßenabwärts am Parkplatz. Fahrplan beachten!

8. Wanderung von der Sudetendeutschen Hütte auf den Kleinen oder Großen Muntanitz (3192 m bzw. 3232 m) – eine Aussichtstour auf den höchsten Gipfel der Granatspitzgruppe

Ausgangspunkt: Sudetendeutsche Hütte (2656 m)

Gehzeit: Aufstieg zum Kleinen Muntanitz ca. 2½, zum Großen ca. 3 Stunden

Höhenunterschied: Kleiner Muntanitz 542 m, Großer Muntanitz 645 m

Schwierigkeitsgrad und Ausrüstung: markierter Steig; auf den Kleinen Muntanitz bei Schneefreiheit leichte Dreitausendertour, auf den Großen Muntanitz jedoch ein sehr ausgesetztes, steiles Wegstück, das Trittsicherheit und Schwindelfreiheit erfordert und vereist sein kann (nur für Geübte) – beim Hüttenwirt nach der Begehbarkeit fragen

Nationalparktour

Am Weg zum Großen und Kleinen Muntanitz kommt man durch wüstenhaft anmutende, karge Regionen – vom Wind geschliffener Gratrücken

Der beschilderte Weg zweigt gleich hinter der Hütte ab und führt zunächst hinauf zum Wellachkopf. Anfangs steigt man durch botanisch interessante, außergewöhnlich artenreiche Pionier- und Polsterpflanzenfluren, die bei der Beschreibung der Zweitagetour über die Sudetendeutsche Hütte im Kalser Kapitel detailliert angeführt sind (Kals, Tour Nr. 9). Im weiteren Wegverlauf wird die Vegetation karger und man steigt bei aperen Bedingungen immer wieder durch wüstenhaft anmutende Sand- und Schuttflächen, die durch die feine Verwitterung der *Kalkglimmerschiefer* zustande kommen.

Unschwer erreicht man den **Wellachkopf** (2960 m). Von hier schwenkt die Route am Grat entlang nach Nordosten. Der Gratweg steigt bequem bergan. Hier wachsen nur mehr wenige Pionierpflanzen, vorwiegend alte, große Polster von *Rudolphs* und *Rotem Steinbrech* und das *Einblütige Hornkraut*. Ein kleines Stück geht der Weg leicht ausgesetzt am Oberrand des Backtrögerkeeses entlang und steigt dann zum Gipfel des **Kleinen Muntanitz** (3192 m) auf.

Für weniger Geübte mag dieser herrliche Dreitausender genügen, da der weitere Weg zum Großen Muntanitz nun etwas schwieriger wird. Der Weg führt steil und ausgesetzt, aber gut seilversichert bergab, mit einer anschließenden Flankenquerung zum blockigen Sattel des **Kampl** (3129 m) und steigt danach am Südwestrücken an zum Gipfel des **Großen Muntanitz** (3232 m). Von hier aus bietet sich eine beeindruckende Rundsicht in die Granatspitz-, Glockner-, Schober-, Venediger- und Lasörlinggruppe sowie in die Defereger Alpen und hinein in die Südtiroler Bergwelt.

9. Wanderung in das Landecktal zum Schandlasee (2371 m)

Ausgangspunkt: Haltestelle „Taxeralm" des Bundesbusses, 3,5 km südlich des Felbertauerntunnel-Südportals
Gehzeit: von der Bushaltestelle 3½ bis 4 Stunden
Höhenunterschied: 1051 m
Schwierigkeitsgrad und Ausrüstung: keine Schwierigkeit, Ausdauer; Bergschuhe
Nationalparkwanderung

Der Aufstieg erfolgt zunächst auf einem schmalen Fahrweg durch einen subalpinen *Lärchen-Fichten*-Wald zu den malerischen Hütten der **Landeggalm** (1713 m). Hier beginnt das eigentliche Hochtal. Wir wandern durch einen aufgelockerten *Lärchen-Fichten*-Wald mit *Zwergwacholder* als Unterwuchs taleinwärts. Das schluchtartig eingeschnittene Bachbett wird von *Grünerlen* und Hochstaudenfluren begleitet. Bald quert man den Goldredbach, der aus dem Goldredhochtal kommt und im Landecktal einen ausgedehnten, heute schön bewachsenen und almwirtschaftlich genutzten Schwemmkegel gebildet hat. Hier öffnet sich bereits der Blick auf den Stubacher Sonnblick und das Prägratkees. Besonders auffallend ist auch der pyramidenförmige Schwarzkogel mit seinen plattigen Felswänden aus *Granitgneis,* der das Tal in diesem Abschnitt beherrscht. Leider ist nach der Einmündung des Goldredbaches der Landeckbach im Spätsommer trocken, da er von der ÖBB in die Stauseen des Stubachtales abgeleitet wird. Auch sonst ist das Tal durch Aufschüttungen, Pumpwerke, Ableitungen und Schwallgefahr bis in eine Höhe von 2140 m landschaftlich beeinträchtigt. Der Seebach wird inzwischen nach Norden abgeleitet. Im weiteren Verlauf hat der Landeckbach wieder etwas Wasser. Es folgt ein außergewöhnlich schöner Talabschnitt mit lockeren *Zirben-Lärchen*-Beständen auf mächtigen Bergsturzblöcken. Besonders schön ist die orographisch rechte Seite mit üppigen Zwergsträuchern, welche die Felsblöcke überwachsen, darunter *Rostrote Alpenrose, Krähenbeere, Nebelbeere, Heidelbeere* und *Preiselbeere.*

Schandlasee im innersten Landecktal

In 1¼ Stunden erreichen wir von den Landeckalmen über eine Felsstufe das erste Pumpwerk der ÖBB. Von hier ist das Tal bis auf 2140 m wieder durch künstliche Wälle und Einbauten nachteilig verändert. Völlig naturbelassen wird das Tal wieder in dem Bereich des so genannten „Prägratmooses", schon nahe des

Talschlusses. Die Bezeichnung „Moos" geht auf einige feuchte Stellen und kleine *Braunseggen*-Niedermoore zurück, ein größeres Moor ist jedoch nicht vorhanden. Eindrucksvoll ist im Talschluss die ringartig aufsteigende, aus *Granitgneis* bestehende „Prägratwand". Von hier geht links ein gut markierter Steig weiter nahe am Schandlasee vorbei zur **Karl-Fürst-Hütte** in 2629 m und somit zum St. Pöltner Ostweg. Die Karl-Fürst-Hütte ist ein nicht bewirtschafteter Unterstand mit 12 Schlafplätzen.

Der Steig führt von der Prägratwand an mehreren Moortümpeln vorbei, die von einer Niedermoorvegetation aus *Braunsegge* und *Scheuchzers Wollgras* umgeben sind. Im Umfeld kann man überall noch *Murmeltiere* beobachten. Oberhalb der letzten Stufe, der „Seestufe", erstrecken sich ausgedehnte *Krummseggenrasen*, die höher oben in alpine Polsterrasen und saure Schneetälchenvegetationsbereiche übergehen. Ein besonderes Erlebnis für jeden Naturfreund ist der hochinteressante, weitgehend verlandete **Schandlasee** mit seinem Vegetationsmosaik aus verschiedenen Pionierrasen und Niedermoorbereichen (siehe „Naturdenkmäler und naturkundliche Besonderheiten"). Großartig ist hier auch der eindrucksvolle Gebirgsrahmen mit zahlreichen Gipfeln, Felswänden und Gletschern.

10. Rundwanderung über Dreiseenweg zur St. Pöltner Hütte (2481 m)

Ausgangspunkt: Matreier Tauernhaus (Postbushaltestelle), 1512 m, bzw. Bergstation des Sessellifts „Venedigerblick", 1982 m
Gehzeit: von der Bergstation über Messelingscharte (2563 m) zur St. Pöltner Hütte 3 Stunden. Ohne Sesselliftbenützung eine Stunde zusätzlich; Abstieg über Zirbenkreuz bis Matreier Tauernhaus 2¾ Stunden
Höhenunterschied: 1051 m
Schwierigkeitsgrad und Ausrüstung: Ausdauer erforderlich, kurze seilgesicherte Kletterstelle zwischen Altem und Neuem Tauern; Bergschuhe
Außerhalb des Nationalparks

Von der Bergstation **Venedigerblick** wandert man Richtung Grünseehütte über blütenreichen Weiderasen, der von Bachläufen mit *Eisenhutblättrigem Hahnenfuß, Sternsteinbrech* und *Scheuchzers Wollgras* durchzogen ist. Neben einem Wasserfall des **Messelingbaches** windet sich der Weg in Serpentinen über Moränen zu dem Kar hinauf, in dem der **Grüne See** (2246 m) liegt. Dabei kommt man aus dem subalpinen Zwergstrauchgürtel mit *Rostroter Alpenrose* und *Heidelbeere* in alpine Vegetation. *Krähenbeere, Rauschbeere* und *Gämsheide* werden abgelöst von *Krummseggenrasen* und Polstern von *Zwergprimel* und *Moossteinbrech*. Auch den wunderschönen Ausblick nach Westen zum Almdorf Innergschlöß und zum Venediger sollte man beachten.

Beim nur 3,5 m tiefen **Grünen See** vereinigt sich der Weg mit dem St. Pöltner Ostweg und führt nun nach Norden hinauf zum **Schwarzen See** (2344 m) und weiter zum **Grauen See** (2500 m). Die drei nach ihrer unterschiedlichen Färbung benannten Seen liegen in der Verzahnungslinie von *Zentralgneis* des Granatspitzkerns (östlich des Grünen Sees Hangschutt über *Granitgneis*) und *Basisamphibolit* der Unteren Schieferhülle. Der bis 11,5 m tiefe **Schwarze See** ist von dunklem *Grobkornamphibolit* umgeben. Man geht an seinem linken Ufer entlang über Moose und *Krautweide*-Teppiche mit *Alpenehrenpreis, Zweiblütigem Sandkraut* und *Zwergruhrkraut* sowie *Soldanellen* und *Klebriger Primel*. 700 m tief im Erdinneren verläuft direkt darunter der Felbertauerntunnel.

Auf der nächsthöheren Stufe der Kartreppe, die vom Messelingbach durchflossen wird, liegt der 3 m tiefe **Graue See** am Fuße des Hochgasser (2922 m). Schneetälchenflora und Polsterpflanzen wie *Stängelloses Leimkraut* und *Roter Steinbrech* wachsen in seiner Umgebung, die durch das dunkle *Amphibolit*-Gestein eher düster erscheint. Links hinauf führt nun der Weg zur 2563 m hoch gelegenen **Messelingscharte**, wo sich ein wunderschöner Blick zum Venedigermassiv eröffnet (Abstecher auf den Messelingkogel, 2694 m, ½ Stunde; Glocknerblick). Im Nordwesten sieht man bereits die St. Pöltner Hütte unterhalb des Tauernkogels (2988 m). Der Weg führt nun leicht bergab in diese Richtung. Die Schneefelder sind hier stellenweise von *Schneealgen* rot gefärbt und von Schmelzwässern blau durchzogen. Wo sie – nur für wenige Wochen im Jahr – abschmelzen, wachsen Moose (*Schneetälchen-Haarmützenmoos, Norwegisches Haarspitzenmoos*) und vereinzelte Polsterpflanzen, z. B. die unscheinbare *Alpengämskresse*.

Beim **Alten Tauern** (2499 m) sieht man nach Norden hinunter auf die Karseen im obersten Felbertal. Man folgt dem Bergkamm nach links über einen kurzen seilgesicherten Steilanstieg, wo unter anderem viel *Einblütiges Berufskraut* gedeiht, auf den **Weinbichl** (2545 m). An diesem schönen Aussichtspunkt blühen auch *Zwergprimel, Klebrige Primel* und *Kurzblättriger Enzian.*

Das letzte Stück zum **Felbertauern (= Neuer Tauern** mit **St. Pöltner Hütte,** 2481 m) geht es steil bergab über Hangschutt mit Massenvorkommen von *Alpenwucherblume,* die man auch sonst am Weg recht häufig sieht. In den Ritzen der von Gletschern abgeschliffenen *Augengneise* wachsen *Gletscherhahnenfuß* und der seltene *Zwerghahnenfuß.* In der neu ausgebauten Alpenvereinshütte besteht Verpflegungs- und Übernachtungsmöglichkeit. Am Scheitel der Wegverbindung Tauerntal-Felbertal (6 Stunden vom Matreier zum Mittersiller Tauernhaus) mahnen ein Eisenkreuz und ein Glockenturm an die Opfer der Berge bzw. der Weltkriege.

Rückweg zum Matreier Tauernhaus über das Zirbenkreuz

Von der St. Pöltner Hütte, bei der oft *Alpendohlen* bei der Suche nach Abfällen zu sehen sind, wandert man nach Süden hinunter in das Tal des Tauernbaches. Bald zweigt nach rechts der St. Pöltner Westweg ab, ein Teil des Venediger-Höhenweges, der zum Schlatenkees hinüberführt. Richtung Zirbenkreuz folgt man dem alten Transportweg der Säumer, parallel zur unschönen Hochspannungsleitung, die eine Kostbarkeit unserer heutigen Zeit über den Tauernhauptkamm transportiert: Energie.

In dem von Schafen beweideten Trogtal lassen sich an den zahlreichen Wasserläufen unschwer *Wasserpieper* beobachten. Über *Krummseggenrasen* und zwischen *Rostroten Alpenrosen* und anderen Zwergsträuchern geht man am linken Ufer des **Tauernbaches** entlang, während die Stromleitung und der Weg zum Sessellift links abzweigen und eine weitere Wegvariante über den Bach in ¾ Stunden nach Außergschlöß führt. Beim **Zirbenkreuz** (1984 m) hat man einen grandiosen Ausblick auf das Gschlößtal und den vergletscherten Venediger, den Platten- und Wildenkogel gegenüber und den dunklen Muntanitz talauswärts. Das Kreuz erinnert an einen hier im Sommer 1879 bei einem Schneesturm verunglückten Viehtrieb. Die Aussichtskuppe ist von *Zwergwacholder, Arnika, Katzenpfötchen* und *Halbkugeliger Teufelskralle* bewachsen. Von hier windet sich der Weg in Serpentinen durch Zwergstrauchheide und *Grünerlen*-Bestände steil bergab. An feuchten Stellen blüht *Geflecktes Knabenkraut* und auf einzelnen Felsen *Traubensteinbrech.* Rechter Hand stürzt der tief in die Felsen eingeschnittene Tauernbach wasserfallartig ins Tal, gesäumt von *Zirben, Lärchen* und blühenden *Rostroten Alpenrosen.* Weiter geht es durch den **Holzbodenwald** hinunter, einem urigen *Lärchen-Fichten*-Bestand, unterbrochen von *Bürstling*-Weideflächen, sumpfigen Stellen mit *Vergissmeinnicht* und kleinen Bächen mit *Fetthennensteinbrech.* Nahe der **Wohlgemuthalm** erreicht man schließlich die Mautstraße und auf ihr talauswärts wandernd das **Matreier Tauernhaus**.

11. Wanderung vom Matreier Tauernhaus zum Löbbensee (2225 m)

Ausgangspunkt: Matreier Tauernhaus (Postbushaltestelle)
Gehzeit: ca. 2 Stunden Aufstieg, 1¾ Stunden Abstieg (über Wildenkogelsteig weiter zur Badener Hütte: 7 Stunden, nur für Geübte)
Höhenunterschied: 716 m
Schwierigkeitsgrad und Ausrüstung: steil, stellenweise Trittsicherheit erforderlich; Bergschuhe
Nationalparkwanderung

Lohnendes Ziel dieser vergleichsweise wenig frequentierten Halbtagestour ist der 2225 m hoch gelegene Löbbensee am Fuß des Hinteren Plattenkogels (2740 m). Nach Überquerung des **Tauernbaches** stößt man auf den Tauerntal-Wanderweg und geht diesen ca. 20 m talauswärts bis zur Abzweigung Löbbenhöhe – Wildenkogel. Der markierte Steig führt entlang des **Löbbenbaches,** der hier einen Wasserfall bildet, über eine Steilstufe mit *Grünerlen* und *Himbeerbüschen* sowie *Lärchen* und *Fichten* mit einem reichen Unterwuchs von *Wurmfarn, Fuchsgreiskraut, Hainsimse* und *Reitgras.* Dann geht es über Quellgebiet mit *Sumpfdotterblume, Sumpfvergissmeinnicht, Sumpfkratzdistel, Seggen* und *Torfmoosen* und weiter durch *Lärchen-Fichten*-Blockwald in offenes Weidegelände mit *Bürstling* und *Besenheide.* Dabei hat man einen schönen Ausblick auf den gegenüberliegenden Daberbach und das Daberkees.

An Mauerresten und Lägerfluren mit *Alpenampfer* und *Alpenrispengras* vorbei kommt man an den Löbbenbach, der als **Wasserfall** über harten *Aplitgneis* herunterstürzt. Rechts ausweichend folgt man einer von *Grünerlen* bestandenen Rinne aufwärts, in der *Blauer Eisenhut, Meisterwurz, Alpendost, Weißer Ger-*

mer und andere Hochstauden wachsen. Auch verschiedenste Wiesenpflanzen wie *Goldpippau* und *Frauenmantel, Aufgeblasenes Leimkraut, Bärtige Glockenblume* und *Arnika, Wundklee* und *Goldklee* blühen in dieser Schuttrinne. Die darüber liegenden südgerichteten Steilhänge werden noch in 1900 m Höhe als Bergmähder genutzt.

Der Weg führt nun nach links zwischen *Rostroten Alpenrosen* und *Heidelbeeren* in ein durch Blockwerk abgeriegeltes Kar. Im Lackenboden (rund 1980 m) finden sich sowohl Verlandungs- und Niedermoorvegetation als auch deutliche Spuren intensiver Beweidung wie *Stachelige Kratzdistel* und Horste von harten Gräsern. Über eine Steilstufe gelangt man ins nächsthöhere Kar. Der Pfad führt sehr steil durch Schutt mit *Alpenhainsimse,* über *Gneis*-Felsen, auf denen *Gämswurz* blüht, und über windausgesetzte Rücken mit *Dreifädiger Binse* und flachen *Gämsheide*-Polstern.

Von der Kuppe neben dem schluchtartig eingegrabenen Ausfluss des Löbbensees kann man die Aussicht zur Granatspitzgruppe genießen, bevor man zum See hinuntergeht und den Bach überquert. Der türkisblaue **Löbbensee** (2225 m) ist 3 ha groß und 15 m tief und beherbergt *Seesaiblinge* bis zu 20 cm Länge (= *Schwarzreuter*). Der Weg führt am Ostufer des Sees entlang durch *Krummseggenrasen* mit *Halbkugeliger Teufelskralle, Bergnelkenwurz, Lebend gebärendem Knöterich* und vielen anderen Pflanzenarten. Am Wegrand wachsen *Alpenwucherblume* und *Einblütiges Hornkraut,* an den *Gneis*-Felsen *Gämsheide, Zwergprimel, Alpenanemone, Tannenbärlapp, Krähenbeere* und *Flechten*. Die feuchteren Mulden werden von *Mutterwurz, Krautweide, Zwergruhrkraut, Alpenehrenpreis, Soldanellen* und *Zweiblütigem Sandkraut* besiedelt. Südlich des Löbbensees kann man noch den kleinen, milchig-trüben Eissee (2233 m) besuchen, der von Geröll, Schneefeldern und großen Beständen von *Scheuchzers Wollgras* umgeben ist.

12. Wanderung vom Matreier Tauernhaus nach Innergschlöß

Ausgangspunkt: Matreier Tauernhaus (1512 m), Postbushaltestelle, Parkplatz
Gehzeit: auf der Mautstraße 1 Stunde, über Tauerntalweg 1½ Stunden
Höhenunterschied: 180 m
Schwierigkeitsgrad und Ausrüstung: leichte Wanderung; Wanderschuhe
Nationalparkwanderung

Vom Matreier Tauernhaus führt ein Fahrweg, der für den Privatverkehr gesperrt ist, bis zum Almdorf Innergschlöß. Pferdekutschen und Taxibusse fahren bis zum Gasthof Venedigerhaus. Sehenswerte Punkte entlang dieses Weges sind die Brücke über den **Tauernbach** und **Dichtenbach**, die von Norden durch den Holzbodenwald herunterstürzen und sich unterhalb des Weges in einer Schlucht vereinen; das **Almdorf Außergschlöß** mit dicht gedrängten hölzernen Hütten und einem herrlichen Ausblick auf die Gletscher des Talschlusses; nicht weit davon der heilkräftige „**Frauenbrunn**" und schließlich die **Felsenkapelle** in einem der großen Bergsturzblöcke des Gschlöß (siehe auch „Kulturelle Besonderheiten").

Eine lohnende Alternative zum Fahrweg ist der Fußweg südlich des Gschlößbaches, der durch einige Brücken mit ersterem verbunden ist. Vom Matreier Tauernhaus geht man zuerst in südwestlicher Richtung über die Tauernbachbrücke zum **Tauerntalweg** mit der Markierung 925. Diesem folgt man taleinwärts, vorbei an den Wiesen der Wohlgemuthalm, am Hang mit *Lärchen-Fichten*-Wald entlang. Eine Steilstufe mit *Grünerle* und *Johannisbeere* sowie *Alpenmilchlattich, Meisterwurz,* auffallend großem *Bärenklau* und anderen Hochstauden wird in Kehren überwunden. Über einen Schlag mit *Himbeere* und *Eberesche* und über Lawinenstrich geht es weiter, Holzstufen und Geländer erleichtern den Anstieg auf diesem landschaftlich sehr schönen Wegstück.

Auf der „**Hohen Achsel**" (1701 m), einem mit *Heidelbeere* und *Zwergwacholder* bewachsenen Sattel, genießt man den Ausblick zurück auf die Granatspitzgruppe und taleinwärts auf die vergletscherten Venedigergipfel. Leicht bergab wandernd nähert man sich dann dem hier tief eingeschnittenen **Gschlößbach** und sieht jenseits des Baches die Almhütten von **Außergschlöß** auftauchen. Sie sind ebenso wie die oberhalb davon gelegene Jausenstation „Einkehr" über einen Holzsteg zu erreichen. Bleibt man auf dem schattseitigen Steig am Fuße des Vorderen Plattenkogels (2673 m), trifft man oft im Sommer noch auf Reste von Lawinen. Die weitere Wanderung durch den flachen **Gschlöß**-Talboden bis Innergschlöß ist einzigartig schön. Groß- und Kleinvenediger mit dem großartigen Schlatenkees ständig vor sich, geht man den gischtenden Gschlößbach entlang über blütenreiche Weidematten, auf denen im Frühsommer *Stängelloser Enzian,* im Herbst *Blauer Eisenhut* besonders auffällt. Auf und zwischen Felssturzblöcken wachsen *Lär-*

Innergschlöß mit Blick auf das Schlatenkees und den Großvenediger

che, Fichte und Zirbe sowie Rostrote Alpenrose und Heidelbeere. Am Bach kann man die Wasseramsel beobachten, die im ruhigeren Wasser nach Futter taucht.

An einer besonders eindrucksvollen Stelle, wo sich der Bach schäumend zwischen Felsblöcken durchzwängt, mündet der Tauerntalweg über eine Brücke in den Fahrweg zum **Almdorf Innergschlöß** ein. Bald erreicht man die Siedlung aus zahlreichen alten Almhütten, die seit der Umstellung auf Gemeinschaftsbewirtschaftung teilweise ihre ursprüngliche Funktion verloren haben (siehe „Kulturelle Besonderheiten": Almdörfer). Im Gasthof Venedigerhaus besteht Einkehrmöglichkeit; Ausgangspunkt für zahlreiche Touren, z. B. Gletscherrundweg 4½ Stunden, Ochsenwaldrundweg 2½ Stunden, zur Neuen Prager Hütte 3½ Stunden, Sandebentörl 3 Stunden (siehe auch Wanderbeschreibungen 14 bis 16).

13. Wanderung von Innergschlöß zur Alten und Neuen Prager Hütte, Rückweg über Gletscherschaupfad

Ausgangspunkt: Venedigerhaus (1689 m), Zufahrt mit Taxibus oder zu Fuß vom Matreier Tauernhaus (Postbushaltestelle) 1 Stunde

Gehzeit: Alte Prager Hütte 2½ Stunden, Neue Prager Hütte 3½ Stunden. Von dort über Gletscherschaupfad zurück 3 Stunden; dafür Ankündigung über evtl. Brückenabtragung beim Schlatenbach beachten!

Höhenunterschied: ca. 1100 m

Schwierigkeitsgrad und Ausrüstung: nicht schwierig, aber Ausdauer erforderlich; Bergschuhe
Nationalparkwanderung

Am nördlichen Ufer des **Gschlößbaches**, der zur Gewinnung von Weideflächen reguliert wurde, wandert man Richtung Talschluss mit seiner einmaligen Gletscherkulisse. Vorbei an der ersten Brücke (Abzweigung zum Gletscher-Rundwanderweg) führt der Weg über den Endmoränenwall des Schlatenkeeses, das 1850 noch bis zum Talboden reichte. Hier findet man außer dem hochwüchsigen *Schmalblättrigen* auch das seltene *Fleischers Weidenröschen*. Der Gschlößbach wird auf einer Brücke nahe der Materialseilbahn zur Prager Hütte überquert.

Am Fuß des Hanges fällt eine Vernässungszone mit *Schmalblättrigem Wollgras, Seggen* und *Rasenhaarbinse* auf. Dann geht es am steilen Osthang des **Vorderen Kesselkopfes** in Kehren bergan durch eine Fülle von Blumen des *Bürstlingrasen*s (z. B. *Arnika, Aufgeblasenes Leimkraut, Bärtige Glockenblume, Steirische Teufelskralle, Silberdistel*), der Hochstauden (*Meisterwurz, Blauer Eisenhut, Weißer Germer*) und des Zwergstrauchgürtels (besonders *Rostrote Alpenrose*). Dabei genießt man den Blick hinaus zur Granatspitzgruppe. Wo der Weg sich auf die Südseite des Berges wendet, wächst *Besenheide* auf trockenem, saurem Untergrund, während *Feldspitzkiel, Alpenhelm* und andere Arten des hier weit verbreiteten *Blaugras-Horstseggen*-Rasens kalkhältigen (basischen) Boden anzeigen. Auf den Steinen kann man *Hausrotschwanz* und Schwärme von *Schneefinken* beobachten. Links unten sieht man das **Schlatenkees** mit seinen Spalten und Schründen, davor eindrucksvolle Gletscherschliffe, zu denen zwei Abzweigungen (Gletscherschaupfad) hinunterführen. Unser Weg zur nun ebenfalls schon sichtbaren Alten Prager Hütte folgt einem Stück einer alten Seitenmoräne des Gletschers. Auf wasserüberrieselten Felsplatten leuchten gelbe Polster von *Fetthennensteinbrech*, feuchte Mulden unterhalb des Weges sind von *Rasenhaarbinse* besiedelt und immer wieder sieht man die dunklen Köpfe der großblütigen *Jacquins Binse* mit rosa Narben und gelben Staubbeuteln.

Vor der **Alten Prager Hütte** (2489 m) wachsen *Dreifädige Binse, Krummsegge* und *Halbkugelige Teufelskralle*. Die hier häufige *Moschusschafgarbe* fällt durch den Duft ihrer Blätter auf. Weiter geht es mit nur mehr mäßiger Steigung am Hang entlang zur Neuen Prager Hütte, begleitet von hochalpinen Polsterpflanzen wie *Stängellosem Leimkraut, Moossteinbrech* und *Zwergprimel* und Schneetälchenvegetation mit *Krautweide, Zwergruhrkraut, Alpenehrenpreis, Zweiblütigem Sandkraut, Gelbling, Alpenschaumkraut, Safranflechte* und *Soldanellen*. Im Schutt blühen *Alpenwucherblume, Einblütiges Hornkraut, Alpensäuerling* und *Alpenhainsimse*, an Felsen *Berghauswurz, Felsenleimkraut, Thymian, Kleiner Augentrost* und *Rundblättrige Teufelskralle*. Noch mehr als die alpine Pflanzenwelt beeindrucken aber die nahen Gletscherfelder des Venedigers. Der Weg überquert einen Bach, der vom darüber liegenden **Eissee** kommt und unterhalb in eine kleine Lacke mündet und führt dann über mächtige, zerklüftete *Granitgneis*-Felsen mit hellen und dunklen *Glimmern*. In nur kurzzeitig vom Schnee freigegebenen Vertiefungen wachsen *Haarmützenmoose*. Außer den bereits genannten Pionierpflanzen ist hier der *Kurzblättrige Enzian* häufig, zwischen *Krummsegge* die violettblühende *Klebrige Primel* (= Blauer Speik) und vor der Hütte *Einköpfiges Berufkraut* und *Alpenrispengras* mit heranwachsenden Brutknospen im Blütenstand. Die **Neue Prager Hütte**, 2796 m, ist Ausgangspunkt für geführte Gletschertouren auf den Großvenediger, 3666 m, den zweithöchsten Berg Österreichs.

Als Rückweg nach Innergschlöß oder Abstecher (falls Brücke über Schlatenbach gesperrt) bietet sich unterhalb der Alten Prager Hütte die Abzweigung „**Gletscherschaupfad**" an. Die Markierung führt über von Gletschern abgeschliffene Rundbuckel bis an die von tiefen Spalten durchzogene Gletscherzunge des Schlatenkeeses heran. *Kriechende Nelkenwurz, Einblütiges Hornkraut, Alpenwucherblume, Alpenleinkraut, Alpensäuerling* und *Fetthennensteinbrech* sind typische Pflanzen des Gletschervorfeldes und besiedeln als Pioniere auch schon die aus der Zeit von 1979 bis 1989 stammende Moräne. Auf Moränen wächst hier auch die *Schwarze Edelraute* und gelegentlich findet man zwischen *Traubensteinbrech* und *Wundklee* die streng geschützte *Echte Edelraute*.

Unterhalb des mächtigen **Gletschertores** überquert man das grau schäumende Schmelzwasser auf einer Holzbrücke (im Winter abgetragen!) und gelangt über Moränenwälle ansteigend zum „**Auge Gottes**", einem idyllischen, kreisförmig mit *Scheuchzers Wollgras* bewachsenen kleinen See. Von dort folgt man, vorbei am **Salzbodensee** und kleinen Mooren, dem

Badener Weg nach Innergschlöß (siehe Wanderung Nr. 15).

14. Rundwanderung Venedigerhaus – Sandebentörl

Ausgangspunkt: Innergschlöß
Gehzeit: bis Sandebentörl ca. 3 Stunden, Rückweg über Fürther Weg 3¼ Stunden
Höhenunterschied: 1064 m
Schwierigkeitsgrad und Ausrüstung: unschwierige Wanderung, Ausdauer erforderlich; Bergschuhe
Nationalparkwanderung

Die Abzweigung „Sandebentörl/Fürther Hütte" führt in der Nähe des Gasthofs **Venedigerhaus** über einen Holzsteg nach Norden. Man steigt in Kehren den steilen Hang hinauf, zuerst über *Bürstling*-Weiderasen, dann in von *Besenheide* und *Preiselbeere* dominierter Zwergstrauchheide und im Schatten von *Grünerlen*-Gebüsch. Dabei kann man den Blick auf das Schlatenkees und eine Reihe kleinerer Gletscher zwischen den mächtigen Gipfeln jenseits des Gschlößtales genießen. Während man über einige kleine Bäche fast eben taleinwärts wandert, wird auch der Gipfel des Großvenedigers sichtbar.

Vorbei am hölzernen **Ochsnerkreuz** gelangt man hinauf zu den sonnigen Weiderasen der **Innergschlöß-Ochsenalm**, deren sanfte Kuppen durch eiszeitliche Moränen gebildet wurden. Im Frühsommer blühen hier *Stängelloser Enzian* und *Rostrote Alpenrose*, später *Arnika*, *Scheuchzers* und *Bärtige Glockenblume*, *Halbkugelige* und *Steirische Teufelskralle*, *Grannenklappertopf*, *Aufgeblasenes Leimkraut* und *Habichtskräuter*, im Herbst noch *Besenheide* und *Silberdistel*. Beim Überqueren kleiner Wasserläufe sieht man *Händelwurz*, *Geflecktes Knabenkraut*, *Simsenlilie*, *Fetthennen-* und *Sternsteinbrech*, *Sumpfherzblatt* und *Blauen Eisenhut*, an moorigen Stellen *Schmalblättriges Wollgras*, *Seggen* und die *Rasenhaarbinse*. In 2300 m Höhe erreicht man die **Zottige Pöle**, eine Anhöhe mit überwältigendem Ausblick nach Westen zum Viltragenkees und Hohen Fürlegg (3244 m) und nach Osten auf Großglockner und Granatspitze. Weiter steigt man Richtung Norden hinauf, auf den Zeigerpalfen und Abretterkopf zu. *Alpenwucherblume* und *Bergnelkenwurz* blühen hier, die Steine sind von Polstern aus *Zwergprimel*, *Stängellosem Leimkraut* und *Moossteinbrech* überzogen, daneben wachsen *Preiselbeere* und *Rauschbeere*.

Feuchtere Stellen werden von den silbergrauen Blatteppichen des *Zwergruhrkrauts*, von *Gelbling*, *Alpenehrenpreis* und *Krautweide* besiedelt. Auf dem windausgesetzten Kamm findet man neben *Krummsegge* häufig die wegen ihres Aussehens auch als *Gämsenhaar* bezeichnete *Dreifädige Binse* und flache Polster von *Gämsheide* und *Krähenbeere*. Nach Überquerung einer meist schnee- oder wassergefüllten Senke, wo zwischen Moosen massenhaft die kleinen weißen Sternchen des *Zweiblütigen Sandkrauts* herausleuchten, stößt man beim **Zeigerpalfen**, 2506 m, auf den Venediger-Höhenweg (St. Pöltner Westweg, links Richtung Prager Hütte, rechts fast eben zur St. Pöltner Hütte).

Der Weg geradeaus weiter nach Norden zum Sandebentörl ist sehr lohnend. Man überquert Geröllfelder, die von *Alpenwucherblume* und *Einblütigem Hornkraut* besiedelt werden und den Gschlößbach, der vom Gschlößkees südlich des Abretterkopfs herabzieht. Die Sandeben ist eine von Moränenwällen umgebene Hochfläche in rund 2700 m Höhe, in deren Vertiefungen zahlreiche Lacken liegen. Einschwemmungen der Verwitterungsprodukte von hellen *Gneisen* und dunklen *Amphiboliten*, die hier den Gesteinuntergrund bilden, fallen besonders nach der Schneeschmelze auf. Auffallend sind auch die weißen Quarzgänge im Gestein. Untersuchungen von eiszeitlichen Gletscherschliffen südlich der Senke haben ergeben, dass zur Zeit des Gletscherhöchststandes hier Eis aus dem Gschlößtal nach Norden ins Hollersbachtal übergeflossen ist. Dieser hochalpine Lebensraum wird nur von wenigen Polsterpflanzen (*Stängelloses Leimkraut*, *Moossteinbrech*, *Zwergprimel*) besiedelt, an einigen Stellen finden sich auch noch „Speikböden" mit *Klebriger Primel* zwischen *Krummsegge*, *Rundblättriger Teufelskralle* und *Kurzblättrigem Enzian*.

Westlich der Sandeben stößt man auf den **„Fürther Weg"**, dem man nun nach rechts ohne weitere Steigung folgt. Schon nach wenigen Minuten ist das **Sandebentörl** (2753 m) erreicht und man sieht unter sich den **Kratzenbergsee**, der mit einer Fläche von 24 ha der größte natürliche Bergsee im Nationalpark ist. Nordöstlich davon liegt die Neue Fürther Hütte (2201 m) am Weg in das Hollersbachtal.

Rückweg vom Sandebentörl: bei Wetterverschlechterung oder Behinderung durch Schneefelder Rückkehr am Aufstiegsweg. Sonst Abstieg über Fürther Weg (**Richtung Prager Hütte**) zum Gasthof Venedigerhaus ca. 3¼ Stunden. Über Stufen aus *Gneis*-Platten mit hellen und dunklen *Glimmern* folgt man der Markierung mit geringem Gefälle dem Hang entlang in westlicher Richtung durch ein ausgedehntes Geröllfeld und überquert einige Schneefelder. Nur selten lugt ein Polster von *Alpenwucherblume* oder *Hornkraut* zwischen den Steinen hervor. An feuchten Stellen finden sich *Sternsteinbrech, Alpenweidenröschen, Alpenehrenpreis* und *Zwergmiere*. Weiter geht man dann über Matten von *Krummsegge, Zweizeiligem Kopfgras* und *Polsterpflanzen*. Außer den bereits vom Aufstieg bekannten Blüten findet man hier häufig die *Moschusschafgarbe* mit ihren duftenden Blättern und den zarten, verzweigten *Schnee-Enzian*.

Nach Einmündung in den **Venediger-Höhenweg** überquert der Weg einen Gletscherbach und biegt bei einer Wegtafel, die die Abzweigung zur Thüringer Hütte anzeigt (unmarkiert, nur für Geübte), nach links hinunter ins Tal. Man sieht unter sich das Gletschertor und die Schmelzwässer des großen **Viltragenkeeses**, während man entlang eines Wasserlaufs in Kehren über Moränengeröll absteigt. Im Gletschervorfeld sind *Schwarze Edelraute, Goldklee, Bleicher Klee, Kriechende Nelkenwurz* und *Alpenleinkraut* häufig anzutreffen, auch *Einblütiges Hornkraut, Alpensäuerling, Gletscherhahnenfuß* und *Moschusschafgarbe* sind typisch für diesen Bereich. Dazu kommen noch hochalpine Polsterpflanzen wie *Alpenmannsschild, Rudolphs Steinbrech, Roter Steinbrech* und *Moossteinbrech*. Während der Venediger-Höhenweg über den **Viltragen-Bach** und durch felsiges Gelände zur Alten und Neuen Prager Hütte führt, bleibt man in Richtung Innergschlöß am linken Bachufer. Entlang des mit gewaltiger Kraft hinuntertosenden Gletscherschmelzwassers folgt man der Grundmoräne des Viltragenkeeses, das 1850 noch bis in den Talboden hinunter zur damaligen Gletscherzunge des Schlatenkeeses reichte.

Der **Gschlößbach**, der dem weiteren Talverlauf seinen Namen gab, mündet von Nordosten, von Gschlößkees und Sandeben kommend, in das Viltragental ein. Man muss eine kleine Gegensteigung überwinden, um sein in weißen Kaskaden herabstürzendes Wasser überqueren zu können; dann teilt sich der Weg nach Innergschlöß. Noch mehr als 100 Höhenmeter bergauf führt der landschaftlich sehr schöne **Ochsnerwaldweg** durch *Zirben*-Wald und Moorgebiet (ca. 1 Stunde zusätzliche Wegzeit). Der kürzere Weg am Gschlößbachufer verläuft entlang der Hanglehne mit Zwergsträuchern, *Grünerlen*-Gebüsch und Hochstauden. Er mündet unterhalb der Materialseilbahn bei der Brücke über den Gschlößbach in den befahrbaren Talweg ein, auf dem man noch ca. 20 Minuten zum Venedigerhaus braucht.

15. Zweitägige Bergtour vom Innergschlöß ins Froßnitztal:

1. Tag: Innergschlöß – Badener Hütte (2608 m), AV-Weg 921

Ausgangspunkt: Venedigerhaus (1689 m)
Gehzeit: 4½ – 5 Stunden
Höhenunterschied: 919 m
Schwierigkeitsgrad und Ausrüstung: hochalpine Wanderung, Trittsicherheit erforderlich (einige ausgesetzte, aber seilgesicherte Stellen); Bergschuhe
Nationalparkwanderung

Am Löbbentörl, 2770 m

Man wandert den Gschlößbach entlang taleinwärts und überquert die Brücke vor der Mündung des Schlatenbaches. Der erste Wegabschnitt des „Badener Weges" ist identisch mit dem Anstieg des „**Gletscherschaupfades**". Er führt über eine alte Seitenmoräne durch lockeren *Lärchen*-Wald mit *Rostroter Alpenrose, Blauer Heckenkirsche* und *Zwergwacholder,* dann steiler durch dichtes *Grünerlen*-Gebüsch mit üppigen Hochstauden (*Alpenmilchlattich, Grauer Alpendost, Meisterwurz, Blauer Eisenhut*). Bei einem tosenden **Wasserfall** nähert man sich dem besonders im warmen Juli und August reichlich Gletscherwasser führenden **Schlatenbach**, der sich tief zwischen die Felsen eingeschnitten hat. An kalkhaltigen Felsen wachsen *Spalierweiden* und *Traubensteinbrech*, im Moränenschutt *Moschusschafgarbe, Fetthennensteinbrech, Alpensäuerling, Hornkraut* und *Goldklee*. Der Weg führt am Steilhang in Kehren durch den Zwergstrauchgürtel aufwärts und man kommt der Gletscherzunge des **Schlatenkeeses** immer näher. Nach Überwindung von zwei felsigen Wegstellen, die durch Stufen und Geländer abgesichert sind, erreicht man den **Salzboden**, wo die Hirten Salz für die weidenden Schafe auslegten. An kleinen Tümpeln und Niedermooren, die sich zwischen Moränenablagerungen bildeten, wachsen *Schmalblättriges Wollgras, Braunseggen* und *Rasenhaarbinse*. Bei der Untersuchung eines solchen in 2160 m Höhe gelegenen Moores fand man im 140 cm mächtigen Grastorf 9000 Jahre alte Zirbenholzreste.

Zwischen Moränenwällen liegt der von Grundwasser gespeiste Salzbodensee (2137 m) und oberhalb davon das viel fotografierte „**Auge Gottes**", ein dreieckiger Tümpel mit einer Insel aus *Scheuchzers Wollgras*. Dahinter zweigt der Gletscherschaupfad nach rechts ab und die Route zur Badener Hütte folgt nun dem „Venediger-Höhenweg" auf dem Kamm der äußersten Schlatenkees-Seitenmoräne. Man quert die Abflüsse des Karleskeeses und genießt eine überwältigende Aussicht auf den Groß- und Kleinvenediger, von wo sich das Schlatenkees in einem gewaltigen, zerklüfteten Eisbruch über einen Steilhang in den **Unteren Keesboden** ergießt. Mit zunehmender Höhe wird der Bewuchs der alten Moräne mit *Krähenbeere* und *Rauschbeere* von Polsterpflanzen und Schneetälchenflora abgelöst. Auch *Berghauswurz* und *Schwarze Edelraute* wachsen auf dem steinig-sandigen Moränenkamm.

Nach der Abzweigung einer Route über den Gletscher zur Alten Prager Hütte wendet sich unser Weg nach Süden, entlang der Seitenmoräne einer vom Abbruch der **Kristallwand** (3310 m) kommenden, felsübersäten Gletscherzunge. Hier sind *Bleicher Klee, Goldklee, Wundklee, Karpatenkatzenpfötchen* und *Korallenflechte* häufig. Gegen den Talschluss zu findet man *Alpensäuerling, Kriechende Nelkenwurz, Einblütiges Hornkraut* und *Alpenschaumkraut*. Oberhalb von türkisgrün schimmernden Lacken geht es nun den Hang hinauf zum **Löbbentörl**. Während man der Markierung 921 über grobes Geröll und seilgesicherte Felsstufen mit großen hellen Feldspatkristallen folgt (*Knorrkogel-Augengneis*), hört man von der Kristallwand her oft das Krachen von Eis- und Felsstürzen. Die Vegetation besteht hier aus *Krautweide*- und *Krummseggen*-Gesellschaften und Pionierpflanzen wie *Gletscherhahnenfuß, Rudolphs Steinbrech* und *Alpenmannsschild*. Nach Überqueren eines kleinen Eisfeldes (gesichert) erreicht man das Holzkreuz am **Löbbentörl** (2770 m), von wo man einen Abstecher auf den Inneren Knorrkogel (2884 m) machen kann. Vom Löbbentörl sieht man hinunter in den weiten Talkessel der Froßnitzer Ochsenalpe mit ihren eiszeitlichen Rundbuckeln, Lacken und Mooren und durch das Froßnitztal hinaus nach Südosten bis zur Schobergruppe.

Zwischen *Kriechender Nelkenwurz*, Polsterpflanzen und alpinem *Krummseggenrasen* führt der Weg am Hang Richtung Süden leicht abwärts, über Geröllhalden und viele eiskalte Bäche, die vom Kristallwandkees herunterkommen. Im Schutt aus stark verwittertem *Feinkornamphibolit* blühen *Alpenwucherblume, Alpenleinkraut, Alpenmannsschild* und *Gletschernelke,* auf den *Gneis*-Felsen unter anderem *Gämswurz, Moschussteinbrech* und *Moossteinbrech*. Einige besonders ausgesetzte Wegstücke sind mit Stahlseilen gesichert. Vorbei an einem großen weißen Felsen aus *Milchquarz* gelangt man über „Speikböden" mit *Klebriger Primel* (= Blauer Speik) zur **Badener Hütte** (2608 m). In dieser Alpenvereinshütte besteht Einkehr- und Übernachtungsmöglichkeit (oft überbelegt!).

2. Tag: Badener Hütte – Froßnitztal – Gruben

Ausgangspunkt: Badener Hütte (2608 m)
Gehzeit: 4 Stunden
Höhenunterschied: 1444 m
Schwierigkeitsgrad und Ausrüstung: Ausdauer erforderlich; Bergschuhe
Nationalparkwanderung

Von der Badener Hütte steigt man auf einer alten Seitenmoräne des **Froßnitzkeeses** nach Osten ab. Der Gletscher reicht jetzt nur mehr bis 2600 m herab, unterhalb sieht man die Schuttfelder der Grundmoräne und zwischen den Schmelzwasserarmen sehr viel gelben *Fetthennensteinbrech*. Auf dem Moränenkamm, den man hinunterwandert, fallen große Polster von *Stängellosem Leimkraut* und die silbrigen Blätter der *Schwarzen Edelraute* auf. Die Moränenhänge sind mit *Bleichem Klee*, *Wundklee* und *Goldklee* überzogen und auch Spaliere von *Stumpfblättriger Weide*, *Netzweide* und *Quendelblättriger Weide* deuten auf basischen Untergrund hin. In der Gesteinsvielfalt der Schuppenzone zwischen Unterer und Oberer Schieferhülle kommen hier *Kalkglimmerschiefer*, *Kalkmarmor* und *Eklogit* vor.

Bald zweigt nach links ein Weg („Großer Tauern-Treck") zum verfallenen **Knappenhaus** (2516 m) auf der anderen Talseite ab, wo früher nach Eisenerz (*Magnetit*) geschürft wurde (siehe Kapitel „Mineralien und Bergbau"). Talauswärts weitergehend überquert man den Oberlauf des **Froßnitzbaches** auf einer Brücke, die im Winter abgetragen wird.

Bei der **Achsel** (2225 m), einem Moränenwall oberhalb eines kleinen Sees, verlässt man den Venediger-Höhenweg, der über die Galtenscharte zur Bonn-Matreier-Hütte führt (4 Stunden). Man folgt dem AV-Weg 921 links am flachen **Moorsee** vorbei, an dessen Ufer rotbraune Flächen von *Rasenhaarbinse* zu sehen sind. Bei einer Rast zwischen *Heidelbeeren* und *Rostroten Alpenrosen* kann man *Alpenanemone*, *Stängellosen Enzian*, *Zwergorchis* mit grasartigen Blättern, *Schwarzes Kohlröschen* und *Punktierten Enzian* entdecken. Zwischen den Felsen um den See lassen sich oft *Murmeltiere* beobachten. Beim weiteren Abstieg durch den Zwergstrauchgürtel bleibt die Flora sehr abwechslungsreich, man findet *Gletschertragant*, *Immergrüne Bärentraube*, *Silberwurz*, *Blauen Steinbrech* und viele andere Pflanzenarten. Unterhalb einer Almhütte mit einem Wegkreuz überquert man den **Froßnitzbach**, der sich hier in das Gestein eingeschnitten hat. Am linken Ufer geht es nun auf einem breiten Weg über Weiderasen mit viel *Arnika* und *Bärtiger Glockenblume* sowie den für das Vieh ungenießbaren großen Stauden von *Weißem Germer*, *Blauem Eisenhut*, *Wolfseisenhut* und *Stacheliger Kratzdistel* talauswärts. Auffallend ist die völlige Entwaldung des Froßnitztales, bedingt durch den früheren Bergbau. Dementsprechend große Flächen werden von Zwergsträuchern eingenommen, auf den Sonnenhängen besonders von *Besenheide* und *Zwergwacholder*.

Die zahlreichen Hütten der **Zedlacher Alm** (= Froßnitzalm, 1846 m) auf dem Schuttkegel des Mailfroßnitz-Baches sind ganz aus Stein gebaut. Die Bewirtschaftung dieser Alm ist schon im Jahr 1207 urkundlich belegt. Vom Wanderweg führt rechts eine Brücke in das Almdorf und zur **Jausenstation Gosseralm**. Geradeaus weiter kommt man nach einer kleinen Gegensteigung an den urigen Steinhütten der **Mitteldorfer Alm** vorbei, die sich, umgeben von Weiderasen und Bergmähdern, an den steilen Hang lehnen. Das Tal wird nun enger und ist von *Grünerlen* bewachsen.

Während der Froßnitzbach sich immer tiefer in das West-Ost verlaufende Tal einschneidet, bleibt der Karrenweg oben am Hang und bietet einen schönen Ausblick zum Nussingkogel hoch über der Inneren Steiner Alm, zum Muntanitz mit Gletscherfeldern und nach Südosten zu Glödis, Ralfkopf und Hochschober. Nach einigen Kehren bergab, mit *Berggamander*, *Thymian* und *Alpensteinquendel*, *Berberitze* und *Alpenrebe* am trockenen Wegrand, kommt man über den **Michlbach** zur **Unteren Katalalm** (1725 m). Darüber sieht man die Holzgebäude der **Oberen Katalalm** (1789 m) und steile Bergmähder, von denen das Heu teilweise mit Seilaufzügen hinuntergebracht wird. Um 1299 waren die Katalalmen ganzjährig bewirtschaftete Schwaigen, die Käse, Schafe und Loden zinsten. Auf den stickstoffübersättigten Gründen unterhalb der Almen wuchern *Brennnessel* und *Alpenampfer*. Daneben liegen große Bergsturzblöcke aus *Kalkglimmerschiefer*, auf denen *Weißer Mauerpfeffer*, *Spinnwebhauswurz* und *Traubensteinbrech* wachsen. Beim Abstieg durch *Bürstlingrasen* und *Lärchen-Fichten*-Bestände fallen besonders die großen *Wolligen Kratzdisteln* auf, die vom *Kaisermantel* und anderen Schmetterlingen besucht werden.

Zwischen *Grünerlen* und *Rotem Holunder* windet sich der Weg hinunter zum milchig-trüben **Froßnitzbach**. Dem geht es nun am linken Ufer entlang talauswärts. Gegenüber, am steilen Nordfuß des Ochsenbug, sieht man einen **Wasserfall** herunterstürzen. Man wandert durch *Lärchen-Fichten*-Wald und über beweidete Lichtungen mit *Adlerfarn* und *Silberdisteln*, die bei hoher Luftfeuchtigkeit ihre großen Blütenstände schließen. Dann geht es hinaus auf Mähwiesen und bei einem dickstämmigen Holzkreuz sieht man die Häuser von **Gruben** schon vor sich. In den umgebenden Flurgehölzen mit *Haselsträuchern*, *Berberitzen* und *Rosen* halten sich gerne *Eichelhäher* auf. Die *Eschen* am Hang sind geschnaitelt, Zweige und Blätter wurden für Viehfutter abgeschnitten.

Auch die noch teilweise erhaltenen Stangenzäune entlang des Weges haben hier alte Tradition. Durch den Ort mit einem Brunnen als einzige Erfrischungsmöglichkeit und über den Tauernbach geht man noch ca. 10 Minuten zur Bushaltestelle an der Felbertauernstraße (aktuellen Fahrplan beachten!).

16. Der große Tauerntreck: ein einmaliges Natur- und Kulturerlebnis – 3-Tages-Tour

1. Tag
Fahrt von Matrei mit Pkw nach Gruben (1164 m) am Eingang des Froßnitztales, von hier wird das Gepäck von Pferden getragen. Fußwanderung zur **Katalalm** (1750 m) im Froßnitztal und weiter zum verfallenen **Knappenhaus** des einstigen Eisenerzbergbaus in 2516 m Seehöhe, hier Nächtigung in Zelten.

2. Tag
Weiterwanderung zur **Badener Hütte** (2608 m), hier Nächtigung. Von hier aus Besteigung der Kristallwand (3329 m) mit Bergführer möglich, 3 Stunden Aufstieg.

3. Tag
Wanderung mit Gepäck zum **Löbbentörl** auf 2770 m Seehöhe. Das Löbbentörl gilt als einer der schönsten Aussichtspunkte im gesamten Venedigergebiet. Von hier Abstieg zum „**Auge Gottes**", einem kleinen Bergsee und weiter zum **Gletscherschaupfad**, an der zerklüfteten Gletscherzunge des Schlatenkeeses vorbei nach Innergschlöß. Von hier am Abend mit Bus zurück nach Matrei.

Sonderprospekt und Anmeldung im Tourismusverband Oberes Iseltal!

Auf einer riesigen Moräne führt der Tauerntreck hinunter ins Gschlößtal

17. Wanderung am „Gletscherweg Innergschlöß"

Ausgangspunkt: Talschluss von Innergschlöß, wo sich die Gletscherbäche des Schlaten- und Viltragenkees zum Gschlößbach vereinigen
Gehzeit: 4 Stunden
Höhenunterschied: 500 m
Schwierigkeitsgrad und Ausrüstung: markierter Weg; Bergschuhe

Der Gletscherweg wurde vom Österreichischen Alpenverein angelegt. Hierzu gibt es einen kleinen Führer „Gletscherweg Innergschlöß", in dem die Lebensräume, die Gletschererscheinungen sowie die Tier- und Pflanzenwelt beschrieben werden. Insgesamt gibt es 24 Haltepunkte, die im Führer näher erläutert werden. Es handelt sich um einen Rundgang in einer prachtvollen Hochgebirgslandschaft.

„Auge Gottes" am Gletscherlehrweg

Programmvorschläge für Nationalparkwochen für verschiedene Monate und Wetterverhältnisse

Standquartier Matrei

1. Tagestouren für Juni je nach Schneelage

Rundwanderung zum Oberen Steiner Wasserfall und zu Äußerer und Innerer Steiner Alm: großartiger Wasserfall, alte Bauernhöfe, wunderschöne Alpenblumen auf großteils kalkhaltigem Untergrund (Wanderung Nr. 4)

Damit kombinierbar: Wanderung von Matrei über Glanz und Edelweißwiese zur Äußeren Steiner Alm: schöne Kulturlandschaft, artenreiche Kalkflora (Wanderung Nr. 7, 1. Teilstück)

Wanderung auf die Zunigalm und zum Zunigsee, Rückweg über Arnitzalm: sehr schöne Aussicht, alte Almhütten (Variante von Wanderung Nr. 5)

Wanderung zur Wodenalm: schöne Almlandschaft (Wanderung Nr. 3)

2. Tages- und Zweitagestouren ab Mitte Juli–Oktober, je nach Schneelage

Bergtour auf den Großen Zunig: großartiger Rundblick, besonders beim Zunigsee interessante Hochgebirgsvögel (Wanderung Nr. 5)

Bergtour auf den Ochsenbug: einsame Hochgebirgslandschaft mit artenreicher Vegetation, ehemaliges Bergbaugebiet, teilweise aufgelassene Bergmähder (Wanderung Nr. 6)

Zweitägige Rundwanderung von Matrei auf die Sudetendeutsche Hütte: Höhenstufen der Vegetation, abwechslungsreiche Landschaft mit botanischen Kostbarkeiten auf Kalkuntergrund (Wanderung Nr. 7)

Bergtour von der Sudetendeutschen Hütte auf den Kleinen oder Großen Muntanitz: höchster Gipfel der Granatspitzgruppe mit beeindruckender Rundsicht (Wanderung Nr. 8)

Wanderung ins Landecktal und zum Schandlasee: Gegensatz von abgeleitetem und natürlichem Gebirgsbach, ökologisch interessante Seenverlandung (Wanderung Nr. 9)

Rundwanderung vom Matreier Tauernhaus über drei Seen zur St. Pöltner Hütte: landschaftlich sehr schön, Höhenstufen der Vegetation (Wanderung Nr. 10)

Wanderung vom Matreier Tauernhaus nach Innergschlöß (Wanderung Nr. 12) und weiter auf dem Rundweg „Gletscherweg Innergschlöß": idyllisches Hochtal, Gletscherbach mit Wasserfall, moorige Hochfläche mit wunderschönem See und Tümpeln, Moränen, Gletscherschliffe, Gletschertor – ein einmaliges Erlebnis! (siehe „Naturdenkmäler und naturkundliche Besonderheiten" und Wanderungen Nr. 13 und 15)

Rundwanderung von Innergschlöß zur Alten und Neuen Prager Hütte, zurück über Gletscherweg: einmaliges Gletschererlebnis, Höhenstufen der Vegetation (Wanderung Nr. 13)

Rundwanderung Venedigerhaus – Sandebentörl: sehr schöner Ausblick auf die Gletscher der Venedigergruppe, Granatspitzgruppe und Glocknergruppe und auf den nahen Kratzenbergsee, interessante Hochfläche mit zahlreichen Lacken, Gletscherbäche, Pionierpflanzen (Wanderung Nr. 14)

Zweitägige Bergtour vom Innergschlöß ins Froßnitztal: Aufstieg am wunderschönen „Gletscherweg Innergschlöß" und weiter am Rand des Gletschers zum Löbbentörl mit eindrucksvollem Panorama; Übergang ins Froßnitztal, nach Übernachtung auf der Badener Hütte Abstieg über urige Almdörfer entlang des Froßnitzbaches nach Gruben (Wanderung Nr. 15); oder über den Löbbenbach zum verfallenen „Knappenhaus Dabernitzen" in 2516 m Höhe (siehe „Kulturelle Besonderheiten") und am Knappensteig zur Katalalm und weiter nach Gruben (siehe nächster Wandervorschlag)

„Großer Tauern-Treck": Dreitägige geführte Wanderung mit Gepäcktransport durch Pferde auf den ersten zwei Etappen: 1. von Gruben durch das Froßnitztal auf dem alten Knappenweg zum Knappenhaus; 2. von dort taleinwärts und über den Löbbenbach zur Badener Hütte; 3. über das Löbbentörl in unmittelbarer Nähe der grandiosen Gletscherzungen Abstieg nach Innergschlöß. Einmaliges Bergerlebnis, Prospekt und Anmeldung im Tourismusbüro Matrei (naturkundliche Beschreibung siehe Wanderung Nr. 16).

3. Halbtagswanderungen, auch bei unsicherem Wetter möglich

Naturkundliche Wanderung in die Brühl: vielfältige Pflanzen- und Tierwelt der Moor- und Sumpflandschaft, etliche sehr seltene Arten (Wanderung Nr. 1)

Rundwanderung Zedlacher-Paradies (Wanderung Nr. 2)

4. Halbtagswanderungen bei Schönwetter

Rundwanderung am Waldlehrweg Zedlacher „Paradies": große, jahrhundertealte Lärchen (Wanderung Nr. 2)

Wanderung vom Parkplatz Glanz über Edelweißwiese zur Äußeren Steiner Alm: herrliche Alpenflora, schöne Aussicht (Wanderung Nr. 7, 1. Teil)

Wanderung vom Matreier Tauernhaus zum Löbbensee: einsame Wanderung durch steiles Gelände zu sehr schönem See, Aussicht auf Granatspitzgruppe (Wanderung Nr. 11)

Wanderung vom Matreier Tauernhaus nach Innergschlöß: einzigartige Aussicht auf vergletscherten Venediger, idyllisches Hochtal mit Almdörfern und Felsenkapelle; Ausgang für zahlreiche herrliche Touren, sehr viel begangen (Wanderung Nr. 12)

5. Möglichkeiten bei Regenwetter oder an Rasttagen

Besuch der Nationalpark-Informationsstelle im Nationalparkhaus

Besuch des Matreier Heimatmuseums (siehe „Kulturelle Besonderheiten")

Führungen im Museum, Ortsführungen, Diavorträge, Hallenbad usw. siehe „Nützliche Adressen"

6. Empfehlenswertes Nationalparkprogramm für Juni bei guten Wetterverhältnissen

1. Tag: Rundwanderung auf die Zunigalm (eventuell Zunigsee) und Arnitzalm (Wanderung Nr. 5), Besuch der romanischen St.-Nikolaus-Kirche in Glanz
2. Tag: Wanderung von Matrei über Glanz und Edelweißwiese zur Äußeren Steiner Alm (Wanderung Nr. 7, 1. Teil), über Stein und Oberen Steiner Wasserfall zur Postbushaltestelle Felbertauernstüberl (Wanderung Nr. 4)
3. Tag: Ruheprogramm: naturkundliche Wanderung in die Brühl (Wanderung Nr. 1), kulturelle Besonderheiten nach Wahl (Kulturwanderweg)
4. Tag: Wanderung vom Matreier Tauernhaus nach Innergschlöß, je nach Schneelage zu Alter und Neuer Prager Hütte oder Gletscherweg (Wanderung Nr. 13 und 17)
5. Tag: Wanderung ins Zedlacher Paradies (Wanderung Nr. 2 und 3)

Erst Ende Juni gelangen die Frühlingsblüher Sumpfdotterblume und Bitteres Schaumkraut in der subalpinen Stufe zur Blüte; Frauenbrunn im Innergschlöß (1660 m).

2. Das Virgental: Gemeinden Virgen und Prägraten

Topografie, Geologie, Geomorphologie

Das Virgental ist 25 km lang und verläuft in West-Ost-Richtung. Es beginnt beim Umbalkees in einem der schönsten Talschlüsse der Ostalpen und mündet im Matreier Becken in das Iseltal ein. Im Bereich der Iselschlucht zwischen Bobojach und Welzelach weist das Tal eine interessante, tektonisch bedingte Querversetzung auf, sodass in diesem Bereich die Isel in Nord-Süd-Richtung fließt. Das Tal liegt zwischen der **Venedigergruppe** im Norden und der **Lasörlinggruppe** im Süden. Die größten Seitentäler im Norden sind das **Maurer-, Dorfer- und Timmeltal**, im Süden das **Großbach-, Lasnitzen-, Zopatnitzen-, Mullitz-, Steinkaas- und Arnitztal**. Nach Salzburg und Südtirol bestehen nur sehr hoch gelegene Übergänge im Gletscherbereich. Ein alter Übergang in das Defereggental ist das **Virgentörl** in 2616 m.

Im Virgental liegen zwei Gemeinden: **Virgen** mit einer Fläche von 88 km² (davon 42 km² im Nationalpark = 48,3 %) und **Prägraten** mit einer Fläche von 180 km² (davon 105 km² im Nationalpark = 58,6 %).

Das geologische Profil der Tauernsüdseite ist bei West-Ost-Tälern nicht mehr so klar ersichtlich wie bei den Nord-Süd verlaufenden Tälern. Zum besseren geologischen Verständnis gliedern wir das Virgental in einen inneren Abschnitt bis zur Iselschlucht (Gemeindegebiet Prägraten) und einen äußeren Abschnitt außerhalb der Iselschlucht (Gemeindegebiet Virgen). Im **äußeren Abschnitt** bestehen die sonnseitigen Hänge bis hinauf zu den Gipfeln aus Gesteinen der **Oberen Schieferhülle**. Die Obere Schieferhülle setzt sich im Wesentlichen aus *Grünschiefern* unterschiedlicher mineralogischer Zusammensetzung und *Kalkglimmerschiefern/Kalkphylliten* zusammen. Entstehungsgeschichtlich handelt es sich um Wechsellagerungen von Lavadecken und Meeresablagerungen (Mergeln), die durch Metamorphose bei der alpidischen Gebirgsbildung ihr heutiges Aussehen erhielten. An einigen Stellen treten *Serpentinitlinsen* auf. *Kalkglimmerschiefer* gehen lokal auch in *Glimmermarmore* über. Infolge der verschiedenartigen Färbung können die Gesteine leicht unterschieden werden. Die mehr massigen, dunklen *Grünschiefer (Prasinite und Chloritschiefer)* heben sich in der Regel deutlich von den helleren *Kalkglimmerschiefern* ab. Die steil nach Süden einfallenden Kalkglimmerschiefer bilden oft mehrere 100 m hohe, glatte Plattenschüsse, die als „**Bretterwände**" bezeichnet werden, zum Beispiel die Bretterwand zwischen Ochsenbug und Hintereggkogel. *Kalkglimmerschiefer* und *Kalkphyllite* sind entlang der Virgentalstraße zwischen Obermauern und der Isel gut zu sehen. Dunkle *Phyllite* und *Grünschiefer (Prasinite, Chloritschiefer)* sieht man besonders gut am Weg zur Bonn-Matreier Hütte. Die **Matreier Zone** quert am Taleingang das Virgental und verläuft auf der südlichen Talseite zum Bergerkogel und weiter in das Gebiet der Gösleswand. Aufgrund der tektonischen Zerrüttung dieser Zone sind die Gesteine nur an exponierten Bergflanken sowie in geschiebearmen Wasserläufen gut aufgeschlossen. Es handelt sich um *Trias-Dolomite, permotriadische Quarzite*, dünnblättrige schwarze Schiefer – so genannte *Glanzschiefer* – aus dem Jura sowie mächtige *Serpentinit*-Stöcke aus der Jura- und Kreidezeit. Weniger häufig sind bunte *Konglomerate, Brekzien* und *Gips*. *Quarzite* sind am Bergerkogel gut zu sehen.

Südlich der Matreier Zone schließt das **Altkristallin** der Lasörlinggruppe an. Sie setzt sich im Wesentlichen aus *Glimmerschiefern, Orthogneisen* und *Amphiboliten* zusammen. Örtlich gibt es die Ausbildung von so genannten „*Augengneisen*" mit großen *Kali-Feldspat*-Einsprenglingen, die auf ein granitmagmatisches Ursprungsgestein schließen lassen (*Orthogneis*). Die *Amphibolite* sind aus basischen Magmagesteinen basaltischer Zusammensetzung entstanden. Zum Altkristallin gehören unter anderem die Gipfel des Großen Zunigs, Torkogels und Lasörlings.

Der **innere Abschnitt des Virgentales**, welcher der Gemeinde Pragraten entspricht, liegt fast zur Gänze innerhalb des **Tauernfensters**. Nur im äußersten Südosten, am Lasörling, und im Südwesten (Totenkarspitze bis Keeseck) reicht das **Altkristallin** in den Einzugsbereich der Isel. Die **Matreier Zone** ist zwischen Gösleswand, Bachlenke, Daberlenke und Rotenmanntörl gut aufgeschlossen.

Blick ins Virgental: Stufenartige Gliederung von der Feldflur über den Waldgürtel zur Almregion; darüber die Alpinzone mit der Urlandschaft.

Die **penninischen Gesteine** reichen von der Oberen Schieferhülle über die Untere Schieferhülle bis in den Zentralgneiskern. Zur **Oberen Schieferhülle** gehört der mächtige *Prasinit-Chloritschieferzug* zwischen Wunspitze (Bodenalm/Eisseehütte) und Mullwitzkogel. Die Wechsellagerung mit *Kalkglimmerschiefer* ist längs des Wasserschaupfades Umbalfälle am Weg zur Clarahütte eindrucksvoll zu beobachten. Zwischen Hinterbichl und Johannishütte ist eine im Abbau befindliche *Serpentinitlinse* aufgeschlossen. Die **Untere Schieferhülle**, die dem Venedigerkern aufliegt, kann auf dem Weg zum Defreggerhaus sowie in der Umgebung der Rostocker Hütte studiert werden. Sie besteht aus *Phylliten, Glimmerschiefern,* verschiedenen *Gneisen* und *Amphiboliten*. Eine Besonderheit und mineralogische Rarität sind die granatführenden *eklogitischen Gesteine* der Gastacherwände (Nordseite von Wallhorntörl und Weißspitze). *Eklogitische Gesteine* sind feine bis mittelkörnige gebänderte Gesteine mit *Granaten* und *Omphaziten,* die bei extrem hohem Druck und Temperatur entstehen. Im Gipfelbereich des Großvenedigers befinden wir uns bereits im **Zentralgneiskern**. Der Großvenedigergipfel ist aus *Tonalitgneis* und *Granitgneis* aufgebaut. Infolge der starken Eisbedeckung sind jedoch auf der Prägratner Seite Aufschlüsse selten.

Die mächtigen Eisströme und wasserreichen Gletscherbäche haben auch hier die Landschaft im Laufe der Jahrtausende geformt. Gletscherströme haben die Täler ganz wesentlich erweitert und dort, wo mehrere Gletscher zusammenflossen, die **Talweitungen von Ströden, Prägraten und Virgen** geschaffen. Ein **alter Talboden** ist noch auf dem Felsen des Groderhofes bei Prägraten in 1512 m zu erkennen und weiter talauswärts noch in der Felsterrasse des Weilers Bichl in 1494 m und in einer Felsgruppe westlich von Obermauern in 1409 m sichtbar. Dazwischen liegt, gegenüber von Welzelach, eine breite Terrasse in 1420 m Höhe, die auch dazugerechnet werden kann. Eine zeitliche Einordnung ist schwierig.

Im Virgental gibt es auch deutlich erkennbare **Moränenwälle späteiszeitlicher Gletschervorstöße**. Es sind dies die Moränenwälle des bereits im Abschnitt Tauerntal–Matreier Becken erwähnten Gschnitz-Gletschervorstoßes. Eine weitere Moränenlandschaft – Stirnmoräne und linke Ufermoräne – eines Haupttalgletschers liegt im westlichen Bereich der Ortschaft Prägraten. Sie gehört nicht, wie früher vermutet, dem Gschnitzvorstoß, sondern möglicherweise dem so genannten Daun-Gletschervorstoß vor 12.000 Jahren an. Im Venedigergebiet dieses Raumes gibt es auch viele gut erkennbare **Moränenwälle von Gletschervorstößen aus historischer Zeit**. Besonders eindrucksvoll sind bei manchen Talgletschern die Ufermoränenwälle des größten Gletschervorstoßes in historischer Zeit von 1850. Beispiele hiefür sind mächtige Ufermoränen im Gletschervorfeld des Simonykeeses bei der Essener-Rostocker Hütte und des Zettalunitzkeeses im Dorfertal.

Nach dem Rückzug der eiszeitlichen Gletscher kam es im Virgental an den unstabil gewordenen steilen Trogwänden zu riesigen **Bergstürzen**, die sich auch in historischer Zeit noch fortsetzten. Beispiele hiefür sind der östliche und westliche Bolachbergsturz, der Saukopfbergsturz und der Bergsturz von Ströden – alle taleinwärts von Prägraten gelegen.

Zu den besonders beeindruckenden Formbildungen der Gletscherbäche gehören die beiden **Katarakte des Umbaltales**, die **Strödener Klamm**, die **Iselschlucht** und die **Schluchtstrecke der Isel bei Mitteldorf**. Die Bäche haben auch riesige **Schuttkegel** geschaffen wie die zusammengewachsenen Schuttkegel im Bereich der Abhänge der Virgener Feldflur und jene des Timmelbaches von Prägraten.

Gesteine

Die auffallendsten Gesteine des Virgentales sind zweifellos die *Kalkglimmerschiefer,* die man an den so genannten Bretterwänden, im Bereich der Iselschlucht und an der Straße zwischen Virgen und Prägraten gut sehen kann. Auffallend sind auch die grünen *Prasinite* am Weg zur Bonn-Matreier Hütte, bei der Pebellalm und am Wasserschaupfad Umbalfälle. Den grünen *Serpentinit* kann man bei der Gösleswand und im Bereich des Serpentinitsteinbruches im Dorfertal sehen, und die Gesteinsserie des Altkristallins mit *Paragneis, Glimmerschiefer* und *Amphibolit* ist in den Bergen der Lasörlinggruppe zwischen Zunig und Lasörling gut aufgeschlossen.

Vegetation und Tierwelt

Das Virgental ist als West-Ost-Tal im Norden und im Westen durch über 3000 m hohe Bergketten gut geschützt und im Süden von der etwas niedrigeren Lasörlinggruppe abgeschirmt. Die Jahresniederschläge betragen daher im Durchschnitt nur rund 800 bis 950 mm. Beson-

Buschnelke, eine der prächtigsten Pflanzen des Virgentales

ders gut geschützt vor den kalten Gletscherwinden ist Virgen durch die steile Virgener Nordkette, den Eselsrücken und den Bergerkogel im Westen. Dazu kommen in Virgen die Südhanglage und die lange Sonnenscheindauer auch im Winter. Aufgrund dieses milden Klimas reifen hier noch verschiedenste Obstsorten, unter anderem auch Marillen und Walnüsse. Das Gebiet war einst auch für den Getreidebau klimatisch sehr gut geeignet. Wegen des milden Klimas wird Virgen daher als das „Meran von Osttirol" bezeichnet. In Prägraten wird das Klima bereits stärker durch die kalten Gletscherwinde und die Nordtäler beeinflusst. Dennoch beträgt hier in 1340 m Höhe die mittlere Juli-Temperatur +14,8 °C und die mittlere Jänner-Temperatur –4,0 °C. Insgesamt nimmt das Virgental durch seine geringen Niederschläge, die starke Sonnenbestrahlung und die ausgedehnten Südhänge als **„inneralpine Trockeninsel"** eine Sonderstellung in Osttirol ein, die zahlreiche Besonderheiten der Vegetation und Tierwelt bedingt (weitere Details siehe auch unter „Naturdenkmäler und naturkundliche Besonderheiten" in den Gemeinde-Kapiteln Virgen und Prägraten).

Eine große Besonderheit auf den Schwemmkegeln im Talbereich und auf der Sonnseite ist die Virgener Feldflur, aber auch jene von Zedlach, Prägraten und Mitteldorf. Es ist dies eine reichhaltige, reizvoll gegliederte Kulturlandschaft mit Hecken, Laubbäumen, Baumgruppen und Klaubsteinmauern mit einer vielfältigen Flora und Fauna.

Die Isel wird von *Grauerlen*-Beständen und teilweise auch von Grauerlenauen auf weiten Strecken gesäumt. Besonders schön ist der Grauerlenbestand am Schwemmkegel des Steinkaasbaches. Der Unterwuchs besteht hier, wie auch bei den Grauerlen-Beständen bei Mitteldorf, vorwiegend aus *Berberitzen*-Sträuchern.

An den sonnseitigen Steilhängen und Felsen des Virgentales von Mitteldorf bis zu den Umbalfällen sind *Sebenstrauch*-Trockengebüsche, auch *Stinkwacholder*-Heiden genannt, mit ihrer trockenheits- und wärmeliebenden Begleitflora eine botanische Besonderheit. Beispiele hiefür sind der Rabenstein bei Virgen, die Felsen im Ort Virgen, der „Burg"-Berg bei Obermauern, die Felsen bei Bobojach und Bichl und die Felswände nördlich von Hinterbichl. Besonders interessant sind auch der *Wermut*-Steppenhang im Ort Virgen und die *Sanddorn*-Weiden am Timmelbach bei Prägraten. Die *Sebenstrauch*-Trockengebüsche gehen meist kontinuierlich in einen *Sebenstrauch-Lärchen*-Wald über, der auf der Sonnseite des Virgentales zwischen 1300 und 1700 m weit verbreitet ist. Diese lichten, trockenen Bestände und *Lärchen*-Wiesen dominieren die Waldbereiche in weiten Teilen der Sonnseite, an der dadurch die *Fichte* zum Teil zurückgedrängt ist. Eine große Besonderheit ist auch der berühmte Zedlacher Lärchenwald, mit seinem urigen Baumbestand als Zedlacher „Paradies" bekannt. Er gehört zur Gemeinde Matrei, ist aber orographisch dem Virgental zuzurechnen. Ein Eldorado für den Pflanzenfreund sind die arten- und blütenreichen Bergmähder der Sonnseite des Virgentales. Es handelt sich vorwiegend um *Gold-*

Wilde Stachelbeere

schwingel-Rasen, *Blaugras-Horstseggen*-Rasen und *Rostseggen*-Rasen. Besonders zu erwähnen sind hier die berühmten Sajat- und Wallhornmähder in der Gemeinde Prägraten. Auch die hochalpine Flora im Bereich der Grasheiden, Gletschervorfelder, Gipfel und Felsen ist durch den Wechsel von basischen und sauren Gesteinen außerordentlich artenreich.

Im Gegensatz zur Nordseite überwiegt auf den steilen, schattigen Hängen der Südseite der Fichtenwald mit eingestreuten *Lärchen*. Die Waldgrenze liegt bei etwa 2200 m.

Entsprechend der Lebensraumvielfalt ist die Tierwelt des Virgentales außergewöhnlich artenreich und weist eine Vielzahl an Besonderheiten auf, die vor allem auch auf die günstigen klimatischen Bedingungen zurückzuführen sind. Eine im Ostalpenraum selten anzutreffende Artenvielfalt zeichnet besonders die Schmetterlinge aus, die hier wohl allgemein eine der artenreichsten Organismengruppen sind. Besonders reichhaltig ist dabei die Kleinschmetterlingsfauna. Die einzelnen Arten sind meist an ganz spezielle Kleinlebensräume gebunden.

Dieser Artenreichtum wird dadurch zu einem aussagekräftigen Indikator für die besondere kleinräumige Vielfalt an unterschiedlichsten ökologischen Bedingungen, die diese Region auszeichnet.

Auch die Vogelfauna ist besonders artenreich und weist eine Reihe von wärmeliebenden Arten auf, wie den seltenen *Wiedehopf*, der hier oberhalb von Mitteldorf brütet. Gefährdete Arten wie *Dorngrasmücke* und *Neuntöter* sind in der gegliederten Kulturlandschaft hier einigermaßen regelmäßig vertreten. In den lichten *Lärchen*-Wiesen und *Lärchen-Sebenstrauch*-Wäldern der Sonnseite ist als eine weitere Besonderheit der Tauernsüdseite der *Wendehals* in einer Höhenlage zwischen rund 1400–1600 m anzutreffen. In diesen lichten, halb offenen Lebensräumen kommen *Grün-* und *Grauspecht* sogar vergleichsweise häufig vor. Wärmeliebende Arten wie *Berglaubsänger* und *Felsenschwalbe* sind im Virgental weitgehend regelmäßig und zum Teil sogar relativ häufig anzutreffen. Auch der große *Alpensegler* brütet an manchen Felsen.

Gemeinde Virgen

Natur

Mineralien und Bergbau

An verschiedenen Stellen des Kleinen und Großen Nilltales (Nillkees, Säulkopf, Säulspitze, Nillalpe) findet man in alpinen Klüften **Quarz** in Form von *Bergkristall* und *Rauchquarz*, *Feldspäte*, *Brookit*, *Anatas* und als Besonderheiten *Monazit* und *Milarit*. *Hämatit-XX* (so genannte Eisenrosen) und ein *Bornitkristall*, dann *Kalzit*, *Adular* usw. sind im Mellitzbach(-graben) vorgekommen.
Kupfer-Fahlerze werden in 2700 m Höhe oberhalb von Göriach und **Eisenvererzungen** (Magnetit) von der Bonn-Matreier Hütte angegeben. Kleinere **Asbestvorkommen** sind unterhalb der Spitze des Bergerkogels und im Mitteldorfer Bach bekannt.
Kupfererze dürften wahrscheinlich schon im 5. Jahrhundert v. Chr. im Mullitztal und im Bereich Bergerkogel aufgefunden worden sein, von wo heute noch Stollen bekannt sind. Der erste schriftliche Nachweis stammt aus dem Belehnungsbuch des Berggerichtes Matrei.

1538 bzw. 1539 wird eine Grube am „Virgenberg", heute noch als „**Silbergrube**" bekannt, an einen Niclas Krastnig verliehen. Sie wurde für Besichtigungszwecke freigelegt. Das Mullitztal hatte aber als Bergbaugebiet auch in der frühen Neuzeit eine besondere Bedeutung. In einer weiten Karmulde hinter der Lasörlinghütte („**Glauret**") findet man noch heute die Reste einer Knappenunterkunft, Abraumhalden und Stollenmundlöcher, die bis in ca. 2750 m Seehöhe hinaufreichen. Die hier abgebauten **Kupfererze** wurden zu Anfang des 17. Jahrhunderts in der Hütte in Unterpeischlach bei Huben verschmolzen.

Beherrschende Gipfel

Der bedeutendste Gipfel der Virgener Nordkette oberhalb von Virgen ist der 3008 m hohe **Ochsenbug** oder **Kristallkopf**, dessen breiter Bergrücken dem Rumpf eines Ochsen ähnelt. Virgener Heimkehrer haben 1947 auf diesem Gipfel ein 8 m hohes Gipfelkreuz zum Geden-

Blick auf Virgen

ken an die Gefallenen errichtet. Die erste Besteigung erfolgte 1894. Der höchste Gipfel der Gemeinde ist der **Hohe Eichham** (3371 m), eine vierkantige, schroffe Felspyramide. Er gehört zu den stattlichsten Gipfeln der Venedigergruppe. Auf seiner Höhe treffen sich die Gemeinden Virgen, Prägraten und Matrei.

Der höchste Berg der Lasörlinggruppe ist der **Lasörling** (3098 m), gleichfalls ein großartiger Aussichtsberg. Seine Erstbesteigung erfolgte ebenfalls 1894.

Ein „Hausberg" von Virgen, aber auch von Prägraten, ist weiters der **Bergerkogel** mit 2656 m, der leicht zu besteigen ist.

Gletscher

Im Gemeindegebiet von Virgen liegt nur ein Gletscher, das rund 0,2 km² große **Nillkees**. Es liegt in einer Karnische südöstlich unterhalb des Großen Eichham (3371 m) und speist den Nillbach. Von Virgen hat man jedoch von vielen Punkten aus einen herrlichen Ausblick auf das eindrucksvolle Gletscherpanorama des inneren Iseltales.

Gewässer

Auch in Virgen bildet die Isel teilweise naturnahe Strecken. Die **Iselschlucht**, an der Gemeindegrenze gelegen, wird bei der Beschreibung von Prägraten näher erwähnt. Auch im weiteren Verlauf, vor allem von Virgen abwärts bis ins Matreier Becken, gibt es einige naturnahe Wildwasserstrecken. Besonders naturnah und eindrucksvoll sind einige Nebenbäche.

Der größte Karsee im Gemeindegebiet ist der **Bergersee** bei der Bergerseehütte. Er liegt in 2181 m Höhe und umfasst eine Fläche von 2,3 ha. Am Südende dieses malerischen Bergsees hat sich eine ausgedehnte Verlandungszone mit schönen Wollgrasbeständen gebildet. In den obersten Bereichen der in die Lasörlinggruppe führenden Seitentäler sind noch einige schöne Kleinseen besonders zu erwähnen: die **Gumpenlacke** am Weg zum Virgen- bzw. Deferegger Törl, der **See im Grachten** oder **Steinkaassee** im obersten Steinkaastal und der **Lackensee** am Rücken zwischen dem Fratnik- und Mitteldorftal.

Naturdenkmäler und naturkundliche Besonderheiten

Virgener Feldflur

Während man in weiten Teilen Europas und auch im alpinen Bereich die Heckenlandschaften und Steinriegelfluren im Zuge der Flurbereinigung rücksichtslos zerstört hat, ist die Virgener Feldflur wie durch ein Wunder erhalten geblieben. Ein Mosaik verschiedenster Lebensräume überspannt die Schwemmkegel des Virgentales. Eng nebeneinander liegen Trockensteinmauern, Baum- und Strauchhecken, Heustadel, Flurgehölze, Weiden und Wiesen, Kleinäcker, Magerrasen, Waldränder, Bachläufe und Quellsümpfe. Dies bedingt eine heute schon selten gewordene Artenvielfalt: 450 Käferarten, 246 Schmetterlingsarten, 53 Vogelarten, 37 Schneckenarten und 20 Säugetierarten wurden im Kerngebiet der Virgener Feldflur nachgewiesen.

An Säugetieren findet man hier z. B. *Braunbrustigel, Maulwurf, Zwergfledermaus, Graue und Braune Langohrfledermaus, Eichhörnchen,*

Totenkopfschwärmer, ein Wanderfalter aus Afrika

Feldhase, Siebenschläfer, Haselmaus, Fuchs, Mauswiesel, Hermelin, Iltis, Steinmarder, Dachs und *Reh*. Für Vögel sind die Virgener Hecken als Brutplatz und Nahrungsquelle, als Ansitzwarte für Greifvögel und als Rastplatz für Durchzügler wichtig. Wintergäste wie der *Seidenschwanz* werden von dem Beerenreichtum angelockt. Als besondere Brutvögel sind z. B. *Dorngrasmücke, Neuntöter* und *Gartenrotschwanz* zu nennen. Die Insektenfauna dieses abwechslungsreichen Gebietes ist außergewöhnlich artenreich. Unter den Schmetterlingen ist hier z. B. der *Totenkopfschwärmer* zu erwähnen, ein Wanderfalter, der im Juni aus Afrika und Südeuropa einfliegt und im Virgental noch eine Generation zeitigt. Die Raupen leben meist an Kartoffelkraut, die Puppen dann im Boden in den Kartoffeläckern. Da im Bereich der kleinräumigen Osttiroler Feldfluren die Kartoffeln noch händisch „geklaubt" werden, haben hier die Puppen auch eine Chance zur Entwicklung. Bei maschineller Ernte würden sie vernichtet.

Hecken auf Klaubsteinriegeln dominieren das Landschaftsbild der Virgener Feldflur. Die Charakterpflanzen der trockenen Hecken sind *Wildrose, Hasel, Berberitze, Kreuzdorn* und *Sebenstrauch*. An feuchten Standorten wachsen *Esche, Traubenkirsche, Heckenkirsche, Roter* und *Schwarzer Holunder*. Hecken dienen nicht nur als Besitzgrenze und Zaun, sondern auch als Erosionsschutz und Windschutz, zur Verbesserung des Kleinklimas und Regulation des Wasserhaushalts, als Lieferant von Brenn- und Werkholz, von Heilpflanzen und Beerenobst.

Höchste Anerkennung gebührt den Virgener Bauern, die diese einzigartige Kulturlandschaft in jahrhundertelanger Arbeit geschaffen und gepflegt haben. 10 km Lesesteinriegel und Trockensteinmauern – die höchsten über 2 m hoch – sind durch konsequentes Entsteinen der bewirtschafteten Flächen entstanden. Statt der früheren Äcker finden sich nun fast nur mehr Wiesen. Fast 100 Heustadel dienen großteils heute noch als Heuzwischenlager. Die maschinelle Bewirtschaftung ist in der kleinräumigen Feldflur mit den engen Hohlwegen schwieriger als anderswo. Trotzdem wurde 1992 das „Stoanach Pitzend", das Herzstück der Feldflur, von den Virgener Bauern vorbildlich saniert. Heute ist die Virgener Feldflur eine Kostbarkeit im Vorfeld des Nationalparks Hohe Tauern (siehe auch Wanderung Nr. 2).

Uriger Grauerlenbestand und Amphibienlaichplatz bei Virgen

Zwischen der Virgener Brücke, von der der Forstweg zur Wetterkreuzhütte wegführt, und der Haberer Brücke taleinwärts erstreckt sich an der Isel und besonders auf dem Schuttkegel des

Uriger Grauerlenbestand bei Virgen

Die reich gegliederte Landschaft der Virgener Feldflur mit dem Ochsenbug, dem Hausberg von Virgen

Steinkaasbaches ein außergewöhnlich schöner *Grauerlen*-Bestand. Hier befinden sich auch sehr alte, stark mit Flechten bewachsene Bäume. Im Unterwuchs überwiegen *Berberitzen*-Sträucher, die teilweise ein fast undurchdringliches Gestrüpp bilden. Diese Vergesellschaftung zwischen *Grauerle* und *Berberitze* tritt im Norden der Hohen Tauern nicht auf. Möglicherweise war die im Virgental häufige, wärmeliebende und trockenheitsbeständige *Berberitze* einer der ersten Pioniere auf dem Bachschutt und hielt sich, zwar teilweise nicht mehr fruchtend, auch noch nach dem Aufkommen des Grauerlenwaldes. Auffallend sind im *Grauerlen*-Wald auch die häufigen *Brennnesseln*. Die *Grauerle* geht zur Nährstoffbeschaffung im Wurzelbereich eine Lebensgemeinschaft (Symbiose) mit *Strahlenpilzen* ein. Diese können Luftstickstoff binden, der dann von der Erle selbst und ihren Begleitpflanzen genutzt wird. Daher vergesellschaften sich mit der *Grauerle* auch zahlreiche Nährstoffzeiger und stickstoffliebende Pflanzen, wie zum Beispiel *Brennnessel, Springkraut, Wurmfarn, Kälberkropf* und andere. Gegen die Haberer Brücke befinden sich am Hangfuß unter den Grauerlenbeständen einige Tümpel, in denen im Frühjahr *Grasfrösche* und *Erdkröten* laichen. Der größte Amphibienlaichplatz in diesem Gebiet ist jedoch ein Tümpel zwischen Fahrweg und Isel, der ganzjährig Wasser hat und dadurch den Amphibienlarven auch eine vollständige Entwicklung garantiert.

Besondere Bäume als Naturdenkmäler in Virgen

Im Ort Virgen gibt es drei *Winterlinden,* die 1975 bzw. 1985 zu Naturdenkmälern erklärt wurden. Ein weiteres Naturdenkmal ist ein sonderbarer *Lärchenzwilling* auf der Schattseite von Mitteldorf, der 1972 unter Naturdenkmalschutz gestellt wurde.

Wermutsteppe am Schlosser Bichl in Virgen

Zu den interessanten naturkundlichen Besonderheiten von Virgen gehört der so genannte „Schlosser Bichl", ein markanter Hügel unmittelbar neben dem Pfarrhof. Sein Südhang ist stark besonnt und extrem trocken. Er ist im Wesentlichen mit dem wärmeliebenden *Raublattschwingel (Festuca rupicola ssp. sulcata)* bewachsen. In diesem Trockenrasen befindet sich eine große Zahl von *Wermutbüschen (Artemisia absinthium),* die im August in Blüte stehen und dem Hang neben einem besonderen Gepräge auch einen aromatischen Duft verleihen. Neben den oben genannten Pflanzen gibt es an diesem Hang noch eine Reihe anderer wärmeliebender Pflanzenarten. Gleichzeitig mit dem *Wermut* blüht z. B. auch die *Lampenkönigskerze (Verbascum lychnitis).* Dieser Hang beherbergt, ähnlich wie die folgenden Standorte, auch eine Vielzahl wärmeliebender Insekten. Der „Schlosser Bichl" besteht, wie ein weiterer markanter Hügel nordnordöstlich der Pfarrkirche, aus tonreichen Schuttablagerungen. Sie sind Erosionsreste einer einst sehr mächtigen glazialen Talfüllung.

Der Sebenstrauch-Lärchen-Wald und die Sebenstrauch-Trockengebüsche – eine naturkundliche Besonderheit des Virgentales

Dieser inneralpine „Trockenlärchenwald" mit *Sebenstrauch (Juniperus sabina),* auch *Stinkwacholder* oder *Sefe* genannt, ist an einigen sonnseitigen Steilhängen des Virgentales besonders typisch. Gut ausgebildet und leicht zu besichtigen ist diese Pflanzengemeinschaft am **Rabenstein** bei **Virgen** und am **„Burg"-Berg** bei **Obermauern**. Es ist anzunehmen, dass ursprünglich anstelle der *Lärche* die *Rotföhre* verbreitet war, die durch Rodung verdrängt wurde. Der Mensch hat schließlich die *Lärche* hier gefördert, da die lichten Lärchenbestände auch einen Graswuchs und damit eine Waldweide ermöglichten. Dazwischen gab es immer Bereiche mit Trockenrasen, die auch gemäht wurden. Die Strauchschicht besteht neben dem dominierenden *Sebenstrauch* aus anderen trockenheitsliebenden Sträuchern, wie *Hasel, Berberitze, Sanddorn, Gemeiner Wacholder, Gewöhnliche Steinmispel, Purgier-Kreuzdorn, Stachelbeere* und *Hängefruchtrose.* Den Unterwuchs bildet ein *Fiederzwenken-Schafschwingel*-Rasen mit einer Reihe wärmeliebender Pflanzenarten, ähnlich jenen der *Sebenstrauch*-Trockengebüsche.

Sebenstrauch-Lärchen-Wald mit Trockenrasen am Abhang des Rabensteins

Die *Sebenstrauch*-Trockengebüsche besiedeln die baumfreien, steilen Felshänge oder die Felsen innerhalb des *Sebenstrauch-Lärchen*-Waldes. Besonders schön ist diese Pflanzengemeinschaft im Bereich der steilen Felswände oberhalb **Hinterbichl** in **Prägraten** und am **„Burg"-Berg** bei **Obermauern** ausgebildet. Die Krautschicht besteht hier aus einer Reihe von wärmeliebenden Pflanzenarten, wie z. B. *Pyramidenschillergras, Feldbeifuß, Bergga-*

Sichelklee, eine wärmeliebende Art

Gewöhnliche Steinmispel

mander, Steinquendel, Sichelklee, Zwergfingerkraut, Buschnelke, Einjähriger Bergfenchel, Steinbrech-Felsennelke, Waldschotendotter, Königskerzen, Salomonssiegel, Einjähriger Mauerpfeffer, Weißer Mauerpfeffer, Alpendistel (*Carduus defloratus crassifolius*) usw. Wie artenreich die Insektenwelt in diesen Lebensräumen ist, lässt sich wohl am besten an den Ergebnissen der laufenden Forschungsarbeiten des Tiroler Landesmuseums Ferdinandeum abschätzen. Bei diesen Arbeiten wurden im Juli 1993 an einem Standort an den Trockenhängen bei Obermauern allein in einer Nacht 232 verschiedene Arten von Nachtfaltern festgestellt, darunter auch seltene mediterrane Elemente. Aber auch die Tagfalter sind hier sehr zahlreich. Z. B. kommt hier auch häufig der *Apollofalter* vor. Einige weitere Besonderheiten der Tier- und Pflanzenwelt dieser Trockenstandorte sind z. B. bei den Wanderungen Nr. 3–5 angeführt (siehe auch Virgental, „Vegetation und Tierwelt").

Wirtschaft

Landwirtschaft: In der 88,8 km² großen Gemeinde Virgen ist die unproduktive Bodenfläche in den Jahren 1983 bis 1991 um über 10 km² auf 36,6 km² angewachsen. Fast die Hälfte der Bauern hat in den letzten 40 Jahren die Landwirtschaft aufgegeben, verkauft oder verpachtet. Von den verbliebenen 106 Höfen werden die meisten im Nebenerwerb bewirtschaftet. Das Ackerland umfasst nur noch 0,34 km², wo Kartoffeln und Gemüse, vereinzelt Futterrüben und Silomais für die Viehzucht angebaut werden. Getreide wird nicht mehr angebaut. 1993 haben sich 20 Bauern zur ARGE „Bauernmarkt Virgen" zusammengeschlossen, um ihre Produkte selbst zu vermarkten. Die Vermarktung erfolgt jeden Freitag und Samstag. Der **Wald** (18,13 km²) wird seit 1974 großteils als Agrargemeindewald bewirtschaftet und der Gewinn den Besitzern ausbezahlt.

Das milde Klima und die reich gegliederte, wunderschöne Landschaft (siehe z. B. „Virgener Feldflur") sind beste Voraussetzungen für den florierenden **Fremdenverkehr**. Nach wie vor bevorzugen die Touristen in Virgen die Sommersaison. Die Auslastung im Winter nimmt allerdings durch die schönen Loipen und den Schlepplift stetig zu. Während viele Frauen im Gastgewerbe beschäftigt sind, ist die Mehrzahl der Männer in der **Bauwirtschaft** tätig. Allerdings sind ca. 75 % der Arbeitnehmer **Pendler**, die zum Teil in Deutschland arbeiten.

Die Gemeinde Virgen verzeichnet in den letzten Jahrzehnten eine stetige Bevölkerungszunahme. Wirtschaftliche Bedeutung hatte früher auch der **Bergbau**, vor allem auf Kupfer, daneben Eisen und Silber (näheres siehe Kapitel „Mineralien und Bergbau").

Kulturelle Besonderheiten

Pfarrkirche St. Virgilius

Über den ältesten Mauern aus dem Jahr 1110 wurde eine spätgotische, 1516 geweihte Kirche errichtet und im 18. Jahrhundert erweitert und mit barocken Figuren ausgestattet. Das berühmte, 34 m² große spätgotische **Fastentuch** aus dieser Kirche, auf dem die gesamte Heilsgeschichte dargestellt ist, kann man im Schloss Bruck (Rittersaal) in Lienz besichtigen. Bemerkenswert ist die Zugehörigkeit von St. Jakob in Defereggen zur Pfarre Virgen bis ca. 1548. Die Menschen nahmen damals für einen Kirchgang den achtstündigen Weg über das Virgentörl und durch das Mullitztal auf sich und brachten auch ihre Toten zur Bestattung nach Virgen. Auch der Kirchweg der Prägratner, die erst 1720 einen eigenen Vikar bekamen, über die Felsen der Stegachklamm nach Virgen war sehr gefährlich. In einer Nische der **Friedhofsmauer** ist ein **Torso** zu sehen, der bei Grabungen in großer Tiefe gefunden wurde und wahrscheinlich ein vorchristliches Kultbild war.

Allerheiligenkapelle in Göriach

Das hoch über Virgen im Wald versteckte Kirchlein ist der Überlieferung nach das älteste im Tal. Christen sollen sich schon zur Zeit der Slawenbesiedlung in einer nahen Höhle heimlich versammelt und gegen Ende des 1. Jahrtausends hier eine Kirche errichtet haben. Die Kapelle zeigt jedenfalls romanische Elemente, schriftliche Hinweise auf ihre Existenz gibt es allerdings erst seit 1676. Sie ist halbkreisförmig an den Felsen angebaut und von der Nordseite über ein paar Stufen zu erreichen. Die Tür hat Rundbogenform, ebenso die Fenster, die sich nach innen verengen und nur wenig Licht einlassen. Vor der Kapelle steht eine Kreuzgruppe am Ende des steilen **Kreuzweges**, der von Virgen herauführt.

Wallfahrtskirche zu Unserer Lieben Frau Maria Schnee in Obermauern

Das spätgotische Bauwerk (1456) mit Spitzbogenfenstern und Maßwerk ist vor allem wegen seiner ausdrucksvollen Fresken berühmt, die Simon von Taisten, Hofmaler der Görzer Grafen, 1484–1488 geschaffen hat. Die farbfrischen Wandmalereien veranschaulichen die Leidensgeschichte Jesu Christi, Szenen aus seiner Kindheit und dem Leben Mariens sowie das Martyrium des hl. Sebastian. Das Gnadenbild, eine um 1425 geschnitzte Madonna mit Kind, steht in einem spätgotischen Altarschrein im Zentrum des frühbarocken Hochaltars. Aus der Barockzeit stammt auch der Helm des Kirchturmes.

Die Steinreliefs an der Außenseite der Kirche, z. B. die „Heiligen Drei Könige", entstanden um 1400 und wurden vom Vorgängerbau übernommen (wahrscheinlich ist Obermauern wie die Virgener Pfarrkirche aus einer alten Wehrkirche hervorgegangen). Vermutlich schon vor 1400 wurden die drei sagenumwobenen Bergkristalle über dem spitzbogigen Hauptportal eingemauert, die auch im Wappen von Virgen zu sehen sind. An der Außenfassade neben dem Seiteneingang ist ein Christophorus-Fresko von 1468 auch naturkundlich bemerkenswert. Der Heilige, Schutzpatron der Pilger, trägt das Jesuskind durch einen Fluss, in dem sich Fische, Krebse, Seepferdchen, Krabben und allerlei Fabelgetier tummeln.

Die berühmten Fresken in der Wallfahrtskirche von Obermauern

Der **Friedhof** um die Kirche hatte bereits Vorläufer in der Römer- und Völkerwanderungszeit. In den von Schottern des Nillbachs überlagerten Schichten fand man 40 Skelette sowie Münzen und Fibeln.

Von Virgen führt ein **Kreuzweg** nach Obermauern. Besonders wertvoll sind zwei gotische **Bildstöcke**, einer von Simon von Taisten bemalt, der andere am Ortsanfang von Virgen, durch die Rötelinschrift „Causa amore" von 1500 bekannt geworden. Die kleine Kapelle daneben aus dem 17. Jahrhundert ist dem hl. Antonius geweiht, der Reifschäden abwenden sollte. Ein um 1600 entstandener Bildstock in Niedermauern zeigt den Kampf eines weißen Widders mit dem Tod, ein Motiv, das im Zusammenhang mit dem Pestjahr 1635 auch in der Wallfahrtskirche Obermauern zu finden ist. Seit 1919 ist die Kirche in Obermauern am Sonntag nach Ostern Ziel des „**Widderopfers**", das die Virgener und Prägratner 1635 als Dank für die Erlösung von der Pest gelobt hatten. Ursprünglich hatte die Prozession mit einem weißen Widder und seine Versteigerung nach Lavant geführt. Vorchristliche Wurzeln des Widderkultes findet man schon bei den Kelten und Römern und eine Situla (bronzene Aschenurne) aus dem Welzelacher Gräberfeld zeigt einen Steinbock, der auch als Widder gedeutet wird.

Brandgräber aus der Zeit um 500 v. Chr.

Die 56 Brandgräber aus der Zeit um 500 v. Chr. (Hallstattzeit bzw. mittlere Eisenzeit), die in **Berg bei Welzelach** gefunden wurden, sind kulturgeschichtlich sehr bedeutsam. Die eng aneinandergereihten, aus 40 x 30 cm großen Steinplatten gebauten Urnengräber enthielten als Grabbeigaben Waffen und Schmuck aus Bronze und Eisen, teilweise mit Speisen (Haselnüsse, Zirbelkerne) gefüllte Ton- und Holzgefäße, Gewandfibeln usw. Etliche dieser Funde sind in den Heimatmuseen von Virgen und Matrei und im Ferdinandeum in Innsbruck zu sehen.

Der „Burg"-Berg bei Obermauern

„Burg" ist die Flurbezeichnung für einen Hügel westlich von Obermauern, auf dem aufschlussreiche Ausgrabungen gemacht wurden. Neben Resten von zwei kleinen schiefergedeckten Häusern fand man als Inhalt einer Abfallgrube unter anderem: Keramik aus der jüngeren Eisenzeit (400 v. Chr.) bis ins 1. nachchristliche Jahrhundert; Haustierknochen, die die Haltung von Schaf, Ziege, Rind, Schwein, Pferd und Haushuhn belegen; Kupferschlacken als Beweis damaliger Bergbautätigkeit usw. Mauerreste und zahlreiche Metall- und Keramikobjekte stammen aus der frühen Eisenzeit, eine spätkeltische Wallanlage aus dem 1. Jahrhundert vor Christus. Eine kleine Turmanlage aus dem 11. oder 12. Jahrhundert weist auf eine hochmittelalterliche Befestigungsanlage hin. In der Sage wird die „Burg" als Vorgängerbau von Schloss Rabenstein bezeichnet.

Ruine Rabenstein

Die an einem steil abfallenden Hügel in 1409 m stehende Burg oberhalb von Mellitz war von 1307 bis 1703 Sitz von Urbaramt und Gericht von Virgen, zu dem auch Prägraten in St. Jakob in Defereggen gehörte. Es war die höchstgelegene Burg der Görzer Grafen.

Die so genannten Pfleger vertraten die Interessen der Grafen vor Ort mit teilweise unglaublicher Härte. Ihnen oblag die niedrige Gerichtsbarkeit und das Eintreiben der für jeden Hof jährlich neu festgesetzten Pachtzinsen. Die Virgener Bauern lebten und arbeiteten auf Freistiftgütern. Sie konnten den Hof nur Jahr für Jahr vom Grafen pachten, konnten aber jederzeit verwiesen werden und waren der Willkür der Adeligen ausgeliefert.

Münzfunde aus der Römischen Kaiserzeit weisen auf eine schon viel frühere Besiedelung des Burghügels hin.

Ruine Rabenstein – einst Sitz gnadenloser Grundherren und Ausbeuter

Silbergrube in Mitteldorf

Zugang von Mitteldorf in Richtung Matrei ca. 20 Minuten. Der Stollen mit einem 20 m langen Hauptgang und 8 m langen Seitengang wurde 1993 für Besucher zugänglich gemacht. Die Silbergrube scheint schon 1538 im Belehnungsbuch des Berggerichtes Matrei auf und zeigt noch ihr ursprüngliches Profil mit ca. 1,5 m Höhe, was für die damalige Zeit schon hoch war (siehe Wanderung Nr. 6).

Nationalparkeinrichtungen in Virgen

- Nationalpark-Infostelle in Virgen
- Historische Informationen am Weg zur Ruine Rabenstein
- Flurgehölze-Lehrweg – Alpenzauberweg der Sinne durch die Virgener Feldflur
- **Alpenzauberweg der Sinne durch die Virgener Feldflur** (durch spezielle Einrichtungen auch für Blinde begehbar)

Die Nationalpark-Informationsstelle im Ortszentrum von Virgen

Empfehlenswerte Wanderungen und Touren

1. Wanderung an der wasserreichen Isel zwischen Virgen und Mitteldorf

Ausgangspunkt: Virgener Brücke (jene Brücke, von der der Weg zur Wetterkreuzhütte wegführt)
Gehzeit: 2 Stunden gemütlich
Höhenunterschied: geringfügig
Schwierigkeitsgrad und Ausrüstung: guter Fußweg; feste Wanderschuhe
Außerhalb des Nationalparks

Von der Virgener Brücke benützt man am orographisch rechtsseitigen Ufer einen nicht befahrenen Wirtschaftsweg, den „Iselweg", mit schönen Ausblicken auf den Ochsenbug und auf die Virgener Feldflur. Die Isel ist hier sehr wasserreich und das Bachbett naturbelassen und reich strukturiert. Riesige Felsblöcke und unterschiedliche Gefällestrecken machen den eindrucksvollen Gletscherbach sehr lebendig. Der Forstweg geht dann im weiteren Verlauf in einen Fußweg über, der durch einen steilen Hangwald hoch über der Isel talauswärts führt. Dabei durchquert man einen landschaftlich sehr schönen Bergsturzwald mit stark vermoosten Bergsturzblöcken und vielen liegenden Bäumen, die diesem Wald einen sehr urigen Charakter verleihen. Der Bach hat hier eine kleine Klamm mit schönen Erosionsformen gebildet. Nach dem Waldstück geht es über trockene Weiden, die mit *Wacholder* und *Berberitzen* bewachsen sind, zur Brücke bei Mitteldorf.

Der Rückweg erfolgt auf der orographisch linken Seite der Isel. Es ist dies der so genannte „Auenweg" nach Virgen. Auch dieser Fußweg ist sehr abwechslungsreich. Er führt teilweise durch *Grauerlen*-Wald mit *Berberitzen*-Unterwuchs (siehe auch „Naturdenkmäler und naturkundliche Besonderheiten"), durch verwachsenen Wildbachschutt, über trockene, blumenreiche Weiden und dichten Auwald-Dschungel. Am Rande der Virgener Feldflur mündet dieser Fußweg in einen Wirtschaftsweg, auf dem man in das Dorf Virgen weiterwandern oder über eine Brücke wieder zum Ausgangspunkt zurückkehren kann.

2. Rundwanderung Flurgehölze-Lehrweg – Virgener Feldflur, Alpenzauberweg der Sinne

Ausgangspunkt: Virgen, Zentrum
Gehzeit: 1½ Stunden
Höhenunterschied: ca. 200 m
Schwierigkeitsgrad und Ausrüstung: keine Schwierigkeit; Wanderschuhe
Außerhalb des Nationalparks

Klaubsteinriegel in der Virgener Feldflur

Vom Dorfplatz erreicht man in 5 Minuten den Beginn des Lehrweges, wo auf einer Übersichtstafel der Wegverlauf skizziert und allgemein beschrieben ist. Die Rundwanderung führt zunächst in südöstliche Richtung durch das „Stoanach Pitzend", ein Hohlwegsystem, das von Hecken, Trockensteinmauern, Klaubsteinriegeln und Zäunen begleitet wird. Man wandert dann durch die Flur weiter bis zur Isel, an deren Südseite entlang nach Westen und hinauf bis zum „Erlentrögl", einem schön gelegenen Aussichtspunkt. Von hier aus kann man von der „Schattseite" über die Feldflur blicken. Der Weg führt schließlich wieder hinunter zur Isel und weiter zurück zum Dorfzentrum.

An geeigneten Haltepunkten werden auf insgesamt 12 Pulttafeln Informationen über die Landschaft und Lebensräume, die Tier- und Pflanzenwelt, die bäuerliche Kultur sowie die ökologischen und historischen Besonderheiten dieser einzigartigen Kulturlandschaft vermittelt (siehe auch Kapitel „Naturdenkmäler und naturkundliche Besonderheiten").

Am Mellitzbach wurde eine Fuß- und Armkneippanlage errichtet.

3. Wanderung auf den „Burg"-Berg (1404 m) bei Obermauern

Ausgangspunkt: Obermauern
Gehzeit: reine Gehzeit für den Aufstieg: ½ Stunde
Höhenunterschied: ca. 100 m
Schwierigkeitsgrad und Ausrüstung: feste Wanderschuhe
Außerhalb des Nationalparks

Der Besuch des „Burg"-Berges ist wegen seiner wärmeliebenden Flora besonders interessant. Die Bezeichnung „Burg" ist lediglich ein Flurname, eine Burg ist hier nicht nachgewiesen.

Der Fußweg beginnt westlich von **Obermauern** an der Straße nach Budam. Er führt zunächst durch einen schattigen, nordexponierten *Fichten*-Wald aufwärts, der im oberen Teil einerseits in magere Weiderasen mit *Gemeinem Wacholder*, andererseits in *Sebenstrauch-Lärchen*-Trockenwald bzw. in einen *Sebenstrauch-Trockenbusch* mit dazwischen liegenden Felsensteppen und Trockenrasen übergeht. Viele der hier vorkommenden Sträucher sind als wärmeliebend zu bezeichnen: *Sebenstrauch, Gemeiner Wacholder, Purgier-Kreuzdorn, Gewöhnliche Steinmispel, Berberitze, Sanddorn, Keilblättrige Rose, Graugrüne Rose (Rosa dumalis ssp. subcanina)* und *Hängefruchtrose*. Auf den Felsen und Trockenrasen blühen im Juni/Juli unter anderem: *Steinbrech-Felsennelke, Weißer Mauerpfeffer, Buschnelke, Feldbeifuß, Steinquendel, Sichelklee, Grasblättrige Skabiose, Trübgrünes Sonnenröschen, Esparsette, Berggamander, Grannenklappertopf, Nickendes Leimkraut, Salomonssiegel, Steirische Teufelskralle, Lampenkönigskerze, Skabiosenflockenblume, Sandhauswurz, Einjähriger Berg-*

Der „Burg"-Berg von Obermauern, ein Eldorado für den Pflanzenfreund und Archäologen

fenchel, Gewöhnliche Heilwurz, Kleine Wiesenraute, Wiesensalbei und *Crantz-Fingerkraut.* Viele vor allem flachgründige und trockene Bereiche werden vom *Furchenschwingel,* einer horstförmigen Grasart mit starren und steifen Blättern, dominiert. Die Blätter dieses Grases sind sehr gut gegen Austrocknung geschützt, weshalb der *Furchenschwingel* eine typische Trockenrasenart darstellt.

Ein weiterer, äußerst interessanter Weg, auf dem man ständig mit inneralpiner Trockenvegetation konfrontiert ist, führt von einem Parkplatz westlich von Virgen durch die Südhänge des „Burg"-Berges nach **Obermauern.** Der Weg ist rotweiß markiert. Er führt zunächst durch Gebüsch von *Haselsträuchern* und quert dann die Trockenrasen und Felsensteppen des Südhanges. Die Flora ist recht ähnlich wie auf dem „Burg"-Berg selbst, es überwiegen hier wärmeliebende Sträucher wie *Sebenstrauch, Gemeiner Wacholder, Steinmispel, Behaarte Rose, Stachelbeere* und *Purgier-Kreuzdorn.* Auf den Felsen findet sich ein ähnlich buntes Mosaik unterschiedlichster Blütenpflanzen wie *Steinbrech-Felsennelke, Felsenmauerpfeffer, Kriechendes Gipskraut, Feldbeifuß, Herzblättrige Kugelblume, Einjähriger Bergfenchel, Zwergfingerkraut, Wegdistel, Grannenklappertopf, Kleine Bibernelle, Grasblättrige Skabiose, Dichtblütige Königskerze* und *Gemeines Leinkraut.* Der Weg führt um den „Burg"-Berg und mündet in den anderen Fußweg, der von Obermauern direkt zum Gipfel führt. Erwähnenswert ist auch die wärmeliebende Flechtenflora am „Burg"-Berg, die Arten aufweist, von denen im gesamten Alpenraum nur wenige Fundpunkte bekannt sind.

4. Rundwanderung auf die Ruine Rabenstein (1409 m) – oberer Sonnberg (1495 m) – Virgen

Ausgangspunkt: Virgen
Gehzeit: 1–1½ Stunden
Höhenunterschied: 300 m
Schwierigkeitsgrad und Ausrüstung: keine Schwierigkeit; Bergschuhe oder feste Wanderschuhe
Außerhalb des Nationalparks
Drei Schautafeln erläutern die Geschichte der Ruine.

Die Ruine Rabenstein ist von Virgen aus bereits gut zu sehen. Man wandert von Virgen auf einem kleinen Fahrweg zunächst zur Ortschaft Mellitz. Vor Mellitz zweigt links ein beschilderter Weg zur Ruine ab. Unter den Hecken am Zaun entlang dieses Weges fallen bereits eine Reihe von wärmeliebenden Sträuchern auf, darunter *Stachelbeersträucher, Berberitze, Gemeiner Wacholder, Sebenstrauch, Keilblättrige Rose* und *Graugrüne Rose (Rosa dumalis ssp. subcanina).* Über den Südhang führt ein steiler Fußweg fast direkt zum Gipfel, der gemütliche Weg führt jedoch zunächst zum **Eggerhof** und quert von dort zur Ruine.

Die beeindruckend große Burgruine – eine der höchstgelegenen Burgen Tirols – in 1430 m Seehöhe steht auf einem nach allen Seiten steil abfallenden Felssporn, der vorwiegend aus blätterig verwitterten, dunklen, das heißt graphithältigen *Phylliten* der Oberen Schieferhülle zusammengesetzt ist. Auf seinen Südhängen weist der Burgberg neben den bereits erwähnten wärmeliebenden Sträuchern noch interessante beweidete Trockenrasen auf. Hier blühen im Juni/Juli *Alpenaster, Traubensteinbrech, Schwalbenwurz, Waldschotendotter, Salomonssiegel, Dukatenröschen, Alpenziest, Herzblättrige Kugelblume, Berggamander, Rauhhaargänsekresse, Labkraut, Sommerwurz, Gamandersommerwurz, Skabiosenflockenblume, Sichelklee, Wundklee, Silberdistel, Pyramiden-Schillergras, Tauern-Esparsette, Lampenkönigskerze, Einjähriger Bergfenchel, Glanzlieschgras, Hügelwaldmeister* und *Dickblättrige Alpendistel.* Diese Pflanzen waren ursprünglich sicherlich nicht so großflächig auf dem Burgberg verbreitet und wachsen heute zum Teil auf Waldstandorten. Durch die Rodungstätigkeit des Menschen und die anschließende kontinuierliche Beweidung wurde jedoch das Areal der Trocken- und Magerrasen deutlich erweitert. Da heute die Beweidung offensichtlich wieder zurückgeht, ist das Eindringen von Einzelbäumen und Gebüschgruppen in die Trocken- und Magerrasenbereiche hier besonders gut zu beobachten.

Der Blütenreichtum dient auch einer großen Insektenfauna, darunter Schmetterlingen wie *Distelfalter, Kleiner Fuchs, Kaisermantel, Bläulinge, Perlmutterfalter* und anderen als Nahrungsgrundlage. Auch die *Weinbergschnecke* ist ein Anzeiger für warme Standorte und tritt am Burgberg reichlich auf. An Vögeln kann man unter anderem *Berglaubsänger, Dorngrasmücke, Neuntöter, Heckenbraunelle, Wendehals, Goldammer, Mönchsgrasmücke* und *Zilpzalp* beobachten bzw. hören. Von der Ruine aus gibt es einen herrlichen Rundblick auf das Virgental und die gegenüber liegende Lasörlinggruppe.

5. Rundwanderung von Virgen über Mellitz – Ruine Rabenstein – Weiler Marin – Obermauern – Kreuzweg – Virgen

Ausgangspunkt: Virgen, Kirchplatz
Gehzeit: 2½ Stunden
Höhenunterschied: 200 m
Schwierigkeitsgrad und Ausrüstung: keine Schwierigkeit; feste Wanderschuhe
Außerhalb des Nationalparks
An diesem Weg befinden sich viele Sitzbänke.

Neuntöter, eine gefährdete Vogelart, die in Osttirol noch weitgehend verbreitet vorkommt

Vom Kirchplatz wandert man zunächst nach Mellitz und weiter auf die Ruine Rabenstein (siehe „Naturdenkmäler und naturkundliche Besonderheiten" und Wanderung Nr. 4). Von der Ruine geht man weiter zum Gehöft **Egg**. Hier beginnt der Rabensteinweg, ein landschaftlich besonders schöner Höhenweg, der durch die Sonnenhänge oberhalb von Virgen führt. Man erlebt hier die reich gegliederte und noch strukturierte häuerliche Kulturlandschaft mit vielen Hecken, Steinriegeln, eingestreuten Felsen und herrlichen Ausblicken auf Virgen, die Virgener Feldflur und die Lasörlinggruppe. Hier gibt es von Frühling bis Herbst viel zu beobachten. Im Frühjahr blühen hier die goldgelben *Frühlingsschlüsselblumen*. Später sind es von den Wiesenblumen viele wärmeliebende Arten wie *Sonnenröschen, Brillenschötchen, Alpenquendel, Berberitze, Wacholder* und andere. Dieser Blütenreichtum gibt vielen Schmetterlingen Lebensraum wie *Aurorafalter, Kleinem Fuchs, Tagpfauenauge, Admiral, Perlmutterfaltern* und *Bläulingen*. Von den Vögeln sind hier *Berglaubsänger, Dorngrasmücke, Neuntöter* nicht selten und man kann auch den *Grünspecht* und gelegentlich den *Wendehals* beobachten.

Nach einem Abschnitt durch einen schütteren *Fichten-Lärchen*-Wald erreicht man den Weiler **Marin**. Von hier muss man leider ein Stück auf der schmalen Asphaltstraße nach Obermauern weiterwandern. Man hat allerdings einen schönen Blick auf Obermauern und auf den „Burg"-Berg mit seinen *Sebenstrauch*-Hängen. Als Rückweg von Obermauern ist der alte Kreuzweg besonders zu empfehlen. Er verläuft durch ein landwirtschaftliches Kulturland zwischen Legesteinmauern und alten Holzzäunen und ist ein reiner Fußweg.

6. Wanderung zur Silbergrube in Mitteldorf

Ausgangspunkt: Mitteldorf
Gehzeit: ca. 20 Minuten
Höhenunterschied: nicht nennenswert
Schwierigkeitsgrad und Ausrüstung: unschwere Wanderung; feste Wanderschuhe
Außerhalb des Nationalparks

Von Mitteldorf wandert man den alten „Fuhrweg" in Richtung Matrei. Dieser Höhenweg ist ein ausgesprochen schöner, verkehrsfreier Spazierweg, der beiderseits von vielen wärmeliebenden Sträuchern und Bäumen wie *Sanddorn, Berberitzen, Heckenrosen, Kreuzdorn, Haselsträuchern, Nussbäumen* und *Winterlinden* bewachsen ist. Blütenreich sind auch die bergseitigen Steinschlichtmauern. Nach etwa 20 Minuten erreicht man die **Silbergrube**, die unmittelbar oberhalb dieses Weges liegt. Die Silbergrube befindet sich in einem lockeren *Lärchen*-Wald mit wärmeliebendem Unterwuchs, bestehend aus *Sebenstrauch, Buschnelke, Bergziest, Königskerzen, Sonnenröschen, Zypressenwolfsmilch* und anderen. Dieser Unterwuchs deutet darauf hin, dass die Hänge einst waldfrei waren.

Die Silbergrube wurde 1993 wieder freigelegt

und für Besucher zugänglich gemacht. Sie besteht aus einem etwa 20 m langen Hauptgang und einem ca. 8 m langen Seitengang mit durchschnittlicher Höhe von 1,50 bis 1,60 m. Der Stollen dürfte in den Jahren 1538/39 und wahrscheinlich auch in den anschließenden Jahren geschlagen worden sein. Da die Silbergrube später nicht mehr verändert wurde, kann man heute noch das ursprüngliche Profil sehen. Die Grube liegt im *Kalkglimmerschiefer*, das Erz dürfte wahrscheinlich silberhältiger Bleiglanz oder silberhältiges Fahlerz gewesen sein.

7. Wanderung von Obermauern über die Hohe Bank nach Bobojach

Ausgangspunkt: Obermauern, bei der Kirche
Gehzeit: eine knappe Stunde, mit Abstecher auf den „Burg"-Berg knappe 2 Stunden
Höhenunterschied: ca. 100 m
Schwierigkeitsgrad und Ausrüstung: leichte Talwanderung; feste Wanderschuhe
Außerhalb des Nationalparks

Bevor der Straßentunnel gebaut wurde, war dieser landschaftlich reizvolle Weg über die Hohe Bank neben einem Karrenweg durch die Iselschlucht die wichtigste Verbindung zwischen Virgen und Prägraten.
In Obermauern folgt man zunächst der Fahrstraße, die nach Budam führt, und zweigt dann im Bereich des Fußes des **„Burg"-Berges** westwärts ab. Vor dem Weitermarsch lohnt sich hier ein Abstecher auf diesen geschichtsträchtigen Hügel, der eine interessante wärmeliebende Flora aufweist und eine herrliche Talaussicht bietet (siehe Wanderroute Nr. 3 und Kapitel „Kulturelle Besonderheiten").
Am Fuß der „Burg" führt der Weg ein Stück durch den Wald, danach öffnet sich der Blick und man wandert durch eine wunderschöne, **abwechslungsreich gegliederte Kulturlandschaft**. Man kommt durch trockene Viehweiden und Mähwiesen, die von Gebüschen und Hecken durchsetzt und zum Teil entlang des Weges noch von „Klaubsteinriegeln" gesäumt sind. Auch hier findet man immer wieder Elemente der Trockenflora, die für den „Burg"-Hügel detailliert beschrieben ist. Charakteristische Vogelarten dieser gegliederten Kulturlandschaft sind z. B. *Neuntöter, Baumpieper, Hänfling, Dorngrasmücke* sowie im Randbereich zum Wald der *Grünspecht* und die *Wacholderdrossel*.
Den Rücken über der **Iselschlucht** überwindet der Weg im teils aufgelichteten, teils geschlossenen *Lärchen-Fichten*-Wald, in den auch immer wieder Laubbäume eingestreut sind sowie im Unterwuchs *Sebenstrauch, Berberitze* und *Gewöhnliche Steinmispel* usw. Hier kommt z. B. auch der wärmeliebende *Berglaubsänger* vor. Aus der Iselschlucht hört man deutlich das Bachrauschen und von offenen Stellen aus ergeben sich herrliche Blicke auf Prägraten und seine Kulturlandschaft mit der beeindruckenden Gletscherwelt im Hintergrund. In oder über der Iselschlucht kann man *Felsenschwalben* beobachten.
Bevor man nach Bobojach hinabsteigt, zweigt oberhalb der Lawinengalerie beim Straßentunnel der Höhenweg in Richtung Oberstein und Wallhorn ab, auf dem man nach Prägraten weiterwandern kann. Ansonsten folgt man dem Weg weiter hinab zur Hauptstraße und erreicht auf dieser nach ein paar hundert Metern **Bobojach**. Von hier kann man mit dem Bundesbus nach Obermauern zurückfahren oder durch die Iselschlucht nach Welzelach und weiter über Niedermauern nach Obermauern zurückwandern (siehe Wanderung Nr. 7).

8. Wanderung durch die Iselschlucht von Welzelach nach Bobojach und Wallhorn

Ausgangspunkt: Welzelach bei Virgen
Gehzeit: 3 Stunden
Höhenunterschied: 140 m
Schwierigkeitsgrad und Ausrüstung: keine Schwierigkeit; Wanderschuhe
Außerhalb des Nationalparks

Von Virgen gibt es verschiedene Wege nach Welzelach, 1129 m, auf der orographisch rechten Talseite (siehe Karte). Eine Möglichkeit ist auch die Fahrt mit einer privaten Seilbahn von der Prägratner Straße über die eindrucksvolle Iselschlucht nach Welzelach. Bei der Seilbahnstation gibt es eine Bushaltestelle. Die Fahrt kann man dort telefonisch bestellen.
In Welzelach benützt man den Iselweg Nr. 24, der zunächst an schönen Gehöften vorbeiführt und schließlich in einen Fußweg entlang einer verwachsenen Steinmauer übergeht. An dieser Mauer wachsen *Weißer Mauerpfeffer, Kreuzdorn, Salomonssiegel, Akeleiblättrige Wiesenraute, Engelsüßfarn, Berberitze* und *Heckenrose*. Im weiteren Verlauf ist der Weg sehr abwechslungsreich. Er führt teils durch *Grauerlen*-Bestände mit riesigen *Pestwurz*-Blättern, durch bachbegleitende Vegetation, durch einen richtigen Dschungel, bestehend aus *Traubenkirschen, Vogelbeere, Grauerlen, Wildem Hop-*

fen als Liane und der *Brennnessel* als Unterwuchs.

Die Iselschlucht selbst hat an allen Bereichen, die nicht zu steil sind, einen üppigen Baum- und Strauchbestand, bestehend aus *Eschen, Ulmen, Birken, Zitterpappeln, Ebereschen, Fichten* und *Lärchen*. Gut besonnte Felswände sind mit *Sebensträuchern* bewachsen. Immer wieder gibt es imposante Einblicke in die Iselschlucht mit ihren kleinen Wasserfällen und tiefen Klammhecken. Nach der Iselschlucht geht es wieder durch bäuerliches Kulturland mit Blick auf die Kapelle von Bobojach auf der orographisch linken Talseite. Von der Abzweigung nach Bobojach zur Bushaltestelle kann man noch auf einem Waldweg bis Wallhorn, Bushaltestelle, oder Prägraten weiterwandern. Vom Waldweg aus bieten sich immer wieder schöne Ausblicke auf die Sonnseite des Tales. An der Isel kann man immer wieder *Wasseramseln, Gebirgsstelzen* und *Bachstelzen* beobachten. In den Felswänden der Schlucht brüten *Felsenschwalben*. Die Rückfahrt erfolgt mit dem Bundesbus von Wallhorn nach Virgen.

9. Rundwanderung auf die Gotschaunalm (1945 m) – der Besuch ist ein großes Erlebnis

Die Alm macht ihrem Namen Ehre, der steile Anstieg lohnt sich.
Ausgangspunkt: Obermauern, Bushaltestelle
Gehzeit: Obermauern bis Gotschaunalm 2½ Stunden
Höhenunterschied: 650 m
Schwierigkeitsgrad und Ausrüstung: keine Schwierigkeit, etwas Ausdauer nötig; Bergschuhe
Außerhalb des Nationalparks

Von Obermauern benützt man zunächst die Straße zur Ortschaft Marin (½ Stunde). Der Anstieg ist auch von Virgen möglich (¾ Stunden). In **Marin** zweigt der gut gekennzeichnete Fußweg zur Gotschaunalm ab. Nach einem kurzen Wegstück teilen sich die Wege. Empfehlenswert ist ab diesem Punkt jener Weg, der über den alten, sehr sehenswerten, aber etwas steilen Kreuzweg zunächst zur **Allerheiligenkapelle** führt, einer schönen Kapelle auf einem frei stehenden Felsen in 1694 m Seehöhe (siehe „Kulturelle Besonderheiten").
Von der Kapelle verläuft der Fußweg steil ansteigend weiter durch einen *Lärchen-Fichten-*Wald aufwärts. In den Waldlichtungen blühen auf stark besonnten und aus *Kalkglimmerschiefer* bzw. *Grünschiefer* bestehenden Felsen wärme- und kalkliebende Pflanzen wie *Spinnwebenhauswurz, Bergklee, Waldschotendotter, Zypressenwolfsmilch, Traubensteinbrech, Alpenquendel, Nickendes Leimkraut, Dukatenröschen, Alpendistel, Feldspitzkiel* und *Nickender Tragant*. Im Waldbereich fällt der gelb blühende *Wolfseisenhut* auf. Nach etwa 2 Stunden ab Marin tritt man plötzlich aus dem Lärchenwald hinaus auf die unbeschreiblich schöne Gotschaunalm, die auf einer Hochterrasse in 1945 m liegt. Bei schönem Wetter bietet sich dem Wanderer nach allen Seiten ein prächtiges Bild. Ringsherum Almwiesen, die zur Rast einladen, im Norden die großartige Felskulisse mit den steilen einstigen Gotschaunbergmähdern, im Süden die Gipfel der Lasörlinggruppe und im Westen das Umbaltal mit den beiden Katarakten, die Rötspitze und die Simonyspitzen. Weiters sieht man von hier aus die hoch gelegene Bonn-Matreier Hütte in 2745 m und eine hoch gelegene Steinhütte, die als Unterstand für die Bauern während der Bergmahd diente. Die Almwiesen sind *Rispengras-Knaulgras*-Mähwiesen und *Bürstling*-Wiesen mit *Arnika, Großkopfpippau, Bärtiger Glockenblume, Mückenhändelwurz, Weißorchis, Alpendistel, Kohlröschen, Bergklee* und anderen Alpenblumen.

Zur gemütlichen Rast lädt eine noch sehr ursprüngliche Almhütte ein, in der es nur selbst hergestellte, herrliche bäuerliche Almprodukte gibt. Nach einer Stärkung mit Butterbrot, Almkäse, Krapfen, Holunderblütensaft und anderen Köstlichkeiten und einer ergiebigen Rast gibt es zwei Möglichkeiten für den Rückweg. Ein gemütlicher Abstieg kann über den Almweg Nr. 16 und 17 durch das Kleine Nilltal nach Obermauern erfolgen. Ein steiler, aber sehr schöner Fußweg beginnt unmittelbar bei der Almhütte und führt über die südseitigen Almwiesen und den anschließenden Bergwald wieder zurück nach Marin.

10. Bergtour von Obermauern (1301 m) über die Nilljochhütte (1975 m) auf die Bonn-Matreier Hütte (2745 m) – naturkundlich reizvolle Tour zu herrlichen Aussichtspunkten

Ausgangspunkt: Obermauern, bei der Kirche
Gehzeit: Aufstieg insgesamt knapp 4½ Stunden (bis Nilljochhütte ca. 1½, Nilljochhütte – Bonn-Matreier Hütte 2½–3 Stunden), Abstieg etwa 2½ Stunden
Höhenunterschied: 1444 m

Schwierigkeitsgrad und Ausrüstung: alpine Tour, markierte Wege, Ausdauer erforderlich; feste Bergschuhe
Außerhalb des Nationalparks

Von Obermauern wandert man auf der Fahrstraße durch abwechslungsreiches Kulturland zum Budam-Hof. Dabei gelangt man auch durch naturkundlich interessante, felsig durchsetzte Bereiche mit Trockenrasen und Sebenstrauch-Trockengebüschen. Neben dem *Sebenstrauch* findet man hier unter anderem *Purgier-Kreuzdorn, Sanddorn, Berberitze, Gewöhnliche Steinmispel, Lampenkönigskerze, Feldbeifuß, Steirische Teufelskralle, Grasblättrige Skabiose, Sichelklee, Grannenklappertopf, Pyramidenschillergras* usw. und z. B. wärmeliebende Heuschrecken wie die *Blauflügelige Ödlandschrecke* sowie unzählige Schmetterlinge. Hier kann man auch *Neuntöter, Dorngrasmücke, Klappergrasmücke, Baumpieper, Berglaubsänger* und viele andere Vögel der Kulturlandschaft und lichter Waldbereiche beobachten oder hören.

Der **Budam-Hof** (1567 m) ist ein schöner alter Bauernhof in wunderbarer Lage. Von hier aus überblickt man breit das Virgental. Der Weg geht vorbei am Hof, er ist gut beschildert. Nach Durchquerung eines lichten *Lärchen*-Waldes kommt man bald zu einer Weggabelung, wo nach rechts ein Fahrweg über das Kleine Nilltal zur Nilljochhütte führt, den man unberücksichtigt lässt.

Nach links zweigt der Direktweg zur Nilljochhütte ab, anfangs vorbei an einer Vernässung mit *Breitblättrigem Wollgras,* dann weiter bergan durch trockene Weiderasen und Mähwiesen, in denen bei Sonnenschein das Schwirren und Schnarren der Trockenhang-Heuschrecken besonders auffällig ist (z. B. *Große Höckerschrecke* und der prächtig rot-schwarz gefärbte *Germars Grashüpfer,* der auch auffällige Schnarrflüge ausführt). In der bunten Vegetation fallen unter anderem *Silber-* und *Alpendistel, Klebrige Kratzdistel, Grannenklappertopf, Perückenähnliche* und *Wiesenflockenblume, Bergklee, Knolliges Läusekraut, Mückenhändelwurz, Feldspitzkiel, Großkopfpippau, Kleine Wiesenraute* und *Nickendes Leimkraut* auf. Die Wiesen sind immer wieder von kleinen Gehölzgruppen und Gebüschen gegliedert und man kann hier beispielsweise *Neuntöter, Baumpieper* oder den *Grünspecht* beobachten. Im angrenzenden Wald kommen *Tannenmeise, Weidenmeise, Misteldrossel, Heckenbraunelle* und *Zaunkönig* nicht selten vor.

Nach dem steilen Anstieg erreicht man in *herrlicher Aussichtslage* die **Nilljochhütte** (1975 m) und überblickt das gesamte Virgental mit seinem prächtigen Gipfelpanorama. Man sieht auch hinüber zur Gotschaunalm, zu der ein Weg zwischen Waldgrenze und Hochmähdern hinüberführt. Auf der Tour zur Bonn-Matreier Hütte folgt man jedoch dem Weg weiter ins trogförmige Große Nilltal mit den Nillalmen. Den Troggrund bilden vorwiegend *Bürstling*-Weiderasen und es gibt hier auch eine sumpfige Vernässung mit *Schmalblättrigem Wollgras* und *Rasenhaarbinse.* An den talauswärtigen Hängen überwiegen artenreiche Bergmähder, in denen man stellenweise auch die großen Horste des *Goldschwingels* sieht. Am äußeren Talboden zweigt der Weg hinüber zur Gotschaunalm ab. Wir folgen dem Almweg zu den Nillalmen. Im Almenbereich gibt es noch einige alte „Steinhage" (Legstein-Umfriedungen). Die Viehunterstände und Almhütten sind meist bestens ins Hangprofil eingebaut, sodass Lawinen ohne größere Schäden darübergleiten können. Entlang des Weges wachsen auf größeren Steinblöcken *Berghauswurz, Traubensteinbrech* und das *Immergrüne Felsenblümchen.* Um die Viehunterstände sind kleine Lägerfluren ausgebildet mit *Brennnessel* und *Blauem Eisenhut.* Entlang des Weges fallen unter anderem das *Einblütige Ferkelkraut,* die *Alpenküchenschelle* und *Punktierter Enzian* auf, in geschützten Mulden die *Rostrote Alpenrose.* An den Hängen kann man *Murmeltiere, Wasserpieper* und bei den Almen den *Hausrotschwanz* beobachten.

Der Almfahrweg endet bei der **Großen Nillalm**. Daran schließt ein gut ausgebauter und markierter Steig an. Man wandert durch alpine Rasen, auf Steinblöcken fallen die prächtige *Wulfens* und *Spinnwebhauswurz* auf sowie bereits *Moossteinbrech.* Man quert blumenreiche Rasen mit *Blaugras* und *Buntem Schwingel* und kommt an durchwachsenen Felsen vorbei, an denen *Edelweiß* und *Alpenaster* nicht selten sind. Oberhalb der grasigen Hänge gelangt man in eine feuchte, steinige Karmulde, den **Sandboden**, in dem der Schnee lange liegen bleibt. An den kleinen Bachläufen ist der *Fetthennensteinbrech* häufig. In den grasig durchwachsenen Felsen der Umgebung kann man nach *Gämsen* und *Steinböcken* Ausschau halten. Man steigt weiter durch Blockwerk und Schuttfluren und kurz darauf mündet von links der **Venediger-Höhenweg** von der Eisseehütte ein. Schließlich durchquert man wieder blütenreiche Rasen, in die sich mehr und mehr die

Bonn-Matreier Hütte

Krummsegge mischt, bis sie schließlich dominiert. Hier wachsen auch reichlich *Jacquins Binse, Zwerg-* und *Klebrige Primel* und viele andere alpine Arten. Nachdem man noch ausgedehntere Schneeböden mit *Krautweide, Alpenehrenpreis, Alpenhainsimse* und *Zwergruhrkraut* gequert hat, erreicht man schließlich nach einer letzten Steigung die **Bonn-Matreier Hütte** (2745 m). Um die Hütte wechseln sich *Krummseggenrasen,* Kuppen mit *Jacquins Binse,* Schneetälchen und Schuttfluren ab. Hinter der Hütte ist in den Fels eine kleine Felsenkapelle gehauen, mit einigen Gedenktafeln an Verunglückte.

Die Bonn-Matreier Hütte ist ein herrlicher Aussichtspunkt. Die Blicke schweifen von den Gletschern des innersten Virgentales über die gesamte Lasörlinggruppe bis zur Schobergruppe und man sieht bis in die Karawanken, Lienzer und Südtiroler Dolomiten und in die Rieserfernergruppe.

Von der Bonn-Matreier Hütte aus sind einige **Dreitausender-Touren** möglich: auf den **Rauchkopf** (3070 m; Gehzeit ca. 1¼ Stunden), auf den **Sailkopf** (3209 m; 2 Stunden) und auf den **Eichham** (3371 m; 3½ Stunden). Mit guter Kondition können Geübte den Rauchkopf vor dem Abstieg auch als Zugabe zur bisher beschriebenen Tagestour besteigen. Der Weg ist markiert, Trittsicherheit und Schwindelfreiheit sind jedoch beim Anstieg durch Schuttfelder und Felsschrofen Voraussetzung. Der Sailkopf fordert stellenweise etwas klettertechnisches Können. Noch schwieriger ist der Eichham.

Rückweg:
– auf der Aufstiegsroute
– oder Abstieg über die Kleine Nill; knapp östlich der Hütte zweigt der Weg Nr. 923 vom Venediger-Höhenweg ab. Er windet sich um den felsigen Stotzkopf herum und führt dann über die Kleine Nillalm und Gotschaunalm talwärts (siehe Wanderbeschreibung Gotschaunalm)
– oder zunächst Abstieg auf der Aufstiegsroute, am Almboden unterhalb der Nillalmen nach links abzweigen und von hier Abstieg über die Gotschaunalm (siehe Wanderbeschreibung Gotschaunalm)

Varianten:

Rundwanderung: Obermauern – Nilljochhütte – Kleine Nillalm – Gotschaunalm – Obermauern oder Virgen: (ca. 3½ Stunden; siehe Wanderung Nr. 9)

Rundwanderung: Obermauern – Nilljochhütte (dort Abzweigung angeschrieben) – Wallhorn – Bobojach – Hohe Bank – Obermauern (insgesamt ca. 3½ Stunden; siehe auch Wanderung Nr. 7)

11. Hochtour von der Bonn-Matreier Hütte (2745 m) am Venediger-Höhenweg über die Galtenscharte (2882 m) zur Badener Hütte (2608 m) im Froßnitztal

Ausgangspunkt: Bonn-Matreier Hütte
Gehzeit: 4½ bis 5 Stunden (bis Galtenscharte ca. ¾ Stunden)
Höhenunterschied: bergauf rund 500 m, steil bergab ca. 600 m
Schwierigkeitsgrad und Ausrüstung: anspruchsvolle Tour, nur für Geübte mit Trittsicherheit und Schwindelfreiheit (hohe, ausgesetzte Steilflanken, jedoch seilversichert), bei Vereisung und Schnee nicht anzuraten; feste Bergschuhe; den Hüttenwirt der Bonn-Matreier Hütte nach Begehbarkeit fragen!
Nationalparktour

Dem Weg hinter der Bonn-Matreier Hütte folgend kommt man bald zur beschilderten Wegkreuzung, auf der man auf den Venediger-Höhenweg (Nr. 922) zur Galtenscharte abzweigt. Der Steig führt durch Schuttfelder und Felsfluren, überwindet die schmale Schneid der **Kälberscharte** und erreicht schließlich nach Querung weiterer Schuttfluren und Felsschrofen in einigen Kehren die Galtenscharte.
Der Weg ist gut ausgebaut und stellenweise mit

Stahlseilen gesichert. Das Blockwerk und die kargen Gratfluren, in denen *Prasinite* dominieren, weisen eine charakteristische Schutt- und Felsflurvegetation auf, mit *Gletschernelkenwurz, Alpensäuerling, Einblütigem Hornkraut, Immergrünem Felsenblümchen, Schwarzer Edelraute, Farnblättrigem Läusekraut, Rudolphs, Zweiblütigem* und *Moossteinbrech, Stängellosem Leimkraut* und zahlreichen anderen Blütenpflanzen sowie insbesondere Flechten. Hier kann man *Alpenbraunelle, Hausrotschwanz* und eventuell auch *Schneefinken* entdecken sowie *Gämsen* und *Steinböcke*.

Ein Bergkreuz und Wegtafeln markieren die **Galtenscharte** (2882 m). Hier öffnet sich ein herrlicher Blick ins Froßnitztal und hinüber auf den Eichham, das Sailfroßnitz-, Hexen- und Mailfroßnitzkees sowie auf die Hohe Achsel. Nun beginnt der schwierigste Teil des Weges, der Abstieg durch die 600 m hohe, steile Galtenkogel-Nordflanke. Die ausgesetzten Stellen sind mit Stahlseilen gesichert. Je nach Schneelage sind auch zwei zum Teil steile Schneefelder zu queren, in denen jedoch meist ein Steig freigeschaufelt ist.

Der Weg auf der Nordseite der Galtenscharte führt zum Teil durch ähnliche Schutt- und Polsterpflanzenvegetation wie vorhin. Diese wird dann jedoch etwas karger und setzt sich erst weiter unten, nach Querung weiterer karger Schuttfelder (ehemaliger Gletschervorfelder der Mailfroßnitz), fort. Knapp unterhalb der Brücke über den Mailfroßnitzbach zieht sich nun der Steig durch schöne Grasheidehänge, die mit steinigen, stahlseilgesicherten Felspartien abwechseln. Zum Teil sind hier blütenreiche *Blaugras-Horstseggen*-Halden ausgebildet, mit *Alpentragant, Alpenaster, Bergspitzkiel, Wundklee, Glänzender Skabiose, Edelweiß* und *Schwarzem Kohlröserl*. An erdig-steinigen Stellen am Wegrand findet man unter anderem *Alpenleinkraut* und *Rudolphs Steinbrech,* in feuchteren Partien den *Fetthennensteinbrech*. Entlang des Weges kann man auch immer wieder die seltene *Alpenscharte* entdecken.

Nach rund 2½ Stunden von der Galtenscharte erreicht man die so genannte **Achsel** (2225 m), einen Moränenwall oberhalb eines kleinen Sees. Von hier aus wendet man sich nun auf dem beschilderten Anstieg zur Badener Hütte, überquert dann den Oberlauf des Froßnitzbaches auf einer Brücke, die außerhalb der Bewirtschaftungszeit abgetragen wird und erreicht schließlich, auf einer alten Seitenmoräne des Froßnitzkeeses ansteigend, die **Badener Hütte** (2608 m (siehe auch Matreier Tourenbeschreibung „Zweitägige Hochtour vom Innergschlöß ins Froßnitztal").

12. Auf dem Venediger-Höhenweg von der Bonn-Matreier Hütte (2745 m) zur Eisseehütte (2521 m) – ein lohnender Aussichtsweg

Ausgangspunkt: Bonn-Matreier Hütte
Gehzeit: ca. 3 Stunden
Höhenunterschied: gut 100 m auf einigen Steigungen, ansonsten mehr oder weniger eben oder bergab (ca. 250 m)
Schwierigkeitsgrad: gut ausgebauter Höhenweg, jedoch auf steilen Flanken Trittsicherheit und Schwindelfreiheit nötig
Außerhalb des Nationalparks

Am Venediger-Höhenweg von der Bonn-Matreier Hütte zur Eisseehütte, ein Blick zurück auf die Schobergruppe

Von der Bonn-Matreier Hütte erfolgt zunächst der Abstieg auf der beschriebenen Aufstiegsroute (siehe Bergtour Nr. 9), bis man oberhalb des Sandbodens die beschilderte Abzweigung des Venediger-Höhenweges auf die Eisseehütte (Weg Nr. 923) erreicht. Man kommt bald durch sonnige, blumenreiche Rasen, in denen teils die *Krummsegge* vorherrscht, teils das *Blaugras*. Wie mehrmals im gesamten Wegverlauf findet man also hier sowohl kalkliebende als auch Silikat-Flora. Dies ist bedingt durch die dominierenden basischen *Prasinite* und stellenweise auftretenden *Kalkglimmerschiefer*-Züge. Letztere quert man z. B. beim steilen Anstieg durch eine grasige Rinne auf den Grat des **Eselsrückens**. In den Rasen und durchwachsenen Felsen blühen hier *Stängelloser* und *Deut-*

scher Enzian, Glänzende Skabiose, Feldspitzkiel, Silberwurz, Edelweiß, Immergrünes Felsen-Blümchen, Traubensteinbrech, Wulfens Hauswurz und viele andere prächtige Blumen. Am Eselsrücken öffnet sich ein eindrucksvoller Blick in das innere Virgental mit seinen zahlreichen Gletschern und bis auf die hinterste Rieserfernergruppe. Durch *Krummseggenrasen*, durchsetzt mit *Krautweide*-Schneetälchen, mit *Zwergprimel, Blauem Speik, Alpenhainsimse, Jacquins Binse, Dreifädiger Binse* sowie an felsigen und steinigen Stellen *Stängellosem Leimkraut* und *Rotem Steinbrech*, quert der Weg nun den so genannten Budamer Trog. Hier kommen z. B. *Wasserpieper* und *Steinschmätzer* vor.

Oberhalb der **Wunalm** umgreift der Steig den felsigen Südgrat der Wunspitze und führt ein kurzes Stück über steile Serpentinen hinab. Hier mischt sich wieder stärker kalkliebende Vegetation ein. Der Höhenweg führt nun durch die weite Rasenflanke am Südfuß der imposanten **Wunwand** entlang und umrundet dabei noch einmal mit einem Anstieg eine felsige Rippe. In den steilen Rasen und Felsen kann man *Gämsen* entdecken, entlang des Weges auch immer wieder *Murmeltiere*. Es lohnt sich auch, immer wieder nach dem *Steinadler* Ausschau zu halten. Nach unten ergeben sich herrliche Tiefblicke auf die Wallhorner Mähder. Nach Südosten sieht man his in die Schobergruppe, die Lienzer Dolomiten und die Karawanken.

Nachdem man die Südflanke der Wunwände umgangen hat, öffnet sich der Blick ins innere **Timmeltal** und zurück zum Mullwitzkees und zur Schwarzen Wand. Man sieht auch bereits hinüber zur Eiseehütte. Der Weg führt nun am Hang taleinwärts, wechselnd durch Schutt mit Rasenfragmenten und verschiedenen Polsterpflanzen sowie Spalierheiden mit *Quendelblättriger Weide, Alpenbärentraube* und niedriger *Rauschbeere* und ausgedehnteren Rasen. Am felsigen Westausläufer der Wunwand ist der Steig mit steinernen Treppen und Stahlseil gesichert. Kurz davor kommt man zu einer Abzweigung hinab zur **Wallhornalm**, auf der man den Weg abkürzen kann, wenn man bereits ins Tal absteigen möchte.

Der weitere Weg zur Eiseehütte führt relativ flach, wechselnd durch alpine Rasen und Schutt- bzw. Blockfelder, taleinwärts. Dabei quert man die Hänge unterhalb der Gratausläufer des Hohen Eichham und Großen Hexenkopfs und steigt dann leicht durch *Krummseggenrasen* an zur **Eiseehütte** (2521 m). Entlang des Weges und im Bereich um die Hütte kann man *Wasserpieper, Steinschmätzer, Alpenbraunelle, Schneehuhn* und *Schneefink* beobachten.

13. Wanderung über den Lasörling-Höhenweg zwischen Wetterkreuzhütte, Zupalseehütte und Merschenalm

Ausgangspunkt: Virgen
Gehzeit: Virgen – Wetterkreuzhütte 3 Stunden, Wetterkreuzhütte – Zupalseehütte 1½ Stunden, Wetterkreuzhütte – Merschenalm 2½ Stunden, Zupalseehütte – Lasörlinghütte 2 Stunden
Höhenunterschied: Wetterkreuzhütte – Zupalseehütte 157 m, Virgen – Zupalseehütte 1198 m
Schwierigkeitsgrad und Ausrüstung: der Höhenweg ist ein Familienwanderweg ohne Schwierigkeiten; Bergschuhe
Wanderung über Donnerstein – Speikboden: Trittsicherheit und alpine Erfahrung notwendig
Nationalparkwanderung

Von Virgen führt auf der orographisch rechten Talseite ein bequemer Forstweg durch den Bergwald bis zur **Wetterkreuzhütte** (Gehzeit 3 Stunden). Zwischen Virgen und Wetterkreuzhütte verkehrt in den Sommermonaten fast stündlich auch ein Taxibus, mit dem man sich den doch sehr anstrengenden Anstieg durch den Bergwald erspart. Von dem Areal der Wetterkreuzhütte in 2106 m Höhe, das oberhalb der Waldgrenze liegt, hat man einen eindrucksvollen Blick auf Virgen, die Virgener Feldflur, die Virgener Nordkette und die Venedigergruppe. Von der Wetterkreuzhütte wandert man zunächst durch ein ausgedehntes Almgebiet mit blumenreichen *Bürstlingsweiden* auf einem Fahrweg, der nach einer halben Stunde Gehzeit in einen Fußweg übergeht. Dieser führt mit geringen Höhenunterschieden als richtiger Familienhöhenweg zur Zupalseehütte (2342 m) und weiter zur Merschenalm in 2248 m.

Am Weg zur **Zupalseehütte** durchwandert man ausgedehnte *Alpenrosen*-Heiden, die Mitte Juli in Blüte stehen und Blockhalden mit hochsteigenden Alpenpflanzen wie *Gletscherhahnenfuß, Gletschernelkenwurz, Alpenwucherblume, Zottiger Gämswurz, Moschussteinbrech, Moossteinbrech* und einer großen Flechtenvielfalt. Neben der Zupalseehütte befindet sich ein kleiner, etwas aufgestauter See mit kleinen Verlandungszonen, die mit dem *Scheuchzers Wollgras* bewachsen sind.

Der weitere Weg zur Jausenstation **Merschenalm** verläuft durch ausgedehnte *Krummseggenrasen* mit großen Beständen an *Blauem Speik,* der Mitte Juli in Blüte steht. Entlang des Weges gibt es immer wieder kleine Schneetälchen und Quellaustritte mit feuchtigkeitsliebenden Pflanzen wie *Bitterem Schaumkraut, Sternsteinbrech, Immergrünem Steinbrech* und kleinen Wasseransammlungen. Manchmal fällt an der Oberfläche dieser kleinen Tümpel eine schillernde Haut auf, die von *Eisenbakterien* herrührt. Das Gebiet um die Merschenalm ist gleichfalls ein ausgedehntes, beweidetes Almgebiet. In der Hütte werden nur Almprodukte angeboten. Bei dieser Höhenwanderung kann man immer wieder auch verschiedene Tiere beobachten, wie *Murmeltiere, Alpensegler, Mauersegler, Wasserpieper, Hausrotschwänze, Steinschmätzer* und *Alpenbraunellen.*

Von der Merschenalm (2248 m) gelangt man in einer weiteren Stunde über die Merschenhöhe (2499 m) zur **Lasörlinghütte** in 2350 m Seehöhe (Gehzeit 1½ Stunden).

Es gibt gerade in der Lasörlinggruppe viele Wegkombinationen. Durch jedes Tal kann man wieder in das Virgental absteigen, oder man kann in der Höhe kleinere oder größere Rundwanderungen unternehmen, die bei Benützung des Taxis zur Wetterkreuzhütte in einem Tag möglich sind. So führt eine kleine Rundwanderung vom Weg der Wetterkreuzhütte aus auf das so genannte „**Legerle**" in einer Höhe von 2488 m. Von diesem Gipfel kann man direkt zur Zupalseehütte absteigen und am unteren Weg wieder zurückwandern.

Ein größerer Rundweg führt von der Wetterkreuzhütte über die **Hellerhöhe** (2257 m) auf den **Griften** (2720 m) und über den Kamm der Lasörlinggruppe zum **Donnerstein** in 2725 m, dem höchsten Punkt dieser Bergwanderung, der einen herrlichen Rundblick ermöglicht. Beeindruckend sind auch die steilen grasigen Abstürze in das Defereggental. Vom Donnerstein geht es dann über den Speikboden (siehe St. Veit, „Naturdenkmäler und naturkundliche Besonderheiten") zurück zur Merschenalm oder Zupalseehütte. Die Routen sind gut markiert und beschriftet. Für die große Rundwanderung sind allerdings Alpinerfahrung und Trittsicherheit sowie ein gutes Bergwetter erforderlich (Gehzeit 4–5 Stunden).

Bilck über Virgen talauswärts auf den Roten Kogel

Gemeinde Prägraten

Natur

Mineralien und Bergbau

In den steilen Felsen nördlich der Pebellalm kommen in relativ kleinen und schmalen Klüften außergewöhnlich schöne, bis 2 cm große *Quarz-XX* vor. Sie sind oft nach dem so genannten Japanergesetz verzwillingt. Im Dorfertal, und zwar im Bereich der Dorferalm und am Mullwitzaderl gibt es in Klüften große *Adular-XX, Bergkristalle, Titanit, Rutil, Anatas* und als Seltenheit bis zu 2 cm große *Brookite*. In Klüften nahe dem Defreggerhaus hat man das seltene Mineral *Milarit* in guten Kristallen entdeckt.

Ein alter Serpentin-Steinbruch am Islitzfall lieferte eine Vielzahl von Mineralien wie z. B. *Vesuvian, Granate (Hessonit, Uwarovit), Diopsid, Epidot* und verschiedene Erze. Kluftmineralisationen mit zum Teil sehr schönen Kristallen verschiedener Mineralien kennt man aus dem Einzugsbereich des Timmeltales nördlich von Prägraten. Am Wallhorntörl gibt es *Feldspate (Adular, Albit, Periklin), Anatas, Apatit* und *Rhodonit* in derber Ausbildung. Auch im Lasnitzental gibt es Fundstellen für *Bergkristalle, Dolomit* und *Magnesit.*

An mehreren Stellen des Gemeindegebietes

Blick auf Prägraten mit den Gipfeln Quirl, Mahlham und Kreuzspitze

wurden Erzvorkommen beschürft und teilweise in kleinerem Umfang auch abgebaut. Speziell die **Pyrit-Kupferkies-Vorkommen** der Gegend von Prägraten-Hinterbichl hat man zu Beginn des 2. Weltkrieges noch als hoffnungsvoll angesehen, was aber durch genauere Untersuchungen nicht bestätigt werden konnte. Das **Bolach-Erzlager** nordwestlich von Prägraten besteht aus einer etwa 4 m mächtigen Erzzone mit *Pyrit* und *Kupferkies,* die auch im Sajatgebiet (**Sajatlager**) auftritt. Dort existiert (oberhalb der Sajathütte) die Ruine einer Knappenunterkunft und ein heute nicht mehr zugängliches Stollensystem. Der auf einen Ausläufer des Bolachlagers eingetriebene, heute für Interessierte zugängliche 95 m lange **Rotewurzestollen** unterhalb der Johannishütte linksseitig des Dorferbaches schließt eine sehr arme Vererzung auf. Ein Fragment aus dem hölzernen Gestänge (= Gleis) aus diesem Bereich stammt nach Bestimmungen der Universität Innsbruck aus dem Jahr 1740. Ähnliche kupferhältige Vererzungen, die alle an metamorphe vulkanische Gesteine der Oberen Schieferhülle gebunden sind, gibt es im Umbal- und im Dorfertal (Quirlwand, bei Wiesach).

Weitere Bergbauspuren sind in der Nähe des Defreggerhauses an der **Gösleswand**, in **Zopatnitzen** und am **Lasnitzenweg** bekannt, wo es **Blei- und Zinkerze** in Schiefern und Gneisen gibt. Ein **Asbestvorkommen** im Kleinbachtal wurde früher durch Jahrzehnte von Bauern genützt (Asbestfaserlängen zum Teil über 20 cm).

Beherrschende Gipfel

Durch den großen Flächenanteil an der Venedigergruppe weist Prägraten eine Vielzahl von markanten Dreitausendern auf. Der höchste Berg der Gemeinde ist der **Großvenediger** (3666 m), der am Grenzkamm zu Salzburg liegt und gleichzeitig der höchste Berg dieses Bundeslandes ist. Am Gipfel treffen sich auch die Gemeindegrenzen von Prägraten und Matrei. Im „Gipfel-Kapitel" von Matrei ist dieser Hauptgipfel der Venedigergruppe auch näher beschrieben.

Die **Rötspitze** ist an ihrem markanten, glockenartigen Aufbau von allen benachbarten Berggruppen aus leicht erkennbar. Mit 3495 m Höhe schließt sie als höchster Gipfel des Umbalkammes das oberste Iseltal nach Westen ab. Im Norden wird dessen Talschluss und das Umbalkees von der **Dreiherrenspitze** (3499 m) überragt. Sie ist ein mächtiger Eckpfeiler an der Dreiländerecke zwischen Osttirol, Südtirol und Salzburg, was ihr auch den Namen gab. Sie war bereits der Grenzpunkt der Ländereien der „drei Herren", der Grafen von Tirol und Görz sowie des Bischofs von Salzburg. Unweit nordwestlich der Dreiherrenspitze liegen weitere markante Gipfel, die **Simonyspitzen**, deren höchste, die **Östliche Simonyspitze**, 3488 m Höhe erreicht.

Unter den zahlreichen weiteren Dreitausendern ist noch die **Weißspitze** (3300 m) zu erwähnen, die über dem malerischen Eissee einen markanten Talabschluss des Timmeltales bildet.

Gletscher

Mit rund 31 km^2 weist Prägraten von allen Osttiroler Gemeinden die größte Gletscherfläche auf. Diese teilt sich auf 35 Gletscher auf.

Der größte Prägratner Gletscher, das **Umbalkees** (1969 rund 5 km^2), ist der Ursprung der Hauptader Osttirols, der Isel. Das Umbalkees nimmt in seinem beeindruckenden Firngebiet am Fuße der Dreiherrenspitze (3499 m) den Talschluss des obersten Iseltales ein und fließt dann in einer langen, markanten Zunge talauswärts. An den auffälligen 1850er-Moränen an den Talseiten kann man noch gut sehen, wie weit diese Zunge beim letzten Höchststand vor rund 150 Jahren hinausreichte. Bereits im Zeitraum von ca. 1850 bis 1889 hat sich jedoch die Gletscherstirn um rund 950 m zurückgezogen. Mit kleinen Unterbrechungen durch geringe Vorstöße ist das Kees auch seither beständig zurückgegangen, besonders auch in den letzten 10 Jahren, wo es jährlich zwischen rund 10 bis 20 m zurückschmolz, im Jahr 2002 bis 70 m!

Im Umfeld des Umbalkeeses blickt man auf weitere beeindruckende Gletscher wie z. B. das **Welitzkees**, das sich an der Ostseite der Rötspitze (3495 m) in mehrere Teile gliedert, die zusammen eine Fläche von gut 1½ km^2 bedecken. Einige kleinere Gletscher wie das **Daber-** und **Panargenkees** liegen im südöstlichen Einzugsgebiet der obersten Isel, im Dabertal bzw. in dessen Seitenästen.

Imposante Gletscherkare fassen das Maurertal im Westen und Norden ein, mit einer Eisfläche von insgesamt fast 9 km^2 (1969). Die größten Gletscher sind hier das **Simony-** und das mittlere **Maurerkees** (fast 3 bzw. rund 2 km^2). Im Vorfeld des Simonykeeses wurde die nacheiszeitliche Gletschergeschichte durch Untersuchungen eines Moores und der Moränenwälle detailliert erforscht. Diese erbrachten interessante Ergebnisse über die Gletscherschwankungen der letzten Jahrtausende (siehe Kapitel „Naturdenkmäler und naturkundliche Besonderheiten").

Das Dorfertal hat mit dem großen **Dorfer-, Rainer-** und **Mullwitzkees** Anteil am mächtigen Gletscherdach des Großvenediger-Massivs (insgesamt rund 11 km²) und bietet dem Besucher einen eindrucksvollen Gletscherrundblick. Für das Dorfer- und Mullwitzkees ist ein kontinuierlicher Rückgang seit dem Jahr 1850 belegt, ohne zwischenzeitliche Vorstöße. Das Dorferkees hat in dieser Zeit seine Zunge zur Gänze verloren und es ist ein nahezu 2,5 km langer Trog eisfrei geworden.

Auch der Timmelbach wird von Gletschern gespeist, und zwar von den beiden **Garaneber-** und den beiden **Eichhamkeesen**. Sie erreichen eine Gesamtfläche von rund 1,5 km².

Gewässer

Gerade die Nationalparkgemeinde Prägraten ist in besonderer Weise geprägt durch ihre eindrucksvollen **Gebirgsbäche.** Vom Ursprung, meist Gletscher, bis in den Talbereich sind sie besondere Naturkostbarkeiten mit naturbelassenen Fließstrecken, Wasserfällen und Katarakten, Klammen und Schluchtstrecken, die zum Teil im Kapitel „Naturdenkmäler und naturkundliche Besonderheiten" oder bei den entsprechenden Wanderrouten detaillierter beschrieben sind. Die **Isel** bildet bereits im obersten Umbaltal eine eindrucksvolle Strecke, fließt dann in den berühmten **Umbalfällen** in kleineren und größeren Katarakten talwärts und bildet im weiteren Verlauf die **Strödener Klamm** und schließlich zwischen Bobojach und Welzelach die **Iselschlucht**. Nicht weniger eindrucksvoll sind die vielen kleineren und größeren Nebenbäche.

Auch einige schöne **Bergseen** sind besonders erwähnenswert. Im oberen Bereich des Reggenbaches, der im Umbaltal in die Isel mündet, befinden sich drei Karseen. In die so genannte Hohe Grube sind hier der **Hintere** und **Vordere Hohe-Gruben-See** (ca. 2670 und 2665 m) eingebettet. Sie sind jeweils ca. 0,7 ha groß. Unweit westlich von diesen Seen liegt in 2661 m Höhe am Fuß des Schinakel der **Schinakelsee**, der etwa eine Größe von 1 ha umfasst. Im hintersten Timmeltal, oberhalb der Eisseehütte, liegt in 2661 m Höhe der **Eissee**. Er ist umrahmt von einer eindrucksvollen Gletscherlandschaft, misst etwa 2,5 ha und erreicht eine Tiefe von mindestens 16 m. Wenn man von der Essener-Rostocker Hütte zum Simonykees wandert, erreicht man in 2367 m Höhe den **Simonysee**. Es ist dies ein kalter Gletschersee, der knapp unterhalb des Gletscherendes von Moränen der letzten größeren Gletschervorstöße aufgestaut wird. Auch unterhalb des Endes des Umbalkeeses bildet sich ein **Gletschersee**, der jedoch kleiner ist als der Simonysee.

Naturdenkmäler und naturkundliche Besonderheiten

Die Umbalfälle

Es handelt sich hier um die eindrucksvolle Kataraktstrecke der oberen Isel zwischen der Islitzeralm in 1513 m und der Ochsner Hütte in 1933 m. Die Isel hat sich im Laufe von Jahrtausenden in die Grüngesteine der Schluchtstrecke eingeschnitten. Diese Grüngesteine, bestehend aus *Prasinit* und *Chloritschiefer,* sind senkrecht geschiefert, sodass die Schwächezonen des Gesteins mit der Fließrichtung des Gletscherbaches zusammenfallen. Das Wasser kann sich daher verhältnismäßig rasch in die Tiefe arbeiten. Die obere Isel ist ein typischer Gletscherbach mit starken jahreszeitlichen und tageszeitlichen Wasserstandsschwankungen. Der höchste Wasserstand wird im Sommer zwischen 17 und 18 Uhr erreicht. Die Höchstwerte in den Katarakten liegen bei 15 m³/s – zwei Drittel des Wassers fließen im August ab. In der Steilstufe gibt es zwei Kataraktstrecken mit eindrucksvollen Fällen, Felsformen, Kolken und Strudellöchern. 1985 gab es durch Ausbruch eines durch eine Lawine aufgestauten Sees eine gewaltige Flutwelle, welche die Schluchtstrecke ausräumte und viele vorher verschüttete „Skulpturen" und Kolke wieder freilegte.

Am 14. August 1976 wurde unter der Patronanz des Europarates der inzwischen weit über die Grenzen Österreichs berühmt gewordene „Wasserschaupfad Umbalfälle" angelegt. 1991 wurden die Umbalfälle, die lange Zeit durch ein geplantes Großkraftwerk bedroht waren, zum Naturdenkmal erklärt. Ein kleiner, vom Österreichischen Alpenverein herausgegebener Nationalparkführer unter dem Titel „Wasserschaupfad Umbalfälle" gibt einen guten Ein-

Die berühmten Umbalfälle – ein Symbol für den Nationalpark Hohe Tauern

blick in die Natur dieses großartigen Naturdenkmales. Die Vegetation in der unteren Schluchtstrecke besteht aus einem typischen Bergschluchtwald mit feuchtigkeitsliebenden Laubbäumen wie *Weiden*, *Ebereschen* und *Traubenkirschen* neben *Fichten* und *Lärchen*. Den Unterwuchs bilden *Johannisbeere*, *Christophskraut*, *Eisenhut*, *Engelwurz*, *Alpendost*, *Meisterwurz* u. a. Besonders eindrucksvoll sind auch die Moose und Flechten zwischen den Bäumen sowie auf den Felsen und Baumstrünken, die auf die hohe Luftfeuchtigkeit in der Schluchtstrecke hinweisen.

Interessant ist auch die Vogelwelt. Am Gletscherbach lassen sich immer wieder *Wasseramseln*, *Bachstelzen* und *Gebirgsstelzen* beobachten. Die Nähe des Wassers liebt auch der *Zaunkönig*, der sich im dichten Gebüsch aufhält und den ganzen Sommer über durch seinen schmetternden Gesang auffällt. In der Schluchtstrecke brütet an den Felsabstürzen auch der prächtige *Mauerläufer* mit seinem leuchtenden Rot auf den schwärzlichen, runden Flügeln. Auf den sonnseitigen, steilen Felsabstürzen der Blinigalm liegen die oberen Iselkatarakte. Hier wurde 1976 ein Felsenbrutplatz der *Mehlschwalbe* als besondere ornithologische Rarität entdeckt. Felsen sind der ursprüngliche Brutplatz dieser Schwalbe, die inzwischen als Kulturfolger fast nur mehr an menschlichen Bauten brütet. Die Vögel erkennt man an ihren leuchtend weißen Bürzeln. Als weitere besondere Felsbrüter kann man hier auch *Felsenschwalben* und *Alpensegler* finden. In feuchten Grünerlengebüschen lebt hier bis rund 2000 m Höhe(!) die *Gartengrasmücke*.

Die Strödener Klamm der Isel

Nach den Katarakten der Umbalfälle bei der Pebellalm sucht sich die Isel den Durchbruch ins obere Virgental bei Ströden und Hinterbichl. Sie ändert dabei nur unwesentlich ihre Richtung und fließt im Bereich der Ost-West streichenden Grenze zwischen *Grünschiefer (Prasinit)* und *Chloritschiefer* im Norden und *Kalkglimmerschiefer* bis *Kalkphyllit* im Süden. Da die stockartig massigen *Prasinite* im Vergleich zu den weichen *phyllitischen Schiefern* als Härtlinge zu bezeichnen sind, kann die Strödener Klamm als gesteinsbedingte, vorgezeichnete Erosionsrinne gedeutet werden. Hier hat die Isel in 1389 m Seehöhe eine sehr schöne Klamm mit einigen Wasserfällen und Kolken gebildet. Vom Wanderweg, der von Hinterbichl zur Pebellalm führt, hat man an einer Stelle einen sehr schönen Einblick in diese Klamm.

Strödener Bergsturz

Die Iselschlucht

Im Bereich zwischen Bobojach und Welzelach biegt das Ost-West verlaufende Iseltal plötzlich nach Nord-Süd um. Es liegt hier eine tektonische Querversetzung des Tales vor. Die Isel hat in den hier anstehenden Gesteinen der Oberen Schieferhülle (*Kalkglimmerschiefer* und *graphitische Phyllite*) eine 1,5 km lange, ca. 100 m tiefe, beeindruckende Schlucht mit schönen Erosionsformen gebildet (siehe auch Virgen, Wanderung Nr. 7).

Bergstürze im Becken von Ströden

Durch den Zusammenfluss von Umbal- und Maurerkees wurde beim Gehöft Ströden eine beckenartige Talweitung geschaffen. Besonders eindrucksvoll ist hier jener Bergsturz, der von einer aus grünem *Prasinit* bestehenden Felswand nahe des großen Parkplatzes abbrach.

Die Bruchstelle ist dort deutlich zu sehen. Der Hauptbergsturz dürfte nacheiszeitlich sein, doch gab es auch danach immer wieder kleinere Bergstürze, wie aus den hellgrünen Felspartien ersichtlich ist. Die Bergsturzblöcke sind teilweise schon stark überwachsen und tragen einen schütteren *Lärchen*-Bestand. Dennoch kann man hier immer noch die ganze Vegetationsabfolge von den Flechtenpionieren bis zur Besiedlung durch Blütenpflanzen und Bäume noch gut erkennen. Da Grüngesteine eine basische Bodenreaktion bewirken, ist die Flora sehr artenreich. Auf den Felsen wachsen *Schotendotter, Traubensteinbrech, Alpenquendel, Spinnwebenhauswurz, Sebenstrauch, Salomonssiegel, Engelsüßfarn* und die gelb blühende *Wulfens Hauswurz*. Zwischen den Felsblöcken blühen viele *Türkenbundlilien*, an besonnten Stellen wachsen *Breitblättriges Laserkraut, Berberitzen, Stachelbeeren, Alpenribisel* und andere. Ein weiterer Bergsturz mit riesigen, heute stark überwachsenen Blöcken liegt auf der anderen Seite der Isel. Der Wanderweg zwischen Hinterbichl und Pebellalm führt durch diesen Bergsturzbereich (siehe Wanderung Nr. 3).

Ein Tümpel in der Nähe des Strödener Bergsturzes ist ein bedeutender Laichplatz für *Grasfrösche, Erdkröten* und *Bergmolche*.

Die Sanddornweiden westlich des Timmelbaches

Diese *Sanddornweiden* mit den vielen trockenheitsliebenden Begleitpflanzen sind botanisch hochinteressant und einzigartig in der Nationalparkregion Hohe Tauern. Sie befinden sich auf einem steilen Hang mit lockerem Moränenmaterial westlich des Timmelbaches oberhalb von Prägraten. Der Weg auf der orographisch rechten Seite des Baches führt direkt zu diesem Hang.

Der auffallendste Strauch hier ist der *Sanddorn* mit seinen hellgrauen Blättern und den spitzen Stacheln. Der Strauch ist zweihäusig, daher tragen nur die weiblichen Sträucher die orangeroten, essbaren und Vitamin-C-reichen Beeren. Einige Sträucher mit dickem Stamm dürften bereits ein hohes Alter haben. Neben dem Sanddorn finden wir unter den Sträuchern dieses Hanges auch noch *Berberitze, Stachelbeere* und *Sebenstrauch*.

Die buschfreien Felsen oder sandig-tonigen Flächen sind neben einigen Weideanzeigern vorwiegend mit trockenheitsliebenden Pflanzen bewachsen. Dazu gehören unter anderem *Buschnelke, Steinbrech-Felsennelke, Nickendes Leimkraut, Kriechendes Gipskraut, Lampenkönigskerze, Bergfenchel, Berggamander, Bergklee, Knäuelige Glockenblume, Wilder Schöterich (= Waldschotendotter), Spinnwebenhauswurz, Dukatenröschen, Zwergfingerkraut, Trübgrünes Sonnenröschen, Steinquendel, Niedriges Labkraut, Kleine Bibernelle, Glänzendes Labkraut* und *Pyramidenschillergras*. Im unteren Bereich wachsen auffallend große *Wollkratzdisteln*.

Auch die Tierwelt ist hier sehr reichhaltig, besonders die Insekten- und hier vor allem die Schmetterlingsfauna. Neben größeren, auffallenden Faltern wurden hier auch einige unscheinbarere, jedoch ganz besondere Arten gefunden, wie z. B. ein *Grünwidderchen (Adscita subsolana)*, dessen nächstliegende Fundorte im Vinschgau und in Friaul liegen.

Da der Sanddornhang heute nicht mehr so intensiv beweidet wird, siedeln sich immer mehr *Lärchen* und *Eschen* an, die möglicherweise den Hang im Laufe der Zeit völlig zuwachsen werden. Sanddorngebüsche finden sich auch an den beiden Ufern des mit Hochwasserschutzbauten versehenen Timmelbaches.

Die Sajat-Bergmähder

Die Bergmähder im Bereich der Südabhänge des Sajatmassivs oberhalb des Bergwaldes von Bichl in einer Höhenlage von rund 1750 bis 2600 m zählen sicherlich zu den interessantesten und blumenreichsten Wiesen in der Nationalparkregion. Das Untergrundgestein besteht aus *Kalkglimmerschiefer* und *Prasinit* mit basischer Bodenreaktion.

Sanddorn mit Vitamin-C-reichen Beeren

Feuerlilie, eine der schönsten Pflanzen der Sajatmähder

Bis etwa 1960 wurden diese steilen Bergwiesen bis zur Sajathütte (2600 m) unter schwierigsten Bedingungen gemäht. Steigeisen und viel Mut waren für diese gefährliche Schwerarbeit Voraussetzung. So gewannen die so genannten „Wiesenleute" zusätzliches Futter für das Vieh im Hof. Dabei übernachteten sie in einer niedrigen Felshöhle und hatten so manchen Wettersturz zu überstehen. Das gut duftende, sehr nährstoffreiche Bergheu wurde im Winter oft sehr gefahrvoll zu Tal gebracht. Heute werden diese steilen Hänge im Frühsommer und Herbst von Schafen beweidet. Nur noch wenige Bauern mähen einige dieser Hänge. Das Heu wird an einer lawinensicheren Stelle aufgestapelt und im Winter, wenn die Heustadel leer sind, ins Tal gebracht.

Ein großer Teil der Bergmähder sind *Goldschwingel*-Rasen, in denen der hochwüchsige *Goldschwingel* bestandsbildend auftritt. Dieses in der Hauptsache südalpin verbreitete Gras hat an der Südabdachung der Hohen Tauern seine Nordgrenze. Die Goldschwingelrasen sind außerordentlich artenreich mit bis über 50 Pflanzenarten pro 100 m². In der zweiten Julihälfte sind diese Wiesen blütenübersät. Neben den auffallenden *Türkenbundlilien* und prächtigen *Feuerlilien* dominieren vor allem verschiedenste Orchideen und gelbblütige Korbblütler. Aus dieser Vielfalt seien nur einige aufgezählt: *Gämswurz-Kreuzkraut, Berglöwenzahn, Hoppes Habichtskraut, Einköpfiges Ferkelkraut, Bergpippau, Grannenschwarzwurzel (d*ie fast ausschließlich auf der Südabdachung der Hohen Tauern vorkommt), *Mückenhändelwurz,* *Duftende Händelwurz, Brandknabenkraut, Schwarzes Kohlröschen, Gelber Spitzkiel, Alpensüßklee, Armblütige Teufelskralle, Nickender Tragant, Alpendistel, Schwefelanemone, Knolliges Läusekraut, Alpenhornklee, Gemeines Sonnenröschen, Bergklee, Berglauch, Breitblättriges Laserkraut, Scheuchzers* und *Bärtige Glockenblume, Goldklee, Gipskraut, Grannenklappertopf, Brillenschötchen* und andere. Teils sind diese Mähder von Felsen durchsetzt, die mit *Sebenstrauch, Traubensteinbrech, Spinnwebhauswurz, Buschnelken, Feldbeifuß* und *Duftendem Salomonssiegel* bewachsen sind.

Eine weitere Pflanzengesellschaft dieser Bergmähder sind die *Blaugras-Horstseggen*-Rasen, in denen das *Blaugras* und die *Horstsegge* bestandsbildend sind. Diese Rasen dominieren in höheren Lagen gegen die Sajathütte ab 2000 m. Sie bevorzugen warme, trockene und früh ausapernde Lagen. Zu dieser Pflanzengesellschaft gehören z. B. *Jacquins Binse, Alpenhelm, Kriechendes Gipskraut, Alpenaster, Weiße Schafgarbe (Weißer Speik), Herzblättrige Kugelblume, Kopfiges Läusekraut, Edelweiß, Feldspitzkiel, Alpensüßklee, Gletscher-Tragant, Alpensonnenröschen* und viele andere.

In diesen Bergmähdern lebt auch eine besonders artenreiche Insektenwelt. Auffällig ist die Viel-

Germars Grashüpfer, ein prächtiger Bewohner sonniger Bergmähder mit auffällig schnarrendem Fluggeräusch

falt an Käfern und Schmetterlingen sowie Heuschrecken. Letztere bringen durch ihr arteigenes Zirpen Musik in diese herrlichen Bergwiesen. Hier gibt es Arten, die nur an wenigen Standorten auf der Tauernsüdseite verbreitet sind, wie zum Beispiel die seltene *Große Höckerschrecke*. Auffällige Schmetterlinge sind hier z. B. *Apollofalter, Schwalbenschwanz* sowie zahlreiche Arten von *Mohren-, Schecken-,*

Perlmutter- und *Feuerfaltern.* Besonders artenreich sind auch Nachtfalter und vor allem Kleinschmetterlinge. Unter anderem wurde hier bei jüngsten Forschungsarbeiten des Landesmuseums Ferdinandeum eine für die Wissenschaft neue Kleinschmetterlingsart (*Aspilapteryx sp.*) entdeckt, deren nächste Verwandte (in nur 3 Exemplaren!) im Elbursgebirge im nördlichen Iran gefunden wurden. Auch von weiteren Tiergruppen sind hier besondere Funde zu verzeichnen. Bemerkenswert ist z. B. das Vorkommen der *Weinbergschnecke* bis in Höhen von 2040 m. Mit etwas Glück kann man hier von den Vögeln das scheue *Steinhuhn* oder den *Steinrötel* sowie *Felsenschwalben* und *Alpensegler* beobachten. Als wärmeliebender „Kulturlandvogel" kommt hier im Baumgrenzebereich auch noch der *Hänfling* vor. Weiters ist hier auch noch die *Alpenfeldmaus* nicht selten, und man kann z. B. auch leicht *Murmeltiere* beobachten (siehe auch Wanderung Nr. 6).

Die Wallhorner Mähder

Östlich der Sajat-Mähder liegen die **Wallhorner Mähder**. Am Südwestrand dieser Mähder liegt die Bodenalm in 1948 m. Diese Bergwiesen sind teils *Rostseggen*-Rasen, teils *Hartschwingel*-Rasen. Letzterer wächst auf tiefgründigen, feinerdigen und gut durchfeuchteten Böden mit entsprechendem Anteil an *Calciumcarbonat.* Beide Pflanzengesellschaften sind auch sehr artenreich, ganz besonders die Rostseggenrasen. Beispiele hiefür sind *Mückenhändelwurz, Einköpfiges Ferkelkraut, Schwarzes Kohlröschen, Grannenklappertopf, Allermannsharnisch, Berghauswurz, Großkopfpippau, Trübgrünes Sonnenröschen, Buschnelke, Perückenähnliche Flockenblume* und andere. Die Hartschwingelrasen besiedeln meist warme, sonnenbestrahlte Hänge der subalpinen Stufe und heben sich durch die graugrüne Farbe der harten Blätter des Hartschwingels von den anderen Pflanzengesellschaften ab. Hier sind diese Rasen zum Teil mit Zwergsträuchern wie *Wacholder, Trollblume, Besenheide, Heidel-* und *Nebelbeere* und *Bärentraube* durchsetzt. Die Tierwelt dieser Mähder ist ähnlich artenreich und bemerkenswert wie in den Sajatmähdern (siehe auch Wanderung Nr. 1).

Das Moor bei der Rostocker Hütte, ein Archiv für die nacheiszeitliche Klima- und Vegetationsgeschichte – Naturdenkmal

Das Moor liegt im Maurertal, 350 m südwestlich der Rostocker Hütte, in 2270 m Seehöhe außer- und oberhalb des großen 1850er-Moränenwalls des Simonykeeses. Es befindet sich mehr als 300 m über der heutigen Waldgrenze. Die Oberfläche des Moores ist durch Viehtritt teilweise zerstört. Aus dem Moorboden ragen noch vereinzelte große *Zirben*-Stämme empor. Die Torfmächtigkeit beträgt maximal 2,25 m. Um das Moor verlaufen drei nacheiszeitliche Moränenwälle, die aufgrund der wissenschaftlichen Untersuchungen des Moores älter als 7200 Jahre sein müssen. Dies geht aus der Altersdatierung von Holzresten im Torf (150 cm Tiefe) hervor. Da sich das Moor innerhalb dieser Moränenwälle nur nach Abschmelzen des Gletschers bilden konnte, müssen die außerhalb liegenden Moränen also entsprechend älter sein. Durch pollenanalytische Untersuchungen, Altersbestimmungen von Holzresten mit der Radiokarbonmethode und das Studium von Sand-, Ton- und Torfablagerungen konnte weiters nachgewiesen werden, dass es in der nacheiszeitlichen Wärmezeit drei Gletscherhochstandsperioden gab:

1. zwischen 6.700 und 6.000 v. Chr.: „Venedigerschwankung"

2. zwischen 4.400 und 4.200 v. Chr.: „Froßnitzschwankung"

3. zwischen 1.500 und 1.300 v. Chr.: „Löbbenschwankung"

Die Untersuchungen ergaben auch, dass es bereits vor 9.200 Jahren in den Ostalpen in 2300 m Höhe Wald gab und dass die Gletscher seither nie mehr oder nur unwesentlich größer waren als 1850. 1976 wurde dieses Moor zum Naturdenkmal erklärt. Das Schutzgebiet umfasst 9.000 m^2.

Das Gebiet der Gösleswand (2912 m) in der Nähe der Reichenberger Hütte (Lasörlinggruppe) – ein „offenes Buch der Geologie"

Es handelt sich um ein naturkundliches Juwel des Nationalparks von besonderem Rang. Die Gösleswand besteht aus *Serpentinit,* einem grünlichen Gestein aus der Jura-Kreide-Zeit mit einem Alter von ca. 130 Millionen Jahren. Im Bereich dieser Wand wurde eine Reihe interessanter, teilweise auch sehr seltener Mineralien gefunden wie rosa *Klinozoisit, Bismuthinit, Grossular, Diopsid, Augit, Epidot, Apatit, Calcit, Tremolit, Ferrochromit* und *Magnetit.* Es gibt auch Spuren von frühem Bergbau.

Die Gösleswand liegt mit ihrem Umfeld in der so genannten „Matreier Zone", einer tektonisch sehr zerrütteten geologischen Einheit, die sich durch eine außerordentliche Gesteinsvielfalt auf engstem Raum auszeichnet (siehe auch Kapitel „Topografie, Geologie, Geomorphologie" und „Mineralien und Bergbau"). So finden wir hier auf kleinstem Raum die Gesteine *Amphibolit, Dolomit, Epidot, Hornfels, Glimmerschiefer, Kalk, Marmor, Paragneis, Phyllite, Quarzit, Rauwacke* und *Serpentinit*. Diese Gesteinsvielfalt bedingt auch eine vielfältige, für die Höhenlage erstaunlich artenreiche Flora. Besonders eindrucksvoll ist das Gebiet um den Bödensee zur Blütezeit des *Blauen Speiks,* der hier ganze blühende Teppiche bildet.

Wirtschaft

Die **Landwirtschaft** liefert aufgrund des rauen Klimas und der kleinen Nutzflächen nur geringe Erträge. In allen 77 Bauernhöfen ist ein Nebenerwerb notwendig. Wie auch in anderen Osttiroler Orten vollzog sich in Prägraten in den letzten 40 Jahren ein Strukturwandel von der Landwirtschaft zum **Tourismus** als dominantem Wirtschaftszweig. In der Gemeinde mit alter Bergführer-Tradition (1845 Besteigung des Großvenedigers von Prägraten aus, 1868 Festlegung einer Bergführer-Ordnung durch Johann Stüdl) und mit 10 Schutzhütten überwiegt der Sommertourismus. Zur Belebung der Wintersaison wurden zwei Schlepplifte gebaut. Trotz allem sind im Ort nicht genügend Arbeitsplätze vorhanden. 74 % der Arbeitnehmer sind **Pendler**, mehr als die Hälfte davon arbeiten außerhalb Osttirols.

Früher war auch der **Bergbau** für die Gemeinde Prägraten von Bedeutung (siehe Kapitel „Mineralien und Bergbau"). In einem der höchsten Bergbaue der Ostalpen (2920 m) nahe der Defregger Hütte wurden noch im 20. Jahrhundert kurzzeitig Bleiglanz und Zinkblende mit hohem Silbergehalt abgebaut.

Kulturelle Besonderheiten

Pfarrkirche St. Andrä

Die mehrfach erweiterte Kirche geht auf eine schon im 12. Jahrhundert dem hl. Andreas geweihte Kapelle zurück, von der noch der Chor erhalten ist. Die dort freigelegten gotischen Fresken stammen aus der Zeit um 1430. Im 16. Jahrhundert wurde die Kapelle vergrößert, um 1822/23 abermals erweitert und barockisiert. 1891 wurde Prägraten zur Pfarre erhoben und 1961 erfolgte der Ausbau der Kirche zur heutigen Größe.

Heimatmuseum Oberbichl

Das Haus beherbergt eine außerordentlich interessante und vielseitige Sammlung. Besonders empfehlenswert ist eine Führung durch Herrn Gottlieb Berger. Im Keller des aus dem 13./ 14. Jahrhundert (Herrschaftszeit der Görzer Grafen) stammenden Hauses befindet sich noch ein Schmelzofen, in dem früher das Kupfererz vom Bergwerk Sajat (in ca. 2600 m Höhe) geschmolzen wurde. Ein Erzstück aus diesem Bergwerk *(Kupferkies)* ist im Museum zu besichtigen. Im Haus befindet sich weiters eine alte Rauchküche, die noch in ihrer Ursprünglichkeit erhalten ist, mit zahlreichen Arbeitsgeräten aus dem bäuerlichen Alltag des Mittelalters. Besonderheiten unter den Haushaltsgeräten sind: eine handgeschmiedete Kaffeemühle, ein Kaffeeröster, ein Wasserkrug aus dem 13. Jahrhundert, Venezianerglas usw. Einzelne Unikate, die man nur selten in Heimatmuseen sieht, sind romanische Truhen, eine Renaissancestil-Truhe, ein Pferdekummet aus dem 15. Jahrhundert mit dem Bischofswappen von Salzburg, der Original-Bilderrahmen von der Gründung der Pfarrei Prägraten, ein handgeschriebenes Gebetsbuch, eine gotische Rosenkranz-Muttergottes, ein Klavikord aus dem 17. Jahrhundert, eine der ältesten Nähmaschinen, die Erfindung eines Matreier Bürgers, alte Butter- und Olivenöllampen und vieles andere mehr. Aus der Zeit von Napoleons Feldzügen gegen die Tiroler sind verschiedene Waffen und eine Kanonenkugel ausgestellt. Öffnungszeiten: Mittwoch und Freitag von 18 bis 20 Uhr, an Schlechtwettertagen immer geöffnet.

Der Mitterkratzerhof, ein Bildungs- und Informationshaus in der Nationalparkregion

Mitterkratzerhof, Haus der Kultur und Begegnung

Ein ortstypisches Stubenhaus in **Bichl** an der Sonnseite oberhalb von Prägraten wurde durch die Initiative der Besitzerfamilie, des Nationalparks Hohe Tauern und des Alpenvereins in den Jahren 1982 bis 1991 renoviert. Es ist nun als Bildungszentrum zweckmäßig eingerichtet und damit vor dem Verfall bewahrt.

Die Ortsgruppe Prägraten des OeAV hat dieses Haus für 40 Jahre gepachtet. In diesem 200 Jahre alten Gebäude befindet sich heute eine **Nationalpark-Informationsstelle**, ein großer Veranstaltungsraum für 110 Personen mit einer Bühne für Theateraufführungen sowie verschiedene Räumlichkeiten für Seminare, Kurse und Besprechungen. Auch der Dachraum wurde ausgebaut und dient als Unterkunft für Studenten, die im Nationalpark arbeiten. Für Selbstversorgung wurde eine kleine Küche eingerichtet. Der Mitterkratzerhof eignet sich vorzüglich für die Einführung von Schüler und Reisegruppen in den Nationalpark Hohe Tauern, im Besonderen in den Nationalparkbereich der Venediger- und der Lasörlinggruppe.

Islitzer Mühle

Im Jahr 1986 wurde die alte, teils schon verfallene Islitzer Mühle am Dorferbach in Hinterbichl vom Tourismusverband erworben und mit Nationalparkmitteln wieder instand gesetzt. Sie ist heute wieder voll funktionsfähig und verfügt noch über das alte Mahlwerk. Zweimal in der Woche führt ein Müller Gästen das Kornmahlen vor (Auskunft Tourismusverband). Gegen eine kleine Spende kann man sogar ein Sackerl „Prägratner Biomehl" mitnehmen.

Rotewurzestollen

Der unterhalb der Johannishütte linksseitig des Dorferbaches gelegene Stollen ist für Besucher nicht zugänglich. Er wurde in 1740 m Seehöhe in einen Ausläufer des Bolach-Lagers getrieben und ist bei leichter Krümmung 95 m lang. Eine Altersbestimmung der noch vorhandenen Doppelbohlen, die als Führung für die „Truhen" (Hunte) dienten, ergab als Richtwert 1740, doch dürfte der Stollen mit übergroßem Profil tatsächlich älter sein. Beim Eingang findet man *Pyrit* mit geringen Mengen *Kupfer* (von Prägraten/Hinterbichl in ca. 2 Stunden erreichbar).

Nationalparkeinrichtungen in der Gemeinde Prägraten

– Mitterkratzerhof in Bichl – Haus der Kultur und Begegnung – mit Nationalpark-Infostelle
– Wasserschaupfad „Umbalfälle" mit naturkundlichen Informationstafeln

Empfehlenswerte Wanderungen und Touren

1. Wanderung von Wallhorn über die Bodenalm (1948 m) zu den Wallhorner Mähdern (2000–2400 m)

Ausgangspunkt: entweder Wallhorn (1390 m) oder Parkplatz Bodenalm (1730 m)
Gehzeit: 2 Stunden von Wallhorn bzw. ½ Stunde vom Parkplatz
Höhenunterschied: 200 m (vom Parkplatz)
Schwierigkeitsgrad und Ausrüstung: leichte Wanderung; Bergschuhe
Außerhalb des Nationalparks

◄ *Die Islitzer Mühle in Hinterbichl*

◄ *Der alte Schmelzofen im privaten Heimatmuseum Bichler-Hof*

Von Wallhorn Richtung Bodenalm über eine Fahrstraße bis zum Parkplatz. Von hier aus erfolgt der Aufstieg über einen Fahrweg durch Lärchwiesen, die im Unterwuchs den *Zwergwacholder* und die *Wollkratzdistel* aufweisen. In 1960 m erreicht man die **Bodenalm**, eine kleine Alm mit Jausenstation in herrlicher Lage, umgeben von den Mähdern.

Die **Wallhorner Bergmähder**, die teils gemäht, teils beweidet werden, sind vorwiegend *Hartschwingel-*, aber auch *Rostseggen*-Rasen. Sie sind stark von Zwergsträuchern durchsetzt, wie z. B. *Wacholder, Besenheide, Heidel-* und *Rauschbeere* und *Bärentraube*. Häufige Pflanzen in den bunten Wiesen sind *Mückenhändelwurz, Einköpfiges Ferkelkraut, Kohlröschen, Deutscher Enzian, Grannenklappertopf, Allermannsharnisch, Berghauswurz, Großkopfpippau, Trübgrünes Sonnenröschen, Buschnelke* und die *Perückenähnliche Flockenblume*, die wegen der verlängerten Hüllblätter mit kammartigen Fransen ein perückenartiges Aussehen hat (siehe auch Kapitel „Naturdenkmäler und naturkundliche Besonderheiten").

2. Bergtour von Wallhorn auf die Nilljochhütte (1975 m) und weiter auf die Bonn-Matreier Hütte (2745 m)

Ausgangspunkt: Wallhorn
Gehzeit: bis Nilljochhütte ca. 1½ Stunden, Nilljochhütte–Bonn-Matreier Hütte 2½ bis 3 Stunden
Höhenunterschied: rund 1350 m
Schwierigkeitsgrad und Ausrüstung: bis Nilljochhütte unschwierig, zur Bonn-Matreier Hütte alpine Tour, Ausdauer erforderlich; feste Bergschuhe
Außerhalb des Nationalparks

Von Wallhorn führt der Weg in östlicher Richtung und quert nach dem letzten Weiler über eine Brücke. Nach dieser hält man sich auf dem bezeichneten Weg (Wegweiser Bonn-Matreier Hütte) nach links und steigt in großen Kehren durch den immer wieder aufgelichteten Wald bis zur Abzweigung „Grießeralm". Ostwärts geht man nun in den Wungraben, überquert den Wunbach und steigt in einigen kurzen Windungen nach Norden zur Einmündung des Weges, der von Bobojach heraufführt und zu einer Quellfassung. Nun wendet sich der schmale Steig wieder ostwärts. Durch teils steiles Gelände wandert man durch prächtige Mähder auf den Kamm des Eselsrückens, auf dem in herrlicher Aussichtslage die Nilljochhütte steht. Hier lohnt sich eine kurze Rast, bei der man die Blicke über das Virgental und das Gipfelpanorama schweifen lassen kann.
Der weitere Weg ist bei der Tour Nr. 10/Virgen beschrieben.

3. Wanderung auf dem botanischen Erlebnisweg Hinterbichl/Prägraten

Ausgangspunkt: Bushaltestelle Hinterbichl
Gehzeit: bis Bichl 1 Stunde, bis Prägraten 1½–2 Stunden
Höhenunterschied: ca. 200 m
Schwierigkeitsgrad und Ausrüstung: guter Fußweg; feste Wanderschuhe
Außerhalb des Nationalparks

Von der Bushaltestelle Hinterbichl wandert man den Fahrweg mit der Beschriftung „Johannishütte/Defreggerhaus" aufwärts. Bereits von hier sieht man die stark besonnten und nach Südwesten gerichteten Trockenrasen, in denen der *Sebenstrauch*, eine giftige Wacholderart, wie ein grüner Teppich die steilen Wandpartien überzieht. Vom Fahrweg zweigt ein kleiner, nicht markierter Fußweg ab, der in Richtung Felswand aufwärts führt und am Sonnenhang als Höhenweg in Richtung Bichl weiter verläuft. Dieser Weg ist in mehrfacher Hinsicht interessant. Einmal wegen seiner Ausblicke in das Isel- und Dorfertal mit seinen mächtigen Bergstürzen, andererseits auch, weil er einen sehr guten Überblick über die Vegetationsverhältnisse eines typischen Tales an der Südabdachung der Hohen Tauern zulässt und vor allem, weil der Weg durch eine prächtige und artenreiche Flora führt, wie wir sie wohl kaum im Bereich der Hohen Tauern ein zweites Mal finden.

Das Gelände und die Vegetation rechts und links des Höhenweges sind äußerst vielfältig.
So finden sich neben mit zahlreichen Flechten und Moosen bewachsenen Felsflächen und flachgründigen, von dickblättrigen Pflanzen bewachsenen Felsstandorten auch gebüschdurchsetzte Hochstaudenbereiche und magere Weideflächen sowie steile, noch heute gemähte Hänge und kleinere Waldbereiche. Vor allem die zahlreichen wärme- und trockenheitsliebenden Elemente stellen eine Besonderheit des Virgentales dar. So blühen hier im Juli *Spinnwebhauswurz, Weißer Mauerpfeffer, Wulfens Hauswurz, Einjähriger Mauerpfeffer, Buschnelke, Feuerlilie, Feldbeifuß, Knollenhahnenfuß, Wilder Schöterich, Glanz-Lieschgras, Pechnelke, Lederblättrige* oder *Blaugrüne Rose (Rosa caesia ssp. subcollina), Nickender Tragant, Schwalbenwurz, Große Fetthenne, Moliners Rispengras, Gewöhnlicher Heilwurz, Pyramiden-Schillergras, Kleine Wiesenraute, Trübgrünes Sonnenröschen* und viele andere. Auch wärmeliebende Straucharten wie die *Gewöhnliche Steinmispel*, die *Stachelbeere* und der bereits erwähnte *Sebenstrauch* sind reichlich vorhanden. Besonders attraktive Pflanzen wie die *Lampenkönigskerze*, die *Verschiedenblättrige Platterbse*, der *Alpenziest*, die *Türkenbundlilie*, der *Berglauch*, die *Steife Rauke* und der *Gemeine Natternkopf* erfreuen nicht nur botanisch Interessierte, sondern jeden, der sich die Zeit nimmt, diesen Weg zu gehen.
Auch die Tierwelt weist viele an trocken-warme Klimate gebundene Arten besonders unter den Schmetterlingen und Heuschrecken auf. In den Felswänden brüten *Felsenschwalben*, im Gebüsch *Heckenbraunellen, Klappergrasmücken* und der *Neuntöter*.

Hochalpen-Apollofalter

Die wärmeliebende Lederblättrige Rose

Spinnwebhauswurz, ein Spezialist trockener Standorte

Felsensteppen mit Sebenstrauch

Nach dem Trockenhang führt der Weg durch einen kleinen Bergsturzwald aus alten *Grauerlen* und *Zitterpappeln,* in dessen Unterwuchs eine hochstaudenreiche Vegetation dominiert. Auch hier sind einige Felsblöcke mit *Sebensträuchern* überwachsen. Es handelt sich um einen mächtigen **Bergsturz** mit riesigen Felsblöcken, der vom Saukopf nacheiszeitlich niedergegangen ist. Nach dem Bergsturz gelangt man zu einem kleinen Einschichtbauernhof und über beweidetes Wiesengelände durch einen beeindruckenden, ebenfalls beweideten *Lärchen*-Wald nach Bichl zum **Mitterkratzerhof** (Nationalpark-Informationsstelle). Hier kann man entweder auf der Straße nach Prägraten weiterwandern oder auf einem schmalen Fußweg den Berg von Bichl, auf dem sich eine kleine Kapelle befindet, umrunden. Auch dieser Weg ist botanisch recht interessant und führt unterhalb des Bichlberges wieder auf die Asphaltstraße.

4. Rundwanderung Hinterbichl – Stockachalm – Kohlröserlwiese – Pebellalm – Iselweg – Hinterbichl – einer der schönsten Panoramawege des Iseltales

Ausgangspunkt: Bushaltestelle Hinterbichl
Gehzeit: ca. 4 Stunden
Höhenunterschied: 300 m
Schwierigkeitsgrad und Ausrüstung: Die An- und Abstiegswege sind sehr steil, aber ungefährlich; Ausdauer erforderlich; Bergschuhe
Außerhalb des Nationalparks

Von Hinterbichl geht es zunächst ein Stück auf der Straße in Richtung **Ströden**. Von der Asphaltstraße zweigt dann auf der Bachseite der bezeichnete Fußweg zur Pebellalm/Islitzer Alm ab. Diesem Weg folgt man bis zur bezeichneten Abzweigung Stockachalm. Der schmale Fußweg ist bis zur Stockachalm sehr steil angelegt. Er führt zunächst durch *Fichtenwald* und höher oben durch einen aufgelockerten *Lärchen-Fichten*-Bestand aufwärts. Im unteren Bereich blühen Ende Juli neben dem Weg noch zahlreiche *Gefleckte Knabenkräuter,* im obersten Bereich lockert der Wald auf, und gegen die **Stockachalm** in 1726 m gibt es ungemein orchideenreiche einstige Almwiesen, die heute langsam zuwachsen. Hier beginnt der eigentliche Höhenweg, der mit mäßiger Steigung taleinwärts führt. Der schmale Fußweg führt immer wieder über baumfreie einstige Almwiesen, die unter dem Namen „Kohlröserlwiese" sogar in den Landkarten eingetragen sind. Diese Wiesen sind Ende Juli blumenübersät und reich an Orchideen, z. B. *Schwarzes Kohlröschen, Langspornhändelwurz, Waldhyazinthe, Weißorchis, Geflecktes* und *Breitblättriges Knabenkraut, Kugelorchis* und andere. Daneben blühen *Einköpfiges Ferkelkraut, Arnika, Zottiges Habichtskraut, Hoppes Habichtskraut* und *Türkenbundlilie.*

Unübertroffen ist der Blick auf die Berggipfel und Gletscher der Venedigergruppe mit dem Großvenediger und allen anderen markanten Spitzen der Venedigergruppe. Eindrucksvoll ist auch der Blick in das Dorfer- und Maurertal mit seinen Talstufen, Bergstürzen und der gletscher- und gesteinsbedingten Formenvielfalt.

Am Ende dieses Panoramaweges erreicht man noch eine kleine Hütte mit einer Sitzgelegenheit und einem in der Nähe liegenden Brunnen. Von dieser Hütte blickt man nach Westen in das Umbaltal mit den beiden Kataraktstrecken der Isel und der Rötspitze mit dem Wellitzkees. Tief unter dieser Hütte liegt das Talbecken mit der Pebell- und der Islitzer Alm, umrahmt von steilen Felswänden und Berghängen. Die Wiesen um die Hütte sind steil, aber sehr blumenreich. Der Abstieg ähnelt dem Aufstieg. Es ist wieder ein steiler, aber ungefährlicher Fußweg, der zur Pebellalm hinunterführt. Im schütteren Wald fällt eine Hochstaudenflur mit der *Schwarzen Akelei* auf, die auch in Osttirol nicht häufig anzutreffen ist.

Das Becken der **Pebell- und Islitzer Alm** ist im Norden von steil aufragenden Felswänden, die inselartig mit dem *Sebenstrauch* bewachsen sind, im Westen von Steilhängen mit *Fichten-Lärchen*-Wald und im Süden von wasserführenden, mit *Grünerlen* bewachsenen Hängen umrahmt. Hinter der Islitzer Alm und im Talbecken liegen riesige Bergsturzblöcke aus *Grüngestein* oder *Kalkglimmerschiefer,* auf denen sich wärme- bzw. kalkliebende Pflanzen wie *Spinnwebhauswurz, Schwalbenwurz, Einblütige Wiesenraute, Traubensteinbrech, Alpendistel, Alpenquendel, Salomonssiegel* und andere angesiedelt haben.

Als Rückweg kann der wunderschöne und abwechslungsreiche Wald- oder Bachweg auf der orographisch rechten Seite empfohlen werden. Er bietet eindrucksvolle Einblicke in die Iselschlucht und führt im unteren Bereich bei Ströden durch ein romantisches Bergsturzgebiet, das ein Eldorado für Farne und schattenliebende Pflanzen ist. Einen besonderen Höhepunkt der Wanderung bietet die **Strödener Klamm**. Die Isel hat sich hier in einen harten *Prasinit-*

Querriegel eingeschnitten und eine eindrucksvolle Klamm mit vielen Kolken gebildet, die sie tosend, teilweise in Wasserfällen, durchfließt. Vom Weg aus gibt es großartige Einblicke in diese Klamm. Im weiteren Wegverlauf ist der Blick auf die andere Talseite mit den dort liegenden Bergstürzen interessant. Nach einem kurzen Wiesenabschnitt kommt man wieder auf die Straße nach Hinterbichl zurück.

5. Wanderung am Wasserschaupfad Umbalfälle

Ausgangspunkt: Parkplatz Ströden (Bushaltestelle)
Gehzeit: ca. 2 Stunden ab Ströden
Höhenunterschied: ca. 400 m
Schwierigkeitsgrad und Ausrüstung: keine Schwierigkeit; feste Wanderschuhe
Nationalparkwanderung

Für diese Wanderung gibt es einen kleinen Nationalparkführer des OeAV, „Wasserschaupfad Umbalfälle". Dieser Führer gibt die notwendigen Informationen für die 14 Haltepunkte im Verlauf des Wasserschaupfades. Er ist beim Tourismusverband Prägraten sowie bei der Islitzer und Pebellalm erhältlich.

Außer dem kleinen Führer informieren noch eine Reihe von Pulttafeln über die gesamte Kataraktstrecke der Isel, über die Entstehung der Kolke, die Hochstaudenflur, die Schattenpflanzen unter Felsüberhängen, die Beerensträucher in der Schluchtstrecke und über das Leben im Gletscherbach zwischen den beiden Katarakten.

Vom Parkplatz Ströden benützt man den Fahrweg, der durch den schattigen Bergwald mit schönen Blicken in die Schluchtstrecke taleinwärts zur **Pebellalm** in 1530 m Seehöhe führt. Hier entstand durch das Zusammenfließen des eiszeitlichen Großbach-Kleinbach-Gletschers mit dem Umbalgletscher eine Talweitung, die durch die ringsherum abstürzenden Hänge und Felswände wie ein Talschluss wirkt. Die sonnseitigen Felswände sind auch hier noch mit dem *Sebenstrauch* bewachsen. Hier gibt es zwei Jausenstationen, die **Pebellalm** und die **Islitzer Alm**. Bei diesen Almen beginnt der Wasserschaupfad, der entlang der unteren Iselkatarakte bis zur Mündung des Zopatbaches verläuft. Es ist dies die schönste Strecke der Umbalfälle. Als Rückweg kann der **Blinigalmweg** benützt werden. Für diesen überaus eindrucksvollen Rundweg benötigt man ca. 1 Stunde.

Im Verlauf des Wasserschaupfades kann man

Die Isel formt zum Teil mächtige Kolke in den Felsen

sich mithilfe des genannten Führers an 14 Haltepunkten über die Geologie, die formbildenden Kräfte des Wassers und der eiszeitlichen Gletscher, die Tiefenerosion, die Eigenheiten eines Gletscherbaches sowie über die Tier- und Pflanzenwelt der Schluchtstrecke informieren (siehe auch „Naturdenkmäler und naturkundliche Besonderheiten").

Umbaltal mit Rötspitze

6. Wanderung vom Parkplatz Ströden in das Umbaltal zum Umbalkees in ca. 2450 m

Ausgangspunkt: Parkplatz in Ströden, Bushaltestelle
Gehzeit: ab Ströden ca. 4 Stunden
Höhenunterschied: ca. 1000 m
Schwierigkeitsgrad und Ausrüstung: leichte Wanderung, etwas Ausdauer erforderlich; Bergschuhe
Nationalparkwanderung

Bis zum Ende des Wasserschaupfades siehe vorige Route. Nach der eindrucksvollen Wasserfallstufe verläuft der schmale Fußweg mit mäßiger Steigung taleinwärts. Er quert herrliche, blumenübersäte Goldriedwiesen mit *Alpensüßklee, Zottigem Habichtskraut, Alpenwundklee, Grannenklappertopf, Brillenschötchen, Nickendem Tragant, Sandhauswurz, Breitblättrigem Laserkraut, Alpendistel, Perückenähnlicher Flockenblume* und anderen. Diese blütenreichen, sonnigen Wiesen bedingen wieder eine Vielfalt an Insekten, besonders an Heuschrecken und Schmetterlingen. Großartig ist auch der Blick auf die Rötspitze (3495 m) mit dem Welitzkees, die in diesem Abschnitt des Umbaltales der prägende Gipfel ist.

Nach 2½ Stunden erreicht man von Ströden die bewirtschaftete **Clarahütte** in 2038 m. Der weitere Weg ist durch den mächtigen Gletscherbach, die von den steilen Wänden herabstürzenden Wasserfälle und die hoch gelegenen Gletscher auf der orographisch rechten Talseite außergewöhnlich schön. Die *Kalkglimmerschiefer* und grünen *Prasinite* bedingen eine überaus artenreiche kalkliebende Flora mit ganzen Teppichen von *Silberwurz, Alpentragant, Traubensteinbrech, Buschnelke, Kriechendem Gipskraut* u. a. Die letzte Stufe vor Erreichen des Umbalkeeses besteht aus *Granatglimmerschiefer*. Die Felsen sind vom Gletscher abgeschliffen und zeigen runde, höckerähnliche Formen, eine typische Rundhöckerlandschaft im Vorfeld des Gletschers.

Oberhalb dieser Stufe eröffnet sich dem Wanderer ein prächtiger Blick auf das Umbalkees und die Dreiherrenspitze (3499 m). Eindrucksvoll ist auch das nicht alle Jahre gleiche **Gletschertor**, aus dem die Isel entspringt, und der vorgelagerte Gletschersee. Durch das Vorhandensein von basischen und sauren Gesteinen im Gletschervorfeld ist die Pionierflora in diesem extremen Lebensraum verhältnismäßig artenreich und geht fast bis zum Eisrand. Besonders auffallend sind hier *Edelraute, Moossteinbrech, Gegenblättriger Steinbrech, Zweiblütiger Steinbrech, Einblütiges Hornkraut, Stängelloses Leimkraut* und *Polstermiere*.

Reichhaltig ist auch die Tierwelt des Umbaltales. Immer wieder kann man fliegende *Steinadler, Turmfalken, Kolkraben*, im Bereich sonniger Wände auch *Felsenschwalben* und vereinzelt *Alpensegler* beobachten. Im Gletschervorfeld lassen sich z. B. auch *Steinschmätzer, Wasserpieper* und *Schneefinken* beobachten. Auf den hochalpinen Grasheiden und im Bereich der Blockhalden lebt neben dem *Schneehuhn* auch das *Vorsichtige Steinhuhn*. Unter den Säugetieren fallen besonders die *Murmel-*

Vom Gletscher abgeschliffene Rundbuckel im Vorfeld des Umbalkeeses

tiere und *Gämsen* auf. Bemerkenswert sind jedoch die wieder eingebürgerten *Alpensteinböcke*, die sich auf den sonnigen Grasheiden und Felswänden des Umbaltales besonders wohl fühlen.

7. Wanderung von Bichl zur Stabanthütte (1800 m)

Ausgangspunkt: Parkplatz Bichl
Gehzeit: ca. 1 Stunde
Höhenunterschied: ca. 400 m
Schwierigkeitsgrad und Ausrüstung: unschwierig; Wanderschuhe
Außerhalb des Nationalparks

Vom Parkplatz geht man in westlicher Richtung auf dem Forstweg zur Talstation der Seilbahn zur Sajathütte. Von dort windet sich der Weg in einigen Kehren durch lichten Lärchenwald und malerische Bergwiesen bergauf zur **Stabanthütte**, die erst 1991 eröffnet wurde. Dieser bequem erreichbare Aussichtspunkt bietet einen herrlichen Blick über das hintere Virgental und insbesondere die Lasörlinggruppe.

8. Wanderung von Bichl über den Blumenweg durch die Sajat-Bergmähder zur Sajathütte (2575 m)

Ausgangspunkt: Prägraten/Bichl (1495 m)
Gehzeit: rund 3 Stunden
Höhenunterschied: 1080 m
Schwierigkeitsgrad und Ausrüstung: eher leichte Wanderung; feste Bergschuhe
Außerhalb des Nationalparks

Die Sajat-Bergmähder zählen sicherlich zu den interessantesten und blumenreichsten Wiesen im Nationalpark Hohe Tauern. Sie sind im Kapitel „Naturdenkmäler und naturkundliche Besonderheiten" genauer beschrieben.
Von **Bichl** aus führt der gut beschriebene Weg vorerst durch eine Hochstaudenflur mit *Berberitzen, Wollkratzdisteln* und *Stachelbeeren* zu Lärchwiesen, die im Unterwuchs noch zusätzlich *Zwergwacholder* und *Sebenstrauch,* eine wärmeliebende, giftige Wacholderart, aufweisen. Von der Abzweigung **Lunitsch** (slawischer Flurname) aus gibt es zwei Möglichkeiten, zur Sajathütte zu kommen: einerseits über den Katinweg (2½ Stunden), andererseits über das Timmeltal (3½ Stunden).
Naturlehrweg I Katin: Von der Abzweigung Lunitsch (1620 m) biegt man links ab durch die lichten Lärchwiesen. Diese weisen einige Trockenzeiger wie z. B. *Bergfenchel, Kleine Wiesenraute* und das *Pyramiden-Schillergras* auf. Nachdem man die Lärchwiesen durchquert hat, kommt man in 1750 m zu den südexponierten, steilen Bergmähdern. Gleich am Beginn quert man den steilen **Zopsengraben** mit dem **Zopsenbach**. Der schmale **Katinweg** schlängelt sich in einer lang gezogenen Schleife durch die von Blumen übersäten, durch Jahrhunderte gemähten, bunten *Goldschwingel*-Rasen. Die abwechslungsreiche Gesteinsunterlage, hauptsächlich sind es *Kalkglimmerschiefer,* sorgt für eine ausgesprochene Blumen- und damit verbunden auch eine Insektenvielfalt, die ihresgleichen sucht. Neben *Türkenbundlilien* und prächtigen *Feuerlilien* dominieren vor allem im Juli verschiedenste Orchideen und gelbblütige Korbblütler. Aus dieser Vielfalt sind nur einige aufgezählt: *Feldbeifuß,* der vor allem an der Alpensüdseite und in inneralpinen Trockentälern vorkommt, *Alpenlinse, Berg-Löwenzahn, Gelber Spitzkiel, Alpensüßklee, Gämswurz-Kreuzkraut, Brandknabenkraut, Hoppes*

Türkenbundlilie, die „Königin" der Sajatmähder

Habichtskraut, Einköpfiges Ferkelkraut, Armblütige Teufelskralle, Nickender Tragant, Alpendistel, Duftendes Salomonssiegel, Schwefelanemone, Bergpippau, Knolliges Läusekraut, Alpenhornklee, Gemeines Sonnenröschen, Bergklee, Mückenhändelwurz, Kohlröschen, Berglauch, Breitblättriges Laserkraut, Scheuchzers und *Bärtige Glockenblume, Goldklee, Gipskraut, Klappertopf, Brillenschötchen* und *Grannenschwarzwurzel*, die fast ausschließlich auf der Südabdachung der Hohen Tauern vorkommen. Teils sind die Mäher von Felsen durchsetzt, welche oft von *Sebenstrauch, Traubensteinbrech* und durch den dichten Bewuchs von *Steinnelken* und *Spinnwebhauswurz*, einem Fettkrautgewächs, rosa überzogen sind. Am Weg sind *Murmeltiere, Alpenbraunellen* und in 2040 m noch *Weinbergschnecken* zu beobachten. In 2100 m befindet sich neben dem Weg eine Höhle, in welcher früher die „Wiesenleute" übernachtet haben, als sie einst die steilen Hänge des Zopsengrabens mähten.

Der **Zopsenbach** wird abermals überschritten. Ein kurzer Wegabschnitt mit Seilsicherungen führt an einer etwas ausgesetzten Felswand mit *Grünschiefer* und *Prasinit* vorbei. Mit zunehmender Höhe nimmt das *Ferkel-* und *Laserkraut* ab, während *Brillenschötchen, Kohlröschen* und andere Orchideen dominieren. Der letzte Hang vor der Sajathütte ist mit herrlichen *Jacquins Binsen* bewachsen, dazwischen mit *Edelweiß* und *Alpenaster*. Der Weg schlängelt sich kehrenreich über die Mäderwiesen zu der bereits sichtbaren Hütte.

Die malerische **Sajathütte**, ein „Schloss in den Bergen", liegt auf einer Moräne im Sajatkar, südlich unter der Kreuzspitze (3164 m). Neben der Hütte liegt ein verlandeter Karsee. Von hier aus hat man einen herrlichen Blick ins Virgental und zur Lasörlinggruppe.

Im 15. Jahrhundert entdeckten Bergknappen im **Sajatkar** Kupfererz, welches über 1200 Höhenmeter sehr steil und gefahrvoll bis nach Bichl hinuntergebracht und dort verarbeitet wurde. Für die große Artenvielfalt sind, wie schon erwähnt, die verschiedensten Gesteinsarten verantwortlich: eisenreiche *Glimmer-* und *Talkschiefer*, die direkt neben hellen *Kalken* und *Marmor*-Schichten liegen und von kristallreichen *Quarz*- und Erzgängen durchzogen werden. Um die Hütte selbst ist eine hochalpine Vegetation anzutreffen: *Farnblättriges Läusekraut, Frühlingsenzian, Mannsschild-Steinbrech, Gegenblättriger Steinbrech, Moschussteinbrech, Gämskresse, Immergrünes Felsenblümchen, Stumpfblättriger Mannsschild, Alpenehrenpreis*.

Gipfel in Hüttennähe: **Rote Saile** (2820 m) und **Kreuzspitze** (3155 m), beide nur über gesicherte Klettersteige erreichbar, **Schernerskopf** (3033 m), **Hinterer Sajatkopf** (3098 m) und der begehbare **Vordere Sajatkopf** (2915 m). Übergänge: über die **Sajatscharte** zur **Johannishütte** und über den **Prägratner Höhenweg** zur **Eiseehütte**.

9. Bergtour von der Johannishütte (2116 m) über den Sajat-Höhenweg zur Sajatscharte (2750 m) und zur Sajathütte (2575 m)

Ausgangspunkt: Von Hinterbichl (1512 m) mit dem Hüttentaxi zur Johannishütte (2116 m)
Gehzeit: 2 Stunden
Höhenunterschied: 634 m
Schwierigkeitsgrad und Ausrüstung: Trittsicherheit und Schwindelfreiheit erforderlich; feste Bergschuhe
Nationalparkwanderung

Von der Johannishütte führt der schmale Weg durch einen *Krummseggenrasen*, welcher von windgefegten Kuppen durchsetzt ist. Diese sind sehr flechtenreich, außerdem sind *Gämsheide, Stängelloses Leimkraut* und *Zwergprimel* häufig. In den feuchten Bachbereichen dominiert der herrlich gelb blühende *Fetthennensteinbrech*, während die stark beweideten Flächen und vor allem die Lägerfluren mit *Kratzdistel, Blauem Eisenhut, Bergnelkenwurz* und *Frauenmantel* bewachsen sind. Beim Aufstieg hat man im Norden den großartigen Anblick des Großvenedigers mit seinen imposanten Gletschern, im Süden jenen des Lasörlingmassivs.

Der sehr gut markierte Weg führt vorbei an mit *Traubensteinbrech* und *Silberwurz* bewachsenen Felsen und erreicht in 2460 m eine Abzweigung. Von hier aus führt der Weg einerseits zur Eisseehütte, andererseits über die Sajatscharte zur Sajathütte. Die letztere Route durchschneidet ab 2540 m großartige Felsblock- und Geröllhalden mit einer typischen Silikat-Schuttflora: *Einblütiges Hornkraut, Stängelloses Leimkraut, Alpenleinkraut, Gletschergämswurz, Alpensäuerling* und die *Kriechende Nel-*

Alpenmannsschild – sein Polsterwuchs ist eine Überlebensstrategie im Hochgebirge

kenwurz, die mit ihren Ausläufern im bewegten Felsschutt gut überleben kann; weiters eine Fülle von Steinbrecharten wie *Traubensteinbrech, Moossteinbrech, Gegenblättriger Steinbrech, Rudolphs Steinbrech, Zweiblütiger Steinbrech, Moschussteinbrech* und *Sternsteinbrech*. Über den mäßig ansteigenden Weg, der durch eine kalkliebende alpine und subnivale Pioniervegetation führt, erreicht man in 2600 m einen herrlichen Aussichtspunkt. Von hier sind zu sehen: im Westen das Dorfertal, der Malham und die Simonyspitzen, im Norden der Große Geiger und Großvenediger mit dem Dorferkees und im Süden die Lasörlinggruppe mit der höchsten Erhebung, dem Großen Lasörling.

Der **Sajat-Höhenweg** biegt nach Südosten ab und führt zum Teil über ausgesetzte Stellen mit Seilsicherungen vorbei an herrlichen Beständen von *Edelweiß, Alpenaster, Brillenschötchen, Alpenwundklee, Schotendotter* und *Scheuchzers Glockenblume*. Das Gestein ist sehr abwechslungsreich, es dominieren *quarzitische Glimmerschiefer* und *Kalkglimmerschiefer*. Entsprechend abwechslungsreich ist auch die Vegetation. In einer feinsandigen Halde gibt es unter anderem große Polster des *Stängellosen Leimkrautes* und riesige, an den Bo-

den angepresste *Zwergweidenbestände*. Nur an den „Palmkätzchen" erkennt man die typische Weidennatur. Der gut angelegte Weg führt abwechselnd durch die steilen, kompakten Felsflanken des **Schernerskopfes** und dazwischen liegende Feinsandflächen. In den Felsflanken dominieren das *Einblütige Hornkraut* und der *Gegenblättrige Steinbrech*, vereinzelt findet man auch die *Echte Alpenscharte*, ein arktisch-alpines Florenelement. Ab 2750 m trifft man die *Schwarze Edelraute* mit den stark aromatisch riechenden Blättern häufig an. Sie stammt aus den innerasiatischen Steppengebieten und ist während einer Zwischeneiszeit eingewandert. Von der **Sajatscharte** (2750 m) hat man einen herrlichen Überblick auf das Sajatkar, welches über einen steilen, aber gesicherten Steig erreicht wird.

10. Bergwanderung von der Sajathütte (2575 m) über den Prägratner und Timmeltal-Höhenweg zur Eisseehütte (2600 m)

Ausgangspunkt: Sajathütte (2575 m)
Gehzeit: 2 Stunden
Höhenunterschied: 200 m
Schwierigkeitsgrad und Ausrüstung: leichte Wanderung; feste Bergschuhe
Außerhalb des Nationalparks

Der **Prägratner Höhenweg** wurde 1978 vom Hüttenwirt der Sajathütte ehemals als Naturlehrweg angelegt. Er führt von der Sajathütte aus leicht abfallend durch einen *Blaugras-Horstseggen*-Rasen mit *Edelweiß, Scheuchzers Glockenblume* und *Alpenaster*. In den steilen Bergflanken des **Sajatkopfes** führt der Weg zum Teil über Gräben. In beweideten Bereichen blühen *Kratzdisteln, Goldpippau, Wundklee, Kohlröschen* und *Bergnelkenwurz*.

Die steilen Grasmatten des Sajatkopfes, vorwiegend *Goldschwingel*-Rasen, wurden noch bis vor 30 Jahren gemäht. Eine Orchideenart, die *Mückenhändelwurz*, bildet mit *Grannenklappertopf, Einköpfigem Ferkelkraut, Alpensüßklee, Feldspitzkiel, Alpentragant, Moschus-Schafgarbe, Brillenschötchen* und *Wundklee* farbenprächtige Wiesen. Auch die *Langblättrige Witwenblume*, die fast ausschließlich an der Südabdachung der Hohen Tauern sowie der Südlichen Kalkalpen vorkommt, ist auf diesen Bergmähdern häufig. Entlang des Weges kann man immer wieder *Murmeltiere* und *Gämsen* beobachten.

Am **Binteneck** (2300 m) hat man einen herrlichen Überblick auf das hinterste Virgental mit

Prägraten und seinen Nebenorten sowie auf die Lasörlinggruppe mit ihrer höchsten Erhebung, dem Großen Lasörling (3098 m). Besonders markant ist die herrliche Aussicht auf den Vorderen und Hinteren Sajatkopf (3098 m) und auf die Gipfel und Gletscher des hinteren Timmeltales und den Hohen Eichham (3371 m), den höchsten Punkt dieses Gebirgszuges. Der Weg zweigt hier einerseits nach Osten über den **Timmeltal-Höhenweg** zur Eiseehütte (1½ Stunden) ab, andererseits kann man direkt ins Timmeltal und nach Prägraten wandern. Außerdem führt ein kleiner Steig auf den Vorderen Sajatkopf (2915 m).

Das Binteneck ist mit Elementen der Windkantengesellschaft, wie z. B. *Gämsheide* und zahlreichen Flechten, bewachsen. Hier kommen *Silberwurz* und *Rostrote Alpenrose* aufgrund des sauren Silikatbodens, welcher von Kalkeinlagerungen durchzogen ist, gemeinsam vor. Auch *Kreuzottern* gibt es hier. Im **Timmeltal**, welches früher einmal ein einsames Hochtal war, gibt es heute ausgedehnte Viehweiden mit typischen Lägerfluren. Das Tal selbst wird vom reißenden Timmelbach durchflossen, der von etlichen Wasserfällen gespeist wird.

Der schmale **Timmeltal-Höhenweg**, von welchem die Eiseehütte zeitweise schon sichtbar ist, führt vorerst durch ausgedehnte Zwergstrauchbestände mit *Heidel-* und *Rauschbeere*, *Preisel-* und *Krähenbeere*, *Besenheide* und *Alpenrose*. Die nicht mehr gemähten *Rostseggen*-Bergmähder sind mit viel *Arnika*, *Einköpfigem Ferkelkraut*, *Bärtiger Glockenblume*, *Echter Alpenscharte* und *Punktiertem Enzian* durchsetzt. Im gesamten Wegverlauf findet man große Bestände von *Jacquins Binse* und an exponierten Stellen immer wieder *Edelweiß* und *Traubensteinbrech*. Die Ränder der oft sehr steilen Wasserläufe, die in den Timmelbach münden, sind vom intensiv gelb leuchtenden *Fetthennensteinbrech* gesäumt. Über eine Steilstufe, die aus Schutt und Feinmaterial besteht und mit diversen Steinbrecharten und *Silberwurz*-Teppichen bewachsen ist, führt der Weg weiter, vorbei an Beständen der gelben *Sand-* und rosa *Berghauswurz*. Über eine Brücke quert man einen reißenden Bach in Richtung **Eiseehütte**.

11. Bergtour durch das Timmeltal zur Eiseehütte (2521 m) und zum Eissee (2661 m)

Ausgangspunkt: Prägraten
Gehzeit: ca. 3½ Stunden bis zur Eiseehütte, von dort zum Eissee ca. eine weitere ½ Stunde
Höhenunterschied: zur Eiseehütte 1211 m, zum Eissee 1331 m
Schwierigkeitsgrad und Ausrüstung: markierte Wege und Steige, Ausdauer erforderlich; feste Bergschuhe
Bergtour in den Nationalpark (Eissee)

Bis zum Eingang des Timmeltales gibt es drei Anstiegsmöglichkeiten:

a) Von Prägraten folgt man zunächst der asphaltierten Straße nach **Wallhorn** (1401 m) bis zur Kapelle. Hier zweigt man nach links ab und wandert zwischen zwei Bauernhöfen nach Norden bis zum Wegweiser, der den Steig hinauf durch sonnigen *Lärchen*-Wald bezeichnet, welcher zum Teil als *Sebenstrauch-Lärchen*-Wald mit einer interessanten Flora ausgebildet ist (vgl. Beschreibung dieser wärmeliebenden Trockenvegetation im Talkapitel Virgen). Der Weg steigt rechts des rauschenden Timmelbaches bergan, bis nach knapp einer Stunde wieder Wegtafeln erreicht werden, die auf die weitere Route ins Timmeltal hinweisen.

b) Von Wallhorn (bis hierher wie Aufstieg a) führt eine Forststraße durch schöne Lärchwiesen zur **Bodenalm** (1948 m). Zwischen den *Lärchen* sind *Bürstlingrasen* ausgebildet, in denen immer wieder die großen *Wollkratzdisteln* auffallen, auf Felsen und Steinen wachsen *Zwergwacholder* und *Berberitze*. Der weitere Weg ins Timmeltal über die Wallhornalm zur Eiseehütte ist beschildert. Er führt anfangs durch blumenreiche Wiesen und trockene Felsstandorte und wendet sich dann am orographisch linken Ufer des Timmelbaches taleinwärts.

c) Von Prägraten geht (oder fährt) man bergan auf der Straße nach **Bichl** (1495 m). Dort wendet man sich nach Norden und folgt dem Wiesachweg, der anfangs durch schönen *Lärchen*-Wald führt und dann floristisch besonders reichhaltige Wiesen, die Dorfer Mähder, quert. Nahe einem Wasserfall überquert der Weg den Timmelbach und erreicht bald danach die beschilderte Abzweigung und damit den Hauptweg ins Timmeltal.

Den eigentlichen Eingang des Timmeltales bildet eine Talverengung mit einer markanten Talstufe, in die sich der Timmelbach schluchtartig eingeschnitten hat. Hier am äußeren Ende des Hochtales steht ein Wegkreuz, in dessen Umgebung die Felsen als interessante Rundhöcker und Gletscherschliffe ausgebildet sind, die an die eiszeitliche Vergangenheit erinnern. Sie sind zum Teil auffällig von verschiedensten Zwergsträuchern, wie *Immergrüner Bärentrau-*

be, *Besenheide* und *Zwergwacholder* bewachsen, sonnig-trockene Felsbereiche (vor allem talwärts) auch von *Sebenstrauch, Steinmispel* und *Berberitze.*

Taleinwärts führen nun bis auf Höhe der Ochsnerhütte beiderseits des Baches Wege. Nach der Verengung an der äußeren Talstufe ist das Timmeltal als schönes, relativ flaches, eiszeitliches Trogtal ausgebildet. Es ist von den Almen, vom naturnahen Bach und der Kulisse der Dreitausender geprägt. Im Talboden dominieren *Bürstlingrasen,* die talauswärts stärker von *Alpenrosen* durchsetzt sind. Hier kann man *Wasserpieper* und *Steinschmätzer* beobachten, an den Hängen *Murmeltiere*. Man wandert an der **Wallhornalm** (2128 m) und **Ochsnerhütte** vorbei, in deren Nahbereich Lägerfluren ausgebildet sind. Bald sieht man schon die Eisseehütte. Nach der Ochsnerhütte steigt der Weg an der Westseite des Timmelbaches an, der nun in der Talschlussstufe zwei kleine Wasserfälle bildet. Beim zweiten Wasserfall wendet sich der Weg nach rechts vom Timmelbach ab und erreicht mit dem einmündenden Venediger-Höhenweg schließlich die **Eisseehütte** (2521 m).

Von der Hütte aus lohnt sich auf markiertem Weg noch ein Anstieg von rund einer ½ Stunde zum einsamen **Eissee** (2661 m). Dieser verbirgt sich in einer zum Teil von alten Moränenwällen, zum Teil von Fels und Schutt begrenzten Wanne über der Talstufe, auf der sich die Eisseehütte befindet. Der kalte See ist zumindest 16 m tief.

12. Bergtour von der Eisseehütte (2521 m) zum Wallhorntörl (3045 m)

Ausgangspunkt: Eisseehütte (2521 m)
Gehzeit: 2 Stunden
Höhenunterschied: 524 m
Schwierigkeitsgrad und Ausrüstung: Wanderung mit Schneefeldquerung; feste Bergschuhe
Nationalparkwanderung

Vor der Eisseehütte zweigt der Weg Richtung Eissee, Weißspitze und Zopetscharte ab. Von hier geht man am Bach entlang zu einer breiten Verebnung, dem Einzugsbereich des Timmelbaches, mit zahlreichen Rinnsalen. Dort findet man eine kalkliebende, alpine und subnivale Pionier- und eine prachtvolle Quellflurvegetation mit *Bitterem Schaumkraut, Mienenblättrigem Weidenröschen* und *Buntem Schachtelhalm.* Im Einzugsbereich des Baches sind große Schlickflächen, die von *Fetthennensteinbrech* gesäumt werden. Bleibt man auf dem Weg des orographisch linken Bachufers, so kommt man etwa nach einer halben Stunde direkt zum malerisch gelegenen Eissee, der 2,5 ha groß und mindestens 16 m tief ist. Wählt man den Weg zur Zopetscharte oder zum Wallhorntörl und zur Weißspitze, so bleibt einem die Querung über eine provisorische Brücke und den reißenden Gletscherbach nicht erspart. Dabei sollte man sich genau, besonders bei hohem Wasserstand, an die Markierung halten.

Der Aufstieg zum **Wallhorntörl** führt in eine großartige Landschaft und ist auch botanisch hochinteressant. Auf dem *Kalkglimmerschiefer*

Eissee mit dem Lasörling im Hintergrund

wachsen dichte rosa blühende Bestände der *Spinnwebhauswurz* und die auffällig gelb blühende *Sandhauswurz,* die mit ihren dickfleischigen Blättern Wasser speichert. Im lückigen *Krummseggenrasen* sind außerdem *Feldspitzkiel, Hallers Spitzkiel, Farnblättriges Läusekraut, Niedrige Glockenblume* und *Scheuchzers Glockenblume* zu sehen. Die Feinsand- und Geröllflächen sind vom *Alpensäuerling* und von Polsterpflanzen wie *Stängellosem Leimkraut* und *Einblütigem Hornkraut* sowie einer Fülle von Steinbrecharten bewachsen.

Zusätzlich zur hochinteressanten Flora hinterlässt die wunderbare Aussicht auf den fast kreisrunden Eissee einen unvergesslichen Eindruck. In 2800 m Höhe überziehen Teppiche von der *Halbkugeligen Teufelskralle, Moossteinbrech* und *Gletscherhahnenfuß* den felsigen und teils feinsandigen Untergrund. Neben dem *Frühlingsenzian* kommen auch der *Kurzblättrige,* der *Bayrische* und der *Schnee-Enzian* vor. In 2820 m gibt es eine kleine Vernässung, die teils von einer der schönsten Gebirgspflanzen, dem *Alpenmannsschild,* gesäumt wird. Diese kugelförmige Polsterpflanze trotzt mit ihrer minimalen Oberfläche bei maximalem Volumen jeder Witterung im Hochgebirge. Große Polster von *Stängellosem Leimkraut* sowie der *Schwarzen Edelraute* begleiten uns durch Schutt und Geröll auf dem weiteren Weg, welcher gut durch Steinmanderln markiert ist. In 2900 m Höhe gibt es einen herrlichen Aussichtspunkt mitten in der hochalpinen Gebirgswelt. Von dort aus geht es über einige ungefährliche Schneefelder mäßig steil zum Wallhorntörl. *Schwarze Edelraute,* verschiedene Steinbrecharten, *Alpenmannsschild* und *Einblütiges Hornkraut* begleiten uns noch bis in 3000 m Höhe.

Am **Wallhorntörl** (3045 m) wird man mit einer überwältigenden Aussicht belohnt, auf Großvenediger, Rainerhorn, Rainerkees, Mullwitzkees und Defreggerhaus. Die Nordseite des Wallhorntörls und der Weißspitze sowie die Gastacher Wände weisen mit ihren granatführenden eklogitischen Gesteinen eine mineralogische Rarität auf.

Wer nach diesem prächtigen Rundblick noch einen Dreitausender erklimmen möchte, kann von hier auf die **Weißspitze** steigen. Dazu quert man ein kleines, steiles Schneefeld (sollte unbedingt aufgefirnt sein) und gelangt zu einer kleinen Scharte. Von hier aus quert man im Randbereich das **Garaneberkees**. Der Gipfelhang wird weglos durch Felsblockfluren bestiegen. Am Gipfel selbst blühen noch der *Gegenblättrige Steinbrech* und *Alpenmannsschild.* Es bietet sich wieder ein herrlicher Rundblick in eine einzigartige, hochalpine Gebirgslandschaft.

13. Bergtour von der Eisseehütte (2521 m) über die Zopetscharte (2958 m) zur Johannishütte (2116 m)

Ausgangspunkt: Eisseehütte (2521 m)
Gehzeit: 2 Stunden
Höhenunterschied: 437 m aufwärts, 842 m abwärts
Schwierigkeitsgrad und Ausrüstung: Trittsicherheit, Schwindelfreiheit erforderlich; feste Bergschuhe;
Nationalparkwanderung

Von der Eisseehütte führt der Weg vorerst entlang des Baches (siehe vorige Wanderung) und quert diesen in 2555 m. Der Gletscherbach kann bei hohen Lufttemperaturen einen hohen Wasserstand erreichen, daher unbedingt an die Markierungspunkte halten. Der Weg führt vorerst mäßig steil durch Felsblöcke. Neben Schutt- und Geröllpflanzen wie z. B. *Moossteinbrech, Kriechende Nelkenwurz, Stängelloses Leimkraut* und *Einblütiges Hornkraut* ist an dieser Stelle eine große botanische Rarität erwähnenswert: *Woodsta pulchella,* ein kleiner unscheinbarer Farn, von dem bis jetzt nur wenige Fundorte im gesamten Alpenraum bekannt sind. Der Weg wird steiler, gegen die Scharte zu am steilsten, dort sind allerdings Seilsicherungen angebracht. In 2958 m erreicht man nach dem im letzten Drittel etwas mühsamen Aufstieg die **Zopetscharte** und wird mit einer wunderbaren Aussicht belohnt: Die Weißspitze, der Eissee und Eisseehütte, Großer Hexenkopf, Hoher Eichham sowie im Westen die Malham-, Simony- und Dreiherrenspitzen und deren Gletscher breiten sich vor dem Betrachter aus. Auf der Westseite der Zopetscharte führt der Weg durch ein steiniges Kar mit ähnlichen Polsterpflanzen wie auf der Ostseite zur Johannishütte. Im Kar hat der Gletscher mit riesigen Felsblockansammlungen seine Spuren hinterlassen. Dazwischen findet man große Spalierstrauchbestände. Ab 2700 m abwärts führt der Weg durch einen alpinen *Krummseggenrasen* mit *Blauem Speik* und der *Zwergprimel.* In 2460 m kommt man zu einer Weggabelung, an der der **Sajat-Höhenweg** zur Sajathütte abzweigt. Abschließend geht man kehrenreich zur Johannishütte, von wo man mit dem Taxi nach Prägraten zurückfährt.

14. Bergtour von Hinterbichl über Johannishütte – Türmljoch – Essener-Rostocker Hütte – Ströden – eine Bergtour zu majestätischen Gletschern

Ausgangspunkt: Hinterbichl, Bushaltestelle bzw. Johannishütte
Gehzeit: ab Johannishütte 6 Stunden bis Ströden
Höhenunterschied: 750 m
Schwierigkeitsgrad und Ausrüstung: leichte Wanderung, Ausdauer nötig; Bergschuhe
Nationalparktour

Von Hinterbichl mit dem Taxibus zur Johannishütte in 2118 m. Von hier erfolgt der markierte Aufstieg zum Türmljoch in 2790 m. Die Landschaft um die Johannishütte ist mit ihren teilweise schön überwachsenen Rundbuckeln und den dazwischen liegenden kleinen Mooren mit Wollgräsern eine vom Gletscher geformte und almwirtschaftlich genutzte Landschaft. Eindrucksvoll ist der Blick auf den Großvenediger, 3666 m. In der Nähe der Johannishütte befindet sich eine tief eingeschnittene Schlucht mit schönen Kolken im harten, altkristallinen *Paragneis*.

Die Flora am Weg zum Türmljoch ist durch Gneisgestein mit saurer Bodenreaktion sehr artenarm. Besonders auffallend ist neben dem Weg das *Weißliche Habichtskraut* mit seinen großen, weißgelben Blüten. Im Bereich des **Türmljoches** begegnet man einer sehr ausgeprägten Schneetälchenflora mit *Moosen, Krautweide, Zweiblütigem Sandkraut, Safranflechte, Kurzstängeliger Gämskresse* und der Hochgebirgsform des *Bayrischen Enzians*. Am Joch ergibt sich ein großartiger Blick in das oberste Maurertal mit dem Maurerkees sowie auf die Simonyspitzen, 3488 m. Vom Joch führt ein guter Fußweg durch *Krummseggenrasen* mit *Dreifädiger Binse* und *Jacquins Binse* abwärts zur **Essener-Rostocker Hütte** in 2208 m. Die Hütte steht unmittelbar auf der mächtigen Ufermoräne aus dem Jahr 1850. Damals hatte das Simonykees mit dem Maurerkees eine riesige Gletscherzunge gebildet.

Von der Essener-Rostocker Hütte aus lohnt sich ein Abstecher zum **Simonygletscher**. Der Weg verläuft im ehemaligen Zungenbecken des Simonygletschers, der in 2400 m endet. Heute ist der ehemals zusammenhängende Eisstrom in zwei Teilgletscher aufgelöst. Bei dieser Wanderung kann man einige Endmoränenwälle von jüngeren Gletschervorstößen aus den Jahren 1875 und 1928 sehen. Die Moränen der beiden letzten Vorstöße stauen den Simonygletscherbach zu einem See auf, den **Simonysee**. Die Gesteine im Gletschervorfeld sind vorwiegend *Granatglimmerschiefer* und *Amphibolit*. Auch eine Besteigung des „Hausberges" der Essener-Rostocker Hütte, des **Rostockecks** (2749 m), ist lohnend. Man erreicht diesen herrlichen Aussichtspunkt am Ende des Malhamgrates von der Hütte in gut 1¼ Stunden. Auf der ehemaligen südlichen Seitenmoräne des Simonykeeses steigt man bis zu zwei wuchtigen Steinmännern an. Dort schwenkt der Steig linkshaltend in die Nordflanke des Rostockecks und führt in Serpentinen und über Steigtreppen bis zum Gipfelkreuz. Der Abstieg zur Hütte kann am Carl-Bremer-Weg erfolgen. Dieser holt weit südlich aus und führt nahe an den Malhambach heran. Dort schwenkt er links um und führt über die **Maureralm** nach Norden wieder fast eben zur Hütte zurück (Rückweg ebenfalls ca. 1¼ Stunden).

Das hintere Maurertal zeigt eine ausgeprägte, vom Gletscher gebildete Trogform. Der Gletscher hat sich fast völlig in sein Nährgebiet zurückgezogen und ist in drei Teile zerlegt. Der westliche und östliche Teil liegt bereits über den

Die Essener-Rostocker Hütte auf der 1850er-Moräne des Simonykeeses

Innerstes Maurertal mit Maurerkees

Talflanken, während das mittlere Maurerkees den Talschluss bildet. Auf der **Maureralm** vor der Moräne von 1850 sind weitere Moränenwälle abgelagert. Sie stammen aus dem 17. und 18. Jahrhundert und sind zum Teil von dem Gletscherstand im Jahre 1850 überfahren worden und daher nur noch in Resten vorhanden. Weiter entfernt liegen noch Moränen, die aufgrund von pollenanalytischen Untersuchungen im Rostocker Moor vor 7.200 Jahren abgelagert wurden (siehe „Naturdenkmäler und naturkundliche Besonderheiten").

Beim Abstieg von der Essener-Rostocker Hütte durchwandert man zunächst ein ausgedehntes Almgebiet, die **Göriacher- und Maureralm.** Diesen alten Talboden hat der Gletscherbach im unteren Bereich durch eine Klamm mit vielen schönen Kolken zerschnitten. In 1800 m erreicht man wieder eine Talstufe, die aus *Amphibolit* und *Prasinit* gebildet wird und die der Gletscherbach wasserfallartig überwindet. Unterhalb der Stufe hat das Maurertal einen kerbförmigen Querschnitt. Hier wechseln *Kalkglimmerschiefer* mit grünen *Prasiniten,* die eine sehr artenreiche Flora bedingen. Auffallend sind Anfang August die vielen riesigen *Wollkratzdisteln.*

Ab der Talstation der Materialseilbahn zur Rostocker Hütte wandert man auf einem bequemen Forstweg talauswärts bis zur **Stoanaalm** in 1450 m. Diese Alm liegt bereits im Bereich des großen Strödener Bergsturzes. Von hier kann man den schmalen Fußweg auf der orographisch rechten Seite wählen, der durch das Bergsturzgebiet zum Parkplatz in Ströden führt. Von Ströden kann man sich auch vom Taxibus abholen lassen.

15. Bergtour auf den Großvenediger oder auf das Mullwitzaderl, 3244 m

Von Hinterbichl über Johannishütte – Defreggerhaus
Ausgangspunkt: Bushaltestelle Hinterbichl, 1329 m
Gehzeit: von Hinterbichl/Defreggerhaus 5 Stunden, von Johannishütte/Defreggerhaus 2½ Stunden
Höhenunterschied: zwischen Hinterbichl und Defreggerhaus 1634 m
Schwierigkeitsgrad und Ausrüstung: bis zum Defreggerhaus keine Schwierigkeit; Bergschuhe. Zur Besteigung des Mullwitzaderls ist Trittsicherheit und alpine Erfahrung nötig; Besteigung des Großvenedigers nur mit Seilsicherung und Bergführer möglich.

Nationalparktour

Von der Bushaltestelle Hinterbichl benützt man den Fahrweg mit der Markierung 914 zur Johannishütte. Der Weg ist teilweise ident mit der für den öffentlichen Verkehr gesperrten Fahrstraße, teilweise kürzt er diese als Fußweg ab. Am Weg liegt ein großer Serpentinsteinbruch. In 2½ Stunden erreicht man die **Johannishütte**, die älteste Berghütte der Ostalpen. Sie wurde bereits 1857 mit Förderung durch Erzherzog Johann errichtet und nach ihm benannt. Der alte Teil des Hauses ist geradezu ein Kulturdenkmal. Bis zur Johannishütte ist von Hinterbichl eine Fahrt mit dem Taxibus möglich. Um die Johannishütte befindet sich eine vom Gletscher geformte Landschaft mit überwachsenen Rundbuckeln, kleinen Vernässungen und Mooren – ein ausgedehntes Almgebiet.

Von der Johannishütte erreicht man auf dem gut markierten Weg 915 in 2½ Stunden das **Defreggerhaus** in 2963 m Höhe, die zweithöchste Berghütte der Ostalpen. Unweit der Johannishütte ist die Talstation einer Materialseilbahn, die auch für Gepäcktransporte zur Verfügung steht. Das Defreggerhaus befindet sich inmitten einer großartigen Gletscherwelt. Die Rundblicke auf die Gletscher und die umliegenden Dreitausender, darunter der Großvenediger, sind unbeschreiblich faszinierende Eindrücke. In der Umgebung dieser Berghütte sind viele der für die höchsten Regionen des Nationalparkes typischen Pflanzen und Tiere zu beobachten, wie *Gletscherhahnenfuß, Moossteinbrech, Gletschernelkenwurz, Schneehuhn, Schneefink, Alpenbraunelle* und gelegentlich auch der *Schneehase.* Die Besteigung des **Mullwitzaderls** (3244 m) erfolgt auf unmarkierter Route über einen Moränenrücken und einen aperen Grat zwischen dem Rainerkees und dem Mullwitzkees. Gehzeit 40 Minuten, Trittsicherheit erforderlich. Vom Gipfel prachtvolle Aussicht auf das Gletschergebiet des Großvenedigers. Die Besteigung des **Großvenedigers** ist für einigermaßen Geübte mit Bergführer durchaus möglich, Gehzeit 3 Stunden.

16. Bergtour von der Pebellalm (1513 m) über das Großbachtal zum Bödensee (2576 m), zur Neuen Reichenberger Hütte und über die Rote Lenke und Micheltalscharte (2652 m) zur Lasnitzenhütte (1895 m)

Ausgangspunkt: Hinterbichl, Ströden (1403 m), Parkplatz
Gehzeit: Ströden – Neue Reichenberger Hütte (4 Stunden); Neue Reichenberger Hütte –

Lasnitzenhütte (3 Stunden)
Höhenunterschied: 1073 m
Schwierigkeitsgrad und Ausrüstung: leichte Wanderung, Ausdauer erforderlich; feste Bergschuhe,
Nationalparktour

Von **Ströden** aus erreicht man am linken Ufer der **Isel** in etwa einer halben Stunde die Jausenstation **Islitzer Alm** und die **Pebellalm** (1513 m). Links von dieser kommt man zu einem Wegweiser. Der Fußweg führt zunächst über eine Steilstufe neben dem **Kleinbach-Wasserfall** durch einen urigen *Lärchen-Fichten*-Wald mit üppigem Unterwuchs Richtung Stürmitzer Alm. Nach zahlreichen Kehren führt der steile Weg in 1800 m in nordwestlicher Richtung mit Sicht auf den **Großbach**. Auf der gegenüber liegenden Talseite sieht man die steil abstürzenden Felswände des Umbaltales. Weiter geht es durch eine üppige Hochstaudenflur mit *Meisterwurz, Alpenampfer* und *Eisenhut*. In 1930 m erreicht man die malerisch in einer Senke gelegene **Stürmitzer Alm**, eine aufgelassene Alm mit ausgedehnten *Alpenampfer*-Beständen. Der *Lärchen*-Wald mit *Rostroter Alpenrose* wird nun lichter. Über Lärchwiesen mit *Zwergwacholder, Klebrigem Leimkraut, Klappertopf, Bärtiger Glockenblume* und *Arnika* geht es in einer Mulde in westlicher Richtung in das **Großbachtal**. Dieses ist ein einsames, wunderschönes, V-förmiges Hochtal mit einer einzigen Alm, der **Großbachalm**. Die alpine Grasheide reicht hier bis in die höchsten Gipfelregionen. Bestandsbildend in diesem Tal sind die *Bürstlingrasen*, durchsetzt mit Zwergsträuchern. Der schmale Weg führt auf etwa gleich bleibender Höhe vorbei an der Alm und über eine Quellflur mit *Schmalblättrigem Wollgras*. An feuchteren Stellen, vor allem in der zweiten Talhälfte, fallen ausgedehnte Bestände von *Stacheliger Kratzdistel* und *Blauem Eisenhut* auf.

Nach etwa einer Stunde erreicht man den weiten Talschluss mit zahlreichen Zuflüssen. Über eine Steilstufe, die zunächst mit *Spalierweiden* bewachsen ist, führt der gut markierte Weg durch felsige Bereiche auf eine Anhöhe. Dort findet man *Krummseggenrasen* mit *Blauem Speik*. Über eine Mulde, die so genannte **Bachlenke**, die mit *Spalierweiden, Blauem Speik, Gletscherhahnenfuß* und *Gegenblättrigem Steinbrech* bewachsen ist, kommt man in 2612 m auf einen außergewöhnlich schönen Aussichtspunkt. Von hier sieht man im Nordosten die gesamte Venedigergruppe, im Osten die Gösleswand, im Süden den Bödensee und die **Neue Reichenberger Hütte** mit dem dahinter liegenden Panargenkamm, um nur einige markante Punkte zu nennen. Der in einem Hochkar gelegene, 300 m lange und 3,2 ha große **Bödensee** ist teils von *Krummseggenrasen* mit reichlich *Blauem Speik* und einer oxyphilen Schneetälchenvegetation mit *Krautweide* und *Soldanellen* sowie von Sand- und Geröllflächen umgeben.

Jahrhundertelang wurden in diesem Raum unter schwierigsten Bedingungen Silber, Kupfer und Eisen abgebaut. Vor allem im Tögischer und Trojeralmtal gibt es noch verfallene Stollen und andere Bauten aus dieser Zeit. An der bereits erwähnten **Bachlenke** zeigen sich Spuren des Asbestabbaues aus dem vorigen Jahrhundert (siehe „Mineralien und Bergbau"). Das Gebiet gehört der Matreier Zone an und zieht seit mehr als einem Jahrhundert aufgrund der geologischen Eigenarten immer wieder Fachleute an. Die größte Besonderheit in diesem Gebiet ist die ungewöhnliche Gesteinsvielfalt auf kleinstem Raum: *Altkristallin* (Heinzenspitze, Gamsköpfl, Panargen), *Amphibolit* (Hohe Warte, Vorgipfel Finsterkarspitze), *Dolomit* (Talschluss Großbach- und Kleinbachtal), *Epidot-Hornfels* am Gösleseee; *Glimmerschiefer* (Graue Wand, Reichenberger Spitze); *Kalk* (Bachlenkenkopf); *Marmor* (Rote Lenke); *Paragneis* (Hauptgipfel Finsterkarspitze); *Phyllit* (am Weg zum Bachlenkenkopf); *Quarzit* (Abfluss Bödensee, Untergrund der Neuen Reichenberger Hütte); *Rauwacke* (nördlicher Hang des Bödensees) und *Serpentin* (Gösleswand). An der **Gösleswand** wurde eine große Zahl teilweise seltener Mineralien gefunden, wie z. B. rosa *Klinozoisite, Diopside, Grossulare, Augite, Epidote* und *Apatite*.

Leicht erreichbare Gipfel um die Neue Reichenberger Hütte: Bachlenkenkopf (2759 m; $\frac{1}{2}$ Stunde), Gösleswand (2912 m; 1 Stunde). Direkte Abstiege: durch das Trojeralmtal oder über den Kauschkaweg nach St. Jakob sowie durch das Großbachtal nach Hinterbichl (Virgental).

Wir wandern weiter über die **Rote Lenke**, den **Kleinbachboden** und über die **Micheltalscharte** zur **Lasnitzenhütte**. Entlang des Bödensees führt der Weg zu einer markanten Scharte (2794 m), von welcher aus die **Gösleswand** (2912 m) bestiegen werden kann. Entsprechend dem vielfältigen Gesteinsuntergrund ist auch die Vegetation abwechslungsreich. An Vernässungen wächst *Scheuchzers Wollgras*, ansonsten fallen z. B. auf: *Zwergprimel, Blauer*

Speik, Gletscherhahnenfuß, Armblütige Teufelskralle, Zweiblütiges Sandkraut, Bayrischer Enzian, Berglöwenzahn, Alpenhainsimse, Einblütiges Hornkraut und *Moossteinbrech*. Der Abstieg von der Scharte erfolgt über die **Rote Lenke**, ein wild zerklüftetes Areal mit großen Felsblöcken, die seinerzeit von der mächtigen **Finsterkarspitze** (3028 m) „heruntergedonnerten". Der gut markierte Weg führt durch dieses Felsgewirr zum **Kleinbachboden**, einer Verebnung, die von vielen Zuflüssen gespeist wird. Auf den Vernässungen wächst *Wollgras* und *Fetthennensteinbrech*. Der folgende Aufstieg vom **Kleinbachboden** zur **Micheltalscharte** (2652 m) ist im letzten Drittel etwas steil. Entlang des Weges wachsen ausgedehnte Bestände von *Jacquins Binse* und auf den Felsen *Hauswurz*. Von der Scharte aus bietet sich ein überwältigender Rundblick auf die Gösleswand, den Lasörling und die Venedigergruppe mit dem Umbalkees.

Von der Scharte aus erreicht man in einer guten Stunde die Lasnitzenalm. Ab 2100 m durchschreitet man ausgedehnte Zwergstrauchbestände mit *Rostroter Alpenrose, Heidelbeere* und *Krähenbeere*. An feuchteren Stellen und besonders dann entlang des **Lasnitzenbaches**, welcher von der Anhöhe bereits sichtbar ist, wachsen ausgeprägte Hochstaudenfluren und *Grünerlen*-Gebüsche. Das Gebiet um die **Lasnitzenalm** ist intensiv beweidet, eine ausgeprägte Lägerflur befindet sich unmittelbar vor der Hütte. Um die Hütte dominiert der *Bürstlingrasen*.

17. Bergtour von der Lasnitzenhütte (1895 m) auf den Lasörling (3098 m) und über den Panoramaweg Muhsköpfl und Bergersee/Bergerseehütte (2182 m) nach Prägraten

Ausgangspunkt: Lasnitzenhütte (1895 m)
Gehzeit: Lasnitzenhütte – Lasörling (3½ Stunden); Panoramaweg Muhsköpfl – Bergerseehütte – Prägraten (3½ Stunden)
Höhenunterschied: Lasörling 1203 m; Muhsköpfl 461 m; insgesamt 1664 m
Schwierigkeitsgrad und Ausrüstung: Lasörling – alpine Hochtour, Bergerfahrenheit, Trittsicherheit, Schwindelfreiheit und Ausdauer erforderlich; nur für Geübte. Panoramaweg leichte Wanderung; feste Bergschuhe
Nationalparktour

Von der Lasnitzenhütte aus führt der Weg in Richtung Süden durch beweidetes Gebiet mit viel *Rostroter Alpenrose* und *Grünerlen*-Gebüsch. Nach einer ½ Stunde gelangt man zu einer Abzweigung der Wege zur Neuen Reichenberger Hütte, Weislspitze, Kriselachspitze und zum Toinigkogel. In 2200 m passiert man dann eine weitere Abzweigung zur Bergerseehütte und zum Muhsköpfl sowie zum Prägratner Törl, Lasörling und zur Lasörlinghütte.

In 2600 m kommen in nordwestlicher Richtung die Micheltalscharte, die Kriselachspitze und der Toinigkogel zum Vorschein. Blickt man zurück, so hat man eine herrliche Sicht über das Dorfertal mit Johannishütte und Großvenediger, auf das Sajatmassiv und die Sajathütte, auf das Maurertal und die Essener-Rostocker Hütte sowie auf den Großen Geiger und die Simony- und Dreiherrenspitzen.

Der Weg führt, etwas steiler werdend, am Fuß des Lasörlings über Schutt- und Geröllhalden, die z. T. von Gräsern gefestigt werden. Ab 2500 m beginnt *Krummseggenrasen*, der von *Blauem Speik, Zwergprimel, Einblütigem Hornkraut, Alpenmutterwurz, Zottiger Gämswurz, Soldanellen* und *Spalierweiden* durchsetzt ist. In 2800 m geht der Weg in kompakten Fels über. Hier gedeiht nur noch *Gletscherhahnenfuß, Einblütiges Hornkraut* und *Sternsteinbrech*. Man sollte sich beim Klettern genau an die Markierung halten. In 2950 m kommt man zu einer Scharte mit einem großartigen Rundblick. Von hier folgt man dem Grat zum Gipfelhang. Manche Gratbereiche sind etwas ausgesetzt und haben kleine Kletterstellen. Danach erreicht man über einen einfachen Hang auf gut markiertem Weg den Gipfel des **Lasörlings**. Durch eine wunderbare Aussicht wird man dort für den mühevollen Aufstieg belohnt. Man blickt auf die gesamten Hohen Tauern mit dem Großglockner sowie die Defregger Alpen und viele andere Gipfelbereiche. Der Abstieg folgt zunächst dem Anstieg.

Beim Abstieg vom Lasörling in Richtung Lasnitzenalm kommt man in 2200 m zur Abzweigung auf den **Muhs-Panoramaweg** mit dem **Muhsköpfl**. Der Weg führt zunächst durch Almen, die mit *Rostroter Alpenrose, Heidel-, Rausch-* und *Krähenbeere* sowie *Gämsheide* bewachsen sind. Beim Aufstieg zum **Muhsköpfl** (2561 m) werden die Almweiden durch einen schmalen, mit Pflöcken markierten Weg durchquert. Der Gipfel, ein grasiger Rücken, weist eine Lägerflur mit viel *Eisenhut* auf. Auf einem großen, runden Tisch mit Sitzgelegenheit ist das Panorama eingeschnitzt – bei der Fülle von Berggipfeln eine gute Orientierungshilfe.

Der Abstieg zum Bergersee führt durch ähnliche Almenvegetation wie vorhin. Man hat bereits einen herrlichen Blick auf den See mit der Hütte. Der 2,3 ha große **Bergersee**, ein malerischer Gebirgssee, ist von steilen Berggipfeln umgeben, wovon der Hausberg, der **Bergerkogel** (2656 m), am leichtesten bezwingbar ist. Am Südufer des Sees liegt eine große Verlandungszone, die ausgedehnte *Wollgras*-Bestände aufweist. Vom Bergersee nach Prägraten bieten sich nun zwei Abstiegsmöglichkeiten: entweder am Weg über das **Wetterkreuz** oder direkt am **Zopatnitzenbach** entlang, der den Bergersee entwässert. Letztere Variante wird hier beschrieben. Der Weg hält sich zuerst an die orographisch linke Seite des eindrucksvollen Baches und quert diesen dann unterhalb eines Wasserfalles auf einem Holzsteg. Durch ausgedehnte Bestände der *Rostroten Alpenrose* absteigend wechselt man nach kurzer Zeit wieder auf die linke Bachseite. Ab etwa 2000 m verläuft der nun von *Grünerlen* gesäumte Weg in den steilen Flanken des Baches. Nach und nach kommt man hinab in lichten *Lärchen*- und schließlich urigen *Lärchen-Fichten*-Wald, wobei der Weg zunehmend steil wird. Er endet beim dem Fahrweg zur **Lasnitzenalm** und führt dann direkt nach Prägraten.

Programmvorschläge für Nationalparkwochen für verschiedene Monate und Wetterverhältnisse

Standquartier: Virgen oder Prägraten

1. Tagestouren und Wanderungen für Juni, je nach Schneelage

Rundwanderung auf die Gotschaunalm: landschaftlich einzigartig schön, blumenreiche Bergmähder (Wanderung Virgen Nr. 9)

Wanderung am Lasörling-Höhenweg zwischen Wetterkreuzhütte und Zupalseehütte: Höhenweg mit prächtiger Aussicht auf die Venedigergruppe, ausgedehntes Almgebiet (Wanderung Virgen Nr. 13)

Wanderung von Wallhorn über die Bodenalm zu den Wallhorner Mähdern: blumenreiche Bergmähder (Wanderung Prägraten Nr. 1)

Wanderung von Wallhorn zur Nilljochhütte: blumenreiche Bergmähder, herrlicher Aussichtspunkt (Wanderung Prägraten Nr. 2)

Rundwanderung Hinterbichl – Stockachalm – Kohlröserlwiese – Pebellalm: einsame, blumenreiche Wanderung mit prächtiger Aussicht auf die Venedigergruppe (Wanderung Prägraten Nr. 4)

Wanderung von Bichl zu den Sajat-Bergmähdern: blumenreichste Bergmähder im Virgental (Wanderung Prägraten Nr. 8)

2. Tagestouren ab Mitte Juli bis Oktober, je nach Schneelage

Bergtour von Obermauern über die Nilljochhütte auf die Bonn-Matreier Hütte: naturkundlich interessante Tour durch Trockenvegetation, Almen und alpine Lebensräume (Bergtour Virgen Nr. 10)

Bergtour von Wallhorn über die Nilljochhütte auf die Bonn-Matreier Hütte: naturkundlich interessante Tour durch Lärchenwälder, Bergmähder, Almen und alpine Lebensräume (Bergtour Prägraten Nr. 2)

Wanderung auf dem Venediger-Höhenweg von der Bonn-Matreier Hütte zur Eisseehütte: herrlicher Aussichtsweg über den Wallhorner Mähdern in alpinen Rasen und mit Blick auf zahlreiche Gletscher (Wanderung Virgen Nr. 12)

Wanderung vom Parkplatz Ströden in das Umbaltal zum Umbalkees: eine der eindrucksvollsten Wanderungen im Virgental. Umbalfälle, Gletscherbäche, interessantes, blumenreiches Gletschervorfeld, eindrucksvoller Talgletscher (Wanderung Prägraten Nr. 6)

Bergtour auf den Großvenediger oder das Mullwitzeraderl: bergsteigerischer Höhepunkt (Bergtour Prägraten Nr. 15)

Hochtour von der Bonn-Matreier Hütte am Venediger-Höhenweg zur Badener Hütte: anspruchsvolle hochalpine Tour in das einsame Froßnitztal, botanisch und landschaftlich reizvoll (Bergtour Virgen Nr. 11)

Bergtour durch das Timmeltal zur Eisseehütte und zum Eissee: durch Trockenvegetation und Almen in eine großartige Hochgebirgslandschaft (Bergtour Prägraten Nr. 11)

Bergtour von der Eisseehütte über die Zopetscharte zur Johannishütte: hochalpine Tour mit interessanter Flora und schöner Aussicht (Bergtour Prägraten Nr. 13)

Bergtour von der Eisseehütte zum Wallhorntörl: hochalpine Tour in die Gletscherregion der Venedigergruppe (Bergtour Prägraten Nr. 12)

Bergtour von der Johannishütte über den Sajat-Höhenweg zur Sajatscharte und zur Sajathütte: herrlicher Aussichtsweg durch blumenreiche Bergmähder (Bergtour Prägraten Nr. 9)

Bergtour von der Sajathütte über den Prägratner und Timmeltal-Höhenweg zur Eisseehütte: herrliche Bergmähder, Almen, hochalpine Flora und Fauna (Bergtour Prägraten Nr. 10)

Bergtour von Hinterbichl über Johannishütte, Türmljoch nach Ströden: eine Bergwanderung zu majestätischen Gletschern (Bergtour Prägraten Nr. 14)

Wanderung von der Pebellalm über das Großbachtal zum Bödensee und zur Neuen Reichenberger Hütte und über die Rote Lenke zur Lasnitzenhütte: landschaftlich außergewöhnlich schöne Hochgebirgswanderung (Wanderung Prägraten Nr. 16)

Bergtour von der Lasnitzenhütte auf den Lasörling: großartiger Aussichtsberg (Bergtour Prägraten Nr. 17)

3. Halbtagswanderungen, auch bei unsicherem Wetter möglich

Rundwanderung Feldgehölzlehrweg Virgener Feldflur: einzigartige Kulturlandschaft, reichhaltige Information auf instruktiven Lehrtafeln (Wanderung Virgen Nr. 2)

Rundwanderung von Virgen über Mellitz – Ruine Rabenstein nach Obermauern: botanisch interessante Wanderung, wärmeliebende Flora und Fauna (Wanderung Virgen Nr. 5)

Rundwanderung auf die Ruine Rabenstein und über den Sonnberg nach Virgen: botanisch interessante Wanderung, wärmeliebende Flora und Fauna (Wanderung Virgen Nr. 4)

Wanderung zur Silbergrube in Mitteldorf: zugänglicher Bergwerksstollen aus dem 16. Jahrhundert (Wanderung Virgen Nr. 6)

Wanderung auf den „Burg"-Berg bei Obermauern: botanisch hochinteressante Wanderung, wärmeliebende Flora, Sebenstrauch-Lärchen-Wald und Sebenstrauch-Trockengebüsche (Wanderung Virgen Nr. 3)

Wanderung am Wasserschaupfad Umbalfälle: Kataraktstrecke mit eindrucksvollen Wasserfällen der Isel (Wanderung Prägraten Nr. 5)

4. Halbtagswanderungen bei Schönwetter

Wanderung an der wasserreichen Isel zwischen Virgen und Mitteldorf: erlebnisreiche Wildwasserstrecke der Isel, Iselauen (Wanderung Virgen Nr. 2)

Wanderung durch die Iselschlucht von Welzelach nach Bobojach und Wallhorn: Einblicke in die Iselschlucht, Wanderung durch verschiedene Lebensräume (Wanderung Virgen Nr. 8)

Wanderung von Obermauern über die Hohe Bank nach Bobojach: Wanderung am alten Karrenweg zwischen Virgen und Prägraten, botanisch und landschaftlich reizvoll (Wanderung Virgen Nr. 7)

Botanischer Erlebnisweg Hinterbichl-Prägraten: interessante Flora und Fauna (Wanderung Prägraten Nr. 3)

5. Möglichkeiten bei Regenwetter oder an Rasttagen

Rundwanderung auf die Ruine Rabenstein (Wanderung Virgen Nr. 4)

Wanderung zur Silbergrube in Mitteldorf (Wanderung Virgen Nr. 6)

Besuch des Heimatmuseums in Virgen

Besuch verschiedener kultureller Einrichtungen wie Wallfahrtskirche in Obermauern, Mitterkratzerhof in Prägraten, Heimatmuseum Oberbichl, Islitzer Mühle

Talwanderungen an der Isel zwischen Virgen und Prägraten

6. Empfehlenswertes Nationalparkprogramm für Juni bei guten Wetterverhältnissen

1. Tag: Rundwanderung Virgen – Gotschaunalm (Wanderung Virgen Nr. 8) oder Wanderung von Bichl zu den Sajat-Bergmähdern (Wanderung Prägraten Nr. 8)

2. Tag: Wanderung zu den Umbalfällen, Wasserschaupfad Umbalfälle (Wanderung Prägraten Nr. 4)

3. Tag: Virgener Feldflur, Besichtigung der Silbergrube in Mitteldorf, eventuell noch des Virgener Heimatmuseums oder des Heimatmuseums in Oberbichl (Wanderungen Virgen Nr. 1, 2, 6) oder Wanderung von Wallhorn auf die Nilljochhütte, hinab nach Obermauern, auf den „Burg"-Berg und über die Hohe Bank zurück nach Wallhorn (Wanderungen Prägraten Nr. 2 und Virgen Nr. 3, 10, 11)

4. Tag: Wanderung auf die Ruine Rabenstein und weiter nach Obermauern, Besichtigung der Wallfahrtskirche in Obermauern und Wanderung auf den „Burg"-Berg oder botanische Wanderung von Hinterbichl nach Prägraten (Wanderungen Virgen Nr. 4 und Prägraten Nr. 2)

5. Tag: Wanderung zur Wetterkreuzhütte und weiter zur Zupalseehütte (Wanderung Virgen Nr. 13) oder Wanderung in das Zedlacher „Paradies": großartiger Lärchenwald (Wanderung Matrei Nr. 2)

3. Defereggental: Gemeinden Hopfgarten, St. Veit und St. Jakob

Natur

Topografie, Geologie, Geomorphologie

Das Defereggental ist ein von der **Schwarzach** entwässertes Nebental der Isel mit einer Gesamtlänge von rund 30 km. Das Haupttal ist ein West-Ost orientiertes Längstal mit der **Lasörlinggruppe** im Norden und den **Deferegger Bergen** im Süden. An der Grenze zur **Rieserfernergruppe** im Westen biegt der Oberlauf der Schwarzach in eine Nordwestrichtung um. Die größten Seitentäler im Norden sind: **Arvental, Trojeralmtal** und **Tögischer Tal**; im Westen und Süden: **Patscher Tal; Stalleralmtal, Bruggeralmtal, Zwenewaldtal** und **Grünalmtal**. Der bedeutendste Übergang in das Virgental ist das **Virgener-Deferegger Törl** in 2616 m. Nach Südtirol gibt es mehrere Übergänge. Der bedeutendste ist der **Staller Sattel** mit 2052 m, über den 1974 eine Passstraße eröffnet wurde, die während der schneefreien Jahreszeit befahrbar ist. Weitere niedrige Übergänge sind das **Klammljoch** mit 2288 m vom Arvental ins Knuttental und das **Gsieser Törl** in 2205 m vom Lapptal ins Gsieser Tal.

Im Defereggental befinden sich die Gemeinden **St. Jakob i. D.** mit einer Fläche von 186 km^2 (davon 122,9 km^2 im Nationalpark = 66,1 %), St. Veit i. D. mit einer Fläche von 61,5 km^2 (davon 13,6 km^2 im Nationalpark = 22,1 %) und Hopfgarten i. D. mit einer Fläche von 73,17 km^2 (davon 3,9 km^2 im Nationalpark = 5,3 %).

Geologisch dominierend sind im Defereggental die Gesteine des ostalpinen **Altkristallins**, die östlich von St. Jakob beide Talflanken bis hinauf zu den Kammlinien beherrschen. Westlich schließt die große **Tonalitintrusion des Rieserfernermassivs** an, während im hintersten Schwarzach- und Arvental noch die **Matreier Zone** und die **Obere Schieferhülle** des Pennischen **Tauernfensters** durchstreichen.

Das **Altkristallin** ist durch verschiedene *Gneise, Glimmerschiefer* und vereinzelt auch durch *Amphibolite* vertreten. Die zumeist dunkel verwitternden Gesteine können in den Bächen in Form abgescheuerter und abgerundeter Geschiebe am besten unterschieden werden. Auffällig sind auch die *Orthogneise* mit großen Kalifeldspataugen *(Augengneise)*. Die aus alten Sedimentablagerungen durch Gebirgsbildung hervorgegangenen *Paragneise* weisen lokal eine noch deutlich erkennbare ursprüngliche Bänderung auf. Sporadisch enthält das Altkristallin kleine Linsen und Bänder von hellem *Kalkmarmor*.

Für die Rieserfernergruppe sind die granitähnlichen *Tonalite* das prägende Gestein. Sie sind in spätalpidischer Zeit, also vor etwa 30 Millionen Jahren (Oligozän), entlang der so genannten Periadriatischen Naht (Pustertal-Linie), die die Nordalpen von den Südalpen trennt, intrudiert und zeichnen sich gegenüber Granit durch ihren höheren *Plagioklas*-Gehalt, etwas *Quarz* sowie deutlichen *Hornblende-* und *Biotitsäulchen*-Gehalt aus.

Die den Rahmen des **Tauernfensters** bildende **Matreier Zone** ist durch das Auftreten von *Serpentinit*, *Dolomit-* und *Kalkmarmor*, *Quarzit* und graphitischem *Glanzschiefer* zu erkennen. Sie verläuft vom Rotenmanntörl über die Jagdhausalm zur Staatsgrenze beim Klammljoch. Tektonisch tiefer, also weiter nördlich, liegen die zur Oberen Schieferhülle gehörenden *Prasinite*, *Chloritschiefer* und *Kalkglimmerschiefer*. Letztere bauen die Gipfelregion zwischen Großem Reinhard, Löffelspitze, Rötspitze und Daberspitze auf.

Nachstehend noch einige geologische Details zu den einzelnen Talabschnitten:

Inneres Defereggental (Gemeinde St. Jakob i. D.): Geologisch abwechslungsreich ist die Wanderung durch das Schwarzachtal ab Erlsbach. Hier durchquert man zunächst die *Tonalite*, die neben der Mautstraße in einem Tonalitsteinbruch gut aufgeschlossen sind. Gesteine mit frischem Bruch lassen die Strukturen und den Mineralbestand gut erkennen. *Tonalite* beherrschen auch das Patscher Tal. Im Bereich der Oberhausalm und Seebachalm treten vorwiegend muskovitreiche *Glimmerschiefer* und *Gneise* des Altkristallins auf. Die sanften Hänge im Gebiet der Jagdhausalm mit den darüber aufragenden dunklen und braunen Schieferbergen bestehen aus *Prasinit* und *Kalkglimmerschiefer* und gehören zur **Oberen Schieferhülle**

Blick ins Defereggental

des Tauernfensters. Im obersten Schwarzachtal treten in der so genannten „In der Weiße" ganz helle *Dolomitmarmore* auf, die zur Matreier Zone gehören und zusammen mit *Kalkmarmor, Serpentinit* und *Glanzschiefer* von hier weiter durch das Arvental zum Klammljoch ziehen. Interessant ist auch das Trojeralmtal. Hier begegnet man am Taleingang Aufschlüssen von *Tonalit*. Im Tal selbst überwiegen *Glimmerschiefer* und *Paragneise* des **Altkristallins**, und erst kurz vor Erreichen der Reichenberger Hütte beginnt die **Matreier Zone** mit schiefrig bis bankig ausgebildeten hellen *Quarziten*, die sich bis zum Bödensee fortsetzen. Auch der *Serpentinit*-Rücken der Gösleswand sowie die im Bereich der Reichenberger Hütte auftretenden *Rauwacken* und *Dolomitmarmore* gehören zur Matreier Zone. Am Weg zur Daberlenke gelangen wir wieder in die **Obere Schieferhülle** zu den schon bekannten Gesteinen, welche die Graue Wand, die Reichenberger Spitze, Rosenspitze und das Gamsköpfl aufbauen.

Am viel begangenen „Blumenweg St. Jakob-Oberseite" – zwischen Trojeralm und Erlsbacher Alm – quert man altkristalline *Schiefergneise* und *Glimmerschiefer* in teils von Moränen überdecktem Gelände. Beim Weißen Beil und der Erlsbacher Alm treten *Kalkmarmore* wahrscheinlich triassischen Alters auf.

Mittleres und äußeres Defereggental (Gemeinde St. Veit i. D. und Hopfgarten i. D.): Die nördlichen und südlichen Talflanken werden hier ausnahmslos von *Glimmerschiefern* und *Gneisen* des ostalpinen **Altkristallins** eingenommen. Dabei treten Glimmerschiefer bevorzugt auf der nördlichen Talseite und Gneise auf der südlichen auf. Allgemeine Streichrichtung der Gesteine ist Ost-West. Untergeordnet tritt hier *Amphibolit* auf. In Talnähe lässt sich bis St. Veit auf der nördlichen Talseite ein Ausläufer der Rieserferner-**Tonalitintrusion** beobachten. Weiter östlich setzt er sich auf der südlichen Talflanke fort und erreicht mit Unterbrechungen das Iseltal bei St. Johann i. W., wo dieses Gestein in mehreren Steinbrüchen abgebaut wird.

Auch das Defereggental verdankt seinen **Formenschatz** den **eiszeitlichen Gletschern** und **Bächen**. Der Eisstrom der letzten Eiszeit reichte bei Erlsbach bis in eine Höhe von rund 2500 m. Eisströme flossen auch über den Staller Sattel (2055 m) und das Gsieser Törl (2200 m) und in mehr als 2400 m Höhe gegen das Südtiroler Pustertal. Die Eisströme haben das Haupttal und die Seitentäler ausgeschürft, das Haupttal stark vertieft und dort, wo mehrere Gletscher zusammenströmten, Talweitungen geschaffen (bei Hopfgarten, St. Jakob und Erlsbach). Die Seitentäler sind vielfach ausgeprägte **Trogtäler**, die mit **V-förmig zerschnittenen Stufen** von 150 bis 200 m Höhe in das Haupttal einmünden. Ein **präglazialer Talboden** wird im Bereich der Terrassen von St. Veit (1495 m), Moos (1473 m) und Hof-Rajach (1457–1400 m) vermutet.

Im Defereggental gibt es auch eine Reihe erkennbarer **Moränenwälle späteiszeitlicher Gletschervorstöße**. Dem Daunstadium vor 12.000 Jahren werden die Moränenwälle bei der Hinteren Trojeralm sowie an den Mündungen vom Fleischbach-, Seebach- und Patscher Tal zugerechnet. Dem Gschnitzstadium vor 15.000 Jahren sollen hingegen die Moränen auf der linken Seite des Ragötztales in 1900 m, die Wälle im Gsaritzenalptal in 1930 m Höhe sowie die Moränenreste beiderseits der Mündungsschlucht des Defereggentales zugerechnet werden. Zu den besonders auffallenden Formbildungen der Bäche zählen die eindrucksvolle, 150 m tiefe **Mündungsschlucht** bei Huben und die **Mellitzschlucht**. Der größte, auch von der Straße aus gut erkennbare **Schuttkegel** im Defereggental stammt vom Feistritzbach östlich von St. Jakob. Der Sage nach soll die heutige St.-Leonhard-Kirche auf einer durch eine Mure verschütteten alten Kirche stehen. Da die heutige Kirche aus dem 15. Jahrhundert stammt, müsste der Murenabgang vor dieser Zeit erfolgt sein.

Gesteine

Die häufigsten Gesteine des Defereggentales sind *Paragneise, Glimmerschiefer* und *Amphibolite* des Altkristallins sowie die granitähnlichen *Tonalite* der Rieserferner-Intrusion. Um die Reichenberger Hütte und in der Nähe der Jagdhausalm treten Gesteine der Matreier Zone wie *Dolomite* und *Kalkmarmore, Serpentinite, Rauwacken* und *Quarzite* auf und im obersten Trojeralmtal, Schwarzach- und Arvental ist bereits wieder die Obere Schieferhülle mit *Kalkglimmerschiefern* und *Prasiniten* aufgeschlossen.

Vegetation und Tierwelt

Das Ost-West verlaufende Defereggental ist im Norden und Westen durch eine mächtige Hochgebirgsbarriere gut abgeschirmt und auch vor kalten Nordwinden geschützt. Das Klima wird daher vorwiegend von Einflüssen aus dem Mittelmeerraum beeinflusst. Der mittlere Jahresniederschlag beträgt in St. Jakob in rund 1400 m Seehöhe 894 mm, in Hopfgarten-Hof in 1520 m Höhe 948 mm und in Hopfgarten/Tal in 1110 m Höhe 863 mm (1981–1990). Der kälteste Monat ist der Jänner mit einem Temperaturmittel von –8,4° in St. Jakob und –5,1° in Hopfgarten/Tal, der wärmste Monat der Juli mit einem Temperaturmittel an diesen Orten von 13,5° bzw. 16,2°.

Schatt- und Sonnseite sind in diesem Ost-West-Tal stark ausgeprägt. Die südexponierten Hänge erhalten aufgrund ihres Neigungswinkels eine sehr starke Sonnenbestrahlung. Es besteht daher zwischen nördlicher und südlicher Talseite auch ein deutlicher Unterschied in der Vegetation. Während auf der Schattseite der *Fichten-Wald* bis ins Tal herabreicht, tragen die Sonnenhänge bäuerliches Kulturland mit Wiesen, Feldfrüchten, Laubgehölzen und Lärchenwiesen. Die Waldgrenze liegt im Durchschnitt bei 2000 m.

In Bereichen, wo der subalpine Wald zur Schaffung von Almweiden und Mähwiesen nicht gerodet wurde, gibt es gerade im Defereggental noch große Bestände der *Zirben-Lärchen*-Wälder. Eine landschaftliche Kostbarkeit ist der Oberhauser Zirbenwald im innersten Defereggental, der mit einer Fläche von 2,7 km² im Bereich zwischen 1770 und 2250 m der größte geschlossene Zirbenwald der Ostalpen ist. Große geschlossene Zirbenbestände gibt es noch im Trojeralmtal sowie im Patscher- und Stalleralmtal.

Besonders interessant ist der Laubmischwald auf den steilen Hängen der Schwarzach-Schluchtstrecke bei Huben mit *Winterlinde, Spitzahorn, Bergahorn, Zitterpappel, Esche, Bergulme, Hasel, Birke* und *Grauerle*.

Auf den Schotterbänken der Schwarzach zwischen Mariahilf und Erlsbach sowie im ehemaligen Überschwemmungsgebiet der Schwarzach auf der orographisch rechten Talseite bei St. Jakob gibt es noch große Bestände der *Deutschen Tamariske*, des *Uferreitgrases* und verschiedener seltener Weidenarten.

Zu den Besonderheiten des Tales zählen auch das hochinteressante Niedermoor im hintersten Trojeralmtal, die Moore am Obersee und bei St. Jakob sowie der einzigartige Moorsee mit seiner Verlandungszone am Hirschbichl und der in 1890 m außergewöhnlich hoch gelegene *Schilf*-Bestand in einem Niedermoor des Gagenalpentales.

Auf der Sonnseite des Defereggentales erstrecken sich oberhalb der heutigen Waldgrenze ausgedehnte Bergmähder, die durch den vielfältigen Gesteinsuntergrund und den unterschiedlichen Bodenchemismus eine arten- und blütenreiche Vegetation aufweisen. Besonders eindrucksvoll sind die Ratzeller Bergwiesen und die Bergmähder auf der Oberseite von St. Jakob, letztere mit einer Fläche von ca. 3 km² (siehe auch „Naturdenkmäler und naturkundliche Besonderheiten").

Auch wenn die Tierwelt des Defereggentales noch nicht so gut erforscht ist wie in den anderen Bereichen der Osttiroler Nationalparkregion, kann man sagen, dass sie auch hier entsprechend artenreich ausgestattet ist. Auch die charakteristischen Vertreter des Hochgebirges, vom Tal bis in den Gipfelbereich und eine Reihe von wärmeliebenden, „südlichen" Elementen sind hier beheimatet. Im Kulturland des Tales bzw. an den Sonnhängen kann man hier z. B. eine Vielzahl an Schmetterlingen beobachten, darunter auch besondere Arten. Im hintersten Schwarzachtal „In der Weiße" wurde in jüngerer Zeit sogar eine weltweit neue Kleinschmetterlingsart *(Athrips sp.)* entdeckt. Weiters tritt hier im Randbereich der Rieserfernergruppe in der Schmetterlingsfauna bereits eine Anhäufung von westalpinen Elementen auf. Von den Vögeln kann man im Kulturland z. B. die in Mitteleuropa ansonsten schon seltenen Arten *Braunkehlchen* und *Neuntöter* noch weitgehend regelmäßig beobachten. Möglicherweise kommt auch hier noch der gefährdete *Wiedehopf* vor. In den sonnigen, felsdurchsetzten Bergwiesen lebt auch das *Steinhuhn*. Selbst mediterrane Elemente wie die *Blaumerle* wurden hier schon gesichtet. An den sonnigen Hängen bis in die Alpinstufe ist die *Bergeidechse* und mancherorts auch die *Kreuzotter* nicht selten. In den zahlreichen Moortümpeln – selbst in höheren Lagen – laichen noch häufig *Grasfrosch* und *Alpenmolch* (siehe auch Kapitel „Naturdenkmäler und naturkundliche Besonderheiten).

Gemeinde Hopfgarten im Defereggental

Natur

Mineralien und Bergbau

Der **Kupferabbau** im Bereich des Grünalmtales ist uralt. Bereits die Slawen, die im 6. und 7. Jahrhundert die Osttiroler Täler bevölkerten, bezeichneten die rechte Talflanke mit „**Rudnig**" (Erzberg). Das älteste Dokument des Bergbaues im hintersten Iseltal gibt u. a. an: „... Man findet noch viele, die sich erinnern, selber gesehen oder von ihren Eltern gehört haben, dass unterhalb Huben am Deferegger Bach eine Schmelzhütte in Betrieb war und in der Grünalm ein Bergwerk bestand, in dem ungefähr 70 Knappen von 1470 bis 1496 und auch noch später gearbeitet haben ..." Auch noch im 16. und 17. Jahrhundert spielte dieses Hochtal eine bedeutende Rolle, das von Dölach südlich in den Deferegger Riegel hineinführt.

Nach **Kupfer- und Silbererzen** wurde u. a. auch in Rajach oberhalb von Hopfgarten (hier steht übrigens das älteste, 1589 erbaute Wohnhaus des Tales, das „Fiegerhaus"), in der Zwenewaldalm, in Hof und in Dölach geschürft.

Ein kleines Besucherbergwerk wurde im **Hofergraben** erschlossen. Ein alter Stollen schließt ein ungefähr 4 m mächtiges Erzlager auf, das Spuren von **Kupfererzen** enthält. Angeblich haben die Erze auch etwas Gold enthalten. Die Ruinen einer Aufbereitungsanlage sind gegenüber dem Stolleneingang linksseitig des Baches zu sehen.

Beherrschende Gipfel

Im Norden markieren der **Stanzling** (2716 m) und der **Deferegger Riegel** (2729 m) als stattliche Gipfel den Ostrand der Lasörlinggruppe. Vom Deferegger Riegel fällt der bis hierher verlaufende Hochkamm dieser Berge steil nach Huben ab.

Hopfgarten im Defereggental

Im Süden umfassen die **Hochalmspitze** (2797 m), der **Regenstein** (2891 m) und das **Hocheck** (2835 m) das Zwenewaldtal mit seinen schönen Bergseen und sind hier die höchsten Erhebungen der östlichsten Defregger Alpen. Der **Rudnig** (2429 m) bildet schließlich den markanten östlichen Eckpfeiler dieser Gebirgsgruppe am Talausgang des Defereggentales. Sein Name stammt aus dem Slawischen und bedeutet „Erzberg" (siehe voriges Kapitel).

Gewässer

In der Gemeinde Hopfgarten liegen außerhalb des Nationalparks in den Defregger Alpen malerische **Karseen**: im oberen Zwenewaldtal der **Geigensee** (2409 m) und **Pumpersee** (2486 m; siehe auch Wanderbeschreibung) und im oberen Grünalpental der **Schwarz-, Mond-, und Ochsensee** (2350, 2356 und 2498 m). Der Geigensee hat seinen Namen von seiner Gestalt, die an einen Geigenkörper erinnert. Er umfasst eine Fläche von 4 ha und beherbergt Zwerg- oder Kümmerformen des *Seesaiblings*, die so genannten *Schwarzreuter*. Der Pumpersee ist etwa 3 ha groß und mindestens 16 m tief. Der 2 ha große Mondsee und der kleine Ochsensee (0,6 ha) weisen mit maximal 4,7 bzw. 2,7 m nur geringe Tiefen auf. Der Schwarzsee ist hingegen bis zu 11,5 m tief und misst rund 2 ha. Der Schwarz- und Mondsee beherbergen Bestände des *Schwarzreuters*, während der Ochsensee fischleer ist.

Die von den beschriebenen Seen abfließenden Bäche bilden im weiteren Verlauf zum Teil wunderschöne **Wasserfälle**.

Naturdenkmäler und naturkundliche Besonderheiten

Mündungsschlucht der Schwarzach in das Iseltal

Die Schwarzach hat die aus *Paragneis* des Altkristallins bestehende Mündungsstufe des Defereggentales in das Iseltal im Laufe von Jahrtausenden zerschnitten und eine 150 m tiefe Schlucht gebildet. Von der Straße aus gibt es an mehreren Stellen Haltemöglichkeiten mit faszinierenden Einblicken in die beeindruckende Schlucht.

Hochinteressant ist der Bewuchs der steilen Schluchtwände mit einem Laubmischwald, dessen Zusammensetzung den Laubmischwäldern der Alpennordseite mit atlantischem Klimaeinfluss entspricht. Der Laubmischwald besteht aus *Winterlinde, Spitzahorn, Bergahorn, Esche, Ulme, Zitterpappel, Birke, Grauerle* und *Hasel*. An sonnenbeschienenen, trockenen Standorten wachsen unter anderem die wärmeliebenden und trockenheitsresistenten Pflanzenarten wie *Echter Wermut, Feldbeifuß, Waldschotendotter* und *Weißer Mauerpfeffer*.

Die Romisquelle bei Hopfgarten

Diese Quelle liefert ein hervorragendes Tafelwasser, das sich zur Mischung mit allen Fruchtsäften und Weinen besonders gut eignet. Die Quelle war den Bauern und Almhirten schon früh bekannt, die die erfrischende Wirkung der Quelle schätzten. Ihr Wasser wird in Hopfgarten abgefüllt und als „Urleiten" – Osttiroler Tafelquellwasser verkauft.

Schilfbestand im Gagenalmbachtal

In den Defregger Alpen gibt es in einem in 1890 m Höhe gelegenen Niedermoor noch einen *Schilf*-Bestand. Da das Schilf hauptsächlich eine Pflanze der Tallagen ist, verdient dieser Bestand, der wahrscheinlich das höchstgelegene Schilfvorkommen in den gesamten Hohen Tauern darstellt, besondere Beachtung.

Die Ratzeller Bergwiesen

Unterhalb der Felsabstürze des Roten Kögele zwischen Dölach und Hopfgarten liegen oberhalb 1900 m die sonnenreichen Ratzeller Bergwiesen, die auch heute noch teilweise gemäht werden. Es handelt sich um *Goldschwingel*-Rasen-Bergmähder, die sich durch außerordentliche Vielfalt an Pflanzen und Insekten auszeichnen. Anfang bis Mitte Juli sind diese Bergwiesen blütenübersät. Neben dem bestandsbildenden, hochwüchsigen *Goldschwingel* sind folgende Pflanzen besonders erwähnenswert: *Türkenbundlilie*, die Orchideen *Kugelorchis, Geflecktes Knabenkraut, Breitblättriges Knabenkraut* und *Mückenbändelwurz;* weiter *Hoppes, Gewöhnliches* und *Orangerotes Habichtskraut, Einköpfiges Ferkelkraut, Arnika, Großkopfpippau, Perückenähnliche Flockenblume, Flohblumen-Teufelskralle, Breitblättriges Laserkraut, Sandhauswurz, Berglauch* und *Großblütiges Sonnenröschen* (siehe auch Wanderung Nr. 5). Besonders interessant ist hier das Vorkommen der *Bartnelke*, einer südlichen Pflanzenart, die in anderen Bergmähdern fehlt.

Orchideenreiche Ratzeller Bergwiesen (Langspornhändelwurz mit Waldhyazinthe)

Wirtschaft

Die 73,2 km² große Gemeinde Hopfgarten liegt sehr verkehrsgünstig am Eingang in das Defereggental, nur 6 km westlich der Nord-Süd-Verbindung durch die Felbertauernstraße. Von den Fraktionen Dölach, Hof, Plon, Lerch, Rajach und Ratzell ist Letztere in 1500 m Höhe nur mit einer Gondelbahn zu erreichen. Wegen der schwierigen Bearbeitung wurden in Ratzell seit dem 2. Weltkrieg drei Bauernhöfe aufgelassen. Die **Landwirtschaft** wird in der Gemeinde Hopfgarten nur in wenigen der ca. 60 Höfe als Vollerwerb betrieben. Als Nebenerwerb hat der **Fremdenverkehr** Bedeutung erlangt. Schöne Wanderwege im Sommer, ein Schlepplift und eine Langlaufloipe im Winter warten auf die Urlauber. Obwohl auch 23 **Gewerbebetriebe** (darunter 2 Kraftwerke, eine Tafelwassergewinnung, 2 Schmieden) ca. 70 Menschen Beschäftigung bieten, müssen über 200 Arbeitnehmer auspendeln. Der wirtschaftliche Aufschwung durch Holzhandel und Holzverwertung ist längst vorbei. In den letzten 15 Jahren verließen ca. 120 Hopfgartner ihre Heimatgemeinde.

Historisch erlangte Hopfgarten wirtschaftliche Bedeutung durch den **Bergbau**. Bereits die Slawen, die im 6. und 7. Jahrhundert die Osttiroler Täler besiedelten, bezeichneten den Berg östlich des Grünalmtales als „Rudnig" = Erzberg. Im 15. Jahrhundert fanden dort 70 Knappen im Kupferbergbau Arbeit und aus dem 16. und 17. Jahrhundert sind zahlreiche Kupfer- und Silbergruben bekannt. Gegen Ende der Bergbauperiode kam es zur Zwangsaussiedlung von 232 Protestanten aus Hopfgarten durch den Erzbischof von Salzburg (1684/86 – siehe auch St. Veit).

Kulturelle Besonderheiten

Pfarrkirche Hl. Johannes Nepomuk

Der einfache barocke Bau wurde 1756 anstelle einer aus dem Jahre 1699 stammenden hölzernen Dreifaltigkeitskapelle erbaut und 1798 geweiht. Die Deckengemälde stellen Szenen aus dem Leben des Kirchenpatrons dar.

„Fiegerhaus" in Rajach

Das Haus oberhalb von Hopfgarten wurde 1589 erbaut und ist somit das älteste Wohnhaus des äußeren Tales. Im Zusammenhang mit nahe gelegenen Kupfer- und Silbergruben (der Stollen ist jetzt zugemauert) war es von einem Knappengeschlecht bewohnt.

Bergwerk im Hofergraben

Der Stollen aus dem 15. Jahrhundert ist mit Solarstrom-Beleuchtung und schriftlichen Erläuterungen sehr gut für Besucher erschlossen. Es wurde dort *Kupferkies* und etwas *Gold* abgebaut. In dem kleinen Wasserrinnsal, das aus dem Bergwerk herausrinnt, scheidet sich *Eisenocker* aus. Gegenüber vom Stolleneingang sind an der linken Bachseite Ruinen der Aufbereitungsanlage zu sehen. Gehzeit 20 Minuten von Pension Elisabeth im Ortsteil Hof (Rundweg Knappenloch – Rajach).

Berühmte Bildhauer

Die Gemeinde Hopfgarten hat zwei **Bildhauer**

Prächtige Höfe bereichern die Kulturlandschaft der Nationalparkregion

Schaubergwerk im Hofergraben bei Hopfgarten i. Def.

von überregionaler Bedeutung hervorgebracht. **Johann Paterer** (1712–1785), der bekannteste Barockbildhauer Osttirols, wurde in Dölach geboren und arbeitete hauptsächlich in Lienz. Seine Werke schmücken viele Kirchen in Osttirol und Oberkärnten. **Josef Mattersberger** (1755–1825), ebenfalls in Dölach geboren, schuf in Moskau und Petersburg zahlreiche Statuen für kaiserliche Schlösser und wirkte später als Professor an der Akademie in Breslau.

Nationalparkeinrichtungen in der Gemeinde Hopfgarten

- Nationalpark-Informationsstelle gemeinsam mit dem Tourismusverband
- „Apollolehrweg" im Bereich der Ratzeller Bergwiesen

Moderne Architektur im Dorf – das Kulturhaus in Hopfgarten im Defereggental

Empfehlenswerte Wanderungen und Touren

1. Wanderung zum Schaubergwerk „Hofergraben"

Ausgangspunkt: Pension „Elisabeth" in Innerhopfgarten, orographisch linke Talseite
Gehzeit: hin und zurück 1 Stunde mit Besichtigung
Höhenunterschied: ca. 150 m
Schwierigkeitsgrad und Ausrüstung: leichte Wanderung; Bergschuhe
Außerhalb des Nationalparks

In der Nähe der Pension „Elisabeth" beginnt der bezeichnete „**Rundwanderweg Knappenloch – Rajach**". In ca. einer ½ Stunde gelangt man auf einem guten, im schattigen Bergwald angelegten Fußweg zum Knappenloch. Es handelt sich um ein Bergwerk im Hofergraben aus dem 15. Jahrhundert. In diesem Bergwerk wurde *Kupferkies* und etwas *Gold* abgebaut. Es war ein 4 m mächtiges Erzlager, dessen genaue Lage und Größe nicht bekannt ist. Das Stollensystem besteht aus einem waagrechten Stollen, der nach 30 bis 40 m verstürzt ist. Oberhalb dieses Eingangsstollens gibt es noch ein weiteres Stollensystem. Die Grube ist sehr feucht, das Kupfererz ist zu *Hämatit (Roteisen)* und *Limonit (Eisenhydroxid)* verwittert, daher die braunrote Farbe. Dazwischen sieht man *Calcit*-Ausscheidungen in Form von Kristallen und Bergmilch. Aus dem Stollen fließt ein braunrotes, eisenhältiges Bächlein in den Hofergraben. Gegenüber dem Stolleneingang sind noch die Grundmauern der einstigen Erzaufbereitungsanlage zu sehen. Das aufbereitete Erz wurde dann nach Huben bzw. nach Unterpeischlach gebracht und dort weiterverarbeitet.

Dieses alte Bergwerk ist als Schaubergwerk mustergültig zugänglich gemacht und mit einer elektrischen Beleuchtung versehen, die nach dem Einschalten 20 Minuten den Stollen beleuchtet. Auf den Felsen im Hofergraben, im Umfeld des Bergwerkes, fallen die schwefelgelben *Leuchtflechten* auf. Diese Flechten enthalten einen Farbstoff, der selbst an dunklen, schattigen Stellen noch leuchtet.

2. Höhenwanderung am Sonnenhang von Hopfgarten über Lerch – Moos nach St. Veit

Ausgangspunkt: Innerhopfgarten in der Nähe der Pension „Elisabeth"
Gehzeit: von Innerhopfgarten nach Lerch ca. 1 Stunde, von Lerch über Moos – Mellitz – St. Veit 1½ Stunden, von Lerch über Moos – Mellitz und dann auf dem Waldweg über Außeregg nach St. Veit 2½ Stunden
Höhenunterschied: ca. 400 m
Schwierigkeitsgrad und Ausrüstung: gute Wanderwege; feste Wanderschuhe
Außerhalb des Nationalparks

Von Innerhopfgarten (Brücke in der Nähe der Pension Elisabeth) benützt man den alten Kirchweg nach Lerch (gut bezeichnet). Der Aufstieg erfolgt durch eine sehr abwechslungsreiche bäuerliche Kulturlandschaft und führt zum asphaltierten Güterweg, der von Hopfgarten als Bergstraße über **Rajach, Hof** nach **Lerch** verläuft. Nach einem kurzen Stück auf dieser Straße beginnt in Lerch ein Fußweg, der in ca. 1500 m als Höhenweg teils durch Wald, teils oberhalb der Bergwiesen nach Moos führt. Vom Weg aus hat man einen herrlichen Rundblick auf die Deferegger Alpen und die Rieserfernergruppe mit dem Hochgall (3354 m). Der Höhenweg ist im Juni, wenn die sonnigen Wiesen in Blüte stehen, besonders schön. Beeindruckend ist auch der kleine Bergweiler Moos mit einer sehenswerten Kapelle. Ab Moos gibt es verschiedene Möglichkeiten. Man kann einerseits von hier auf einem Feldweg über **Birk – Plon** nach Innerhopfgarten zurückwandern (Gehzeit 1 Stunde) oder den asphaltierten Güterweg nach St. Veit benützen (1½ Stunden). Empfehlenswert ist jedoch die Benützung des Waldweges, der von **Mellitz** (1391 m) über **Außeregg** nach St. Veit führt. Dieser Waldweg ist ein reiner Fußweg, der durch einen eindrucksvollen Bergsturzwald verläuft und von Mellitz noch etwas ansteigt. Empfehlenswert ist auch die Besichtigung der sehenswerten Pfarrkirche aus dem 14. Jahrhundert.

St. Veit ist mit 1495 m der höchstgelegene Erholungsort Österreichs. Er liegt auf den sonnenreichen Südhängen des Lasörlingkammes (Bundesbus-Haltestelle).

Diese Wanderung ist auch in umgekehrter Richtung sehr zu empfehlen.

3. Wanderung zur Kleinitzalm (1770 m)

Ein sehenswertes, sehr ursprüngliches Almdorf
Ausgangspunkt: Kapelle in Plon, 3 km von Hopfgarten taleinwärts – Bushaltestelle
Gehzeit: 2 Stunden für den Aufstieg

Höhenunterschied: 640 m
Schwierigkeitsgrad und Ausrüstung: keine Schwierigkeit, Ausdauer erforderlich
Außerhalb des Nationalparks

Von der Kapelle in Plon führt ein steiler, aber gut markierter Weg mit ausreichenden Rastbänken durch den Bergwald aufwärts in dieses Almgebiet. Die Mühen des Aufstieges sind bald vergessen, wenn man das einzigartige Almidyll der Kleinitzalmen erblickt. In einer sanften Mulde mit blütenreichen Mähwiesen liegt eine Reihe von Almhütten und Heustadeln, die noch ganz ihr ursprüngliches Bild zeigen. Da dieses Almgebiet erst in jüngster Zeit durch einen Fahrweg erschlossen wurde, hat sich hier einzigartiges Kulturgut erhalten, das hoffentlich auch in Zukunft durch entsprechende Förderungen erhalten bleiben möge. Die Kleinitzalmen werden als die schönste Almsiedlung des Defereggentales bezeichnet.

Von diesem erholsamen Almgebiet gibt es viele weitere Möglichkeiten für Wanderungen und Bergtouren, die in den lokalen Führern beschrieben werden. Besonders empfehlenswert ist von den Kleinitzalmen eine anschließende Almwanderung zur Eggalm in 1956 m (Gehzeit 1½ Stunden) und weiter zur Gagenalm in 1992 m (von der Kleinitzalm weg 2½ Stunden). Es ist dies eine wunderschöne Höhenwanderung mit herrlichen Ausblicken auf den Lasörlingkamm, die steilen Grashänge und in das Defereggental. Von der Gagenalm gelangt man in 1½ Stunden auf einem Forstweg gemütlich nach Hopfgarten zurück.

Möglich ist von der Gagenalm auch eine weitere Wanderung zur bewirtschafteten Bloshütte (von der Kleinitzalm weg 3 Stunden Gehzeit). Auf der Bloshütte auch Nächtigungsmöglichkeit. Die Rückwanderung erfolgt dann durch das Zwenewaldtal nach Hopfgarten, Gehzeit ca. 2½ Stunden. Für Gruppen ist auch die Bestellung eines Bustaxis zur Bloshütte oder zur Gagenalm möglich (siehe Kapitel „Organisatorisches").

4. Wanderung am Panoramaweg Hopfgarten

Eine erlebnisreiche, naturkundlich und landschaftlich großartige Wanderung
Ausgangspunkt: Talstation der Kabinenseilbahn in Dölach bei Hopfgarten (Bushaltestelle)
Gehzeit: 3 Stunden
Höhenunterschied: 210 m/492 m mit der Kabinenbahn
Schwierigkeitsgrad und Ausrüstung: leichte Wanderung; Bergschuhe
Außerhalb des Nationalparks

Von **Dölach** mit der Kabinenseilbahn nach **Ratzell** in 1490 m Seehöhe. Mit dieser Bahn, deren Kabinen 5 Sitzplätze haben, kann man tagsüber nach telefonischem Anruf von der Tal- oder Bergstation aus jederzeit fahren.

Ab der Bergstation ist der Panoramaweg gut markiert. Bereits im ersten Abschnitt beeindrucken die steilen Bergwiesen der Ratzeller Bauern, die Ende Juli mit blühenden Wiesenblumen übersät sind. Hier sollte man sich an die einstige schwere Arbeit der Bergbauern ohne Aufstiegshilfen, Materialseilbahnen, Maschinen und Wege erinnern. Damals waren die Bauern noch weitgehend Selbstversorger und mussten alles zum Leben Nötige auf den steilen Wiesen anbauen. Auch die Kinder hatten weite und besonders im Winter beschwerliche Schulwege.

Der abwechslungsreiche Wanderweg führt teils durch blumenreiche Bergwiesen, teils durch *Fichten-Lärchen*-Bestände, dazwischen gibt es immer wieder feuchte Standorte mit *Trollblumen* und Beständen an *Männlichem Knabenkraut* oder Magerwiesen mit *Arnika, Goldfingerkraut, Dukatenröschen, Mückenhändelwurz* und *Schweizer Löwenzahn*. In **„Mösern" = Bretterkofl** erreicht man in 1700 m den höchs-

Kleinitzalmen – ein ursprüngliches Almdorf

ten Punkt des Panoramaweges. Hier ist auch ein Rastplatz mit großartiger Aussicht auf die steilen Hänge des Defereggentales und die Deferegger Alpen. Bei diesem Rastplatz zweigt auch der Weg zu den **Ratzeller Bergwiesen** und zur **Glanzalm** ab. Der Panoramaweg führt weiter zu einem Felsen aus *Kalkglimmerschiefer*, an dem viele kalkliebende Pflanzen auffallen wie *Alpenaster, Traubensteinbrech, Alpenquendel, Brillenschötchen, Felsenehrenpreis* u. a. Im weiteren Wegverlauf treten immer wieder solche Felsen aus Kalkglimmerschiefer auf. Dazwischen erstrecken sich einstige Bergmäder, die mit viel *Breitblättrigem Laserkraut, Türkenbundlilien, Alpentragant* und *Nickendem Tragant* bewachsen sind. Besonders eindrucksvoll ist dann der schmale Fußweg, der die steile Eggerleiten quert, die in Sommern mit wenig Heu im Tal noch gemäht wird. Nach der Bergwiese führt der Wanderweg durch den Bergwald abwärts, quert einige Gräben mit beeindruckenden Wildbachverbauungen zum Schutze des Dorfes Hopfgarten und mündet schließlich in die schmale, asphaltierte Straße nach **Rajach**.

Der Rückweg nach Hopfgarten kann entweder auf dieser Straße oder ab **Rasnerhof** am Knappenloch-Rundweg erfolgen (siehe auch Wanderung Nr. 1 zum Knappenloch).

5. Wanderung über die Ratzeller Bergwiesen zur Glanzalm (1975 m)

Ausgangspunkt: Dölach, etwa 2 km östlich von Hopfgarten
Gehzeit: 1½ Stunden
Höhenunterschied: 500 m
Schwierigkeitsgrad und Ausrüstung: leichte Wanderung; feste Bergschuhe
Nationalparkwanderung

Von **Dölach** aus fährt man mit einer kleinen privaten Kabinenseilbahn (5 Sitzplätze; bei Benützung genügt Anruf unmittelbar davor in der Talstation) zu entlegenen Bergbauernhöfen mit einer Jausenstation (Veidler) nach **Ratzell**. Von dort führt der Weg vorerst durch einen *Fichten*-Wald mit *Weidenröschen* zu einer Weggabelung mit zwei Möglichkeiten: einerseits über das Blöseck zur Glanzalm und dem Großen Zunig oder den Panoramaweg Mösern über Rajach nach Hopfgarten (siehe auch Wanderung Nr. 6). Bei der hier beschriebenen Wanderung wird vorerst der **Panoramaweg Mösern** eingeschlagen. Nach dem Waldstück gelangt man über Mähwiesen zu Almweiden mit Zwergsträuchern. Neben einem Bach wandert man durch feuchte Wiesen, die mit *Breitblättrigem Wollgras* und vielen Orchideen, wie z. B. *Geflecktem* und *Schmalblättrigem Knabenkraut*, bewachsen sind. Der Weg führt leicht ansteigend durch stark strukturiertes Gelände mit vielen schönen alten, zum Teil verfallenen Heustadeln und Steinmauern. Ab 1800 m blüht bereits im Unterwuchs der mit *Fichten, Lärchen* und *Wacholder* verwachsenen, teils beweideten Mäder die *Bartnelke*. Vor allem in Gärten findet sie als Zierpflanze Verwendung. In Südösterreich (Osttirol, Kärnten, Steiermark) kommt sie jedoch an Waldrändern, Gebüschen, auf Waldwiesen und kräuterreichen Bergwiesen von der montanen bis in die Subalpinstufe auch natürlich vor.

Mit zunehmender Höhe nimmt die Verbu-

Bartnelke, eine botanische Besonderheit auf Bergwiesen im Defereggental

Edelweiß

schung ab und die herrlichen **Ratzeller Bergwiesen** zeigen ihre Blütenpracht mit dem *Türkenbund, Hoppes-, Gewöhnlichem* und *Orangerotem Habichtskraut* sowie *Flohblumen-Teufelskralle, Arnika, Einköpfigem Ferkelkraut, Kugelorchis, Großkopfpippau, Perückenähnlicher Flockenblume, Breitblättrigem Laserkraut, Goldschwingel* und der bereits erwähnten *Bartnelke*.

In etwa 2000 m erreicht man eine Abzweigung, die einerseits nach Hof/Hopfgarten und andererseits zur Glanzalm führt. Der schmale, schöne Höhenweg mit herrlichem Blick auf das Iseltal schlängelt sich in gleich bleibender Höhe durch die zum Teil noch gemähten *Goldschwingel*-Rasen, deren auffälligste Pflanze die *Bartnelke* ist. Die dazwischen liegenden Felsen sind von der gelben *Sandhauswurz* bewachsen. Vorbei an einer Materialseilbahn, mit welcher unter anderem das wertvolle, nahrhafte Bergheu transportiert wird, erreicht man vor der **Glanzalm** (1975 m, Vermarktung landwirtschaftlicher Produkte) einen lichten *Lärchen-Zirben*-Wald mit Zwergsträuchern wie *Rostrote Alpenrose, Zwergwacholder* und *Heidelbeere*.

Die Glanzalm selbst ist von einem intensiv beweideten, eher artenarmen *Bürstlingrasen* umgeben. Empfehlenswert ist der Aussichtspunkt **Glocknerblick**, der 5 Minuten von der Alm entfernt liegt. Außerdem gibt es von der Glanzalm folgende Wandermöglichkeiten: Zunig (4 Stunden), Deferegger Riegel (3 Stunden), Stanzling (3½ Stunden, nur für Geübte).

Über den **Edelweißweg** steigen wir mäßig steil abwärts durch einen zum Teil urigen *Lärchen-Fichten*-Wald mit *Heidelbeere* als Unterwuchs in Richtung Bergstation Ratzell. Bei Ratzell mündet der Weg wieder in den Panoramaweg Mösern.

Von der Bergstation Glanz/Ratzell gibt es auch folgende Wander- und Tourenmöglichkeiten: **Stanzling** (5½ Stunden), **Deferegger Riegel** (5 Stunden), **Großer Zunig** (5½ Stunden), **Rajach** (2 Stunden), **Hopfgarten** (2½ Stunden), **Höhenweg Hof** (2½ Stunden), **Blöseck** (1½ Stunden).

6. Wanderung am Edelweißweg auf den Sonnenhängen von Hopfgarten: Rundwanderung Dölach – Ratzell – Glanzalm – Ratzeller Bergwiesen – Hof – Hopfgarten

Eindrucksvoller Höhenweg
Ausgangspunkt: Talstation der Kabinenseilbahn in Dölach bei Hopfgarten (Bushaltestelle)
Gehzeit: 5–6 Stunden
Höhenunterschied: 603 m ab Bergstation
Schwierigkeitsgrad und Ausrüstung: leichte Wanderung, etwas Trittsicherheit erforderlich; Bergschuhe
Nationalparkwanderung

Von **Dölach** aus fährt man mit einer kleinen, privaten Kabinenseilbahn (5 Sitzplätze, bei Benützung genügt Anruf unmittelbar davor in der Talstation) zu den hoch gelegenen Bergbauernhöfen mit einer Jausenstation (Veidler) nach **Ratzell**. Ab der Bergstation sind alle Wege gut bezeichnet. Der Weg zur **Glanzalm** führt zunächst durch einen steilen *Fichten*-Wald mit auffallend vielen Bauten der *Roten Waldameise* aufwärts. Erst gegen die Glanzalm geht der Fichtenwald in einen lockeren *Lärchen-Fichten*-Wald über. Dazwischen liegen blumenreiche Almwiesen, auf denen Ende Juni/Anfang Juli viele Orchideen wie *Männliches Knabenkraut, Waldhyazinthe, Mückenhändelwurz, Weißorchis* und andere blühen. In 1½ Stunden erreicht man die bewirtschaftete **Glanzalm** in 1975 m Seehöhe. Hier beginnt der „**Edelweißweg**", der über die blumenreichen Ratzeller Bergwiesen nach Hof führt (siehe auch Wanderung Nr. 5).

Nach der Abzweigung vom Edelweißweg zum Panoramaweg nach Rajach verläuft der Edelweißweg noch als Höhenweg weiter. Der schmale, landschaftlich sehr abwechslungsreiche Fußweg führt im weiteren Verlauf durch ein romantisches, stark überwachsenes Bergsturzgelände, durch Buschwerk mit *Alpenribisel, Blauer Heckenkirsche, Alpenrose, Alpenrebe* und *Grünerle* und immer wieder auch über blumenreiche Bergwiesen.

Der Abstieg Richtung **Hof** erfolgt über felsiges, gut gesichertes Gelände und steile Wiesen. Eindrucksvoll ist die Querung des „**Mehlgrabens**" mit seinen Wildbachverbauungen. Im unmittelbaren Umfeld der mächtigen Wildbachsperre fallen unzählige *Weinbergschnecken* auf, die hier in 1950 m Seehöhe einen erstaunlich hohen Standort haben. Der Edelweißweg mündet schließlich in einen Forstweg ein, der oberhalb von Hof in einen asphaltierten Fahrweg übergeht (Abkürzungen des Forstweges sind immer wieder möglich). Als Rückweg von Hof nach Hopfgarten kann die asphaltierte Straße benützt werden. Empfehlenswerter ist allerdings die Wanderung auf dem alten **Kirchweg nach Hopfgarten**. Von Hof geht es ein Stück weiter nach Rajach bis zur Abzweigung zum Schweigerhof. Hier beginnt der alte Kirchweg, der über strukturierte Bergwiesen und durch schattigen *Fichten*-Wald abwärts nach **Innerhopfgarten** führt. Von Innerhopfgarten geht es dann auf dem so genannten „**Brechelweg**", einem Promenadenweg, der an den einstigen Flachsanbau erinnert, zurück nach Hopfgarten.

7. Bergtour zum Geigensee und auf den Regenstein, 2891 m, einer der schönsten Aussichtsberge in den Deferegger Alpen

Ausgangspunkt: Hopfgarten, alte Holzbrücke; bis zur Bloshütte, 1795 m, auch Taxibus-Verkehr gegen Anmeldung (siehe Kapitel „Organisatorisches")
Gehzeit: von Hopfgarten zur Bloshütte 2½ Stunden, von Bloshütte zum Geigensee 2 Stunden, vom Geigensee auf den Regenstein 2 Stunden
Höhenunterschied: 1784 m
Schwierigkeitsgrad und Ausrüstung: bis zum Geigensee keine Schwierigkeit. Bei der Besteigung des Regensteins ist Trittsicherheit und Ausdauer erforderlich. Hochalpine Ausrüstung, Bergschuhe
Außerhalb des Nationalparks

Bloshütte mit steilen und blumenreichen Bergmähdern

Von der alten Holzbrücke („Blosbrücke") über die Schwarzach in Hopfgarten führt ein schmaler Wirtschaftsweg durch das waldreiche Zwenewaldtal zu den Zwenewaldalmen in 1678 m und zur bewirtschafteten Bloshütte in 1795 m. Bei Besteigung des Regensteins an einem Tag ist die Anfahrt mit einem Bustaxi bis zur Bloshütte empfehlenswert.
Die **Bloshütte** befindet sich an einem nach Südosten gerichteten Hang mit vereinzelten *Fichten*- und *Lärchen*-Gruppen. Oberhalb des Hauses erstrecken sich bis zum Kamm hinauf die Zwenewald-Bergmähder, die teilweise auch heute noch gemäht werden. Es handelt sich um

Frühlingsküchenschelle

sehr blumenreiche *Goldschwingel*-Rasen. Besonders bemerkenswert ist das Vorkommen der *Bartnelke*, die man gleich oberhalb der Berghütte sehen kann.
Zum Geigensee führt der Weg weiter durch einen *Fichten-Lärchen*-Wald in den eigentlichen, sehr unberührten Talschluss, den eine steile, mit einzelnen *Fichten* und *Lärchen* bewachsene Felswand abschließt. Über diese Felswand stürzt der Bach in zwei Kaskaden herab. Oberhalb dieser Stufe werden wir im Bereich der Verebnung und auf den seitlichen Hängen von einer einzigartigen Alpenrosenheide mit *Rostroter Alpenrose* auf saurer Gesteinsunterlage überrascht, die Anfang Juli in Blüte steht. Nach Überwinden der zweiten Stufe, der eigentlichen Seestufe, gelangt man zum **Geigensee** in 2409 m Höhe, der tatsächlich die Form einer Geige hat. Dieser malerische Karsee ist von wunderbaren *Krummseggenrasen* umgeben, die wie riesige Teppiche wirken. Anfang Juli sind sie mit *Blauem Speik* und der *Zwergprimel* übersät. Zusammen mit einer grandiosen Aussicht auf die Glocknerspitze und die umliegenden Gletscher bietet der See mit seinem Gebirgsrahmen

Geigensee

ein einzigartig schönes Bild und lädt zur Rast ein. Im See befinden sich Zwergformen des *Seesaiblings*, so genannte *Schwarzreuter*, die hier wie auch in anderen Hochgebirgsseen eingesetzt wurden. Bei plötzlichem Schlechtwettereinbruch bietet eine kleine, nicht bewirtschaftete Unterstandshütte Schutz. An der Hütte lesen wir den sinnigen Spruch: „Du sollst all denjenigen Schutz geben, die aus dem Tal zu den reinen Bergen steigen, um Gott und dem Himmel nahe zu sein, um die Bergschönheit zu schauen und die wahre Freiheit und Frieden zu erleben."

Der Weg zum 2891 m hohen Regenstein führt über eine Stufe zu einem weiteren kleinen See, der auch von *Krummseggenrasen* umgeben ist. Da es in diesem Seebereich an heißen Sommertagen bereits kühl ist, halten sich hier um die Mittagszeit Gruppen von *Wasserpiepern* auf. Wie Forschungen am Großglockner ergaben, unternehmen Wasserpieper während des Tages Wanderungen von tieferen Lagen, wo sie die Nacht verbrachten, zu verschiedenen Plätzen, die während des Tages für sie in Bezug auf Temperatur und Nahrung optimale Bereiche sind. Im letzten Kar, unmittelbar vor dem Gipfelanstieg, durchwandert man noch ausgedehnte Schneetälchen mit ganzen Rasen der *Krautweide*, des kleinsten Baumes. Ab 2600 m gibt es nur noch Polsterpflanzen wie *Moossteinbrech, Zwergseifenkraut, Stängelloses Leimkraut, Alpenlöwenmaul, Krainer Kreuzkraut* und *Zweiblütiges Sandkraut*. Der **Regenstein** mit seinem Gipfelkreuz überrascht durch einen einzigartigen Rundblick von den Osttiroler Dolomiten über die Südtiroler Dolomiten, die Zillertaler Alpen, Dreiherrenspitze, Großvenediger, Granatspitze, Großglockner, Ankogel bis zu den Karawanken.

Für Geübte ist vom Regenstein aus eine Kammwanderung (teilweise leichte Kletterei) über die Kugelspitze zum Villgrater Joch (2585 m) und der Abstieg zum Gagenalpenbachtal zur Bloshütte möglich. Von einem Abstieg zum **Pumpersee**, hier gibt es keinen Weg, ist abzuraten. Der **Pumpersee** ist durch einen Weg oberhalb der ersten Stufe bequem zu erreichen. Es ist ein sehr einsamer, in einem Kar liegender Bergsee, der größtenteils von Schutthalden eingerahmt wird.

8. Wanderung am Panoramaweg Hopfgarten – „Im Reich des Apollo"

Eine erlebnisreiche, naturkundlich und landschaftlich großartige Wanderung über die Schmetterlingswiesen der Deferegger-Sonnseite.
Ausgangspunkt: Talstation der Kabinenseilbahn in Dölach bei Hopfgarten (Bushaltestelle)
Gehzeit: 3 Stunden
Höhenunterschied: 210 m/492 m mit der Kabinenbahn
Schwierigkeitsgrad und Ausrüstung: leichte Wanderung; Bergschuhe
Außerhalb des Nationalparks

Von Dölach mit der Kabinenseilbahn nach **Ratzell** in 1490 m Seehöhe. Mit dieser Bahn, deren Kabinen 5 Sitzplätze haben, kann man tagsüber nach telefonischem Anruf von der Tal- oder Bergstation aus jederzeit fahren. Ab der Bergstation ist der Panoramaweg gut markiert. Bereits im ersten Abschnitt beeindrucken die steilen Bergwiesen der Ratzeller Bauern, die Ende Juni bzw. im Juli mit blühenden Wiesenblumen übersät sind. Hier sollte man sich an die einstige schwere Arbeit der Bergbauern ohne Aufstiegshilfen, Materialseilbahnen, Maschinen und Wege erinnern. Damals waren die Bauern noch weitgehend Selbstversorger und mussten alles zum Leben Nötige auf den steilen Wiesen anbauen. Auch die Kinder hatten weite und besonders im Winter beschwerliche Schulwege.

Die **Bergbauernsiedlung Ratzell** wird 1177 erstmals urkundlich erwähnt. Von den ehemals 14 Höfen sind heute noch sechs bewohnt. Erst seit kurzem ist der Weiler durch eine Fahrstraße erschlossen.

Der abwechslungsreiche Wanderweg führt teils durch blumenreiche Bergwiesen, teils durch Fichten-Lärchen-Bestände, dazwischen gibt es

Distelfalter

Alpenapollo

immer wieder feuchte Standorte mit *Trollblumen* und Bestände an *Männlichem Knabenkraut* oder Magerwiesen mit *Arnika, Goldfingerkraut, Dukatenröschen, Mückenhändelwurz* und *Schweizer Löwenzahn*. In **Mösern = Bretterkofl** erreicht man in 1700 m den höchsten Punkt des Panoramaweges. Hier ist auch ein Rastplatz mit großartiger Aussicht auf die steilen Hänge des Defereggentales und die **Deferegger Alpen.** Bei diesem Rastplatz zweigt auch der Weg zu den Ratzeller Bergwiesen und zur Glanzalm ab. Der Panoramaweg führt weiter zu einem Felsen aus *Kalkglimmerschiefer*, an dem viele kalkliebende Pflanzen auffallen wie *Alpenaster, Traubensteinbrech, Alpenquendel, Brillenschötchen, Felsenehrenpreis* u. a. Im weiteren Wegverlauf treten immer wieder solche Felsen aus *Kalkglimmerschiefer* auf. Dazwischen erstrecken sich einstige Bergmähder, die mit viel *Breitblättrigem Laserkraut, Türkenbundlilien, Alpentragant* und *Nickendem Tragant* bewachsen sind. Besonders eindrucksvoll ist dann der schmale Fußweg, der die steile Eggerleiten quert, die in Sommern mit wenig Heu im Tal noch gemäht wird. Nach der steilen Bergwiese gelangt man zu den idyllisch hinter Bäumen gelegenen Hütten, den so genannten Tröglisschupfen, ehemalige Heuhütten. Diese Hütten wurden saniert. Sie bilden heute den zentralen Informations- und Rastplatz am **Apolloweg.** Von den Hütten führt der Wanderweg durch den Bergwald abwärts, quert einige Gräben mit beeindruckenden Wildbachverbauungen zum Schutze des Dorfes Hopfgarten und mündet schließlich in die schmale, asphaltierte Straße nach Rajach.

Der Rückweg nach Hopfgarten kann entweder auf dieser Straße oder ab Rasnerhof am Knappenloch-Rundweg erfolgen (siehe auch Wanderung Nr. 1 zum Knappenloch).

Kleiner Fuchs

Hauhechenbläuling

169

Gemeinde St. Veit im Defereggental

Natur

Mineralien und Bergbau

Kupfer- und möglicherweise auch **goldhältige Erze** wurden aufgrund schriftlicher Hinweise bereits 1538 gewonnen. Acht Gruben in der Umgebung des Weilers Mellitz und 11 Gruben im „Leppen" im „Luckental" und in der „Stemminger Alm" zählen laut Belehnungsbüchern zu den ältesten. Auch im „Runacher Waldl", in der Mühlklamme und in den Weilern Raut und Gassen bestanden alte Baue. Die genaue Lage aller dieser Gruben ist heute unbekannt – die Natur hat fast alle Spuren in den vergangenen Jahrhunderten verwischt.

Beherrschende Gipfel

Als „Hausberge" von St. Veit können der **Speikboden** (2653 m) und der **Donnerstein** (2725 m) bezeichnet werden. Sie liegen direkt nördlich des Ortes und sind gemeinsam mit der **Mehlspitze** (2641 m) markante Graterhebungen der Lasörlinggruppe. Als beliebte Tourenziele bieten sie eine herrliche Aussicht auf Großglockner, Großvenediger und die Südtiroler Bergwelt. In den Deferegger Alpen, die das Gemeindegebiet nach Süden begrenzen, sind die **Weiße** und **Rote Spitze** (2963 bzw. 2956 m) sowie das **Degenhorn** (2946 m) die auffälligsten Gipfelgestalten.

Gewässer

Gritzer Seen: Es sind dies drei nahe beieinander liegende Seen, die den Ursprung des Froditzbaches bilden. Der größte, der mittlere See (2504 m), umfasst eine Fläche von etwa 1 ha. Der unterste See liegt unmittelbar neben diesem. Beide Seen kommunizieren bei höherem Wasserstand. Der dritte See liegt etwas höher und ist von den unteren Seen aus nicht sichtbar. Alle drei Seen haben kleine Verlandungszonen mit *Scheuchzers Wollgras* und *Scheidigem Wollgras*. Vor einigen Jahren wurden *Seesaiblinge* und *Bachforellen* eingesetzt (siehe auch Wanderung Nr. 4). Weitere zum Teil verlandende „**Lacken**" liegen im weiten Kar westlich der Gritzer Seen. Die Bäche im Gemeindegebiet von St. Veit sind großteils sehr naturbelassen und bilden zum Teil auch schöne Wasserfälle, wie z. B. die **Froditzbach-Wasserfälle** und der **Wasserfall des Gsaritzenalmbaches**.

Blick auf die Sonnenterrasse von St. Veit

Naturdenkmäler und naturkundliche Besonderheiten

Die Wasserfallstrecke des Froditzbaches bei Bruggen

Der Froditzbach, der bei den Gritzer Seen entspringt, überwindet die aus hartem *Gneis* des Altkristallins bestehende Stufe gegen das Defereggental mit einer steilen Wasserfallstrecke in mehreren schönen Wasserfällen.

Auf der Strecke zwischen Feld und Bruggen (Bushaltestelle) führt ein Wanderweg entlang dieses naturbelassenen, von *Grauerlen* und *Roten Holunderbüschen* gesäumten Baches zur noch funktionsfähigen Holzer Mühle (15 Minuten). Hier wird an bestimmten Tagen (Auskunft beim Fremdenverkehrsverband St. Veit) noch Getreide gemahlen. Die Mühle kann dann besichtigt werden. Etwas oberhalb der Mühle gibt es schöne Einblicke auf die Wasserfallstrecke. Hier sieht man auch das aus *Tonalit-Gneis* bestehende Bachgeröll.

Wasserfall des Gsaritzenalmbaches

Das Gsaritzenalmtal mündet mit einer ca. 250 m hohen Stufe aus *Gneis* des Altkristallins in das Defereggental. Diese Stufe überwindet der Gsaritzenalmbach in einem ca. 30 m hohen, sehr schönen Schleierfall und einer steilen Bachstrecke, die besonders gut von der St. Veiter Sonnenterrasse zu sehen ist. Der Bereich des Wasserfalls ist durch die steilen Felswände auf der orographisch linken Bachseite besonders eindrucksvoll. Der Gsaritzenalmbach hat im Defereggental einen breiten Schuttkegel aufgeschüttet, der heute vorwiegend mit *Fichten* bewachsen ist. Durch die hohe Luftfeuchtigkeit ist der Wald reich an Moosen und Farnen. Am Bach selbst sind die abgeschliffenen *Gneis*-Blöcke mit der orangeroten *Veilchensteinalge* überzogen, die beim Reiben nach Veilchen duftet. Von der Busstation Zotten in 1260 m führt ein schmaler Fußweg in das Gsaritzenalmtal, der direkt am Wasserfall vorbeigeht (Gehzeit bis zum Wasserfall ½ Stunde, bis zur Gsaritzenalm in 1787 m 2½ Stunden).

Der Speikboden

Der Speikboden ist ein naturkundliches Kleinod in 2653 m und völlig ungefährlich zu erwandern. Der eigentliche Speikboden besteht aus einem *Krummseggenrasen*, der im Gipfelbereich stark mit Steinen durchsetzt ist. Der Name kommt nicht vom *Echten Speik*, einem Baldriangewächs (*Valeriana celtica*), sondern vom so genannten *Blauen Speik*, der *Klebrigen Primel (Primula glutinosa)*, die im Frühsommer nach der Schneeschmelze gemeinsam mit der *Zwergprimel* hier reichlich blüht. Der Bereich ist dann mit blauen Blüten übersät. Ende Juli wird der Blaue Speik durch die *Alpenwucherblumen* und den *Bayrischen Enzian*, die beide in dieser Höhe eine sehr gedrungene, polsterartige Wuchsform haben, abgelöst. Neben den botanischen Besonderheiten bietet der Speikboden aber auch einen prächtigen Rundblick (siehe auch Wanderung Nr. 3).

Wasserfälle des Froditzbaches

Blauer Speik oder Klebrige Primel

Wirtschaft

St. Veit ist mit 1500 m Seehöhe die höchstgelegene Gemeinde Osttirols. Die zu der 615 km² großen Gemeinde gehörigen Siedlungen Gassen, Gritzen, Gsaritzen, Görtschach und Moos liegen auf dem steilen, südgerichteten Berghang verstreut, nur die Fraktionen Feld und Bruggen liegen westlich des Ortskerns im Talboden der Schwarzach.

Die **Landwirtschaft** hat sich ganz auf Viehzucht umgestellt, die früheren Ackerflächen werden nun als Dauergrünland genutzt. Da St. Veit nur wenige Gewerbebetriebe hat, sind die Hälfte der Arbeitnehmer **Pendler**, von denen auch sehr viele außerhalb Osttirols beschäftigt sind. Heute ist der **Fremdenverkehr** eine wesentliche Einnahmequelle. St. Veit ist das höchstgelegene Erholungsdorf Österreichs. Nach Rückgang des **Bergbaus** (siehe Kapitel „Mineralien und Bergbau") zwangen die kargen Erwerbsmöglichkeiten viele Bewohner, als **Hausierer** mit Pustertaler Decken („Kotzen") usw. oder als Spielleute und Sänger in die Fremde zu ziehen. Anfang des 19. Jahrhunderts wurden Uhren und Strohhüte die bevorzugten Handelsgüter, man gründete Handels-Kompanien mit abgegrenztem Geschäftsbereich und viele Deferegger wurden ortsfeste Kaufleute. In der Folge entstanden Betriebe zur Strohhut- und Uhrenerzeugung im Bereich der ganzen österreich-ungarischen Monarchie und in den benachbarten Ländern. Alte Grabsteine außen an der Kirche erinnern an die ausgewanderten Kaufleute.

Kulturelle Besonderheiten

Pfarrkirche St. Vitus

Die Kirche zum hl. Vitus ist die älteste des Defereggentales; 1313 wird hier erstmals ein Kuratpriester überliefert. Auch Hopfgarten und der Ostteil von St. Jakob gehörten früher zum Vikariat St. Veit in der Pfarre Matrei. Aus dem frühen 14. Jahrhundert sind noch der Chor, die von außen zugängliche Krypta und der Kern des Turmes erhalten. Eine Rundbogennische neben dem Turm dient als Karner. Das sehenswerte Kircheninnere ist mit Figuren von Johann Paterer ausgeschmückt. Das Freskenband mit den 12 Aposteln im gotischen Chor entstand um 1400 und wurde wenig später von der Brixner Malschule mit Fresken von Mariä Verkündigung und Christi Geburt vervollkommnet. 1730 wurde die Kirche durch Ausbau des Langhauses vergrößert. Die älteste Kirchenglocke mit den Namen der Evangelisten stammt schon aus dem 13. Jahrhundert. Eine 1687 von Erzbischof Max Gandolf gestiftete Glocke erinnert an die von ihm veranlasste **Protestantenvertreibung**. Von ihren Wanderungen hatten die Deferegger lutherisches Schrift- und Glaubensgut ins Tal gebracht. Dies wurde im Erzbistum Salzburg, zu dem St. Veit mit der Herrschaft Windisch-Matrei gehörte, nicht geduldet. 1684–1686 mussten 841 Protestanten aus St. Veit ihre Heimat verlassen. Sie siedelten sich hauptsächlich im Raum Augsburg und Regensburg und in Ostpreußen an.

Im Portalvorbau der Kirche ehrt eine Bronzegedenktafel den in Gritzen/St. Veit geborenen Volksdichter Kaplan **Sebastian Rieger** (1867–1953), genannt der „**Reimmichl**". Er wurde durch Gedichte und humorvolle Erzählungen im „Tiroler Volksboten" und durch den „Reimmichlkalender" bekannt und schrieb zahlreiche Bücher, z. B. „Luzia – das Mädchen von St. Veit". Die dem Dichter zu Ehren benannte Reimmichlstraße führt von St. Veit nach Westen ins Schwarzachtal.

Die Schnitzkunst hat in der Nationalparkregion langjährige Tradition

Holzer Mühle

Die unterhalb der Froditzbach-Wasserfälle sehr idyllisch am Waldrand gelegene Mühle wurde mit Nationalparkmitteln wieder instand gesetzt. Ab Anfang Juli kann man dort jeden Mittwoch von 9 bis 11 Uhr beim Getreidemahlen zuschauen. Die Mühle wurde aus Holzbalken auf einem Steinsockel erbaut. Vom Froditzbach wird Wasser durch ausgehöhlte Baumstämme von oben auf das große Mühlrad geleitet, das sich ständig dreht. Vor dem Eingang sind ausgediente Mühlsteine zu sehen, die jetzt als Stufen dienen. Die Holzer Mühle ist von der Nebenstraße zwischen Feld und Bruggen auf einem romantischen Fußweg entlang des Froditzbaches in 5 Minuten zu erreichen. Von Bruggen aus führt der Sepp-Berger-Weg vorbei, von St. Veit führt der Fußweg zur Holzer Mühle über Gritzen und Gassen (ca. 1½ Stunden).

Holzer Mühle am Froditzbach

Nationalparkeinrichtungen in St. Veit

– Lehrweg „Leben am Steilhang"

Empfehlenswerte Wanderungen und Touren

1. Wanderung von Feld zur Holzer Mühle am Froditzbach und weiter nach St. Veit

Ausgangspunkt: Bushaltestelle Feld
Gehzeit: bis zur Mühle 15 Minuten, bis St. Veit 2½ Stunden
Höhenunterschied: 240 m
Schwierigkeitsgrad und Ausrüstung: guter Wanderweg; feste Wanderschuhe
Außerhalb des Nationalparks

In der Nähe des Deferegger Hofes in Feld beginnt am Froditzbach der bezeichnete Wanderweg entlang des Baches zur Mühle und zum Wasserfallblick etwas oberhalb der Mühle (siehe auch „Naturdenkmäler und naturkundliche Besonderheiten"). Der Wanderweg führt von der Mühle weiter durch den Fichtenwald zum Weiler Gassen in 1555 m und durch bäuerliches Kulturland am Sonnenhang weiter nach St. Veit.

2. Wanderung zum Wasserfall des Gsaritzenalmbaches und weiter zur Gsaritzenalm

Ausgangspunkt: Busstation Zotten
Gehzeit: bis zum Wasserfall ½ Stunde, bis zur Gsaritzenalm 2½ Stunden
Höhenunterschied: ca. 500 m
Schwierigkeitsgrad und Ausrüstung: steiler Anstieg; Bergschuhe
Außerhalb des Nationalparks

Von der Busstation Zotten in 1260 m führt ein schmaler Fußweg in das Gsaritzenalmtal, der direkt am Wasserfall vorbeigeht. Nach der Wasserfallstufe verläuft der Weg allmählich ansteigend in das Almgebiet der Gsaritzenalm (siehe auch „Naturdenkmäler und naturkundliche Besonderheiten").

Im feuchten, bachbegleitenden „Dschungel" des Gsaritzenalmtales ist das Wildbachgeröll mit der orangeroten Veilchensternalge überzogen

3. Bergtour von St. Veit zum Speikboden, 2653 m

Ausgangspunkt: St. Veit, Dorf (Bushaltestelle)
Höhenunterschied: 1158 m
Gehzeit: 3½ Stunden
Schwierigkeitsgrad und Ausrüstung: leicht; Bergschuhe
Nationalparkwanderung

Von St. Veit führt eine Forststraße zur **Speikbodenhütte** in 2001 m, die mit Pkw und Kleinbussen befahren werden kann. Zu Fuß benützt man von St. Veit den Wanderweg 316, der den weitläufigen Forstweg abkürzt und durch den Bergwald zur bewirtschafteten **Speikbodenhütte** führt; Gehzeit 1½ Stunden. Die Hütte befindet sich in einem schütteren *Lärchen-Fichten*-Wald mit vereinzelten *Zirben*. Oberhalb der Speikbodenhütte beginnt ein ausgedehntes Almgebiet. Von der Hütte führt der Fußweg weiter zur **Zischkealm** und über eine Stufe auf eine Hangterrasse mit dem **St. Veiter Wetterkreuz**. In der Nähe des Wetterkreuzes zweigt der markierte Weg zum Speikboden ab. Er führt über blumenreiche *Goldschwingel*-Wiesen, die Ende Juli mit blühendem *Arnika* übersät sind. Besonders auffallend ist in diesen Bergwiesen *Hoppes Habichtskraut* und das weißgelbe *Weißliche Habichtskraut*. Im Bergfrühling sind die Wiesen übersät mit blühenden *Alpenanemonen*. Hier gibt es auch viele *Murmeltier*-Bauten. Der Aufstieg zum Kamm erfolgt durch ein steiniges Kar mit *Krummseggenrasen*. Im Schutt dominieren die *Dreispaltige Simse* und das *Pelzkopfhabichtskraut (Hieracium piliferum)*. Hier kann man auch *Steinschmätzer* beobachten. Vom Kamm erreicht man in 15 Minuten den Gipfel des **Speikbodens** in 2653 m mit dem mächtigen Gipfelkreuz, das von Heimkehrern des 2. Weltkrieges errichtet wurde. Der eigentliche Speikboden besteht aus einem *Krummseggenrasen*, der im Gipfelbereich stark mit Steinen durchsetzt ist. Der Name kommt nicht vom *Echten Speik*, einem Baldriangewächs *(Valeriana celtica)*, sondern vom so genannten „*Blauen Speik*", der *Klebrigen Primel (Primula glutinosa)*, die im Frühsommer nach der Schneeschmelze gemeinsam mit der *Zwergprimel* reichlich blüht. Ende Juli ist der Gipfelbereich übersät mit blühenden *Alpenwucherblumen* und *Bayrischen Enzianen*. Daneben blühen *Moossteinbrech, Alpenmauerpfeffer, Zweiblütiges Sandkraut* und *Stängelloses Leimkraut*. Am schattigeren nördlichen Gipfelbereich blüht Ende Juli noch der *Gletscherhahnenfuß* neben dem *Einblütigen Hornkraut* und anderen hochalpinen Pflanzenarten.

Vom Speikboden führt ein schmaler Weg weiter auf den **Donnerstein** in 2723 m Seehöhe, die Gehzeit beträgt ca. ¾ Stunden. Da der Weg sehr steile Hänge quert, ist Trittsicherheit unbedingt erforderlich.

4. Rundwanderung Gritzer Seen, 2504 m

Ausgangspunkt: St. Veit, Dorf (Bushaltestelle)
Höhenunterschied: 1009 m
Gehzeit: ab St. Veit über Speikbodenhütte: 3½ Stunden; Speikbodenhütte 2½ Stunden
Schwierigkeitsgrad und Ausrüstung: leichte Wanderung; Bergschuhe
Nationalparkwanderung

Der Anstieg von der **Speikbodenhütte** zum Wetterkreuz oberhalb der **Zischkealm** ist gleich wie bei der Bergtour zum Speikboden (siehe vorige Wanderung). Vom Wetterkreuz führt der Fußweg als Höhenweg mit geringer Steigung über ein ausgedehntes Almweidegebiet mit teilweise noch bewirtschafteten Bergmähdern zu den **Gritzer Seen**. Die Karseen liegen in Mulden eines hügeligen Geländes mit ausgedehnten *Krummseggenrasen*, die mit Steinen durchsetzt sind. Im Frühsommer blühen hier reichlich *Blauer Speik* und *Zwergprimel*.

Sommerlicher Blütenteppich am Speikboden mit Alpenwucherblume und Bayrischem Enzian

Gritzer Seen

Zwei der drei Gritzer Seen liegen unmittelbar nebeneinander und kommunizieren bei höherem Wasserstand. Der dritte See liegt etwas höher und ist von den unteren Seen aus nicht sichtbar. Alle drei Seen haben kleine Verlandungszonen mit *Scheuchzers Wollgras* und *Scheidigem Wollgras*. Auf den Hügeln um die Seen gibt es auf den Rasenflächen wunderschöne Rastplätze mit herrlicher Aussicht. Von den Seen führt der Weg Nr. 315 weiter zum 2016 m hoch gelegenen **Virgener Törl**, das man in einer halben Stunde erreicht, und weiter zur **Lasörlinghütte**, 2350 m, auf der Virgener Talseite. Gehzeit bis zur Lasörlinghütte von den Gritzer Seen 1 Stunde. Das Virgener Törl wird auch als **Deferegger Törl** bezeichnet, das früher als Deferegger Kirchweg große Bedeutung hatte. Vom Aufstiegsweg zu den Gritzer Seen kann man einen halbstündigen Abstecher auf das 2631 m hoch gelegene **Gritzer Hörndle** machen. Der Aufstieg ist ungefährlich und durch den schönen Rundblick sehr lohnend.

Der Rückweg erfolgt über die **Froditzalm** (2170 m) wieder zurück zur **Speikbodenhütte**. Dieser Weg wurde aus Nationalparkmitteln neu angelegt. Er ist landschaftlich besonders schön, da das letzte Stück durch den obersten Bergwald führt.

Ein weiterer Abstieg führt von der **Froditzalm** direkt talwärts zum **Weiler Gassen**, der aus drei Bergbauernhöfen besteht (1¾ Stunden von den Gritzer Seen). Gassen ist ein Ortsteil von St. Veit, der 3 km westlich des eigentlichen Ortes liegt und nur durch eine Materialseilbahn von der Defereggenstraße aus erschlossen ist. Die alten Bergbauernhäuser liegen auf einer Hangterrasse in 1555 m Seehöhe. Sie sind mit einem alten Kirchsteig über **Gritzen** mit **St. Veit** verbunden (¾ Stunde Gehzeit). Während in diesem Weiler früher über 90 Personen lebten, wohnen heute dort nur noch einige alte Leute. Von Gassen führt auch ein Fußweg zur Bushaltestelle nach **Feld**.

Programmvorschläge für Nationalparkwochen für verschiedene Monate und Witterungsverhältnisse

Standquartier: Hopfgarten i. Def. oder St. Veit i. Def.

1. Tagestouren für Juni je nach Schneelage
(Auskunft Tourismusverband)

Wanderung zur Kleinitzalm: sehenswertes, ursprüngliches Almdorf, viele Kombinationsmöglichkeiten (Wanderung Hopfgarten Nr. 3)

Panoramaweg Hopfgarten: erlebnisreiche, naturkundlich und landschaftlich großartige Wanderung (Wanderung Hopfgarten Nr. 4)

Wanderung über die Ratzeller Bergwiesen zur Glanzalm: blumenreiche Bergmähder, viele botanische Besonderheiten (Wanderung Hopfgarten Nr. 5)

Wanderung von Zotten zum Gsaritzenwasserfall und zur Gsaritzenalm: schöner Wasserfall, ausgedehntes Almgebiet (Wanderung St. Veit Nr. 2)

Wanderung am Panoramaweg im „Reich des Apollo" (Wanderung Hopfgarten Nr. 8)

2. Tagestouren ab Mitte Juli bis Oktober (je nach Schneelage)

Wanderung am Edelweißweg auf den Sonnenhängen von Hopfgarten: großartiges Panorama, vielfältige Vegetation (Wanderung Hopfgarten Nr. 6)

Bergtour zum Geigensee und auf den Regenstein: malerischer Bergsee, großartiger Rundblick (Bergtour Hopfgarten Nr. 7)

Rundwanderung zu den Gritzer Seen: schöne

Bergseen, vielfältige Flora (Wanderung St. Veit Nr. 4)

Bergtour von St. Veit zum Speikboden: vielfältige Flora, großartiger Rundblick (Bergtour St. Veit Nr. 3)

3. Halbtagswanderungen, auch bei unsicherem Wetter möglich

Wanderung zum Schaubergwerk im Hofergraben: interessantes Bergwerk aus dem 15. Jahrhundert (Wanderung Hopfgarten Nr. 1)

Wanderungen an der Schwarzach (siehe lokale Führer)

4. Halbtagswanderungen bei Schönwetter

Höhenwanderung am Sonnenhang von Hopfgarten über Lerch, Moos nach St. Veit: Wanderung durch eindrucksvolles bäuerliches Kulturland (Wanderung Hopfgarten Nr. 2)

Wanderung zur Holzer Mühle und weiter nach St. Veit: alte Mühle, Bach mit Wasserfällen, verschiedene Lebensräume am Sonnenhang (Wanderung St. Veit Nr. 1)

5. Möglichkeiten bei Regenwetter oder an Rasttagen

Besichtigung des Schaubergwerks im Hofergraben

Besuch der Holzer Mühle

Wanderungen an der Schwarzach

Fahrt nach Matrei mit Besichtigung der Nationalpark-Informationsstelle Kesslerstadl und des Heimatmuseums oder Fahrt nach Kals mit Besichtigung des dortigen Heimatmuseums und anderer kultureller Besonderheiten am Kulturwanderweg in Kals (siehe Wanderung Kals Nr. 4)

6. Empfehlenswertes Nationalparkprogramm für Juni bei guten Wetterverhältnissen

1. Tag: Wanderung am Panoramaweg Hopfgarten (Wanderung Hopfgarten Nr. 4)
2. Tag: Wanderung zum Oberhauser Zirbenwald und zu den Jagdhausalmen im innersten Defereggental (Wanderung St. Jakob Nr. 17)
3. Tag: Besichtigung des Schaubergwerks im Hofergraben (Wanderung Hopfgarten Nr. 1), Fahrt nach Kals, Besichtigung des Heimatmuseums und Wanderung am Kulturwanderweg zu verschiedenen kulturellen Besonderheiten (Wanderung Kals Nr. 4)
4. Tag: Wanderung über die Ratzeller Bergwiesen zur Glanzalm (Wanderung Hopfgarten Nr. 5) oder Wanderung zur Bloshütte und, je nach Wetterverhältnissen, zum Geigensee (Wanderung Hopfgarten Nr. 7)
5. Tag: Wanderung zum mittelsteinzeitlichen Jägerrastplatz am Hirschbichl (Wanderung St. Jakob Nr. 12)

Gemeinde St. Jakob im Defereggental

Natur

Mineralien und Bergbau

In der Lasörlinggruppe befinden sich die wichtigsten Erzvorkommen Osttirols. Sie wurden vor allem im 16. und 17. Jahrhundert abgebaut, wobei Gewinnung von **Kupfer, Eisen, Silber** und **Gold** den Vorzug hatte. Die ertragreichsten Gruben waren die im Trojeralm- und Tögischbachtal, 5 km nördlich bzw. 6 km nordöstlich von St. Jakob. Die Knappengruben an der nördlichen Talseite des **Trojeralmtales** (Bergbau **Blindis**) liegen weit über der Baumgrenze zwischen 2400 und 2700 m Seehöhe. Halden, Tagebaue, Pingen und Berghausruinen erinnern an den einst hier blühenden Montanbetrieb. Die Baue im **Tögischbachtal** befinden sich zwischen 2600 und 2700 m Höhe an beiden Talflanken. Der größere Grubenkomplex Tögisch-Ost bestand aus vier heute verbrochenen Stollen, die im Streichen der Lagerstätte aufgefahren waren.

Der Beginn dieses Kupfererz-Bergbaues dürfte um etwa 1400 anzusetzen sein. Die Blütezeit erlebte er zwischen 1550 und 1618. Die Glaureter Gewerken, unter denen die Rosenberger eine hervorragende Rolle spielten, verbauten von 1605 bis 1612 fast 19.000 Gulden (ca. 100–150.000 Euro). Aus 8700 Kübeln Erz konnten 830 Zentner Kupfer erschmolzen werden. 1713 wurde der im Pachtbesitz des Achenrainer Messingwerkes stehende Betrieb wegen Wasserandranges eingestellt.

St. Jakob im Defereggental

Die Mächtigkeit der konkordant in granatführenden Glimmerschiefern eingeschalteten Vererzungszone schwankt zwischen 1 bis 3 m. Die auf Haldenstücken noch auffindbaren Mineralien sind *Kupferkies, Magnetkies, Arsenkies, Limonit* und *Malachit*. Selten findet man im Erzanschliff Körnchen von gediegenem (das ist metallisches) *Gold*.
Von der Gösleswand sind Kluftmineralisationen *(Magnetit, Kalzit, Grossular, Bismuthinit)* bekannt.

Beherrschende Gipfel

Der **Hochgall** (3436 m) ist als Südwestpfeiler des Nationalparks eine überragende Erscheinung des inneren Defereggentales. Er ist der höchste Gipfel der Rieserfernergruppe. An der Grenze zwischen Ost- und Südtirol gelegen, bildet er einen markanten Verknüpfungspunkt zwischen dem Nationalpark Hohe Tauern und dem Naturpark Rieserferner. Er wurde 1854 im Zuge militärischer Vermessungsarbeiten erstmals bestiegen. Der höchste Gipfel des Tales ist die **Rötspitze** (3495 m), die den Talschluss des Schwarzachtales bildet und deren Ostseite ins Umbaltal abfällt. Am Panargenkamm zwischen Schwarzach- und Trojeralmtal ist der pyramidenförmige Felsgipfel der **Seespitze** (3021 m), die den namengebenden Oberseitsee überragt, ein viel bestiegener Dreitausender mit ausgezeichneter Aussicht.
Nach Süden wird das Gemeindegebiet vom Hauptkamm der Deferegger Berge abgeschlos-

sen, auf dem das **Deferegger Pfannhorn** (2820 m) und die **Hochkreuzspitze** (2740 m) markante Graterhebungen bilden.

Gletscher

Das Einzugsgebiet der Schwarzach in St. Jakob beherbergt 21 Gletscher mit einer Gesamtfläche von rund 5,7 km² (Stand 1969). Neben einer Reihe von kleineren Eisflächen, z. B. im Patscher und Arvental, sind mit dem **Südlichen** und **Nördlichen Fleischbachkees** auch zwei

Reste von Knappenhäusern im Bergbaugebiet Blindis, Trojeralmtal

größere Gletscher vorhanden, die eine Fläche von 1,6 bzw. 1,4 km² umfassen (1969) und zum Gletschergebiet der Rieserfernergruppe gehören. Das Nördliche Fleischbachkees zeigt dabei die seltene alpine Ausbildung eines Plateaugletschers. Es liegt in einem terrassenartigen, flachen Hochtrog nordwestlich der Fleischbachspitze und ist spaltenarm. Eine Fläche von rund 1 km² weist noch das **Schwarzachkees** an der Westseite zwischen Rötspitze (3495 m) und Daberspitze (3401 m) auf.

Bei einigen Gletschern im Gebiet von St. Jakob sind sehr ausgeprägte 1850er-Moränen sichtbar, die den letzten großen, neuzeitlichen Gletschervorstoß markieren. Neben den aus der Lage dieser Moränen ablesbaren längerfristigen Gletscherrückgängen sind im Gebiet aber auch sehr deutliche jüngere Flächenverluste zu bemerken. Wie in anderen Gletscherregionen vor allem südlich des Alpenhauptkammes sind dadurch auch im Einzugsgebiet der Schwarzach einzelne kleinere Keese, wie z. B. das **Almerkees**, bereits in der Existenz bedroht.

Gewässer

Die **Schwarzach** ist in den meisten Bereichen – vor allem oberhalb von St. Jakob – noch ein sehr naturbelassener Gebirgsbach. Sehr schön sind die flachen Abschnitte unterhalb der Patscher Hütte, wo sich der Bach zum Teil verzweigt und Schotterflächen bildet. Besonders naturbelassen sind die zahlreichen Nebenbäche, die stellenweise auch kleinere Katarakte und Wasserfälle bilden. Zu erwähnen ist vor allem der schöne **Stallebach-Wasserfall** am Ausgang des Stallebachtales. Ein besonderes Naturkleinod ist weiters der Trojeralmbach im hinteren Trojeralmtal (siehe Kapitel „Naturdenkmäler und naturkundliche Besonderheiten").

Einige Seitentäler beherbergen wunderschöne **Bergseen**: **Obersee** (2016 m) am Staller Sattel; mit einer Fläche von 12,9 ha und einer Tiefe von knapp 27 m ist er der größte der Deferegger Bergseen. Nordseitig reicht lichter *Zirben*-Wald an das Ufer, ansonsten grenzen meist zwergstrauchreiche Almweiden an. Im Umfeld des Sees und besonders am Seeausfluss und daran anschließend entlang des Baches gibt es einige kleine, interessante Niedermoore (siehe Kapitel „Naturdenkmäler und naturkundliche Besonderheiten"). Im See leben *Seesaibling*, *Bachforelle*, *Koppe* und *Elritze* sowie neuerdings (eingesetzt) auch die nicht heimische *Regenbogenforelle*.

Oberseitsee: Er liegt in 2576 m Höhe südlich der Seespitze in einem eiszeitlichen Kar und weist eine Fläche von 7,8 ha und eine Tiefe von mindestens 22 m auf. Er ist von einem alten Moränenwall umgeben. Am Ufer gibt es einige kleinere Verlandungszonen mit *Scheuchzers Wollgras*.

An der orographisch linken Seite des oberen Einzugsgebietes der Schwarzach befinden sich einige hoch gelegene Kleinseen. Der **Obere** und **Untere Aplessee** liegen im Ursprungsgebiet des Erlsbaches. Der Obere Aplessee (2791 m) ist 0,8 ha groß, der Untere Aplessee (2744 m) 1 ha. Der **Eggsee** liegt nordöstlich oberhalb der Oberhausalm in 2571 m und umfasst eine Fläche von rund 1 ha.

Schöne Karseen beherbergt auch das Trojeralmtal. Der größte davon ist der **Bödensee** in 2576 m Höhe neben der Neuen Reichenberger Hütte. Er ist etwa 300 m lang und 3,2 ha groß. Er liegt wunderschön eingebettet in ein Hochkar und ist umgeben von alpinem *Krummseg-*

genrasen, Schneetälchenvegetation und Schuttfluren. Knapp oberhalb des Bödensees liegt nahe der Bachlenke noch ein Kleinsee, der **Göslessee,** und etwa 1,5 km südöstlich in einem benachbarten Kar der **Kesselsee** (2577 m), der eine Größe von rund 1 ha aufweist. Als weitere Kleinseen des Trojeralmtales sind noch die Seen im Umfeld des historischen Bergbaureviers, der See „**Im Blindis**" und der **Blindissee**, zu erwähnen.

Naturdenkmäler und naturkundliche Besonderheiten

Klamm der Schwarzach bei Erlsbach

Östlich von Erlsbach hat die Schwarzach im *Rieserfernertonalit* eine eindrucksvolle, tiefe Klamm gebildet, die von einem Wanderweg auf der orographisch rechten Talseite eingesehen werden kann. In der Klamm befinden sich zwei Wasserfälle und eine Reihe modelartiger Strudellöcher und kreisrunder Kolke, die der Gletscherbach im Laufe von Jahrtausenden mit dem mitgeführten Geröll auserodiert hat. Die steilen Felswände sind, soweit es durch Nischen möglich ist, mit *Fichten, Zirben* und *Ebereschen* bewachsen. Die feuchten Felswände sind mit der gelben *Leuchtflechte* überzogen.

Der Staller Wasserfall

Von Mariahilf führt ein bezeichneter Fußweg in 20 Minuten zum „Staller Wasserfall". Der Stallerbach überwindet die aus *Paragneis* des Altkristallins bestehende Stufe in das Defereggental in einer steilen Bachschlucht mit zwei eindrucksvollen Wasserfällen. Die zwei Wasserfälle haben eine Gesamthöhe von ca. 40 m. Die naturbelassene Bachstrecke liegt im *Fichten*-Wald mit einem üppigen Unterwuchs aus feuchtigkeitsliebenden Blütenpflanzen, Farnen und Moosen. Besonders auffallend sind auf den feuchten Felswänden und Felsblöcken die leuchtend gelben Überzüge der *Leuchtflechte*. Sie enthält in ihren Zellen einen Farbstoff, der selbst an dunklen, schattigen Stellen noch leuchtet.

Der Naturkomplex zwischen St. Jakob und der Straße zum Brunnalmlift

Das Gebiet am orographisch rechten Berghang zwischen St. Jakob und der Straße zum Brunnalmlift ist ein hochinteressantes und vielfältiges Naturgebiet mit einer Reihe verschiedener Biotope.
Der Weiden-Tamarisken-Busch an der Schwarzach: Hier gibt es auf ehemals überschwemmten Sand- und Schotterflächen am orographisch rechten Ufer einen großen buschartigen Bestand der *Deutschen Tamariske,* einer in weiten Bereichen der Ostalpen schon seltenen bzw. ausgestorbenen Gehölzart. Ergänzt werden die ausgedehnten Tamariskenbestände durch verschiedene Weidenarten wie *Purpurweide, Lavendelweide* und *Mandelweide* sowie reichliches Vorkommen von *Uferreitgras*. Leider wurde das Ufer der Schwarzach durch Schüttung eines Schotterwalles seiner ursprünglichen Dynamik beraubt, weshalb die konkurrenzschwache *Deutsche Tamariske* hier in den nächsten Jahren bzw. Jahrzehnten zumindest deutlich seltener werden wird. Auf kargen Sandflächen blühen hier im Sommer *Alpentragant, Feldspitzkiel, Hallers Spitzkiel, Katzenpfötchen, Kriechendes Gipskraut, Deutscher Enzian, Früher Thymian* und andere. Im Gebüsch kann man von den Vögeln z. B. *Mönchsgrasmücke* und *Fitis* beobachten.
Fichten-Lärchen-Bestand mit Weidenunterwuchs: Im einstigen ausgedehnten Überschwemmungsgebiet der Schwarzach hat sich auf den völlig überwachsenen Schotterflächen und Wasserrinnen bereits ein schütterer *Fichten-Lärchen*-Wald gebildet, der als Unterwuchs

Naturkomplex St. Jakob, Sumpfschachtelhalmflur im Mündungsgebiet

noch einen dichten Bestand an *Purpurweide, Schwarzweide* und sehr vereinzelt *Deutscher Tamariske* aufweist. Dieser Bereich zeigt uns, wie die Entwicklung der Vegetation bei fehlenden dynamischen Verhältnissen abläuft: Das Gebiet wird von Wald eingenommen, die seltenen Pioniere – vor allem die *Deutsche Tamariske* – sterben aus. Die feuchten baumfreien Mulden und Rinnen sind Ende Mai bis Anfang Juni übersät mit *Mehlprimeln* und dem Fleisch fressenden *Gemeinen* und dem *Alpenfettkraut* (Alpenfettkraut weiß blühend, Gemeines Fettkraut blau blühend). Mit den klebrigen Blättern fangen die Pflanzen kleine Insekten und decken so ihren Stickstoffbedarf. Hervorzuheben sind weiters größere Bestände des *Einseitwendigen Wintergrün*, einer in den Alpen seltenen Pflanze. Auch die Vogelwelt ist hier vielfältig vertreten. Man kann z. B. *Heckenbraunelle, Klappergrasmücke, Weidenmeise, Birkenzeisig* und *Tannenhäher* beobachten, in lichteren Abschnitten den *Berglaubsänger* sowie randlich zu offenen Bereichen den *Neuntöter*.

Naturkomplex St. Jakob, Tamariskenbusch

Das Überschwemmungsgebiet des Bruggeralmbaches: Dieser Bergbach bildet vor seiner Einmündung in die Schwarzach ein ausgedehntes Delta mit vielen Rinnsalen, Sandflächen und Tümpeln. Die Tümpel sind mit *Sumpfschachtelhalm* und *Schnabelsegge* bewachsen und weisen Ausscheidungen von Eisenhydroxid durch *Eisenbakterien* auf; diese bilden an der Oberfläche einen ölartigen Film. Die wärmeren Tümpel sind Laichplätze des *Grasfrosches*. Am Bach kann man die *Bach-* und *Gebirgsstelze* sowie gelegentlich die *Wasseramsel* beobachten. Hervorzuheben sind auch zahlreiche Jungpflan-

zen der *Deutschen Tamariske,* die in diesem Mündungsdelta noch ideale Lebensverhältnisse vorfindet. Daneben treten auch Alpenpflanzen, deren Samen mit dem Wasser aus den Gipfelregionen hier eingeschwemmt wurden, auf den Sand- und Feinkiesflächen auf: *Zweiblütiges Sandkraut, Felsenstraußgras, Kahles Bruchkraut, Zwergruhrkraut, Fetthennensteinbrech, Dreigriffelhornkraut, Alpen-Vergissmeinnicht, Grannenklappertopf* und *Alpenmauerpfeffer.*

Niedermoore und Quelltümpel am Fuße des Berghanges (Feuchtgebiet Rabenkräh): Entlang des Berghanges gibt es viele Quellaustritte und Quelltümpel, die mit *Sumpfdotterblumen* und *Sumpfschachtelhalm* bewachsen sind. Sie sind bedeutende Laichplätze für den *Grasfrosch*. In den moorigen Wiesen kommt auch das *Braunkehlchen* vor. In mehreren Bereichen weisen die Vernässungen Niedermoor-Charakter auf. Ein besonders schönes, fast kreisrundes, kleines Niedermoor befindet sich neben dem Fußweg, der südlich von St. Jakob in dieses Gebiet führt. Es weist in der Mitte bereits Hochmooranflüge mit *Torfmoosen* auf, während die feuchteren Randpartien mit *Schnabelseggen* und *Schmalblättrigem Wollgras* bewachsen sind. Im Frühjahr erfreuen uns hier die gelben und weißen Blüten von *Sumpfdotterblume* und *Bitterem Schaumkraut*. Hervorzuheben ist auch das reichliche Vorkommen des *Alpenlaichkrautes* in den stehenden oder langsam fließenden Kleingewässern.

Die Schwefelquelle: In diesem Gebiet befindet sich auch eine Schwefelquelle, deren Wasser in einem großen Trog aufgefangen wird. Hier gibt es eine Tafel mit der Aufschrift: „Hier bin ich, heiße Schwefelquelle, schmecke nicht allzu gut, aber wenn Ihr etwas trinkt von mir und Euch die Füße wascht, werdet Ihr bald gesund sein und hundert Jahre erreichen. Eure Schwefelquelle." Unmittelbar daneben gibt es aber auch eine Quelle mit frischem Quellwasser mit der Aufschrift: „Liebe Sommergäste! Hier fließt das normale, gute Wasser. Wenn Ihr durstig seid, so trinkt nur genug, denn es kommt immer frisches Wasser. Es grüßt Euch das gute Wasser."

Feucht- und Überschwemmungsgebiet zwischen St. Jakob und Mariahilf

In dem Gebiet, das durch den großen Wassererlebnisweg zugänglich ist, gibt es eine außergewöhnliche Vielfalt an verschiedenen naturbelassenen Wasserlebensräumen. Dazu gehören ausgedehnte Schotterbänke mit Tier- und Pflanzenpionieren, die Trinkwasserquelle von

Mariahilf mit dem klaren Quellbach und dem Quellmoor, sowie zahlreiche Tümpel, die bedeutende Laichplätze für Amphibien sind. Zwischen den Seitenbächen der Schwarzach befinden sich orchideenreiche Niedermoorwiesen mit Hochmooranflügen.

Die westliche Begrenzung dieses Gebietes bildet der mächtige Stallerbach mit seiner Schluchtvegetation und seinem großen Überschwemmungsbereich.

Das Gebiet ist im kleinen Naturführer „Wassererlebnisweg" ausführlich beschrieben.

Der Staller Wasserfall

Das Niedermoor im hintersten Trojeralmtal in ca. 2000 m

Das hinterste Trojeralmtal ist ein mehr oder weniger ebenes Hochtal, das durch einen Moränenwall bei der Hinteren Trojeralm abgeschlossen wird. Durch diesen Talabschnitt mäandriert der Trojeralmbach mit vielen kleinen Rinnsalen. Dazu kommen noch auf der orographisch rechten Talseite Quellaustritte, kleine Tümpel und Seen, möglicherweise einstige Toteislöcher, die die Landschaft noch weiter beleben. Im Laufe einer langen Entwicklung hat sich hier auf saurem Gesteinsuntergrund ein Mosaik verschiedenster interessanter Lebensräume ausgebildet. Besonders bemerkenswert sind die *Braunseggen*-Niedermoore mit Torfablagerungen. Die Torfschichten sind an den tief eingeschnittenen Rinnsalen zu erkennen und dürften teilweise Mächtigkeiten bis zu 60 cm, vielleicht sogar mehr haben. Unter den Pflanzen überwiegt die *Braunsegge* und das *Horstwollgras* oder *Haarbinse* und Bestände des *Schmalblättrigen Wollgrases*. Weiters kommen hier vor: *Patagonische Segge (Carex magellanica)* und die *Sudetenhainsimse (Luzula sudetica)*, die auch größere Bestände bildet, daneben auch vereinzelt das *Gemeine Fettkraut*. An manchen Tümpeln gibt es Verlandungszonen mit Beständen an *Scheuchzers Wollgras*. In einigen Niedermoorbereichen haben sich bereits ausgesprochene Hochmooranflüge mit stattlichen Torfmoosbülten gebildet.

Besonders wertvoll sind auch die kleinen Quellaustritte, die mit verschiedenen Moosen, *Bitte-*

Niedermoor im hintersten Trojeralmtal

rem Schaumkraut, Sumpfdotterblumen, Sternsteinbrech und *Fetthennensteinbrech* bewachsen sind. Bedeutende Laichplätze für *Grasfrosch* und *Alpenmolch* sind jene Tümpel, die nicht von einem Rinnsal durchflossen werden und sich daher nach der Schneeschmelze verhältnismäßig schnell erwärmen. Hier kann man auch die *Alpensmaragdlibelle (Somatochlora alpestris)*, eine hoch steigende Libellenart, beobachten. In einem tiefen, kreisrunden Tümpel lebt ein einziger eingesetzter *Seesaibling,* der sich offenbar im Wesentlichen von Anflugnahrung ernährt. Teile dieses Niedermoores wurden im Laufe der Jahrhunderte immer wieder überschüttet, sodass sich auch erhöhte Bereiche gebildet haben, die heute mit Weiderasen bzw. mit Beständen der *Rostroten Alpenrose* bewachsen sind.

Dieses bedeutende, hoch gelegene Feuchtgebiet hat auch einen wunderschönen landschaftlichen Rahmen. Auf der orographisch rechten Seite sind es die Felswände des Panargenkammes mit vereinzelten *Lärchen*-Pionieren und *Grünerlen* in den feuchten Rinnen, auf der orographisch linken Seite, im inneren Talbereich, erstrecken sich ausgedehnte Bestände der *Rostroten Alpenrose* und im vorderen Teil beginnt der hier noch aufgelockerte Trojeralmtaler *Zirbenwald*.

Moore am Obersee/Staller Sattel

Mehrere Bereiche im Umfeld des Obersees am Staller Sattel, vor allem am Ostufer des Sees, beim Seeausfluss und entlang des vom Obersee hinabführenden Baches sind mit Niedermooren durchsetzt. Es handelt sich durchwegs um saure Niedermoore, die von *Rasenhaarbinse, Scheidigem Wollgras, Schmalblättrigem Wollgras, Gelber Segge, Braunsegge, Alpensimse, Gemeinem Fettkraut, Alpenfettkraut, Kalter Segge* und verschiedenen Torfmoosen dominiert werden. Als Besonderheit tritt reichlich die *Kleine Simsenlilie,* eine Rarität der Alpinflora, auf. An den Rändern der zahlreichen kleinen Bäche, die die Moore immer wieder durch-

Dunkel gefärbte Gebirgsvariante des Grasfrosches

schneiden, ist das *Bittere Schaumkraut* bestandsbildend. Sämtliche dieser kleinen Moorkomplexe werden beweidet, wodurch es zu einer engen Verzahnung der Weiderasen mit der eigentlichen Moorvegetation kommt. So dringen Arten wie *Schweizer Löwenzahn, Goldfingerkraut, Alpenbrandlattich, Bürstling, Bergnelkenwurz, Rosetten-Ehrenpreis, Bärtige Glockenblume* und *Alpenhainsimse* randlich in die Moorbereiche ein. Einige der in den Obersee mündenden Bäche haben kleinere Schuttflächen aufgeschüttet, auf denen zahlreiche bunte Alpenpflanzen wie *Moschusschafgarbe, Gletscherhahnenfuß, Alpenhelm, Traubensteinbrech, Gletschernelkenwurz, Alpenwucherblume, Ungleichblättriges Labkraut, Scheuchzers Glockenblume, Uralpen-Küchenschelle, Drüsiges Habichtskraut, Krainer Greiskraut* und *Einblütiges Berufskraut* wachsen.

Der Hirschbichl, 2141 m – Naturjuwel und mittelsteinzeitlicher Jägerrastplatz

Siehe auch „Kulturelle Besonderheiten".
Der Hirschbichl ist ein West-Ost verlaufender, talseitig bewaldeter, mit vereinzelten *Zirben* und *Lärchen* bewachsener Felsrücken. Wenn man von Westen kommt, wirkt die höchste Erhebung burgbergartig und scheint inmitten des Tales zu liegen. Tatsächlich hat man von diesem erhöhten Punkt aus einen großartigen Rundblick auf beide Talseiten sowie talein- und talauswärts. Der Felsen besteht aus *Tonalit*, einem körnigen, im Tertiär entstandenen Tiefengestein. Die herausragenden Felsen sind vom eiszeitlichen Gletscher abgeschliffen und rundlich verwittert.

Einzigartig ist der unterhalb der höchsten Erhebung liegende Moorsee, die so genannte „Planklacke". Dieser See hat sich möglicherweise in einem 3,5 m tiefen Gletscherkolk gebildet und ist im Laufe der Jahrtausende zum Teil verlandet. Die Verlandungszone ist ein *Schnabelseggen*-Niedermoor mit vereinzelten *Schlammseggen* (Carex limosa), *Schmalblättrigem Wollgras* und *Gemeinem Fettkraut*. Gegen die offene Wasserfläche zu haben sich in verschiedenen Uferbereichen *Torfmoos*-Bulten gebildet. Am südlichen Uferbereich ist auch ein kleiner Schwingrasen ausgebildet. Die offene Wasserfläche enthält einen lockeren Torfschlamm, auf dem Bestände der *Schnabelsegge* mit extrem langen Wurzeln wachsen. Die langen Blätter dieser Segge treiben an der Wasseroberfläche. Dieser Moorsee ist auch ein Eldorado für Libellen und ein Laichplatz der *Alpenmolche*. An sonnigen Tagen kann man die Flüge von Groß- und Kleinlibellen beobachten. Besonders auffallend ist dabei die *Torfmosaikjungfer*. Die umliegenden Felsen und Hügel sind teils mit Zwergstrauchheide, teils mit Weiderasen bewachsen.

Auch im Hinblick auf den bedeutenden mittelsteinzeitlichen Jägerrastplatz ist dieser See mit seiner Verlandungszone und seinen Torf- und Holzablagerungen ein unschätzbares Archiv der Vegetations- und Klimageschichte dieses Raumes, aber auch ein Archiv für eventuelle Beeinflussung des Sees durch die Jäger der Steinzeit. Man darf daher die Ergebnisse der derzeit laufenden Untersuchungen durch die Innsbrucker Universität mit Spannung erwarten.

Die Bergmähder auf der Oberseite von St. Jakob

Hier haben die Bauern von St. Jakob früher etwa 300 Hektar für die Bergheugewinnung in harter Arbeit genutzt und auf diese Weise die prächtigen Blumenwiesen geschaffen, die heute durch den „Blumenweg Oberseite" bewundert

Goldschwingelmähder am Blumenweg St. Jakob – Oberseite

werden können. Ein eigener AV-Nationalparkführer schildert die Bergheugewinnung und die verschiedenen Pflanzengesellschaften dieser Bergmäher, wie z. B. Goldriedrasen = Goldschwingelrasen, Schwingelseggenrasen, Polsterseggenrasen, Horstseggenrasen, Krummseggenrasen, Quellfluren und andere.

Am Blumenweg gibt es 20 Haltepunkte bei bestimmten Pflanzengesellschaften, die im Führer genau beschrieben sind. Daneben sind am Weg 71 Pflanzen mit Nummern bezeichnet, deren Namen und Blütezeit auf einem eigenen Blatt im Führer ersichtlich sind (siehe auch Wanderung Nr. 8).

Der Oberhauser Zirbenwald im innersten Defereggental

Dieser größte geschlossene Zirbenwald der Ostalpen bedeckt eine südwestexponierte Talflanke mit einer Größe von 275 ha zwischen 1770 und 2250 m. Der Gesteinsuntergrund besteht aus altkristallinen, phyllitischen *Muskovitglimmerschiefern*. Die Steilhänge sind mit Hangschutt und ausgedehnten Grobblockhalden bedeckt. Die Blockschutthalden sind als eine Folge postglazialer Klimaschwankungen frühestens vor etwa 12.000 Jahren durch Frostsprengung entstanden. Der Oberhauser Zirbenwald besteht aus 88 % Zirbe, 8 % *Lärche* und 4 % *Fichte*. Die vorherrschende Waldform ist der Silikat-Lärchen-Zirbenwald, wobei der Lärchenbestand stark variiert. Im unteren Bereich mischt sich dann die *Fichte* zu. Den Unterwuchs bilden *Rostrote Alpenrose, Zwergwacholder, Heidelbeere, Rauschbeere, Krähenbeere, Bärentraube, Wolliges Reitgras, Hainsimse,* verschiedene Flechtenarten und in Gräben die *Grünerle*. Vereinzelt sind auch *Eberesche* und *Birke* beigemischt. Im Bereich der Waldgrenze sind die Zwergstrauchgesellschaften besonders schön entwickelt.

Die pollenanalytische Untersuchung und Altersbestimmungen mit der Radiokarbonmethode in der Umgebung der jetzt waldfreien Jagdhausalm haben ergeben, dass sich vor 7.000 Jahren der Zirbenwald bis zur Jagdhausalm erstreckt hat. In der Bronzezeit ist menschliche Rodungstätigkeit nachweisbar und im Mittelalter waren große Flächen baumfrei. Die letzte großflächige Auflichtung erfolgte im 17. und 18. Jahrhundert. Trotzdem haben sich auf den ausgedehnten, schwer zugänglichen Blockstandorten naturnahe Bestände des einzigartigen Zirbenwaldes erhalten. Die Baumhöhen der Zirben schwanken zwischen 8 und 22 m, die ältesten *Zirben* haben ein Alter von ca. 460 Jahren. *Lärchen* erreichen Höhen bis zu 37 m und Brusthöhendurchmesser bis zu 132 cm.

Im Jahr 2000 wurden 100 ha des Oberhauser Zirbenwaldes durch Vertragsnaturschutz zum Naturwaldreservat erklärt, eine bemerkenswerte Tat für den Nationalpark und diese bedeutende Naturattraktion.

Oberhauser Zirbenwald – im Hintergrund geschlossene Bestände bis an die obere Waldgrenze

Wirtschaft

Der bedeutendste Wirtschaftszweig in St. Jakob ist der **Tourismus**, der ca. 60 % der Berufstätigen beschäftigt. Schon im 19. Jahrhundert kamen städtische Hutfabrikanten, die aus dem Defereggental stammten, mit ihren Familien zur „Sommerfrische" nach St. Jakob. Es folgten die Alpinisten, als 1900 die Barmer Hütte und 1926 die Reichenberger Hütte eröffnet wurden. 1924 gründete man den Verkehrsverein St. Jakob und schaffte einen eigenen Autobus an, um die Gäste in den Ort zu bringen. 1974 wurde durch die

Eröffnung der Passstraße über den Staller Sattel auch eine Verbindung mit Südtirol geschaffen. St. Jakob entwickelte sich zum bedeutendsten Tourismuszentrum Osttirols (2001 gab es 312.037 Übernachtungen). Durch die Wintersportmöglichkeiten mit zahlreichen Liftanlagen auf der Brunnalm ist die Auslastung im Winter eher noch größer als im Sommer.

Landwirtschaft: Fast die Hälfte des 186 km² großen Gemeindegebietes wird von Almen eingenommen, die jetzt großteils von außen (Südtirol, Oberlienz) beschickt werden (siehe auch „Jagdhausalm"). Außer Viehzucht ist für die Bauern noch die Nutzung des **Waldes** wichtig, der sich zum überwiegenden Teil im Besitz der Agrargemeinschaften befindet. Da es keine Vollerwerbsbauern mehr gibt, ist der Tourismus zu einer wichtigen **Nebenerwerbsquelle** geworden.

Besonders im 16. und 17. Jahrhundert bot der **Bergbau** auf Kupfer, Eisen, Blei, Silber und Gold eine zusätzliche Verdienstmöglichkeit, die aber um 1713 erlosch. Zum wirtschaftlichen Aufschwung zur Zeit der **Glaureter Gewerken** siehe „Bergbau Blindis-Tögisch".

Ab dem 17. Jahrhundert suchten viele Menschen aus dem übervölkerten Defereggental im **Hausierhandel** eine neue Existenzgrundlage. Nach Beendigung der Feldarbeit oder auch ganzjährig gingen die Männer „auf den Handel" mit Teppichen, Stoffen, dann Wetzsteinen, Sensen, Hüten, Uhren und Rauchwaren. Sie kamen in ganz Europa herum und viele ließen sich später als ortsfeste Kaufleute oder Fabrikanten nieder.

Kulturelle Besonderheiten

Pfarrkirche St. Jakobus der Ältere

St. Jakob wurde erst sehr spät selbstständige Pfarre. Die jetzige große Kirche wurde 1827/30 gebaut und enthält noch einige Barockfiguren aus dem Vorgängerbau. Die erste Kirche, die im heutigen Friedhof am Berghang stand, wurde 1516 geweiht. Vorher mussten die Menschen den Gottesdienst in Virgen besuchen und ihre Toten dorthin zur Bestattung bringen, denn das Gemeindegebiet westlich des Trojeralmtales gehörte kirchlich und politisch zu Virgen. Der Osten des heutigen Gemeindegebietes war dagegen ein Teil von St. Veit, das zur Herrschaft Matrei des Erzbistums Salzburg gehörte. Die im Winter Verstorbenen wurden angeblich im Keller des Hauses Trojen aufbewahrt, bis der Weg über das 2616 m hohe Törl nach Virgen begehbar war (Gehzeit 7–8 Stunden).

Filialkirche St. Leonhard

Die spätgotische Wallfahrtskirche südlich der Schwarzach zwischen St. Jakob und St. Veit war ursprünglich eine Filialkirche von St. Veit und hatte bei der bäuerlichen Bevölkerung große Bedeutung, z. B zur Abwehr von Viehseuchen. Bei der Restaurierung 1954/58 wurde die Barockisierung (18. Jahrhundert) und Regotisierung (19. Jahrhundert) der Kirche rückgängig gemacht, sodass nun der Bau des Meisters Hans von Lienz (Görzer Bauhütte) von 1464 und nach 1480 wieder voll zur Wirkung kommt. Die Bilder am Gewölbe stammen aus der Schule des Simon von Taisten um 1500. Die Kreuzungen

Filialkirche St. Leonhard bei Feistritz

der Gewölberippen wurden um 1510 mit phantasievollen grün-blauen und roten Rankenmalereien geschmückt. Beim Aufgang zur Empore zeigt eine Pinselstrichzeichnung aus der Zeit von 1510/20 das Renaissance-Porträt eines vornehmen Mannes, der wahrscheinlich im Zusammenhang mit dem Bergbau ins Defereggental gekommen war und der Kirche eine Stiftung machte.

„Handelshaus"

Der behäbige Bau mit einer alten Sonnenuhr und der Jahreszahl „1627" an der Fassade wurde von den Glaureter Gewerken als Verwaltungsgebäude für den umfangreichen Bergwerksbetrieb errichtet. Heute ist in dem großen Gebäude im Ortszentrum unter anderem eine Nationalpark-Informationsstelle untergebracht.

Bergbau Blindis-Tögisch

Die Kupfergruben *(Kupferkies)* in 2300–2700 m Seehöhe im Trojeralmtal und Tögischtal, in Luftlinie nur 1500 m voneinander entfernt, bildeten das bedeutendste und ertragreichste Bergbaugebiet in ganz Osttirol. Im unteren Tögischtal wurde auch silberhältiges Blei gewonnen. Ruinen von Knappenunterkünften, zahlreiche Stolleneingänge und Abraumhalden sind in dem großen Abbaugebiet, das sich auch auf die Virgener Seite ins „Glaurat" erstreckt, heute noch zu sehen. Am **Blindis** östlich der Dürfelder Alm, wo innerhalb von 300 Höhenmetern sechs Stollen übereinander in den Berg getrieben wurden, hat man die eindrucksvolle Aufbereitungsanlage mit Scheidplatz, Schmiede usw. für Besucher zugänglich gemacht (genaue Beschreibung siehe Wanderung Nr. 10, von St. Jakob auf dem Knappenweg im Trojeralmtal in 2½ Stunden erreichbar).

Zu Anfang des 17. Jahrhunderts erlebte der Kupfererzbergbau in Blindis-Tögisch unter der Führung der **Glaureter Gewerken** seine Blütezeit. Diese waren die kapitalkräftigen Sippen von Karl Rosenberg und Hanns Machard aus Fieberbrunn, die mit viel Erfahrung und Unternehmergeist die Gruben um St. Jakob (und auch im übrigen Osttirol) ausbauten. (Zahlenangaben zum Abbau siehe „Mineralien und Bergbau"). Da der über 20 km weite Weg zur Schmelzhütte in Unterpeischlach im Iseltal sehr mühsam war, errichteten die Rosenberger nach 1617 in St. Jakob eine Schmelzhütte („Blähhaus") sowie Kohlstatt, Säge, Schmiede und Lager. Schlacken von dieser Verhüttung wurden in der Gegend des heutigen Tennisplatzes gefunden.

Mühlen im Trojeralmtal

Von den 40 Mühlen, die es noch um 1925 in St. Jakob gab, um den Winterroggen und den für die Brennsuppe benötigten Weizen zu mahlen, stehen nur mehr wenige. Die 300 kg schweren Mühlsteine stammen alle aus Sexten in Südtirol. Zwei Mühlen im Trojeralmtal wurden mit Nationalparkmitteln instand gesetzt, dort wird jeden Freitag Vormittag Getreide gemahlen (Anmeldung im Tourismusbüro). Auch außerhalb dieser Zeit wird das große Mühlrad der oberen Mühle von Wasser aus dem Trojeralmbach, das durch einen Mühlgang von oben zugeleitet wird, angetrieben. Die Mühlen sind von St. Jakob auf dem Wanderweg entlang des Trojeralmbachs in ca. einer ½ Stunde zu erreichen, etwas länger braucht man für den Höhenweg vorbei am Gasthof Trojen (siehe auch Wanderung Nr. 4).

Jagdhausalm

Im Arvental stehen in 2009 m Höhe 16 urtümliche Almhütten aus Bruchsteinen und eine Kapelle in einem äußerst sehenswerten Almdorf eng beisammen. Sie gehen auf sechs Schwaighöfe zurück, die urkundlich im Jahr 1212 und bis 1338 ganzjährig bewirtschaftet waren und jährlich mit 5 Schaff Getreide versorgt wurden. Wie auch der Name „Jagdhaus" – von „Jochhaus", nach dem Klammljoch – andeutet, wurde die Siedlung vom Raintal aus gegründet und unterstand dem Gericht von Taufers. Auch heute noch sind die Eigentümer der Almen 15 Bauern aus Südtirol, die politisch und besitzrechtlich zum Landgericht Taufers gehören. Wegen der extremen Höhenlage musste die ganzjährige Bewirtschaftung aufgegeben werden, 1406 werden die Hütten bereits als Almen genannt. 1539 regelte der „Jagdhaus-Brief" die Aufteilung der Bergmähder und Wiesen auf die 17 Besitzer, später waren bis 40 Almleute (keine Frauen!) den Sommer über im Almdorf und alle 14 Tage wurde eine Messe gelesen. Deswegen wurde die Kapelle 1744 vergrößert und 1840 nochmals erneuert.

Die neuere Entwicklung ist kennzeichnend für den Rückgang der Almwirtschaft im ganzen Alpenraum: 1950 versorgten noch 37 Senner und Hirten 340 Rinder (davon 120 Kühe) und 500 Schafe, erwirtschafteten 50.000 l Milch/Käse und mähten 20 ha Bergwiesen. Wegen steigender Lohnkosten und der Schwierigkeit, Hirten und Senner zu bekommen, die im Herbst ja arbeitslos sind, wurden immer weniger Milchkühe (1970: 60 von 340 Rindern, 1990: 10 von

Alte Höfe an steilen Hängen prägen in besonderer Weise das Defereggental (Innerberg)

274 Rindern) und Schafe (1970: 120, 1990: 20) aufgetrieben und die Heumahd eingeschränkt (1970: 15 ha, 1990: 9,5 ha). 1970 schlossen sich die Bauern zu einer Agrargemeinschaft zusammen, und über das Klammljoch wurde eine Zufahrt zur Jagdhausalm errichtet. Waren damals noch 15 Hütten von 22 Almleuten bewohnt, so kommt man durch die gemeinsame Bewirtschaftung seit 1989 mit 2–3 Hirten und 1–2 Sennern aus, die in zwei Hütten wohnen. Zum Mähen der Bergwiesen kommen die Südtiroler Bauern nun mit Autos ins Arven- und Schwarzachtal. Das Almdorf ist zu Fuß von Oberhaus in ca. 2 Stunden zu erreichen.

Steinzeitliche Funde vom Hirschbichl

Nachdem auf Südtiroler Seite schon Jägerrastplätze aus der Mittel-Steinzeit am Gsieser Törl (Richtung Pustertal) und am Staller Sattel entdeckt worden waren, fand man 1987 auch am Hirschbichl südwestlich von St. Jakob in 2143 m Höhe Abschläge aus Feuerstein (Silex) und Bergkristall. Bei der systematischen Untersuchung des westöstlich verlaufenden Höhenrückens kamen in der Umgebung der **Planklacke**, eines teilweise verlandenden Hochgebirgssees, Steinstücke für die Bewehrung von Geschossspitzen, ein Rundkratzer für die Fellbearbeitung, verkohlte Knochenreste und Hunderte Abschlagstücke zu Tage. Die Geräte wurden offensichtlich an diesem Sommerrastplatz von Jägern aus der Mittleren Steinzeit (8. bis 5. Jahrtausend v. Chr.) aus Feuerstein hergestellt, der wahrscheinlich aus den Südtiroler Dolomiten stammt. Die archäologischen Grabungen im Herbst 1989 wurden durch naturwissenschaftliche Untersuchungen des Moores und des verlandenden Sees mit über 350 cm mächtigen Sedimenten ergänzt: Pollen (Blütenstaub) geben Aufschluss über die Vegetationsabfolge seit der Eiszeit, Diatomeen (Kieselalgen) über Temperatur und Reinheit des Gewässers. Im Moor erhaltene Baumstämme können für die Altersbestimmung herangezogen werden.

Nationalparkeinrichtungen in der Gemeinde St. Jakob im Defereggental

– Nationalpark-Infostelle im Handelshaus
– Erlebnisausstellung „Zirbe – Wald – Grenze" im Handelshaus

– Im Defereggental befinden sich die eindrucksvollsten und größten Zirbenwälder der Ostalpen, insbesondere im innersten Defereggental, der Oberhauser Zirbenwald und die Zirbenbestände im Trojeralmtal.

Es wurde daher von der Nationalparkverwaltung im historischen Handelshaus eine interaktive Ausstellung über die Zirbe eingerichtet, die man hier mit allen Sinnen erleben kann. Man kann die Zirbe nicht nur riechen, sondern auch hören und sehen und damit auch wirklich begreifen, dass es sich dabei um einen außergewöhnlichen Pionierbaum des Hochgebirges handelt.

– Haus des Wassers
– kleiner und großer Wassererlebnisweg
– Naturlehrweg „Oberhauser Zirbenwald"
– Blumenlehrweg St. Jakob – Oberseite

Interaktive Zirbenausstellung im Handelshaus in St. Jakob i. Def.

Empfehlenswerte Wanderungen und Touren

1. Naturkundliche Wanderung entlang des kleinen Wassererlebnisrundweges

Zu allen Zeiten ein Erlebnis, besonders eindrucksvoll Ende Mai bis Ende Juni, zur Blüte der Mehlprimeln und Orchideen.
Ausgangspunkt: St. Jakob
Gehzeit: gemütlicher Rundgang, 1–1½ Stunden

Höhenunterschied: keiner
Ausrüstung: feste Wanderschuhe
Außerhalb des Nationalparks

Über den kleinen und großen Wassererlebnisrundweg gibt es einen eigenen, kleinen Naturführer, der bei den Nationalpark-Infostellen erhältlich ist.

Mehlprimelblüte im Naturkomplex St. Jakob

Von der Bäckerei Steiner gelangt man über die Handelbrücke ins Exkursionsgebiet. Am kleinen Wassererlebnisrundweg gibt es 14 Haltepunkte, die im kleinen Naturführer genau beschrieben sind. An den interessantesten Punkten sind auch größere direkte Informationspulte aufgestellt. Der Rundweg führt durch das einstige Überschwemmungsgebiet der Schwarzach, das nach der Hochwasserkatastrophe im Jahr 1966 durch Begradigung und Verbauung der Schwarzach vom Fluss abgetrennt wurde. Dennoch haben sich in diesem Gebiet noch interessante Kleinlebensräume mit seltenen Pflanzen und Tieren erhalten.

Bei **Punkt 1** wird die Schwarzach als Hochgebirgsfluss und das einstige Überschwemmungsgebiet vorgestellt.

Bei **Punkt 2** handelt es sich um einige Pflanzenpioniere, die auf einem Magerrasen wachsen, wie die *Korallenflechte* oder das *Zackenmützenmoos*.

Bei **Punkt 3** werden die Überschwemmungskatastrophen angeführt, die zur Schwarzach-Verbauung im Jahr 1966/67 geführt haben. Es werden hier die Sukzessionsstadien nach einer Überschwemmung besprochen, die mit der Besiedlung durch die *Deutsche Tamariske*, dem *Uferreitgras* beginnen und wo dann verschiedene Weidenarten wie *Purpurweide*, *Lavendelweide* und schließlich die *Grauerlen* anschließen.

Punkt 4 ist der Besiedlung des einstigen Überschwemmungsgebietes durch Vögel gewidmet. Nach Verschwinden der Flussuferläufer und Flussregenpfeifer haben sich hier vor allen Dingen buschbewohnende Vögel, wie *Mönchsgrasmücke, Gartengrasmücke, Klappergrasmücke, Heckenbraunelle, Rotkehlchen, Zilpzalp, Neuntöter, Dornendreher* u. a. angesiedelt.

Bei **Punkt 5** ist der *Weiden-Tamariskenbusch* als Pionier eines extremen Lebensraumes gut zu sehen. Die flugfähigen Samen der Tamariske besiedeln nach Hochwasserereignissen sofort wieder die neuen Schotterflächen. Dazu gesellt sich auch das *Uferreitgras*.

Bei **Punkt 6** werden die Begleitinsekten eines Weiden- und Tamariskenbusches beschrieben. So gibt es auf sandigen Stellen im Tamariskenweidengebüsch zwei äußerst seltene und höchst gefährdete Heuschreckenarten, den *Kiesbankgrashüpfer* (*Chorthippus pullus*) und die *Türks Dornschrecke* (*Tetrix tuerki*). Es ist dies der bisher einzig bekannte Standort in den Hohen Tauern. Die Tamariskenbestände sind hier auch Lebensraum eines Nachtschmetterlings, des *Tamariskenzünslers* (*Merulempista cingilella*). Dieser Nachtfalter benötigt als Lebensraum alte Bestände der Tamariske, in denen sich die Larven verpuppen können. Das nächste Vorkommen dieses Schmetterlings befindet sich außerhalb Österreichs in Brad im Vinschgau (Südtirol).

Bei **Punkt 7** treffen wir auf ein hochinteressantes Überschwemmungsgebiet des Brucker Almbaches mit vielen Pflanzenpionieren. Da sich dieses Überschwemmungsgebiet ständig verändert, kann man hier die Pflanzenabfolge gut beobachten. Der Weg führt dann weiter an einigen sehr interessanten Tümpeln vorbei, die mit *Sumpfschachtelhalm* und *Alpenlaichkraut* bewachsen sind.

Bei **Punkt 9** treffen wir auf Gräben, die dicht bewachsen sind. Daneben befinden sich wieder feuchte anmoorige Wiesen, die mit *Sumpfläusekraut* und dem seltenen *Sumpfdreizack* bewachsen sind. Es ist dies ein hochinteressantes Laichgebiet für *Grasfrosch*, *Erdkröte* und *Bergmolch* und wird auch von *Ringelnattern* besiedelt.

Bei **Punkt 11** kommen wir dann zu den außergewöhnlich schönen *Mehlprimel*-Wiesen, die im Mai in voller Blüte stehen. Sie sind durch-

Wunderschöne Feuchtgebiete in unmittelbarer Ortsnähe

setzt vom *Alpenfettkraut* und vom *Gemeinen Fettkraut*, zwei Fleisch fressenden Pflanzen. Es geht dann weiter entlang von Quelltümpeln am Fuß des Berghanges mit vielen Orchideen.
Bei **Punkt 13** befindet sich eine Schwefelquelle. Hier kann man von der Schwefelquelle und von einer normalen Quelle kosten.
Bei **Punkt 14** gelangen wir dann in ein ausgedehntes Niedermoor mit Hochmooranflügen im Zentrum, zum Teil von einer Quelle am Bergrand gespeist, umgeben von Tümpeln, die mit der *Schnabelsegge* dicht bewachsen sind. Im Moor *Sumpfehrenpreis*, das *Mierenblättrige Weidenröschen*, die *Sumpfkratzdistel*, die *Kuckuckslichtnelke* und den *Sumpfbaldrian*. Hier kann man auch sehr gut einen typischen Vogel dieses Lebensraumes beobachten, das *Braunkehlchen*, das besonders Zaunpflöcke als Sitzwarten benützt.

2. Wanderung von St. Jakob über Außerberg am Sonnenhang nach Innerberg und Mariahilf

Ausgangspunkt: St. Jakob, Gasthof Unterrain
Gehzeit: 2–2½ Stunden
Höhenunterschied: ca. 250 m
Schwierigkeitsgrad und Ausrüstung: schöne Wanderwege; feste Wanderschuhe
Außerhalb des Nationalparks

Von St. Jakob bis zum **Berggasthof Trojen** gleich wie Wanderung Nr. 4. Vom Berggasthof wandert man zunächst auf dem Güterweg weiter nach Innerberg zur Jausenstation Jägerstube am Ende des Güterweges. Dieser Weg führt durch ein einst sehr abwechslungsreiches bäuerliches Kulturland mit prächtigen alten Bergbauernhöfen taleinwärts. Die Landschaft ist durch Steinmauern, Buschwerk, alte Baumbestände, Blumenwiesen, Trockenhänge und einige feuchte Stellen ökologisch reich strukturiert und in ihrem Pflanzen- und Tierbestand vielfältig. Im Sommer blühen neben dem Güterweg große Bestände des attraktiven, rotblühenden *Waldweidenröschens*. Von der Jägerstube geht es noch ein kurzes Stück auf einem Forstweg weiter bis zur Abzweigung nach Mariahilf. Von hier schlängelt sich dann ein Fußweg durch den lichten Bergwald bis ins Tal hinunter zur Bushaltestelle.

3. Wanderung von St. Jakob auf dem großen Wassererlebnisweg nach Mariahilf

Ausgangspunkt: St. Jakob
Gehzeit: ca. 2 Stunden
Höhenunterschied: gering
Ausrüstung: feste Wanderschuhe
Außerhalb des Nationalparks

Von Mariahilf Rückfahrmöglichkeit mit dem öffentlichen Bus nach St. Jakob.
Am Weg gibt es 16 Haltepunkte und einige Informationstafeln, die im kleinen Naturführer „Wassererlebnisweg" beschrieben sind.

Der Weg beginnt wieder auf dem orographisch rechtsseitigen Ufer bei der Handelbrücke und geht von hier zum Berghang entlang der Niedermoorwiesen zu **Punkt 15**, wo man Hochwasserschutzmaßnahmen an der Schwarzach sehen kann.
Bei **Punkt 16** gibt es einen originellen Kinderspielplatz, der am Bach angelegt wurde.
Bei **Punkt 17** kommen wir zur Quelle von Bad Grünmoos. Es handelt sich um eine erdig-salinische Quelle mit einer Temperatur von 10 °C. Man sieht noch das alte Badhaus, das bis 1969 in Betrieb war. Seitdem ist der Badebetrieb eingestellt.
Punkt 18 ist den Vögeln am Gebirgsbach gewidmet. Hier kann man immer wieder auch den seltenen *Flussuferläufer* auf den Schotterbänken sehen.
Bei **Punkt 20** kommt man zu einer großen Schotterbank, einer Art Freilandlabor am Gebirgsbach. Hier beeindrucken die Pflanzenpioniere, die *Alpenschwämmlinge*, die es vom Hochgebirge heruntergeschwemmt und die hier zwischen dem Geröll wachsen, wie *Kriechendes Gipskraut* oder das *Alpenleinkraut* u. a. m. Am Bach kann man dann unter Steinen die verschiedenen Insektenlarven sehen, die den Gebirgsbach bevölkern.

Bei **Punkt 21** werden die auffallenden, roten Steine – Überzüge mit der *Veilchensteinalge* – erläutert.
Bei **Punkt 23** kommt man wieder in ein weiteres großartiges Feuchtgebiet mit Tümpeln und einem Quellbach. Es ist ein bedeutendes Laichgebiet für *Alpenmolch*, *Grasfrosch* und *Erdkröte*.
Bei **Punkt 24** betritt man ein großes Feuchtgebiet, das Überschwemmungsgebiet der Schwarzach und des Stallerbaches. Hier gibt es Feuchtwiesen und Moore mit vielen Orchideen.
Bei **Punkt 25** kommt man zur Trinkwasserquelle von Mariahilf und dem Quellbach, der auch ein ganz entzückendes Quellmoor bildet. Hier gibt es gelegentlich sogar den *Feuersalamander* zu sehen.
Bei **Punkt 27** betritt man den Schwemmkegel des Stallerbaches, ein trockenes Areal mit mehreren Pflanzenpionieren.
Punkt 28 ist dem Stallerbach und **Punkt 29** den gelb leuchtenden Flechten am Stallerbach gewidmet. Durch den Schluchtwald des Stallerbaches kommt man dann an einer ehemaligen, verfallenen Stockmühle vorbei nach Mariahilf zur Busstation.

Von Mariahilf kann man auf einem bereits gut eingewachsenen Forstweg durch einen *Fichten-Lärchen*-Wald auf der orographisch rechten Talseite meist erhöht über der Schwarzach nach Erlsbach weiterwandern.
Höhepunkt auf dieser Strecke ist der Einblick in eine großartige **Klamm der Schwarzach** mit zwei Wasserfällen. Bereits von weitem hört man das Rauschen des wasserreichen Gletscherbaches, der hier im harten *Rieserfernerto-*

Braunkehlchen, ein heute schon seltener Vogel feuchter Wiesengebiete

nalit eine tiefe Klamm mit modelartigen Kolken gebildet hat. Die gesamte Klammstrecke zeigt einen dichten Bewuchs mit *Fichten, Zirben* und *Ebereschen,* dazwischen sind Felspartien mit der gelben *Leuchtflechte* zu sehen.

Auf dieser Wanderung kann man auch eine Reihe von Vogelarten beobachten oder hören, zum Beispiel am Gletscherbach *Bachstelze, Gebirgsstelze* und *Wasseramsel,* im Fichtenwald *Tannenmeise, Haubenmeise, Wintergoldhähnchen, Gimpel, Singdrossel, Misteldrossel, Tannenhäher,* im aufgelockerten Wald mit *Grauerlen* und *Weiden Buntspecht, Buchfink, Zilpzalp, Mönchsgrasmücke, Heckenbraunelle, Zeisig, Klappergrasmücke, Rotkehlchen* und *Fitislaubsänger.*

In Mariahilf und in Erlsbach gibt es eine Bushaltestelle und Rückfahrmöglichkeit.

Von Erlsbach führt der Wanderweg noch weiter taleinwärts (siehe Wanderung Nr. 17 zur Jagdhausalm).

4. Naturkundliche Wanderung von St. Jakob zum Berggasthof Trojen und über die Mühlen im Trojeralmtal wieder zurück nach St. Jakob – besonders schöne Wanderung von Ende Mai bis Mitte Juni, wenn die sonnigen Wiesen in Blüte stehen

Ausgangspunkt: Kirche von St. Jakob
Gehzeit: gemütlich 1–1½ Stunden
Höhenunterschied: ca. 300 m
Schwierigkeitsgrad und Ausrüstung: gemütliche Wanderung auf guten Wegen; feste Wanderschuhe
Außerhalb des Nationalparks

Der Fußweg beginnt hinter dem Friedhof von St. Jakob. Er führt in Serpentinen über die sonnigen Hänge aufwärts zu den Bergbauernhöfen oberhalb St. Jakob. Die sonnigen Wiesen sind Ende Mai/Anfang Juni blumenübersät. Besonders auffallend sind die zahlreichen *Margeriten, Stiefmütterchen, Roten Lichtnelken, Wiesenstorchschnabel* und Bestände des *Männlichen Knabenkrautes.* Der schmale Fußweg mündet beim **Berggasthof Trojen** in den Güterweg. Von hier beeindruckt der Blick auf St. Jakob, das Defereggental und die umliegenden Berge.

Nach einem kurzen Stück auf diesem Güterweg zweigt ein Fußweg ab zu den **Mühlen** im Trojeralmtal. Der Weg führt entlang von Steinschlichtmauern, die mit verschiedenen Pflanzen wie zum Beispiel *Rauer Steinbrech, Kleines Fingerkraut, Ackerhornkraut, Zarter Blasenfarn, Eichenfarn, Gamander-Ehrenpreis* überwachsen sind. Die im Juni noch sehr feuchten Wiesen an den Abhängen des Trojeralmtales sind übersät mit *Stängellosem Enzian, Trollblumen* und *Männlichem Knabenkraut.* Am Trojeralmbach stehen noch einige Mühlen, in einer wird im Sommer noch an Freitagen Getreide gemahlen. Von den Mühlen geht es durch das Trojeralmtal wieder zurück nach St. Jakob.

5. Wanderung zur Brugger Alm (1818 m)

Ausgangspunkt: St. Jakob, bei der Brücke über die Schwarzach, oder Talstation der Brunnalmlifte
Gehzeit: 1½ Stunden
Höhenunterschied: 430 m
Schwierigkeitsgrad und Ausrüstung: leichte Wanderung, auch bei unsicherer Wetterlage möglich; Bergschuhe
Außerhalb des Nationalparks

Die Brugger Alm ist ein wunderschönes, sehr idyllisch am Fuß der Roten Spitze in den Deferegger Alpen gelegenes Almdorf. Die Wanderung von St. Jakob aus beginnt südlich der Schwarzach zuerst mit einem steil ansteigenden Weg durch den *Fichten*-Wald. Auch von der Johannishütte beim Bruggeralmbach nahe der Talstation der Brunnalmbahnen kann man den Anstieg in Angriff nehmen. Die Wege treffen sich bei der Abzweigung zum Wetterkreuz.

Nun geht es fast eben den Hang entlang durch *Fichten-Monokultur,* die teilweise stark von Windwurf und Borkenkäferbefall betroffen ist. Nach Süden umbiegend, führt der Weg hinauf in *Lärchen-Fichten*-Wald mit Lichtungen, auf denen *Besenheide, Preiselbeere* und *Heidelbeere* wachsen. Immer wieder eröffnet sich der Blick hinunter ins Tal auf die gotische St.-Leonhards-Kirche und hinüber auf die Lasörlinggruppe mit Trojeralm- und Tögischtal, dem ehemals bedeutendsten Bergbaugebiet Osttirols. Über einen glucksenden Bach kommt man auf sonnige Bergmähder, an deren Rand verwitterte Heuschupfen stehen. Leider werden einige Wiesen nun auch mit *Fichten* aufgeforstet. Weiter oben werden die Bergwiesen noch gemäht und zeigen im Sommer eine bunte Blütenpracht mit *Schafgarbe, Bärtiger Glockenblume, Klappertopf, Steirischer Teufelskralle* usw. Landschaftlich wunderschön führt der Weg – zwischen Bergmähdern auf der rechten und *Lärchen* und *Grünerlen* am Abbruch zum Bruggeralmbach auf der linken Seite – bergan. Vor sich sieht man als beeindruckende Gipfel der Deferegger Alpen die Rote Spitze (2956 m) und die Weiße Spitze (2963 m), welche durch eisenhältiges Gestein auf der Südseite rot erscheint und dort als „Rote Spitze" bezeichnet wird. Das letzte Wegstück zur Brugger Alm legt man auf dem von der Brunnalmbahn-Talstation heraufführenden Güterweg zurück, der trotz Fahrverbots leider immer wieder von Privatautos befahren wird.

Die **Brugger Alm** ist ein besonders schönes Almdorf in 1818 m Höhe. Die sieben Hütten sind aus Holz über Steinfundamenten erbaut

Offensichtliches Interesse an alten Fähigkeiten – Sense dengeln

und großteils mit Holzschindeln gedeckt. Eine der blumengeschmückten Hütten neben dem Bruggeralmbach wird als Jausenstation geführt. Ein viel begangener Weg führt von der Brugger Alm (1818 m) zur Brunnalm (2056 m), 1 Stunde: über den Bach und mit einer Kehre über den von *Grünerlen* und *Rostroten Alpenrosen* bewachsenen Hang hinauf zu sonnigen *Lärchenwiesen*, dann zwischen *Lärchenwald* und Schigebiet fast eben weiter zur **Brunnalm**. Von dort mit der Gondelbahn oder am Fußweg über die Trasse zur Talstation.

Ferner zweigt vom Güterweg unterhalb der Brugger Alm ein Wanderweg zur **Ragötzlalm** ab (2116 m, 1 Stunde) und führt über das **Wetterkreuz** (2233 m) zurück nach St. Jakob bzw. zur Talstation.

Die kürzeste Rückweg-Variante führt über den **Güterweg** ins Tal: 1 Stunde.

6. Bergtour auf das Degenhorn (2946 m)

Ausgangspunkt: Brunnalmbahnen, Bergstation Mooser Alm (2368 m)

Gehzeit: 2½ Stunden, vom Degenhorn nach St. Jakob 4 Stunden

Höhenunterschied: ca. 600 m, vom Degenhorn nach St. Jakob 1557 m

Schwierigkeitsgrad und Ausrüstung: hochalpine Tour, Trittsicherheit erforderlich; Bergschuhe

Außerhalb des Nationalparks

Diese durch die Seilbahn-Anfahrt verhältnismäßig bequeme Tour führt über die Ochsenlenke zum wunderschönen Degenhornsee und weiter zu Kleinem und Großem Degenhorn mit phantastischer Fernsicht zum Tauernhauptkamm und den Südtiroler Dolomiten.

Von der Bergstation des Mooser-Alm-Sesselliftes (2368 m) wandert man nur leicht ansteigend am Fuße des Großen Leppleskofl (2811 m) und der Hochleitenspitze (2877 m) zum Quellgebiet des Bruggeralmbaches, wo an kleinen Wasserläufen der gelbe *Fetthennensteinbrech* auffällt. Im *Krummseggenrasen* blühen hier im August *Bergnelkenwurz* und *Krainer Kreuzkraut* gelb, *Bärtige Glockenblume* und *Halbkugelige Teufelskralle* blau, *Alpenwucherblume* weiß und das polsterförmige *Zwergseifenkraut* rosa. Im Frühsommer stehen die rosa *Zwergprimel*, die weiße *Alpenanemone* und die violette *Klebrige Primel* in Blüte. Im Talschluss quert der Weg ein steiles Schuttfeld aus teilweise durch Eisengehalt rotbraun gefärbten *Glimmerschiefern* und erreicht die **Ochsenlenke** (2744 m), einen jenseits noch steiler abfallenden Übergang Richtung Pustertal (Abstieg zur Volkzeiner Hütte im Winkeltal 2 Stunden).

Zum westlich dieses Sattels aufragenden Degenhorn muss man einen ca. einstündigen Umweg in Kauf nehmen. Ein kleines Stück geht es noch nördlich des Kammes etwas mühsam über Felsen und Schutt mit vereinzelten Polstern von *Einblütigem Hornkraut*. Dann überquert man den Grat und sieht auf der Südseite den wunderbar dunkelblauen **Degenhornsee** (2713 m) wie einen Kratersee unten liegen. Man steigt ca. 50 Höhenmeter über *Krummseggenrasen* zu dem tiefen See ab, der auch im August noch von Schneefeldern umgeben ist.

Dann beginnt der Anstieg auf das 2849 m hohe **Kleine Degenhorn** mit herrlicher Aussicht auf den See und nach Nordosten zum Großglockner. Wie schon bei der Ochsenlenke findet man hier als typische hochalpine Pflanzen *Gletscherhahnenfuß, Moossteinbrech, Stängelloses Leimkraut* und *Moschussteinbrech* sowie *Klebrige Primel* und *Armblütige Teufelskralle.* Knapp unter dem Gipfel biegt der Weg zum Großen Degenhorn nach Nordwesten auf einen Grat um, der steil ins Arntal abfällt und einen schönen Ausblick auf die Südtiroler Dolomiten bietet. Entlang dieses Grates ist Vorsicht geboten, doch bald steht man beim Gipfelkreuz des **Großen Degenhorns** (2946 m) und genießt einen einmaligen Rundblick.

Abstieg über die Brugger Alm (1818 m) nach **St. Jakob** (1389 m): Von der Ochsenlenke (2744 m) können Ausdauernde den Rückweg entlang des Bruggeralmbaches nach St. Jakob oder zur Talstation der Brunnalm-Gondelbahn wählen. Ein gut ausgetretener und markierter Weg führt in Serpentinen über Hangschutt zu einer Lacke unterhalb der Ochsenlenke (2576 m). Über die flachen Mulden mit *Krautweide* und *Blauem Speik,* wie die *Klebrige Primel* wegen ihres Duftes auch genannt wird, ist der Weg dann schwerer zu finden. Man sollte sich eher rechts parallel zum Weg Richtung Mooser Alm halten und dadurch das felsige Gelände am Bach umgehen. Über eine Steilstufe mit Zwergsträuchern und Polsterpflanzen gelangt man hinunter zum **Bruggeralmbach**, an dessen linkem Ufer der Weg nun mit geringem Gefälle talauswärts führt. Im Talboden ist als Folge starker Beweidung die *Stachelige Kratzdistel* häufig. Die Hänge sind mit *Rostroter Alpenrose* überzogen, örtlich auch mit *Grünerlen*. Bald erblickt man die **Brugger Alm** (1818 m), ein sehr schönes Almdorf, das leider durch die Erschließung mit einer Zufahrtsstraße viel von seiner Ursprünglichkeit verloren hat. In der Jausenstation Brugger Alm besteht Einkehrmöglichkeit. Von hier kann man entweder in ca. einer ¾ Stunde zur Brunnalm (2056 m) aufsteigen und mit der Gondelbahn ins Tal fahren oder auf einem sehr schönen Fußweg über Bergmähder und durch den Wald nach St. Jakob bzw. zur Talstation der Brunnalmbahnen hinunterwandern (1 Stunde, genauere Wegbeschreibung siehe Wanderung Nr. 5).

7. Wanderung zu den Knappengruben im Tögischtal

Ausgangspunkt: St. Jakob; bei Auffahrt nach Tögisch (Gasthof Schöne Aussicht, 1600 m) einige wenige Parkplätze für Pkw am Straßenende

Gehzeit: von St. Jakob aus fast 4 Stunden, ab Obertögisch 2¾ Stunden

Höhenunterschied: 1240 m

Schwierigkeitsgrad und Ausrüstung: unschwierige Talwanderung, aber Ausdauer erforderlich; Bergschuhe

Taschenlampe für Stollenbesichtigung!

Nationalparkwanderung

Nordöstlich von St. Jakob folgt man der schmalen Asphaltstraße nach Tögisch über den steilen Hang mit Gehöften, *Fichtenwald* und *Grauerlen,* hinauf zur Brücke über den Tögischer Bach, der in seinem Unterlauf eine Schlucht ins Gestein geschnitten hat. Bald danach (3 km ab St. Jakob) erreicht man den Gasthof „**Schöne Aussicht**" mit Ausblick auf St. Jakob und die Defereger Alpen und schließlich am Ende der Straße die ca. 1700 m hoch gelegenen Bauernhöfe von **Obertögisch**. Dort weist eine Tafel nach Norden zum „Tögischer Bachel" (1 Stunde), zu den Knappengruben und zum Prägrater Törl (2846 m, 3½ Stunden) und zur Abzweigung über den Tögischer Berg zum Virgentörl (2616 m, 2¾ Stunden).

Die Markierung 314 ins Tögischtal hält sich an einen sanft ansteigenden, alten, von Trockensteinmauern gestützten Weg durch den *Lärchen-Fichten*-Wald. Die Felsen oberhalb der Tögischer Klamm querend, führt dieser wunderschöne Weg im weiteren Verlauf zwischen *Grünerlen* und Hochstauden, z. B. *Wolfseisenhut,* leicht abwärts. Am Ende eines lockeren Lärchenwaldes kommt man auf Weiderasen und erblickt jenseits des Baches eine bewirtschaftete Alm. Man bleibt auf der Ostseite des Baches auf einem Pfad, der zwischen *Bürstling, Arnika, Scheuchzers Glockenblume* und *Besenheide* ansteigt. Bei genauerem Hinsehen kann man auch Besonderheiten wie das *Schwarze Kohlröschen* und unter den Schmetterlingsarten *Dukatenfalter* und *Apollofalter* entdecken. Auf einer stark beweideten Verebnungsfläche, gekennzeichnet durch *Stachelige Kratzdistel, Blauen Eisenhut* und harte Gräser, erreicht man den **Tögischer Bach**. Steinmauern zeigen die früher noch intensivere Almwirtschaft an. Der Bach ist an dieser Stelle in mehrere Arme aufgespalten und teilweise aufgestaut und wird von *Bitterem Schaumkraut* überwuchert. Auf den Steinblöcken kann man mitunter *Steinschmätzer* und *Hausrotschwanz* beobachten.

Taleinwärts sieht man den Tögischer Bach in Wasserfällen über eine Steilstufe gischten, die man überwinden muss, um in ein großes, von Lacken erfülltes Kar zu gelangen. Dort, in über 2400 m Höhe, trifft man auf alpine Vegetation mit Polstern von *Zwergprimel* und *Stängellosem Leimkraut* im *Krummseggenrasen*. Im nächsthöheren Kar fallen rostbraune Abraumhalden, Ruinen von Knappenunterkünften und verstürzte Stollen als Reste des früheren **Bergbaues** auf (siehe „Kulturelle Besonderheiten": Bergbau Blindis-Tögisch). Man zweigt nun nach links zu den **Knappengruben** ab und geht über Krautweideböden an einem kleinen Karsee vorbei auf eine markierte Abraumhalde zu. Dort befindet sich ein begehbarer Stollen in ca. 2630 m Seehöhe (der Wanderstempel gibt fälschlicherweise 2792 m an), der mit Verästelung 150 m lang sein soll. In der Grube wurde früher *silberhältiger Bleiglanz* abgebaut, später wahrscheinlich wie im übrigen Bergbaugebiet Blindis-Tögisch *Kupferkies*. Der Stollen mit dem Original-Querschnitt aus der Zeit um 1600 ist im Eingangsbereich 70 cm breit und 1,5 bis 2 m hoch. Sein unsymmetrisches Profil ist der Arbeitsstellung der einstigen Knappen angepasst. Man sieht auch noch deutliche Meißelspuren ihrer beschwerlichen Arbeit.

8. Wanderung am Blumenweg Oberseite – St. Jakob mit Abstechern auf das Weiße Beil (2766 m), die Seespitze (3021 m) und zum Oberseitsee (2576 m)

Ausgangspunkt: St. Jakob
Gehzeit: 5 Stunden ohne Gipfelbesteigungen (Abkürzungen sind möglich, siehe Wanderbeschreibung)
Höhenunterschied: 700 m
Schwierigkeitsgrad und Ausrüstung: guter Fußweg, Ausdauer erforderlich, steiler Abstieg von der Erlsbacher Alm nach Erlsbach
Nationalparkwanderung

Zu dieser Wanderung gibt es einen kleinen Führer **„Blumenweg St. Jakob – Oberseite"**. Für botanisch Interessierte empfehlen wir unbedingt die Mitnahme dieses Führers. Am Weg gibt es 20 Haltepunkte bei bestimmten Pflanzengesellschaften, die im Führer genau beschrieben sind, z. B. *Lärchen-Zirben*-Wald, *Grünerlen*, Zwergstrauchheide, Flechtenheide, *Alpenrosenheide*, Windecke, Lägerflur, *Krummseggenrasen*, Quellflur, *Goldriedrasen*, *Schwingelseggenrasen*, Spalierweiden, Hochwald und anderes mehr. Daneben sind am Weg 71 Pflanzen mit Nummern bezeichnet, deren Namen und Blütezeit auf einem eigenen Blatt im Führer ersichtlich ist. Weiters gibt es im Führer auch eine gute Beschreibung über die einstige Bergheugewinnung auf der so genannten „St. Jakob-Oberseite". Es ist dies insgesamt eine Fläche von etwa 300 ha Bergmähder, die früher zur Bergheugewinnung genutzt wurden. Auf diese Weise entstand die Kulturlandschaft der Oberseite, die heute als Blumenparadies gepriesen wird.

Von St. Jakob folgt man dem Fahrweg in das schluchtartige Trojeralmtal. Nach ca. einer ½ Stunde Gehzeit beginnt in 1700 m der gut bezeichnete Blumenweg, ein schmaler Fußweg, der in vielen Serpentinen durch einen *Fichten-Lärchen*-Wald aufwärts führt, dessen Unterwuchs auf silikatischem Schutt aus Moosen, Farnen und Gräsern besteht. Höher oben wird die *Fichte* allmählich durch die *Zirbe* ersetzt. Der Wald lockert sich auf, und der Unterwuchs besteht teils aus Hochstaudenflur, teils aus Zwergsträuchern. An den Büschen der *Rostroten Alpenrose* fallen rote, früchteähnliche Gebilde auf. Es handelt sich dabei um Wucherungen, die durch den *Alpenrosenpilz* hervorgerufen werden. Auffallend ist beim Aufstieg in dieser Region auch das prächtige, feuerrote *Orangerote Habichtskraut*, das man nur selten sieht. Am frühen Morgen sind im Waldbereich *Tannenmeise, Haubenmeise, Gimpel, Wintergoldhähnchen, Tannenhäher* und höher oben dann auch *Ringdrossel, Heckenbraunelle* und *Klappergrasmücke* zu hören.

Nach Erreichen der Waldgrenze führt der Weg über einen trockenen Hang, der mit Zwergsträuchern und alpinen Grasheiden bewachsen ist, nach Süden. Hier gibt es Hinweise auf die Flechtenheide und die Alpenrosenheide mit den verschiedenen Begleitpflanzen. In der Alpenrosenheide fallen unter den Kräutern an felsigen, trockenen Plätzen *Berghauswurz* und die gelb blühende *Wulfens Hauswurz* auf. Von diesem Bereich hat man bereits einen großartigen Ausblick nach Süden auf die Deferegger Berge. Hier beginnt der mehr oder weniger horizontal auf einer Höhe von durchschnittlich 2250 m verlaufende Oberseitweg, der über einzigartige, blumenreiche, sonnige Almwiesen führt. Die erste Alm, die wir erreichen, ist die bereits aufgelassene **Oberseitalm** in 2298 m. Von hier ist auch ein Abstecher auf das aus hellem *Paragneis* aufgebaute **Weiße Beil** in 2766 m möglich, Gehzeit 1½ Stunden. Es geht von hier weiter zur so genannten Windecke mit einer typischen Windecke-Zeigerflora, zu der die *Gämsheide* gehört, ein niedriger Spalierstrauch, der oft auch im Winter vom Schnee freigeblasen wird. Begleiter sind die weiße *Wurmflechte,* die *Dreispaltige Simse,* die *Zwergprimel, Küchenschellen* und das gelb blühende *Krainer Greiskraut.*

Interessant ist auch die so genannte **Rostlacke**. Hier bildet sich im Frühjahr ein winziger See, der aber in warmen Sommern vertrocknet. Das saftige Grün der Gräser hebt sich in dieser Mulde deutlich von der Umgebung ab. Die Pflanzengesellschaft ist Ende Juli in voller Blüte. Früher wurde diese Mulde auch als Almweide genutzt. Es hat sich daher hier eine weideresistente Artengesellschaft ausgebildet. Da die Beweidung heute fehlt, werden die Gräser auch verhältnismäßig hoch, wie z. B. *Alpenlieschgras, Rostrote Segge* und *Alpenrispengras.* Daneben blühen hier sehr üppig *Goldpippau, Schweizer Löwenzahn, Berghahnenfuß, Bergnelkenwurz, Braunklee, Scheuchzers Glockenblume* u. a.

Wie viele andere Blüten schmückt der Goldpippau die Bergwiesen der Oberseite

Besonders eindrucksvoll ist der Bereich der nächsten Station, der so genannten „Blumenwiese Mosertal". Hier erstrecken sich ungemein blütenreiche Hänge, bewachsen mit *Alpenanemonen, Stängellosen Enzianen, Kohlröschen, Männlichem Knabenkraut, Langspornhändelwurz, Grüner Hohlzunge, Waldhyazinthe, Weißer Händelwurz, Arnika, Einköpfigem Ferkelkraut* und dem gelb leuchtenden *Hoppes Habichtskraut.*

Nach einer ¾ Stunde Gehzeit von der **Oberseitalm** erreichen wir die **Reggn-Alm** in 2248 m. Sie ist umgeben von einer ausgeprägten Lägerflur, die im Führer wieder genau beschrieben wird. Im weiteren Verlauf führt der Weg durch steinige Almwiesen mit weniger blütenreicher

Oberseitsee mit Seespitze

Flora. Hier dominieren die *Krummseggenrasen,* die so genannten „Urwiesen" der silikatischen Zentralalpen. Wir befinden uns allerdings bei einer Höhe von 2350 m an der unteren Verbreitungsgrenze dieser Grasheide. Im Bergfrühling wird diese eher eintönige Pflanzengemeinschaft durch die blau blühende *Klebrige Primel,* auch *Blauer Speik* genannt, und die *Zwergprimel* aufgelockert.

Der eigentliche **Oberseitweg** führt dann weiter zur **Seespitzhütte**, die bewirtschaftet ist. Vor dem Abstieg zur Hütte zweigt der markierte Weg zum **Oberseitsee** in 2576 m Seehöhe und weiter auf die 3021 m hohe Seespitze ab. Der Weg ist durch hohe Steinpyramiden gut markiert und führt über Grasheide und Blockwerk aufwärts. Der See selber liegt in einem eiszeitlichen Kar und ist von einem Moränenwall umgeben. Von diesem Moränenhügel hat man herrliche Ausblicke auf die Südtiroler Dolomiten. Am Ufer des Sees gibt es einige kleinere Verlandungszonen mit *Scheuchzers Wollgras.* Vom See geht es dann direkt zur Seespitzhütte zurück. Der Abstecher zum See dauert etwa 1½ Stunden, der Aufstieg vom Oberseitsee auf die **Seespitze** ca. 1 Stunde.

Beim Abstieg vom See treffen wir auf einige

schöne Quellfluren mit *Sternsteinbrech, Rasenbinse, Jacquins Binse, Immergrünem Steinbrech, Mehlprimeln* und *Alpenfettkraut*. Im weiteren Wegverlauf von der Seespitzhütte zur Erlsbacher Alm fällt ganz besonders der *Goldried*-Rasen auf, der seinen Namen vom *Goldried* oder *Goldschwingel (Festuca paniculata)*, einem bis zu 1 m hoch wachsenden Gras erhielt. Dieser Rasen gehört zu den schönsten Mähwiesen. Er kommt auf tiefgründiger Rasenbraunerde über silikatischem Hangschutt vor. Durch den lehmigen Untergrund besteht eine gute Wasserversorgung. Die Einheimischen bezeichnen diese Hänge als die schönsten Blumenwiesen des Tales. Hier blühen im Bergfrühling die *Schwefelanemonen* und *Stängellosen Enziane*, später dann das *Männliche Knabenkraut*, die *Langspornhändelwurz*, das *Schwarze Kohlröschen*, die *Bärtige Glockenblume*, das *Knollige Läusekraut*, *Alpenvergissmeinnicht*, *Einköpfiges Ferkelkraut* und vieles andere.

Bei der **Erlsbacher Alm** (2189 m) tritt ein Felsen aus *Kalkmarmor* in Erscheinung, die so genannte „**Weiße Wand**", die an ihrem Fuß von kalkigem Schuttmaterial umgeben ist. Hier finden wir eine ganze Reihe von kalkliebenden Schuttpflanzen wie *Kleine Glockenblume, Rotblühende Alpendistel, Alpengänsekresse, Lapplandspitzkiel* und *Traubensteinbrech*. Auf dem geschlossenen Rasen neben dem Schutt wachsen *Gelber Spitzkiel, Alpensüßklee, Lapplandspitzkiel, Braunklee, Quendelblättrige Weide* und andere. Auf dem Felsen der Weißen Wand blühen *Alpenastern* und *Spinnwebhauswurz*. Um die Erlsbacher Alm fliegen *Mehlschwalben, Wasserpieper* und *Hausrotschwanz*.

Der Abstieg erfolgt auf einem schmalen, steilen Fußweg, der sich in vielen Serpentinen über blumenreiche Schuttfluren, Bergwiesen und schließlich durch *Lärchen-Zirben*-Wald und *Fichten*-Wald abwärts windet und bei der Bushaltestelle in **Erlsbach** endet.

9. Bergtour von St. Jakob über Innerberg (1712 m) zum Blumenweg und auf das Weiße Beil (2767 m)

Ausgangspunkt: St. Jakob, Innerberg, Jausenstation „Jägerstube"
Gehzeit: von der Jägerstube zur Reggenalm am Blumenweg 1½ Stunden
Höhenunterschied: zur Reggenalm 536 m, auf das Weiße Beil 1055 m
Schwierigkeitsgrad und Ausrüstung: leichte Bergtour, Ausdauer erforderlich; Bergschuhe
Nationalparkwanderung

Von der Jausenstation „Jägerstube" in Innerberg führt ein markierter Weg zur Reggenalm in 2248 m. Von hier geht es am „Blumenweg Oberseite" (siehe Wanderung Nr. 8) zur Oberseitalm und dann weiter auf das Weiße Beil, 2767 m. Der Anstieg ist unschwierig, das Weiße Beil ist der östlichste Eckpfeiler des Panargenkammes und ein schöner Aussichtsgipfel.

10. Rundtour St. Jakob – Trojeralmtal – Reichenberger Hütte (2586 m) – Gösleswand – Dürfelder Alm – Knappengruben St. Jakob – eine Bergwanderung mit großartigen Höhepunkten

Ausgangspunkt: St. Jakob
Gehzeit: St. Jakob – Reichenberger Hütte 4 Stunden, Reichenberger Hütte – Gösleswand 1 Stunde
Eintägig möglich, wesentlich schöner ist die Tour, wenn man 2 Tage Zeit hat und auf der Reichenberger Hütte nächtigt.
Höhenunterschied: 1523 m
Schwierigkeitsgrad und Ausrüstung: leichte Wanderung, aber Ausdauer erforderlich; Bergausrüstung, Bergschuhe
Nationalparkwanderung

Zirbenbestand im Trojeralmtal

Von St. Jakob benützt man zunächst den Wirtschaftsweg ins Trojeralmtal zu den Trojeralmen. Hier gibt es durch Fußwege immer wieder Abkürzungen. Im Bereich der **Vorderen Trojeralm**, 1846 m, erstreckt sich vorwiegend auf der orographisch linken Talseite ein geschlossener, prächtiger *Zirbenwald* mit *Lärchen*-Beimischung. Es ist dies neben dem Oberhauser Zirbenwald der zweitgrößte geschlossene Zirbenbestand Osttirols. Er reicht taleinwärts bis zur Hinteren Trojeralm in 1916 m. In den lockeren Bereichen dieses Zirbenwaldes befindet sich ein dichter Bestand an *Rostroter Alpenrose,* die Mitte Juli in Blüte steht. Der Talboden der Vorderen Trojeralm, einem Almdorf, hat mehrere Quellaustritte und ist daher sumpfig. Die Quellaustritte sind mit *Sternsteinbrech, Immergrünem Steinbrech* und *Bitterem Schaumkraut* bewachsen. Die Tümpel weisen einen reichen Bestand an *Schnabelsegge* auf und sind bedeutende Laichplätze für den in dieser Höhe bereits dunkel gefärbten *Grasfrosch*. Der Weg zur **Hinteren Trojeralm** in 1916 m Höhe führt unmittelbar durch den Zirbenwald, der nach der Alm allmählich in eine Zwergstrauchheide übergeht. Im Zirbenwald hört man überall den für diesen Lebensraum typischen *Tannenhäher*. Das Gestein im Bereich der Hinteren Trojeralm besteht aus blättrigen *Granatglimmerschiefern* mit einer sauren Bodenreaktion. Von der Hinteren Trojeralm verläuft das Tal mit leichter Steigung als Hochtal weiter und ist in weiten Bereichen versumpft. Hier haben sich ausgedehnte *Braunseggen-Rasenbinsen*-Moore gebildet, durch die sich der Bach in Mäandern durchschlängelt. Auch einige Tümpel sind vorhanden. Der eigentliche Weg zur Reichenberger Hütte verläuft jedoch auf dem sonnigen, orographisch linksseitigen Talhang aufwärts mit herrlichen Ausblicken ins Trojeralmtal und auf den ungemein romantischen, zerrissenen und steilen Panargenkamm. Während die Abhänge des Panargenkammes steile Felswände, Schutthalden und dazwischen einige *Grünerlen*-Bestände aufweisen, findet man auf der Sonnseite eine ausgedehnte Zwergstrauchheide mit dazwischen liegenden Rasenflächen, in denen der *Allermannsharnisch,* große Bestände des *Punktierten Enzians,* des *Wolligen Habichtskrautes* und der *Bergnelkenwurz* auffallen. In diesen Weiderasenflächen befinden sich auch die Bauten der *Murmeltiere*.

Oberhalb der letzten Stufe vor der Reichenberger Hütte in 2400 m liegt ein einstiges nacheiszeitliches Seebecken, das inzwischen verlandet ist und teilweise von einem *Braunseggen-Rasenbinsen*-**Niedermoor** eingenommen wird, durch das sich gleichfalls der Bach in mehreren Rinnsalen durchschlängelt. Auf den erhöhten Bereichen rings um dieses Becken erstrecken sich ausgedehnte alpine *Krummseggenrasen*, die Mitte Juli übersät sind mit blühendem *Blauen Speik*. Gegen die Reichenberger Hütte fallen dann sehr helle Gesteine auf. Es handelt sich um *Sericitschiefer* und weiße *Quarzite*, auf denen sich auch die Hütte selbst befindet.

Neue Reichenberger Hütte mit Panargenkamm

Die **Neue Reichenberger Hütte** (2586 m) hat eine außergewöhnlich schöne Lage am naturbelassenen **Bödensee** mit Blick auf die wie ein dicker Daumen aufragende Gösleswand (2912 m), die aus einem *Serpentin*-Gestein besteht und bei entsprechender Beleuchtung in grüner Farbe erstrahlt. Hier ist man wirklich in der Kernzone eines großartigen Nationalparks. Die Umgebung der Reichenberger Hütte gehört durch die landschaftliche Schönheit und die geologisch bedingte vielfältige Natur zu den großen Kostbarkeiten des Nationalparkbereiches in Osttirol. In der Umgebung der Hütte kann man bereits *Schneefinken, Bergdohlen, Alpenbraunellen, Steinschmätzer* und *Wasserpieper* beobachten.

Von der Hütte aus lohnt sich unbedingt ein Abstecher auf die **Gösleswand**, die ungefährlich zu besteigen ist. Der Weg führt von der Hütte am Bödensee vorbei, im Juli über ganze Teppiche blühenden *Blauen Speiks*. Oberhalb des Sees blühen bereits neben dem Weg eine Reihe hochalpiner Pflanzen wie *Gletscherhahnenfuß, Moossteinbrech, Stängelloses Leimkraut, Rudolphs Steinbrech, Hoppes Hungerblümchen, Zweiblütiges Sandkraut, Moosnabelmiere*, die Hochgebirgsform des *Bayrischen Enzians* in Polsterform, *Kopfiges Läusekraut* und anderes mehr. Von der Gösleswand bietet sich ein unbeschreiblich schöner und eindrucksvoller Rundblick vom Panargenkamm über die Venediger-, Granatspitz-, Glockner- und Schobergruppe bis zu den Lienzer und Südtiroler Dolomiten.

Als Rückweg empfehlen wir den **Rudolf-Kauschka-Höhenweg** zur **Dürfelder Alm** in 2296 m. Er zweigt in der Nähe des verlandeten Sees vom anderen Weg ab. Rudolf Kauschka war Initiator für die Errichtung der Neuen Reichenberger Hütte. Bei der Dürfelder Alm geht der schmale Fußweg in einen breiteren Fahrweg über, der durch den prächtigen *Zirbenwald* zur Jausenstation **Siegmundshütte** ins Trojeralmtal abwärts führt. Neben dem Fahrweg gibt es durch den Zirbenwald auch einen romantischen Fußweg, der die langen Schleifen des Fahrweges abkürzt.

Wer diesen Weg benützt sollte es nicht versäumen, einen Abstecher zu den **Knappengruben** des einstigen Bergbaues am Blindis zu unternehmen. Auf einem schmalen Fußweg, der durch *Alpenrosen*-Bestände aufwärts führt, erreicht man in einer halben Stunde bereits die Knappengruben. Vorher gibt es noch die erfrischende Knappenquelle, die man bei heißem Wetter dringend benötigt. Etwas höher, in 2300 m, liegen die untersten Stollen einschließlich der einstigen Aufbereitungsanlage **Blindis**. Hier hat man sich bemüht, die vom Bergbau übrig gebliebenen Reste wieder instand zu setzen, sodass sich der Besucher ein Bild von der damaligen harten bergmännischen Arbeit in dieser großen Höhe machen kann. Der rückwärtige Teil war der so genannte Scheidplatz, auf dem die Scheidbuben, Kinder zwischen 10 und 15 Jahren, die gesamten hierher gebrachten Erzstücke zerkleinert und nach Reinheit sortiert haben. Dazu dienten die etwas erhöhten Steinplatten als Unterlage. Westseitig des Scheidplatzes sind die beiden einst überdachten Erzboxen zu erkennen, wo das Erz zum Abtransport gelagert wurde. Die erhaltene Schmiede und der kleine Schmelzofen mit einstmals händisch betriebenem Gebläse wurden wieder in eine „Knappenhütte" integriert und damit gesichert.

Interessant ist auch der ca. 60 m lange Schneekragen, der zum heute eingestürzten Stollen führt. Er war ein niedriger Laufgang zwischen zwei Steinmauern, der auch bei Schneefall im Frühjahr und Herbst den Zugang zum Stollen ermöglichte. Am Boden sieht man noch die beiden nebeneinander liegenden Kanthölzer in der Gangmitte, die als Führungsschienen für die Erztruhen dienten. Weitere Abbauhalden bzw. Ruinen von Unterkunftshäusern gibt es noch in 2370 m, in 2420, in 2450, in 2500 und in 2550 m Seehöhe. Wie Untersuchungen ergaben, wurde hier hauptsächlich Kupferkies abgebaut. Auch Schwefelkies (Pyrit) konnte nachgewiesen werden. Das Gestein im Bereich der Gruben ist *Granatglimmerschiefer* bis *Granatgneis*.

11. Wanderung von Erlsbach zum Obersee am Staller Sattel (2016 m)

Ausgangspunkt: Erlsbach (Bundesbus-Haltestelle)
Gehzeit: ca. 2 Stunden
Höhenunterschied: ca. 450 m
Schwierigkeitsgrad: leichte Wanderung, markierte Wege; feste Wanderschuhe
Außerhalb des Nationalparks

Der Weg beginnt bei der Erlsbacher Brücke über die Schwarzach und führt zunächst entlang dieses Bergbaches auf der orographisch rechten Seite taleinwärts. Nach rund 15 Minuten durch schönen *Fichten*-Wald, in den auch etliche *Zirben* und *Lärchen* eingemischt sind, kommt man zu einer kleinen Brücke, die den Stalleralmbach quert. Kurz danach erreicht man eine Weggabelung mit beschilderter Abzweigung nach links hinauf in Richtung Staller Sattel und Obersee. Hier führt der Weg nun an der orographisch linken Seite des Staller Almbaches bergauf durch den schon erwähnten Wald. Nach ungefähr einer weiteren Viertelstunde überquert man einen Güterweg und stößt schließlich in rund 1850 m Höhe auf die Straße, die auf den Staller Sattel führt. Von hier führt der Weg nun parallel zur Straße und zwar zunächst knapp oberhalb derselben. Im Wald mischen sich nun schon etwas deutlicher die *Zirbe* und dann vor allem die *Lärche* bei. Schließlich wird der Bestand auch lichter und die *Fichte* weniger. Im Unterwuchs kommt immer mehr die *Rostrote Alpenrose* zur Geltung, dazwischen auch *Zwergwacholder*. An einzelnen alten *Lärchen* fällt die giftige, gelbe *Wolfsflechte* auf.

In rund 1900 m Höhe öffnet sich der Subalpinwald und man tritt hinaus auf die schönen Almflächen der **Staller Alm**. Es sind ausgedehnte *Bürstlingrasen*, durchsetzt mit *Zwergwacholder, Rostroter Alpenrose, Heidelbeere, Preiselbeere* und *Besenheide* und stellenweise gegliedert durch *Lärchen-Zirben*-Wald-Abschnitte. In diesem Bereich kommen z. B. *Birkenzeisig, Ringdrossel, Klappergrasmücke, Heckenbraunelle* und in den offeneren Arealen *Wasserpieper* und *Steinschmätzer* vor. Im angrenzenden *Lärchen-Zirben*-Blockwald ist häufig der *Tannenhäher* zu sehen oder zu hören. Bald erblickt man die Hütten der Staller Alm. Direkt davor passiert man eine moorige Vernässung mit *Torfmoosen, Rasenhaarbinse, Scheuchzers* und *Schmalblättrigem Wollgras*.

Nach der Alm setzen sich die Bürstlingrasen fort, oberhalb zieht jedoch auch eine unschön planierte Schipiste den Hang hinauf. Bis man den Obersee erreicht, kommt man noch an einzelnen interessanten kleinen Mooren vorbei (siehe Kapitel „Naturdenkmäler und naturkundliche Besonderheiten"). In nährstoffreichen Mulden findet man *Blauen Eisenhut, Stachelige Kratzdistel* und *Alpendistel*. Entlang des Abflussbaches gelangt man schließlich zum **Obersee** (2016 m) und an dessen Nordseite, zum Teil durch lichten, blockigen *Zirbenwald*, bequem zur **Obersehütte**.

12. Wanderung zum mittelsteinzeitlichen Jägerrastplatz am Hirschbichl

Ausgangspunkt: Bushaltestelle Staller Alm im Bereich des Staller Sattels

Gehzeit: bis zum Hirschbichl ca. 1 Stunde, über die Lappachalm nach Mariahilf 2½ Stunden; über Blindisalm oder Alpe Stalle nach Mariahilf ca. 4½ Stunden

Höhenunterschied: 227 m

Schwierigkeitsgrad und Ausrüstung: keine

Planklacke am Hirschbichl – eine ökologische und prähistorische Kostbarkeit

Schwierigkeit, gute Wege; Bergschuhe Außerhalb des Nationalparks

Von der Bushaltestelle Staller Alm führt ein gut markierter Weg durch Zwergstrauchheiden und *Zirben-Lärchen*-Bestände aufwärts auf einen weitgehend waldfreien Höhenrücken mit *Braunseggen*- und *Rasenbinsen*-Niedermooren, in denen *Schmalblättrige Wollgräser* und *Torfmoos*-Bülten eingestreut sind. Es handelt sich teilweise um verlandete, ehemalige kleine Seen.

Von hier führt ein Höhenweg teils an der Waldgrenze, teils über ein ausgedehntes Almgebiet weiter talauswärts zum Hirschbichl, den man bereits von weitem als eine einseitig bewaldete Felskuppe erkennt. Dieser **Hirschbichl** ist mit seinem teilweise verlandeten Moorsee nicht nur ein besonderes Naturjuwel, sondern auch durch den Nachweis eines mittelsteinzeitlichen Jägerrastplatzes eine bedeutende prähistorische Stätte (siehe Kapitel „Naturdenkmäler und naturkundliche Besonderheiten" und „Kulturelle Besonderheiten"). Man muss hier eine Rast einlegen und sich in die Zeit der mittelsteinzeitlichen Jäger, die hier vor 5.000–8.000 Jahren Steinböcke und Gämsen gejagt und am Rastplatz ihre steinernen Speer- und Pfeilspitzen hergestellt haben, vertiefen.

Vom Hirschbichl führt der Wanderweg weiter zur **Lappachalm** in 1910 m und durch den Bergwald abwärts nach Mariahilf in 1500 m zur Bushaltestelle. Als Variante kann man von der Lappachalm noch zur Jausenstation **Blindisalm** in 1896 m oder zur Jausenstation **Alpe Stalle** in 1714 m weiterwandern und dann nach Mariahilf absteigen.

13. Wanderung zum Antholzer See im Naturpark Rieserfernergruppe/Südtirol

Ausgangspunkt: Obersehütte am Staller Sattel, 2016 m (Busstation)
Gehzeit: ca. 3 Stunden; Rundweg um den Antholzer See 1 Stunde
Höhenunterschied: 424 m
Schwierigkeitsgrad und Ausrüstung: schöne Wanderwege; feste Wanderschuhe

Vom Staller Sattel in 2052 m (Staatsgrenze) führt ein Wanderweg, der die vielen Kehren der einspurig befahrenen Straße abkürzt, über die 400 m hohe Stufe zum Gasthof „Enzian" am Antholzer See. Bereits vom Staller Sattel sieht man den vom Bergwald umgebenen, naturbelassenen See. Die Benützung der Passstraße ist auch mit Pkw und Kleinbussen möglich. Die Fahrt in einer Richtung ist jeweils 15 Minuten gestattet und 45 Minuten gesperrt. Fahrt ab Staller Sattel jeweils 15 Minuten nach jeder vollen Stunde.

Am **Gasthof „Enzian"** beginnt der Rundwanderweg um den See. Man wandert am besten im Uhrzeigersinn. Der Weg verläuft am Südostufer des Sees oberhalb der Straße durch den Nadelwald mit schönen Ausblicken auf den See. Am Westufer geht dieser Weg in den sehr schön angelegten Bonifaziusweg über, der entlang des Nordufers zum Ausgangspunkt zurückführt. Der türkisfarbige See, der durch mächtige Schuttkegel aufgestaut wird, ist 44 ha groß und hat eine mittlere Tiefe vom 21,7 m. Am West- und Nordwestufer gibt es leichte Verlandungsbereiche, die mit *Teichschachtelhalm* bewachsen sind. Der See wird von einem *lärchen*durchsetzten *Fichten*-Wald eingerahmt. In der Nähe des Gasthofes „Enzian" quert man noch einen Wildbach mit großen Geröllblöcken, die aus *Rieserfernertonalit* bestehen. Dieses granitähnliche Tiefengestein mit dunklen *Hornblende*- und *Biotit*-Körnern kann man hier gut erkennen.

14. Bergtour vom Obersee am Staller Sattel auf die Jägerscharte (2862 m) und das Almerhorn (2986 m) – eine lohnende Aussichtstour auf den südöstlichen Pfeiler der Rieserfernergruppe

Ausgangspunkt: Obersehütte; bis hierher mit dem Bundesbus (Fahrten zweimal täglich) oder zu Fuß (siehe Wanderung Nr. 11)
Gehzeit: Anstieg zur Jägerscharte ca. 2½ Stunden, von dort auf das Almerhorn ca. eine ½ Stunde
Höhenunterschied: bis zur Jägerscharte rund 850 m, bis zum Almerhorn ca. 960 m
Schwierigkeitsgrad und Ausrüstung: nur anzuraten, wenn die Scharte frei von Schneewechten ist, jedoch auch dann nur für Trittsichere und Schwindelfreie mit Bergerfahrung; markierter Steig, zum teil felsig-ausgesetzt, jedoch mit Stahlseil gesichert
Gipfeltour in den Nationalpark

Von der Obersehütte steigt man zunächst ein kurzes Stück auf den Sattel zum „Heldenkreuz". Hier öffnet sich ein schöner Blick in das Antholzer Tal mit dem malerischen Antholzer See. Der Sattel bildet die Staatsgrenze, die hier zugleich Grenze zum Südtiroler „**Naturpark Rieserferner**" ist.

Im Bereich des Kreuzes zweigt nun der Weg hinauf auf die Jägerscharte bzw. das Almerhorn ab. Am windgefegten Sattel fallen Teppiche der *Dreifädigen Binse* und *Immergrünen Bärentraube* auf. Man steigt durch blockig-felsigen, lichten *Zirbenwald* mit reichem Zwergstrauchunterwuchs, vor allem *Zwergwacholder*, aber auch *Rostrote Alpenrose, Heidelbeere, Rauschbeere* und *Besenheide*. Dazwischen findet man die Horste des *Bürstlings* sowie zahlreiche prächtige Blumen wie *Bärtige* und *Scheuchzers Glockenblume, Stängellosen Enzian, Knolliges Läusekraut, Steirische Teufelskralle, Echte Goldrute, Hornklee, Glattes Habichtskraut, Katzenpfötchen* usw. Auffällige Vogelarten sind hier *Tannenhäher, Ringdrossel* und *Birkenzeisig*. Vom Grat, der Staatsgrenze, hat man einen herrlichen Blick hinüber zum Massiv des Hochgall und auf die Südhänge der Ohrenspitzen, in denen einzelne *Zirben, Lärchen* und *Fichten* bis weit hinein in die Felswände steigen und dort ein dunkelgrünes Tupfenmuster bilden. Die Baumgrenze ist in diesen Felsen deutlich über 2200 m und man kann somit sehen, wie weit der Waldbewuchs ohne menschliche Einflüsse hinaufreichen würde.

Die aktuelle Waldgrenze im Bereich des Aufstieges liegt bei etwa 2150 m. Oberhalb dieser schließen zwergstrauchreiche *Bürstlingrasen* an. Hier kommt man auch an einem kleinen Tümpel vorbei mit *Schnabel-* und *Sternsegge*. Eingestreute *Blaugrashorste* zeigen im weiteren Wegverlauf, dass hier, obwohl großteils silikatisch, auch gewisse Kalkeinflüsse bemerkbar sind.

Oberhalb von 2200 m dringt mehr und mehr die *Krummsegge* in den Rasen ein. Man geht ein Stück entlang der schmalen, planierten Schipisten. In der Umgebung kann man hier *Steinschmätzer* und *Wasserpieper* beobachten, in den oberhalb anschließenden, flechtenreichen Blockfeldern und Felsfluren *Alpenbraunelle* und *Hausrotschwanz*. Auch *Murmeltiere* sind hier nicht selten und überdies auffallend zutraulich.

In knapp 2350 m Höhe verlässt man die Schipiste und kommt nun bald in den Nationalpark. Anfangs steigt man durch felsig durchsetzte Grasheiden mit *Zwergseifenkraut, Krainer Greiskraut* und *Zwergprimel*. An Windecken fallen Spalierteppiche von *Immergrüner Bärentraube* und *Gämsheide* auf. Der weitere Weg führt durch Blockschutt und Geröll, wo z. B. *Moschusschafgarbe, Moossteinbrech, Spinnwebhauswurz, Zottige Gämswurz, Alpenehrenpreis, Alpenwucherblume, Zweiblütiges Sandkraut* und *Einblütiges Hornkraut* auffallen. In manchen Mulden und Rinnen sind Schneetälchen mit *Krautweide* und *Zwergruhrkraut* ausgebildet.

Ein Schild am Beginn des steinigen Weges verweist darauf, dass er nur für geübte Bergwanderer mit Trittsicherheit geeignet ist. Je höher man steigt, desto karger wird die Vegetation. Man umsteigt einen Schuttkessel mit einem Tümpel links ausholend und kommt schließlich am Beginn der Felsen zum ersten seilgesicherten Abschnitt. Danach steigt man noch einmal über Schuttfluren an und schließlich wiederum mit Stahlseilsicherung durch Felsen zur **Jägerscharte**.

Dort wendet man sich zur Westflanke des Almerhornes, wo der weitere Steig in Kehren durch Schutt und Blockwerk und schließlich felsige Schrofen steil zum Gipfel ansteigt. Vom **Almerhorn** (2986 m) hat man eine beeindruckende Rundumsicht auf unzählige Gipfel Ost- und Südtirols und einen schönen Tiefblick hinunter zum Obersee.

15. Bergtour vom Obersee am Staller Sattel über die Jägerscharte (2862 m) auf die Barmer Hütte (2610 m)

Ausgangspunkt: Obersehütte; bis hierher mit dem Bundesbus (Fahrten zweimal täglich) oder zu Fuß (siehe Wanderbeschreibung Nr. 11)

Gehzeit: Anstieg zur Jägerscharte ca. 2½ Stunden, von dort zur Barmer Hütte ca. 1–1½ Stunden

Höhenunterschied: bis zur Jägerscharte rund 850 m

Schwierigkeitsgrad und Ausrüstung: nur anzuraten, wenn die Scharte frei von Schneewechten ist, jedoch auch dann nur für Trittsichere und Schwindelfreie mit Bergerfahrung; markierter Steig, zum teil felsig-ausgesetzt, jedoch mit Stahlseil gesichert

Alpine Nationalparktour

Bis zur Jägerscharte siehe vorige Tourenbeschreibung.

Ab der Scharte ist der Steig neu ausgebaut und markiert. Er führt anfangs über grobes Blockwerk seitlich am **Almerkees** vorbei, das bereits auf einen kleinen Rest zurückgeschmolzen ist. Der Großteil des Weges führt daher anschließend durch zum Teil noch unbewachsene, ausgedehnte Gletschervorfelder. Es ist hier interessant zu verfolgen, welche Pflanzenpioniere als Erste den unbelebten Moränenschutt besiedeln. Ähnlich müssen unsere Alpentäler beim Zurückweichen der Eiszeitgletscher ausgesehen haben, bis sie mehr und mehr von der Vegetation eingenommen wurden. Die auffälligsten Pioniere sind hier verschiedene Steinbreche, wie *Roter, Zweiblütiger* und *Moossteinbrech,* das *Einblütige Hornkraut* und z. B. die *Alpengänsekresse.* Schließlich erreicht man einen auffälligeren Moränenwall, der vom letzten Gletscherhöchststand aus dem Jahr 1850 stammt. Je weiter man sich vom Gletscher weg talwärts bewegt, desto reicher wird die Vegetation. Sie bleibt jedoch am gesamten Wegverlauf, der durchwegs durch eine Schutt- und Blocklandschaft führt, eher karg – aber gerade diese wilde, unberührte Landschaft übt einen eigenen Reiz aus. Der Weg steigt dann zwischendurch noch einmal kurz an und quert, schließlich den Nordgratfuß der Mittleren Ohrenspitze umfassend, zur dahinter liegenden **Barmer Hütte** (2610 m).

16. Wanderung durch das Patscher Tal auf die Barmer Hütte (2610 m)

Ausgangspunkt: Patscher Hütte/Patscher Alm; bis hierher auf der Mautstraße oder zu Fuß in einer knappen Stunde von Erlsbach (Bundesbus-Haltestelle) auf schönem Waldweg auf der orographisch rechten Seite entlang der naturnahen Schwarzach
Gehzeit: Anstieg 3 Stunden
Höhenunterschied: rund 950 m
Schwierigkeitsgrad und Ausrüstung: gut markierter, zum Teil schmaler, aber unschwieriger Hüttensteig, etwas Ausdauer erforderlich
Nationalparktour

Patscher Tal

Vorbei an den Almhütten folgt man zuerst dem Fahrweg bergauf durch die *Bürstlingrasen* der Almflächen, mit *Rauem* und *Schweizer Löwenzahn, Silberdistel, Katzenpfötchen* und vielen anderen Blumen. Bald gelangt man in den *Fichten-Lärchen-Zirben*-Wald, durch den man nun die Taleingangsstufe des Patscher Tales überwindet. Mit zunehmender Höhe wird die *Fichte* seltener und man wandert durch einen wunderschönen subalpinen *Lärchen-Zirben*-Wald, der reich von Zwergsträuchern, vorwiegend *Rostroter Alpenrose,* durchsetzt ist. Der Patscher Bach schneidet sich mit einer hübschen kleinen Schlucht in die Talstufe. Er ist gesäumt von *Grünerlen* und Hochstaudenfluren mit *Meisterwurz* und *Blauem Eisenhut*. Am Bach kann man auch die *Gebirgsstelze* und *Wasseramsel* beobachten, im Wald kommen hier z. B. *Zaunkönig, Heckenbraunelle, Rotkehlchen, Weidenmeise, Tannenmeise, Waldbaumläufer, Tannenhäher* sowie der *Schwarzspecht* vor. An sonnseitigen Felsen an den Talseiten kann man *Felsenschwalben* beobachten. Nach Überwinden der Talstufe wird der Weg flacher und der Wald zusehends lichter und von *Bürstling*-Weiderasen und stellenweise von Blockwerk durchsetzt. Etwa in der Mitte des Tales, nach rund 1½ Stunden, erreicht man die **Talstation der Materialseilbahn**, die zur Barmer Hütte hinauf führt. Hier endet der Almfahrweg. Der Steig führt jedoch bequem mit geringer Steigung weiter bis zum Talschluss dieses herrlichen Hochtales. *Lärchen*-Jungwuchs reicht im Talboden noch bis ca. 2100 m, während der Wald an den Hängen deutlich höher steigt. Dort sind auch auffällig die ausgedehnten *Grünerlengebüsche* der zahlreichen Lawinengänge sichtbar. Am steinigen Talgrund gedeihen zwischen den Blöcken noch Hochstauden, die *Rostrote Alpenrose* und der *Zwergwacholder,* aber auch bereits Pflanzen alpiner Schuttfluren, wie *Alpensäuerling, Gletschernelkenwurz, Moschusschafgarbe* und *Moossteinbrech.*

Im Talschluss des schönen Trogtales wird der Weg wieder steiler und steigt zunächst über Schuttfluren und dann durch die felsige Trogschlussstufe hinauf zur **Ruine der alten Barmer Hütte** (2521 m), die 1956 durch eine Lawine zerstört wurde. Durch Blockwerk mit charakteristischen Schuttpflanzen und Fragmenten des *Krummseggenrasens* schreitet man nun das letzte Stück in einem Bogen zur nahe gelegenen neuen **Barmer Hütte** (2610 m). Die Hütte liegt im kargen, blockreichen Umfeld ehemaliger Gletschervorfelder und man sieht in

17. Wanderung in das innerste Defereggental zur Jagdhausalm und in das Arvental

Ausgangspunkt: Bushaltestelle Erlsbach; mit Pkw und Kleinbussen ist auch die Fahrt auf der Mautstraße von Erlsbach bis zum Alpengasthof „Oberhaus" in 1750 m möglich
Gehzeit: von Erlsbach zur Arventalhütte 3½ Stunden
Höhenunterschied: 665 m
Schwierigkeitsgrad und Ausrüstung: keine Schwierigkeiten, bequemer Wanderweg; feste Wanderschuhe
Nationalparkwanderung

Von Erlsbach aus führt eine teilweise asphaltierte Mautstraße durch einen Fichtenwald taleinwärts. Eindrucksvoll ist die Schwarzach, ein wasserreicher Gletscherbach mit viel Grobschutt und Felsblöcken im Bachbett. Im Bereich der Einmündung des Patscher Tales erstrecken sich in dem hier erweiterten Talabschnitt ausgedehnte Schotter- und Sandflächen mit angeschwemmten subalpinen und alpinen Pflanzen. Am Eingang in das Patscher Tal befindet sich die bewirtschaftete **Patscher Hütte** mit einem großen Parkplatz. Daneben liegt die **Patscher Alm**, die von Südtiroler Bauern bewirtschaftet wird. Die Mautstraße geht noch weiter zum **Alpengasthaus „Oberhaus"**, gleichfalls mit großem Parkplatz. Ab hier ist der Fahrweg abgeschrankt.

Vom Gasthaus „Oberhaus" führt ein Steg über den Gletscherbach, wo auf der orographisch rechten Talseite ein schmaler Fußweg verläuft. Dieser Weg beginnt bereits bei der Patscher Hütte. Es ist dies ein wunderschöner, sehr abwechslungsreicher Nationalparkweg, der teilweise durch schöne, lockere *Zirben-* und *Lärchenbestände* führt. Immer wieder bieten sich eindrucksvolle Ausblicke auf den auf der gegenüber liegenden Talseite befindlichen berühmten Oberhauser Zirbenwald (siehe „Naturdenkmäler und naturkundliche Besonderheiten"). Besonders empfehlenswert ist diese Wanderung Anfang bis Mitte Juni, wenn die außerhalb des Zirben-Lärchen-Waldes liegenden, ausgedehnten Bestände der *Rostroten Alpenrose* in voller Blüte stehen.

Im weiteren Wegverlauf kommen wir bei den **Seebachalmen** in ein ausgedehntes, fast baumfreies Almgebiet. Der Zirbenwald ist hier weitgehend gerodet, nur noch auf den sonnseitigen steilen Hängen gibt es schüttere *Lärchen-* und *Zirben-*Gruppen. Auf den schattseitigen, wasserzügigen Hängen dominiert die *Grünerle*. Bei der oberen Seebachalm in 1890 m Höhe brüten noch *Mehlschwalben*. Nach der oberen Seebachalm windet sich der Almweg über eine Stufe mit *Kalkglimmerschieferfelsen* aufwärts. Diese Felsen sind botanisch sehr interessant. Hier blüht Ende Juli/Anfang August eine Reihe von kalkliebenden Pflanzen wie *Buschnelke, Traubensteinbrech, Alpenaster, Edelraute, Kriechendes Gipskraut, Spinnwebhauswurz* und *Niedrige Glockenblume.*

Oberhalb der Stufe sieht man bereits das einzigartige **Almdorf der Jagdhausalm**, am Rande der Arventalbachschlucht. Von hier aus bieten sich eindrucksvolle Ausblicke auf die Mähwiesen der Jagdhausalm und hinein in das Schwarzachtal sowie auf die weiß leuchtenden Dolomitfelsen, die im Volksmund „In der Weiße" genannt werden. Diese Felsen sind teils mit *Latschen,* teils mit subalpinen, kalkliebenden Zwergsträuchern wie *Behaarte Alpenrose, Steinrösel, Schneeheide* und *Alpenbärentraube* bewachsen.

Die Jagdhausalm ist ein Almdorf in 2000 m Höhe mit 15 aus Steinen gemauerten Hütten und einer Kapelle. Der Name Jagdhausalm leitet sich vom „Jochhaus", dem „Haus" nahe dem Klammljoch, ab. Das Almdorf wird **1212** erstmals erwähnt und gehört zu den ältesten Almen Österreichs. Es handelte sich ursprünglich um eine Dauersiedlung, die jedoch im 16. Jahrhundert aufgegeben wurde. Die Häuser und Wiesen gehören Südtiroler Bauern, vorwiegend aus Sand in Taufers. Das Vieh wird über das Klammljoch (2298 m) getrieben (siehe auch „Kulturelle Besonderheiten"). Talauswärts schließen bis hin zum fast senkrechten Abbruch der Hangterrasse in die Arvenbachschlucht gedüngte Mähwiesen an, in denen die *Rasenschmiele* und das *Alpenrispengras* dominieren. Derartige Pflanzengesellschaften sind auf gut gedüngten Almböden mit günstigem Wasserhaushalt entwickelt. Als weitere, häufige Pflanzen dieser Wiesen sind *Rotschwingel, Alpenlieschgras, Gewöhnliches Rispengras, Knaulgras, Scharfer Hahnenfuß, Frauenmantel* und *Trollblume* zu erwähnen. In stark gedüngten Teilbereichen dominieren Elemente von Hochstauden- bzw. Lägerflurgesellschaften wie *Alpenampfer* und *Tauern-Eisenhut*. Anfang August mähen die Südtiroler Bauern die Wiesen und transportieren das Heu über das Klammljoch zu ihren Heimathöfen.

Jagdhausalmen im hintersten Defereggental

Um die Almhütten gibt es besonders am Abhang Richtung Bach eine stickstoffliebende Hochstaudenflur mit *Klettendistel, Tauerneisenhut, Alpenampfer, Meisterwurz* und *Brennnessel*. Hinter dem Almdorf befinden sich *Grünschieferfelsen, Prasinite* mit üppigem Flechtenbewuchs, darunter auch die orange Flechte *Xantoria elegans,* eine der höchststeigenden Pflanzen der Welt. Auf diesen basischen Gesteinen finden wir wieder kalkliebende Pflanzen wie *Spinnwebenhauswurz, Traubensteinbrech, Alpenaster, Edelraute, Falscher Mauerpfeffer, Alpendistel* und die gelb blühende *Sandhauswurz*.

Von der Jagdhausalm führt der Almweg weiter zur Arventalhütte und zum Klammljoch. Bei einer Brücke über den Arventalbach tritt weißer *Marmor* auf, in dem der Bach eine Reihe von modelartigen Kolken ausgewaschen hat. Von hier aus sieht man auf der orographisch rechten Talseite bereits die Eisränder des Fleischbachkeeses. In einer halben Stunde erreicht man die Arventalhütte, wo Almprodukte angeboten werden. Das innere Arvental zeigt außerordentlich reiche Alpenrosenbestände und auf der orographisch rechten Seite auch Niedermoorflächen mit *Braunsegge, Rasenbinse* und *Scheuchzers Wollgras*. Im innersten Arvental gibt es viele *Murmeltiere,* gelegentlich kann man hier auch *Steinadler, Steinhuhn* und vereinzelt *Steinböcke* beobachten, die aus dem Südtiroler Bereich einwandern.

Der Fahrweg führt von der Arventalhütte aufwärts zum **Klammljoch** in 2298 m Höhe, dem Grenzübergang nach Südtirol (zu Fuß eine ½ Stunde). Hier beginnt auf der Südtiroler Seite der **Naturpark Rieserfernergruppe**.

18. Naturlehrweg Oberhauser Zirbenwald

Ausgangspunkt: Parkplatz Alpengasthaus Oberhaus (1700 m) im innersten Defereggental
Rundweg-Gehzeit: ca. 1 Stunde, kaum Höhenunterschied
Ausrüstung: feste Wanderschuhe

Vom Parkplatz überquert man die Schwarzach über einen Steg und gelangt zu einer Stelle, wo auf einer Schotterbank die Gesteine und das Leben im Gebirgsbach beschrieben werden. Die nächste Tafel befindet sich bei einer umgestürzten Zirbe, wo der Abbau von Totholz beschrieben wird. Der Weg führt am orographisch rechtseitigen Ufer weiter taleinwärts. Hier gibt es dann eine Beschreibung des **Oberhauser Zirbenwaldes** und der beiden typischen Bäume *Zirbe* und *Lärche*. Von hier aus kann man den großartigen Wald sehr gut überblicken. Eine weitere Tafel beschreibt die Begleitflora des *Lärchen-Zirben*-Waldes, die man überall auch sehen kann. Der Weg führt schließlich bei der **Oberhauser Alm** (1786 m) wieder zu einem Steg, wo verschiedene Informationen über das innere Tal, die berühmten Jagdhausalmen und den Naturpark Rieserferner gegeben werden, der an den Nationalpark Hohe Tauern unmittelbar in Südtirol anschließt. Auf der orographisch linken Seite erlebt man noch eine richtige, intakte Alm, die Oberhauser Alm, mit traditioneller Almwirtschaft, die auch auf einer Informationstafel beschrieben wird. Talauswärts geht es dann vorbei an Informationen über die Lawinengassen, die man auf der anderen, sehr steilen Talseite sehen kann, und die letzte Tafel beschreibt die Vogelwelt des Lärchen-Zirben-Waldes mit der *Zirbenkratsche* und dem *Tannenhäher*, der für die Samenverbreitung der *Zirbe* unerlässlich ist.

Programmvorschläge für Nationalparkwochen für verschiedene Monate und Witterungsverhältnisse

Standquartier: St. Jakob i. Def.

1. Tagestouren für Juni je nach Schneelage (Auskunft Fremdenverkehrsverband)
Wanderung zur Brugger Alm: ausgedehntes Almgebiet (Wanderung Nr. 5)
Wanderung am Blumenweg Oberseite St. Jakob: blumenreiche Bergmähder, verschiedene Lebensräume (Wanderung Nr. 8)
Wanderung ins Trojeralmtal zu den Knappengruben: prächtiger Zirbenwald, interessantes Kupferbergwerk aus dem 16. Jahrhundert (Wanderung Nr. 10)
Wanderung zum mittelsteinzeitlichen Jägerrastplatz am Hirschbichl: naturkundlich und prähistorisch hochinteressante Wanderung auf den Spuren mittelsteinzeitlicher Jäger (Wanderung Nr. 12)
Wanderung zum Antholzer See im Naturpark Rieserfernergruppe: naturbelassener See, landschaftliche Vielfalt (Wanderung Nr. 13)
Wanderung in das innerste Defereggental zur Jagdhausalm in das Arvental: größter Zirbenwald der Ostalpen, einzigartiges Almdorf (Wanderung Nr. 17, 18)

2. Tagestouren ab Mitte Juli bis Oktober (je nach Schneelage)
Bergtour auf das Degenhorn: schöner Bergsee, großartiger Rundblick, ausgedehntes Almgebiet (Wanderung Nr. 6)
Wanderung zu den Knappengruben im Tögischtal: einsames Tal, interessantes, altes Bergbaugebiet aus dem 16. Jahrhundert (Wanderung Nr. 7)
Wanderung am Blumenweg Oberseite mit Abstechern zum Oberseitsee und auf die Seespitze: verschiedene Lebensräume, außerordentlich blumenreiche Bergmähder, malerischer Bergsee, großartiger Rundblick (Wanderung Nr. 8)
Bergtour auf das Weiße Beil: großer Blumenreichtum, prächtiger Rundblick (Bergtour Nr. 9)
Rundtour St. Jakob – Trojeralmtal – Reichenberger Hütte – Göslesswand: einzigartig schöne Bergtour, sehr abwechslungsreiche Landschaft, blumenreich, große Gesteinsvielfalt (Bergtour Nr. 10)
Wanderung von Erlsbach zum Obersee am Staller Sattel: leichte Wanderung durch Bergwald und Almenregion, schöner See (Wanderung Nr. 11)
Wanderung zum mittelsteinzeitlichen Jägerrastplatz am Hirschbichl: naturkundlich wie prähistorisch hochinteressante Wanderung auf den Spuren mittelsteinzeitlicher Jäger (Wanderung Nr. 12)
Bergtour vom Obersee auf die Jägerscharte und das Almerhorn: herrlicher Aussichtspunkt, hochalpine Flora und Fauna (Bergtour Nr. 14)
Bergtour vom Obersee zur Barmer Hütte: einsame Hochtour im Gletschervorfeld, interessante Flora und Fauna (Bergtour Nr. 15)

Wanderung durch das Patscher Tal auf die Barmer Hütte: wunderschönes Hochtal in die Rieserfernergruppe (Wanderung Nr. 16)

Wanderung in das innere Defereggental zur Jagdhausalm und in das Arvental: größter Zirbenwald der Ostalpen, einzigartiges Almdorf (Wanderung Nr. 17 und 18)

Bergtour von Hopfgarten zum Geigensee und auf die Regenspitze: malerischer Bergsee, eindrucksvolle Gipfeltour, sehr naturbelassenes Tal (Wanderung Hopfgarten Nr. 7)

3. Halbtagswanderungen, auch bei unsicherem Wetter möglich

Kleiner Wassererlebnisweg Nr. 1
Großer Wassererlebnisweg Nr. 3

4. Halbtagswanderungen bei Schönwetter

Wanderung von St. Jakob über Außerberg am Sonnenhang nach Innerberg und Mariahilf: eindrucksvolle Wanderung durch bäuerliches Kulturland (Wanderung Nr. 2)

Naturkundliche Wanderung von St. Jakob zum Berggasthof Trojen und über die Mühlen im Trojeralmtal wieder zurück nach St. Jakob: vielfältige Lebensräume, interessante Mühlen (Wanderung Nr. 4)

Panoramaweg Hopfgarten: erlebnisreiche, naturkundlich und landschaftlich großartige Wanderung (Wanderung Hopfgarten Nr. 4)

5. Möglichkeiten bei Regenwetter oder an Rasttagen

Besichtigung kultureller Besonderheiten

Naturkundliche Wanderung entlang des kleinen Wassererlebnisrundweges (Wanderung Nr. 1)

Wanderung von St. Jakob auf dem großen Wassererlebnisweg nach Mariahilf (Wanderung Nr. 3)

Wanderung zum Schaubergwerk im Hofergraben (Wanderung Hopfgarten Nr. 1)

Besichtigung des Staller Wasserfalls bei Mariahilf

6. Empfehlenswertes Nationalparkprogramm für Juni bei guten Wetterverhältnissen

1. Tag: Wanderung am Blumenweg St. Jakob-Oberseite; kann jederzeit auch verkürzt werden (Wanderung Nr. 8)
2. Tag: Wanderung zum Oberhauser Zirbenwald und zu den Jagdhausalmen (Wanderung Nr. 17, 18)
3. Tag: Wanderung von St. Jakob auf dem großen Wassererlebnisweg nach Mariahilf (Wanderung Nr. 3). Besichtigung des Schaubergwerkes im Hofergraben von Hopfgarten (Wanderung Hopfgarten Nr. 1)
4. Tag: Wanderung am Panoramaweg in Hopfgarten (Wanderung Hopfgarten Nr. 4)
5. Tag: Wanderung zum mittelsteinzeitlichen Jägerrastplatz am Hirschbichl und weiter nach Mariahilf (Wanderung Nr. 12)

4. Gemeinde Kals am Großglockner

Natur

Topografie, Geologie, Geomorphologie

Das Kalser Tal ist ein vom Großglockner, dem höchsten Berg Österreichs, beherrschtes Nord-Süd-Tal, das mit einer 300 m hohen, zerschnittenen Stufe in das Iseltal einmündet. Die Gesamtlänge zwischen Kalser Tauern und Iseltal beträgt 20 km.
Etwa in der Mitte der Tallänge liegt das eindrucksvolle **Kalser Becken**, das durch seine Umrahmung wie ein Talschluss wirkt. Hier liegen die beiden größten Siedlungen des Tales, **Kals** und **Großdorf**. Das Kalser Becken liegt auch an der Nahtstelle von drei Gebirgsgruppen, nämlich **Granatspitzgruppe** im Westen, **Glocknergruppe** im Nordosten und **Schobergruppe** im Südosten.
Die größten Nebentäler, **Teischnitz-, Ködnitz-** und **Lesachtal**, liegen auf der Ostseite des Haupttales. Das Teischnitztal ist ein landschaftlich besonders schönes Hochtal, das im vorderen Bereich durch die Bretterwand mit überaus steilen Bergwiesen und im hinteren Teil durch den Großglockner mit dem Teischnitzkees geprägt wird. Das Ködnitztal steigt mit vier staffelförmig übereinander liegenden Karstufen bis unter das Ködnitzkees empor und führt gleichfalls wie das Teischnitztal zum Großglockner. 1979 wurde von Kals bis zum Lucknerhaus in 1918 m die „Kalser Glocknerstraße" als Mautstraße gebaut. Im Ködnitztal befindet sich auch in 1718 m Höhe der höchstgelegene noch bewirtschaftete Bergbauernhof des Kalser Tales. Das Lesachtal führt hingegen in die Schobergruppe und wird von der markanten Glödisspitze und den blumenreichen Almwiesen auf seinen Südhängen beherrscht.
Alle genannten Bereiche gehören zur Gemeinde Kals am Großglockner und umfassen eine Fläche von 180,53 km². Davon liegen 121,47 km² im Nationalpark. Dies entspricht 67,3 % der Gemeindefläche.
Der Nord-Süd-Erstreckung zufolge durchläuft das Kalser Tal das gesamte geologische Profil der Tauern-Südseite. So werden von Süden nach Norden der Reihe nach Altkristallin, Matreier Zone, Obere und Untere Schieferhülle sowie Zentralgneis des Granatspitzkerns angeschnitten.
Das ostalpine **Altkristallin** ist mit seinen deutlich gebänderten *Glimmerschiefern* und *Paragneisen* längs der Straße von Huben bis zum Naturdenkmal Schleierfall des Staniskabaches bei Haslach gut aufgeschlossen. Die teilweise granatführenden Gesteine streichen Ost-West und fallen steil nach Süden ein. Der Rotenkogel im Westen sowie die vom Hochschober zu Tal strebenden Bergkämme im Osten gehören diesem Altkristallin an.
In Kals wird der Südrand der **Matreier Zone** und damit der Rahmen des **Penninischen Tauernfensters** erreicht. Typische Gesteine dieser Zone kann man an der Kalser Glocknerstraße zum Lucknerhaus beobachten. Bis zur Querung des Ködnitzbaches prägen silbrig glänzende, *graphitische Glanzschiefer* und *Kalkphyllite* das Bild. In der Folge sind in kurzen Abständen gelber *Dolomitmarmor*, grauer *Kalkmarmor*, dunkelgrüner *Serpentinit* und grünlich-weiße *Quarzite* aufgeschlossen, die bis zum Lucknerhaus reichen. Bereits von weitem zu sehende, dunkle *Serpentinit*-Stöcke bzw. helle und schroffe *Marmor*-Abbrüche (Blauspitze, Kranzwand, Medelspitze) markieren den Verlauf der Matreier Zone vom Kals-Matreier Törl bis zum Berger Törl bei der Glorer Hütte.
Bei der Daberklamm beginnt die geschlossene *Kalkglimmerschiefer-Prasinit*-Serie der **Oberen Schieferhülle**, zu der unter anderem die Gesteine der Klamm, des Bretterbodens und der Bretterwand gehören. Erst bei der Bergeralm wird die kalkreiche, basische Gesteinsserie der Oberen Schieferhülle von sauren, kalkarmen Gesteinen wie *Biotitschiefern, Gneisen* und *Amphiboliten* der **Habachserie** abgelöst. Das tiefste Element dieser zwiebelschalenartig übereinander liegenden Gesteinsserien stellt der *Granitgneis (Zentralgneis)* des **Granatspitzkerns** dar. Er reicht im Süden bis zum Kalser Tauernhaus und im Norden weit über den Kalser Tauern bis zum Enzingerboden. Es handelt sich um einen grobkörnigen *Zweiglimmergneis*, der aus einem paläozoischen *Granit* während der alpidischen Gebirgsbildung hervorgegangen ist. Mechanisch stark beanspruchte Partien sind lokal zu *Weißschiefer (Quarz-Muskowit-*Gemenge) umgewandelt. Östlich des Granatspitzkernes sind im Wesentlichen nur Gesteine der Oberen Schieferhülle, die bis zum Sonnblickkern reichen, aufgeschlossen. In dieser

*Blick auf Kals
am Großglockner*

*Großdorf
im Kalser Tal*

geologischen Depression befindet sich der höchste Berg Österreichs, der Großglockner.

Das Kalser Tal bietet auch modellartige Beispiele für die formbildenden Kräfte der Gletscher und Bäche. Beispiele für die Kraft des Eises sind die **trogartig ausgeschürften Talabschnitte** sowie die nacheiszeitlichen **Bergstürze**, die durch die Instabilität der durch den Gletscherrückzug eisfrei gewordenen, steilen Hänge ausgelöst wurden. Beispiele hiefür sind der mächtige Bergsturz im Norden von Großdorf und jener, der den Dorfersee aufstaut. Beispiele für die formbildende Kraft des Wassers sind die tief eingeschnittene **Daberklamm** mit ihren Erosionsformen und die **Schluchtstrecke** des Kalser Baches zwischen Staniska und dem Iseltal, aber auch die Wildwasserstrecken mit den mächtigen Schotterbänken von Ködnitz talauswärts bis Haslach. Besonders anschaulich sind im Kalser Becken die von den Bächen aufgeschütteten **Schwemmkegel und Terrassen**. Von der Kalser Glocknerstraße sieht man besonders schön den mächtigen Schuttkegel des Raseggbaches, der in 1530 m Höhe beginnt und sich fächerartig über 200 m sanft abböscht. Ihm ist eine tiefere Terrasse vorgelagert, auf der das Kirchlein St. Georg steht. Der Raseggbach hat sich inzwischen in seinem eigenen Schuttkegel ein neues Bachbett gegraben. Gegenüber diesem großen Schuttkegel hat der Ködnitzbach eine mächtige, fast ebene Schuttterrasse vorgebaut, auf der sich das Dorf Kals befindet. Auch dieser Schuttkegel ist durch den Ködnitzbach selbst und durch den Kalser Bach wiederum zerschnitten.

Im gesamten Talbereich gibt es noch verschiedene Geländeformen, die als **Moränen späteiszeitlicher Gletschervorstöße** gedeutet werden könnten. Genauere Untersuchungen fehlen aber noch. So gibt es beim Rantschnergut auf der orographisch linken Talseite in der Nähe des Schleierwasserfalles scharffirstige Wälle, die von der Straße aus gut zu erkennen sind. Verschiedene Forscher haben diese Wälle als gschnitzzeitliche Endmoränen eines späteiszeitlichen Gletschers aus dem Staniskabachtal (Alter: 13.000 Jahre) gedeutet.

Gesteine

Typische und weit verbreitete Gesteine des Kalser Tales sind die *Kalkglimmerschiefer,* die im Bereich der Daberklamm des Teischnitz- und Ködnitztales die Landschaft prägen. Besonders auffallend sind die aus diesem Gestein aufgebauten so genannten **Bretterwände**. Auffallend in der Landschaft sind auch die grünen, zusammen mit den Kalkglimmerschiefern auftretenden *Prasinite,* aus denen zum Beispiel der Gipfel des Großglockners besteht. Im Bereich der **Matreier Zone** sind die grünen *Serpentinite* und die hellen *Marmore* der Blauspitze, Medelspitze und Kranzwand leicht erkennbar. Gut aufgeschlossen und weit verbreitet sind im Bereich der Kalser Straße zwischen Huben und Schleierfall die *Glimmerschiefer* und *Paragneise* des Altkristallins sowie im inneren Dorfertal die *Granitgneise* des Granatspitzkernes.

Mineralien und Bergbau

Aus diesem Gebiet stammen besonders große Kluftminerale, darunter die größten, bis 1 m langen *Bergkristalle* Tirols! Im Bereich Laperwitzbach, Aderwand usw. wurden sensationelle Funde riesiger *Titamt-* und *Scheelit*-Kristalle gemacht. Auch *Albit, Milarit, Turmalin, Epidot, Apatit, Anatas, Molybdänit* und andere Mineralien kommen hier vor. Interessante Manganmineralisationen treten an beiden Flanken des Ködnitztales zwischen Lucknerhaus und Jörgenalm in *Kalkglimmerschiefer* und *Radiolariten* auf. Als häufigstes Manganmineral ist *Braunit* zu nennen, daneben gibt es *Pyrolusit, Hollandit, Rhodochrosit* und andere mangan- und eisenhältige Mineralien. Auch kleine *Gips*-Vorkommen sind südlich des Ködnitztales bekannt. Erste Aufzeichnungen über bergbauliche Nutzungen stammen aus dem Jahr 1558; am 7.11. wurden in Wald ob Haslach (Staniska) drei Gruben verliehen. Bergbauspuren finden sich

Rekonstruktion eines historischen Bergknappen im Schaubergwerk Fallwindes

heute im Wurgertal, im Teischnitztal, unter der Stüdlhütte und am Ostabhang des Ganotzkogels, wo eine kleine **Kupfervererzung** in *Serpentiniten* auf ca. 2385 m Seehöhe bereits im 15. Jahrhundert beschürft worden war. Am Ostabhang des Gradezkogels in 2650 m Seehöhe befindet sich ein alter Schurfbau, der auf eine *Pyrit-Kupferkies*-Vererzung in Grüngesteinen angesetzt ist. Im Fallwindestal bei Lesach existiert ein „Knappenloch", wahrscheinlich ein „Hoffnungsbau" (= Erkundungs- und Suchstollen) auf Kupfer, der vermutlich während des 1. Weltkrieges mittels Sprengarbeit auf den heutigen Querschnitt erweitert worden war. Die bereits im 16. Jahrhundert beschürften und zuletzt 1923 untersuchten **Kupfererz-Vorkommen** von **Staniska** findet man an der orographisch linken Seite des Kalser Tales, südlich der Mündung des Staniskabaches in den Kalser Bach. Sie sind an *Gneise* gebunden und mehrere 100 Meter im Streichen verfolgbar.

Beherrschende Gipfel

Durch seine Lage inmitten der Gebirgsstöcke der Granatspitz-, Glockner- und Schobergruppe ist Kals umgeben von einer beeindruckenden, gletscherreichen Gipfelwelt. Alles überragend steht im Norden am Grenzkamm zu Kärnten der **Großglockner** (3798 m) als der höchste Berg Österreichs. Von vielen Punkten des Gemeindegebietes gibt es beeindruckende Ausblicke auf diesen markanten Gipfel, auf dem erstmals im Jahr 1800 ein Mensch stand. Diese Erstbesteigung ging von Heiligenblut aus. Von Kals aus wurde der Gipfel im Jahr 1853 erstmals erklommen, vom Lienzer Studenten Josef Mair, dem die Kalser Josef Schnell und J. Ranggetiner als Führer zur Seite standen.

Das **Figerhorn** (2744 m) und die **Bretterspitze** (2868 m) gehören zwar nicht zu den höchsten Gipfeln des Gebietes, sie sind jedoch als südliche Eckpfeiler der Glocknergruppe im Talraum von Kals besonders auffällig. Dies gilt auch für die **Blauspitze** (2575 m) und **Kendlspitze** (3085 m), die am Gipfelkamm der hier weit nach Süden auslaufenden Granatspitzgruppe liegen. Auch der höchste Gipfel dieser Gebirgsgruppe liegt auf diesem Kamm, der **Große Muntanitz** (3232 m), ein herrlicher Aussichtsberg.

Im Südosten umrahmt der Dreitausenderkamm der westlichen Schobergruppe das Kalser Lesachtal mit seinen markantesten Gipfeln, dem **Bösen Weibl** (3121 m), der **Glödisspitze** (3206 m) und dem **Hochschober** (3242 m).

Diese Berge wurden alle in der zweiten Hälfte des 19. Jahrhunderts erstmals bestiegen.

Gletscher

Das Kalser Tal und seine Nebentäler sind reich an eindrucksvollen Gletschern. Insgesamt 24 sind es laut dem österreichischen Gletscherinventar von 1969, mit einer Gesamtfläche von rund 12 km^2. Auch bei den Kalser Gletschern sind jedoch in den letzten Jahren als Folge verringerter Niederschläge und überdurchschnittlich warmer Sommer deutliche Rückgänge zu verzeichnen.

Die größten Kalser Gletscher, das **Fruschnitz-** (fast 3 km^2), **Teischnitz-** und **Laperwitzkees** (jeweils rund 2 km^2) sowie das **Ködnitzkees** (ca. 1,3 km^2), liegen alle an der Südwestseite des Glocknermassivs und prägen den berühmten „Kalser Glocknerblick", der von vielen Punkten des Tales aus genossen werden kann. Die größten Gletscher des Kalser Anteils an der Granatspitzgruppe sind das **Nördliche** und **Südliche Kalser Tauernkees** und das **Nördliche Loameskees**, die jeweils gut 0,2 km^2 Fläche einnehmen. Aber auch in den steilen, schattigen Hochkaren der Schobergruppe liegen stattliche Gletscher, wie das **Westliche** und **Östliche Schoberkees** und das **Glödiskees** (rund 0,4, 0,2 und 0,3 km^2). Neben diesen größeren Gletschern sind vor allem in der Schobergruppe einige Kleingletscher vorhanden, von denen z. B. das **Westliche Peischlachkees** und das **Gridenkarkees** heute nur mehr unbewegte Gletscherreste darstellen.

Als seltenere Gletscherformen kommen auch zwei kleine Lawinengletscher vor: das **Graue Kees** am Fuß des Teischnitzkeeses und das **Kalser Kees**. Das Erstere wird von Eislawinen genährt, die vom Ende des Teischnitzkeeses abbrechen und über eine Felsstufe herabstürzen, das Kalser Kees wird großteils von Lawinen aus den schattigen Nordwänden des Ralfkopfes gespeist.

Das Kalser Tal birgt in seinen hoch gelegenen Schuttkaren auch eine Reihe von **Blockgletschern**, vor allem in der Schobergruppe (besonders Lesach- und Staniskatal), aber auch in der Glockner- und Granatspitzgruppe (Teischnitztal und Dorfertal). Sie sind zum Teil noch aktiv.

Gewässer

Der **Kalser Bach und besonders seine Nebenbäche**, meist tosende Gletscherbäche, sind nicht nur größtenteils naturnah bzw. völlig naturbelassen, sie bilden auch einige besondere Naturkleinodien. Als außergewöhnliche Rarität hervorzuheben sind Bereiche des Kalser Baches unterhalb von Kals, in denen man noch das natürliche Aussehen und Verhalten von Gebirgsbächen in seltener Schönheit studieren kann. Hier gibt es charakteristische Umlagerungsstrecken mit ausgedehnten Schotterbänken und der dazugehörigen typischen und heute schon allgemein seltenen Wildflussflora und -fauna. Besonders zu erwähnen ist weiters die **Daberklamm**, eine wildromantische Schluchtstrecke am Eingang ins Dorfertal, in der sich der Kalser Bach tief in die Felsen eingeschnitten hat. Unter den zahlreichen kleineren und größeren **Wasserfällen** sind besonders der **Stotzbachfall** und der **Schleierfall am Staniskabach** zu nennen. Der Stotzbachfall stürzt beim Kalser Tauernhaus über die Trogschulter talwärts, der Schleierfall über die Mündungsstufe des Staniskatales ins Kalser Haupttal (siehe Kapitel „Naturdenkmäler und naturkundliche Besonderheiten").

Das Kalser Dorfertal beherbergt zwei schöne **Bergseen**: den Dorfersee und den Schwarzsee. Der **Dorfersee** wird von einem mächtigen, nacheiszeitlichen Bergsturz aufgestaut. Er liegt in 1935 m Höhe, ist gut 500 m lang und 7,6 ha groß. Die maximale Tiefe beträgt 9,5 m. Der Hauptzufluss schiebt sich von Norden in einem breiten Sedimentfächer in den See. Das vom See abfließende Wasser verschwindet im groben Blockwerk des Felssturzes, taucht danach noch zweimal kurz auf, verschwindet dann aber endgültig, um erst in etwa 400 m Entfernung an zwei ca. 120 m voneinander entfernten Stellen wieder auszutreten. Der **Schwarzsee** liegt in 2602 m Höhe westlich oberhalb des Dorfersees. Er ist rund 1,5 ha groß und bildet den Ursprung des Stotzbaches.

Vegetation und Tierwelt

Als Nord-Süd-Tal ist das Kalser Tal bei Nord- und Nordwestwetterlagen durch den Tauernhauptkamm gut geschützt. Die Jahressumme der Niederschläge beträgt daher im Mittel nur 840 mm (Mittelwert von 1981 bis 1990). Im Nordabschnitt des Tales ist allerdings der häufige kalte Tauernwind ein wesentlicher Klimafaktor. Die mittlere Julitemperatur von Kals (1325 m) beträgt +13,6 °C, die mittlere Jännertemperatur –4,1 °C (Mittelwerte von 1901 bis 1980).

Aufgrund obiger Klimadaten und der Höhenlage des Tales ist es verständlich, dass im Kalser Tal auf den meisten nicht landwirtschaftlich genutzten Flächen der *Fichtenwald* mit eingestreuter *Lärche* überwiegt. Er reicht vielfach vom Tal bis zur heutigen Waldgrenze. Die subalpinen *Lärchen-Zirben*-Wälder sind nur noch an Stellen vorhanden, die almwirtschaftlich nicht oder wenig genutzt wurden. Am häufigsten findet man die *Zirbe* noch im Dorfertal. Talauswärts mischen sich ab Haslach im Talbereich zu den Fichtenbeständen auch Laubgehölze dazu, die schließlich auf den sonnigen Südhängen der Mündungsstufe von Oberpeischlach und in der Schlucht des Kalser Baches überwiegen. Die Laubgehölze bestehen aus *Hasel, Bergahorn, Weißbirke, Esche, Zitterpappel, Kirsche* und *Nussbaum*. Hier gibt es auf felsigen Bereichen, besonders um Oberpeischlach, auch Trockenrasen mit wärmeliebenden Pflanzen.

Eine große Besonderheit des Kalser Tales ist die Pioniervegetation auf den großen Schotterflächen am Kalser Bach, wo wir noch große Bestände der *Deutschen Tamariske,* des *Sanddorns* und vieler seltener Weidenarten finden, die im Alpenraum schon allseits bedroht sind. Der Kalser Bach wird im Unterlauf schließlich von großen *Grauerlen*-Beständen gesäumt.

Außerhalb der Wälder gibt es im Kalser Tal und seinen Nebentälern durch die Vielfalt der Gesteine und den Wechsel zwischen basischen und sauren Böden eine Vielzahl von Vegetationseinheiten und eine artenreiche Flora. Besonders arten- und blütenreich sind die von den Kalser Bauern in harter Arbeit geschaffenen Bergmähder wie die Greiwiesen, Teischnitzwiesen, Moaralmwiesen, Kals-Matreier-Törl-Wiesen und Lesachriegelwiesen. Ungemein artenreich ist auch die hochalpine Flora im Bereich der *Kalkglimmerschiefer*-Gesteine der Glocknergruppe, insbesonders auf den Schuttflächen der Gletschervorfelder.

Durch den geringen Niederschlag ist das Tal relativ arm an Feuchtbiotopen. Dennoch gibt es einige interessante Moore wie das Niedermoor in der Nähe des Hotel Taurer, das außergewöhnlich interessante Jaggler-Lacke-Niedermoor, das Niedermoor bei der Brunnbachquelle im Dorfertal und das kleine Rasenbinsenmoor im Teischnitztal.

Entsprechend der Vielfalt an Lebensräumen ist auch die Tierwelt des Kalser Tales sehr reichhaltig und weist praktisch alle charakteristischen Bewohner der Bergwälder (von den Laub- und Mischwäldern der Talmündungsstufe bis zur Waldgrenze), des Kulturlandes, des

Tal- und Almenbereiches sowie der alpinen Lagen auf. Besonders zu erwähnen ist die artenreiche Insektenfauna der oben genannten sonnigen Bergmähder, die eine Vielfalt erreicht, die jener der Virgentaler Mähder gleicht. Weitere besondere Tierlebensräume sind die Daberklamm, die Wildflussstrecken unterhalb von Kals und die genannten Moore (siehe Kapitel „Naturdenkmäler und naturkundliche Besonderheiten"). Der Kalser Raum weist mit rund 200 Stück auch den größten Osttiroler *Steinwild*-Bestand auf.

Naturdenkmäler und naturkundliche Besonderheiten

Daberklamm

Diese wildromantische, 1 km lange Schluchtstrecke am Eingang in das Kalser Dorfertal wurde vom wasserreichen Kalser Bach durch rückschreitende Erosion gebildet. Der Höhenunterschied zwischen Klammeingang und dem inneren Talboden beträgt 110 m. Die Klammwände

Daberklamm am Eingang des Kalser Dorfertales

bestehen aus dunklen *Kalkglimmerschiefern* und *Phylliten* mit dazwischen eingelagerten Linsen von *Grünschiefer* der Oberen Schieferhülle. Auf dem in den Felsen hineingesprengten Klammweg, der allmählich ansteigt, erlebt man die Großartigkeit dieser Schlucht. Die *Kalkglimmerschiefer*-Felsen sind teilweise mit einer wärmeliebenden Flora sowie mit kalkliebender alpiner, ja sogar subnivaler Pioniervegetation bewachsen. Entsprechend reichhaltig ist hier auch die Tierwelt, besonders die Schmetterlingsfauna, die an derartige Kleinlebensräume gebunden ist. Unter anderem wurden hier bei jüngsten Untersuchungen des Tiroler Landesmuseums Ferdinandeum mehrere *Kleinschmetterlingsarten* entdeckt, die bisher nur aus Skandinavien bekannt waren. In den imposanten Felsen der Schlucht brütet auch der prächtige *Alpenmauerläufer* sowie *Felsenschwalben* und *Alpensegler* (siehe Wanderung Nr. 6).

Naturdenkmal Schleierfall am Staniskabach in Kals

Er ist ein eindrucksvoller Wasserfall, der über einen *Gneis*-Felsen im Bereich der Mündungsstufe des Staniskatales zum Kalser Bach herabstürzt.

Schotterbänke am Kalser Bach

Der Kalser Bach bildet zwischen Kals und Haslach große Schotterbänke. Er zeigt hier noch das typische Verhalten eines Gebirgsflusses mit dynamischen Ufern, mit der typischen Abfolge an Pflanzen, mit der ständigen Umlagerung von Material und vor allem mit Arten, die wir heute in Mitteleuropa nur noch an wenigen Stellen finden. Besonders eindrucksvoll ist die Bachstrecke südlich der Straße nach Lana (siehe auch Wanderung Nr. 2).
Die Charakterart für derartige Flussufer ist die *Deutsche Tamariske*, eine Pflanze, die streng an Pionierstandorte im Bachbett gebunden ist. Mit ihrer enormen Regenerationsfähigkeit und ihrem relativ raschen Wachstum kann sie sich in diesem dynamischen Lebensraum gut durchsetzen und behaupten. Überall dort jedoch, wo sie diese Vorteile nicht ausnutzen kann, ist sie zu konkurrenzschwach. Da aber gerade derartig dynamische Standorte in weiten Bereichen Mitteleuropas durch Flussverbauungen, Hoch-

wasserschutzbauten und die Anlage von Kraftwerken verloren gegangen sind, verwundert es nicht, wenn die *Deutsche Tamariske* heute fast überall ausgestorben ist. Es steht außer Frage, dass die Sicherung von Siedlungsraum, von Straßen und Feldern wichtig, sinnvoll und in vielen Bereichen unumgänglich ist, doch haben diese Maßnahmen heute in Mitteleuropa ein

Schotterflächen mit Tamariskenbusch am Kalser Bach – Rundweg mit Beobachtungsturm

Maß erreicht, das Standortspezialisten dieser Lebensräume bis an ihr absolutes Existenzminimum zurückgedrängt hat. Als Beispiel sei hier die Entwicklung im Bundesland Salzburg angeführt, wo sowohl *Sanddorn* als auch *Deutsche Tamariske* noch um die Jahrhundertwende sogar im Stadtgebiet von Salzburg verbreitet und häufig waren; der *Sanddorn* ist heute im gesamten Bundesland am Naturstandort ausgestorben, von der *Deutschen Tamariske* gibt es im Salzburger Land nur noch vier Vorkommen, die jedoch sämtlich so klein sind, dass ihr Fortbestehen äußerst unsicher ist.

Hier am Kalser Bach kann man jedoch den typischen Tamariskenbusch, wie diese Pflanzengesellschaft heißt, noch wunderbar sehen. Neben der in vielen Bereichen dominanten *Deutschen Tamariske* und dem *Sanddorn* finden sich hier noch verschiedene Weidenarten *(Großblättrige Weide, Purpurweide, Lavendelweide, Schwarz werdende Weide* und *Reifeseide)*. Daneben tritt auf den Schotterflächen noch ein vielfältiges „Sammelsurium" von zufällig eingeschwemmten Alpenpflanzen wie z. B. *Gegenblättriger Steinbrech, Fetthennensteinbrech, Moossteinbrech, Kriechendes Gipskraut,*

Feldspitzkiel, Strahlsame, Kurzstängelige Gämskresse, Alpentragant, Alpenleinkraut, Ungleichblättriges Labkraut, Ähriger Grannenhafer, Alpengänsekresse, Bachgänsekresse, Zweizeiliger Grannenhafer, Bleicher Klee, Alpenweidenröschen, Alpenrispengras und *Stängelloses Leimkraut* auf.

An dieser naturnahen Strecke des Kalser Baches kann man auch leicht unsere typischen Flussvogelarten beobachten. *Wasseramsel, Bach-* und *Gebirgsstelze* sind hier nicht selten. Auch ein Vorkommen des gefährdeten *Flussuferläufers* ist hier möglich. Weiters leben hier verschiedene Insektenarten, die in ihrem Vorkommen an karge Schotterflächen und Rohböden angewiesen sind, wie z. B. *Sandlaufkäfer.*

Die Jagglerlacke – ein einzigartiges Naturkleinod

Im sonnseitigen Almgebiet des Lesachtales befindet sich in ca. 1780 m Seehöhe in einer Senke ein stattlicher, fast kreisrunder Tümpel, der mit Ausnahme einiger offener Wasserstellen mit einem kompletten *Schwingrasen* bedeckt ist. Der Tümpel liegt an einem Berghang, umgeben von Almwiesen, die noch gemäht werden. Die Ve-

Jagglerlacke im Lesachtal

getation im Randbereich und auf dem Schwingrasen ist eine Niedermoorvegetation mit großen Beständen an *Blasensegge (Carex vesicaria)* – ein besonders hoch gelegenes Vorkommen – und *Steifer Segge (Carex elata)*. Geschlossene Bestände bilden auch die *Sumpfbinse (Eleocharis palustris)* und das *Schmalblättrige Wollgras*. An den offenen Wasserstellen wächst das

Schwimmende Laichkraut. Im Bereich des Schwingrasens sind ausgedehnte, sehr feuchte Flächen mit *Torfmoosen* und erhöhte, trockenere Stellen mit *Laubmoosen* bewachsen.

Dieser Tümpel ist ein bedeutender Laichplatz des *Grasfrosches* und *Alpenmolches* sowie der Lebensraum charakteristischer und zum Teil bedrohter Moorlibellen des alpinen Raumes, wie z. B. der *Torfmosaikjungfer, Alpensmaragdlibelle* und *Kleinen Moosjungfer.*

Die Jagglerlacke ist eine in der Osttiroler Nationalparkregion einmalige naturkundliche Kostbarkeit, in der bei genauen Forschungen noch manch Interessantes entdeckt werden kann.

Niedermoor bei der Brunnbachquelle im Dorfertal

Im Dorfertal innerhalb des Kalser Tauernhauses befindet sich bei der so genannten Brunnbachquelle in 1825 m ein zwischen Bergsturzblöcken gelegenes, schönes, fast kreisrundes Niedermoor, das im Wesentlichen mit *Schnabelsegge* bewachsen ist. Dazwischen gibt es Bereiche mit *Schmalblättrigem* und *Breitblättrigem Wollgras* und dem *Sumpfveilchen.* Außerhalb dieses *Schnabelseggen*-Niedermoores gibt es noch weitere versumpfte Stellen, die mit der *Rasenhaarbinse* bewachsen sind. Dazwischen liegen auch einige Tümpel, die als Laichplätze für *Grasfrosch* und *Alpenmolch* Bedeutung haben.

Die Greiwiesen und andere besonders blütenreiche Bergmähder des Kalser Tales

Die **Greiwiesen**, heute zum Teil nicht mehr bewirtschaftete Bergmähder, liegen im Ködnitztal im Bereich der Südabhänge des Greibühels (2247 m) oberhalb von 2000 m. Es handelt sich um *Goldschwingel*-Bergmähder, die sehr artenreich und im Juli blütenübersät sind. Besonders auffallend sind hier die vielen gelben Korbblütler und Orchideen. Unter anderem findet man *Hoppes Habichtskraut, Einköpfiges Ferkelkraut, Arnika, Alpenaster, Alpenlöwenzahn, Mückenhändelwurz, Schwarzes Kohlröschen, Waldhyazinthe, Weißzüngel, Bergklee, Wundklee, Bergnelkwurz, Bärtige Glockenblume, Brillenschötchen, Kugelige Teufelskralle, Türkenbundlilie, Breitblättriges Laserkraut, Kleine Bibernelle, Frühlingsküchenschelle, Trübgrünes Sonnenröschen, Braunklee, Alpenhornklee, Katzenpfötchen* und *Allermannsharnisch* (siehe Wanderung Nr. 11).

Im Raum Kals gibt es neben den Greiwiesen

Greiwiesen mit Allermannsharnisch

noch eine Reihe weiterer bedeutender, artenreicher Bergmähder. Rostseggenbergmähder findet man noch an beiden Talseiten im Eingangsbereich des Dorfertales. Ausgedehnte Mähder liegen hier im Bereich der Moaralm in ca. 1800 m. Dort befinden sich im unmittelbaren Grenzgebiet des Nationalparks die sehr steilen „**Moaralmwiesen**", deren Hänge in die Daberklamm abfallen (siehe Wanderung Nr. 5). Schöne *Rostseggen*-Bergmähder befinden sich weiters an den sonnigen Hängen des äußeren Teischnitztales. Darüber hinaus gibt es im Kalser Tal auch bemerkenswerte *Goldschwingel*-Bergmähder. Man findet sie im Bereich des Kals-Matreier Törls und am Lesachriegel sowie kleinflächig auf den Südhängen im Mündungsbereich des Berger- und Peischlachtales ins Ködnitztal (siehe Wanderungen Nr. 3, 8, 13).

Ähnlich wie im Virgental weisen diese Bergmähder einen selten zu findenden Artenreichtum an Schmetterlingen auf, wie neuere Forschungen des Tiroler Landesmuseums Ferdinandeum ergaben. Neben unzähligen Kleinschmetterlingen und Nachtfaltern ist hier z. B. auch der *Schwalbenschwanz* häufig und kommt bis über 2000 m Höhe vor. Besonders artenreich und auffallend sind *Schecken-* und *Perlmutterfalter* sowie *Bläulinge* und *Mohrenfalter,* darunter auch eine Reihe von Besonderheiten, wie der Scheckenfalter *Mellicta varia*, der hier sein östlichstes Vorkommen im Alpenraum erreicht oder einige Neuentdeckungen für den Alpenraum wie einzelne Kleinschmetterlinge aus der Gruppe der *Sackminiermotten* und *Hochgebirgsgespinstmotten*, die bisher nur aus dem skandinavischen Norden bekannt waren.

Wirtschaft

Die abgeschlossene Lage des Talkessels von Kals machte eine autarke Wirtschaft notwendig, denn erst 1912–1927 konnte über die 300 m hohe Talstufe bei Oberpeischlach eine Straßenverbindung ins Iseltal gebaut werden. Lange Zeit führte die wirtschaftliche Verbindung zur Außenwelt hauptsächlich über den Kalser Tauern ins Salzburgische. Dementsprechend vielfältig waren die eigenen landwirtschaftlichen und handwerklichen Erzeugnisse.

Landwirtschaft: Es wurden Roggen und Gerste, daneben Hafer, Weizen, Flachs, Hülsenfrüchte, Kohl, Kartoffeln usw. in kleinräumiger Vielfalt angebaut. Bei Oberpeischlach wurde vor 1890 sogar Weinbau versucht. Wegen der kurzen Sommer musste das Getreide auf „Harpfen" nachgereift werden, in den traditionellen Stockmühlen wurde es dann vermahlen. Mit ungeheurem Arbeitsaufwand wurden auch sehr steile Hänge als Ackerland genützt, Bergbauernhöfe reichen im Ködnitztal bis 1730 m hinauf. Typisch alpenländisch ist die „Egart"-Bewirtschaftung, das heißt, ein Wechsel von Acker- und Wiesennutzung alle 2 bis 5 Jahre. Heute wird die Landwirtschaft von Viehzucht (Rinder und Schafe) und Milchlieferung bestimmt, wobei den Almen und Bergmähdern (6.879 ha von 18.054 ha Gesamtfläche) eine große Bedeutung zukommt. Auch dafür ist die Erhaltung des Dorfertales wichtig, denn 30 % der Kalser Bauern haben dort ihre Almen.

Nebenerwerb war für die Bauern immer lebensnotwendig, früher z. B. im **Bergbau**, heute hauptsächlich im Fremdenverkehr. Viele Berufstätige müssen auspendeln. In den letzten Jahrzehnten vollzog sich ein einschneidender Strukturwandel: 1951 waren noch über 80 % der Bevölkerung in Land- und Forstwirtschaft beschäftigt, 1981 nur mehr rund 17 %. Der Erwerb in **Handel, Gewerbe** und **Bauwesen** stieg dagegen an. Der **Fremdenverkehr** ist heute wichtigste Einnahmequelle der „Glocknergemeinde Kals" und sichert das Einkommen von über 50 % der Bevölkerung. Ein wichtiger Impuls für das Bergsteigerzentrum ging vom Prager Kaufmann Johann Stüdl aus, der für die Ersteigung des Großglockners von der Kalser Seite eine Hütte (Stüdlhütte, 2802 m) und einen Weg (Stüdlgrat) bauen ließ und 1869 mit den Kalsern den ersten Bergführerverein der Ostalpen gründete. Nach Fertigstellung der Kalser Landesstraße 1927 nahm der Fremdenverkehr seinen Aufschwung, 1984 zählte man z. B. 141.000 Nächtigungen, davon schon rund ¼ im Winter. 250 km Wanderwege, 11 bewirtschaftete Hütten und ein reiches Veranstaltungsprogramm stehen den Besuchern, darunter sehr vielen Stammgästen, zur Verfügung.

Kulturelle Besonderheiten

Pfarrkirche St. Rupert

Spätgotische Elemente der 1439 geweihten Kirche sind noch am Turm mit seinen spitzbogigen Fenstern, am Kirchenschiff mit Strebepfeilern und abgesetztem Chor und in der über der Taufkapelle gelegenen Sebastianskapelle mit Kreuzrippengewölbe und alten Fresken zu sehen. Nach einer Barockisierung Mitte des 18. Jahrhunderts erfolgte 1818/21 die Verlängerung und klassizistische Ausgestaltung der Kirche. Das neue Deckengemälde von Wolfgang Köberl (1960) bezieht sich wie die den Hauptaltar schmückende ehemalige Prozessionsfigur des hl. Rupertus (von Johann Paterer, 1760) auf den ersten Bischof von Salzburg, der Osttirol in karolingischer Zeit missionierte.

Beeindruckend ist auch der **Friedhof** mit den schmiedeeisernen Grabkreuzen und einer Gedenkstätte für die Opfer vom Großglockner ab 1873 in der Nähe der Totenkapelle. Der Pfar-

Filialkirche St. Georg (1366 geweiht) auf den Dorfer Feldern

hof (**Widum**), ein mächtiges dreigeschossiges Gebäude mit auffallend spitzem Giebel, wurde bereits 1481 errichtet und ist das älteste Haus im Kirchdorf.

Kirche St. Georg

Das viel fotografierte Kirchlein liegt zwischen Kals/Ködnitz und Großdorf am Rande der Wiesen oberhalb des rechten Ufers des Kalser Baches. Der romanische Bau entspricht dem Typus der kleinen Landkirchen um 1200, ergänzt durch einen gotischen Turm aus dem 14. Jahrhundert. Alte Fresken sind noch teilweise in der Apsis erhalten. Das Holzrelief vom Drachenkampf des heiligen Georg ist die Kopie einer spätgotischen Arbeit. St. Georg wurde 1366 geweiht und ist die älteste erhaltene Kirche in Kals. Unter dem romanischen Fußboden wurden Scherben aus der Römerzeit und aus der Zeit um 700 n. Chr. gefunden.

Felsenkapelle oberhalb von Burg

1975 stieß der Wirt Josef Kerer beim Bau der Kapelle auf eine Feuersteinklinge (Silex) und bronzezeitliche Scherben mit Fingertupfenleiste (ca. 1500–1300 vor Christus). An der Ostseite des Felsens fand man Feuerplätze und Knochen von *Alpensteinbock, Braunbär, Marder* und *Rothirsch*. Der Fund von 50–60 meist kreisförmig angeordneten **Steinbockschädeln** mit teils aufgebrochenem Stirnbein deutet auf einen alten Kult- und Opferplatz unter dem überhängenden Felsen hin. Die

Felsenkapelle oberhalb vom Weiler Burg, ein bedeutender prähistorischer Fundplatz

1981 an der Universität Hamburg durchgeführte Radiokarbonuntersuchung der Steinbockknochen ergab ein Alter von 5.890 +/– 80 Jahren. Allerdings dürften sie tatsächlich um 1.000 Jahre jünger sein. Andere Forscher nehmen an, dass der Kultplatz 3.500 Jahre alt ist. Die Funde sind im Heimatmuseum Kals und in der Privatsammlung von Josef Kerer im Burgerhof ausgestellt.

Stockmühlen

Östlich des Kalser Dorferbaches oberhalb von Großdorf führt der „Mühlenweg" an fünf alten Stockmühlen vorbei, die bis 1950 in Betrieb waren und durch Nationalparkgelder vor dem Verfall gerettet werden konnten. Die waagrechten, turbinenartigen Mühlräder benötigen keine Übersetzung und eignen sich für den Antrieb durch wenig, aber rasch fließendes Wasser. Vor einem der alten Holzgebäude, die unter Denkmalschutz stehen, ist auch ein gebrauchter Mühlstein zu sehen. Im Sommer gibt es regelmäßig „Schaumahlen" für die Besucher (Samstag Nachmittag, siehe Anschläge). Eine weitere Stockmühle befindet sich unterhalb der Verbindungsstraße zwischen Großdorf und Burg am westlichen Bachufer.

Stockmühlen hatten früher ein weites Verbreitungsgebiet und sind wesentlich älter als die Radmühlen. Für die einfache Mechanik war jedoch viel Wasser und ein hohes Gefälle nötig. Die Stockmühle ist nur in Osttirol, Südtirol sowie in Kärnten bekannt. Im Norden der Hohen Tauern gab es nur die Radmühlen.

Begehbare Bergbaustollen

Knappenloch Fallwindes (1430 m): von Unterlesach in 40 Minuten auf dem Rodelweg erreichbar. Der kleine Stollen in der Felswand über dem Fallwindesbach war im 16./17. Jahrhundert ein Hoffnungsbau auf *Kupferkies*. Auch im 1. Weltkrieg suchte man dort vergeblich nach Erz (siehe Wanderung Nr. 1).

Knappenloch Ganotz (2315 m): 45 Minuten von der Bergstation Glocknerblick.
In der Nähe des Stolleneingangs ist *Kupferkies* zu sehen, doch war auch dieses Knappenloch, das nun gut erschlossen und mit Solarstrom beleuchtet ist, nur ein Hoffnungsbau. Dagegen hatte man am Ostabhang des Ganotz in 2385 m Höhe schon im 15. Jahrhundert Kupfererz abgebaut (siehe auch Kapitel „Mineralien und Bergbau" sowie Wanderung Nr. 8).

Nationalparkeinrichtungen in Kals
- Glocknerhaus mit Ausstellung „Im Banne des Großglockners" und Nationalpark-Infostelle

  Im Glocknerhaus ist eine gut gestaltete, moderne Schau, die ohne viele Details Einblicke in die Natur und Kultur der Landschaft um den Großglockner gibt. Die sechs zur Verfügung stehenden kleinen Räume sind bestimmten Themen gewidmet. Wir begegnen zunächst den Zeugen der frühesten Besiedelung mit dem berühmten Fund einer gelochten Steinaxt aus Serpentin aus dem 2. Jahrtausend vor Christus. Die weiteren Räume geben Einblicke in die Gletscherwelt, in die Tier- und Pflanzenwelt der höchsten Regionen, in den harten Lebenskampf der Menschen, die diesen Raum bis hoch hinauf besiedelten und schließlich in die Bezwingung des majestätischen Gipfels des Großglockners einst und jetzt.

  Im Glocknerhaus gibt es auch eine ausführliche Information über den Nationalpark Hohe Tauern und die Wander- und Tourenmöglichkeiten im Raum von Kals.
- Naturerlebnisweg für Kinder im Tal
- Lehrweg „BergeDenken" im Ködnitztal

Ausstellung im Glocknerhaus

Empfehlenswerte Wanderungen und Touren

1. Wanderung zum Knappenloch Fallwindes im Kalser Tal

Ausgangspunkt: Unterlesach in 1309 m Höhe
Gehzeit: 40 Minuten
Höhenunterschied: 121 m
Schwierigkeitsgrad und Ausrüstung: keine Schwierigkeit; feste Wanderschuhe
Außerhalb des Nationalparks

Von Unterlesach folgt man von der orographisch linken Seite des Lesachbaches dem beleuchteten Rodelweg durch den Bergwald aufwärts, der bis zum Knappenloch führt. Der Stolleneingang liegt in einer Felswand in 1430 m Höhe, die fast senkrecht in das Bett des Fallwindesbaches abstürzt. Das Knappenloch ist trotz seiner ausgesetzten Lage mustergültig und sicher erschlossen. Über eine Stiege kann man durch einen niedrigen Seitengang in den Hauptgang hinein, der direkt in der Felswand ausmündet. Hier ist eine kleine Aussichtskanzel vorgebaut, von der man senkrecht zum Bach hinunter und talauswärts blicken kann. Auf einer Kupfertafel steht: „Mit Meißel und Fäustel als Werkzeug und mit heute unvorstellbarer Mühe trieb man im 16. und 17. Jahrhundert auf der Suche nach Erzen Stollen in die Berge. Gar oft, so auch hier, ohne Erfolg. Enttäuschung und noch mehr Armut waren dann die Ausbeute. Die Bohrspuren stammen von der Nachsuche zu Beginn des 20. Jahrhunderts unmittelbar während des 1. Weltkrieges." Über dem in die Felswand ausmündenden Gang befinden sich große *Engelsüßfarne*. An der Felswand beim seitlichen Eingang leuchten gelbe *Leuchtflechten*. Der eigentliche Stollen kann auf Knopfdruck elektrisch beleuchtet werden, sodass es möglich ist, in den außergewöhnlich niedrigen, geradlinigen Stollen hineinzugehen. Am Ende ist hinter einer Glastüre ein Bergknappe in Originaltracht bei der Arbeit einschließlich einiger damals verwendeter Werkzeuge zu sehen.

Das Knappenloch Fallwindes war ein Hoffnungsbau auf Kupferkies. Der Name Fallwindestal, eine Schlucht in der Schobergruppe, kommt vom lateinischen „Wallis ventorum" (= Tal des Windes). Diese Schlucht hieß früher auch Walwindestal.

2. Rundwanderung entlang des Kalser Baches von Arzl Richtung Knopfbrücke

Ausgangspunkt: Lana, Arzl (1265 m), unmittelbar vor Kals
Gehzeit: 1 Stunde
Höhenunterschied: nicht nennenswert
Schwierigkeitsgrad und Ausrüstung: einfache Wanderung; Wanderschuhe
Außerhalb des Nationalparks

Nach der Abzweigung ins **Lesachtal** und kurz vor **Kals** zweigt die Straße Richtung **Lana** zum **Kalser Bach** hinunter ab. Man quert die Brücke und schlägt den breiten Weg auf dem orographisch rechten Ufer des Baches ein. Einzigartig sind hier die naturbelassenen Schotter- und Schlickflächen, die periodisch überschwemmt werden und von einer Reihe interessanter Pflanzen bewachsen sind. So bildet die *Deutsche Tamariske* große Bestände aus. Eine weitere seltene Pflanzenart ist der *Sanddorn*. Beide Arten sind in weiten Bereichen ihres Verbreitungsgebietes in den Alpen in extremem Rückgang begriffen bzw. nahezu ausgestorben. Der *Sanddorn* wird zwar vielfach kultiviert, am natürlichen Standort ist er zunehmend selten geworden. Im Bundesland Salzburg ist der Strauch praktisch ausgestorben. Die *Deutsche Tamariske* ist aufgrund von Hochwasserschutzbauten, Flussverbauungen und der Anlage von Kraftwerken als eine der bedrohtesten Arten ganz Mitteleuropas einzustufen. Neben diesen Pflanzen kommen noch einige Weidenarten wie die *Schwarzweide, Lavendelweide, Großblättrige Weide, Purpurweide* und *Reifweide* sowie der *Gemeine Wacholder* und die *Berberitze* vor (siehe auch „Naturdenkmäler und naturkundliche Besonderheiten").

Der Weg geht nach etwa einer halben Stunde in ein Waldstück, dann über einen Steg, anschließend am anderen Bachufer zurück. Der Rundweg wurde zum Erlebnisbereich mit Schautafeln und einem Beobachtungsturm ausgestattet.

3. Rundwanderung über blumenreiche Bergwiesen im Lesachtal: Lesach – Lesach-Riegelhütte – Lesachalm

Ausgangspunkt: Unterlesach – Bundesbus-Haltestelle
Gehzeit: bis zur Lesach-Riegelhütte 2½ Stunden, Gesamtwanderung ca. 5 Stunden
Höhenunterschied: 811 m
Schwierigkeitsgrad und Ausrüstung: leichte Wanderung; Bergschuhe
Nationalparkwanderung

Unter- und Oberlesach sind kleine Weiler, 2 km vor Kals auf Hangstufen über dem Kalser Tal. Die Weiler bestehen noch aus schönen alten Höfen. Von Unterlesach wandert man auf dem Wirtschaftsweg nach Oberlesach und weiter aufwärts zum Gehöft **Rubisoi**. Von hier bereits schöner Ausblick auf die Gipfel der Schobergruppe. Unweit vom Wirtschaftsweg zweigt ein Forstweg ab, der durch den Bergwald emporführt. Diesen Weg kann man immer wieder durch einen rot markierten Fußweg abkürzen. Im Bergwald ist es möglich, *Dreizehenspecht, Schwarzspecht, Tannenhäher, Haubenmeise, Tannenmeise* und andere Bergwaldvögel zu beobachten oder zu hören.

Deutsche Tamariske – in den Alpen vom Aussterben bedroht

Bergmähder im Lesachtal

In 1800 m führt der schmale Fußweg aus dem Wald auf eine trockene, sonnige Bergwiese hinaus, die Ende Juni/Anfang Juli blütenübersät ist. Besonders auffallend sind *Brillenschötchen, Langspornhändelwurz, Waldhyazinthe, Bergklee, Katzenpfötchen, Stängelloser Enzian* und andere. Hier sieht man auch eine große Zahl von Schmetterlingen, darunter *Bläulinge, Perlmutterfalter, Kleiner Fuchs, Großer Fuchs* und *Admiral.*
In 1900 m geht der Wald allmählich in einen lockeren, immer schütterer werdenden *Lärchen-Fichten*-Bestand mit *Alpenrosen* und anderen Zwergsträuchern im Unterwuchs über. Hier kann man *Klappergrasmücke, Ringdrossel, Heckenbraunelle* und *Birkenzeisig* beobachten. Nach 2½ Stunden erreicht man die auf einem kleinen Plateau in 2131 m gelegene **Lesach-Riegelhütte**. Es ist eine Berghütte ohne Schlafmöglichkeit. Von hier herrliche Ausblicke in das Kalser Tal und auf die Berge der Schobergruppe. In der Umgebung blumenreiche Bergwiesen mit großen Beständen des *Goldriedes*. Von der Hütte aus lohnt sich ein Abstecher zum Glocknerblick, Gehzeit 10 Minuten. Hier Blick in das Ködnitztal mit der Großglocknerspitze und den eindrucksvollen Gletschern.
Von der Lesach-Riegelhütte folgt man weiter dem Höhenweg durch Lärchenbestände taleinwärts. Auch hier immer wieder ehemalige Bergmähder mit vielen Orchideen wie *Langsporn-Händelwurz, Waldhyazinthe* und *Männliches Knabenkraut*. Der schmale aber gute Fußweg führt dann in Serpentinen abwärts, vorbei an sonnigen Felswänden aus *Kalkglimmerschiefer*. Hier treffen wir auf eine kalkliebende Flora mit *Traubensteinbrech, Alpensüßklee, Großblütigem Sonnenröschen, Waldschotendotter* und einer *Tragantart*. Auf diesen sonnigen Felsen tummeln sich wieder viele Schmetterlinge. Über weitere blütenübersäte, orchideenreiche Bergwiesen gelangt man in ca. 1 Stunde zur Jausenstation **Lesachalm** in 1828 m, wo es auch Nächtigungsmöglichkeiten gibt. Von hier folgt man dem Talweg am Gletscherbach entlang nach Oberlesach. Man durchwandert dabei immer wieder neue Lebensräume, von der üppigen Hochstaudenflur mit den *Alpenribiseln* und *Bergfrauenfarnen* über *Grauerlenbestände*, Schotterflächen mit den herabgeschwemmten Alpenpflanzen bis zu den sonnigen Bergwiesen von Oberlesach, auf denen die großen *Ährigen Glockenblumen* besonders auffallen.

4. Der Kalser Kulturwanderweg – mit einer Variation entlang des Kalser Baches zum Taurer

Ausgangspunkt: Kals, St.-Rupert-Kirche
Gehzeit: Halbtagswanderung
Höhenunterschied: ca. 200 m
Ausrüstung: feste Halbschuhe oder Wanderschuhe
Außerhalb des Nationalparks

Hierzu gibt es in den Nationalpark-Infostellen einen kleinen Führer mit vielen interessanten Hinweisen auf die bäuerliche Kulturlandschaft.

Unterhalb der Pfarrkirche von Kals führt der **Kulturweg** auf beiden Seiten des Kalser Baches in ca. 15 Minuten nach Großdorf. Wählt man den Weg am westlichen Bachufer, so gelangt man über die von *Lärchen* und *Fichten* bewachsene Böschung, auf der im Juni die hellblauen Blüten der *Alpenrebe* auffallen, auf die Großdorfer Wiesen („**Dorfer Felder**"). Sie liegen auf dem breiten Schuttfächer des Raseggbaches, der nun weiter südlich in den Kalser Bach mündet. Früher wurden auf dieser Fläche in

bunter Vielfalt *Roggen, Gerste, Weizen, Hafer, Flachs, Kartoffeln, Bohnen, Kraut* usw. angebaut, denn die Bevölkerung musste sich vor der Fertigstellung der Straße 1927 mit allem Notwendigen selbst versorgen.
Am Rande der Eintiefung vom Kalser Bach steht in freier Lage das **St.-Georgs-Kirchlein** mit seinem frühgotischen Turm (siehe „Kulturelle Besonderheiten"), der Zugang erfolgt von

Harpfe zum Trocknen des Getreides

der Straße nach Großdorf. Während man auf einem Fahrweg zwischen den Wiesen nach Großdorf weiterwandert, kann man im Frühsommer das Trillern der *Feldlerche* hören und *Rauchschwalben* beim Insektenfang beobachten. An den alten dunklen Holzhäusern von **Großdorf** fallen die holzgeschnitzten Fensterumrahmungen, Giebelverzierungen und Balkongeländer auf, die in ihrem Phantasiereichtum für die Gegend von Kals typisch sind. Gegenüber der Kirche **St. Petronella** (1735) bei der Postbushaltestelle weist ein Wegweiser Richtung Taurer und Daberklamm. Ein Forstweg führt mit mäßiger Steigung auf der Westseite des klaren, mit viel Wasser über die Steine gischtenden Kalser Baches taleinwärts. Die Vegetation des Hanges – *Mehlprimel, Alpenmaßliebchen* und *Alpenfettkraut* an feuchten Stellen, *Schneeheide, Behaarte Alpenrose, Silberwurz* und *Herzblättrige Kugelblume* an den Felsen im *Lärchenwald* – weist auf kalkhältigen Untergrund hin. In geologischer Hinsicht durchquert die Strecke zwischen Kals und Beginn der Daberklamm die Matreier Zone.
Bald gelangt man in einen flachen, beweideten Talboden („Gschlöß") mit freiem Blick zu den Bergmähdern und Heuschupfen „Am Grodes" (um 2000 m) im Nordwesten. Im Weiderasen sieht man *Wacholderdrosseln* futtersuchend umherlaufen. Wo man bereits den Gasthof **Taurer** und das **Spöttlingkirchl** sieht, liegt ein interessantes Feuchtgebiet zwischen Weg und Kalser Bach. In einem flachen Tümpel schwimmen zahlreiche Kaulquappen vom *Grasfrosch* und zwischen mäandrierenden schmalen Bacharmen wachsen *Schmalblättriges Wollgras, Sumpfschachtelhalm, Seggen* und *Breitblättriges Knabenkraut*. Am Schotterufer des Kalser Baches gedeihen *Sanddornsträucher*. Gelegentlich lassen sich am Kalser Bach *Gebirgsstelze, Bachstelze* und *Wasseramsel* beobachten. Der Forstweg führt zwischen Taurer und **Daberklamm** über den Bach. Nahe der Brücke zweigt ein Wanderweg zur Kereralm und zum Hochtor ab.
Als Rückweg nach Kals empfiehlt sich der **Mühlenweg** auf der Ostseite des Kalser Baches. Von der Asphaltstraße zweigt unterhalb des Gasthofs Taurer der Fußweg „nach Großdorf" ab und führt über eine Feuchtwiese mit *Trollblumen* und *Sumpfschachtelhalm* in den *Lärchen-Fichten*-Wald. Im Frühling hört man dort häufig den *Buchfink* singen, im Herbst kann man sich an den *Preiselbeeren* und *Heidelbeeren* erfreuen. Eine Brücke über den Kalser Bach schafft die Verbindung zum Forstweg.
Bleibt man auf der Ostseite des Baches am markierten Fußweg, so kommt man nach einem Stück durch den *Fichtenwald* zu einem trockenen Hang mit kalkliebenden Pflanzen: *Wundklee, Herzblättrige Kugelblume, Silberwurz, Alpensonnenröschen* und *Schneeheide* blühen im Juni entlang des Pfades, der in Serpentinen zu dem von *Weiden* gesäumten Kalser Bach hinunterführt. Wo der **Burger Bach** überquert wird, gibt es eine Abzweigung nach Burg und zur **Felsenkapelle** (siehe „Kulturelle Besonderheiten").
Im folgenden trockenen Waldstück zwischen dem Bach und Wiesen mit schöner Aussicht auf Kals wachsen *Berberitze, Wacholder, Heckenrosen* und *Sanddorn*. *Admiral* und viele andere Schmetterlingsarten halten sich an dem sonnigen Hang auf. Hier führt auch ein Stichweg auf Stufen zu einer Aussichtskanzel über dem tosenden Kalser Bach. Ein schmales Wassergerinne betreibt hier fünf sehenswerte **Stockmühlen** mit ihren horizontalen Schaufelrädern (siehe „Kulturelle Besonderheiten"). Vor der Oberfigermühle ist auch ein alter Mühlstein aufgestellt, der sich direkt oberhalb des waagrechten Mühlrades befand. Weiter bachabwärts erreicht man sehr bald die Verbindungsstraße Großdorf–Burg und sieht am rechten Bachufer eine weitere Stockmühle, die Hofermühle. Man kann links vom Kalser Bach zwischen den Häusern weitergehen und bei der Brücke an der Straße Kals–Großdorf die **St.-Georgs-Kirche**

besichtigen. Weiter führt der Kulturweg am linken Bachufer an einem Sägewerk, dem Sportstadion und dem Kinderspielplatz vorbei wieder zur Abzweigung unterhalb der Pfarrkirche.

5. Wanderung vom Gasthof Taurer zu den Moaralmwiesen

Ausgangspunkt: Gasthof Taurer, Bushaltestelle
Gehzeit: 1 Stunde
Höhenunterschied: 350 m
Schwierigkeitsgrad und Ausrüstung: guter Wanderweg; für das Betreten der Moaralmwiesen Bergschuhe
Außerhalb des Nationalparks

Vom Gasthof Taurer führt ein Fußweg durch einen lichten *Fichten-Lärchen*-Wald zur **Moaralm** in 1793 m. Man kann auch die wenig befahrene Asphaltstraße benützen, die vom Parkplatz in der Nähe des Gasthofes Taurer wegführt. Von der Moaralm geht es noch ein Stück auf der Asphaltstraße weiter zu einem besonders schönen Aussichtspunkt und Rastplatz mit Blick in die tiefe Daberklamm und talauswärts. Hier erstrecken sich auch bereits gegen die Daberklamm und die Berghänge hinauf bis zum Bretterboden (2340 m) die teilweise extrem steilen **Moaralmmähder**, die sehr blumenreich sind und in einigen Bereichen noch gemäht werden (siehe auch „Naturdenkmäler und naturkundliche Besonderheiten"). Es handelt sich um *Rostseggen*-Rasen auf kalkigem Untergrund, die arten- und blütenreich sind. Noch im August sind diese Wiesen übersät mit blühenden *Margeriten, Arnika, Grannenklappertopf, Knolligem Läusekraut, Alpendistel, Jacquins Binse, Scheuchzers Glockenblumen* und anderen. Auf Felsen wachsen *Silberwurz, Weißer Speik, Kriechendes Gipskraut* und im Buschwerk *Alpenribisel*.

Bei diesem Rastplatz befindet sich auch die Grenze der Nationalpark-Außenzone. Von dieser Tafel führt eine Stiege auf eine erhöhte Stelle über dem Parkplatz mit wundervoller Aussicht inmitten der Blumenwiesen. Ein schmaler Fußweg geht von hier ein Stück taleinwärts zu einem Aussichtspunkt mit eindrucksvollem Blick in das **Kalser Dorfertal**. Da die Wiesen sehr steil sind, ist größte Vorsicht geboten. Der Weg ist jedoch sicher. Vom Parkplatz führt auch ein Fußweg über die steilen Hänge in das Kalser Dorfertal. Dieser Weg ist aber nur Geübten anzuraten. Bevor der Klammweg gebaut wurde, war dieser Fußweg der einzige Zugang in das Kalser Dorfertal, der auch dem Viehtrieb diente.

6. Wanderung vom Taurerwirt ins Kalser Dorfertal zum Kalser-Stubacher Tauern

Ausgangspunkt: Gasthof Taurerwirt, 1489 m, Busverbindung von Kals
Gehzeit: bis Tauernhaus: 2½ Stunden; bis Dorfersee 3½ Stunden; bis Kalser Törl 5 Stunden
Höhenunterschied: 997 m
Schwierigkeitsgrad und Ausrüstung: ungefährlich, guter Weg; Bergschuhe
Nationalparkwanderung

Der Weg führt zunächst durch die wildromantische **Daberklamm** (siehe „Naturdenkmäler und naturkundliche Besonderheiten"). Hier hat der Kalser Bach in einem *Kalkglimmerschieferriegel* eine tiefe Schlucht gebildet. Auf den Klammwänden wachsen unter anderem kalkliebende alpine und subnivale Pionierpflanzen wie *Felsenbaldrian, Waldschotendotter, Weißer Speik, Alpensüßklee, Alpenbergflachs, Gegenblättriger Steinbrech (Roter Steinbrech), Alpenaster, Niedrige Glockenblume, Blauer Steinbrech, Traubensteinbrech, Kriechendes Gipskraut, Rundblatt-Täschelkraut* u. a. Im obersten

Frauenschuh – eine der schönsten Orchideen

Bereich der Schlucht sind die feuchten Hänge mit *Grünerlen* und Hochstaudenfluren mit *Meisterwurz, Klettendistel, Platanenblättrigem Hahnenfuß, Wolfseisenhut* und *Akelei* bewachsen.

Nach der Klamm erreicht man jene Stelle, an der jeder Besucher durch eine Tafel daran erinnert wird, dass hier der größte Stausee Österreichs mit einer 222 m hohen Monstermauer geplant war. In diesem Stausee wäre das abgeleitete Wasser aller Osttiroler Gletscherbäche gesammelt worden. 1989 hat die Bundesregierung entschieden, das Kraftwerk nicht zu errichten. Es wird all jenen gedankt, die dazu beigetragen haben, dieses landschaftszerstörende Großprojekt abzuwehren.

Von hier an weitet sich dann das Tal, das von einem naturbelassenen Gletscherbach, der viele Schotterflächen bildet, durchflossen wird. Die steilen Talhänge sind mosaikartig mit *Grünerlen,* mit *Lärchen-Zirben-*Wald oder mit oxyphiler Zwergstrauchheide, im Besonderen mit der *Rostroten Alpenrose,* bewachsen. Der etwa 6 km lange Talabschnitt zwischen Daberklamm und Kalser Tauernhaus wird almwirtschaftlich genutzt. Er gliedert sich in acht „Ebenen", die links und rechts des Baches liegen, nach denen auch die Almen benannt sind.

Die Wanderung erfolgt auf dem bequemen Almweg taleinwärts. Bei der **Moarebenalm** fällt auf der orographisch linken Talseite ein steiler, schmaler Fußweg auf, der sich über eine 200 m hohe Stufe zur 1779 m hoch gelegenen Moaralm emporschlängelt, von der man heute auf einem Wirtschaftsweg zur Kalser Straße gelangt. Vor dem Bau des Klammweges in den

Blick ins Kalser Dorfertal

Jahren 1911 bis 1913 war das innere Tal nur über die Moaralm und diesen steilen Weg erreichbar, über den auch das Vieh getrieben und die Almprodukte transportiert werden mussten. Nach etwa 1½ Stunden erreicht man die Jausenstation **Bergeralm** in 1640 m Höhe. Im weiteren Verlauf trifft man auf eine Reihe von malerischen alten Almhütten. Besonders reizvoll ist das Almhüttendorf der **Rumesoieben-Alm**. Eindrucksvoll sind auf dieser Wanderung auch die vielen Bergbäche, die in steilen Rinnen oder Wasserfällen zu Tal stürzen.

Nach 2½ Stunden erreicht man das **Kalser Tauernhaus** in 1775 m. Dieses Haus, das heute dem Deutschen Alpenverein gehört, war einst ein wichtiger Stützpunkt für die Säumer über den Kalser Tauern in das Stubachtal. Die Landschaft um das Tauernhaus ist durch einen *Lärchen*-Bestand mit alten, knorrigen Wetterbäumen und den Stotzbachwasserfall sehr abwechslungsreich. Hier befindet sich auch ein großer Gemeinschaftsstall, der zur Förderung der Almwirtschaft in diesem Tal 1992 eröffnet wurde. Die Weiterwanderung erfolgt auf einem schmalen Almweg durch einen schütteren Lärchenwald mit schönen Lärchenwiesen. Hier gibt es einige versumpfte Stellen mit *Eisenhutblättrigem Hahnenfuß* und einen Tümpel mit *Grasfrosch*-Larven im Sommer. Besonders schön ist ein zwischen Bergsturzblöcken gelegenes Niedermoor, das im Wesentlichen mit der *Schnabelsegge* bewachsen ist. Dazwischen gibt es aber auch Bereiche mit *Schmalblättrigem* und *Breitblättrigem Wollgras* und vereinzelt auch das *Sumpfveilchen*. Nach der „Unteren und Oberen See-Eben" erreicht man den mächtigen Bergsturz, der den **Dorfersee** in 1935 m Höhe aufgestaut hat. Die mächtigen Bergsturzblöcke, über die der kalte Tauernwind weht, sind mit niedrigen Zwergsträuchern (*Heidelbeere, Nebelbeere, Alpenrose, Krähenbeere*) und reichlich Flechten bewachsen. Besonders eindrucksvoll sind ganze Teppiche an *Alpenazaleen*, die hier Mitte Juli in Blüte stehen. Zwischen den Blöcken gibt es auch noch vereinzelte *Zirben*.

Der weitere Weg führt auf der orographisch linken Seite dem See entlang zum Talschluss, der bis in den August hinein noch große Schneeflächen aufweisen kann. Auf den sonnigen Seitenhängen wachsen schöne Bestände des *Punktierten Enzians*. Im Talschluss fallen die mächtigen Moränenwälle des Kalser Tauernkeeses aus dem Jahre 1850 auf. Inzwischen ist dieser Gletscher weit zurückgegangen.

Von hier windet sich ein guter Fußweg in Serpentinen auf einem Grashang und über Schuttflächen und Altschnee aufwärts zum 2518 m hoch gelegenen **Kalser-Stubacher Tauern**. Hier treffen wir bereits auf hochalpine Pflanzen, darunter *Zwergprimel, Blauer Speik, Moossteinbrech, Moschussteinbrech, Einblütiges Hornkraut* und *Alpenwucherblume*. Auf den Rasenflächen fallen besonders die *Frühlingsküchenschelle*, das *Krainer Kreuzkraut* und der *Stumpfblättrige Mannsschild* auf. Während des Aufstiegs können auch *Murmeltiere, Wasserpieper* und *Alpenbraunellen* leicht beobachtet werden. Am Kalser Tauern befinden sich ein großes Kreuz mit zwei geschnitzten Christusfiguren, die nach beiden Richtungen blicken, und ein Törl, das den Übergang symbolisiert. Der Naturfreund erlebt hier am Pass zwei gegensätzliche Eindrücke. Während er im Süden das naturbelassene Dorfertal vor sich hat, blickt er im Norden in das durch energiewirtschaftliche Maßnahmen und touristische Erschließungen stark veränderte Stubachtal.

7. Wanderung in das Teischnitztal zum Teischnitzkees

Ausgangspunkt: Bushaltestelle am Parkplatz beim Hotel Taurer
Gehzeit: bis in den Talschluss ca. 4 Stunden
Höhenunterschied: ca. 800 m
Schwierigkeitsgrad und Ausrüstung: keine Schwierigkeit; Bergschuhe
Nationalparkwanderung

Der Aufstieg beginnt ca. 70 m vor der Brücke über den Teischnitzbach an der Straße von Kals Richtung Moaralm. Der Almweg führt durch einen *Lärchen-Fichten*-Wald aufwärts in das eigentliche Hochtal, das in einer Höhe von 2076 m beginnt. Während des Aufstiegs faszinieren die steilen, aus *Kalkglimmerschiefer* bestehenden Bretterwände und die Schluchtstrecke des Teischnitzbaches. An den Felswänden kann man gut beobachten, wie verschiedene Pflanzenpioniere auch extremste Standorte besiedeln und dadurch Wegbereiter für Bäume und Sträucher sind. Beeindruckend sind auch die extrem steilen Bergwiesen, die früher noch gemäht wurden. Bevor man in das Hochtal kommt, durchwandert man noch auf einem in die Felswände eingesprengten Weg die Klammstrecke des Teischnitzbaches. Nach dem etwas anstrengenden Aufstieg wird man durch den überwältigenden Anblick des Großglockners mit dem Teischnitzkees, der das Hochtal beherrscht, belohnt. Mit etwas Glück kann man auch das Gletscherkalben (Eisbruch) am Graml beobachten.

Auf der orographisch rechten Talseite erstrecken sich ausgedehnte, steile, arten- und blütenreiche Bergmähder, ähnlich den Greiwiesen (siehe „Naturdenkmäler und naturkundliche Besonderheiten"). Es sind im Wesentlichen *Rostseggenrasen*-Bergmähder, die sich auch durch außergewöhnlichen Schmetterlingsreichtum auszeichnen. Im Talboden mäandriert der Gletscherbach und bildet ausgedehnte Schotterflächen. An einer Stelle hat sich auch ein kleines *Braunseggen-Rasenbinsen*-Moor mit *Schmalblättrigen Wollgräsern* gebildet.

Besonders interessant ist der weitere Wegabschnitt über die **Bifangalm** (2250 m) bis zum Talschluss. Das Teischnitzkees hat sich bereits über die steile Felswand zurückgezogen. Am Fuß der Wand ist noch ein Rest des so genannten „Grauen Keeses" vorhanden, das durch Eis und Schneelawinen gespeist wird. Die Moränenwälle von den verschiedenen Gletschervorstößen seit 1850 sind verhältnismäßig niedrig und teilweise durch den Gletscherbach weggespült.

Teischnitztal mit Großglocknerspitze und Teischnitzkees

Außergewöhnlich reich ist die Flora im Gletschervorfeld auf dem *Kalkglimmerschiefer*-Schutt. Hier wachsen unter anderem *Edelweiß, Echte Edelraute, Schwarze Edelraute, Gletschernelke, Stängelloses Leimkraut, Gegenblättriger Steinbrech, Zweiblütiger Steinbrech, Rudolphs Steinbrech, Weißer Speik, Zweiblütiges Sandkraut, Traubensteinbrech, Fetthennensteinbrech, Einblütiges Berufskraut, Bayrischer Enzian, Alpenwundklee, Niedrige Glockenblume, Zarter Enzian*. Beeindruckend sind auch die ausgedehnten, niedrigen Rasenflächen der *Zwergweiden*, die den Schutt überziehen. Vom Beginn des Hochtales führt auf der orographisch linken Seite der Weg zur Stüdlhütte hinauf in 2802 m.

8. Bergtour auf die Blauspitze, 2575 m – Kalser Höhe, 2434 m – Kals-Matreier Törl, 2207 m – Europapanoramaweg – Matrei

Ausgangspunkt: Talstation des Sesselliftes in Großdorf bei Kals (Bushaltestelle, 1364 m); Betriebszeiten des Liftes 8–12 Uhr und 13–17 Uhr

Höhenunterschied: Bergstation – Blauspitze 605 m, Bergstation – Kalser Höhe 417 m, Großdorf – Blauspitze 1191 m

Gehzeit: zu Fuß von Großdorf zum Gasthof Glocknerblick 2 Stunden, vom Glocknerblick über die Kalser Höhe zum Kalser Törl 2 Stunden; vom Kalser Törl zur Bergstation der Goldriedbahnen eine ¾ Stunde; vom Glocknerblick über die Blauspitze zum Kals-Matreier Törl 3 Stunden; Kals-Matreier Törl – Kals 1½ Stunden

Schwierigkeitsgrad und Ausrüstung: leichte Wanderung ohne Schwierigkeiten, nur bei Besteigung der Blauspitze Trittsicherheit erforderlich; Bergschuhe

Außerhalb des Nationalparks

Mit dem Sessellift gelangt man zur Bergstation „**Glocknerblick**", 1941 m, am Ganotzeck. Hier herrlicher Rundblick auf zahlreiche Dreitausender der Glockner-, Granatspitz- und Schobergruppe sowie in das Kalser Dorfertal und auf die Moaralm und die Greiwiesen. Von hier Aufstieg auf gut bezeichnetem Weg zur Kalser Gedächtniskapelle, die zur Erinnerung an die verunglückten Bergsteiger und Bergführer errichtet wurde.

Die Vegetation beiderseits des Weges auf *Kalkglimmerschiefer*-Untergrund ist sehr blumenreich. Besonders auffallend sind große Bestände von *Silberwurz, Brillenschötchen, Zottigem Habichtskraut, Einblütigem Berufskraut, Einköpfigem Ferkelkraut, Kohlröschen, Alpentragant* und *Bärtiger Glockenblume* sowie die seltene *Grannenschwarzwurzel*, ein gelb blühender Korbblütler (*Scorzonera aristata*). Auf den Felsen um die Gedächtniskapelle sieht man *Weißen Speik, Behaarte Alpenrose* und *Steinrösl*.

Der weitere Weg führt über sonnige Grasheiden, die teilweise noch mit Zwergsträuchern bewachsen sind, aufwärts. Hier dominieren *Arnika, Goldpippau, Langspornhändelwurz* und *Scheuchzers Glockenblume*. Interessant ist der Besuch des in unmittelbarer Nähe des Weges in 2315 m liegenden „**Knappenloches**" am Fuß des Ganotzkogels. Im 16. Jahrhundert fand man hier in der Umgebung des „Knappenloches" im Serpentingestein Kupferkies. Man legte daher einen so genannten „Hoffnungsstollen" an, um eventuell weitere Erzlager zu finden. Auch während des 1. Weltkrieges wurden hier noch weitere Versuche unternommen, ohne auf größere Erzlager zu stoßen.

Im weiteren Verlauf kommt man zu einer Weggabelung; rechts zweigt der Aussig-Teplitzer Weg auf die 2593 m hohe Blauspitze ab. Geradeaus geht es weiter auf die Kalser Höhe, 2434 m. Der Weg zur Blauspitze führt zunächst durch *Krummseggenrasen* mit hochalpinen Pflanzenelementen auf saurem Boden. Im Gipfelbereich wechselt das Gestein in *Kalkglimmerschiefer* und *Serpentinit* und weist daher einen *Polsterseggen*-Rasen mit vielen kalkliebenden Pflanzen auf.

Von der **Blauspitze** mit herrlichem Rundblick führt der Weg weiter über den Blauen Knopf (2593 m) zur Kalser Höhe. Der direkte Weg zur Kalser Höhe verläuft unterhalb der Blauspitze durch eine Schutthalde aus *Serpentin*. Hier treffen wir auf eine interessante und reiche Flora mit *Silberwurz, Alpensüßklee, Buschnelke, Alpenaster, Kriechendem Gipskraut, Weißem Speik, Männlichem Knabenkraut* und *Hängefruchtrose*.

Auf der **Kalser Höhe** gibt es einen einzigartigen Rundblick auf die Lasörling-, Venediger-, Granatspitz-, Glockner- und Schobergruppe sowie auf das Matreier Tauerntal, das Virgen- und Kalser Tal. Eindrucksvoll ist auch der Blick auf die „Bretterwand" mit ihren plattigen, aus *Kalkglimmerschiefer* bestehenden Abstürzen. Der weitere Weg führt als gut angelegter Fußweg über den Kamm durch blütenreiche *Goldried*-Bergmähder. Hier dominieren wieder *Arnika, Bärtige Glockenblume, Einblütiges Ferkel-*

Serpentinitschutthalde im Bereich der Blauspitze (Ganotzkogel)

kraut, Knolliges Läusekraut und die *Grannenschwarzwurzel*. Am Kals-Matreier Törl liegt die **Kals-Matreier-Törl-Hütte** in 2207 m Höhe. Von hier führt der so genannte „Europapanoramaweg" zur Bergstation der Goldried-Doppelsesselbahn in 2150 m, mit der man nach Matrei abfahren kann. Von der Talstation des Sesselliftes verkehrt ein „Panoramabus" nach Kals. Der Panoramaweg ist nicht nur wegen seiner Aussicht auf 63 3000er-Gipfel berühmt, sondern auch wegen seiner vielfältigen Pflanzenwelt. Die sonnigen Hänge beiderseits des Weges, aus denen besonders in der Nähe des Kals-Matreier Törls plattiger *Granitgneis* hervortritt, sind teils mit hochalpinem Rasen, teils mit Zwergsträuchern bewachsen. Auf den Rasenflächen blühen u. a. *Frühlingsküchenschelle, Stumpfblättriger Mannsschild, Berghauswurz, Alpenwucherblume* und *Krainer Greiskraut*. Im weiteren Wegverlauf trifft man auf reiche Bestände der *Rostroten Alpenrose* mit *Punktiertem Enzian* und der *Gewöhnlichen Steinmispel*. Das Gebiet um die Bergstation der Goldriedbahnen ist ein Schigebiet und daher durch Pisten, Lifte und Weganlagen verändert. Vom Kals-Matreier Törl kann man auch über den gut markierten Weg Nr. 515 nach Matrei absteigen (Gehzeit: 1½ Stunden) oder auf dem so genannten „**Bärensteig**" zur Mittelstation des Goldriedliftes wandern (ca. 1 Stunde). Dieser Weg ist nach dem Braunbären benannt, der 1971 aus der Gottschee in Slowenien in das Gebiet von Matrei gewandert ist und hier leider erlegt wurde. In historischer Zeit gibt es einige Nachweise von Bärenwanderungen nach Osttirol und sogar weiter über die Tauernpässe in den Oberpinzgau.

Vom Kals-Matreier Törl kann man auch entweder direkt nach Kals absteigen (ca. 1½ Stunden) oder auf dem östlichen Panoramaweg wiederum zur Bergstation Glocknerblick zurückwandern. Das gesamte Areal bietet viele Wandermöglichkeiten und Kombinationen.

9. Zweitägige hochalpine Tour: Kals (Großdorf) – Sudetendeutsche Hütte – Kalser Tauernhaus/Dorfertal – Kals, mit Besteigung des Kleinen oder Großen Muntanitz (3192 bzw. 3232 m)

Ausgangspunkt: Kals/Großdorf, Talstation des Glocknerblick-Sesselliftes (Auffahrt mit dem Lift)

Gehzeiten 1. Tag: von Kals/Großdorf (mit Glocknerblick-Sessellift) zur Sudetendeutschen Hütte ca. 3½–4 Stunden, von dort auf den Kleinen Muntanitz ca. 2½, auf den Großen Muntanitz rund 3 Stunden

2. Tag: von der Sudetendeutschen Hütte zum Kalser Tauernhaus ca. 3½ Stunden, von dort zurück nach Kals/Großdorf rund 2 Stunden

Höhenunterschied: Bergstation Glocknerblick-Sessellift – Sudetendeutschen Hütte: rund 1000 m, von hier auf den Kleinen Muntanitz 542 m, auf den Großen Muntanitz 645 m; von der Sudetendeutschen Hütte über das Dorfertal zurück nach Kals bergauf 176 m, bergab rund 1500 m

Schwierigkeitsgrad und Ausrüstung: hochalpine Tour, gut ausgebaute und markierte Steige, am Weg zur Hütte bei der Dürrenfeldscharte seilgesicherter Abstieg – Trittsicherheit erforderlich, ebenso auf den Kleinen Muntanitz, der jedoch insgesamt ein unschwer zu besteigender Dreitausender ist; Großer Muntanitz: ausgesetztes, seilversichertes Wegstück erfordert Trittsicherheit und Schwindelfreiheit – für Geübte; Rückweg nach Kals keine besonderen Schwierigkeiten, jedoch Trittsicherheit und insgesamt Ausdauer erforderlich

Nationalparktour

1. Tag: zur Sudetendeutschen Hütte und auf den Muntanitz – Nächtigung in der Hütte

Nach dem „Anstieg" mit dem Sessellift ist der erste Teil des Weges identisch mit der Tour auf die Blauspitze (siehe Tour Nr. 8), und zwar bis zum **Aussig-Teplitzer Weg**, von dem der Gipfelanstieg auf diese Spitze abzweigt. Wir bleiben auf dem genannten Weg und gehen durch *Serpentinit*-Schutthalden weiter auf das „Hohe Tor" zu. Entlang des Weges blüht eine reichhaltige Flora der Schutt- und Felsfluren, mit *Stängellosem Leimkraut, Silberwurz, Wundklee, Brillenschötchen, Traubensteinbrech, Fetthennensteinbrech, Blauem Steinbrech, Einblütigem Hornkraut* und verschiedenen Zwergweiden. Auffällig ist hier auch *Jacquins Binse*.

Vom **Hohen Tor** (2477 m) aus, wo dichte *Krummseggenrasen* dominieren, öffnet sich ein herrlicher Blick hinunter nach Matrei und hinein in das Virgental mit seinen leuchtenden Gletschern und hinüber auf die imposante Bretterwand, die von *Kalkglimmerschiefern* plattig aufgebaut ist. In den Wiesen hier findet man *Wasserpieper*, in den angrenzenden Felsen *Alpenbraunelle* und *Hausrotschwanz*.

Nun wendet man sich dem **Sudetendeutschen Höhenweg** zu, der anfangs durch schöne *Blaugras-Horstseggen*-Halden führt, prächtige Blumenwiesen, die sich in einer tiefen Rasenflanke talwärts bis in die Bergmähder ausdehnen. An kleinen, sonnigen Felsen fallen auch *Berg-* und *Spinnwebhauswurz* auf. Nach Querung der Rasenflanke wendet sich der Weg durch blockigen Schutt mit *Einblütigem Hornkraut, Echter Edelraute* und vereinzelten *Edelweiß* dem ausgedehnten Dürrenfeld zu, einem kargen, kaum bewachsenen Schuttkar, umgeben von schroffen, plattigen Felsgraten. Man wandert im Kar über kleine Moränenrücken und steigt dann an zur **Dürrenfeldscharte** (2823 m). Hier tut sich ein herrlicher Blick auf den Großen Muntanitz mit dem vorgelagerten Gradötzkees auf. Vom Gletscherende zieht sich dort, gut sichtbar, bis weit hinab die Moränenlandschaft mit der deutlichen, langen 1850er-Seitenmoräne. Es ist zu sehen, wie gewaltig noch Mitte des letzten Jahrhunderts die lange Gletscherzunge gewesen sein muss.

Von der Scharte führt der Weg mit Stahlseilen gesichert etwas ausgesetzt durch eine steile, felsige Flanke hinab und quert dann den kargen Moränenschutt des ehemaligen Stellachkeeses, das in älteren Karten noch eingezeichnet ist. Danach kommt man in verwachsene, felsige Bereiche, in denen große, uralte Polster des *Stängellosen Leimkrautes* auffallen, neben *Zweiblütigem, Rudolphs* und *Rotem Steinbrech, Einblütigem Hornkraut, Einblütigem Berufskraut* und vielen anderen. Nach Querung des Gradötzkees-Vorfeldes und der schon beschriebenen 1850er-Moräne gelangt man schließlich zur **Sudetendeutschen Hütte** (2656 m).

Das Gelände um die Hütte ist recht abwechslungsreich. Hinter der Hütte liegt ein kleiner

See, der jedoch zum Teil austrocknet. Auf Geländekuppen findet man Flecken von *Krummseggen-* und zum Teil *Nacktried*-Rasen, an deren Abhängen zahlreiche Polsterpflanzen und in den Mulden Schneetälchen mit *Krautweide, Zwergruhrkraut* und *Alpenehrenpreis*. Hier ist auch die Beobachtung von *Schneefinken* möglich.

Nach einer Rast kann man noch bei geeigneten Bedingungen (den Hüttenwirt fragen) den Anstieg auf den Kleinen oder Großen Muntanitz wagen (siehe Tourenbeschreibung Matrei).

2. Tag: Über den Gradötzsattel zum Kalser Tauernhaus und zurück nach Kals

Man zweigt direkt hinter der Hütte auf den markierten Weg ab oder wandert – botanisch interessanter – zur 1850er-Moräne hinüber und steigt auf dieser an. Auf dieser Route ist eine bemerkenswerte Schneeboden- bzw. Schneetälchen- vor allem Pionier- und Polsterpflanzenvegetation ausgebildet mit einer seltenen Artenfülle. Neben den schon vorhin für die Hüttenumgebung und Moränenfluren genannten Arten findet man weiters *Alpenmannsschild, Moossteinbrech, Sternsteinbrech, Dunklen Mauerpfeffer, Gerardis Miere* und *Zwergmiere, Zweiblütiges* und *Bewimpertes Sandkraut, Alpengämskresse, Echte Edelraute, Gletscherhahnenfuß* und viele andere.

Wenn man den Weg hinauf entlang der 1850er-Moräne gewählt hat, quert man das Gletschervorfeld des Gradötzkeeses etwas unterhalb des Zungenendes und stößt am Gegenhang wieder auf den markierten Steig, der hinauf auf den mit einem Steinmann gekennzeichneten **Gradötzsattel** (2826 m) führt. Hier tut sich ein herrlicher Blick auf das gewaltige Glocknermassiv mit seinen zerklüfteten Gletschern auf, dem man hier unmittelbar gegenübersteht. Es lohnt sich aber auch, den Blick noch einmal in der Gegenrichtung bis nach Südtirol hinein und nach Südosten bis in die Schobergruppe schweifen zu lassen.

Der markierte Weg (Nr. 524) wendet sich nun hinab, taleinwärts ins Dorfertal. Anfangs führt er noch durch die karge Gletschervorfeldregion, die noch bis in jüngerer Zeit zum Teil eis- und firnbedeckt gewesen sein muss und tritt schließlich, vorbei an uralten Polstern des *Stängellosen Leimkrautes*, in die alpine Rasenstufe ein. Wechselnd durch Rasen, Schuttfluren mit *Fetthennensteinbrech* und *Gletschernelkenwurz* und durch Schneeböden strebt man talwärts. Man erreicht die Abzweigung, wo der Weg (Silesiaweg) geradeaus weiter in Richtung Rudolfshütte führt und der Abstieg zum Kalser Tauernhaus rechts geradewegs nach unten abbiegt. Bald kommt man in die geschlossene alpine Grasheide, in der immer wieder Flecken von *Jacquins Binse* auffallen. Hier kann man relativ leicht *Murmeltiere* beobachten. Nach Umrundung einer Kante sieht man nun in einem herrlichen Tiefblick hinab auf die Zirbenwaldgrenze und ins Tal. Die schönen Grashänge sind oberhalb von Felsen durchsetzt, in denen sich gerne *Gämsen* aufhalten. Bald sieht man schon hinunter auf das Tauernhaus.

Durch die Zwergstrauchstufe mit *Rostroter Alpenrose, Heidelbeere, Rauschbeere, Alpenbärentraube*, an windgefegten Ecken immer wieder *Gämsheide*, erreicht man in rund 2000 m die aktuelle Waldgrenze. Hier blühen *Punktierter Enzian, Bärtige Glockenblume, Türkenbundlilie, Arnika* und z. B. auch das *Weißliche Habichtskraut*. Man steigt nun durch lichten *Zirben*-Wald ab, entlang des Stotzbaches, der einen schönen Wasserfall bildet. In den Gräben wachsen *Grünerle* und verschiedene Hochstauden. Nachdem man die Trogwand in Serpentinen überwunden hat, tritt man hinaus in schöne Almwiesen und erreicht das **Kalser Tauernhaus** (1755 m), das zu einer Rast einlädt. Von hier aus wandert man dann hinaus durch das schöne Dorfertal (siehe Route Nr. 6).

10. Wanderung vom Lucknerhaus in 1984 m zur Lucknerhütte in 2242 m

Gemütliche Hochtalwanderung im Anblick des Großglockners
Ausgangspunkt: Kals bzw. Lucknerhaus
Gehzeit: ab Lucknerhaus eine ¾ Stunde
Höhenunterschied: 250 m
Schwierigkeitsgrad und Ausrüstung: leichte Wanderung auf einem Almweg; feste Wanderschuhe
Außerhalb des Nationalparks, ab Lucknerhütte beginnt der Nationalpark

Mit dem Bundesbus oder Pkw auf der Kalser Glocknerstraße von Kals in das Ködnitztal zum Berggasthof Lucknerhaus in 1984 m (hier großer Parkplatz). Beim Lucknerhaus befindet man sich auf einem Hochtalboden mit beeindruckendem Hochgebirgsrahmen. Der Blick in das innere Ködnitztal mit dem Großglockner, dem Ködnitzgletscher, den steilen Felswänden und hochalpinen Grasheiden ist faszinierend. In der Nähe des Parkplatzes gibt es ausgedehnte, vom Gletscherbach gebildete Schotterbänke mit reichlich *Kalkglimmerschiefer*,

Innerstes Ködnitztal mit dem Großglockner (3798 m)

die viele alpine und subnivale Pflanzenelemente aufweisen wie *Edelraute, Weißer Speik, Traubensteinbrech, Kriechendes Gipskraut, Silberwurz, Brillenschötchen, Gegenblättriger Steinbrech, Alpentragant* und andere. Auf der orographisch linken Seite befinden sich noch bis hoch hinauf Wiesenflächen, die einst auch gemäht wurden, heute jedoch mit *Grünerlen* langsam zuwachsen.

In der Umgebung des Lucknerhauses kann man *Felsenschwalben, Wasserpieper, Klappergrasmücken, Hausrotschwänze, Steinschmätzer* und *Murmeltiere* beobachten. Die Almwiesen taleinwärts sind im Frühsommer übersät mit *Trollblumen, Stängellosem Enzian, Frühlingsenzian, Berghahnenfuß, Alpenanemonen, Zwergprimeln* und *Steinrösel (Zwergseidelbast)*. Im Bereich der feuchten Rinnen, die mit *Grünerlen* bewachsen sind, treffen wir auf Hochstaudenflur mit *Alpendost, Alpenribisel, Schwarzer Heckenkirsche* und *Meisterwurz*. Bei der **Jörgenalm** gibt es noch einen alten Lärchen-Bestand mit krummwüchsigen, knorrigen Wetterbäumen, die teilweise mit der gelben *Wolfsflechte* bewachsen sind. Hier steht auch eine kleine hölzerne Kapelle. Der Almweg führt direkt zur **Lucknerhütte** in 2242 m.

Ab hier gibt es dann nur noch Fußwege.
Die Vegetation um die Lucknerhütte besteht auf dem hier vorhandenen *Kalkglimmerschiefer*-Gestein aus *Blaugras-Horstseggen*-Rasen, der sich durch besonderen Artenreichtum auszeichnet. Typische Pflanzen dieser Vegetationseinheit sind zum Beispiel das *Kopfige Läusekraut, Alpentragant, Traubensteinbrech, Stängelloser Enzian, Frühlingsenzian, Alpenvergissmeinnicht, Einblütiges Berufskraut, Kohlröschen, Alpensüßklee, Nickender Tragant*. Unter den Vögeln kann man hier *Wasserpieper, Steinschmätzer, Alpenbraunelle, Hausrotschwanz* und *Alpendohlen* beobachten. In den Rasenflächen gibt es in dieser Höhe auch noch viele *Murmeltier*-Bauten. Im Ködnitztal gibt es auch wieder eine *Steinwild*-Kolonie; 1993 schätzte man ihre Zahl auf ca. 40 Stück.

11. Bergtour zu den Greiwiesen, auf den Greibühel und das Figerhorn (2744 m)

Ausgangspunkt: Lucknerhaus (1918 m), mit dem Postbus erreichbar
Gehzeit: Greiwiesen 1½ Stunden, Figerhorn 2½ bis 3 Stunden
Höhenunterschied: 826 m

Schwierigkeitsgrad und Ausrüstung: bis zum Greibühel leichte Wanderung; im Gipfelbereich des Figerhorns etwas ausgesetzt; Trittsicherheit und Schwindelfreiheit; feste Bergschuhe
Nationalparkwanderung

Der gut markierte Weg führt vom **Lucknerhaus** zuerst durch einen subalpinen *Lärchen-Fichten*-Wald durchsetzt mit Felsblöcken. Im Unterwuchs dominieren Zwergsträucher (*Heidelbeere, Nebelbeere, Rostrote Alpenrose, Zwergwacholder*) sowie *Grünerlen* und Hochstauden. Zum Teil wandert man auch durch beweidete Bereiche mit *Arnika, Bärtiger Glockenblume, Gewöhnlichem Habichtskraut, Goldpippau, Alpenlöwenzahn* und auf Felsen *Berghauswurz*.

In 2000 m wachsen dichte *Grünerlen*-Bestände mit ausgeprägter Hochstaudenflur, im Bereich verfallener Almen Lägerfluren mit *Alpenampfer, Alpendost, Weißem Germer, Waldstorchschnabel, Meisterwurz*. Über eine Steilstufe gelangt man zu einem herrlich gelegenen Aussichtspunkt mit Glocknerblick (2060 m). Hier beginnen die nicht mehr bewirtschafteten, sehr blütenreichen *Goldschwingel*-Bergmähder. Die vielen gelben Korbblütler und Orchideen dominieren. Es seien hier nur einige Pflanzen angeführt: *Mückenhändelwurz, Bergklee, Wundklee, Bergnelkenwurz, Bärtige Glockenblume, Brillenschötchen, Hoppes Habichtskraut, Rundköpfige Teufelskralle, Einköpfiges Ferkelkraut, Arnika, Alpenaster*, vereinzelt *Türkenbundlilie, Kohlröschen* und noch einige andere Orchideen. Der schmale Fußweg führt direkt durch diese Blütenpracht. Ab 2200 m nehmen im Unterwuchs die Zwergsträucher wie die *Heidel-* und *Nebelbeere*, die *Besenheide* und *Wacholdergebüsch*, zu. Nach etwa 1 Stunde gelangt man auf den **Greibühel** (2247 m), eine Kuppe, von welcher aus man einen großartigen Blick in das Kalser Tal und in das Ködnitztal mit der **Schönleitenspitze** (2810 m), dem **Tschadinhorn** (3017 m) und dem **Bösen Weibl** (3121 m) hat. Am Bühel selbst sind z. T. die windgefegten Kuppen mit *Gämsheide* und *Flechten* bewachsen.

Von hier aus zweigt der Weg in nördlicher Richtung auf das **Figerhorn** ab, dessen steile Südflanke bereits sichtbar ist. Wer das Figerhorn nicht besteigen will, kann von hier aus über **Burg** ins **Kalser Tal** wandern. Ansonsten führt der Weg nun vorbei an etwas feuchteren Stellen mit *Punktiertem Enzian* und *Trollblumen* über die weiten Matten zum Gipfelhang. Ab 2400 m verschwindet die *Rostsegge* allmählich, dafür treten *Blaugras-Horstseggen*-Rasen mit z. T. ausgedehnten *Berghauswurz*- und *Kohlröschen*-Beständen und in 2480 m ein *Krummseggenrasen* mit *Alpenanemonen, Alpenmaßliebchen* und *Zwergprimel* auf. Verfallene Heustadel erinnern an die einstige Aktivität des Menschen auf diesen herrlichen Wiesen. Der immer steiler werdende Weg führt zum ausgesetzten Gipfelgrat, welcher mit *Edelweiß* gesäumt ist. *Kalkige Phyllite* bilden den Untergrund des Figerhorns. Bei dieser Gratwanderung kann man neben der herrlichen Aussicht die verschiedensten hochalpinen Polsterpflanzen wie z. B. den *Rudolphs Steinbrech, Moos-, Moschus-* und *Zweiblütigen Steinbrech, Stängelloses Leimkraut* sowie *Gletschergämswurz, Gletscherhahnenfuß, Felsen-* und *Maßliebchen-Ehrenpreis* und *Alpengänsekresse* sehen. Der Gipfelbereich wird von Schafen beweidet. Für den im letzten Drittel etwas mühevollen Aufstieg wird man am Gipfel des **Figerhorns** durch einen unbeschreiblich schönen Rundblick belohnt. Im Norden ist der **Großglockner** mit dem **Ködnitz-** und **Teischnitzkees** „zum Greifen nahe", das **Teischnitztal**, durch welches ein Aufstiegsweg zum **Großglockner** über die **Stüdlhütte** führt, im Westen das **Kals-Matreier Törl**, im Süden das **Kalser Tal** und der **Hochschober**, um nur einige markante Punkte zu nennen.

12. Bergtour vom Lucknerhaus (1918 m) über die Lucknerhütte (2241 m) zur Stüdlhütte (2802 m), Schere (3037 m) und über die Glorerhütte (2651 m) zurück zum Lucknerhaus

Ausgangspunkt: Lucknerhaus (1918 m), mit dem Postbus erreichbar
Gehzeit: Schere 3 Stunden, Stüdlhütte, Glorerhütte 2½ Stunden.
Höhenunterschied: 1119 m
Schwierigkeitsgrad und Ausrüstung: bis zur Stüdlhütte einfache Wanderung; ab dort in Richtung Schere und vor allem auf dem Höhenweg zur Glorerhütte Trittsicherheit und Schwindelfreiheit erforderlich! Nur für Geübte! Feste Bergschuhe
Nationalparkwanderung

Vom **Lucknerhaus**, mit herrlicher Aussicht auf den **Großglockner**, ist die **Lucknerhütte** problemlos in 1 Stunde auf einem breit ausgebauten Weg erreichbar (siehe Wanderung Nr. 10). Entlang des tief eingeschnittenen **Ködnitzbaches** geht es auf einem gut markierten Weg zeit-

Stüdlhütte

weise mit herrlichem Glocknerblick durch die *alpine Grasheide* weiter Richtung **Stüdlhütte**. Über eine Steilstufe bei dem Viehboden gelangt man in 2550 m zu einer Abzweigung, die über die **Pfortscharte** zur **Salmhütte** und zum **Wiener Höhenweg** führt. In diesem Bereich wechseln *Windkantengesellschaften* mit zahlreichen *Flechten* und alpine *Krummseggenrasen* mit *Zwergprimel, Stängellosem Leimkraut, Bergnelkenwurz, Blauem Speik, Jacquins Binse, Dreispaltiger Simse* und *Spalierweiden* ab. Im Süden herrlicher Blick auf den **Hochschober**. Der Weg führt über alpine Matten, die von mächtigen Felswänden und Geröllhalden eingesäumt sind. Ab 2600 m geht es über Schutt- und Geröllhalden mit diversen Polsterpflanzen, wie z. B. *Stängelloses Leimkraut, Einblütiges Hornkraut, Sternsteinbrech, Gegenblättriges, Zweiblütiges, Moschus-, Moos- und Rudolphs Steinbrech* sowie *Alpengänsekresse, Schwarze Edelraute, Zottige Gämswurz* und *Wimper-Nabelmiere*.

In 2800 m erreicht man inmitten einer imposanten Hochgebirgslandschaft die **Stüdlhütte**, benannt nach dem Erbauer und Bergsteiger Johann Stüdl (1868). Die Hütte ist ein begehrter Ausgangspunkt für die Großglocknerbesteigung. Außerdem hat man die Möglichkeit, über das Teischnitztal nach Kals oder über das Ködnitztal und die Pfortscharte zur Salmhütte bzw. über den Neuen Höhenweg (713 b) zur Glorerhütte zu gelangen. Von der Hütte aus hat man einen schönen Rundblick in die Glockner-, Schober- und Venedigergruppe sowie im Südwesten einen herrlichen Blick auf das Teischnitztal mit der Kreuzwand. Der Untergrund rund um die Stüdlhütte und im Bereich der Schere setzt sich aus *Kalkglimmerschiefer* zusammen.

Sehr lohnenswert ist noch ein kurzer Aufstieg (200 Höhenmeter) zur Schere, Richtung Großglockner. Der Weg führt über Geröll, Fels und Feinmaterial. Die **Schere** (3037 m) bietet einen einzigartigen Rundblick auf den Großglockner mit dem Luisen- und Stüdlgrat sowie der Adlersruhe, dem Teischnitz- und Ködnitzkees, im Süden zur Freiwandspitze mit der Blauen Wand und dem Fanotkogel, zum Figerhorn und Hochschober.

Der **Höhenweg** von der Stüdlhütte zur Glorerhütte, eine sehr abwechslungsreiche und anspruchsvolle Tour, führt vorerst in 2700 m durch eine alpine und subnivale Schneetälchenvegetation auf *Kalkglimmerschiefer*. Polster- und Schuttpflanzen wie z. B. das *Stängellose Leimkraut, Einblütige Hornkraut* und die *Kriechende Nelkenwurz* bilden große Bestände auf den ausgedehnten Schutt- und Geröllflächen. Es öffnen sich herrliche Tiefblicke ins Ködnitztal mit der Lucknerhütte. Zum Teil sind die reißenden Gletscherbäche, welche aus den Gletschertoren des Ködnitzgletschers entspringen, auf nicht ungefährlichen Holzbalken zu queren. Besondere Vorsicht ist hier erforderlich! Auffällig sind hier die Spuren, die der Gletscher hinterließ: glatt geschliffene, abgerundete Felsblöcke und Steine in jeder Größe und unterschiedlicher Färbung.

In 2600 m beginnen wieder alpine *Krummseggenrasen*, die später in *Blaugras*-Rasen überge-

Am Stüdlweg, im Hintergrund der Großglockner

hen. Der schmale Weg führt an den steilen Grashängen des Ködnitztales entlang der **Langen Wand** Richtung **Pfortscharte**, von der aus ein Weg zur Salmhütte abzweigt. Ab dieser Abzweigung führt der Weg über einen gesicherten Steig durch die Felsflanken der **Glatzschneid**. Trittsicherheit, Schwindelfreiheit und gutes Wetter sind Voraussetzung für diese Tour, die an dieser Stelle anspruchsvoller wird. Auf etwa gleicher Höhe bleibend (2600 m) führt der abwechslungsreiche Weg durch Fels, Geröll und alpine Grasheide. Vor dem **Bergertörl** zur **Glorerhütte** (2651 m) gibt es nochmals einen kurzen Anstieg von etwa 100 Höhenmetern (2676 m). Der Weg führt von hier aus durch einen *Krummseggenrasen* mit viel Bergnelkenwurz zur Hütte, die bereits in Sicht ist. Von der Glorerhütte führt schließlich der Weg zum Ausgangspunkt, dem Lucknerhaus, zurück (siehe hierzu Tour Nr. 13).

13. Bergtour vom Lucknerhaus auf die Glorerhütte (2651 m) am Bergertörl

Ausgangspunkt: Lucknerhaus im Ködnitztal; bis hierher mit dem Bus oder auf der Mautstraße mit Pkw
Gehzeit: ca. 2–2½ Stunden
Höhenunterschied: 733 m
Schwierigkeitsgrad und Ausrüstung: unschwere Alpintour, gut ausgebauter, markierter Weg; Bergschuhe
Außerhalb des Nationalparks

Der Aufstieg beginnt direkt am Südende des Parkplatzes und ist angeschrieben. Durch *Grünerlen* und Hochstaudenfluren mit *Blauem Eisenhut* und *Meisterwurz* erreicht man die Almweiden der **Schliederlealm**, von der der beschilderte Weg zur Glorerhütte abzweigt. Er führt durch verbuschende Almweiden mit Hochstaudenelementen und eingestreuten *Fichten* und *Lärchen* und insgesamt einem reichen Gehölzspektrum. Man findet hier z. B. *Alpenribisel, Blaue Heckenkirsche, Heckenrosen* und die *Gemeine Steinmispel* sowie die *Rostrote Alpenrose*.
Oberhalb von 2100 m treten die Gebüsche mehr in den Hintergrund und es sind schöne *Bürstlingrasen* ausgebildet. Hier endet auch der Fahrweg. Man geht auf einem bequemen Steig weiter bergan und kommt in sonnige, blütenreiche *Goldschwingel*-Mähder mit *Einblütigem Ferkelkraut, Grannenklappertopf, Allermannsharnisch, Feldspitzkiel, Mückenhändelwurz, Perückenähnlicher Flockenblume, Langblättriger Witwenblume, Glänzender Skabiose* und zahlreichen anderen Bergblumen. Darüber wechseln *Bürstlingrasen* und anklingender *Blaugras*-Rasen ab, bis schließlich *Krummseggenrasen* dominieren mit *Stängellosem Enzian, Deutschem Enzian, Rosettenehrenpreis, Krainer Greiskraut, Frühlingsküchenschelle* und *Zwergprimel*. Am Wegrand fällt immer wieder das *Stängellose Leimkraut* auf. In der Umgebung sind *Murmeltiere* und *Wasserpieper* häufig. Auch *Steinschmätzer* kann man hier beobachten.
Bevor man zur Glorerhütte kommt, quert man

Veilchenscheckenfalter

noch ausgedehnte Schutt- und Schneeböden mit *Krautweide, Gletschernelke, Armblütiger Teufelskralle, Blauem Speik, Zweiblütigem Steinbrech* und *Einblütigem Hornkraut*.
Die **Glorerhütte** (2651 m) steht in schöner Aussichtslage am Bergertörl, dem Übergang ins Glatzbach- bzw. Leitertal, durch das man nach Osten zum Sonnblick und zur Glocknerstraße hinüberblickt. Nach Westen hat man eine herrliche Aussicht bis in die Südtiroler Dolomiten und zum Hochgall.

Rückweg auf der Aufstiegsroute
oder, etwas anspruchsvoller, mit ausgesetzten Wegstrecken, jedoch herrlichen Glocknerblicken am Johann-Stüdl-Weg über die Lucknerhütte talwärts (ca. 3 Stunden; siehe auch vorige Routenbeschreibungen)
oder über den Wiener Höhenweg zum Peischlachtörl und das Peischlachtal und die Nigglalm zurück (siehe Routenbeschreibung auf das Böse Weibl).

14. Von der Glorerhütte über den Wiener Höhenweg auf das Böse Weibl (3221 m) – eine Dreitausendertour mit Überblick über den Großteil der Gipfelregionen des Nationalparks

Ausgangspunkt: Glorerhütte (2651 m)
Gehzeit: 4–5 Stunden
Höhenunterschied: Aufstieg rund 650 m
Schwierigkeitsgrad und Ausrüstung: bei Schneefreiheit unschwere Dreitausendertour, jedoch Trittsicherheit und Ausdauer erforderlich; feste Bergschuhe
Nationalparktour

Von der Glorerhütte führt der beschilderte Wiener Höhenweg nach Südwesten durch Schuttfluren, in denen eine stellenweise karge, jedoch insgesamt artenreiche Schutt- und Polsterpflanzenvegetation vorherrscht. Hier findet man z. B. *Gletschernelkenwurz, Alpensäuerling, Einblütiges Hornkraut, Rudolphs, Roten, Zweiblütigen* und *Moossteinbrech, Farnblattläusekraut, Alpengänsekresse* und *Alpenwucherblume*. Nach Umrundung des Westrückens des Hohen Kastens kommt man durch steinige, schneetälchendurchsetzte *Krummseggenrasen* und man blickt bereits auf das Peischlachtörl und hinauf auf das Böse Weibl. In den Rasen fällt z. B. das *Zwergseifenkraut* auf. Steinige Windecken sind von *Gämsheide* überzogen und tragen Polster des *Zweizeiligen Kopfgrases*. Auf Steinen wächst auch *Berghauswurz*. Hier leben *Wasserpieper, Steinschmätzer* und *Murmeltiere*.

Das **Peischlachtörl** (2484 m) ist ein landschaftlich und botanisch besonders schöner Punkt der Tour. Hier dominieren Schneeböden mit *Krautweide, Zwergruhrkraut* und *Kleiner Soldanelle*. Sehenswert ist jedoch vor allem ein kleines Moor mit *Schnabelsegge, Lachenalls Segge, Schmalblättrigem* und *Scheuchzers Wollgras* sowie mit einigen schönen Moortümpeln, in denen sich zahlreiche *Wasserwanzen* und *Wasserkäfer* tummeln. Über das Törl sieht man nach Nordosten ins einsame Moosbachtal, das einen weiten, flachen Trog bildet, mit einem wunderschön mäandrierenden Bach und moorigen Vernässungen. Am Südende des Moores kommt man zu einer Weggabelung. Nach links führt der Wiener Höhenweg weiter in Richtung Elberfelder Hütte, nach rechts zweigt der Steig ab auf das Böse Weibl. Bis rund 2600 m Höhe wechseln hier *Krummseggenrasen* und Schneeböden ab, darüber werden mehr und mehr wieder Schutt- und Polsterpflanzen dominant, mit einem ähnlichen Artenspektrum wie am Wiener Höhenweg. Hier ist auch der *Gletscherhahnenfuß* nicht selten. In rund 2730 m Höhe kommt man zu einer weiteren Weggabelung mit beschilderter Abzweigung zum Lesachriegel bzw. zur Tschadinalm. Wir gehen jedoch weiter, dem Wegweiser folgend, zum Bösen Weibl. Der Weg steigt gut ausgebaut und daher unschwer über einen blockigen Grat bergan. Das letzte Wegstück führt (im Spätsommer und Herbst) über die letzten Reste des weitgehend erloschenen **Peischlachkeeses** und dann am Gipfelgrat und an den Flanken nach oben. Oberhalb von 3000 m gedeihen neben Moosen und vor allem Flechten noch *Moossteinbrech, Einblütiges Hornkraut* und der *Gletscherhahnenfuß*.

Das **Böse Weibl** (3121 m) ist wohl einer der schönsten Aussichtsberge des Nationalparks. Man sieht von hier aus die Gipfelregion der meisten Gebirgsgruppen des Schutzgebietes und darüber hinaus bis weit hinein nach Südtirol. Der Rückweg erfolgt bis zum Peischlachtörl am Aufstiegsweg. Von hier aus kann man entweder wieder zurück zur Glorerhütte steigen oder sich auf den Weg entlang des Peischlachbaches am Grabeneinhang talwärts wenden in Richtung Lucknerhaus, das man vom Törl aus in etwa 1½ Stunden erreicht. Auf diesem abwechslungsreichen und landschaftlich reizvollen Weg quert man zunächst *Krummseggenrasen*, die dann bald in blumenreiche *Blaugras*-Rasen übergehen und nach unten zu immer stärker von Zwergsträuchern durchsetzt werden. Bevor man zur **Nigglalm** kommt, quert man noch ein Stück durch schöne *Goldschwingel*-Rasen und danach durch feuchtes *Grünerlen*-Gebüsch mit verschiedenen Hochstaudenelementen sowie im Bereich der Alm auch Vernässungen mit *Wollgräsern*. Durch weitere Bergmähder kommt man unterhalb der Nigglalm in lichte *Lärchen*-Wiesen und schließlich in einen lichten, felsig durchsetzten *Lärchen-Fichten*-Wald, durch den man auf dem Almfahrweg zum **Lucknerhaus** (1918 m) gelangt.

15. Glockner-Treck mit Besteigung des Glocknergipfels

Ausgangspunkt Lucknerhaus in Kals, mit dem Auto über die Kalser Glocknerstraße erreichbar.

1. Tag
Wanderung ohne Gepäck (wird mit Pferden transportiert) vom Lucknerhaus (1918 m) zur Glorerhütte (2651 m), von hier Abstieg in das innere Leiter Tal (Kärntner Nationalparkanteil) und Aufstieg zur Salmhütte (2638 m). Hier bleiben die Pferde zurück. Bis hierher Gehzeit 3 Stunden. Von hier Aufstieg mit Gepäck zum Hohenwartgletscher (artenreiche hochalpine Flora), vom Gletscher geht es mit Bergführer in kleinen Seilschaften gut gesichert zur Hohenwartscharte (3182 m), dann weiter auf den flachen Salmkamp und schließlich über den letzten Anstieg zur Erzherzog-Johann-Hütte in 3451 m Seehöhe; dort Nächtigung. Gehzeit 3½ Stunden (Gesamtgehzeit am 1. Tag 6½ Stunden)

2. Tag
Besteigung der Großglocknerspitze (3798 m) in kleinen Seilschaften gut gesichert mit Bergführer, anstrengender Aufstieg, Gehzeit

Glockner-Treck – Pferde tragen die Rucksäcke bis auf 2600 m Seehöhe

ca. 2–2½ Stunden, einzigartiges Gipfelerlebnis. Am gleichen Tag Rückweg zur Erzherzog-Johann-Hütte (= Adlersruhe) und Abstieg über das Ködnitzkees zur Stüdlhütte in 2802 m Seehöhe – ringsherum unbeschreiblich eindrucksvolle Hochgebirgslandschaft. Von hier weiterer Abstieg zum Lucknerhaus (1918 m).

Voraussetzung für die Tour ist Ausdauer, Trittsicherheit und Erfahrung bei hochalpinen Touren über 3000 m.
Information und Sonderprospekt im Nationalparkhaus sowie im Internet!

16. Themenweg Glockner 2000 – „BergeDenken" – Ein Weg der Sinne im Ködnitztal

Ausgangspunkt: Parkplatz am Ende der Kalser Glocknerstraße
Weglänge: 3 km
Gehzeit: 2 Stunden
Höhenunterschied: nicht nennenswert
Schwierigkeitsgrad und Ausrüstung: guter Fußweg; feste Wanderschuhe

In der Nähe des Parkplatzes soll man sich auf der Aussichtsplattform Glocknerblick einen Überblick über das innere Ködnitztal verschaffen. Hier befindet sich auch eine interessante Darstellung über die Pionierzeit der Glocknerbesteigung. Der Weg der Sinne beginnt bei einer Übersichtstafel am Parkplatz, führt dann über den Ködnitzbach und am orographisch rechten Ufer taleinwärts.

Am Weg befinden sich 10 Haltepunkte mit interessanten Themen:
1. **Der Weg zur Mitte** – Eine Körperübung zur Findung der inneren Ausgeglichenheit
2. **Fitness für den Geist** – Übungen zur Findung der inneren Ruhe und des Erlebens mit allen Sinnen
3. **Berge haben viel zu erzählen** – Das Glockner Geschichtsbuch
4. **Die Bewohner der Bergwelt** – Der Glockner Tierkreisel
5. **Be-greifen des Berges** – Glockner Gesteine
6. **Die Verschiedenartigkeit der Sichtweisen** – Glockner Natur- und Kulturlandschaft der Lärchenwald
7. **Die Kraft der Berge** – Ablagerung, Faltung, Erosion
8. **Der Blick ins Detail** – Die Suche nach dem Unscheinbaren
9. **Der Glockner Blumenweg** – Lebensräume und Pflanzen im Ködnitztal
10. **Der König der Bergwelt** – Steinbock

Schautafeln entlang des Lehrweges „BergeDenken"

17. Naturerlebnispfad für Kinder und Familien in Kals

Länge des Weges: 2½ km, leicht zu begehen auch mit Kindern.
Man sollte sich einen halben Tag Zeit nehmen und die sieben Stationen mit Kindern richtig erleben. Notwendig dazu ist die aufwändig gestaltete Begleitbroschüre mit vielen Anleitungen und Naturgeschichten, welche in der Nationalpark-Informationsstelle im Glocknerhaus erhältlich ist.

Der Weg beginnt in Großdorf an der Gratzbrücke am Kalserbach. Er führt zunächst vorbei an sechs Stockmühlen und kommt dann zu den sieben Stationen.

Station 1: Auf Spurensuche
In der Nähe eines holzgeschnitzten Steinbocks sind verschiedene Tierspuren versteckt, die man auch im umliegenden Wald finden kann.

Station 2: Farbenspiele
In der näheren Umgebung sind unterschiedlich gefärbte Holzpflöcke versteckt, die die Kinder finden sollen.

Station 3: Schau genau!
In einem Quadratmeterfeld sind die wichtigsten Insektengruppen zu beobachten. Die Modelle geben Eindrücke vom Körperbau.

Station 4: Zu Besuch bei den Höhlenbewohnern
Hier befindet sich ein Dachsbau, in den Kinder auch ungefährlich hineinkriechen können.

Station 5: Am Hochsitz
Beobachtung von Vögeln ringsherum.
Station 6: Hörst du den Wald leben?
Durch große Holztrichter, in die man hineinhorchen kann, werden verschiedene Geräusche des Waldes verstärkt.

Station 7: Vogelkarussell
Hier kann man die Flugbilder der Greifvögel kennen lernen, indem man sich unter das Karussell legt und es dreht.
Von hier kann man entweder wieder zurück oder weiter zum Gasthof Taurer wandern.

Spaß beim Lernen im Freien auf dem Naturerlebnispfad für Kinder

Programmvorschläge für Nationalparkwochen für verschiedene Monate und Wetterverhältnisse

Standquartier: Kalser Tal

1. Tagestouren für Juni, je nach Schneelage
(Auskunft: Fremdenverkehrsverband, Nationalpark-Informationsstelle)

Bergtour auf die Blauspitze und Rückweg über die Kalser Höhe und das Kals-Matreier Törl: prächtiger Rundblick, artenreiche Flora, vielfältige Gesteine (Tour Nr. 8)
Rundwanderung über blumenreiche Bergwiesen

im Lesachtal zur Lesach-Riegelhütte und Lesachalm: ausgedehntes Almgebiet, blumenreiche Bergwiesen, prächtiger Rundblick (Wanderung Nr. 3)

Wanderung vom Lucknerhaus zur Lucknerhütte: eindrucksvolles Hochtal mit prächtigem Glocknerblick, von der Kalser Glocknerstraße eindrucksvoller Blick in das Kalser Becken (Wanderung Nr. 10)

Wanderung vom Taurerwirt ins Kalser Dorfertal: eindrucksvolle Klamm, naturbelassenes Tal mit vielfältigen Lebensräumen (Wanderung Nr. 6).

2. Tagestouren ab Mitte Juli bis Oktober, je nach Schneelage

Wanderung in das Teischnitztal zum Teischnitzkees: eindrucksvolles Hochtal mit Glocknerblick, blumenreiche Bergmähder, artenreiche Vegetation im Gletschervorfeld (Wanderung Nr. 7)

2-tägige hochalpine Tour Kals – Sudetendeutsche Hütte – Muntanitz: herrliche Ausblicke auf Kalser Tal, Matrei und Virgental, großartiges Gipfelpanorama, artenreiche alpine und subnivale Flora und Fauna, interessantes Gletschervorfeld, am Rückweg schöne Übersicht der Höhenstufen der Vegetation (Bergtour Nr. 9)

Bergtour zu den Greiwiesen und auf das Figerhorn: außergewöhnlich schöne und blütenreiche Bergmähder, eindrucksvoller Rundblick (Bergtour Nr. 11)

Bergtour vom Lucknerhaus über die Stüdlhütte – Schere – Glorerhütte und zurück zum Lucknerhaus: anspruchsvolle Tour, Gletscherregion, alpine und subnivale Flora und Fauna, herrliche Glocknerblicke (Bergtour Nr. 12)

Bergtour vom Lucknerhaus auf die Glorerhütte am Bergertörl: einfache Tour durch schöne Almenregion, Bergmähder, alpine Grasheiden mit herrlichen Ausblicken (Bergtour Nr. 13)

Bergtour von der Glorerhütte über den Wiener Höhenweg auf das Böse Weibl: bei Schneefreiheit relativ einfache Dreitausendertour, einer der schönsten Aussichtsberge der Nationalparkregion, vielfältige und artenreiche hochalpine Lebensräume (Bergtour Nr. 14)

3. Halbtagswanderungen, auch bei unsicherem Wetter möglich

Wanderung zum Knappenloch Fallwindes im Kalser Tal: gut erschlossener Hoffnungsbau aus dem 16. und 17. Jahrhundert (Wanderung Nr. 1)

Rundwanderung entlang des Kalser Baches: naturbelassener Wildbach mit ausgedehnten Schotterbänken und hochinteressanter Pioniervegetation (Wanderung Nr. 2)

Wanderung entlang des Kalser Baches zum Gasthof Taurer, Variation des Kalser Kulturwanderweges: kulturell hochinteressanter Weg mit vielen bemerkenswerten Stationen (Wanderung Nr. 4)

4. Halbtagswanderungen bei Schönwetter

Wanderung vom Gasthof Taurer zu den Moaralmwiesen: blumenreiche Bergmähder, eindrucksvoller Blick ins Kalser Dorfertal und die Daberklamm (Wanderung Nr. 5)

Naturerlebnisweg für Kinder in Kals (Wanderung Nr. 17)

Themenweg Glockner 2000 (Wanderung Nr. 16)

5. Möglichkeiten bei Regenwetter oder an Rasttagen

Wanderung zum Knappenloch Fallwindes (Wanderung Nr. 1)

Rundwanderung entlang des Kalser Baches (Wanderung Nr. 2)

Wanderung entlang des Kalser Baches zum Gasthof Taurer – Variation des Kalser Kulturwanderweges (Wanderung Nr. 4)

Besuch des Heimatmuseums und anderer kultureller Einrichtungen

6. Empfehlenswertes Nationalparkprogramm für Juni bei guten Wetterverhältnissen

1. Tag: Wanderung vom Taurerwirt durch die Daberklamm ins Kalser Dorfertal (Wanderung Nr. 6)

2. Tag: Bergtour auf die Blauspitze, zurück über Kalser Höhe – Kals-Matreier Törl (Bergtour Nr. 8)

3. Tag: Ruheprogramm. Wanderung am Kulturwanderweg mit Besichtigung verschiedener kultureller Einrichtungen (Wanderung Nr. 4), Besichtigung des Heimatmuseums

4. Tag: Rundwanderung über blumenreiche Bergwiesen im Lesachtal (Wanderung Nr. 3) oder Wanderung zum Knappenloch Fallwindes (Wanderung Nr. 1) und Rundwanderung entlang des Kalser Baches (Wanderung Nr. 2)

5. Tag: Besuch der Nationalpark-Informationsstelle im Kesslerstadl in Matrei und Fahrt zu den Umbalfällen (Wanderung Prägraten Nr. 5) oder zum Oberhauser Zirbenwald in das innerste Defereggental (St. Jakob, Wanderung Nr. 17)

5. Südwestliche Schobergruppe: Gemeinden Nußdorf-Debant, Iselsberg-Stronach und Dölsach

Natur

Topografie, Geologie, Geomorphologie

Die südliche **Schobergruppe** wird durch das 16 km lange, von Nordwest nach Südost verlaufende **Debanttal** in zwei Kämme geteilt. Am nordöstlichen Kamm, vom Straßboden über Perschitzkopf und Keeskopf, verläuft die Grenze des Kärntner Nationalparkanteils. Auf Osttiroler Seite setzt sich der Nationalpark im hinteren Debanttal in einem Bogen über Glödis und Hochschober im Nordwesten und Große (= Alkuser) Rotspitze bis Schleinitz im Südwesten fort. Zu diesem U-förmig das Debanttal umschließenden Nationalparkgebiet tragen die Gemeinden **Nußdorf-Debant** 35,3 km^2 (= 65,8 % der Gemeindefläche von 53,6 km^2), **Dölsach** 3,6 km^2 (=14,8 % der Gemeindefläche von 24,2 km^2) und **Iselsberg-Stronach** 3,5 km^2 (= 19,4 % der Gemeindefläche von 18 km^2) bei. Steile, häufig über 3000 m hohe Gipfel, stille Karseen und schäumende Gebirgsbäche kennzeichnen diese vergleichsweise noch wenig bekannte Region.

Der Debantbach als längster Bach der Schobergruppe mündet im Osten des Lienzer Beckens in die Drau und nimmt vorher auch die Bäche aus dem Gebiet um Dölsach und Stronach auf, das der Kreuzeckgruppe angehört. Die

Das Debanttal gegen den Hochschober

Schuttfächer dieser Bäche spielten bei der Besiedelung eine wichtige Rolle, historisch bedeutend war vor allem die unter dem Schutt des Debantbaches begrabene Römerstadt Aguntum.

Geologisch gesehen liegt die Schobergruppe zur Gänze im Bereich des ostalpinen **Altkristallins**. Sie bildet wie die Defereger Berge (jenseits des Iseltales) im Westen und die durch den Iselsberg verbundene Kreuzeckgruppe im Osten einen Teil des mittelostalpinen **altkristallinen Südrahmens des Tauernfensters**.

Im hinteren Debanttal verläuft auf der Linie Kleiner Barren–Mirnitzbach–Weißwandspitzen die Grenze zwischen zwei tektonischen Einheiten. Die südliche, vorwiegend aus *Eklogitamphibolit*-führenden *Paragneisen* bestehende Decke wurde im Karbon-Zeitalter nach Norden auf einen Liegendkomplex aufgeschoben, der quarzreiche *Glimmerschiefer* aufweist. Bei der alpidischen Gebirgsbildung kam es wieder zu Gesteinsumwandlungen und Bildung von Ganggesteinen. Die Gesteinsschichten wurden nochmals nach Norden geschoben und dabei steil gegen Süden aufgekippt. Schichtkämme mit nach Norden bis Nordosten gerichteten Steilwänden sind für die Gipfellandschaft der südwestlichen Schobergruppe typisch. Der Nordwest-Südost gerichtete Verlauf des mittleren Debanttales sowie des Iseltales an der Südwestgrenze und des Mölltales an der Nordostgrenze der Schobergruppe wurde durch die hauptsächlich in dieser Richtung streichende Bruchtektonik vorgezeichnet.

Im Debanttal gibt es heute keine großen Gletscher mehr, doch findet man zahlreiche von früherer Vereisung geprägte Geländeformen. Landschaftlich besonders schön ist das Moränengebiet um die Lienzer Hütte und Hofalm. Es handelt sich um **Moränen** des Daunstadiums vor 12.000 Jahren. Dass Isel- und Mölltalgletscher während des Hauptglazials als mächtige Eisströme dem Drautal zuflossen, beweisen **erratische Serpentinitblöcke** auf dem Zettersfeld (Iselgletscher) bzw. **Kammform und Moränen** östlich der Raneralm (Nahtstelle zum Mölltalgletscher) in ca. 2000 m Seehöhe. Während des Spätglazials kam es am Südabhang der Schleinitz zu einem gewaltigen **Bergrutsch**, dessen Masse auf 12–13 Millionen Kubikmeter geschätzt wird. Heute liegen die Siedlungen Oberlienz und Thurn auf dieser Schuttfläche nordwestlich von Lienz. Allgemein entstehen am Nordrand des Lienzer Beckens in stark verwitterten *Glimmerschiefern* leicht Hangrutschungen und Vermurungen, wovon besonders die Gemeinden Nußdorf-Debant und Dölsach betroffen sind.

Gesteine

Die Gesteine der südwestlichen Schobergruppe (*Altkristallin*) wurden im Lauf der Erdgeschichte mehrmals umgewandelt, sie sind metamorph. Auch dem Laien fällt der Unterschied zwischen den dunklen, basischen und den hellen, kieselsäurereichen Gesteinen auf.

Amphibolit entsteht durch Metamorphose bei mittlerem Druck und einer Temperatur von mehr als 500 °C aus kieselsäurearmen Ausgangsgesteinen. Derartige dunkle Gesteine findet man besonders zwischen Prijakt und Schleinitz. Große und Kleine Rotspitze und Rotkofel haben ihre Namen von den mehrere hundert Meter mächtigen *Biotitgneisen*, das sind Umwandlungsgesteine mit dunklem Glimmer, die an der Oberfläche rötlich verwittern.

Im Debanttal sind helle *(Granat-)Glimmerschiefer* und *Paragneise* aus umgewandelten Absatzgesteinen sehr verbreitet. Die Kammregion Hochschober – Glödis, die Weißwandspitzen und der Keeskopf bestehen aus grobblockig verwitternden *Biotit-Plagioklas-Glimmerschiefern*, in der Umgebung des Glödis findet man auch verschiedenfarbig gestreifte *Hornblende-Bändergneise* eingefaltet.

Mineralien und Bergbau

Im Vergleich zum übrigen Osttirol sind die Mineralienfunde in der südlichen Schobergruppe relativ unbedeutend. Granatreiche *Eklogitamphibolite* gibt es im Debanttal an der Straße zum Wirtshaus „Zur Säge" und auf der Nordseite des Prijakt. Am Fuß des Prijakt wurden auf *Eklogitamphibolit* auch gelbgrüner *Epidot* und weiße, 2–3 cm lange brettartig-stängelige Kristalle von *Stilbit (Desmin)* gefunden. Beim Schwarzkofel, südlich der Seichenköpfe, treten im Verband mit einer Quarzitserie grobkörnige *Pegmatitgneise* mit rotem Granat und fingerdickem schwarzem *Turmalin (Schörl)* auf. *Zinnober* aus dem Gemeindegebiet von Dölsach ist in der Mineraliensammlung im Schloss Bruck in Lienz ausgestellt und wurde auf *Pegmatit* am Iselsberg beobachtet.

Möglicherweise wurde im inneren Debanttal in der Antike **Kupfer** und **Silber** abgebaut. Jedenfalls gibt es im Bereich der Hofalm in Glimmerschiefern *Pyrit* und *Kupferkies*. Ein Bericht über heiß-hydrothermale *Kupfer-Silber-Eisen/Arsen*-Vorkommen ist nicht von der Hand zu weisen.

Beherrschende Gipfel

Der Talschluss des Debanttales wird beherrscht von **Hochschober** (3242 m, namensgebend für die Schobergruppe), **Ralfkopf** (3106 m) und **Glödis** (3206 m), der wegen seiner steilen Pyramidenform auch als „Matterhorn der Schobergruppe" bezeichnet wird. Der höchste Berg der Umgebung, das 3283 m hohe **Petzeck**, liegt im Kärntner Anteil des Nationalparks. Im Westen sind **Große Rotspitze** (3053 m) sowie **Hoher** (3064 m) und **Niederer Prijakt** (3056 m) weitere eindrucksvolle Dreitausender.

Gletscher

Im Debanttal liegen zwei kleine Gletscher, deren Gesamtfläche im Jahr 1969 rund 0,1 km^2 betrug. Die größere der beiden Eisflächen, das **Viehkofelkees** (ca. 0,07 km^2), liegt im Hochkar unterhalb des Ralfkopfes. Es ist heute ein unbewegter Gletscherrest, ein Eisfeld, das in der tiefsten Mulde des Karkessels „liegen blieb". Auch das Eis- oder Firnfeld südöstlich unterhalb des Hochschobers ist nur noch ein unbewegter Gletscherrest.

Das Debanttal weist hingegen zahlreiche kleine Blockgletscher auf und zwar sowohl fossile und inaktive als auch aktive. Die größten aktiven Blockgletscher liegen im Gößnitz-, Weißen- und Perschitzkar.

Gewässer

Der in seiner wilden Ursprünglichkeit einzigartige und unbedingt erhaltenswerte **Debantbach** führt bereits im Bereich der Lienzer Hütte durch Aufnahme von Gößnitzbach und Mirnitzbach viel Wasser und bildet unterhalb von Seichenbrunn einen schönen Wasserfall. Auch an den zahlreichen Seitenbächen gibt es Wasserfälle. Der Unterlauf des Debantbaches wurde für Sägen und Mühlen genutzt und betreibt ein E-Werk. Zum Schutz vor Überschwemmungen und Vermurungen des Ortes Debant wurde eine Talsperre unterhalb der Göriacher Alm errichtet.

Viele schöne **Seen**, durchwegs in Karen oberhalb der Baumgrenze gelegen, bereichern die Landschaft. Der größte im Osttiroler Anteil der Schobergruppe ist der **Alkuser See** (2432 m) mit 6,5 ha Fläche und 43 m Tiefe, der höchst gelegene der **Barrensee** in 2727 m Seehöhe (beide im Gemeindegebiet von Ainet). In einem weitläufigen, stark gegliederten Kar östlich unterhalb der Schleinitz liegen zwei Seen und einige Lacken, die **Neualplseen**. Der Oberste Neualplsee oder Thurner See (2438 m) ist 13 m tief und 1,8 ha groß, der Große Neualplsee oder Nußdorfer See (2436 m) 6,5 m tief, mit einer Fläche von 1,9 ha. Zu erwähnen sind weiters der 16 m tiefe und 1 ha große **Gartlsee** (2571 m), der 0,8 ha große **Trelebitschsee** (2341 m) sowie die Kleinseen **Schwarzkofelsee** (ca. 2440 m) und „**Seen bei der Seewiesenalm**" (1996 m). Daneben gibt es noch zahlreiche größere (z. B. **Schoberlacke**) und kleinere „Lacken".

Vegetation und Tierwelt

Generell weist die Schobergruppe aufgrund des altkristallinen Untergrundes eine reine Silikatflora auf, örtlich gibt es jedoch auch kalkliebende Pflanzenarten. Eine besonders große Artenvielfalt findet man im Trelebitschkar und östlich der Sattelköpfe, wo auch kalkliebende *Spalierweiden* und *Feldspitzkiel* sowie *Rudolphs Steinbrech, Zarter Enzian* usw. gedeihen.

Der vergleichsweise sehr hohe Waldanteil an der Gesamtfläche beträgt durchschnittlich 30 %, in den drei Nationalparkgemeinden sogar fast 40 %. Weit verbreitet sind montane und subalpine *Fichten*-Wälder (Debanttal, Dabertal) sowie subalpine *Lärchen-Fichten*-Wälder. Ausgedehnte (*Lärchen-*)*Zirben*-Wälder gibt es noch im Leibnitztal (bis 2350 m) und im inneren Debanttal, kleinere Gruppen von *Zirben* sind an felsigen Standorten zwischen 1600 und 2200 m sehr häufig. Stellenweise werden reine *Zirben*-Bestände aufgeforstet (Raneralm, Lienzer Höhenweg, unter der Hochschoberhütte).

Am Südwestabfall der Schobergruppe kommen oberhalb von St. Johann auch Bestände von *Rotföhre* vor, die wahrscheinlich aus *Eichen*-Mischwäldern hervorgegangen sind. Restbestände solcher Mischwälder mit *Stieleiche, Winterlinde, Espe, Vogelkirsche, Birke, Bergahorn, Grauerle* und *Traubenkirsche* sowie *Rotföhre, Fichte* und *Lärche* finden sich besonders an den Südhängen, z. B. in der Umgebung von Nußdorf und Dölsach. Bemerkenswert sind weiters die Auwaldreste am unteren Debantbach sowie die an den südseitigen Hängen klimabegünstigte gegliederte Kulturlandschaft. Sie ist reich an Hecken und Flurgehölzen und weist insbesondere schöne *Nuss-* und *Obstbaum*-Kulturen und darüber hinaus sogar *Edelkastanie* und *Spalierreben* auf.

Große Flächen oberhalb von 1800 m werden von Almgebieten (Weiderasen) eingenommen, in denen nach Rückgang der Beweidung und Auflassung der Bergmähder nun die Zwergstrauchheide überhand nimmt. An der trocken-warmen Ostseite des Debanttales und über dem südlichen Iseltal sind *Besenheide* und *Zwergwacholder* typische Vertreter des ausgedehnten Zwergstrauchgürtels. An den länger mit Schnee bedeckten Stellen, z. B. entlang des Lienzer Höhenweges, dominieren dagegen die frostempfindliche *Rostrote Alpenrose* und die *Heidelbeere* als Relikt einstiger Bewaldung.

In der alpinen Stufe reicht auf den nach Süden gerichteten Hängen der geschlossene *Krummseggenrasen* oft bis 2600 m hinauf, während die nordgerichteten Steilabfälle viel schlechtere Wachstumsbedingungen bieten.

Die zahlreichen Moore entsprechen meist dem Typ des *Braunseggen-Wollgras-Rasenbinsen*-Niedermoores, z. B. das Moor unterhalb der Gaimbergalm im Debanttal, im Gartl unterhalb des Leibnitztörls, bei der Hochschoberhütte und im Kar oberhalb der Trelebitschhütte. Übergänge zu Hochmoorgesellschaften mit *Torfmoosen* und *Rundblättrigem Sonnentau* gibt es an einigen Stellen bei Iselsberg (siehe „Naturdenkmäler und naturkundliche Besonderheiten").

Bedingt durch das günstige Klima und die abwechslungsreiche Landschaft und Vegetation beherbergt die südwestliche Schobergruppe ein breites Artenspektrum an Tieren, mit allen wesentlichen Charakterformen des Bergwaldes, der Almenregion und der Alpinstufe. Daneben tritt auch eine Reihe von Arten auf, die sonst in der Tauernregion selten sind und die hier, wie in manchen anderen Teilen Osttirols, von der Klimabegünstigung und den damit verbundenen Lebensräumen profitieren. So sind die Auwaldreste bei Dölsach der einzige Brutplatz des *Pirols* in der Nationalparkregion. Nur in diesem Bereich brüten als weitere wärmeliebende Art wahrscheinlich auch die *Turteltaube* und das *Schwarzkehlchen*. An den sonnigen Hängen von Nußdorf und Iselsberg-Stronach kommen unter anderem der *Wespenbussard, Wiedehopf, Wendehals, Neuntöter, Gartenrotschwanz* und *Stieglitz* vor, an den Steinmauern in diesem Kulturland gelegentlich auch die *Mauereidechse*. Als Rarität in der Nationalparkregion findet man in den Laubwäldern im Mündungsbereich des Debantbaches auch den ansonsten eher im Tiefland verbreiteten *Feuersalamander*.

Auch die Insektenwelt des Gebietes weist neben den in Osttirol verbreiteteren Arten einige Besonderheiten auf. So wurde 1990 im Gebiet der Neualplseen eine für die Wissenschaft neue Kleinschmetterlingsart entdeckt, die bisher weltweit nur auf *Zwergwacholder* dieses Gebietes gefunden wurde (eine Silbergespinstmotte, *Argyrestia sp.*). Ähnliche Arten sind nur aus den Westalpen bekannt. Durch die Klimabegünstigung an den Südhängen der Schobergruppe steigen hier auch etliche Schmetterlinge des Tieflandes in außergewöhnliche Hochlagen auf, wie der *Trauermantel* und das *Schachbrett*, die hier noch in Höhen bis rund 2100 m vorkommen.

Im Alkuser See und den zwei größten Neualplseen haben *Elritzen* in mehr als 2430 m ihr höchstes bisher bekanntes Vorkommen in der Nationalparkregion. Bei solchen Vorkommen ist jedoch nicht auszuschließen, dass diese Fische, wie die *Saiblinge* der Bergseen (und zwar als deren Nahrungsfische), vom Menschen in diese Gewässer ausgesetzt wurden. *Saiblinge* wurden zum Teil schon im 15. Jahrhundert als begehrte Speisefische in den Bergseen der Alpen eingebürgert. Sie halten sich jedoch dort meist nur als „Schwarzreuter" (Kümmerformen in hoch gelegenen, nährstoffarmen Gewässern). Durch den Fischbesatz in naturgemäß fischleeren Hochgebirgsseen hat der Mensch leider oft auch die natürlichen Lebensgemeinschaften irreversibel verändert, z. B. besondere Kleinkrebschen des Freiwassers sind wohl vielfach aus solchen Gewässern verschwunden. Daher sind im Nationalpark besonders auch fischleere Seen wichtig für das Überleben der heimischen Fauna.

Nationalparkeinrichtungen in den Gemeinden Nußdorf-Debant, Iselsberg-Stronach und Dölsach

– Nationalpark-Infostelle Iselsberg-Stronach
– Erlebnisweg „Nußdorfer Berg"
– Natur- und Kulturlehrweg Debanttal

Gemeinde Nußdorf-Debant

Naturdenkmäler und naturkundliche Besonderheiten

Naturkundlicher Lehrweg im inneren Debanttal

Der voraussichtlich ab 1994 mit 11 Lehrtafeln ausgestattete Weg erschließt die einzigartige Umgebung des Debantbaches zwischen Seichenbrunn und Lienzer Hütte. Uriger *Lärchen-Zirben*-Blocksturzwald, kleine Tümpel auf Moränenuntergrund, ein Moor und ein kleiner Stausee bei der Gaimbergalm und die idyllische Hofalm sind Höhepunkte entlang des Almweges. Mehrere Brücken queren den kristallklaren, wildschäumenden Debantbach, an dem man auch die *Wasseramsel* beobachten kann.

Nussbäume

Im Ort Nußdorf und in seiner Umgebung sind zahlreiche schöne *Walnussbäume* zu finden, die dem Ort den Namen gaben. Auch *Obstbäume* und *Edelkastanien* gedeihen in der sonnigen Hanglage. In Obstgärten oder auf gemähten Wiesen lässt sich gelegentlich der seltene *Wiedehopf* mit seiner charakteristischen Federhaube beobachten.

Wiesen von Obernussdorf

Die bis 1360 m hoch gelegenen Bauernhöfe von Obernußdorf sind von wunderschönen Magerwiesen umgeben, auf denen im Mai/Juni *Margerite, Pechnelke, Wiesenbocksbart, Wiesensalbei* usw. blühen. Die dazwischen liegenden Flurgehölze sind von zahlreichen Vogelarten bevölkert, darunter auch der vielerorts schon seltene *Neuntöter*.

Blick auf Nußdorf-Debant

Wirtschaft

Die von Aguntum bekannte frühgeschichtliche Metallverarbeitung setzte sich in Debant 1564 in der Errichtung einer Zweigstelle der Lienzer Messingwerke fort. Im 19. Jahrhundert wurde die Anlage zu einer Hammerschmiede und einer Mühle umfunktioniert.

In den vergangenen Jahrzehnten wurden zwei Wasserkraftwerke und ein Umspannwerk der TIWAG gebaut und zahlreiche Betriebe in Debant angesiedelt. 120 **Industrie-, Gewerbe- und Handelsbetriebe** mit über 1.400 Beschäftigten wurden bis 2003 in Debant errichtet und schaffen Arbeitsplätze für die stark anwachsende Bevölkerung.

Der Großteil des 53,6 km^2 umfassenden Gemeindegebietes liegt im rund 16 km langen Debanttal mit 20 km^2 Wald sowie Almen und (heute kaum mehr genutzten) Bergmähdern. Dementsprechend wichtig ist die **Forstwirtschaft** für die Bauern. Die **Landwirtschaft** und der **Fremdenverkehr** in Nußdorf und Alt-Debant profitieren von der Südlage und dem milden und trockenen Klima. Der Reichtum an Obst und Walnüssen, von denen sich der Name „Nußdorf" ableitet, war schon im Mittelalter berühmt.

Sonnige, arten- und blütenreiche Blumenwiesen von Obernußdorf

Kulturelle Besonderheiten

Hügel von Breitegg

Die Nationalparkgemeinde befindet sich auf uraltem Siedlungsgebiet, das beweisen Grabungsfunde von **Breitegg** nördlich von Nußdorf aus dem frühen zweiten Jahrtausend v. Chr. Die leicht zu verteidigende Kuppe zwischen Wartschenbach und Nußdorfer Dorfbach war schon in der frühen Bronzezeit und in der mittleren Eisenzeit (6. Jahrhundert v. Chr.) bewohnt. Die Siedlung am Schnittpunkt der alten Erz-Transportwege gilt als Vorläufer der Römerstadt **Aguntum**, die Straße ins Iseltal weist von dort nach Nußdorf/Breitegg.

Helenenkirche in Nußdorf

Die erste urkundliche Erwähnung des Ortes „Nußdorf" erfolgte 1065, die der Helenenkirche 1274. Die heutige Kirche St. Helena wurde 1457/1482 von den Görzer Grafen erbaut und im 17. und 19. Jahrhundert vergrößert und in klassizistischem Stil umgestaltet.

Edelsitz Staudach

Ebenfalls aus der Zeit der Görzer Grafen stammt der Edelsitz Staudach in Nußdorf, ein dreigeschossiges, gemauertes Gebäude (früher Wehrturm) mit Krüppelwalmdach. Der spätgotische Bau, später „Mesnerhaus" genannt, befindet sich in Privatbesitz und wurde sehr schön restauriert.

Pfarrvikariat zum Hl. Geist in Debant

Südlich der Großglocknerstraße entstand 1967–1971 ein modernes großes Kirchenzentrum. Sowohl der frei stehende Turm als auch die zeltartige Kirche aus Mantelbeton haben den Grundriss eines gleichseitigen Dreiecks. Die innere Ausgestaltung der Kirche mit Pflanzen und teilweise alten Figuren ist sehr ansprechend.

Kinderdorf Debant

Eine kulturelle Besonderheit ist wohl auch das bereits 1953 von Hermann Gmeiner gegründete Kinderdorf in Debant, das heute 7 Häuser umfasst.

Gemeinde Iselsberg-Stronach

Naturdenkmäler und naturkundliche Besonderheiten

Naturdenkmal „Defregger-Lärche"

Die mächtige alte Lärche an der früheren Passstraße nördlich vom Hotel Wacht erinnert an den aus Stronach stammenden Maler Franz von Defregger (1835–1921).

Naturdenkmal Feuchtgebiet Zwischenberger Lacke

Es liegt am Zwischenberger Sattel in 1460 m Höhe und umfasst eine Gesamtfläche von ca. 8000 m^2.

In der Verlandungszone des kleinen Sees (ca. 1000 m^2, mit Schwingraseninsel) finden sich unter anderem *Wollgras, Teichschachtelhalm, Sumpfveilchen, Flatterschmiele, Rundblättriger Sonnentau* und *Fieberklee*. Schützenswerte Lurche wie *Grasfrosch, Erdkröte* und *Bergmolch* suchen das Gewässer auf, wo auch *Gelbrandkäfer* und Libellen (*Mosaikjungfern, Heidelibellen, Vierfleck, Azurjungfern*) leben. Im benachbarten sumpfigen *Grauerlenwald* gedeihen *Birke, Purpurweide, Faulbaum* und *Vogelbeere* und bieten Lebensraum für verschiedenste Vogelarten, wie *Weidenmeise, Mönchsgrasmücke, Zaunkönig* und viele andere. Die vielfältige Pflanzenwelt von Sumpfwiese, Waldrand und Viehweide lockt auch eine Menge Schmetterlinge an, z. B. *Bläulinge, Perlmutterfalter, Admiral* und *Waldportier*.

Moorgebiete am Iselsberger Sattel

Zwischen alter und neuer Passstraße sieht man Reste der früheren Möser, in denen Torfstich betrieben wurde. Während dieses Gebiet schon zerstört ist, gibt es östlich der alten Passstraße

Blick auf Iselsberg

noch Feuchtwiesen mit *Trollblume* und *Schlangenknöterich*. Westlich der neuen Passstraße liegen entlang des **„Moorweges"** zwischen Gasthof Schöner Aussicht und Defreggerhof einige moorige Stellen mit *Torfmoosen, Rundblättrigem Sonnentau* und *Fieberklee*. Auch Feuchtwiesen und *Schilf*-Bestände sind dort noch zu finden.

Rundblättriger Sonnentau

Erdpyramiden

Schon vom Drautal aus sind die hohen Erosionskegel im Gödnacher Tal zu sehen. Zwischen Gödnacher und Frühaufbach befindet sich eine mächtige Sedimentschicht, die wahrscheinlich vom Mölltalgletscher abgelagert wurde, der hier mit den aus dem Iseltal kommenden Eismassen zusammenstieß. Besonders am Steilabfall zum Gödnacher Bach bildeten sich durch Auswaschung turmartige Erosionsformen, die auf den Spitzen mit Bäumen bewachsen und somit vor schneller Abtragung geschützt sind.

Wirtschaft

Wegen der sonnigen Höhenlage und schönen Aussicht auf die Lienzer Dolomiten hat sich in Iselsberg-Stronach **Sommer- und Wintertourismus** entwickelt. Darüber hinaus hat die Gemeinde eine besonders hohe Zahl an Zweitwohnungen (über ein Drittel der Wohnhäuser).
In der **Landwirtschaft** ist auch hier der Getreideanbau gänzlich verschwunden, während die Haltung von Rindern und Schafen zugenommen hat. Wiesen nehmen einen großen Anteil der 17,9 km² großen Gemeindefläche ein.
Der Mangel an Arbeitsplätzen in der kleinen Gemeinde bedingt, dass sehr viele Arbeitnehmer nach Lienz, Debant, Dölsach und auch außerhalb des Bezirkes auspendeln müssen.

Kulturelle Besonderheiten

Historischer Übergang über den Iselsberg

Bereits in der Römerzeit bestand ein Weg über den Iselsberger Sattel (1204 m) ins Mölltal. Der Iselsberg spielte als Übergang, aber auch als Grenze zwischen Tirol und Kärnten immer eine große Rolle. In der Zeit um 1325 wurde eine Görzer Maut in Winklern eingehoben. 1882 befand sich die Mautstelle für die Iselsberg-Überquerung beim heutigen Gasthof „Wacht".

Ruine Walchenstein

Der Übergang über den Iselsberg war auch befestigt. Von der Burg Walchenstein, in 976 m Höhe auf einer bewaldeten Kuppe zwischen Stronach und Dölsach gelegen, sind nur mehr Reste einer Ringmauer und eines Brunnens erhalten. Die Burg hatte unter den Grafen von Görz vom 13. bis 15. Jahrhundert strategische Bedeutung, verfiel aber dann sehr bald. Der Name „Wallensteiner" ist in der Bevölkerung von Iselsberg-Stronach noch sehr häufig.

Heilbad

Früher waren am Iselsberg Schwefel- und eisenhältige **Heilquellen** von Bedeutung, die zur Behandlung von Blutarmut, Hautkrankheiten, Rheumatismus und Nervenleiden dienten. Die drei Quellen um das Iselsberger Bad wurden besonders um die Jahrhundertwende für Heißwasser-Sitzbäder und Trinkkuren genutzt, weitere Heilbäder waren das „Reiterwasser" und das „Gumpitsch-Bad".

Kirchen

Die **Schutzengelkirche in Iselsberg** wurde 1759 eingeweiht, die **Marienkapelle in Stronach** stammt aus dem Jahr 1899. Beide gehören zur Pfarre Dölsach und stehen in wunderschöner Höhenlage, mit einer herrlichen Aussicht auf das Lienzer Becken.

Ederhof

Im Ederhof südwestlich des Stronacher Kirchleins wurde 1835 **Franz von Defregger** geboren, der wie auch sein Schüler Albin Egger-Lienz zu den bedeutendsten Vertretern alpenländischer Malerei gehört. Franz von Defregger (1835–1921) wirkte als Professor an der Kunstakademie in München. Seine Werke zeigen vor allem seine Tiroler Heimat, das Tiroler Volksleben und die Freiheitskämpfe von 1809. Am 11. August 1865 nahm er an der Erstbesteigung des Großvenedigers vom Gschlößtal aus teil. Sein Sommerhaus am Ederplan oberhalb von Dölsach ist die heutige „Anna-Schutzhütte". 1992 wurde der landschaftlich sehr reizvoll gelegene Ederhof zu einem Rehabilitationszentrum für Kinder mit Organtransplantationen ausgebaut.

Gumpitschhof

Der Gumpitschhof in Iselsberg ist laut „Tiroler Erbhofbuch" der Hof mit der längsten nachgewiesenen Besitzübertragung im Sinne des Tiroler Erbhofgesetzes. Der erste Besitzübergang ist für die Familie Gumpitsch mit dem Jahr 1528 nachgewiesen. Weitere Erbhöfe sind der „Wallensteinerhof" in Stronach (nahe der Ruine Walchenstein) und der „Plautzhof" in Iselsberg.

Nationalpark-Infostelle in Iselsberg-Stronach

Es ist eine Information des Nationalparks gemeinsam mit dem Tourismusverband. Mithilfe eines Computers erhält jeder Gast sämtliche Informationen über die gesamte Nationalparkregion. Eine Ton-Bild-Schau gibt Einblick in die verschiedenen Landschaftsformen der Hohen Tauern. Auch Videoprojektionen stehen zur Verfügung.

Die Informationsstelle des Nationalparks, zugleich auch Tourismusbüro

Gemeinde Dölsach

Naturdenkmäler und naturkundliche Besonderheiten

Auwaldreste

Östlich des Dölsacher Bahnhofes findet man beiderseits des Debantbaches Reste des Auwaldes, der noch vor 100 Jahren das Drautal bedeckte und hauptsächlich beim Bau der Eisenbahn gerodet wurde. Der dichte Bestand von *Grauerle*, *Salweide* und anderen Weidenarten, *Esche*, *Traubenkirsche*, *Gemeinem Schneeball* usw. bietet Lebensraum für zahlreiche Vogelarten. Leider wurden anstatt der bodenständigen Bäume inzwischen auch *Hybridpappeln* gepflanzt. Zur Brutzeit wurden neben zahlreichen anderen Vögeln auch einige Arten beobachtet, die charakteristischerweise in Aubeständen häufig sind, wie *Gartengrasmücke, Mönchsgrasmücke, Zilpzalp, Fitis, Wacholderdrossel, Blaumeise* und als Besonderheit auch der *Pirol* sowie im Umfeld der Auen die *Turteltaube* und das *Schwarzkehlchen*.

Lavanter Mure

In der näheren Umgebung der Gemeinde Dölsach befindet sich auch das Naturdenkmal **Wacholderhain Lavant** mit einem für Osttirol einzigartigen Bestand von *Baumwacholder*. Auf der „Lavanter Mure", dem trockenen *Kalk*-Schuttfächer des aus den Lienzer Dolomiten kommenden Frauenbaches, wächst bis 3 m hoher *Wacholder* zwischen *Rotföhren* und *Berberitzen* sowie Auwald-Elementen wie *Faulbaum, Wolligem* und *Gemeinem Schneeball*. In dem dichten *Schneeheide*-Unterwuchs blühen der seltene *Frauenschuh* und zahlreiche andere Orchideen-Arten (z. B. *Dunkelrote* und *Weiße Sumpfwurz, Großes Zweiblatt, Händelwurz*). Daneben findet sich herabgeschwemmt auch alpine Kalkflora, z. B. *Silberwurz*. Leider wurde ein Teil der hochinteressanten Schuttfläche vom Osttiroler Asphaltwerk und der Mülldeponie vereinnahmt.

Dölsach und Iselsberg gegen Straßkopf

Pirol-Männchen

Baumwacholder im Wacholderhain Lavant

Ein **Waldlehrpfad** im Auwald am Rande des Schuttkegels (2 km von Lavant Richtung Nikolsdorf) vermittelt Wissen über Bäume und Sträucher und die Bedeutung des Waldes.

Erdpyramiden: siehe Gemeinde Iselsberg-Stronach

Wirtschaft

Der **Fremdenverkehr** ist in Dölsach und den Orten Göriach, Stribach, Gödnach und Görtschach, die zu dieser Gemeinde gehören, vorbildlich. Viele Privatzimmer, Urlaub am Bauernhof und einige individuelle Gasthöfe inmitten einer liebevoll gepflegten Landschaft können den Gästen echte Erholung und Kontakt mit den Einheimischen bieten.

In der **Landwirtschaft** steht derzeit die Milchwirtschaft im Vordergrund. Der Ackerbau (Gerste, Roggen, Kartoffeln, seltener Hafer, Weizen) ist mit Ausnahme von Silomais-Anbau stark zurückgegangen. Große Flächen des Gemeindegebietes (24,16 km^2) werden von Wald (11,4 km^2) eingenommen. Daher spielt die **Forstwirtschaft und Holzverarbeitung** traditionsgemäß eine große Rolle.

Kulturelle Besonderheiten

Aguntum

Beiderseits der Drautal-Bundesstraße sieht man im Gemeindegebiet von Dölsach östlich des Debantbaches die Reste der römischen Stadt Aguntum. Die Römer erschlossen sich schon im „Regnum Noricum" der Kelten von Aquileia aus den Handel mit Kupfer und Eisen. In der Folge wurde im Westen der römischen Provinz Noricum am Schnittpunkt des bedeutenden Erz-Transportweges durch das Tauern- und Iseltal mit der Hauptverkehrsader Aquileia–Drautal–Pustertal–Brenner–Augsburg (Rätien) die Stadt Aguntum angelegt und gegen Osten befestigt. Ein weiterer Weg führte über den Iselsberger Sattel ins Mölltal. Unter Kaiser Claudius (41–54 n. Chr.) war das „**Municipium Claudium Aguntum**" bereits eine wichtige Handelsmetropole. Der Ort erlangte seine Blütezeit im 2. Jahrhundert und wurde schon sehr früh Bischofssitz. Im Jahre 406 wurde Aguntum von einem auf dem Rückzug befindlichen Germanenstamm niedergebrannt, im Zuge der Völkerwanderung mehrmals zerstört und schließlich unter dem Schutt des Debantbaches begraben. Bei den noch nicht abgeschlossenen Ausgrabungen kamen Häuser mit Fußbodenheizung und Mosaiken, die größte römische Therme (Bad) in Österreich, eine frühchristliche Kirche usw. zu Tage. Die Metall verarbeitenden Handwerker waren westlich der Stadtmauer angesiedelt, östlich davon floss damals der Debantbach. Auf einem Teil eines Atriumhauses mit 3000 m² Wohnfläche steht jetzt ein sehenswertes kleines **Museum** (Führungen durch Archäologen derzeit Juni–September). – Zu Fuß von Dölsach über Stribach in 20 Minuten erreichbar.

Pfarrkirche

Die Urpfarre **St. Martin** zu Dölsach wurde schon in karolingischer Zeit (um 788) gegründet. Die heutige Kirche wurde nach einer Brandkatastrophe 1864 in neuromanischem Stil errichtet und enthält am rechten Seitenaltar ein Bild der Heiligen Familie von Franz von Defregger.

St. Margarethen

Die kleine romanische Kirche an der Drautal-Bundesstraße stammt aus dem Anfang des 13. Jahrhunderts, wurde im 17. Jahrhundert barockisiert und 1992 im Zuge der Dorferneuerung sehr schön renoviert. Außen sind Reste von Fresken aus dem 15. und 18. Jahrhundert zu sehen. Links vom marmornen Rundbogeneingang, für den römische Spolien verwendet wurden, ermöglicht ein kleines Fenster den Blick in das schlichte Innere der Kirche.

St. Georg in Gödnach

Auf ausgedehnten Ablagerungen des Gödnacher und Dölsacher Baches liegt landschaftlich reizvoll die Gödnacher Kirche **St. Georg**. Eine Kalksteinfigur des Drachentöters aus der Zeit um 1400 ziert das einfache Renaissance-Portal. Unter Einbeziehung alter Teile wurde die Kirche 1666 in spätgotischem Stil mit barocker Zwiebelturmhaube wiedererrichtet, nachdem sie 1664 vom Gödnacher Bach verschüttet worden war.

Geburtshaus des Malers Albin Egger-Lienz

Das schön renovierte Bauernhaus Stribach Nr. 10 ist das Geburtshaus des Malers **Albin Egger-Lienz** (1868–1926). Es trägt ein 1964 von Hans Pontiller geschaffenes Gedächtnisrelief. Egger-Lienz ist vor allem durch seine monumentalen Bilder aus dem Bauern- und Soldatenleben bekannt. Eine umfangreiche Sammlung seiner Gemälde ist im Schloss Bruck in Lienz zu besichtigen.

Schloss Bruck in Lienz

Die gut erhaltene Burganlage wurde im 13. Jahrhundert als Residenzschloss der Grafen von Görz erbaut. Vom Baubestand der Gründerzeit (1252/77) sind noch der gewaltige achtgeschossige Bergfried und der Palas (Rittersaal) mit angebauter Doppelkapelle erhalten. Die zweistöckige romanische Kapelle wurde im 15. Jahrhundert mit einem Kreuzrippengewölbe und Fresken von Simon von Taisten ausgeschmückt. Im Schloss ist nun das sehr sehenswerte **Osttiroler Heimatmuseum** untergebracht. Von naturkundlichem Interesse sind die Sammlungen von Fischen (alle Arten Osttirols), Vögeln (kleine Auswahl) und Mineralien im Erdgeschoss. Andere Abteilungen zeigen alte bäuerliche Geräte, Tiroler Trachten, religiöse Volkskunst, Bürgerzimmer, Funde aus Vorgeschichte und Römerzeit usw. In der umfangreichen Gemäldesammlung sind mehrere Räume dem in Stribach geborenen Maler Albin Egger-Lienz gewidmet. Im historischen Rittersaal mit bemalter Balkendecke ist neben gotischer Plastik das 34 m² große Kastentuch aus Virgen besonders beachtenswert, das 1598 von Stefan Flaschberger mit Bildern aus der Heilsgeschichte bemalt wurde.

Empfehlenswerte Wanderungen und Touren im Bereich der südwestlichen Schobergruppe

1. Wanderung von Lienz über Nußdorf-Debant nach Aguntum (mit Anschluss ins Debanttal)

Ausgangspunkt: östlicher Stadtrand von Lienz, Nußdorfer Straße
Gehzeit: 1¼ Stunden, am Höhenweg 2 Stunden; (zur Lienzer Hütte 5–6 Stunden)
Höhenunterschied: 10 m, am Höhenweg 160 m; (zur Lienzer Hütte 1300 m)
Schwierigkeitsgrad und Ausrüstung: leichte Wanderung; Wanderschuhe
Außerhalb des Nationalparks (im Debanttal empfehlenswerte Nationalparkwanderung)

Ab der östlichen Stadtgrenze von Lienz (Nußdorfer Straße) führt nördlich der Bundesstraße ein großteils für Autoverkehr gesperrter Radweg nach Debant. Dieser eignet sich auch als Wanderweg.
Die **Route 8 ins Debanttal** zweigt nach ca. einer ½ Stunde bei der Wartschensiedlung links hinauf nach Nußdorf ab. Von dort geht man gut 3½ Stunden (13,5 km) bis Seichenbrunn, eine weitere Stunde zur Lienzer Hütte. Diese Wanderung auf dem im untersten Drittel (bis **Gasthaus „Zur Säge"**) asphaltierten Fahrweg empfiehlt sich nur in der verkehrsarmen Zeit, wenn keine Hochtouren möglich sind. Die Vegetation reicht von wärmeliebenden Arten im Mischwald oberhalb der Debantbach-Schlucht (z. B. *Schwalbenwurz, Grasblättrige Skabiose, Rotes Seifenkraut* am Wegrand) über *Grauerlen* entlang des Baches und *Fichten*-Wald bis zu den *Zirben* und *Rostroten Alpenrosen* unterhalb der **Lienzer Hütte** (siehe auch Wanderung Nr. 5, „Naturkundlicher Lehrweg im inneren Debanttal").
Bleibt man in der Ebene geradeaus auf dem **Radweg** (Wartschenbachweg), gelangt man bald nach **Alt-Debant**. Dieser von *Esche, Traubenkirsche, Schwarzem Holunder, Spindelstrauch* und *Berberitze* gesäumte Weg führt teils zwischen Wiesen und Feldern, teils zwischen Häusern und Obstgärten bis zum Debantbach. Bei der Wanderung kann man zahlreiche Vogelarten, z. B. *Stieglitz, Buchfink, Mönchsgrasmücke, Rotkehlchen, Eichelhäher* und *Buntspecht,* beobachten. Der **Debantbach** wird ein kurzes Stück flussabwärts auf der Brücke der Großglocknerstraße (Richtung Iselsberg) überquert, dann geht man auf seinem linken Uferdamm noch ca. 5 Minuten zu den **Ruinen von Aguntum**. Auf den Flussschottern blühen *Königskerze, Rosmarinweidenröschen* und die bäumchenartig verzweigte *Rispenflockenblume*. Bald sieht man links die neuen Ausgrabungen im Bereich der Römerstraße Richtung Debant – Nußdorf (Breitegg). In einem für Straßen in Römerstädten ungewöhnlichen spitzen Winkel traf diese Verbindung ins Iseltal im Zentrum von Aguntum mit der alten Drautal-Straße zusammen. Entlang der ähnlich verlaufenden heutigen Drautal-Bundesstraße geht man nun nach links an einer frühchristlichen Grabkapelle vorbei zum sehenswerten **Museum Aguntum** (siehe Gemeinde Dölsach „Kulturelle Besonderheiten").

„Aguntum" – ehemalige Römerstadt, gegen Lienzer Dolomiten

Rückweg über Nußdorf (713 m) **und Untergaimberg** (804 m) nach **Lienz** (690 m):
Bis Alt-Debant (Gasthof Mühlenstüberl) am gleichen Weg oder am anderen Ufer des Debantbaches zurück. Von dort auf der Straße, ab Friedhof eventuell auf einem Wiesenweg nach Nußdorf.
Interessanter ist ein **Fußweg nach Nußdorf**, der in Alt-Debant gegenüber dem Haidenbergerhof (unterhalb des Spar-Geschäftes) über Wiesen hangaufwärts führt. Ist der Zugang über ein Privatgrundstück gesperrt, wählt man die Abkürzung, die zwischen zwei alten *Winterlin-*

Wiedehopf, eine seltene, wärmeliebende Art der sonnigen Kulturlandschaft der Tauernsüdseite

den entlang eines Weidezaunes hinauf in den Wald führt. Dort trifft man auf einen breiten Spazierweg mit versteckten Rastbänken, dem man nach links Richtung Nußdorf folgt. Der sehr schöne Mischwald besteht hier aus *Fichte, Lärche, Bergahorn, Esche, Stieleiche, Bergulme* und *Winterlinde*, dazwischen gibt es von *Hasel* gesäumte Lichtungen. Bei einem Wegkreuz geht es bergab auf eine Viehweide. Dort gelangt man entlang einer von *Walnussbäumen* und *Schlehdorn* gesäumten Trockensteinmauer zu einer alten Kapelle und auf der „Dolomitenstraße" nach **Nußdorf**.

Oberhalb der Helenenkirche in Nußdorf kommt man zum landschaftlich sehr schönen **Höhenweg 6a „nach Grafendorf"**, auf dem man in einer ¾ Stunde die Talstation der Zettersfeld-Seilbahn erreicht. Der Weg beginnt am Fuße des Hügels von **Breitegg**, auf dem Spuren einer bronze- und eisenzeitlichen Besiedelung gefunden wurden. Wahrscheinlich führte auch die Römerstraße ins Iseltal hier am sonnseitigen Hang entlang. *Walnussbaum, Edelkastanie, Stieleiche, Esche, Kirsche, Winterlinde, Hasel* und *Spindelstrauch* säumen den Weg durch die seit langem kultivierte Landschaft. Klaubsteinmauern, die früher die Äcker trennten, stehen nun zwischen Wiesen mit *Margerite, Ackerwitwenblume, Wiesenbocksbart, Klappertopf* und *Wiesenglockenblume*. Nicht selten hört man den Ruf eines *Kuckucks* oder *Eichelhähers*.

Über den **Wartschenbach**, der die Gemeindegrenze bildet und an dem zahlreiche Mühlen stehen, gelangt man über Wiesen mit alten *Walnuss-, Kirsch-* und *Birnbäumen* zu den Höfen von **Untergaimberg**. Einige Äcker werden mit Kartoffeln, Hafer, Luzerne und Mais bebaut, an ihrem Rand stehen noch die alten hölzernen Harpfen zum Nachreifen des Getreides. Bunte Hausgärten und schöne Wegkreuze sind sehenswerte Merkmale bäuerlicher Kultur. Beeindruckend ist auch die Aussicht in das Drautal, auf die Stadt Lienz und auf die schroffen Gipfel der Lienzer Dolomiten.

Man wandert nun auf der asphaltierten Straße bergab. In den teilweise sehr schönen alten Bauernhöfen fliegen *Rauchschwalben* aus und ein, und auch der *Hausrotschwanz* brütet dort häufig. Zwischen den Obstbäumen kann man, besonders wenn die Wiesen frisch gemäht sind, mitunter den *Wiedehopf* mit seiner charakteristischen Federhaube beobachten. Bald ist die Talstation der **Zettersfeld-Seilbahn** erreicht. Von dort geht man noch ca. 5 Minuten bis **Grafendorf**, wo der Weg 6a nach Südwesten umbiegt und über Patriasdorf ins Zentrum von Lienz führt.

2. Wanderung zu den Erdpyramiden und zum Feuchtgebiet „Zwischenberger Lacke" – Rundwanderung in den Nationalparkgemeinden Dölsach und Iselsberg-Stronach

Ausgangspunkt: Dölsach, Gasthof Tirolerhof
Gehzeit: 1¾ Stunden zu den Erdpyramiden, Rückweg über Stronach 1½ Stunden
Höhenunterschied: 500 m
Schwierigkeitsgrad und Ausrüstung: leichte Wanderung; Wanderschuhe
Außerhalb des Nationalparks

Von Dölsach nach Osten führt eine schmale Asphaltstraße vorbei an Obstgärten und Feldern, auf denen noch eine „Harpfe" zum Trocknen des Getreides steht, zur Gödnacher Kirche. Eine andere Wegvariante, Markierung Nr. 4, geht oberhalb der **Dölsacher Kirche** (siehe „Kulturelle Besonderheiten") den artenreichen Waldrand mit *Stieleichen* entlang. Der Schwemmkegel, auf dem die Orte Dölsach und Gödnach liegen, ist bis zu 100 m mächtig und reicht in seiner Entstehungsgeschichte bis in die letzte Zwischeneiszeit zurück. Das spätgotische **Gödnacher Kirchlein**, an dem der hl. Georg aus der Zeit um 1400 über dem Eingang zu sehen ist, war 1664 vom **Gödnacher Bach** verschüttet worden. Diesem Bach, der bei Unwettern Massen von lockerem Gestein mitreißt (so genannte Gießen), folgen wir nun auf einer Straße mit der Markierung Nr. 7 „Eggensteig-Erdpyramiden" aufwärts. Nach einer Brücke geht es durch Mähwiesen, die von *Birken, Eschen, Walnuss-* und *Kirschbäumen* durchsetzt sind und über denen oft der *Mäusebussard* seine Kreise zieht, hinauf zum Gehöft „Tscharniedling". Von dort hat man einen schönen Ausblick auf das Lienzer Becken, umgrenzt von Lienzer Dolomiten, Deferegger Bergen und Schobergruppe mit Schleinitz und Zettersfeld.

Ein geschotterter Fahrweg parallel zum Gödnacher Bach bringt uns, vorbei an *Weiden* und *Haselsträuchern*, wo man den Warnruf des *Eichelhähers* hören kann, und durch schattigen Mischwald mit *Waldgeißbart* und *Geflecktem Knabenkraut* bis an das Steilufer des Frühaufbaches. Bachaufwärts zwischen *Grauerlen, Fichten* und *Lärchen* zweigt der Weg Nr. 7 **Eggensteig**-Ederplan plötzlich scharf nach links ab, und der Fahrweg endet vor einem kleinen Holzbauernhaus mit *Bienenzucht*. Weiter geht man nach rechts auf einem schmalen Steig entlang der von knorrigen *Eichen* gesäumten Bauernwiese auf den Kamm hinauf. Dort stehen *Lärchen, Rotföhren, Stieleichen, Fichten, Birken* und *Eschen* auf trocken-sandigem Untergrund, der wahrscheinlich von Gletschern hier abgelagert wurde (siehe „Naturdenkmäler und naturkundliche Besonderheiten" – **Erdpyramiden**). Links vom Weg zeigt eine U-förmige Abrutschung zum Gödnacher Bach hin (Achtung, Absturzgefahr!) die Natur dieser feinkörnigen Lockersedimente, die an der Oberfläche vom Wurzelgeflecht der Bäume verfestigt werden. An dieser der Verwitterung preisgegebenen Stelle reicht ein baumloser Weiderasen bis an den Steilabfall heran, was wahrscheinlich die Auswaschung begünstigt hat. Auf dem weiteren Weg zu den Erdpyramiden kann man die Verwitterungserscheinungen im Kleinen beobachten; Türmchen aus verwittertem *Glimmerschiefer* unter Steinen oder Wurzeln widerstehen der Abtragung. Auch an einem *Fuchs*-Bau und an *Maus*-Löchern neben dem Weg kann man das lockere Bodenmaterial studieren, und bei einem Viehgatter staunt man über das ausgedehnte Wurzelgeflecht uralter *Fichten*, die den Boden verfestigen. Die Waldwirtschaft erfordert hier viel Verantwortungsbewusstsein und Erfahrung. Einheimische können am „**Bux**", das sind Ausgleichsverwachsungen im Holz, die Bewegungen des Hanges ablesen!

Die nun folgende offene Weidefläche zwischen Gödnacher und Frühaufbach wird auf beiden

Seiten von steil abfallenden Auswaschungen und kleineren Erdpyramiden begrenzt. Bei einem Wegstück reicht die Abtragung sogar bis an den Wegrand heran. Anpflanzungen von *Weiden* und *Lärchen* sollen weitere Abrutschungen hintanhalten. Die großen, sehenswerten **Erdpyramiden** erblickt man aber erst, wenn man sich über saftige Almmatten mit alten *Eschen* den auf einer Hochfläche (1230 m) gelegenen Hütten von Oberegg nähert. Ca. 50 m

Erdpyramiden

hohe Säulen aus hellen, feinkörnigen Gletscherablagerungen, an der Spitze mit *Lärchen, Fichten* und *Birken* bewachsen, stehen zwischen dem Gödnacher Bach und den Almböden.
Rechts führt ein Weg von der Alm nach Görtschach. Dem Weg nach **Stronach** (Nr. 7) folgt man geradeaus über ein Übersteigerl und eine Mähwiese, bestanden von alten Kirschbäumen und mit wunderschönem Rundblick. Dann geht es rechts hinein in einen *Fichtenwald* mit großen Ameisenhaufen. Diese werden von den *Roten Waldameisen*, wichtigen Vertilgern von Raupen und anderen Forstschädlingen, über ihren unterirdischen Nestern errichtet. Rechtsbleibend, über eine Wiese mit *Margeriten, rosa Pechnelken, Waldstorchschnabel, Goldpippau, Pyramidengünsel* und vielen anderen Blumen und nach einem kurzen Stück durch den Wald erreicht der Weg eine Forststraße. Man wandert auf dieser nach links weiter und kommt bei einem Heustadel auf die **Mautstraße von Stronach zum Zwischenberger Sattel.**
Von hier lohnt ein Abstecher bergauf zum ca. 1 km entfernten Feuchtgebiet **Zwischenberger Lacke** (siehe „Naturdenkmäler und naturkundliche Besonderheiten"). Von dort kann man in 1½ Stunden durch *Lärchen-Fichten-*Wald mit einzelnen *Tannen* und über schönes Almgebiet zum Anna-Schutzhaus am Ederplan (2061 m) hinaufsteigen und die herrliche Aussicht genießen.
Eine andere Möglichkeit ist, dem mäßig ansteigenden Fahrweg nach Norden zur **Stronachalm** (1735 m) zu folgen; ¾ Stunde. (Weitere Wegverbindung vom **Stronachkogel**, 1823 m, nach Stronach und nach Iselsberg, Gasthof zur Wacht.)
Auf dem kürzeren Rundweg nach Stronach folgt man der Mautstraße bergab über den **Gödnacher Bach** und wandert an dessen rechter Seite durch *Grauerlen-* und *Fichtenwald* mit *Weißer Pestwurz* und *Waldschachtelhalm* weiter. Von dem mit Nr. 2 markierten Fahrweg sieht man nun die Erdpyramiden auf der anderen Talseite. Wenn man die Mähwiesen und ersten Höfe von **Stronach** erreicht, leuchten am Wegrand die Blüten von *Sonnenröschen, Ochsenzunge, Pechnelken* und anderen trockenheitsliebenden Pflanzen. Bei der Jausenstation Lercherhof (nicht immer geöffnet) kann man sich stärken oder am Brunnen erfrischen. Dann kommt man am wunderbar gelegenen Stronacher Kirchlein vorbei und sieht unterhalb des Weges das Geburtshaus des Malers Franz von Defregger, das nun zu einem Rehabilitationszentrum für Kinder umgebaut wurde. Auf der Asphaltstraße durch einen Wald weiter bergab gelangt man zu den nächsten Häusern der Streusiedlung Stronach und zweigt bei einer alten Säge scharf nach links ab. In Kehren geht es jetzt über den sonnigen Wiesenhang mit *Obstbäumen* hinunter, vorbei an einem Hügel, auf dem zwischen alten *Eichen, Fichten, Lärchen* und *Pappeln* die spärlichen Reste der **Ruine Walchenstein** versteckt sind.
Durch artenreichen Mischwald und alte *Nussbaum-* und *Obstkulturen* führt die kaum befah-

rene Straße weiter hinunter nach **Dölsach**. Will man nach **Gödnach** zurückkehren, bietet sich auf halber Höhe der romantische Förstersteig als Verbindungsweg an.

3. Naturkundliche Wanderung am Iselsberger Moorweg

Ausgangspunkt: Postbushaltestelle Defreggerhof am Iselsberg
Gehzeit: Moorweg ca. 30 Minuten, „Schöne Aussicht" – Postbushaltestelle Iselsberger Hof 20–30 Minuten
Höhenunterschied: geringfügig
Schwierigkeitsgrad: leicht
Außerhalb des Nationalparks

Zwischen Gasthof „Schöne Aussicht" und Hotel „Defreggerhof" erschließt der Wanderweg Nr. 6 ein naturkundlich interessantes Feuchtgebiet.
Auf einer eiszeitlichen Terrasse nordwestlich der Straße über den Iselsberger Sattel kommt es durch Austritt von Hangwässern zur Bildung von *Schilf*-Beständen, Sumpfgebieten und kleineren Quellmooren, umgeben von *Birken* und *Grauerlen*. Gegenüber vom Defreggerhof führt der Weg über Mähwiesen und durch ein Stück Mischwald zu sumpfigen Stellen mit typischer Vegetation: *Sumpfdotterblume, Sumpfvergissmeinnicht, Sumpfschachtelhalm, Sumpflabkraut, Sumpfkratzdistel, Sumpfherzblatt, Schmalblättriges Wollgras, Fieberklee* und *Alpenfettkraut* sind hier zu finden. Fast fremdartig wirken die *Schilf*-Bestände an dem Hang in über 1200 m Höhe.
Der Weg überquert die feuchten Stellen auf Brettern und gelangt auf eine landschaftlich sehr schöne Wiese mit Aussicht auf die Lienzer Dolomiten und nach Nordosten ins Mölltal und zur Sadniggruppe. Bei einem Stadel fällt ein einzelner Felsblock auf, wahrscheinlich ein Findling aus der Eiszeit, als der Mölltalgletscher über den Iselsberg bis ins Drautal reichte.
Dann geht es etwas aufwärts durch *Fichten*- und lockeren *Lärchenwald*, der von Feuchtstellen mit Binsen *(Flatterbinse, Glanzfrüchtige Binse), Schmalblättrigem Wollgras* und *Pfeifengras* durchzogen ist. Oberhalb davon liegt zwischen eher trockenen Wiesen mit viel *Arnika* ein Hangmoor mit *Torfmoosen, Rundblättrigem Sonnentau, Fieberklee, Simsenlilie, Breitblättrigem Wollgras* und vielen Seggenarten, z. B. der großen *Schnabelsegge*. Daneben ist die *Rasenhaarbinse* und das hohe *Pfeifengras* häufig. *Grauerlen, Birken* und *Weiden* bilden eine charakteristische Umrahmung dieses Lebensraumes.
Der Weg führt dann, rechts bleibend, weiter aufwärts zwischen *Himbeeren* und hohem *Adlerfarn*, typischen Pflanzen der Waldschläge. Durch ein Weidegatter gelangt man auf einen Wiesenweg entlang eines Mäuerchens, das von *Scharfem Mauerpfeffer, Thymian, Heckenrosen* und *Rotem Holunder* bewachsen ist. Oberhalb des Jugendheims Kieferhof geht es noch ein Stück durch *Fichtenwald*, ehe der Spazierweg bei einer Bank in die Zufahrtsstraße zum Gasthof Schöne Aussicht und zur Roaneralm einmündet. Zwei Kehren bergauf (5 Minuten) wandert man auf der Asphaltstraße zum Parkplatz, von wo es mehrere Fußwege hinunter zum Iselsberger Hof (20–30 Minuten) bzw. hinauf zur Roaneralm (2 Stunden) gibt (siehe Wanderung Nr. 4).

4. Wanderung von Iselsberg zur Roaneralmhütte, 1903 m, Abstieg zum Defreggerhof

Ausgangspunkt: Postbushaltestelle Iselsberger Hof (Fahrplan beachten)
Gehzeit: 2½ Stunden über Gasthof Schöne Aussicht zur Roaneralm; Rückweg über Winklerner Alm zur Postbushaltestelle „Defreggerhof" 1½ Stunden
Höhenunterschied: 785 m
Schwierigkeitsgrad und Ausrüstung: leichte Wanderung; Bergschuhe
Außerhalb des Nationalparks

Oberhalb der Informationsstelle des Fremdenverkehrsverbandes Iselsberg, mit einer Übersichtstafel über die Wanderwege, folgt man der Markierung Nr. 7 zunächst auf einem Fahrweg über trockene Wiesen. Hier blühen im Juni *Wiesensalbei, Wiesenbocksbart, Margerite, Steirische Teufelskralle, Pechnelke* und *Ochsenzunge*. Bei einer Holzhütte zweigt der Weg zur „Schönen Aussicht" rechts ab und führt entlang artenreicher Hecken aufwärts. Man hört auf den Wiesen *Grillen* zirpen und in den Hecken *Buchfink, Zilpzalp* und zahlreiche andere Vogelarten singen. Im *Fichtenwald* wendet sich dann der Weg nach links zur Jausenstation **Schöne Aussicht**, von wo man einen herrlichen Blick auf die schroffen Gipfel der Lienzer Dolomiten hat (Panorama-Tafel). Dann folgt man ein Stück der Fahrstraße Richtung Roaneralm, bald aber zweigt nach links der Fußweg 7a und 7b ab, immer aufwärts durch einen lockeren *Lärchen-Fichten*-Wald mit *Waldwachtelweizen, Heidelbeere und *Preiselbeere* als Unterwuchs. Bleibt man links auf der naturkundlich interessanteren Wegvariante 7b, kann man bei einer schattigen Bank unter Fichten auch das *Kleine Zweiblatt*, eine zierliche Orchidee, entdecken.

Nach Einmündung in einen Forstweg fallen auf dem sonnigen, an einem Steinbruch vorbeiführenden Wegstück mit blühendem *Thymian* die vielen Schmetterlinge auf: *Distelfalter, Kaisermantel, Scheckenfalter, Mohrenfalter, Tagpfauenauge, Bläulinge* usw. kann man hier sehen. Größere Waldschläge ermöglichen einen freien Blick ins Lienzer Becken und ins Debanttal. Bei der Gabelung des Forstweges (Kehre) rechts bleiben und die Abzweigung des Fußweges 7b in den Wald hinein beachten! Dort blühen neben *Veilchen* im Juni *Dreiblättrige Windröschen*. Ein Stück geht man auch durch Blockwald, wo man über *Gneisfelsen* die rankende *Alpenrebe* mit hellblauen Blüten sehen kann. Auf den Stauden tummeln sich im Juni oft sehr zahlreich die glänzend braunen, vorne grünen *Gartenlaubkäfer*. Nach Zusammentreffen mit Weg 7a folgt man ein Stück der Fahrstraße und gelangt dann links zu den sonnigen Weiden der **Luggeralm** (1631 m). *Arnika, Bärtige Glockenblume, Aufgeblasenes Leimkraut, Katzenpfötchen, Kleines Habichtskraut, Thymian* und *Sonnenröschen* stehen dort in voller Blüte. Neben den zwei Almhütten aus altem, dunklem Holz lädt ein Brunnen zur Rast ein, mit Blick auf die Lienzer Dolomiten und die Kreuzeckgruppe.

Der Weg führt nun über blumenreiche *Bürstlingrasen* mit einzelnen *Lärchen* aufwärts und quert die Fahrstraße zur Roaneralm. Das gelb blühende *Knollige Läusekraut, Mückenhändelwurz* und *Weißzüngel*, eine unscheinbare Orchideenart, findet man hier oft nebeneinander. Parallel zur Fahrstraße geht man nun, geleitet von der Markierung 7a, nur mehr mäßig ansteigend den lärchenbestandenen Höhenrücken entlang. Hier blühen Ende Juni noch *Stängelloser Enzian, Goldfingerkraut, Bergnelkenwurz* und *Alpen-Brandlattich*. Die Steine sind von *Besenheide, Preiselbeere, Rauschbeere, Rentierflechte* und *Isländischem Moos* überwachsen. Die verholzte *Buchsbaumblättrige Kreuzblume* kommt in dieser Gegend in einer großblütigen lila-gelben Form vor.

Man wandert an der **Straganzalm** vorbei, die von *Bürstling*-Weiderasen und Lägerfluren umgeben ist und sieht am Weg oft die violetten Blüten des *Gemeinen Fettkrauts*, dessen klebrige Blätter Insekten fangen und verdauen. Nach Erreichen des **Geiersbühels** (1864 m) muss man auf dem staubigen Fahrweg weitergehen. Man hat hier jedoch einen schönen Ausblick auf die das Debanttal umrahmenden Gipfel. Kurz nach einem Weiderost steht auf der rechten Seite eine alte *Lärche* mit rechteckigen Spechtlöchern, Fraßspuren des *Schwarzspechtes*. Ihre Rinde ist mit der gelben *Wolfsflechte* bewachsen, benannt nach einem Gift gegen Wölfe und Füchse, das aus ihr gewonnen wurde.

Bei einer Hinweistafel „Nationalpark Hohe Tauern" ist noch ein Stück *Lärchen-Zirben*-Wald erhalten bzw. wird wieder aufgeforstet. Als typische Zwergsträucher sieht man hier *Rostrote Alpenrose* und *Zwergwacholder*. Die offene Wegböschung wird von *Grünerlen*-Gebüsch besiedelt. Ohne weitere Steigung erreicht man die Jausenstation **Roaneralm**, 1903 m, die von 1. Juni bis 15. Oktober geöffnet ist. – Tourenmöglichkeiten im Sommer: Straßboden (2401 m) 1½ Stunden, Wangenitzseehütte (2508 m) über Wiener Höhenweg 3–4 Stunden, Schwarzkofelsee (2436 m) 2½ Stunden.

Rückweg über AV-Jugendheim Winklerner Alm:

Von der Roaneralm führt ein schmaler Steig oberhalb des Fahrweges in 15 Minuten zum **AV-Jugendheim Winklern**. Man lernt hier viele Alpenpflanzen kennen, z. B. die gelbe *Bergnelkenwurz* und die weiße *Alpenküchenschelle*, die beide einen auch als „Bärtiger Jaga" bezeichneten wolligen Fruchtstand ausbilden. Im Schatten blüht das gelbe *Zweiblütige Veilchen*, und oft kann man hier im *Fichten-Lärchen*-Wald den *Fichtenkreuzschnabel*, einen für diesen Waldtyp charakteristischen Vogel, beobachten. Bald ist der Kamm erreicht, auf dem die Landesgrenze Osttirol-Kärnten verläuft, und man blickt hinunter ins Mölltal und zur Kreuzeck- und Sadniggruppe. In der Eiszeit reichten der Mölltalgletscher und der Gletscher aus dem Debanttal hier bis 2000 m herauf und formten diese Kante! Vom AV-Jugendheim, das gleich hinter dem Kamm liegt, führt ein Verbindungsweg zurück zur Roaneralmstraße, die man (z. B. bei Schlechtwettereinbruch) als Abstieg wählen kann. Weiters gibt es einen Fuß- und einen Fahrweg nach Winklern bzw. zum Defreggerhof.

Empfohlen wird die **Rückwegvariante über Moarhof zur Postbushaltestelle Defreggerhof** (1¼ Stunden ab AV-Jugendheim):

Der schmale, aber gut markierte AV-Weg Nr. 932 führt Richtung Süden zuerst nur wenig abfallend den Hang entlang durch lockeren *Lär-*

chen-Fichten-Wald mit viel *Heidelbeere*. Dann kreuzt er zweimal einen neuen Forstaufschließungsweg und geht durch *Fichtenwald* mit zahlreichen *Pilzen* und *Farnen* sowie großen Bauten der *Roten Waldameise* steil bergab. Durch dichten Jungwald und vorbei an Lärchenwiesen kommt man in der Fall-Linie zum schön gelegenen **Moarhof**. Von dort gelangt man auf einer knapp 3 km langen Asphaltstraße durch Wiesen zur Postbushaltestelle Defreggerhof. (Aktuellen Fahrplan beachten!) – Verbindungsweg Defreggerhof–Gasthof Schöne Aussicht (Moorweg) eine ½ Stunde, siehe Wanderung Nr. 3.

5. Am naturkundlichen Lehrweg durch das innere Debanttal zur Lienzer Hütte (1977 m)

Ausgangspunkt: Parkplatz Seichenbrunn (1670 m), erreichbar mit Pkw oder Kleinbus
Gehzeit: 1½ Stunden, mit Studium der Lehrtafeln jedoch in der Regel länger
Höhenunterschied: rund 300 m
Schwierigkeitsgrad und Ausrüstung: leichte Almwanderung; Bergschuhe
Nationalparkwanderung

Der Lehrweg führt durch eine reizvolle, abwechslungsreich gegliederte Almenlandschaft. Am Beginn zeigt eine Überblickstafel den Wegverlauf und die Standorte der 11 Lehrtafeln an. Diese informieren in jeweils entsprechender Umgebung anschaulich über folgende Themenbereiche: Flechten, Lebensraum Quellsumpf, Bedeutung der Moore und Moortypen im Alpenraum, Lebensraum Bergbach, Vögel des Lärchen-Zirben-Waldes, Ameisenhaufen, traditionelle Almwirtschaft, der Lärchen-Zirben-Wald, Höhenstufen der Vegetation, die Geologie des Talschlusspanoramas und das Murmeltier.

Am Beginn der Wanderung, in der Umgebung des Parkplatzes, ist ein uriger *Lärchen-Zirben*-Wald über Blocksturzmaterial ausgebildet. Der eigentliche Lehrweg zweigt ca. 150 m nach dem Parkplatz über eine kleine Brücke ab, die einen schönen kleinen Bach mit randlichen Vernässungen quert. Man wandert zunächst durch ein Waldstück und gelangt dann auf eine Freifläche mit *Bürstlingrasen* und einem schönen Quellsumpf mit *Schmalblättrigem Wollgras* und *Sumpfveilchen,* in den der *Alpenmolch* und *Grasfrosch* ablaichen. Kurz darauf stößt der Steig wieder auf den Almfahrweg. Von hier hat man einen schönen Blick hinunter auf den na-

Inneres Debanttal mit prächtigen Zirbenbeständen

turnahen **Debantbach**. Dort kann man auch nach der *Gebirgsstelze* und *Wasseramsel* Ausschau halten.
Der Lehrweg zweigt gleich danach wieder vom Fahrweg ab. Man wandert durch schönen *Fichten-Zirben*-Wald mit reichlich *Heidelbeere* und *Zwergwacholder* im Unterwuchs und quert dann einen kleinen Bach mit *Fetthennen*- und *Sternsteinbrech*. Ein Stück danach öffnet sich der Wald zu einer kleinen Moorfläche mit mehreren Moortümpeln und Schwingrasen. Vorbei an weiteren Moortümpeln erreicht man den Almanger der **Gaimbergalm**, den ein kleiner Bach umrundet und dabei schöne Mäander ausbildet. Die Almhütte steht auf einer alten Moräne, und man sieht von dort auch hinunter zum Debantbach, der sich hier staut. Abwechselnd durch Almweiden und wunderschönen *Lärchen-Zirben*-Wald wandert man weiter zur **Hofalm** und quert dabei zweimal den rauschenden Debantbach.
Von der Hofalm blickt man nach Norden auf Felsen, die zum Teil von *Zirben* bewachsen sind. Vorbei unter diesen Wänden („Schwal-

benwänd"), bei denen man *Felsenschwalben* beobachten kann, steigt man nach der Alm dem schönen Bach entlang an und erreicht schließlich die **Lienzer Hütte**. Bei der Hütte sperrt eine alte Moräne den sich weit öffnenden Talschluss nach außen ab. Wie die Moränen entlang des bisherigen Weges wurde auch dieser markante Wall vom Debantgletscher am Ende der Eiszeit im so genannten Daun-Stadium vor rund 12.000 Jahren abgelagert.

6. Rundwanderung vom Debanttal zur Wangenitzseehütte und Lienzer Hütte

Ausgangspunkt: Parkplatz Seichenbrunn, 1670 m, 13,5 km vom Taleingang, mit Pkw oder Kleinbus erreichbar

Gehzeit: 6 Stunden, Rundweg ohne Wangenitzsee 4½ Stunden

Höhenunterschied: 890 m, ohne Wangenitzsee 590 m

Schwierigkeitsgrad und Ausrüstung: leicht, aber teilweise steil; bei der Unteren Seescharte im Juni meist noch Schneefelder; Bergschuhe

Nationalparkwanderung

Oberhalb von **Seichenbrunn**, wo auch die Materialseilbahn zur Wangenitzseehütte beginnt, überquert man den **Debantbach**. Über felsdurchsetzten Almboden mit *Pyramidengünsel* und anderen Arten des *Bürstling*-Weiderasens gelangt man, einen schuttführenden Bach querend, in steilen *Fichten*-Blockwald. In 1850 m Höhe betritt man dann die freien Weideflächen mit einzelnen jungen *Lärchen, Fichten* und *Zirben,* die ebenso wie der sich stark vermehrende *Zwergwacholder* von den Bauern immer wieder geschwendet (= gerodet) werden, um die Almwirtschaft aufrechterhalten zu können. In Kehren geht es nun den sonnigen Hang hinauf, an dem *Besenheide, Preiselbeere, Heidelbeere* und *Rostrote Alpenrose* die ehemaligen Weiderasen und Bergmähder überwuchern. Wunderschön ist der Blick in den Talschluss des Debanttales mit Hochschober und Glödis und talauswärts zu den Lienzer Dolomiten. Im Juni blühen hier *Stängelloser Enzian, Alpenküchenschelle, Alpenwucherblume, Gämsheide* und *Zwergprimel,* im Hochsommer unter anderem *Scheuchzers Glockenblume, Katzenpfötchen, Arnika, Johanniskraut* und *Schafgarbe*. Zahlreiche *Heuschrecken, Schmetterlinge* und *Hummeln* bevölkern

Wangenitzsee

den blütenreichen, trocken-warmen Hang. Unter der Materialseilbahn durch führt der Weg an einer flachen Lacke vorbei, in der *Köcherfliegenlarven* umherkriechen, deren Gehäuse teils aus Glimmerplättchen, teils aus Pflanzenresten zusammengesetzt sind. Gleich daneben sprudelt ein Bach, in dessen Quellgebiet man im Bogen bergan steigend über *Bürstling*-Weiderasen und Zwergstrauchheide gelangt. Dabei kann man im Juni den *Wasserpieper* bei seinem Singflug beobachten. In den Schneetälchen blühen noch *Soldanellen*. Auf den Matten mit *Mutterwurz* und *Bergnelkenwurz* weiden im Sommer Pferde, die Schafe steigen auch noch weiter hinauf. An den kleinen Bachläufen und Quellen blühen *Fetthennensteinbrech* und *Blauer Eisenhut*, *Bitteres Schaumkraut* und *Sternsteinbrech*. In 2260 m Höhe stößt man auf den **Zinkeweg**, der die Lienzer Hütte mit der Wangenitzseehütte verbindet. Wenn es die Schneelage erlaubt, ist ein Abstecher über die Untere Seescharte (2533 m) zum Wangenitzsee (2465 m), dem größten See der Schobergruppe, ein wunderbares Erlebnis (ca. eine ¾ Stunden von der Wegkreuzung bis zur Hütte, stellenweise sehr steil). Auf der Sonnseite sieht man außer den bereits bekannten Blüten und verschiedensten Gräsern hier schon hochalpine Polsterpflanzen, vor allem *Moossteinbrech*, *Stängelloses Leimkraut* und *Einblütiges Hornkraut*. Auf der **Unteren Seescharte**, wo man nun schon in der **Kernzone des Nationalparks** Kärntner Boden betritt, finden sich zwischen großen Felsen mit *Landkartenflechte* die *Krummsegge*, *Dreifädige Binse*, *Gletschernelkenwurz*, der *Blaue Speik*, *Lebend gebärender Knöterich*, *Sternsteinbrech*, *Säuerling* und viele andere. Der Blick hinunter zum **Wangenitzsee** und dem ein wenig höher gelegenen **Kreuzsee** ist überwältigend, in der Ferne sieht man hinter der Sadniggruppe die weißen Gipfel der Sonnblick- und Ankogelgruppe. Nach kurzem Abstieg wandert man zwischen den beiden Karseen über *Krautweide*-Teppiche mit *Zweiblütigem Sandkraut* und *Alpenehrenpreis* sowie *Krummseggenrasen* mit viel *Halbkugeliger Teufelskralle* und *Alpenwucherblume* auf die große, moderne **Wangenitzseehütte** zu (2508 m). Auf den vom Gletschereis abgeschliffenen Felsbuckeln wachsen *Gämsheide*, *Totengebeinflechte* und *Krainer Kreuzkraut*, in den Mulden Gruppen von *Scheuchzers Wollgras*. Vom Wangenitzsee führt der Wiener Höhenweg über die Obere Seescharte (2604 m, etwas ausgesetzt) zur Roaneralm (1903 m), Gehzeit ca. 3½ Stunden; nach Iselsberg 5 Stunden.

Für die Rundwanderung nach Seichenbrunn kehrt man über die Untere Seescharte bis zur Abzweigung zurück und wandert dann auf dem Zinkeweg oberhalb des **Gaimberger Feldes** in das innere Debanttal weiter. Im Juni blühen hier viele *Zwergprimeln*, an den Windkanten die kleinblättrige *Gämsheide*. Auf den letzten Schneeflecken sollte man nach Tierspuren Ausschau halten. Vielleicht findet man die Fußabdrücke eines *Schneehasen* oder die Wühlgänge von *Schneemäusen*. Murmeltiere sind auf dem geröllreichen Hang häufig, auch *Steinschmätzer* und *Hausrotschwanz* lassen sich auf den Felsblöcken beobachten. Auf dem fast eben verlaufenden Weg in rund 2100 m Höhe kann man unbeschwert die Aussicht auf Rotspitze, Hochschober, Ralfkopf, Glödis und weitere Dreitausender genießen und mit etwas Glück auch den *Steinadler* seine Kreise ziehen sehen.

Oberhalb der Hofalm überquert man den **Perschitzbach**, an dem *Sumpfdotterblumen* blühen. Im Sommer weiden Rinder in dem Karboden mit alten Steineinfriedungen und lassen nur die *Stachelige Kratzdistel* und den giftigen *Blauen Eisenhut* stehen. Die typischen Pflanzen des *Bürstling*-Weiderasens (*Bärtige Glockenblume* usw.) findet man zahlreich zwischen Zwergsträuchern (*Rostrote Alpenrose*, *Zwergwacholder*, *Besenheide*), die hier große Flächen bedecken. Auch Polster von *Zwergseifenkraut* und *Alpenwucherblume* wachsen häufig an diesem Hang aus *Glimmerschiefern*, nur selten findet man hingegen die *Alpenscharte*.

Der Weg zieht sich nun oberhalb der **Schwalbenwände** ins Talinnere, dann windet er sich zwischen Geröll und einzelnen *Zirben* steil hinunter. Wasserläufe, teils über Felsen herabgischtend und vom gelben *Fetthennensteinbrech* und rosa-weißen *Strahlsamen* gesäumt, teils unsichtbar unter Steinen dahingurgelnd, machen den Weg sehr erlebnisreich. Auch dunkles, „rostiges" *Eisenglimmergestein* ist hier interessant. In den flachen Weidematten oberhalb des Debantbaches sollte man die kleinen **Tümpel** beachten. Im Juni wimmeln sie von rotbauchigen *Alpenmolchen*, die sich hier paaren und ablaichen. Auch *Grasfrösche*, *Köcherfliegenlarven* und Wasserkäfer (*Gemeiner Zwergschwimmer*) sind zu beobachten.

Über den **Debantbach** erreicht man schließlich die **Lienzer Hütte**, 1977 m (geöffnet Mitte Juni bis Anfang Oktober), wo man sich stärken kann. Von der Lienzer Hütte folgt man dem Almfahrweg bis Seidenbrunn. Gehzeit etwa 45 Minuten. Sehr empfehlenswert ist der naturkundliche Lehrweg, der an der **Hofalm** und **Gaimbergalm** vorbeiführt (siehe Wanderung Nr. 5, 1½ Stunden).

7. Rundwanderung zu den Neualplseen und Bergtour auf die Schleinitz (2905 m)

Ausgangspunkt: Bergstation des Steinermandl-Sesselliftes, 2213 m, im Anschluss an Zettersfeld-Seilbahn (Kombi-Fahrkarte, Sommersaison Mitte Juni bis Anfang Oktober, 9–17 Uhr, ausgenommen Mittagspause)

Gehzeit: bis Neualplseen 1¼ Stunden, Schleinitzgipfel 2½ Stunden

Höhenunterschied: zu Neualplseen 220 m, Schleinitz 692 m

Schwierigkeitsgrad und Ausrüstung: Wanderlehrpfad nördlich des Goiselemandls leicht; auf Neualplschneid und Schleinitz Trittsicherheit erforderlich; Wanderschuhe

Außerhalb und innerhalb des Nationalparks

Die freie Südlage von Zettersfeld und Schleinitz gibt Gelegenheit, einen Überblick zu gewinnen. Die Lienzer Dolomiten jenseits des Drautales mit ihren schroffen Gipfeln bestehen aus *Kalk-* und *Dolomit-*Ablagerungen aus der Trias- und Jura-Zeit, die auf kristallinem Untergrund lagern. Der Unterschied zu den Gebirgsformen der Zentralalpen mit ihren Umwandlungsgesteinen ist augenfällig. Die großen Täler folgen tektonischen Störungen, z. B. Iseltal und Debanttal in Nordwest-Südost-Richtung. In der **Eiszeit** wurden sie zu breiten Trögen ausgeschürft. Das Lienzer Becken war am Höhepunkt der Eiszeit von einem 1500 m dicken Eisstrom bedeckt, der aus dem Iseltal kam und auch auf dem Zettersfeld erratische Blöcke (Findlinge), z. B. aus *Serpentinit*, hinterließ. Von den *Lärchen-Zirben*-Wäldern, die sich nach der Eiszeit in der subalpinen Stufe ausbreiteten, ist am Zettersfeld nichts mehr zu sehen. Die hier vom Menschen geschaffenen großen Weideflächen sind jetzt durch intensiven Wintersportbetrieb einer weiteren Veränderung unterworfen.

Zu den Neualplseen wandert man auf dem Weg Nr. 9 unterhalb des Schoberköpfls (2278 m) durch einen bunten Blumenteppich. *Goldfingerkraut*, *Bergnelkenwurz* und *Habichtskraut* sind hier die häufigsten gelben Blüten. Blau blühen auf dem Silikatboden der *Stängellose Enzian* und die *Halbkugelige Teufelskralle* mit grasartigen Blättern, die man auf der ganzen Wanderung in *Bürstling-* und *Krummseggen-*Gesellschaften antrifft. An Polsterpflanzen mit großen rosa Blüten sieht man die *Zwergprimel* schon bald nach der Schneeschmelze, etwas später das *Zwergseifenkraut* mit braunen, aufgeblasenen Kelchen. Die weiß blühende *Alpenwucherblume*, angepasst an das Vorkommen im Hangschutt, wächst häufig dort, wo die Tritte der Wanderer Bodenerosion auslösen. Aus Rücksicht auf die empfindliche Gebirgsvegetation sollte man nicht von den markierten Wegen abweichen!

Bei der Weggabelung geht man rechts auf den Kamm hinauf, wo eine Panoramatafel die Aussicht auf die Gipfelkette jenseits des Debanttales, die Kreuzeckgruppe im Osten und die Lienzer Dolomiten im Süden erläutert. Typisch für den windgefegten Kamm ist die dem Boden angepresste *Gämsheide,* ein Spalierstrauch mit winzigen rosa Blüten und eingerollten Blättchen, die der Austrocknung und Kälte widerstehen. Am Osthang des **Goiselemandls**, dem man nun entlangwandert, sieht man subalpine und alpine Zwergsträucher an ihren bevorzugten Standorten: *Rostrote Alpenrose,* wo eine Schneedecke vor Winterfrösten schützt, daneben *Heidelbeere*. Die ihr ähnliche *Rauschbeere* mit graugrünen und die *Krähenbeere* mit immergrünen, schmalen Blättern wachsen an trockeneren Stellen, meist in Gesellschaft von *Flechten* und *Tannenbärlapp*.

Nach einem weiteren Aussichtsplatz mit einem kleinen Unterstand durchquert man auf gesicherten Stufen absteigend den Nordabfall des Goiselemandls, an dem die großen gelben Blüten der *Zottigen Gämswurz* auffallen. Dann führt der Weg über ein Geröllfeld zu einer Quelle und einem Bächlein, das unterhalb des Weges in einen kleinen Karsee mündet. In einer windgeschützten Mulde lädt die „**Steintisch-Rast**" zum Verweilen ein.

Weiter geht man zwischen flachen, vom Gletschereis abgeschliffenen Felsbuckeln und der Eintiefung eines kleinen Wasserlaufs, dessen Mäander von *Bitterem Schaumkraut, Blauem Eisenhut* und *Braunseggen-*Beständen gesäumt werden. Unter den niedrigwüchsigen Weidekräutern ist hier die Mutterwurz häufig, die nährstoffreichen Boden anzeigt. Bald sind die idyllischen Neualplseen erreicht. In einer Höhe von 2430 bis 2438 m liegen sechs Seen in Nordwest-Südost gerichteten Felswannen, teilweise verbunden durch ein Abflusssystem, das sich in Richtung „Steintisch-Rast" und in dem darunter liegenden See fortsetzt. Aber auch nach Nordosten, in Richtung Nußdorfer Alm, wird die Hochfläche entwässert, die bereits vor der Eiszeit bestand und durch die Vergletsche-

Neualplseen

rung ihr charakteristisches Aussehen erhielt. Der **Große Neualplsee** (6,5 m tief) mit einer kleinen Felsinsel und der **Oberste Neualplsee** (13 m tief) sind für das höchste Vorkommen von *Elritzen* im Nationalpark bekannt und enthalten zwergwüchsige „*Schwarzreuter*" und Normal-*Saiblinge*. Am Ufer der kleineren Seen wächst *Scheuchzers Wollgras* und in flachen Senken kann man auch fortgeschrittenere Verlandungsstadien beobachten. Auf den trockenen Felsrücken zwischen den Seen wachsen *Katzenpfötchen, Kramer Kreuzkraut* und *Totengebeinflechte* sowie Polster von *Stängellosem Leimkraut* und *Moossteinbrech*. Es besteht die Möglichkeit, entlang der „Seen-Runde" die Neualplseen zu umwandern oder den Vorderen Sattelkopf (2651 m, ca. 20 Minuten) zu besteigen.

Von den Neualplseen zum **Schleinitzgipfel** auf dem AV-Weg 913 benötigt man 1½ Stunden Anstiegszeit. Über flach gelagerte Gesteinsschichten mit *Krummseggen-* und *Krautweide*-Vegetation bergauf, dann leicht bergab über Blockwerk (*Glimmerschiefer, Gneis,* dunkler *Amphibolit,* heller *Quarz*) gelangt man zum Fuß der dunkel aufragenden, zerklüfteten Schleinitzpyramide. Dort liegt noch eine Lacke, umgeben von Schneetälchenflora. Nun klettert man des Öfteren über flechtenbewachsene Felsblöcke und vegetationslose Geröllfelder mit dunklen, *Biotit-* und *Hornblende*-reichen Gesteinen, ehe man den Gipfelgrat mit schöner Aussichtslage erreicht. Hier blühen zwischen *Krummseggenrasen* die *Klebrige Primel* und alpine Polsterpflanzen (*Zwergprimel, Zwergseifenkraut, Moossteinbrech, Moschussteinbrech, Stängelloses Leimkraut*). Im *Gletscherhahnenfuß* begegnet man einer Pflanze, die auch noch in Höhen über 4000 m vorkommt. Über zerklüftete Felsplatten steigt man nun hinauf zum großen

Gipfelkreuz, das etwas unterhalb des schwer zugänglichen Gipfels liegt. Von dort sieht man den **Alkuser See** als Bestandteil einer typischen Kartreppe, darunter die Bachmäander im Pitschedboden. Auch die dreieckige Kälberlacke und andere kleine Gewässer sowie dazwischen liegende Moränen lassen sich gut überblicken. Für Geübte besteht eine Abstiegsmöglichkeit über die Schleinitz-Westseite zum Oberwalder Steig, der das Zettersfeld mit dem Alkuser See bzw. Trelebitschtörl verbindet. Der Rückweg über die Anstiegsroute ist wesentlich kürzer (Seilbahn-Fahrzeiten beachten!).

Man wählt dann ab Neualplseen die rechte Wegvariante über die **Neualplschneid**. Dieser Weg führt zuerst entlang eines Moränenwalles bergab, wo sich häufig Scharen von *Schneefinken* beobachten lassen. Wenn man nach leichtem Anstieg von der Schattenseite auf den sonnigen Kamm kommt, findet man eine besonders üppige Blütenpracht. *Moschusschafgarbe*, *Hornkraut*, *Einblütiges Berufkraut*, *Berghauswurz* und *Thymian* wachsen hier neben vielen bereits genannten Arten. An einigen Felsen blüht auch der weiße *Traubensteinbrech*, dessen fleischige Blattrosetten kalkausscheidende Drüsen tragen.

Mit freiem Ausblick nach Süden und Westen wandert man den trockenen Kamm entlang abwärts, nun an der Sonnseite des Goiselemandls vorbei, die auch Lebensraum des *Alpenschneehuhns* ist. Ein Steilhang (mit Seilsicherung) ist vorsichtig zu durchqueren, dann geht es wieder unbeschwert weiter zwischen großen Polstern von *Zwergseifenkraut*, *Katzenpfötchen* und *Bärtiger Glockenblume*. Hier kann man auch *Murmeltiere* beobachten, die ihre Gänge nahe am sonnigen Weg angelegt haben. Bald erreicht man das Schiliftgebiet des Zettersfeldes, wo man bei einer Abzweigung die Talfahrt mit dem Steinermandl-Sessellift (links) oder die Wanderung über *Bürstling*-Weiderasen zur Gondelbahnstation (rechts) wählen kann.

8. Rundwanderung Seichenbrunn – Trelebitschalm – Lienzer Hütte

Ausgangspunkt: Parkplatz Seichenbrunn, 1670 m, erreichbar mit Pkw oder Kleinbus
Gehzeit: zur Trelebitschalm 1 Stunde, gesamter Rundweg ca. 4 Stunden
Höhenunterschied: 350 m
Schwierigkeitsgrad und Ausrüstung: leichte Wanderung, teilweise an steilem Hang entlang; Bergschuhe
Nationalparkwanderung

Vom südlichen Ende des Parkplatzes geht bei einem Holzkreuz ein Steig hinauf in den Blockwald mit schmalwüchsigen *Fichten*, *Zirben* und *Lärchen*. Die Felsblöcke sind von *Heidelbeeren*, *Moosen* und *Farnen* überwuchert, überragt von der *Weißen Hainsimse*, einer grasartigen Pflanze, die auf der gesamten Wegstrecke häufig vorkommt. Im Wald lassen sich *Meisen* und *Zilpzalp* hören, auf einer Lichtung mit Morgensonne sind im Sommer *Bienen*-Stöcke aufgestellt.

Am **Trelebitschbach** kommt man in Almgebiet mit Hochstauden und *Rostroten Alpenrosen*. Von hier hat man einen sehr schönen Ausblick nach oben auf die Sattelköpfe und gegenüber zum Perschitzkopf. Auf den Steinen im Bach blühen *Fetthennensteinbrech*, *Sternsteinbrech* und *Rosenwurz*. Der Weg führt nun auf einen **Wasserfall** zu, der über eine mit *Zirben* bewachsene Steilstufe heruntergischtet. An Hochstauden sind hier *Meisterwurz*, *Weißer Germer*, *Wolfseisenhut*, *Blauer Eisenhut* und *Stachelige Kratzdistel* zu finden. *Bachnelkenwurz* und *Alpenrispengras*, das in den Ährchen kleine Stecklinge ausbildet, sind ebenfalls häufig. Neben dem für feuchte Rinnen typischen *Grünerlen*-Gebüsch sieht man auch immer wieder Sträucher der *Blauen Heckenkirsche*.

Nach einer knappen Stunde stößt der wasserüberrieselte Weg auf den quer verlaufenden OeAV-Höhenweg 8b (**Lienzer Höhenweg**) und man folgt diesem nach rechts taleinwärts mit Blick auf den Glödis. Eine Quelle mit Holzrinne lädt zum Trinken ein. Auf offensichtlich basischem Untergrund ist hier die *Bäumchenweide* mit glänzend grünen Blättern und wolligen Fruchtständen verbreitet. Eine schmale Holzbrücke führt über den Trelebitschbach zur kleinen, hölzernen **Trelebitschalm** (1963 m), umgeben von *Alpenampfer* und *Weißem Germer*.

Nach links zweigt ein Steig zum Trelebitschtörl und Alkuser See ab. Zum **Trelebitschsee**, 2341 m, braucht man ca. 1 Stunde. Auf dem geologisch und botanisch sehr interessanten Weg über eine Kartreppe sieht man unter anderem *Feldspitzkiel*, *Alpenvergissmeinnicht* und die *Kriechende Nelkenwurz* mit goldgelben Blütenblättern und rotem Haarschopf in der Mitte (zu den **Neualplseen**, 2436 m, 1¼ Stunden, siehe Wanderung Nr. 9).

Von der **Trelebitschalm** zur **Lienzer Hütte** geht man ca. 2 Stunden. Der **Lienzer Höhenweg** führt durch ausgedehnte Zwergstrauchheide, in der einzelne *Zirben* und *Lärchen* als Reste der ursprünglichen Bewaldung stehen. *Rostrote Alpenrose* und *Heidelbeere* dominieren, auch *Zwergwacholder* und *Blaue Heckenkirsche* sind häufig, dazwischen *Echte Goldrute* und stellenweise *Punktierter Enzian*. An den Felsblöcken sieht man *Preiselbeere, Rauschbeere, Krähenbeere, Tannenbärlapp, Rentierflechte* und *Isländisches Moos*. Windausgesetztere Stellen werden von *Gämsheide* und *Dreifädiger Binse* besiedelt. Der Weg führt am streckenweise sehr steilen Hang entlang leicht bergab und bergauf. Im flacheren Gelände herrscht *Bürstling*-Weiderasen vor, mit *Habichtskräutern, Scheuchzers Glockenblume, Alpenbrandlattich, Goldfingerkraut, Mutterwurz, Bergnelkenwurz* und *Bärtiger Glockenblume* zwischen den eher auf den Kuppen wachsenden Zwergsträuchern.

Beim hölzernen **Wetterkreuz** reicht die Aussicht von den Gipfeln um das Debanttal bis hinaus zur Kreuzeckgruppe. Oberhalb der Gaimbergalm überquert man den **Schulterbach**, kurz danach schafft ein neu angelegter Weg die Verbindung zum Fahrweg ins Debanttal.

Am Höhenweg folgt nun eine besonders schöne Wegstrecke. Wenn man Glück hat, kann man Bergeidechsen beim Sonnen beobachten. Beim Durchlass durch einen Weidezaun leuchtet am feuchten Hang unterhalb des Tscharnakt *Scheidiges Wollgras*. Dann kommt man zu landschaftlich wunderschön gelegenen kleinen Moortümpeln, über die *Libellen* dahinjagen. Manchmal sieht man *Tannenhäher* beim Sammeln oder Vergraben von Zirbelnüssen. Oberhalb von alten *Zirben* und *Lärchen* führt der Weg durch *Rostrote Alpenrosen*, die hier, im Frühling noch von Schnee bedeckt, erst Ende Juli blühen. Eine Gegensteigung ist noch zu überwinden, bevor der Höhenweg knapp vor der **Lienzer Hütte** in den Fahrweg einmündet. Bei der Alpenvereinshütte kann man sich stärken und auf dem für Privatfahrzeuge gesperrten Fahrweg (¾ Stunde) oder auf dem wunderschönen naturkundlichen Lehrweg (1 Stunde, Wanderbeschreibung Nr. 5) nach Seichenbrunn zurückkehren.

9. Zweitägige Wanderung mit Übernachtung in der Lienzer Hütte

1. Tag: Leibnitztal – Eduard-Jordan-Weg – Hochschoberhütte – Lienzer Hütte

Ausgangspunkt: Parkplatz „Hochschoberhütte" beim Leibnitzbach, 1640 m, erreichbar mit Pkw oder Kleinbus von Ainet

Gehzeit: 1½ Stunden zur Hochschoberhütte, von dort über Gartl zur Lienzer Hütte 2½ Stunden

Höhenunterschied: Parkplatz – Hochschoberhütte 682 m, insgesamt 951 m

Schwierigkeitsgrad und Ausrüstung: leicht, nur westlich vom Gartlsee kurze seilgesicherte Kletterstelle; Bergschuhe

Nationalparkwanderung

Blick ins Leibnitztal

Der Eduard-Jordan-Weg führt entlang des von *Grünerlen* und *Himbeersträuchern* gesäumten **Leibnitzbaches** durch einen wunderschönen *Lärchen-Zirben*-Wald. An Zwergsträuchern sind *Rostrote Alpenrose* und *Heidelbeere* am weitesten verbreitet, an sonnigen Abschnitten kommen auch *Zwergwacholder, Preiselbeere* und *Besenheide* sowie kleinräumige *Bürstling*-Weiderasen vor. Bei der idyllisch gelegenen **Leibnitzalm** (1908 m) quert man zum dritten Mal den Leibnitzbach und folgt nun ein Stück der Forststraße taleinwärts, vor sich die dunklen *Eklogit*-Felsen des Hohen und Niederen Prijakt. Auch die auf einer Geländekante neu errichtete Hochschoberhütte und der Wasserfall unterhalb davon sind bereits sichtbar. Südlich des Baches wandert man dann auf einem Fußweg steiler hinauf, durch Blockwerk, das von Zwergsträuchern und einzelnen *Zirben* und *Lärchen* überwachsen ist. Am gegenüber liegenden Südhang reicht der *Zirbenwald* fast geschlossen bis ca. 2200 m hinauf.

Nun gelangt man auf eine Bergkuppe mit *Gämsheide, Zwergseifenkraut, Zwergprimel, Moschusschafgarbe* und *Berghauswurz,* wo neben dem **Zilinkreuz** eine Rastbank mit Ausblick ins Defereggental steht. Nach einem flachen Stück über Weiderasen (*Alpenrispengras*), vorbei an dichten Beständen von *Alpenkratzdistel* und *Blauem Eisenhut* und einer *Zirben*-Aufforstung, kommt man zum letzten Anstieg vor der Hochschoberhütte. Am Brunnentrog der **Sophienquelle** hat jemand die Jahresringe gezählt: 350 Jahre brauchte diese Zirbe, um ca. einen ½ m Durchmesser zu erreichen. Wenn man nun fast eben über *Bürstlingrasen* und Polsterpflanzen zur Hütte weitergeht, sieht man unterhalb moorige Senken mit *Wollgras, Seggen* und *Haarbinse*.

In der **Hochschoberhütte**, 2322 m, besteht Einkehr- und Übernachtungsmöglichkeit. (Von dort über Barrenlesee zum Hohen und Niederen Prijakt 3½ Stunden; Mirschachscharte – Alkuser See – Zettersfeld 6–7 Stunden; Mirnitzscharte – Lienzer Hütte 3–4 Stunden; Hochschober, 3242 m, nur für Geübte, 3½ Stunden, über Schoberlacke und Staniskascharte (siehe Bergtour Nr. 10).

Wir wandern weiter über den **Gartlsee** (**Leibnitztörl**, 2591 m) auf dem **Franz-Keil-Weg** zur Lienzer Hütte (1977 m) – 2½ Stunden. Der Weg zum Leibnitztörl führt zuerst durch den ebenen **Naßfeldboden** über steindurchsetzten *Bürstlingrasen* mit *Scheuchzers Glockenblume* und *Kleinem Augentrost*. Begleitet von *Zwergprimel, Zwergseifenkraut, Stängellosem Leimkraut* und *Alpenwucherblume* steigt er entlang des Hanges mit *Rostroten Alpenrosen* leicht an und überquert dann den Bach. Zwischen glucksenden Wasserläufen durch eine Art Steingartenlandschaft mit *Thymian, Halbkugeliger Teufelskralle, Einköpfigem Berufkraut, Moossteinbrech* und *Moschussteinbrech* geht es in Serpentinen aufwärts. Der von Blockwerk erfüllte Bergkessel wird von den Steilhängen des Leibnitzkopfs, Törlkopfs und der Südflanke des 3242 m hohen Hochschobers umschlossen. Blickt man zurück zur Hochschoberhütte, wird der gewaltige Höhenunterschied gegenüber dem Iseltal (auf 750 m) deutlich.

Nun nähert sich der Weg dem Ausfluss des Gartlsees, der einen kleinen Wasserfall bildet und dann unter den Geröllblöcken verschwindet. *Einblütiges Hornkraut, Moossteinbrech, Krainer Kreuzkrarat, Krummsegge* und *Dreifädige Binse* besiedeln diesen alpinen Standort. Im Schutt sieht man auch immer wieder die *Braune Hainsimse*. Nach kurzer Kletterei über Felsplatten mit Seilsicherung erreicht man das **Westliche Leibnitztörl** und den **Gartlsee** in 2571 m Höhe. Der 16 m tiefe, klare See liegt in der Kernzone des Nationalparks. Man umgeht ihn links und folgt der Markierung über Geröllblöcke zum **Östlichen Leibnitztörl** (2591 m), von wo sich ein sehr schöner Blick zu Klammerköpfen, Keeskopf, Weißwandspitzen und dahinter Petzeck eröffnet. Nach Norden führt ein Steig zum Schobertörl (Übergang ins Ralftal und Aufstieg zum Kleinen Schober). Zu unseren Füßen zieht sich der **Franz-Keil-Weg** über die Moränenlandschaft des Gartls, vorbei an einer lang gestreckten Lacke. Man gelangt im Bogen über einen schattigen Hang, auf dem *Krautweide* und *Zwergruhrkraut* häufig sind, hinunter. Neben abschmelzenden Schneefeldern wachsen auch *Moose* und *Soldanellen*. Im großen Karboden des **Gartls** findet man Niedermoorbildungen. Links vom Weg durchzieht ein Quellfluss des Debantbaches in mehreren Armen ein Schotterfeld, ein Stück weiter unten überquert man ihn auf wackeligen Trittsteinen. Zurückschauend sieht man nun links vom Kleinen Schober auch den Hochschober mit seinen schneebedeckten Steilhängen emporragen. Weiter geht es über einen späteiszeitlichen Moränenrücken mit *Krummsegge* und *Zwergprimel* hinunter. Nochmals kreuzt man den Bach und steigt nun rechts von seinem wasserfallähnlichen Lauf ca. 200 Höhenmeter ab. Der *Krummseggenrasen* zwischen den Geröllfeldern wird von Schafen beweidet, die duftenden Blätter der *Mutterwurz* sind kurz abgefressen. Dagegen wird der große *Blaue Eisenhut* wegen seiner Giftigkeit vom Vieh gemieden und steht hier häufig in Spalten zwischen den Steinen. Weiter unten treffen wir auch auf die farbigen Blüten von *Goldpippau* und *Scheuchzers Glockenblume*.

Lienzer Hütte mit Glödisspitze

Der Weg führt nun am Hang unterhalb der Mirnitzschneid entlang durch alpine und subalpine Zwergstrauchheide. Neben *Krähenbeere* und *Rauschbeere* wächst hier auch der hellgrüne *Alpenbärlapp* mit schuppenförmigen Blättern. Kurz nach der Abzweigung zu Kalser Törl und Glödis kommt man zu einer **Quelle** mit Trinkwasser. Zwischen Felsblöcken stehen *Rostrote*

Alpenrose, Zwergwacholder, Blaue Heckenkirsche, Punktierter Enzian und *Meisterwurz*, ein aromatisch riechender Doldenblütler. Bald sieht man vor sich die **Lienzer Hütte** an der rechten Seite des **Debantbaches**, umgeben von *Zirben, Lärchen* und *Bürstlingrasen*.

2. Tag: Lienzer Hütte (1977 m) – Trelebitschalm – Zettersfeld

Zwei Möglichkeiten:

A) über Neualplseen (2438 m)
Naturkundlich interessant, aber anstrengend und nur bei sicherer Wetterlage zu empfehlen
Ausgangspunkt: Lienzer Hütte
Gehzeit: 4¾ Stunden bis Steinermandl-Sessellift, gut 5 Stunden zur Seilbahn
Höhenunterschied: 480 m
Schwierigkeitsgrad und Ausrüstung: stellenweise Trittsicherheit erforderlich; Bergschuhe
Nationalparkwanderung

Am **Lienzer Höhenweg** bis **Trelebitschalm** 2 Stunden, siehe Wanderung Nr. 8, 2. Teil; Trelebitschalm – **Neualplseen** 1½ Stunden. Der schmale Weg, der bei der **Trelebitschalm** zu den Neualplseen und zum Trelebitschtörl-Alkuser See abzweigt, erschließt eine besonders artenreiche Pflanzenwelt auf teils saurem, teils basischem Untergrund. Er führt anfangs ziemlich steil durch Zwergstrauchheide, die von Pflanzen des *Bürstlingrasens*, z. B. *Arnika*, durchsetzt ist, und überquert den **Trelebitschbach** oberhalb einer von *Zirben* gesäumten Schlucht. Zwischen den *Rostroten Alpenrosen* leuchten weiße *Milchquarz*-Felsen hervor. Schon nach ca. 10 Minuten erreicht man die unterste Karmulde mit *Wollgräsern, Seggen* und anderen Niedermoorpflanzen. Zwischen dem verlandeten See und dem Bach leitet die Markierung zu einem großen Stein, wo links der schlecht sichtbare Weg zu den Neualplseen abzweigt. Man geht über einen beweideten Talboden mit viel *Alpenkratzdistel, Blauem Eisenhut* und *Rosenwurz* nach Süden auf die Sattelköpfe zu und dann auf einem Pfad den Abhang entlang nach Osten. Im Hangschutt sieht man häufig *Alpenwucherblume, Alpenküchenschelle* und *Dreifädige Binse*, aber auch *Netzweide, Stumpfblättrige Weide* und *Steinbrecharten*, die basischen Boden bevorzugen.

Dieser Pfad vereinigt sich mit dem vom Trelebitschtörl kommenden Weg und überquert einen Sattel, von dem aus man einen schönen Rundblick ins Trelebitschkar, zu Großer Rotspitze, Glödis und dem Bergkamm jenseits des Debanttales hat. Nun führt der Weg am Ostabhang der Sattelköpfe fast eben über blumenübersäte *Bürstlingweiden* mit *Silberdisteln*, die ihre weißen Hüllblätter bei hoher Luftfeuchtigkeit schließen. Über eine etwas ausgesetzte Felsrinne und durch Zwergstrauchheide kommt man zu dem Bach, der von den Neualplseen in Richtung Nußdorfer Alm fließt und an dem *Fetthennensteinbrech* und *Blauer Eisenhut* blühen. Neben dem Bach zieht ein Verbindungsweg hinunter zum Lienzer Höhenweg.

Aufwärts führt der nun gut markierte Weg durch einen steinigen Graben mit *Berghauswurz* und *Moossteinbrech* und durch eine feuchte Mulde mit *Strahlsamen* und *Sumpfherzblatt, Quellenhornkraut* und strahlend blauem *Alpenvergissmeinnicht*. Dann geht es in Kehren steil bergauf zwischen Felsen, auf denen kalkliebende *Spalierweiden, Trauben-, Rudolphs* und *Roter Steinbrech* sowie *Feldspitzkiel, Dunkle Fetthenne* und *Zarter Enzian* wachsen. Auf dem weiteren Weg zu den **Neualplseen**, der rechts im Bogen hinaufführt, findet man wieder Pflanzen, die im Silikatgestein der Schobergruppe typisch sind: *Krautweide, Zwergruhrkraut, Zweiblütiges Sandkraut* und *Alpenehrenpreis* in den Schneetälchen, *Halbkugelige Teufelskralle* und *Krainer Kreuzkraut* im steindurchsetzten *Krummseggenrasen* und *Zwergprimel, Stängelloses Leimkraut, Zwergseifenkraut* und *Moossteinbrech* als häufigste Polsterpflanzen.

Neualplseen – Steinermandl-Sessellift (2213 m) 1¼ Stunden oder **Zettersfeld-Seilbahn** (1800 m) 1½ Stunden über Wanderlehrpfad (nördlich) oder Neualplschneid (südlich des Goiselemandls), siehe Wanderung Nr. 7.

B) Lienzer Höhenweg über Seewiesenalm zum Zettersfeld
Ausgangspunkt: Lienzer Hütte (1977 m)
Gehzeit: 4¼ Stunden zur Zettersfeld-Seilbahn (1800 m)
Höhenunterschied: 300 m, öfter auf und ab
Schwierigkeitsgrad und Ausrüstung: leicht, auch bei unsicherer Wetterlage möglich; Wanderschuhe
Außerhalb des Nationalparks

Zur **Trelebitschalm** auf dem **Lienzer Höhenweg** oder über **Seichenbrunn** 2 Stunden, siehe Rundwanderung Nr. 8. Weiter auf dem Lienzer Höhenweg Richtung Seewiesenalm. Nach Einmündung des von Seichenbrunn kommenden Weges führt der OeAV-Höhenweg 8b talauswärts über Felsblöcke und durch ausgedehnte Bestände von *Rostroten Alpenrosen* und *Heidelbeeren* bergauf. Zwischen den Zwergsträuchern sieht man die gelben Blüten von *Punktiertem Enzian* und *Echter Goldrute* sowie wasserspeichernde *Torfmoose*. Entlang des Steilhanges mit schönen *Zirben* und *Lärchen* quert man auch Rinnen mit *Grünerlen* und *Blauem Eisenhut*. An offenen, von *Bürstlingrasen* bewachsenen Stellen sieht man zurück in den Talschluss mit Glödis und Hochschober und zur Bergkette jenseits des Debanttales.

Dann geht es bergab über einen sonnigen Hang, auf dem *Zwergwacholder, Besenheide* und *Preiselbeeren* überwiegen. In der von Gletschern vorgeformten Talfurche, die von den Neualpseen zur **Nußdorfer Alm** hinunterzieht (markierter Steig), quert man einige Wasserläufe, an denen *Fetthennensteinbrech, Strahlsame, Sternsteinbrech* und *Bitteres Schaumkraut* wachsen. Nach links führt ein Forstweg zur Nußdorfer und weiter zur Faschingalm. Wir aber bleiben rechts auf dem ansteigenden Weg 86, der zwischen *Alpenrosen* und *Heidelbeeren* zu einem *Zirben*-Aufforstungsgebiet gelangt. Oberhalb der **Wellalm** sieht man im *Bürstlingrasen Bärtige Glockenblume, Arnika* und *Weißzüngel,* eine Orchidee. Nochmals bergan durch Zwergstrauchheide erreicht man die von Weiderasen und einigen Lacken umgebene **Seewiesenalm** (1992 m) mit erfrischendem Brunnenwasser. Richtung Zettersfeld kommt man an dem verlandenden **Seewiesensee** vorbei, dessen Wasserfläche von einem Gürtel aus *Schmalblättrigem Wollgras* und *Schnabelsegge* eingeengt wird. Begleitet von *Zwergseifenkraut, Gämsheide, Krähenbeere, Rauschbeere* und *Preiselbeere* führt der Weg zwischen flechtenbewachsenen Steinen weiter talauswärts. Auch *Stängelloser Enzian* und *Alpenküchenschelle* sind hier häufig. Bei einer Felsnase, unter der *Grünerlen* und Hochstauden wie *Gelber Eisenhut, Schmalblättriges Weidenröschen* und *Meisterwurz* stehen, ist der höchste Punkt der Wanderung erreicht. Über das von *Bürstlingrasen* bewachsene **Zettersfeld-Schiliftgebiet**, im Sommer geschmückt mit *Scheuchzers Glockenblume, Katzenpfötchen, Arnika, Bergnelkenwurz* und anderen leuchtenden Blüten, geht es nun bergab bis zur Seilbahnstation.

10. Bergtour auf den Hochschober (3242 m)

Ausgangspunkt: Hochschoberhütte, 2322 m, bis dahin vom Parkplatz im Leibnitztal 1½ Stunden (siehe Wanderung Nr. 9)

Blick vom Hochschober zur Glödisspitze

Gehzeit: 3 Stunden für Aufstieg, 2½ Stunden Abstieg
Höhenunterschied: 920 m
Schwierigkeitsgrad und Ausrüstung: Trittsicherheit und im obersten Teil auch Schwindelfreiheit erforderlich; Bergschuhe
Wanderung zur Nationalparkgrenze

Nördlich der Hochschoberhütte überquert man den Bach Richtung Staniskascharte. Am steiler werdenden Hang werden *Rostrote Alpenrose* und andere Zwergsträucher von *Krummsegge* und Polstern von *Zwergprimel, Zwergseifenkraut* und *Stängellosem Leimkraut* abgelöst. Links oberhalb der in 2515 m Seehöhe liegenden **Schoberlacke** vorbei steigt man zwischen *Krautweideböden* und Blockwerk von einer Karstufe zur nächsten weiter bergan. Über Schutthalden mit *Alpenwucherblume, Einblütigem Hornkraut, Schlaffem Rispengras* und über vegetationslose Geröllfelder kommt man zu einer Felsstelle, die durchklettert werden muss. Dann geht es wieder auf besserem Weg unter *Glimmerschiefer*-Felsen mit bis halbzentimetergroßen *Granat*-Kristallen entlang. Auch weiße *Quarzblöcke* fallen immer wieder auf.

Bei der **Staniskascharte** (2936 m) eröffnet sich der Ausblick nach Norden zum Großglockner und nach Nordwesten auf Muntanitz, Großvenediger und Dreiherrenspitze. Nun führt die Markierung Richtung Hochschober nach Osten steil bergauf. Auf den Serpentinen Steinschlaggefahr durch Geröll beachten! Neben dem gut ausgetretenen Weg auf der Südseite des Kammes blühen hochalpine Pflanzen wie *Moossteinbrech, Moschussteinbrech* und *Gletscherhahnenfuß*.
In 3185 m Höhe erreicht man den Kamm, der das **Staniskakees** vom **Schoberkees** trennt und sieht nun das Gipfelkreuz des Hochschober schon nahe vor sich; links davon Ralfkopf und Glödis. Nach Südosten geht es dann ein Stück den Kamm hinunter und den Steig am oberen Rand des steil nach Norden abfallenden Schoberkeeses entlang. Bei der letzten Steigung sind Drahtseilsicherungen über die Felsen gespannt. Danach kommt man mühelos zum Gipfel des **Hochschobers**, 3242 m, der einen phantastischen Rundblick bietet.
Schwieriger ist der Anstieg zum Hochschober von der Lienzer Hütte (1977 m) über das Gartl (4½ Stunden).

Programmvorschläge für Nationalparkwochen für verschiedene Monate und Wetterverhältnisse

Standquartier Nußdorf-Debant, Iselsberg, Dölsach oder Lienz

1. Tagestouren für Juni je nach Schneelage
Wanderung zu den Erdpyramiden und zur Zwischenberger Lacke, eventuell weiter zum Anna-Schutzhaus oder zur Stronachalm: von der Tal- in die Almregion, interessante Erosionsformen, sehr schöne Aussicht, Moorvegetation (Wanderung Nr. 2)
Rundwanderung auf die Roaneralm: Höhenstufen der Vegetation, schöne Almen, Überblick über Nationalparkgebiet Schobergruppe (Wanderung Nr. 4)
Rundwanderung vom Debanttal zur Wangenitzseehütte (bzw. bei Schneelage nur Zinkeweg) und Lienzer Hütte: landschaftlich sehr schöner Weg auf der Sonnseite des Debanttales, artenreiche Pflanzen- und Tierwelt (Wanderung Nr. 6)
Rundwanderung zu den Neualplseen: alpine Vegetation, wunderbare Seenlandschaft, herrliche Aussicht (Wanderung Nr. 7)

2. Tages- und Zweitagestouren ab Mitte Juli – Oktober, je nach Schneelage
Wanderung von der Roaneralm über Wiener Höhenweg zur Wangenitzseehütte: alpine Pflanzen und Tiere, sehr schöne Seenlandschaft, größter See der Schobergruppe (Wanderbeschreibung siehe Gemeinde Winklern, Wanderung Nr. 1)
Bergtour von der Hochschoberhütte auf den Hochschober: Gipfel- und Gletschererlebnis, sehr schöne Aussicht, hochalpine Vegetation (Wanderung Nr. 10)
Zweitägige Wanderung vom Leibnitztal über Hochschoberhütte und Gartlsee zur Lienzer Hütte und weiter zum Zettersfeld: landschaftlich und botanisch interessanter Übergang vom Iseltal ins Debanttal und bis zum Rand des Lienzer Beckens (Wanderung Nr. 9)
Rundwanderung vom Zettersfeld am Lienzer Höhenweg über Seewiesenalm zur Trelebitschalm, zurück über Neualplseen: schöne Almlandschaft mit Seen, Pflanzen des Zwergstrauchgürtels (Wanderung Nr. 9, Teil

B in umgekehrter Richtung, dann Teil A) oder Rückweg durch das Debanttal nach Nußdorf bzw. Iselsberg (Fahrweg)

3. Halbtagswanderungen, auch bei unsicherem Wetter möglich

Rundwanderung Lienz – Nußdorf-Debant – Aguntum (Anschluss nach Dölsach über Stribach): kulturgeschichtlich interessant, vielfältige Vogelwelt (Wanderung Nr. 1)

Wanderung ins Debanttal bis zum Gasthaus „Zur Säge", entweder von Nußdorf aus oder von der Straße auf den Iselsberg: Pflanzen des Eichen-Mischwaldes, zahlreiche Vogelarten, Blick in die Debantbach-Schlucht (Fahrweg, Variante von Wanderung Nr. 1)

Naturkundliche Wanderung am Iselsberger Moorweg: Kennenlernen der Moor- und Sumpfvegetation (Wanderung Nr. 3)

4. Halbtagswanderungen bei Schönwetter

Naturkundlicher Lehrweg im inneren Debanttal: wunderbarer Gebirgsbach und Lärchen-Zirben-Wald, Moor und Quellsumpf; revitalisierter alter Almweg mit naturkundlichen Informationen (Wanderung Nr. 5)

Rundwanderung; Seichenbrunn – Trelebitschalm – Lienzer Hütte: uriger Blocksturzwald und Wasserfall, Zwergstrauchgürtel auf der Schattseite des Debanttales (Wanderung Nr. 8)

Wanderung vom Parkplatz Zwischenberger Lacke (Mautstraße von Stronach) zur Anna-Schutzhütte am Ederplan (Variation von Wanderung Nr. 2)

5. Möglichkeiten bei Regenwetter oder an Rasttagen

Besuch der römischen Ausgrabungen in Aguntum und Lavant (siehe Gemeinde Dölsach, „Kulturelle Besonderheiten")

Besichtigung von Schloss Bruck mit dem Osttiroler Heimatmuseum in Lienz (Beschreibung im selben Kapitel)

Naturkundliche Wanderung zur Lavanter Mure (siehe Gemeinde Dölsach, „Naturkundliche Besonderheiten")

6. Empfehlenswertes Nationalparkprogramm für Juni bei guten Wetterverhältnissen

1. Tag: Rundwanderung zu den Erdpyramiden und zum Feuchtgebiet Zwischenberger Lacke, eventuell Abstecher zum Anna-Schutzhaus am Ederplan (Wanderung Nr. 2)
2. Tag: Rundwanderung zur Roaneralm (Wanderung Nr. 4) und Iselsberger Moorweg (Nr. 3)
3. Tag: Ruheprogramm: Besichtigung von Aguntum und Schloss Bruck/Lienz (Wanderung Nr. l) oder Lavant und Lavanter Mure (siehe Dölsach, „Naturdenkmäler und naturkundliche Besonderheiten")
4. Tag: Rundwanderung von Seichenbrunn zur Wangenitzseehütte und Lienzer Hütte (Wanderung Nr. 6), zurück über Naturkundlichen Lehrweg (Nr. 5)
5. Tag: Seilbahnfahrt auf das Zettersfeld und Rundwanderung zu den Neualplseen (Wanderung Nr. 7), eventuell Rückweg über Seewiesenalm (Wanderung Nr. 9, Variante B)

6. Felbertal: Gemeinde Mittersill

Natur

Topografie, Geologie, Geomorphologie

Das rund 19 km lange Felbertal weist zwei einander gleichwertige Quelläste auf: das eigentliche **Felbertal** und das **Amertal**. Diese Täler wurzeln im Bereich der stärksten Erniedrigung des Tauernhauptkammes, der sich hier am Felbertauern bis auf 2481 m herabsenkt.

Am Talausgang liegt ein kaum 100 m über dem Salzachtal gelegener Riegel aus *Prasiniten,* welcher vom Felberbach durch ein kurzes, nacheiszeitlich entstandenes Kerbtal gequert wird. Südlich dieses Riegels folgt ein etwas breiterer, von Wildbachschutt gefüllter Talabschnitt. Noch breiter wird das Tal oberhalb von Kleinbruck. Dort, wo sich Felber- und Amerbach vereinigen, ist das Gebiet durch Bergstürze gekennzeichnet. Das Trümmerfeld eines solchen Bergsturzes trennt die beiden Tauernhäuser Schößwend (1096 m) und Spital (1170 m).

Das innere **Felbertal** steigt über eine Stufe zum Hintersee an und bildet dahinter einen präch-

Hintersee im Felbertal/Mittersill

gen Trogschluss. Den See staute ein mächtiger Bergsturz auf, der 1495 wahrscheinlich durch ein Erdbeben ausgelöst wurde. Oberhalb des Talschlusses liegt noch ein von 2200–2400 m ansteigender Hochtrog. Er stellt mit seinen Rundbuckeln und Wannen, Tümpeln und Seen ein Musterbeispiel einer glazial überformten Landschaft dar.

Das Felbertal liegt großteils in der so genannten „Habachformation" der Unteren Schieferhülle aus dem Erdaltertum (Paläozoikum). Erst etwa ab dem Tauernhaus „Spital" kommt man in den Bereich des *Zentralgneises* der Granatspitzgruppe. Das Amertal erfährt durch Schwemmkegel und Bergsturzmaterial einen mehrfachen Wechsel von Gefällestrecken und ebenen Böden. Im Trogschluss liegt der Amertaler See in einem ehemaligen Gletscherkolk. Die steilen Wände des Hörndls (oder Hohe Fürlegg) und des Hochgassers werden aus dem *Amphibolit* der Habachformation gebildet. Die talnahen Bereiche sowie die Süd- und Ostumrahmung des Amertales bestehen aus dem *Zentralgneis* des Granatspitzkernes.

Gesteine

Es herrschen *Prasinite* und *Amphibolite* vor. Weiters sind zu erwähnen: *Phyllite, Plagioklasgneise* und *Muskovitgneise* nördlich der Vereinigung der beiden Quelltäler, weiters *Biotitschiefer* sowie im *Zentralgneis* an den westlichen Steilhängen des Felbertales *Felber Augengneis* und im Talschluss von dünnen *Glimmerschieferlagen* durchsetzte *Amphibolite* u. a.

Mineralien und Bergbau

Bei Großbruck gibt es z. B. Vorkommen von *Talk, Asbest, Serpentin, Nickel* und *Chrysotil,* am Hohen Bäul *Muskovit, Limonit, Serpentin* und *Strahlstein* und am Felbertauern *Turmalin, Bergkristall, Amethyst, Epidot, Zoisit, Adular* und *Flussspat*.
Beim Tauernhaus Schößwend existierten alte **Bergbaue**, in denen nach *Kupferkies* und *Eisenkies* geschürft wurde. *Kupferbergbau* wurde auch an der Ostseite des Pihappers betrieben. Bei Großbruck wurde noch bis Anfang der Fünfzigerjahre *Talkschiefer* und *Asbest* abgebaut. Ein *Schwefelkiesbergbau* in Rettenbach westlich von Mittersill wurde 1945 eingestellt. Seit 1975 wird im Felbertal **Wolframerz (Scheelit)** abgebaut. Bis 1986 erfolgte die Erzgewinnung im Tagbau. Ab 1979/80 wurde schließlich mit dem Untertagebau begonnen. 1993 wurde der Abbau stillgelegt. Im Tiefbau wurden unter anderem auch schöne Funde von blauem *Beryll, Smaragd, Scheelit* und *Magnetkies* gemacht.

Gletscher

Wegen der relativ deutlichen Absenkung des Gipfelniveaus des Alpenkammes im Bereich des Felber- und Amertales gibt es hier keine markanteren Gletscher, lediglich einige Firnfelder im Bereich um den Tauernkogel und im hintersten Amertal.
Erwähnenswert sind jedoch zwei Blockgletscher. Westlich des Schrankecks oder Schranecks (östlich des Hintersees) liegt in 2300 m Höhe der **Schrankeck-Blockgletscher** (mit tropfenförmigem Umriss und nordwestlicher Fließrichtung) und südöstlich des Amertaler Sees in 2400 m Höhe der kleine **Amertaler-See-Blockgletscher**.

Beherrschende Gipfel

Südlich von Mittersill prägen zwei auffallende Berggestalten den Eingang des Felbertales: der **Zwölferkogel** (2446 m) im Osten und der **Pihapper** (2513 m) im Westen (ein lohnender Aussichtsberg mit Tiefblick nach Mittersill und wunderbarem Blick ins Amer- und Felbertal, bis zurück zum Großglockner). Die höchsten Gipfel im Gemeindegebiet von Mittersill sind der **Hochgasser** (2922 m) und der **Tauernkogel** (2989 m), zwischen denen der Felbertauern eingesenkt ist. Der Tauernkogel ist außerdem der östlichste Gipfel der Venedigergruppe. Weitere markante Gipfel des inneren Felber- und Amertales: **Hoher Herd** (2824 m), **Hörndl** (oder **Hohe Fürlegg**, 2852 m), **Riegelkopf** (2921 m), **Amertaler Höhe** (2841 m), **Großer Landeckkopf** (2898 m) u. a.

Gewässer

Neben naturbelassenen Bächen in den hintersten Talbereichen mit wunderschönen Flachstrecken und Wasserfällen zeichnet sich das Felbertal vor allem durch eine Reihe schöner Bergseen aus.
Hintersee im Felbertal (1313 m): er ist mit rund 550 m Länge der größte der Mittersiller Seen (genauere Beschreibung im Kapitel „Naturdenkmäler und naturkundliche Besonderheiten").
Drei malerische Karseen liegen im eingangs erwähnten, glazial überformten Hochtrog oberhalb des Trogschlusses des Felbertales: der **Plattsee** (2200 m), der **Langsee** (2231 m) und der **Obersee** (2350 m). Der Plattsee ist ein Karsee ohne Verlandungszone, misst ca. 350 x 170 m und erreicht mit 39,1 m eine beachtliche Tiefe. Der bis fast 14 m tiefe Langsee (ca. 370 x 150 m) weist an seinem Süd- und Westufer eine ausgedehnte Verlandungszone mit teilweisem Niedermoorcharakter auf. Das Umfeld des knapp 9 m tiefen und rund 360 x 125 m großen Obersees wird vor allem durch Bergsturzmaterial geprägt, das von einem Vegetationsmosaik aus Pflanzen der Quellfluren und Schneetälchen locker bewachsen ist.
Amertaler See oder **Amertaler Ödsee** (2259 m): er liegt in einem schönen Hochkar im Hintersten Amertal und weist felsige Uferabschnitte und vor allem an der Nordseite schöne abgeschliffene Rundhöcker auf. Er ist jedoch überstaut und steht über eine Stollenleitung mit den Kraftwerken im Stubachtal in Verbindung.
Schwarze Lacke in der Amertaler Öd (2227 m): sie liegt unweit nördlich des Amertaler Sees und ist von alpinen Grasheiden und vor allem Blockschutt umgeben. Länge ca. 150 m, Breite 100 m, größte Tiefe 9,5 m.

Vegetation und Tierwelt

Der Waldanteil im Gemeindegebiet von Mittersill liegt bei rund 30 %. Der *Fichtenwald* überwiegt sehr deutlich, daneben tritt noch auffällig die *Lärche* in Erscheinung. In höheren Lagen vor allem des Amertales ist auch die *Zirbe* häufig (siehe „Naturdenkmäler und naturkundliche Besonderheiten"). Die *Tanne* ist nur in sehr geringen Beständen vertreten. Gegenüber den Nadelbäumen treten die Laubbäume stark zurück. Zahlreiche steile, feuchte Hänge sind von ausgedehnten *Grünerlen*-Gebüschen überzogen. In der Zwergstrauchstufe sowie in der anschließenden Grasheidenstufe liegen vielfach die in Weiderasen umgewandelten Almmatten. Botanisch recht interessant ist ein Weg auf den oben erwähnten Pihapper (siehe auch Kapitel Wanderrouten), an dem man unter zahlreichen bemerkenswerten Alpenpflanzen auch die in Salzburg sehr seltene *Alpenscharte* antrifft. Dieser sonst meist an völlig unzugänglichen Standorten wachsende Korbblütler kommt hier knapp unterhalb des Gipfels direkt neben dem Weg vor. Botanisch bemerkenswert ist auch die durch kühle Windsysteme beeinflusste Flora in den Felsnischen der „Heidnischen Kirche" im Amertal (siehe nächstes Kapitel).

Im Felbertal sind im Wesentlichen die charakteristischen Tierarten der verschiedenen Höhenstufen der Tauern anzutreffen.

Naturdenkmäler und naturkundliche Besonderheiten

Hintersee im Felbertal (1313 m)

Der Hintersee entstand nach einem großen Erdbeben in den Hohen Tauern im Jahre 1495. Dieses Beben löste einen riesigen Bergsturz aus, der vom Hohen Herd an der orographisch linken Talseite herabstürzte, einen gewaltigen Riegel bildete und den heutigen Hintersee aufstaute. Der Hintersee ist mit rund 550 m Länge und bis zu 10 m Tiefe der größte der Mittersiller Seen. Er liegt malerisch im Vordergrund des Felbertaler Trogschlusses und besitzt dadurch eine einzigartige Umrahmung mit steilen, von Lawinengängen durchfurchten Felshängen, Waldbereichen, Almflächen und den ehemaligen Bergmähdern, den steilen Seefeldern. Am südlichen Seeufer, wo die sich aufgliedernden Bachgerinne den See speisen, ist eine schöne Verlandungszone ausgebildet. Hier wachsen z. B. *Bitteres Schaumkraut, Sumpfkratzdistel, Sumpf-* und *Waldschachtelhalm, Sumpfvergissmeinnicht, Sumpfdotterblume, Brennender Hahnenfuß, Bachbunge, Schmalblättriges Wollgras* und vieles mehr. Im Flachwasserbereich des Ufers, bis zu einer Tiefe von 2 m, bildet der *Tannenwedel* einen nahezu geschlossenen Gürtel. Es ist dies eines der wenigen Vorkommen dieser Pflanze in den Hohen Tauern. In der sumpfigen Verlandungszone findet man neben verschiedensten Kleintieren z. B. den *Grasfrosch*. Auch einige prächtige Libellenarten, wie die *Alpensmaragdlibelle* und die *Torfmosaikjungfer*, kann man hier entdecken.

Der Hintersee und sein Umfeld wurden im Jahr 1933 von der Salzburger Landesregierung durch die strenge Kategorie „Naturdenkmal" unter rechtlichen Schutz gestellt. Die ökologische und landschaftsästhetische Wertigkeit dieses Naturjuwels wird deutlich, wenn man erfährt, dass der Hintersee einer der ersten Lebensräume war, der durch diese Schutzkategorie im Lande Salzburg ausgezeichnet wurde.

An der Nordseite des Hintersees wurde im Jahr 1988 ein eindrucksvoller Nationalparklehrweg errichtet, der anschaulich über die Besonderheiten des Sees und seiner Umgebung informiert (siehe Wanderung Nr. 1).

Die Schößwendklamm

Seit der letzten Eiszeit hat sich der Felberbach durch die relativ harten Gesteine der Talenge geschnitten, die knapp oberhalb der Vereinigung des Felbertales mit dem Amertal liegt. Für die Entstehung dieser Schlucht sind dabei vor allem die „zähen" *Biotit-Hornblende-* und *Grünschiefer*-Gesteine dieses Talabschnitts maßgebend. Die Schößwendklamm ist ein außergewöhnliches Naturschauspiel. Wegen ihrer Eigenart und Schönheit wurde sie 1983 zum Naturdenkmal erklärt und ist als solches nun auch gesetzlich geschützt. Besonders bemerkenswert sind die zahlreichen größeren und kleineren Wasserfälle sowie die sehenswerten Erosionsformen und vor allem Kolke, die hier das Wasser in jahrtausendelanger Arbeit beständig aus dem Fels geschliffen hat. Bei stärkerer Wasserführung, z. B. zur Zeit der frühjährlichen Schneeschmelze oder nach heftigen Regenfällen bietet die Klamm einen besonders imposanten Eindruck. Bedingt durch den Klammcharakter und die Sprühwirkung des Wassers mit der dadurch örtlich vorherrschenden hohen Luftfeuchtigkeit treten in diesen Bereichen typische Schluchtwald- und Hochstaudenelemente auf. Weiters ist hier das Vorkommen schöner *Straußfarn*-Bestände bemerkenswert. Die Klamm ist durch Steganlagen gut zugänglich und ein lohnendes Ausflugsziel. Sie liegt unweit der Straße zum Hintersee und kann von dieser aus oder von der Felbertauernstraße (Bushaltestelle „Landwehrlager Felbertal") leicht erreicht werden (siehe Wanderung Nr. 2).

Pembachwasserfall

Dieser eindrucksvolle Wasserfall liegt westlich der Schößwendalm und ist von einem kleinen Parkplatz in einer Wegkehre der Straße zum Hintersee in wenigen Minuten auf einem bequemen Fußweg erreichbar. Das Wasser des Pembaches stürzt hier in einer weißen Gischtfontäne ca. 25 m in die Tiefe. Von einer kleinen Aussichtsplattform hat man einen wunderbaren Blick auf den gesamten Wasserfall. Um diesen stocken in den steilen Felswänden Gehölzbestände aus *Fichten, Birken* und *Weiden.*

Schleierfall

Während der Schneeschmelze oder nach Regenperioden stürzen über die dunklen Felsen des Gaiskarkopfes und der Freiwand zahlreiche Bäche und Wasserfälle in das hintere Hochtal des Hintersees. Der größte und wasserreichste dieser Fälle ist der etwa 80 Meter hohe Schleierfall. Er stürzt zunächst über eine Steilwand des Geißsteins in eine tiefe Felsrinne, um als Wildbach über steiles Schrofengelände in das grüne Kar hinabzufließen. Dort wird dann dieser vom Felberbach aufgenommen und in den Hintersee geführt. Der Schleierfall ist vom Parkplatz Hintersee aus zu Fuß in etwa 30 Minuten leicht erreichbar. Die wegen der Wasserführung beste Besuchszeit ist etwa Ende Mai bis Mitte Juli.

Heidnische Kirche

Bei der so genannten Heidnischen Kirche handelt es sich um einen etwa 10 m hohen Zentralgneisblock, der wuchtig aus einem Bergsturztrümmerfeld herausragt. Sie liegt im Amertal in 1450 m Seehöhe unterhalb einer Lawinengalerie der Felbertauernstraße am Südende des Elisabethsees und ist vom dort gelegenen Parkplatz in wenigen Gehminuten zu erreichen. Der markante Zentralgneisblock ist in der Mitte auseinander gebrochen, wobei die beiden Teile nur durch einen engen, kaum begehbaren Spalt getrennt sind. Besonders eindrucksvoll sind die muschelförmigen Bruchflächen, die sich in westlicher Richtung wölben und einen kuppelförmigen Gesamteindruck hervorrufen, der durch die umgebenden *Fichten* noch verstärkt wird. Durch den deckenden Bewuchs mit teilweise recht bunten *Flechten* und *Moosen* hat die Natur hier selbst für eine ganz besondere Form der „Kirchenmalerei" gesorgt. Aufgrund ihrer Einzigartigkeit wurde die Heidnische Kirche im Jahre 1987 als Naturdenkmal unter Schutz gestellt.

Windlöcher

Eine naturkundliche Besonderheit ersten Ranges stellen die Windlöcher bei der Heidnischen Kirche im Amertal dar. Hier hat sich in dem relativ locker aufgeschichteten Bergsturzmaterial ein Röhrensystem entwickelt, in dem die Luft über Hunderte Höhenmeter unterirdisch zirkulieren kann. So sinkt – weitgehend unbeeinflusst von den Talwinden – die kalte Luft höherer Lagen in diesem Röhrensystem nach unten, kühlt sich dabei noch zusätzlich ab und strömt dann als oftmals „eisiger" Lufthauch bei den Windlöchern nach außen. Vor allem an wärmeren Tagen ist dieser „kalte Hauch aus dem Erdinneren" deutlich zu spüren.

Durch dieses Phänomen ist das Umfeld der Windlöcher während des ganzen Jahres kühler, der Schnee liegt in diesem Bereich länger und somit ist auch die Vegetationszeit hier deutlich verkürzt. Diese von der Umgebung recht unterschiedlichen ökologischen Verhältnisse werden auch durch eine ganze Reihe von Pflanzenarten angezeigt. So finden sich in der unmittelbaren Umgebung der Windlöcher Schneetälchenpflanzen der Hochlagen wie die *Kleine Soldanelle* und das Zwergruhrkraut oder Arten der alpinen Rasen wie das *Alpenhabichtskraut* oder die *Alpenhainsimse*. Wie verändert hier die klimatischen Bedingungen sind, wird deutlich, wenn man sich vor Augen hält, dass die erwähnten Arten ihren Hauptlebensraum 500 bis 1000 Höhenmeter über der Heidnischen Kirche besitzen. Erwähnenswert ist auch, dass die *Kleine Soldanelle* im Umfeld der Windlöcher erst blüht, wenn sie sich z. B. in der Umgebung des Amertaler Sees, also rund 800 m höher, bereits im Fruchtzustand befindet. Auch eine ganze Reihe von Flechten der alpinen Windheiden und Polsterstufe, wie die *Windheiden-Moosflechte (Cetraria cucullata),* die *Schnee-Moosflechte (Cetraria nivalis),* die *Gelbgrüne Fadenflechte (Alectoria ochroleuca)* oder die *Totengebeinsflechte (Tamnolia vermicularis)* gedeihen in üppiger Ausbildung im Nahbereich dieses Naturphänomens. Es sind dies alles Arten, die im Waldbereich sonst völlig fehlen. Sogar die felsbewohnende *Blutaugenflechte,* eine Art, die normalerweise auf windumtosten Felsen in der alpinen Region ihren Hauptlebensraum besitzt, wächst am Ausgang der Windlöcher.

Das Teufelsloch

Das Teufelsloch ist ein markantes Felsloch im Grat neben dem Aufstieg zum Tauernkogel, mit Durchblick nach Osttirol. Vergleichbare Löcher kommen auch in anderen Tauerntälern vor. Das Mittersiller Teufelsloch ist eines der neun Teufels- oder Melkerlöcher, die der Sage nach auf die Bestrafung von Melkern zurückgehen, die auf den Almen ein gottloses Leben führten. Ein solches Melkerloch gibt es auch oberhalb der Spitalalpe am Grat zwischen dem Felber- und Hollersbachtal.

Schutzwälder und Waldreservate im inneren Amertal

Das innere Amertal zeichnet sich neben den vorhin beschriebenen Naturbesonderheiten auch durch einzigartige, weitgehend unberührte Waldbereiche aus, die zum Teil über altem, blockigem Bergsturzmaterial stocken. Besonders zu erwähnen ist hier der „Glanzwald" oder „Märchenwald", der sich an der Ostseite des Tales unter der Glanzalm nach Süden zieht. In den unteren Hangabschnitten dominiert in diesen Wäldern die *Fichte,* mit steigender Höhe treten immer mehr die *Lärche* und *Zirbe* in den Vordergrund. Ein naturnaher, reich gegliederter *Fichten-Lärchen-Zirben*-Mischwald stockt im Bereich nahe des Tunnelportals der Felbertauernstraße. Dieser Bestand ist als Naturwaldreservat vorgesehen.

Wirtschaft

Die **Almwirtschaft** des Felber- und Amertales hat neben dem Fuscher, Rauriser, Stubach- und Hollersbachtal in den nördlichen Hohen Tauern die größte Bedeutung. 1910 bestanden insgesamt 32 Almen. Seit diesem Höhepunkt ist die Almwirtschaft zurückgegangen. Auch die Bewirtschaftungsform der Almen hat sich wesentlich geändert. Aus den ehemaligen Sennalmen mit Butter- und Käseerzeugung sind meist Milchlieferungsalmen geworden, auf denen die Milch kaum mehr selbst verarbeitet wird. Erst neuerdings mit dem steigenden Fremdenverkehr wird die Almkäseerzeugung wieder lukrativer.

Mittersill ist heute durch die Felbertauernstraße ein **Verkehrsknotenpunkt** und vor allem das **wirtschaftliche Zentrum des Oberpinzgaus**. Die bedeutendsten Betriebe sind die Schifabrik Blizzard und die Fahnenfabrik Gärtner. Bedeutend ist natürlich auch in Mittersill der **Fremdenverkehr**.

Kulturelle Besonderheiten

Das Felberturm-Museum in Mittersill

Im Felberturm in Mittersill, einem alten Wehrturm aus dem 12. Jahrhundert, befindet sich ein sehenswertes Heimatmuseum mit der vielseitigsten und größten Sammlung aus der Salzburger Nationalparkregion. Ein Nationalpark-Informationsraum (mit Tonbildschau) gibt eine gute Übersicht über den Nationalpark. Weiters sind zahlreiche charakteristische Beispiele aus der Tierwelt und dem Mineralienschatz des Nationalparks zu sehen sowie Darstellungen verschiedener Lebensräume. Ein Ausstellungsbereich informiert auch über den Saumhandel in den Hohen Tauern und speziell im Felbertal. Die weiteren Abteilungen zeigen Interessantes aus Handwerk und Volkskunst, Brauchtum und Geschichte, dem Feuerwehrwesen, Alpinismus und Schilauf sowie über den lokalen Bergbau. Um den Felberturm herum ist ein sehenswertes kleines Freilichtmuseum angelegt, mit verschiedenen alten Gebäuden und der alten Pinzgauer Lokalbahn.

Schloss Einödberg

Es liegt an der westlichen Gemeindegrenze von Mittersill auf einem niedrigen Felsrücken und enthält in seinem Kern noch einen Wohnturm aus dem 13. Jahrhundert. Einst lag es am Hauptverkehrsweg durch das Salzachtal.

Schloss Mittersill am Sonnberg

Seit 1180 ist es urkundlich erwähnt und befindet sich heute in Privatbesitz (Verwendung für internationale Kongresse christlicher Studenten).

Vom Schloss aus bietet sich ein herrlicher Blick auf Mittersill und die Hohen Tauern. Kostenlose Besichtigung möglich, Tel. 0 65 62/45 23.

Felberkirche

Die wunderschöne spätgotische Kirche „Zum heiligen Nikolaus" stellt mit dem Turm aus dem Jahre 1522 und einem frühbarocken Altar ein besonderes Kunstjuwel des Oberpinzgaus dar.

Pfarrkirche zum hl. Leonhard

Die erste Mittersiller Kirche mit dem Schutzpatron hl. Leonhard stand ursprünglich an der Stelle der heutigen Annakirche. Diese wurde in einer Urkunde erstmals 1383 erwähnt. Sie wurde dauernd von Hochwasser bedroht und überdies beim großen Marktbrand 1746 schwer beschädigt und darauf 1747 abgerissen. Die neue Kirche wurde dann auf ihrem jetzigen Standort errichtet und 1754 fertig gestellt. Aus der alten Kirche stammt das älteste Kunstwerk Mittersills, eine kostbare, 76 cm hohe Steingussstatue des hl. Leonhard aus der Zeit um 1420.

Historische Tauernwege

Schon im Altertum wurde der Felbertauern bzw. der Matreier Tauern als Saumweg benutzt. Mit dem sprunghaft zunehmenden Handel im 12. und 13. Jahrhundert wurde er schließlich zu einer wirtschaftlich wichtigen Verbindungslinie zwischen dem Pinzgau und dem Iseltal. Auch der Fernhandel wurde bald mit einbezogen. Die geistlichen Fürsten waren aus wirtschaftlichen Gründen am Funktionieren des Tauernhandels sehr interessiert und errichteten für die Händler und Reisenden zum Schutze vor Wetterumschwüngen die **Tauernhäuser Spital und Schößwend** sowie auf der Südseite das **Matreier Tauernhaus**. Eine weitere Unterkunft wurde am Pass Thurn errichtet.

Hauptsächlich wurden Salz und Metalle gegen Wein aus dem Süden ausgetauscht. Im 18. Jahrhundert verlor der Saumhandel durch politische Umwälzungen an Bedeutung. Durch die Eröffnung der Felbertauernstraße im Jahre 1967 wurde in Verbindung mit dem Ausbau der Pass-Thurn-Straße eine moderne Nord-Süd-Verbindung geschaffen.

Tauernhaus Spital im inneren Felbertal

Dieses äußerst sehenswerte Tauernhaus ist noch mit seiner ursprünglichen Einrichtung erhalten. Seit 1323 ist es urkundlich erwähnt. Heute wird es als Gasthaus genutzt.

Empfehlenswerte Wanderungen und Touren

1. Naturlehrweg Hintersee

Ausgangspunkt: Parkplatz Hintersee
Gehzeit: ca. 45 Minuten
Höhenunterschied: nicht nennenswert
Schwierigkeitsgrad und Ausrüstung: keine Schwierigkeit; Wanderschuhe
Nationalparkwanderung

Dieser Lehrweg am malerischen Hintersee (siehe „Naturdenkmäler und naturkundliche Besonderheiten") bietet ein besonderes Naturerlebnis. An der Nordseite des Sees wandert man durch lockere Bergwaldabschnitte, am Seeufer und über Almweiden auf eine kleine Anhöhe und kann sich, den See und die herrliche Kulisse des Talschlusses vor Augen, über die Natur des Sees und seiner Umgebung informieren. Entlang des Weges sind zehn pultförmige, anschaulich illustrierte Lehrtafeln angebracht, eine weitere befindet sich bei der Hinterseealm auf der anderen Seeseite und eine allgemeine Informationstafel über das Felbertal nahe dem Parkplatz. Die Tafeln informieren über folgende Themenbereiche: Geologie, der biologische Abbau von Bäumen eines Lawinenwurfes, einstige Bergmähder, die Lebensgemeinschaft Hintersee, Höhenstufen der Vegetation, die Besiedelung der Felsen der Bergsturzflächen mit Pflanzen, die Lebensgemeinschaft Gebirgsbach, die Gämse, die Formenvielfalt des Talschlusses, die Vogelwelt des Bergwaldes, die Entstehung des Hintersees. Zum Lehrweg gibt es auch einen kleinen Naturführer (siehe Kapitel „Empfehlenswerte Literatur").

Im Bereich des Sees und seiner Umgebung ist z. B. auch die Beobachtung von *Bachstelzen, Gebirgsstelzen* und *Wasseramseln* sowie von *Weidenmeise, Ringdrossel* und *Wasserpieper* usw. möglich. An den westlichen Felswänden halten sich häufig *Gämsen* und zum Teil auch *Alpenmauerläufer* auf.

2. Wanderung durch die Schößwendklamm und über das Tauernhaus „Spital" zum Hintersee (1313 m)

Ausgangspunkt: Abzweigung Amertal, Bushaltestelle „Landwehrlager Felbertal" an der Felbertauernstraße
Gehzeit: ca. 2 Stunden
Höhenunterschied: ca. 150 m
Schwierigkeitsgrad und Ausrüstung: leicht; festes Schuhwerk
Außerhalb des Nationalparks

Von der Haltestelle gelangt man in 15 Minuten zur eindrucksvollen Schößwendklamm (siehe Kapitel „Naturdenkmäler und naturkundliche Besonderheiten"), die man durchwandert. Die Route führt weiter über den alten Tauernweg und vorbei am sehenswerten Tauernhaus „Spital" (1170 m; siehe Kapitel „Kulturelle Besonderheiten") hinauf zum Hintersee (1313 m; siehe „Naturdenkmäler und naturkundliche Besonderheiten" und Wanderung Nr. 1).

Der Weg führt durch bachbegleitende Grauerlen-Bestände mit *Frauenfarn*, *Hainsternmiere*, *Behaartem Haingreiskraut*, *Kälberkropf* und *Goldnessel* und über *Bürstling*-Weiderasen. An lawinengeschützten Stellen stockt Mischwald mit *Fichte*, *Bergahorn*, *Grauerle*, *Birke* und *Großblättriger Weide*. In feuchten Bereichen in Bachnähe gedeihen auch schöne *Straußfarn*-Bestände. Der *Straußfarn* ist einer unserer größten heimischen Farne. Sein Name kommt von den Sporenwedeln, deren Gestalt an Straußenfedern erinnert.

3. Bergtour vom Hintersee (1313 m) auf den Felbertauern bzw. zur St. Pöltner Hütte (2481 m)

Ausgangspunkt: Parkplatz Hintersee
Gehzeit: 4–5 Stunden
Höhenunterschied: 1168 m
Schwierigkeitsgrad und Ausrüstung: der Weg ist problemlos zu begehen; aufgrund der Dauer der Wanderung und der Höhendifferenz ist alpine Ausrüstung und gute Kondition vonnöten
Nationalparktour

Auf einer Nationalpark-Informationstafel beim Parkplatz ist der Weg eingezeichnet. Vom Parkplatz aus folgt man etwa 50 m der Bergwerksstraße des alten Scheelitbergbaus bis zum markierten Weg, der in Serpentinen durch das Trudental aufwärts führt. Zunächst steigt man durch einen feuchten *Fichtenwald* mit Hochstaudenfluren bis zu einer verfallenen Alm, deren Wiesen mit *Alpenampfer* zuwachsen. Die Hänge sind wasserreich und mit *Grünerlen* bestockt. Eine weitere verfallene Hochalm befindet sich bereits über der Waldgrenze in ca. 2000 m Höhe im Bereich der „Schrankleiten". Der Weg führt von hier weiter über stark von Schafen und Rindern beweidete Grasheiden in das Gebiet des Nassfeldes, ein Kar, durch das der Bach in vielen Armen mäandriert, mit dazwischen liegenden anmoorigen Stellen mit *Schmalblättrigem* und *Scheuchzers Wollgras*. In 2200 m Höhe gelangt man zum **Plattsee**, der in einem musterhaft von den Eiszeitgletschern überformten Hochtrog liegt und von Wannen und kleinen Tümpeln umgeben ist (siehe Kapitel „Gewässer" und „Topografie, Geologie, Geomorphologie"). Der weitere Pfad führt in der Nähe des Langsees vorbei. Man steigt über alpine Rasen mit *Krummsegge* und *Zwergprimel*, durch „Schneetälchen" mit *Krautweide* und durch Fels- und Schuttvegetation mit *Rotem Steinbrech*, bis man schließlich die St. Pöltner Hütte bzw. den Felbertauern erreicht. Von hier ist auch ein Abstieg zum Matreier Tauernhaus möglich (siehe Matrei, Wanderung Nr. 10).

Alternative Route über den Steig unterhalb der Hochspannungsleitung; der Weg führt am Ostufer des Hintersees, vorbei an der Jausenstation Gamsblick, in Richtung Süden. Es werden ausgedehnte Bachschwemmflächen und felsdurchsetzte Weideflächen gequert. Im hintersten Talschluss steigt der Weg steil an, quert *Grünerlen*-Gebüsche, die vereinzelt von knorrigen, alten, majestätischen *Bergahornen* durchsetzt sind und führt über Zwergstrauchgesellschaften, Windheiden und Almrasen bis zur Einmündung in den markierten Wanderweg zur St. Pöltner Hütte. Der Weg ist deutlich anspruchsvoller als der vorhin beschriebene, Trittsicherheit und ein Mindestmaß an Schwindelfreiheit ist an einigen ausgesetzten Stellen nötig!

4. Bergtour von der St. Pöltner Hütte auf den Tauernkogel (2989 m)

Ausgangspunkt: St. Pöltner Hütte
Gehzeit: 1½ bis 2 Stunden
Höhenunterschied: ca. 500 m
Schwierigkeitsgrad und Ausrüstung: hochalpine Bergtour; bei günstigen Schneeverhältnissen am Eisfeld mit festen Bergschu-

hen und bei entsprechender Trittsicherheit für Alpinerfahrene problemlos zu begehen; bei ausgeapertem Eisfeld Steigeisen und Pickel notwendig. Den Hüttenwirt der St. Pöltner Hütte befragen!
Nationalparktour

Der Weg beginnt unmittelbar hinter der St. Pöltner Hütte, quert lückige alpine Rasen und Silikatschuttfluren und erreicht bei ca. 2600 m ein Schnee- bzw. Eisfeld. Nach dessen Querung führt er in fast vegetationslosem Schutt aufwärts und geht dann in Serpentinen auf dem Ostgrat des Tauernkogels bis zum Gipfel. Die Aussicht vom Gipfel ist grandios und gewährt unter anderem einen herrlichen Gipfelrundblick sowie Blicke hinab ins Felbertal, ins Hollersbachtal und auf dessen „Vorder- und Hintermoos", zwei phantastische und weitgehend unberührte Moorbereiche, sowie ins Tauerntal.

5. Bergtour auf den Hochgasser (2922 m)

Ausgangspunkt: St. Pöltner Hütte
Gehzeit: 2 Stunden
Höhenunterschied: ca. 500 m
Schwierigkeitsgrad und Ausrüstung: hochalpine Bergtour, entsprechende Ausrüstung nötig; Schwierigkeitsgrad der Wegführung jedoch relativ gering; Trittsicherheit erforderlich
Außerhalb des Nationalparks

Der Weg führt von der St. Pöltner Hütte über eine kleine felsige Erhebung, den so genannten „Weinbühel", in Richtung Südosten. Einige etwas ausgesetzte Stellen sind mit entsprechenden Sicherungen versehen. Von der Einschartung zwischen Weinbühel und Hochgasser (alter Tauern) führt der Weg ständig ansteigend auf den Hochgasser. Die Wegführung in diesem Bereich ist als leicht zu bezeichnen. Man durchschreitet beim Höhersteigen sämtliche Vegetationsstufen vom alpinen Rasen über eine ausnehmend schön ausgeprägte Polsterpflanzenstufe bis hin zu deckend mit Flechten bewachsenen Schuttfluren. Vom Gipfel des Hochgassers bietet sich ein faszinierender Blick ins Gschlößtal und auf die Venedigergruppe einerseits und die Glocknergruppe mit dem höchsten Berg Österreichs, dem Großglockner, andererseits. Die riesigen Gletscherflächen dieser beiden Gebirgsstöcke liegen zum Greifen nahe vor dem Betrachter.

6. Wanderung vom Gasthaus Taimeralm zur Heidnischen Kirche und zu den Windlöchern

Ausgangspunkt: Gasthaus Taimeralm unweit der Felbertauernstraße
Gehzeit: ca. 20 Minuten
Höhenunterschied: ca. 120 m
Schwierigkeitsgrad und Ausrüstung: leichte Wanderung, jedoch festes Schuhwerk empfehlenswert
Außerhalb des Nationalparks

Der Weg führt entlang des Amerbaches zunächst in südwestliche und später südöstliche Richtung durch *Fichtenwald* mit *Heidelbeere*, über Wiesenabschnitte mit *Margerite* und *Augentrost*, über Viehweiden mit *Bürstling* und *Alpenampferfluren*, vorbei an Feuchtstandorten mit *Flatterbinse* und *Sumpfläusekraut* sowie an Gebüschfluren mit *Grünerle*, *Großblättriger Weide* und *Rotem Holunder*. An den Hängen stockt *Lärchen-Fichten*-Wald, im oberen Bereich sind auch alte *Zirben* beigemischt. Auf der Westseite des Amerbaches sieht man ausgedehnte Bergsturzbereiche mit großen Blöcken, die mit *Lärchen, Fichten, Latschen, Birken* und im Unterwuchs mit *Heidelbeere* bewachsen sind. Beim Elisabethsee erreicht man eine Raststätte an der Felbertauernstraße. Eine Tafel verweist hier auf den Weg zur Heidnischen Kirche. Dort sind Schautafeln montiert mit Erläuterungen über die Entstehung der Heidnischen Kirche und die Pioniervegetation auf den Felsblöcken. Neben der Heidnischen Kirche befinden sich auch die Windlöcher, über die ebenfalls eine Schautafel informiert (siehe auch Kapitel „Naturdenkmäler und naturkundliche Besonderheiten").

7. Wanderung von der Ödalm zum Amertaler See (2259 m)

Ausgangspunkt: Ödalm bzw. das Nordportal des Felbertauerntunnels
Gehzeit: 2½ Stunden
Höhenunterschied: ca. 600 m
Schwierigkeitsgrad und Ausrüstung: der Anstieg ist unschwierig, die Überwindung der steilen Trogschulter auf einem relativ steilen, in Serpentinen angelegten Weg erfordert jedoch ein gewisses Maß an Kondition.
Außerhalb des Nationalparks

Der Weg führt den Amerbach entlang, durch

mit Zwergsträuchern durchsetzte Almrasen. Zu beiden Seiten des Tales stocken an den steilen Trogwänden majestätische *Zirben*. Bei ca. 1700 m steigt der Weg in Serpentinen steil durch *Grünerlen*-Gebüsch und Hochstaudenfluren an, quert dann alpine Rasen, die von zahlreichen Feuchtstellen durchsetzt sind, und führt anschließend, teilweise durch flechtenbewachsene Blockfelder, zum aufgestauten Amertaler See (siehe Kapitel „Gewässer").

8. Bergtour vom Amertaler See (2259 m) zur Amertaler Scharte (2700 m) – Einstieg St. Pöltner Ostweg

Ausgangspunkt: Amertaler See (2259 m)
Gehzeit: 2 bis 2½ Stunden
Höhenunterschied: 450 m
Schwierigkeitsgrad und Ausrüstung: hochalpine Bergtour, entsprechende Ausrüstung und Ausdauer ist Grundvoraussetzung; der Weg ist markiert und führt im oberen Bereich über Blockfelder; der Aufstieg ist nicht allzu schwierig, erfordert jedoch trittsicheres Gehen auf Steinblöcken; bei ungünstigen Sicht- und Witterungsverhältnissen ist von dieser Tour abzuraten
Außerhalb des Nationalparks

Beim Amertaler See führt der Weg leicht ansteigend entlang des Westufers, in weiterer Folge über ein kurzes Steilstück zu einem Moränensee, der „Grünen Lacke", und von dort weglos, aber gut markiert über Geröll und Blockfelder zur Amertaler Scharte. Dort trifft man auf den St. Pöltner Ostweg, einen der grandiosesten Höhenwege in den Ostalpen. Er verbindet die St. Pöltner Hütte mit der Rudolfshütte am Weißsee (Gehzeit 10–12 Stunden). Auf der Scharte öffnet sich ein herrlicher Ausblick auf die Glockner-, Granatspitz- und Venedigergruppe.

9. Bergtour auf die Pihapperspitze (2513 m)

Ausgangspunkt: Ortsteil Klausen in Mittersill
Gehzeit: Aufstieg 4–5 Stunden, Abstieg ca. 3 Stunden
Höhenunterschied: 1700 m
Schwierigkeitsgrad und Ausrüstung: anspruchsvolle Bergwanderung; im letzten Abschnitt etwas ausgesetzt; aufgrund der relativ langen Gehzeit und der großen Höhendifferenz ist alpine Ausrüstung und entsprechende Kondition Grundvoraussetzung
Wanderung in den Randbereich des Nationalparks

Vom Ortsteil Klausen steigt man über die **Jausenstation „Mong"** auf dem markierten Weg Nr. 20 und Nr. 935 durch den *Fichtenwald* bis zur **Pölsner Alm** („Platte") auf. Von hier führt der Weg über Almweiden mit einzelnen kleineren Vernässungsstellen mit Niedermoorcharakter aufwärts; ab ca. 2000 m wird der Weg von schroffem Gelände bzw. von felsdurchsetzten Abhängen gesäumt. In diesen Bereichen findet sich eine reichhaltige und attraktive Flora. Arten wie *Alpenscharte, Zottige Gämswurz, Feldspitzkiel* und verschiedene *Enzianarten* machen diesen Weg nicht nur für einen botanisch interessierten Wanderer, sondern für jeden, der sich an der Schönheit von Alpenpflanzen erfreuen kann, zu einem Erlebnis. Ein Grund für die hier besonders artenreiche Flora liegt darin, dass in diesem Bereich sowohl saure als auch basische Gesteine vorkommen und somit neben den „Silikatpflanzen" auch kalkliebende Arten gedeihen. Auch das *Edelweiß*, die wohl populärste Alpenpflanze, ist im Umfeld des Weges noch zu finden. Unmittelbar vor dem Gipfel wird eine Felsstufe mithilfe von Sicherungen überwunden. Auf dem Gipfel hat man eine herrliche Aussicht auf die Tauern bis hin zu den Gletschern der Venediger- und Glocknergruppe sowie über die Pinzgauer Niederungen in Richtung Norden auf die Nördlichen Kalkalpen.

7. Winklern – Das Tor zum Nationalpark im Mölltal

Gemeinde Winklern

Natur

Topografie, Geologie, Geomorphologie

Der Winklerner Anteil am Nationalpark Hohe Tauern beginnt an den Schatthängen des Wangenitztales und umfasst zusätzlich noch Bereiche der Abhänge bzw. Kare am südöstlichen Rand der Schobergruppe, die hier bis an den Iselsberg reichen.

Die Marktgemeinde Winklern liegt nordöstlich unterhalb des Iselsberges. Hier endet das Obere Mölltal mit einer markanten Richtungsänderung der Möll, die von hier nach Nordosten „zurück" in die Alpen „hineinfließt". Der eigentümliche Talverlauf deutet bereits darauf hin, dass die ursprüngliche Möll über den Iselsberg zur Drau floss und dass der heutige Passübergang des Iselsberges ein durch Zerschneidung von zwei Seiten übrig gebliebenes Talstück ist. Wie bereits das Wangenitztal (siehe Kapitel Mörtschach) liegt auch der Winklerner Nationalparkanteil im Bereich des Ostalpinen Altkristallins, das hier den Südrahmen des Tauernfensters bildet.

Gesteine sowie Mineralien und Bergbau

Siehe Mörtschach bzw. Wangenitztal

Beherrschende Gipfel

Straßboden (2401 m), Winkelkopf (2748 m), Spitzer und Muletter Seichenkopf (2888 m und 2919 m), Himmelwand (2786 m)

Gletscher

Im Gemeindegebiet von Winklern liegt kein Gletscher.

Blockgletscher: Im Bereich des Straßbodens und der Garnitzen, südlich des Wangenitztales, liegen in den Karböden „fossile Blockgletscher", die in Zusammenhang mit Moränen aus spätglazialen Stadien stehen. Die Oberfläche der Blockgletscher mit den längs und quer zur Fließrichtung angeordneten Schuttwülsten ist eingesunken und teilweise mit Vegetation bedeckt. Es gibt allerdings in der Schobergruppe auch noch einige aktive Blockgletscher (mit Eiskern), so z. B. in den Karen um das Petzeck (Gradental), im Bereich des Hornkopfes (Gössnitztal) und andere (siehe Kapitel „Die Gletscher und ihre landschaftsformende Kraft").

Gewässer

Winklerner Almsee: Besonders reizvoller Karsee mit schönen Verlandungszonen. Am östlichen Seeausfluss befindet sich noch ein Tümpel mit bemerkenswerter umgebender Moorvegetation (siehe Kapitel „Naturdenkmäler und naturkundliche Besonderheiten" und Wanderung Nr. 3).

Vegetation und Tierwelt

Siehe Wangenitztal/Gemeinde Mörtschach.

Naturdenkmäler und naturkundliche Besonderheiten

Naturdenkmal Zach- oder Herrgottslärche (siehe Wanderung Nr. 2): Urige Lärche, in deren Stamm von Franz Zach seinem im Krieg gefallenen Freund Oskar Eder zu Ehren ein Herrgottsbild geschnitzt wurde. Das Bildnis ist heute bereits zu etwa zwei Drittel wieder von Rinde zugewachsen.

Wirtschaft

Der bedeutendste Wirtschaftszweig der Gemeinde ist der Fremdenverkehr. Daneben sind die Land- und Forstwirtschaft und mittelständische Gewerbebetriebe die entscheidenden Einnahmequellen. Der Nationalparkanteil der Gemeinde Winklern liegt im Besitz der Agrargemeinschaft Winklerner Alm mit der beachtenswerten Zahl von 131 anteilsberechtigten Grundbesitzern.

Kulturelle Besonderheiten

Winklern (urkundlich erstmals 1046 erwähnt) war eine wichtige Mautstation für den Handelsverkehr nach Norden über das Hochtor und nach Süden über Iselsberg, Gailberg und Plöcken.

Der **Mautturm** am Nordausgang der Marktgemeinde ist das Wahrzeichen Winklerns und ziert auch das Wappen der Gemeinde. Dieser mächtige, aus starken Bruchsteinen erbaute Turm mit quadratischem Grundriss wurde im 14. oder 15. Jahrhundert erbaut. Möglicherweise bestand hier bereits in römischer Zeit ein Wachturm zur Sicherung der strategisch wichtigen Lage. Hier führte ja die Römerstraße von Aguntum (bei Lienz) über den Iselsberg vorbei an Winklern in das Goldbergbaugebiet der Goldberggruppe und weiter als Saumpfad durch das obere Mölltal und über das Hochtor nach Salzburg. Der Zoll zu Winklern wird 1325 urkundlich erwähnt. Der Turm besaß ursprünglich einen offenen Zinnenkranz. Er wurde 1865 aufgestockt und mit einem Vollwalmdach versehen.

Auf seiner Südseite weist der Mautturm „Lichtfenster" auf, die in Richtung **„Burgstall"**, einer in etwa 1,5 km südöstlich auf einer Anhöhe gelegenen Burgruine, weisen. Vom Burgstall aus besteht Sichtkontakt zur Rangersburg und von dieser zur Burgruine Wildegg in Stall im Mölltal. Man vermutet, dass man von den Fenstern Informationen mittels Lichtzeichen von Burg zu Burg weitergegeben hat. Zwischen dem Mautturm und dem Burgstall bestand außerdem ein unterirdischer Gang, der heute nicht mehr begehbar ist. Dieses Wappenzeichen Winklerns am Eingang zum Nationalpark wird restauriert, zugänglich gemacht und mit einer Informationsstelle über den Nationalpark Hohe Tauern ausgestattet.

Venezianersäge am Mühlbach oberhalb von Winklern; erbaut 1910, in den letzten Jahren vollständig renoviert. Der Antrieb der Säge erfolgt mittels Wasserkraft über eine Turbine, deren Drehbewegung in eine Auf-und-Ab-Bewegung der Sägeblätter umgewandelt wird.

Schöne Kirchen

Pfarrkirche zum hl. Lorenz, 1115 erbaut und 1510 vergrößert; 1629 großteils abgebrannt und erst um 1800 in jetziger Form wieder errichtet. Gotisches Fresko vom Jüngsten Gericht aus dem Jahr 1519.

Kirche in Reintal: Patron hl. Rupert (erinnert an Salzburger Mission), romanische Grundform.

Kirche am Penzlberg (hl. Benedikt) mit stark eingeschnittenem Zwiebelhelm, erbaut 1765.

Kulturlandschaftsweg Winklern

Der Kulturlandschaftsweg Winklern erschließt, als Rundweg konzipiert, die bergbäuerliche Kulturlandschaft rund um den Markt Winklern und den Lebensraum Möll. Auf neun Informationstafeln werden dem Wanderer die Besonderheiten der Kulturlandschaft wie Klaubsteinmauern, Sträucher und Hecken sowie das Kulturlandschaftsprogramm des Nationalparks und die interessante Tier- und Pflanzenwelt dieser Lebensräume näher gebracht. Der Kulturlandschaftsweg ist von Mitte April bis Ende Oktober erwanderbar.

Empfehlenswerte Wanderungen und Touren

1. Wanderung von der Winklerner Alm über Obere Seescharte und Wangenitzseehütte (Wiener Höhenweg) ins Wangenitztal, eventuell zweitägig

Ausgangspunkt: Parkplatz Winklerner Alm (1920 m) oder Parkplatz bei der Roaneralm (1903 m), hierher Anmarsch zu Fuß über Penzelberg (mehrere Möglichkeiten):

1. bis Penzelberg drei Routen:
   a) über die so genannte alte Iselsbergstraße nach Iselsberg (Weg 1), weiter über den Güterweg Penzelberg bis nach Penzelberg (1375 m, Weg 8);
   b) direkt von Winklern aus über steil ansteigenden Osthang zum Penzelberger Kirchl (Weg 931);
   c) vom Gemeindeamt Winklern aus durch den Wald südlich des Kaufmannbaches zum Anwesen Ebenbauer (Weg 10) und entlang des Penzelberger Güterweges zur Penzelberger Kirche.

2. ab Penzelberg bis zur Winklerner Alm zwei Routen:

a) über Alpenvereinssteig (Nr. 931);
b) über den nördlich vom Penzelberger Güterweg abzweigenden Forstweg.

Es besteht auch Zufahrtsmöglichkeit zur Winklerner Alm oder Roaneralm mit Pkw und Taxibussen. Über Güterweg Penzelberg und Forstweg zum Parkplatz Winklerner Alm oder über Iselsberg, Abzweigung nach Hotel zur Wacht rechts, vorbei am Gasthof Schöne Aussicht zum Parkplatz Roaneralm.

Gehzeit: OeAV-Jugendheim Winklerner Alm – Wangenitzseehütte ca. 4 Stunden (von Winklern/Ortsmitte aus ca. 6½ Stunden), Wangenitzseehütte – Parkplatz Wangenitzalm ca. 3 Stunden (bis Mörtschach ca. 4½ Stunden)

Höhenunterschied: Aufstieg 700 m (von Winklern aus 1650 m), Abstieg 1050 m bis zur Wangenitzalm, 1550 m bis Mörtschach

Schwierigkeitsgrad und Ausrüstung: Ausdauer und stellenweise Trittsicherheit erforderlich; wegen hochalpinem Übergang (Obere Seescharte in 2604 m) nur bei stabilem Schönwetter anzuraten, Schneelage beachten (erst ab Juli); feste Bergschuhe

Nationalparkwanderung

1. Tag: OeAV-Jugendheim Winklerner Alm – Wangenitzseehütte

Vom OeAV-Jugendheim **Winklerner Alm** (1920 m) führt ein Steig in westlicher Richtung durch Lärchen-Zirben-Wald mit *Zwergwacholder, Grünerlen, Fichten, Rostroter Alpenrose* in ca. 15 Minuten zur Roaneralm (1903 m) im Debanttal. Im Wald kommen z. B. *Gimpel, Fichtenkreuzschnabel, Tannenmeise, Zaunkönig* und *Schwarzspecht* vor. Unterwuchs: *Heidelbeere, Preiselbeere, Zweiblütiges Veilchen, Gemeine Schafgarbe, Pyramidengünsel* und *Alpenbrandlattich*. Bei der Roaneralm besteht eine Einkehrmöglichkeit. Um die Alm: *Lägerflur* mit *Alpenampfer*, Weideflächen mit *Bürstling*.

Ab nun folgt man dem **Wiener Höhenweg**. Er verläuft zunächst auf einem kaum ansteigenden Almweg in nordwestlicher Richtung entlang der Bergflanke oberhalb des Debanttales durch Almweiden mit Schafen und Rindern. Die Hänge sind von Viehtrittangeln durchzogen, dazwischen blüht gegen Sommerende sehr auffällig die *Besenheide*. Jungfichten sind durch Verbiss klein und stark buschig. An Vögeln fallen *Wasserpieper* und *Mehlschwalben* auf, an Schmetterlingen z. B. *Mohrenfalter* und *Kleiner Fuchs*.

Nach mehreren Weidegattern zweigt nach ca. 20 Minuten rechts vom Almweg der eigentliche Steig zur Wangenitzseehütte ab. Er steigt nun sanft an und man kann hier z. B. *Steinschmätzer, Ringdrosseln, Turmfalken* und *Bergeidechsen* beobachten. An feuchten Stellen finden sich *Fetthennensteinbrech, Bitteres Schaumkraut, Nickendes Weidenröschen* und das seltene *Quellkraut*.

Vom Wiener Höhenweg zweigt in ca. 2050 m Höhe der Steig zum Schwarzkofel (1 Stunde) und Seichenkopf (2½ Stunden) ab.

Wir folgen aber weiter dem Wiener Höhenweg. Nach der Querung des Weißen Baches gelangt man zunehmend vom subalpinen in den alpinen Bereich. Neben Zwergsträuchern (*Rostrote Alpenrose, Besenheide, Preiselbeere, Rauschbeere, Zwergwacholder, Heidelbeere*) und Arten der Almweiden wie *Bärtige Glockenblume, Arnika, Alpenküchenschelle* finden sich schon einzelne Polster von *Zwergprimel* und *Zwergseifenkraut*. Der Weg wird zunehmend steiler und führt weiter durch alpinen *Krummseggen*-Rasen, vorbei an Steinblöcken mit *Landkartenflechten*. *Mutterwurz, Bergwurz, Gelbling, Zwergaugentrost, Bayrischer Enzian, Bergnelkenwurz, Alpenlieschengras, Blauer Eisenhut, Alpenrispengras* (Ähren oft keimend), *Moossteinbrech, Alpenkratzdistel* fallen auf.

Oberhalb des Steiges blickt man auf steile, gletschergeformte Grate und weite Kare. Hier ist es möglich, *Alpendohlen, Kolkraben* und *Steinadler* zu sehen. Auf den Graten stehen oft exponiert *Gämsen*-Rudel.

Bei der Durchquerung des unterhalb der Himmelwand gelegenen Kares fallen markante Schuttwälle auf. Es sind fossile **Blockgletscher**. Im groben Blockschutt sind *Hausrotschwanz* und *Steinschmätzer* nicht selten. Nun beginnt der Anstieg zur **Oberen Seescharte**: vorbei an *Alpenwucherblume, Stängellosem Leimkraut, Krautweide, Moossteinbrech, Scheuchzers Glockenblume, Einblütigem Hornkraut, Krainer Greiskraut, Einblütigem Berufkraut, Goldfingerkraut*.

Kurz vor der Scharte quert man etwas ausgesetzt über Schuttgräben und Hangabrisse (Trittsicherheit!). Nach ca. 3½ Stunden ist das kleine hölzerne Kreuz bei der **Oberen Seescharte** (2604 m) erreicht. Es bietet sich ein herrlicher Ausblick auf den Wangenitzsee, Kreuzsee und die Gipfelkulisse um das Petzeck, den höchsten Berg der Schobergruppe. Herrlicher Ausblick auch ins Debanttal mit dem Hochschober, dem namensgebenden Berg der Schobergruppe, Großer Rötspitze, weiters zurück ins Iseltal, die Lienzer Dolomiten und bei guter Fernsicht bis in die Karnischen Alpen und Dolomiten.

Der Abstieg zu Wangenitzsee und Wangenitzseehütte führt nun zunächst in Kehren durch Geröll mit *Landkartenflechten*, durch lückige Vegetation mit *Klebriger Primel, Resedablättrigem Schaumkraut, Krummsegge, Zweizeiligem Kopfgras, Lebend gebärendem Knöterich, Einblütigem Hornkraut, Säuerling, Gletschernelkenwurz, Sternsteinbrech, Braunblütiger Hainsimse* und *Krainer Greiskraut*. Nach einer kurzen Strecke mit Seilsicherung durch einen Felsen gelangt man durch mit Fels und Geröll durchsetzte Grasheide zum **Wangenitzsee**.

Auf der westlich des Sees gelegenen Schwelle wandert man durch die vom Gletscher geformte und geschliffene Rundbuckellandschaft. Vorbei an kleinen Tümpeln mit *Scheuchzers Wollgras* und Schneetälchen mit *Zwergalpenglöckchen* und *Zweiblütigem Sandkraut*. Die Ufer des Wangenitzsees sind steil und felsig, nur im Süden reichen die Schutthalden bis zum Ufer. Unweit von hier befinden sich auch drei kleine Inseln, die eine unterseeische Schwelle markieren. In dieser Region kann man z. B. *Wasserpieper, Steinschmätzer, Alpendohlen, Kolkraben* und manchmal auch das *Alpenschneehuhn* beobachten.

Nach ca. einer ½ Stunde ab der Oberen Seescharte erreicht man die nördlich oberhalb des Wangenitzsees gelegene **Wangenitzseehütte** (2508 m). Sie wurde erstmals 1927 erbaut, brannte jedoch 1947 nieder. Die Wiedererrichtung erfolgte durch die Sektion Holland des OeAV (1964/65). Hier kann je nach Gehtempo und Kondition gerastet bzw. übernachtet werden.

Die Wangenitzseehütte ist ein Kreuzungspunkt mehrerer Wanderwege und Ausgangspunkt hochalpiner Routen, so etwa für die Besteigung des **Petzecks** (3283 m; 2 Stunden von der Wangenitzseehütte; hochalpine Tour!).

Mögliche Übergänge von der Wangenitzseehütte:
– über die **Untere Seescharte zur Lienzer Hütte**, Debanttal/Osttirol, ca. 2½ Stunden
– über die **Kreuzseescharte** (2860 m) und **Niedere Gradenscharte** (2803 m, Wiener Höhenweg, Ferdinand-Koza-Weg) zur **Adolf-Noßberger-Hütte**, Gradental, ca. 5 Stunden

2. Tag: Abstieg von der Wangenitzseehütte durch das Wangenitztal nach Mörtschach
(siehe Mörtschach: Wanderung Nr. 1)

2. Familienwanderung Winklerner Alm

Ausgangspunkt: OeAV-Jugendheim Winklerner Alm oder Pichleralm
Zufahrt: mit Pkw oder Taxi (örtliche Taxiunternehmer):
1. Zum Parkplatz Winklerner Alm (vgl. vorige Route); von Winklern über Güterweg Penzelberg (ca. eine ½ Stunde Fahrzeit).
2. Zum Parkplatz Pichleralm; von Mörtschach über Rettenbacher Güterweg bis zum Anwesen „Preimes", von hier weiter auf Almweg (ca. eine ½ Stunde)

Gehzeit: 4 Stunden (Hin- und Rückweg)
Höhenunterschied: ca. 120 m
Schwierigkeitsgrad und Ausrüstung: leichte, bequeme Wanderung; festes Schuhwerk Nationalparkwanderung

Zu dieser Wanderung ist der Naturkundliche Führer zum Nationalpark Hohe Tauern Nr. 8, Familienwanderweg Winklerner Alm (Hrsg. Österreichischer Alpenverein, Innsbruck 1990) sehr zu empfehlen.

Dieser bequeme Wanderweg (AV-Weg Nr. 929) verläuft knapp über der Waldgrenze in ca. 2000 m Höhe. Die Wanderung bietet eine großartige Aussicht auf die Goldberg-, Reißeck- und Kreuzeckgruppe sowie auf die Lienzer Dolomiten.

Ausgangspunkt: OeAV-Jugendheim Winklerner Alm.

Um die ehemalige Almhütte breiten sich *Bürstling*-Rasen aus. Hinter der Alm dürfte früher einmal gemäht worden sein. Hier finden sich einige Horste eines hochwachsenden Grases, des *Goldschwingels,* als letzte Zeugen dieser Bewirtschaftungsform.

Vom Jugendheim führt ein Steig durch eine Hochlagenaufforstung mit jungen *Zirben* zum Almweg, der zur Winklerner Viehalm führt. Der Weg führt zunächst durch lockeren *Fichtenwald* mit *Lärchen*, vereinzelten *Zirben*, im Unterwuchs *Rostrote Alpenrose, Heidelbeere, Preiselbeere, Buchsbaumblättrige Kreuzblume, Wintergoldhähnchen, Rotkehlchen, Tannen-* und *Weidenmeisen* sind hier nicht selten zu hören. Wenn man das Gatter am Almweg erreicht und gegen das Tal blickt, so fällt eine alte Lärche auf, in die vor mehr als 50 Jahren ein Mölltaler einen Christuskopf eingeschnitzt hat (**Naturdenkmal Zachlärche**, siehe auch Kapitel „Naturdenkmäler und naturkundliche Besonderheiten"). Heute ist dieser zu zwei Drittel wieder zugewachsen.

Wenig später erreicht man die **Winklerner Viehalm** (1976 m). Sie wird heute noch von einem Hirten bewirtschaftet, der die Schafe, Pferde und Rinder der Agrargemeinschaft

Winklerner Alm betreut. Diese Gemeinschaftsalm mit mehr als 130 Anteilsberechtigten erstreckt sich mit einer Fläche von 1400 ha vom Wangenitzsee bis zur Osttiroler Grenze im Bereich des Debanttales in einer Seehöhe von 1800 bis 2600 m. Jährlich werden ca. 70 bis 80 Rinder, 10 bis 15 Pferde und ca. 400 Schafe aufgetrieben. Über den historischen Ursprung der Agrargemeinschaft, die so genannten Allmenden, gibt der OeAV-Führer „Familienwanderweg Winklerner Alm" Auskunft. Um die Almhütte findet sich reichlich *Alpenampfer* als Anzeiger eines erhöhten Stickstoffgehaltes im Boden (Lägerflur in Stallnähe).

Bei der Winklerner Viehalm zweigt ein Weg zum nur ca. 10 Minuten von hier entfernt liegenden **Winklerner-Alm-See**, einem kleinen Karsee, ab (siehe Wanderung Nr. 3).

Von der Winklerner Viehalm führt ein bequemer Fußweg weiter nach Norden durch die Almböden am Fuß des Kugelkopfes. Im flacheren Gelände sind typische Weidehöcker ausgebildet, die an feuchten Stellen oft ganz aus *Torfmoosen* bestehen. Die trockeneren Stellen sind mit *Alpenrosen, Zwergwacholder* und *Besenheide* bewachsen. Typische Pflanzen dieser Weiden sind nach der Schneeschmelze der *Weißblütige Krokus*, die *Kleine Soldanelle*, die *Frühlings-Kuhschelle* und die *Alpenkuhschelle*. Im Frühsommer erscheinen der *Stengellose Enzian*, die *Weißorchis* und die gelben Blütenköpfe der *Arnika*, die in der Volksmedizin in Alkohol angesetzt als desinfizierendes, heilungsförderndes Wundmittel verwendet werden. Im Weiderasen finden sich häufig auch *Bergnelkenwurz, Bärtige Glockenblume* und *Scheuchzers Glockenblume*.

Der Weg führt vorbei am nächsten Talboden zwischen Kugelkopf und Garnitzen. Unterbrochen von einzelnen Bachläufen sieht man weiterhin degradierte Weideflächen als Folge einstiger Überweidung. Reste ehemaliger menschlicher Tätigkeit sind uralte, geschlichtete Steinmauern und Reste von hölzernen, kunstvoll gebauten Schrankzäunen. Die künstlich herabgedrückte Waldgrenze beginnt sich langsam wieder höher zu schieben: *Lärchen-, Fichten-* und *Zirben*-Jungwuchs stellt sich ein. Bei der Wanderung fallen im Spätsommer vor allem die Schwärme von *Ring-* und *Misteldrosseln* auf, die in den Zwergsträuchern reichlich Beeren finden. Bei Steinmauern halten sich häufig *Hausrotschwänze* und *Steinschmätzer* auf. Ein häufiger Brutvogel der Almwiesen ist der *Wasserpieper*. Bei der Nahrungssuche überfliegen *Kolkrabe, Alpendohle, Turmfalke* und *Steinadler* die ausgedehnten Almflächen.

Nun wird bereits der Kammerbühel sichtbar (2034 m). Hier befindet sich noch ein prächtiger Zirben-Restwald. Zuvor verläuft der Weg noch oberhalb eines kleinen *Braunseggenmoores*. Hier wachsen das *Gewöhnliche Fettkraut*, eine Fleisch fressende Pflanze (Blätter mit eiweißauflösenden Drüsen), *Mehlprimel, Alpenhelm, Simsenlilie* und *Dreiblütige Binse*.

Am **Kammerbühel** stehen herrliche wetterzerzauste *Zirben* und *Lärchen*. Hier ist der *Tannen-* oder *Zirbenhäher* relativ häufig. Weiters können *Schwarzspecht, Fichtenkreuzschnabel, Gimpel, Tannen-, Weiden-* und *Haubenmeise* sowie *Klappergrasmücke* beobachtet werden. An windausgesetzten Stellen finden sich *Gämsheide-Teppiche* und Zwergstrauchgestrüpp mit *Nebelbeere, Alpenbärentraube, Krähenbeere* und der Flechte *Cetraria islandica (Isländisches Moos)*.

Der Weg endet nach etwa 2 Stunden bei der **Pichleralm** (Einkehrmöglichkeit), Rückweg wie Hinweg.

3. Wanderung zum Winklerner-Alm-See

Ausgangspunkt: Parkplatz Winklerner Alm bzw. OeAV-Jugendheim Winklerner Alm (siehe vorige Routen)
Gehzeit: 3 Stunden
Höhenunterschied: ca. 150 m
Schwierigkeitsgrad und Ausrüstung: leichte Wanderung; Bergschuhe erforderlich
Nationalparkwanderung

Vom OeAV-Jugendheim erfolgt nördlich ein leichter Anstieg von ca. 20 Minuten in Richtung Straßboden über weite Almböden. Nun zweigt rechts der markierte Steig (Nr. 19) ab. Über Almwiesen und Matten mit *Rostroter Alpenrose* gelangt man zum Winklerner-Alm-See (ca. 2050 m).

Der Winklerner-Alm-See ist ein Kleinod im Nationalpark Hohe Tauern. Dieser Karsee ist der Rest des einstigen Lokalgletschers, welcher während der Eiszeit aus dem Hochkar zwischen Straßboden und Kugelkopf seinen Ausgang nahm. Vom Gletschereis abgerundete Rundhöcker und grobblockiges Moränenmaterial umgeben diesen Kleinsee. Am Westufer hat sich eine schöne Verlandungszone mit *Schnabelsegge* und anschließend ein *Braunseggenrasen*, eine *Silikat-Flachmoorgesellschaft* mit der namensgebenden *Braunsegge*, und weiteren Sauergrasarten wie *Sternsegge, Grauer Segge* und *Wenigblütiger Segge,* dem *Schmalblättrigen Wollgras,* dem kleinen rosa blühenden *Sumpfveilchen* und *Torfmoosen* entwickelt. Am östlichen Seeausfluss findet sich ein kleiner Tümpel mit umgebender Moorvegetation, am Bach *Sumpfdotterblumen,* etwas *Milzkraut, Bitteres Schaumkraut* und *Sternsteinbrech.* Der Karsee und der genannte Tümpel sind wertvolle Laichgewässer für *Grasfrösche* und *Bergmolche.* Besonders die Larven der erstgenannten Art sind massenhaft zu sehen. Von den Wasserinsekten fallen die auf der Wasseroberfläche dahingleitenden *Wasserläufer,* die zur Gruppe der *Wasserwanzen* gehören, am meisten auf, weiters die am Gewässergrund lebenden Larven der *Köcherfliegen.*

In der Umgebung des Almsees, besonders im hinteren Hochtalboden, sieht man Gruppen von *Lärchen.* Nach dem Rückgang der früher viel intensiveren Beweidung können Lärchen als Pionierpflanzen und Lichtpflanzen zuerst wieder Fuß fassen.

Während des etwa zehnminütigen Abstiegs zur Winklerner Viehalm führt der Weg vorbei an Felsblöcken mit grüngelben *Landkartenflechten* und grauen *Nabelflechten.* Unter den Felsen leuchten die gelben Blüten des *Zweiblütigen Veilchens* hervor. An Windkanten fällt die *Gämsheide,* ein Spalierstrauch mit ledrigen, immergrünen Blättern und kleinen rosa Blüten, auf.

Bei der Winklerner Viehalm angelangt, zweigen wir nach rechts auf den Almweg ab. Am so genannten Familien-Wanderweg (Nr. 929) geht es zurück zum Ausgangspunkt (siehe Wanderung Nr. 2).

4. Besteigung des Straßbodens (2401 m)

Ausgangspunkt: OeAV-Jugendheim Winklerner Alm
Gehzeit: ca. 1–1½ Stunden
Höhenunterschied: ca. 500 m
Schwierigkeitsgrad und Ausrüstung: unschwierig; Bergschuhe
Nationalpark-Randbereich

Der Straßboden ist die letzte Erhebung des Seichenkopfkammes. Man erreicht ihn, indem man vom OeAV-Jugendheim zunächst dem Weg Nr. 9 zum Winklerner-Alm-See folgt und dann entlang des in nördlicher Richtung verlaufenden Geländerückens durch Almböden und alpine Rasen hochsteigt. Der Anstieg wird durch einen schönen Ausblick auf weite Teile des Mölltales und das östliche Talbecken von Lienz belohnt.

Die Wanderungen Nr. 3 und Nr. 4 können leicht kombiniert werden.

Winklerner-Alm-See

5. Rettenbacher Kofel

Ausgangspunkt: Winklern
Gehzeit: ca. 6 Stunden
Höhenunterschied: 540 m
Schwierigkeitsgrad und Ausrüstung: festes Schuhwerk erforderlich
Außerhalb des Nationalparks

Von Winklern entlang der Bundesstraße Richtung Mörtschach, vorbei am Gehöft vulgo Lederer, erreicht man den Kofelweg (Nr. 930). Dieser stellte früher die bedeutendste Verbindung zwischen der Ortschaft Kettenbach und Winklern dar.
Der romantische Weg führt zunächst durch den Hochwald, später relativ steil ansteigend durch Felsen und vorbei an Wasserfällen. Der Weg ist aber breit und gefahrlos begehbar. Nach Passieren des Rettenbacher Wasserfalles über eine Brücke ist der steilste Teil der Wanderung vorüber. Es öffnet sich ein herrlicher Blick auf Winklern und die Lienzer Dolomiten.
Bei den **Gehöften Oberer und Unterer Klenig** erreichen wir den Güterweg und auf diesem nach einer Abzweigung nach links das **Gehöft Porzer**. Die Wanderung verschafft Einblicke in die Arbeitswelt der Bergbauern und in die von ihnen geschaffene naturnahe Kulturlandschaft. Nach dem Gehöft Porzer führt der Weg Nr. 12 leicht ansteigend durch den Rettenbacher Wald. Eine Waldlichtung bietet sich mit einem Rastplatz mit Tischen und Bänken zum Verweilen an. Hier ist zugleich der höchste Punkt der Wanderung erreicht.
Der Wanderweg verlässt nun in südlicher Richtung den Rettenbacher Wald und führt wieder zurück in die offene Kulturlandschaft. Entlang des Rettenbacher Güterweges gelangt man zum Penzelberg. Sehenswert ist das **Penzelberger Kirchl** (Schlüssel ist im daneben liegenden Gehöft erhältlich).
Der Rückweg nach Winklern erfolgt wahlweise über den steil abfallenden Osthang (Weg Nr. 931) oder über den Penzelberger Güterweg nach Iselsberg und Winklern.

6. Talwanderung von Winklern über St. Maria in den Auen nach Mörtschach

Ausgangspunkt: Winklern
Gehzeit: 2½ Stunden
Höhenunterschied: fast ebene Wanderung
Schwierigkeitsgrad und Ausrüstung: leichte Wanderung; gutes Schuhwerk
Außerhalb des Nationalparks

Von der Hauptschule Winklern gelangt man auf einen Feldweg, der weiter über einen Hängesteg über die Möll zur Jausenstation Gruberbauer führt. Von hier am orographisch linken Möllufer weiter auf einem Waldweg bis zum Gehöft Trattner, wo wir wieder die Möll überqueren und zur Bundesstraße gelangen. Entlang der Bundesstraße geht man bis knapp vor der Brücke über die Möll. Hier zweigt links der am orographisch rechten Ufer der Möll verlaufende Wanderweg zur Wallfahrtskirche St. Maria in den Auen ab. Die Besichtigung dieses kulturhistorischen Kleinods ist möglich (Schlüssel im Nebenhaus). Der Weg führt nun weiter nach Mörtschach. Von hier mit dem Postbus zurück nach Winklern.

7. Kulturlandschaftsweg Winklern

Ausgangspunkt: Ortszentrum von Winklern oder Gasthof Grubenbauer, östlich des Ortszentrums am orographisch linken Möllufer
Gehzeit: 2 Stunden
Schwierigkeitsgrad und Ausrüstung: leichte Wanderung; Wanderschuhe

Der Kulturlandschaftsweg ist als Rundweg angelegt. Neun übersichtlich gestaltete Schautafeln informieren über Besonderheiten wie Klaubsteinmauern, Sträucher und Hecken, über den Lebensraum der Möll, über die interessante Tier- und Pflanzenwelt sowie über das Kulturlandschaftsprogramm des Nationalparks. Am Beginn des Weges beim Ortszentrum (und beim Gasthof Grubenbauer) informiert eine Übersichtstafel über den Verlauf des Weges.
Ausgehend vom Ortszentrum verläuft der Lehrweg zuerst sonnseitig oberhalb des Dorfes durch seit Jahrhunderten landwirtschaftlich genutzte Hänge. Am idyllischen Bizentweg, eingefasst von bis zu zwei Meter hohen Klaubsteinmauern, kommt man an den ersten drei Haltepunkten vorbei. Sie haben die bergbäuerliche Kulturlandschaft zum Inhalt. Mehrere Rastbänke laden dabei zu einer kurzen Pause ein, bevor es durch einen kühlen Wald über den Kaufmannbach und zuletzt ein wenig steil auf den „Gangl-Bichl" geht. Von diesem wunderschönen Aussichtspunkt reicht der Blick über Winklern und den Iselsberg bis zu den Lienzer Dolomiten – ein idealer Platz, hier länger zu verweilen und sich am Halteplatz ein wenig genauer mit der Geschichte Winklerns und des Tales auseinander zu setzen. Der Weg führt dann weiter bergwärts über die Mölltal-Bundesstraße zum Möllfluss. Hier quert man auf dem eigens errichteten Steg über den Fluss zu den nächsten drei Haltepunkten. Diese

behandeln den Möllfluss. Besonders beeindruckend dabei ist der Blick vom so genannten „Egger Piatsch" in die vom Fluss geformte Durchbruchsschlucht.

Beim Gasthof Grubenbauer deutet eine Übersichtstafel an, dass sich auch hier ein idealer Einstiegspunkt für den Rundweg befindet. Von hier führt nun der Weg weiter zu einer Hängebrücke und somit zum zweiten Mal über die Möll. Am Weg zurück nach Winklern benutzt man dann bei der Bundesstraße die Fußgängerunterführung, um gefahrlos wieder ins Dorfzentrum zu gelangen.

8. Naturpark Rieserfernergruppe in Südtirol

Im innersten Defereggental grenzt auf Südtiroler Gebiet der „Naturpark Rieserfernergruppe" an den Nationalpark Hohe Tauern an. Die Schutzbestimmungen im Naturpark sind jenen im Nationalpark Hohe Tauern sehr ähnlich. Man kann daher beide Schutzgebiete als Einheit auffassen. Der Naturpark soll außerdem noch in das Ahrntal erweitert werden.

Im Jahre 1988 hat die Südtiroler Landesregierung den „Naturpark Rieserfernergruppe" in den Pustertaler Gemeinden **Sand in Taufers**, **Rasen-Antholz**, **Gais** und **Percha** mit einer Fläche von 218 km² gesetzlich verankert. Der Naturpark umfasst die hohen Lagen der auf italienischem Staatsgebiet liegenden **Rieserfernergruppe** und die Südwestabhänge des **Durreckkammes**, der

Antholzer See im Naturpark Rieserfernergruppe in Südtirol

die Wasserscheide gegen das Ahrntal bildet. Die Schutzzone schließt das Einzugsgebiet des Raintales mit Ausnahme der ganzjährig besiedelten Flächen, ferner wesentliche Teile der rechten Talseite von Rasen-Antholz sowie Bereiche des Mühlbach- und Wielentales mit den dazugehörenden Randhöhen ein; lokal greift sie auch auf die höheren Hangabschnitte des Tauferer Tales und des äußeren Ahrntales über.

Die hochalpine und von außerordentlicher Schönheit gekennzeichnete Rieserfernergruppe ist der Venedigergruppe südlich vorgelagert. Die Rieserfernergruppe ist eine verhältnismäßig wenig besuchte Gebirgseinheit zwischen dem Tauferer Tal, dem Rain- und Knuttental, dem Defereggental, dem Antholzer Tal und dem Haupttal der Rienz. Sie umfasst über dreißig namhafte Bergspitzen, darunter mehr als ein Dutzend Dreitausender. Die höchste Erhebung ist der **Hochgall** mit 3354 m.

Die Durreckgruppe nimmt ihren Ursprung im südwestlichen Zipfel der Venedigergruppe und dringt zwischen dem Ahrn- und Raintal bis zum Tauferer Talkessel vor. Die über 15 km nach Südwesten ziehende Bergkette reicht von der Rötspitze bis zum Mostnock. Der **Durreck** (3130 m) ist die höchste Erhebung.

In geologischer Hinsicht gehört das Naturparkgebiet im Wesentlichen zur Zone des **Altkristallins** mit *Glimmerschiefern, Paragneisen, Amphiboliten* und *Marmoreinlagen*. Nur im Norden reicht der Naturpark noch in die **Matreier Zone** und die **Obere Schieferhülle** des **Tauernfensters** hinein. Kennzeichnend für die Geologie des Naturparks ist auch die in die alten Gneise eingeschaltete **Tonalitintrusion**, die den Hauptkamm der Rieserfernergruppe aufbaut. Die Pustertaler Linie ist eine Schwachstelle der Erdkruste, entlang derer es immer wieder auch zum Aufstieg saurer Magmen aus dem Erdinnern kam. Der *Rieserfernertonalit* entstand auf diese Weise in der Tertiärzeit vor 20–30 Millionen Jahren.

Die gegenwärtige Vergletscherung des Naturparkgebietes ist im Bereich des italienischen Staatsgebietes auf den Nordhang des Hauptkammes zwischen der Schwarzen Wand und dem Lenkstein beschränkt. Der größte Gletscher ist der **Rieserferner** mit 4,5 km^2. Weitere große Gletscher sind der **Lenksteinferner** mit 2,4 km^2 und der **Hochgallferner** mit einer Fläche von ungefähr 0,8 km^2.

Das Gebiet des Naturparks ist noch sehr naturbelassen und weist eine Vielzahl an Lebensräumen und naturkundlichen Besonderheiten auf. Ein besonders schönes Naturkleinod ist im Talschluss des Antholzer Tales der **Antholzer See**.

Die **Schutzbestimmungen** der Südtiroler Naturparke entsprechen etwa den Schutzbestimmungen im Nationalpark Hohe Tauern. Es kann daher der Nationalpark Hohe Tauern und der Naturpark Rieserfernergruppe als ein einheitliches, **länderübergreifendes, großes europäisches Schutzgebiet** angesehen werden. Zwischen dem Nationalpark Hohe Tauern und dem Naturpark Rieserfernergruppe besteht im Sommer für Pkw und Kleinbusse eine Verbindung über den 2052 m hohen **Staller Sattel** zwischen dem Defereggental und dem Antholzer Tal. Ein für den öffentlichen Verkehr gesperrter Fahrweg verbindet noch das Arvental mit dem Knuttental. Dieser Weg wird von jenen Südtiroler Bauern benützt, die die Jagdhausalm im Arvental bewirtschaften. Übergänge für Bergsteiger gibt es noch über die 2764 m hohe Riepenscharte zwischen dem Patscher Tal und dem Antholzer Tal und über das 3082 m hohe Lenksteinjoch zwischen dem Patscher Tal und dem Bacher Tal.

Obiger Text ist ein Auszug aus dem Naturführer von Peter Ortner „Naturpark Rieserfernergruppe", herausgegeben vom Assessorat für Umweltschutz der Autonomen Provinz Bozen/Südtirol. – Siehe auch „Wanderung zum Antholzer See im Naturpark Rieserfernergruppe" (St. Jakob/Wanderung Nr. 13*).*

Zentrum für Naturpark Rieserferner-Ahrn: Naturparkhaus in Sand in Taufers – Südtirol

Es ist ein Zubau des Gemeindeamts von Sand in Taufers, Südtirol.
Öffnungszeiten: von 2. Mai bis 31. Oktober und von Mitte Dezember bis Mitte März jeweils 9.30 bis 12.30 Uhr und 16.00 bis 19.00 Uhr.

Ein dreidimensionales Relief gibt multimedial Auskunft über Berge, Wege, Hütten, Seen und Wasserfälle. Das Zeitpendel lässt die Entstehungsgeschichte der Berge erleben, deren Aufbau durch eine Art Steinpuzzle gezeigt wird. Höhenstufen bis über 3000 m, der Rückzug der Gletscher, Mineralien, lebensgroße, handgeschnitzte Greifvögel, genügsame Flechten und der charakteristische Dialekt des Tales lassen staunen, beobachten und bewundern. Besucherinformationssysteme geben Auskunft über Natur und Landschaft sowie über die Entwicklungsgeschichte der Naturparkregion. Für die Kinder gibt es Märchen und Legenden aus vergangenen Zeiten.

Der Besucher erlebt im Naturparkhaus Raum und Zeit mit all den Schönheiten und Grenzen, die im Naturpark zu finden sind.

Vorschläge für ökologische Programme und Erlebnisspiele während der Nationalparkwoche

Seite

Ökologische Programme

Allgemeines 287

Themen der Programme:

   1. Geländeaufnahme und Kartenzeichnen 287
   2. Kleinklima im Hochgebirge 288
   3. Pflanzen erkennen 289
   4. Blätterherbarium 291
   5. Pflanzengesellschaften 292
   6. Untersuchung der Vegetationsstruktur 293
   7. Baumhöhe und Umweltbedingungen:
      Wie hoch werden die Bäume im Nationalpark in verschiedenen Höhenlagen? 294
   8. Ermittlung des Alters der Bäume 295
   9. „Steinebefragung" 297
  10. Vorkommen von Wirbeltieren in den verschiedenen Lebensräumen des Nationalparks . . . 297
  11. Tierspurenprogramm 298
  12. Insektengemeinschaften verschiedener Höhenlagen 299
  13. Blütenökologie 301
  14. Gebirgsbachuntersuchung 303
  15. Verhaltensstudie an Bergblattkäfern 305
  16. Nächtliche Beobachtung an einer Leuchtstelle 306
  17. Astronomische Beobachtungen 306
  18. Ortsbildprogramm 307
  19. Vorschläge für Abend- und Schlechtwetterprogramme im Quartier 308

Vorbereitung auf die Nationalparkwoche 309

Vorschläge für Projektarbeiten 309
Bastelanleitungen 309
Empfohlene Bestimmungs-Literatur 310

Erlebnisspiele für Gruppen und Familien 311

   1. Nationalpark-Indianer 311
   2. Freundschaft mit der Natur 311
   3. Zaubertiere 312
   4. Empfänger 312

Allgemeines

Manche Freilandprogramme sind nur bei entsprechender Witterung sinnvoll durchzuführen. Daher wurde jedes dieser Programme mit einem Wettersymbol gekennzeichnet:

☀ Sonnenschein erforderlich

⛅ auch bei bedecktem Himmel möglich (Sonnenschein ist im Allgemeinen kein Hindernis)

Für fast alle Programme sind Protokollblätter mit einer festen Schreibunterlage empfehlenswert. In jeder Arbeitsgruppe sollte vorher ein Protokollführer ernannt werden.
Die für die einzelnen Programme empfohlenen Bücher sind anschließend an die Kapitel der Programmbeschreibung in einer Literaturübersicht zusammengefasst und mit Nummern versehen. Bei den einzelnen Programmen sind dann die Nummern der jeweils empfohlenen Bücher angegeben.

☀
⛅

1. Geländeaufnahme und Kartenzeichnen

Ort: Umgebung des Quartiers oder ein abwechslungsreich gegliederter Ort im Gelände.
Dauer: einige Stunden
Altersstufe: ab 12 Jahren
Gruppengröße: 3–5 Personen pro Karte
Ausrüstung: Landkarte, Zehnmeter-Knotenschnur und 1-m-Messstab (siehe Bastelanleitung), langes Maßband, Kompass

Eine Zehnmeter-Knotenschnur wird hangparallel gespannt. Im rechten Winkel dazu wird hangaufwärts das Profil in folgender Weise vermessen:
Die Schnur wird 1 m hoch gehoben und dann waagrecht bis zum Hang gespannt (Punkt A). Die Strecke „a" wird gemessen. Analog bei B, C, etc.; 10 bis 15 Punkte so vermessen. Alle 10 m wird entlang einer Linie an mindestens vier Stellen gemessen. Die Messergebnisse werden als Höhenschichtlinien gezeichnet:

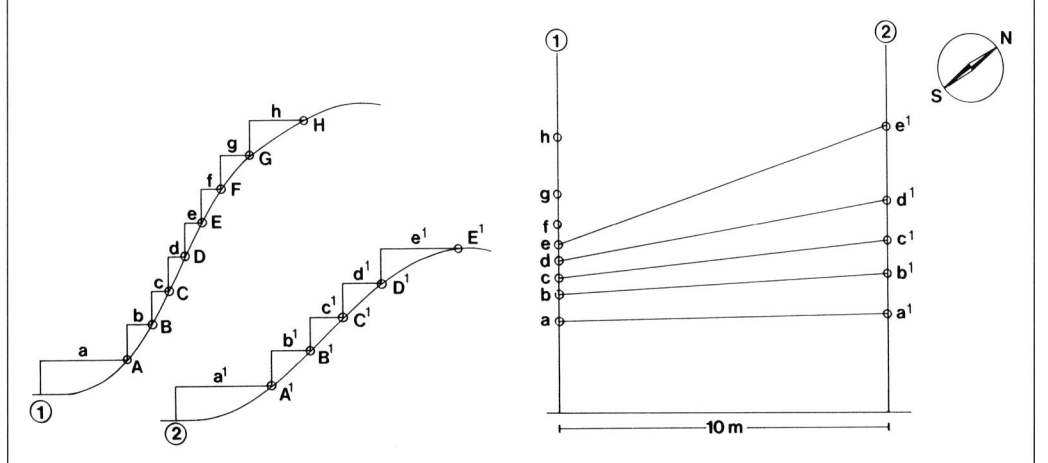

Die Abstände zwischen den Höhenschichtlinien entsprechen der Steigung im Gelände.

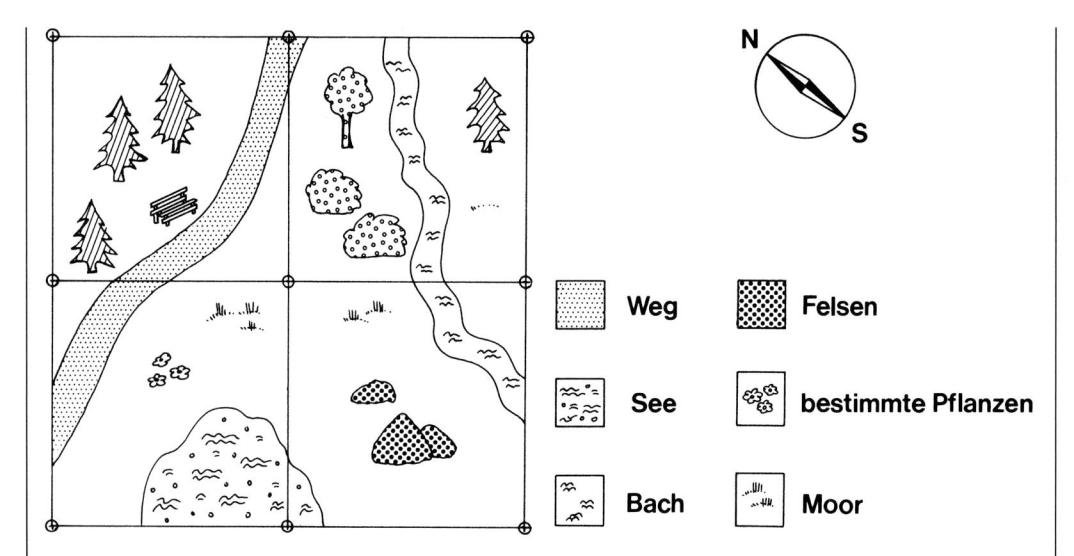

Weitere Eintragungen in diese selbst gezeichnete Karte: Nord-Süd-Richtung (mit Kompass oder Uhr bestimmen, Sommerzeit beachten), Bach, Wege, Bäume und Sträucher oder diverse auffällige Strukturen einzeichnen: jeweils 10 x 10 m Schnurquadrate in die Landschaft spannen und alles einzeichnen, was sich darin befindet.

Die Karten der einzelnen Gruppen werden dann zu einer Gesamtkarte des Areals zusammengesetzt. Diese Karte kann als Grundlage für weitere Programme (Pflanzenkartierung, Vogelrevierkartierung etc.) verwendet werden.

2. Kleinklima im Hochgebirge

Ort: oberhalb der Baumgrenze
Dauer: während einer Rast
Altersgruppe: ab 10 Jahre
Gruppengröße: einige „Klimaexperten", aber Beteiligung aller
Ausrüstung: einige (möglichst viele) Außenthermometer

Während einer Rast werden die Thermometer an verschiedenen Stellen verteilt (gleichzeitig an verschiedenen Stellen messen): z. B. bei Felsblöcken Sonnen- und Schattenseite; unbedeckter Boden; in tiefer Ritze; in Felsspalte; Boden unter Pflanzen; Kurzrasen; in Pflanzenpolstern; unter Zwergsträuchern etc. – und nach einer Viertelstunde abgelesen.

Protokollbeispiel:

Messpunkt 1: Almgebiet im Kalser Dorftal, 12.30 Uhr, Datum	
Ort	Temperatur
Steinblock (Sonnenseite) Steinblock (Schattenseite) Rasen unter Alpenrosenstrauch	

Derselbe Vorgang kann im Laufe einer Exkursion an mehreren Plätzen durchgeführt werden.
Im Hochgebirge gibt es auf engstem Raum enorme Klimagegensätze! Sonnen- und Schattentemperaturen können in unmittelbarer Nachbarschaft um Zehnergrade auseinander liegen! Dazu beeinflussen die Vegetation und das Kleinrelief des Bodens das Mikroklima in ganz entscheidender Weise! Tiere und Pflanzen müssen daher, je nach Kleinlebensraum, oft unterschiedlichste Anpassungen entwickeln.

3. Pflanzen erkennen

Kennenlernen charakteristischer Pflanzen des Nationalparks Hohe Tauern
Ort: auf jeder Exkursion durchführbar
Dauer: kurzfristig bei allen Exkursionen möglich
Altersstufe: ab 10 Jahren
Gruppengröße: 2–3 Personen pro Pflanzenliste
Bücher: Nr. 1–7; siehe auch Kapitel „Die Pflanzenwelt des Nationalparks"

Entdecken und Forschen

Zunächst wird eine Liste von charakteristischen Pflanzen des Nationalparks erstellt. Die Pflanzen werden dann als Vorbereitung in einem Bestimmungsbuch betrachtet. Bei den Exkursionen versuchen nun die Schüler, die Pflanzen, die sie auf der Liste haben, zu erkennen. Sobald sie eine der angeführten Pflanzen entdeckt haben, wird diese ins Protokoll eingetragen.

Protokollbeispiel:

Pflanze	Fundort	Datum	Höhenlage
Zirbe (Pinus cembra)	Oberhauser Zirbenwald	21. 6. 1990	1810 m
ökologische Bedingungen: naturnaher Bergwald			
Beschreibung (mit Skizze): Nadelbaum, immer 5 Nadeln beisammen			

Beispiel für eine Liste von Pflanzenarten aus den verschiedensten Lebensräumen, die im Laufe einer Nationalparkwoche leicht zu finden sind:

Fichte *(Picea abies)*
Zirbe *(Pinus cembra)*
Lärche *(Larix decidua)*
Legföhre oder Latsche *(Pinus mugo)*
Bergahorn *(Acer pseudoplatanus)*
Grünerle *(Alnus viridis)*
Behaarte Alpenrose *(Rhododendron hirsutum)*
Rostrote Alpenrose
 (Rhododendron ferrugineum)
Heidelbeere *(Vaccinium myrtillus)*
Rauschbeere oder Nebelbeere
 (Vaccinium uliginosum)
Gämsheide *(Loiseleuria procumbens)*
Wollgras *(Eriophorum sp.)*
Blauer Eisenhut *(Aconitum sp.)*
Zwergprimel *(Primula minima)*
Arnika *(Arnica montana)*
Stängelloser Enzian *(Gentiana acaulis)*
Kalk-Glockenenzian *(Gentiana clusii)*
Weißer Germer *(Veratrum album)*
Soldanelle *(Soldanella sp.)*
Alpendost *(Adenostyles sp.)*
Alpen-Milchlattich *(Cicerbita alpines)*
Stachelige Kratzdistel *(Cirsium spinosissimum)*
Traubensteinbrech *(Saxifraga paniculata)*
Silberwurz *(Dryas octopetala)*
Küchenschelle *(Pulsatilla sp.)*
Punktierter Enzian *(Gentiana punctata)*
Alpenmannsschild *(Androsace alpina)*
Krautweide *(Salix herbacea)*
Stängelloses Leimkraut *(Silene acaulis)* etc.

Weiblicher Blütenstand der Lärche

Silikatuntergrund:
Leitpflanze: Rostrote Alpenrose *(Rhododendron ferrugineum)*
Fundort: Brühl, Matrei, 970 m
Begleitflora:
Punktierter Enzian *(Gentiana punctata)*
Arnika *(Arnica montana)*
Bergnelkenwurz *(Geum montanum)*
Alpenküchenschelle *(Pulsatilla alba)*
Kieselenzian *(Gentiana kochiana)*
Bärtige Glockenblume *(Campanula barbata)*

Moor oder Feuchtstelle:
Leitpflanze: Wollgras *(Eriophorum sp.)*
Fundort: Staller Alm, St. Jakob i. Def., 2000 m
Begleitflora:
Sonnentau *(Drosera rotundifolia)*
Knabenkraut *(Dactylorhiza sp.)*
Fieberklee *(Menyanthes trifoliata)*
Mehlprimel *(Primula farinosa)*
Sumpfläusekraut *(Pedicularis palustris)*
Binse *(Juncus sp.)*
Seggen *(Carex sp.)*
Fettkraut *(Pinguicula sp.)*

6. Untersuchung der Vegetationsstruktur

Genauso wie ein Wald in verschiedenen dichteren oder lichteren Schichten aufgebaut ist, mit Kraut-, Strauch- und Kronenschicht, ist auch ein Gras- oder Zwergstrauchbestand in verschiedenen Ebenen dichter oder lockerer gegliedert. Zum Beispiel für Insekten, Spinnen und andere Kleintiere kann diese Strukturierung eine wichtige Lebensraum-Grundlage bilden. Die hier angegebene Methode kann den Feinaufbau z. B. einer Wiese auf einfache Weise verdeutlichen und wurde in England zur Untersuchung von Wiesen-Ökosystemen entwickelt.

Ort: Talwiese, Zwergstrauchgesellschaft, alpiner Rasen
Dauer: etwa 2 Stunden pro Fläche
Altersstufe: ab 12 Jahren
Gruppengröße: 2–3 Personen pro Gruppe, mehrere Parallelgruppen nebeneinander
Ausrüstung: Messstäbe mit markierten Höhenintervallen (siehe Bastelanleitung)

An jedem Untersuchungsort werden insgesamt 100 Messungen durchgeführt (z. B. bei 5 Gruppen macht jede Gruppe 20 Messungen). Der Messstab wird dabei senkrecht in die Vegetation gestellt (nicht in den Boden gesteckt). Daraufhin werden in jedem Höhenintervall (am Messstab markiert) sämtliche Pflanzenberührungen gezählt. Am besten „wühlt" man sich dabei von oben nach unten zählend in die Vegetation, indem man vorsichtig Halm für Halm oder Blatt für Blatt zur Seite bewegt – möglichst ohne die darunter liegende Vegetation zu beeinflussen.

Protokollbeispiel:

Wiese	Berührungen 1. Messung	Berührungen 2. Messung	. . .	Summe
0–10 cm				
10–20 cm				
20–30 cm				
. . .				
90–100 cm				

Auswertung:
Für jeden Vegetationstyp: Berechnung der Gesamtsumme der Berührungspunkte in jedem Höhenintervall.

Gesamttabelle:

	Anzahl der Pflanzenberührungen je Höhenklasse		
	Talwiese	Zwergsträucher	Alpinrasen
0–10 cm			
10–20 cm			
20–30 cm			
...			
90–100 cm			

Zusammenfassung der Ergebnisse in anschaulichen Blockdiagrammen:

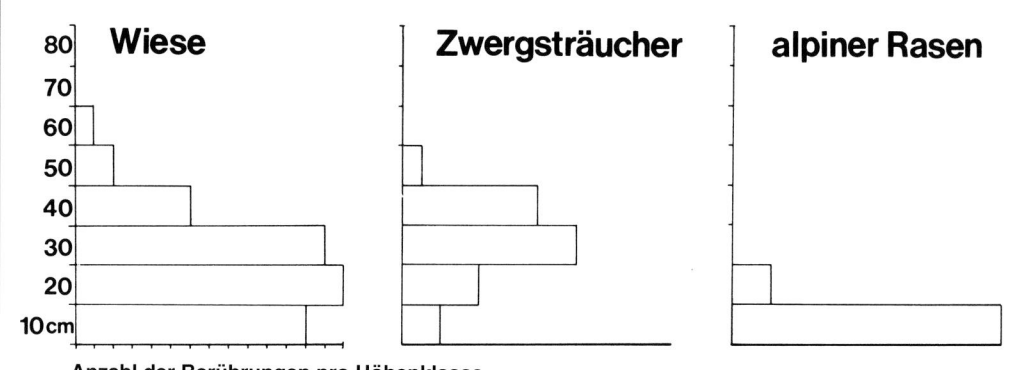

Wiese   **Zwergsträucher**   **alpiner Rasen**

Anzahl der Berührungen pro Höhenklasse

7. Baumhöhe und Umweltbedingungen: Wie hoch werden die Bäume im Nationalpark in verschiedenen Höhenlagen?

Ort: an jedem genügend frei stehenden Baum möglich – Tallagen bis Baumgrenze
Dauer: pro Baum nur wenige Minuten; mehrere Bäume werden an verschiedenen Orten an den ersten drei Exkursionstagen vermessen. Am 4. Tag: Auswertung der Messergebnisse, 5. Tag: Präsentation der Messergebnisse vor den Kolleg(inn)en.
Altersstufe: ab 12 Jahren
Gruppengröße: je 2 Personen
Ausrüstung: gleichschenkelig-rechtwinkeliges Dreieck, Zehnmeterknotenschnur (siehe Bastelanleitungen), langes Maßband
Bücher: Nr. 5 und 6

Das gleichschenkelige Dreieck wird in der skizzierten Weise waagrecht vor das Auge gehalten und über die längste Seite wird die Spitze des Baumes anvisiert. Anschließend markiert der Baummesser seinen Standort und misst die Entfernung „x" bis zum Fuß des Baumes. Die Berechnung der Baumhöhe erfolgt nun folgendermaßen:

$y = x + z$
x: ist die Entfernung:
   Messstandort–Baumbasis
z: ist die Augenhöhe
   (Körpergröße minus 9 cm)
y: Baumhöhe

Achtung: Bei Messungen am Berghang muss die Messlinie „x" horizontal verlaufen! Keine Jungbäume vermessen, sonst sind die Messergebnisse nicht vergleichbar.

„Spitzfichten" – Spitzkronigkeit und Säulenwuchs sind eine Anpassung an den oft enormen Schneedruck

Protokollbeispiel:

Baumart	Standort	Höhenlage	Baumhöhe
Zirbe	Hofalm, Debanttal	1800 m	15 m

Auswertung:
1. Berechnung der durchschnittlichen Höhe einer Baumart für das gesamte Gebiet
2. durchschnittliche Wachshöhe der Bäume je nach Höhenlage: a) unter 1200 m, b) 1200–1700 m, c) über 1700 m, d) Waldgrenzebereich, e) Baumgrenzebereich
3. Präsentation der Auswertungsergebnisse auf Packpapier in anschaulicher Darstellung

8. Ermittlung des Alters der Bäume

Ort: an jedem frischen Baumstumpf oder frisch umgeschnittenen Stamm
Dauer: kurzfristig während einer Exkursion möglich
Altersstufe: ab 10 Jahren
Ausrüstung: Maßband
Bücher: Nr. 5 und 6

400 Jahre alte Zirbe    *Jahresringe – Chronologie eines Baumlebens*

An einem geeigneten Baumstumpf oder Bloch wird zunächst versucht, anhand der Rinde die Baumart zu bestimmen. Anschließend wird der Stammdurchmesser in drei Richtungen vermessen und die Jahresringe werden abgezählt.

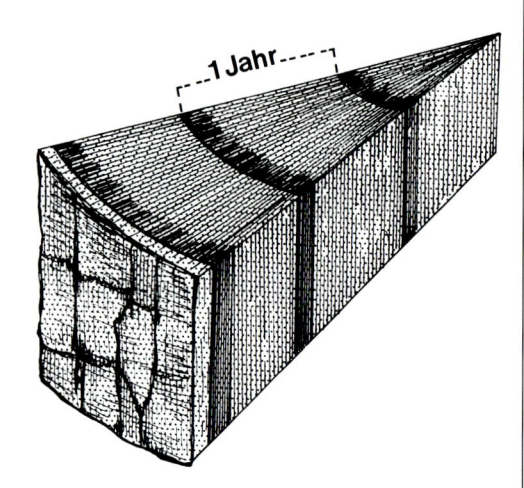

Protokollbeispiel:
Fichte: Waldweg nahe Prägraten, 1320 m Höhe
Stammdurchmesser: . . . .
(ca. in Brusthöhe)
Jahresringe: . . . .

Auswertung: in welchem Alter werden die Bäume meistens umgeschnitten?
Fichte: . . . . Jahre
Zirbe: . . . .
Lärche: . . . .
. . . .

Wie viele Jahresringe gibt es bei den einzelnen Bäumen pro 10 cm Stammquerschnitt (Wachstumsgeschwindigkeit)? Wie ändert sich die Anzahl der Jahresringe pro 10 cm Stammquerschnitt mit der Höhenlage?
Präsentation der Ergebnisse am letzten Tag.

9. „Steinebefragung"

Ort: steiniges Bachufer neben dem Weg (eventuell einmal am Ober- und einmal am Unterlauf)
Dauer: ca. 30 Minuten
Altersstufen: 8–12 Jahre
Ausrüstung: keine Ausrüstung, jederzeit spontan durchführbar

Aus dem Schotter am Bach hebt jedes Kind einen beliebigen Stein auf und „befragt" ihn:
Ist er durch seine Reise im Wasser stark abgerundet?
Ist er durch Gletscher-Transport stark zerkratzt?
Zeigt er eine Schichtung (Schieferung)?
Kann man ihn leicht zerkleinern? etc.

Dann werden die gleichartigen Steine zusammengelegt – es ergeben sich größere und kleinere Häufchen.
Daraus kombinieren die „Detektive":
Woher könnten die Gesteine stammen?
Welche verwittern leicht, welche sind hart und widerstandsfähig?
Wie könnten die Landschaftsformen der Umgebung entstanden sein?

Natürlich werden anschließend alle Spuren der Anwesenheit beseitigt!

10. Vorkommen von Wirbeltieren in den verschiedenen Lebensräumen des Nationalparks

Ort/Dauer: während sämtlicher Exkursionen der Nationalparkwoche
Altersstufe: ab 10 Jahren
Ausrüstung: Artenliste
Bücher: Nr. 8, 9, 10, 14, 15, 16; siehe auch Kapitel „Die Tierwelt des Nationalparks"

Während der Nationalparkwoche werden die festgestellten Wirbeltiere von einem Protokollteam auf vorgefertigten Listen getrennt nach Großlebensräumen notiert. Auf diese Weise wird eine Übersicht über sämtliche beobachteten Arten und über ihre Verteilung erarbeitet und am letzten Tag der gesamten Gruppe präsentiert.

Protokollbeispiel:
eintragen:
d: direkte Beobachtung des Tieres
s: Spur des Tieres
Datum

	Talwiese Kulturland	Siedlung	Bergwald	Almfläche	Alpinregion
Reh					
Gämse					
Tannenhäher					
Kreuzotter					
Grasfrosch					
....					
....					
....					

Fragen/Diskussion: Welcher Lebensraum beherbergt die meisten Arten? Welcher die meisten Säugetiere oder Vögel etc.? Welche Tiere kommen nur in einem Lebensraum vor? Welche in mehreren?

11. Tierspurenprogramm

Ort: bei allen Exkursionen
Dauer: während der ganzen Woche kurzfristig bei den Exkursionen
Altersstufe: ab 8 Jahren
Gruppengröße: 4 Expertengruppen
1 Expertengruppe für: Fährten und Trittsiegel
1 Expertengruppe für: Fraßspuren
1 Expertengruppe für: Verdauungsspuren (Gewölle und Losungen)
1 Expertengruppe für: Tierbauten
Ausrüstung: einige Sammelbehälter (z. B. Haushaltsplastikdosen); für die Fährten-Gruppe: einfaches Drahtgitter mit quadratischen Maschen (1 x 1 cm Maschenweite)
Bücher: Nr. 14, 15, 16

Tierspuren sollten möglichst schon vor der Nationalparkwoche im Unterricht besprochen werden. Dabei werden auch die vier Expertengruppen eingeteilt, die sich mit ihrem Fachgebiet schon vorher zumindest theoretisch auseinander setzen.

Sobald auf einer Exkursion irgendein Schüler eine Spur entdeckt, wendet er sich damit an die zuständige Gruppe. Transportable Spuren wie benagte Zapfen, Pflanzengallen, Blätter mit Minen (tunnelartige Fraßspuren im Inneren eines Blattes), trockene Losung usw. werden mitgenommen und für die Schlussausstellung verwendet. Nicht transportable Spuren wie Trittsiegel, manche Tierbauten, feuchte Tierlosung, Bäume mit Spechtspuren usw. werden an Ort und Stelle bestimmt und protokolliert bzw. abgezeichnet.

1cm²

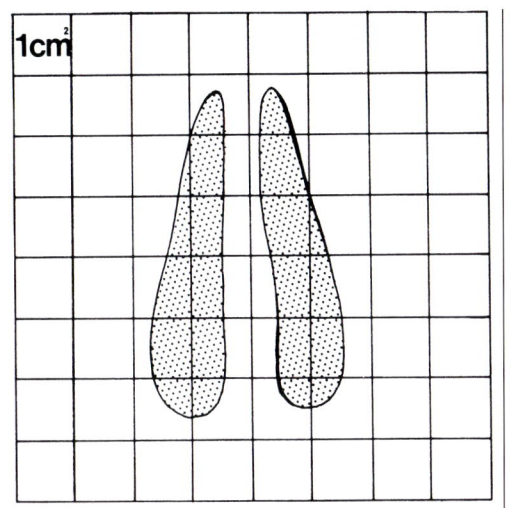

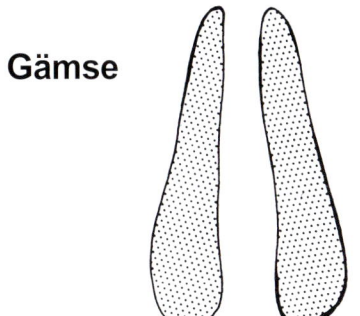

Gämse

Typische Hacklöcher des Schwarzspechtes

Protokollbeispiel:
Spurobjekt: ... (Trittsiegel, Losung, Pflanzengalle ...)
Verursacher: Reh, Schneehuhn, Gallwespe ...
Zeichnung und Maße eintragen
bei Fährte: Drahtgitter darüberlegen (zum Maßnehmen), dann abzeichnen
genaue Beschreibung des Fundes, z. B.:
Fundort: Kachlmoor, nahe Winkl-Heiligenblut
Fundortbeschreibung: feuchter, dunkler Waldboden ...

Am letzten Tag veranstalten die Gruppen eine Ausstellung mit dem gesammelten Beweismaterial und halten eine Führung durch die Ausstellung.

12. Insektengemeinschaften verschiedener Höhenlagen

Wie sind die Insekten in den einzelnen Nationalparklebensräumen verteilt?
Ort: Wiesen in verschiedenen Höhenlagen
Dauer: etwa eine halbe Stunde pro Wiesentyp
Altersgruppe: ab 12 Jahren
Gruppengröße: drei gleich große Gruppen von 1–10 Personen
Buch: Nr. 12

Drei Beobachtungsgruppen erhalten vor Ort folgende Aufgabe:
a) die Mitglieder der ersten Gruppe zählen alle Insekten, die am **Boden** kriechen

Blaugrüne Mosaikjungfer

b) die Mitglieder der zweiten Gruppe zählen alle Insekten, die auf **Pflanzen über dem Boden** sitzen
c) die Mitglieder der dritten Gruppe zählen alle Insekten, die in der **Luft** fliegen

Zusatzaufgabe: anstelle des Zählens aller Insekten kann man diese mit Strichlisten auch differenziert nach verschiedenen Typen zählen, z. B.:
Käfer: /
Fliegen: / / / / / / / / / / / / /
Schmetterlinge: / / / / / / / / / / /
Spinnen: /

Letztere sind zwar keine Insekten, sollten aber bei den Zählungen mit einbezogen werden, da sie in alpinen Ökosystemen wichtige Kleinlebewesen sind.
Nach einem allgemeinen Startkommando des Gruppenleiters geht jeder Teilnehmer langsam über die Wiese (Abstände zueinander einhalten) und zählt bzw. protokolliert die Insekten genau 10 Minuten lang (allgemeines Stoppkommando).
Diese Insektenzählaktion wird in Wiesen verschiedener Höhenlage bei **möglichst gleichen Wetterbedingungen** (Temperatur, Wind, Sonneneinstrahlung) wiederholt.

Auswertungsbeispiel:

	Wiese 1 (Tal)		Wiese 2 (Alm)		Wiese 3 (hochalpin)	
	Anzahl beobachteter Insekten	%	Anzahl beobachteter Insekten	%	Anzahl beobachteter Insekten	%
Boden						
Vegetation						
Luft						
Gesamt		100		100		100

Wie ändert sich die Gesamtzahl der Insekten mit der Höhenlage? Wie verändern sich die Anteile der Boden-, Vegetations- und Fluginsekten mit der Höhenlage und von Wiesentyp zu Wiesentyp?
Wenn verschiedene Insektengruppen gezählt wurden: Wie ändern sich die Anteile der einzelnen Insektengruppen mit der Höhenlage und den entsprechenden Umweltbedingungen (z. B. Bienen und Schmetterlinge nehmen ab, Fliegen und Spinnen nehmen zu; der Anteil der am Boden lebenden Insekten nimmt zu ...)?

13. Blütenökologie

Ort: mindestens zwei verschiedene Blumenwiesen in verschiedenen Höhenlagen (z. B.: Talwiese, alpiner Rasen)
Dauer: je ein Halbtag pro Wiesentyp
Altersstufe: ab 12 Jahren
Gruppengröße: 8–12 Personen, mehrere Gruppen parallel möglich
Ausrüstung: Meter-Knotenschnur, Buntpapier-Quadratplatte (siehe Bastelanleitung)
Bücher: Nr. 1, 3, 12

Ein Quadratmeter Wiese wird mit der Schnur umgrenzt, dann werden die Blüten nach verschiedenen Farben ausgezählt: wie viele gelbe, weiße, blaue ... Mindestens drei Blumen werden an Ort und Stelle bestimmt.
Dann teilt sich die Gruppe in zwei Untergruppen zu verschiedenen Beobachtungsaufgaben:

Die **erste Untergruppe** aus 6–8 Schülern beobachtet und protokolliert genau, welche Insekten welche Blüten besuchen, nach folgendem Schema:

Blütentyp	Insekten
weiß, flach doldig Röhrenbl.	
gelb, flach doldig Röhrenbl.	
rot, flach doldig Röhrenbl.	
blau, flach doldig Röhrenbl.	

Beobachtungsdauer: genau eine Stunde.
Bei den Insekten folgende Eintragungen: Biene, Hummel, Schmetterling (groß, bunt; Bläuling, Mohrenfalter), Schwebfliege, sonstige Fliegen, Mücken, Käfer (klein, schwarz), Käfer (grün), Käfer (näher beschreiben). Stricherl machen, wie oft derselbe Insektentyp zum selben Blütentyp fliegt.

Wenn sehr viele Insekten aktiv sind, was bei Sonnenschein der Fall sein kann, kann man das Quadrat in vier kleinere Quadrate unterteilen und auch die Beobachtungszeit verkürzen. Je zwei Schüler beobachten dann ein Teilquadrat: einer zählt, der andere schreibt.

2. Untergruppe: 2–4 Schüler. Die Schüler legen die Farbtafeln (siehe Bastelanleitung) in mehreren Metern Abstand zur ersten Beobachtungsfläche auf. Die anfliegenden Insekten werden nun ebenfalls eine Stunde lang beobachtet.

Farbe	Insekten
weiß	
gelb	
rot	
blau	

Die Insekten werden genauso eingetragen wie bei der Blütenbeobachtungsgruppe
Auswertung: Welcher Blütentyp und welche Farben wurden insgesamt am häufigsten angeflogen? Welche Insekten bevorzugen welche Blütentypen und -farben? Inwieweit stimmen diese Ergebnisse mit der Farbtafelbeobachtung überein?
Nach Möglichkeit wird dasselbe Programm bei der gleichen Wetterlage auf einem alpinen Rasenstück wiederholt.
Fragen zum Vergleich: Gibt es Unterschiede in der Häufigkeit der Blütenfarben? Bevorzugen die Insekten in der Tal- und Alpinwiese dieselben Blütentypen und -farben? Wie ändert sich die Häufigkeit der Insekten? Welche Insektenarten sind wo häufiger, welche sieht man z. B. in höheren Lagen gar nicht mehr? Farbsehen der Menschen – Farbsehen der Insekten (Insekten sehen z. B. auch Ultraviolett-Anteile: zwei für uns gleichfärbige Blüten können unter Umständen von den Insekten als verschiedenfärbig wahrgenommen werden).

Kleiner Fuchs

14. Gebirgsbachuntersuchung

Ort: seichte Stelle an einem ungefährlichen Bachabschnitt, groß genug für eine ganze Jugendgruppe
Dauer: etwa 1–2 Stunden während einer Exkursion
Altersstufen: ab 10 Jahren
Gruppengröße: je drei Personen pro Gruppe, ein Kartierungs-Dreierteam
Ausrüstung: weiße Plastikschalen (nur in diesen sieht man die Tiere deutlich genug!), Weichpinzetten; für das Kartierungsteam: mehrere Zehnmeter-Knotenschnüre, 1-m-Messstäbe (wie für Vegetationsstruktur, siehe Bastelanleitung)
Buch: Nr. 11

An 2–3 Bachabschnitten werden in Kleingruppen Wassertiere gefangen. Wirksame Methode: Steine herausnehmen und schauen, was darauf oder darunter sitzt. Die Steine werden auch im Bach dauernd bewegt, sodass sich die Störung des Bachlebens durch solch eine Aktion der ganzen Gruppe in vertretbaren Grenzen hält. Die Tiere werden in der wassergefüllten(!) Schale mit der Weichpinzette oder (vorsichtig!) mit dem Fingernagel vom Stein gelöst und dort genauer betrachtet und nach Möglichkeit gezeichnet. An Hand der Bücher wird herauszufinden versucht, wie das Tier heißt, was es frisst (das kann man an der Körperform bzw. am Bau der Mundöffnung usw. schon erraten), wie es lebt, ob es sich um eine Larve, Puppe etc. handelt.

Beobachten der Kleinlebewelt des Gebirgsbaches

Protokollbeispiel:
Name des Tieres: ungefähr: Eintagsfliegenlarve, Köcherfliegenlarve, Kriebelmückenpuppe, Strudelwurm ...
Wo im Wasser gefunden: an Steinen, unter Steinen, auf Pflanzen, am Ufer, in starker Strömung, im Ruhigwasserteil ...
Ernährung: ...
Anpassungen an das Leben im Gebirgsbach: flach, kann sich an Steine anpressen, Saugnäpfe auf der Unterseite, festgeklebtes Gehäuse ...
Zeichnung und besondere Merkmale aufschreiben.
Welche Tiere findet man häufig, welche selten?

Kartierungsteam:
Der untersuchte Bachabschnitt wird mit Schnüren vermessen und gezeichnet. Mehrere Zehnmeter-Knotenschnüre werden ca. alle 5 m parallel über den Bach gespannt. Der Bachverlauf wird skizziert, die Maße und verschiedene Strukturelemente werden eingezeichnet: große Steine, Feingeröllbereiche, Sandbänke, wo stehen bzw. standen die Forellen und/oder Saiblinge? Entlang der gespannten Schnüre wird alle 10–20 cm eine Wassertiefenmessung durchgeführt, sodass Profile gezeichnet werden können:

z. B.: Profil 1:

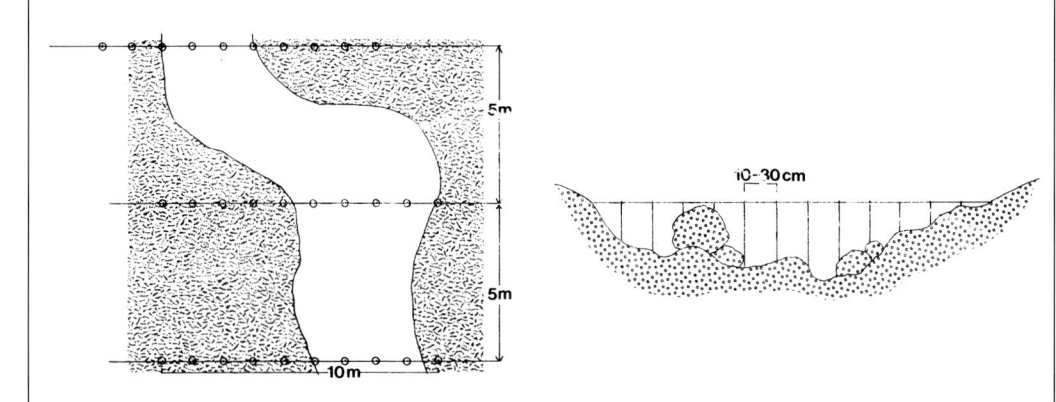

Am letzten Tag, bei der allgemeinen Präsentation der Ergebnisse, wird eine Zeichnung mit einem „typischen" Bachquerschnitt vorgeführt und erläutert:

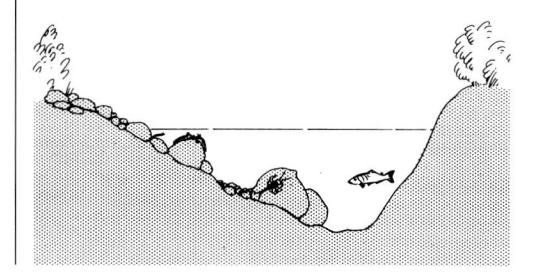

15. Verhaltensstudie an Bergblattkäfern

Ort: in der Nationalpark-Außenzone oder im Vorfeld, zwischen 1000 und 2000 m, wo Greiskraut oder Alpendost wächst.
Dauer: während einer Exkursion in etwa 15 Minuten durchzuführen, Zimmerbeobachtung während der nächsten Tage.
Altersstufe: ab 8 Jahren
Gruppengröße: 2–3 „Käferbeauftragte"; beim Suchen kann die ganze Klasse eingesetzt werden.
Ausrüstung: kleines Glasgefäß mit Deckel für den Transport; im Quartier: ein Gefäß als Vase, wo die Pflanzen hineingesteckt werden. Als „Gehege" dient ein großes Gurkenglas (luftdurchlässig verschlossen, z. B. mit Taschentuch), oder die Pflanze wird mit einem Netzstoff vorsichtig umspannt.
Buch: Nr. 12

Sobald man auf größere Bestände von Greiskraut oder Alpendost trifft, kann die ganze Klasse oder ein Teil der Schüler diese nach Bergblattkäfern und deren Larven absuchen. Die Bergblattkäfer sind etwa 1 cm groß, grün, blau oder bunt gestreift, metallisch glänzend und kommen auf ihren Futterpflanzen oft massenhaft vor. Ihre Larven schauen aus wie kleine Kartoffelkäferlarven und sitzen meist auf der Blattunterseite.

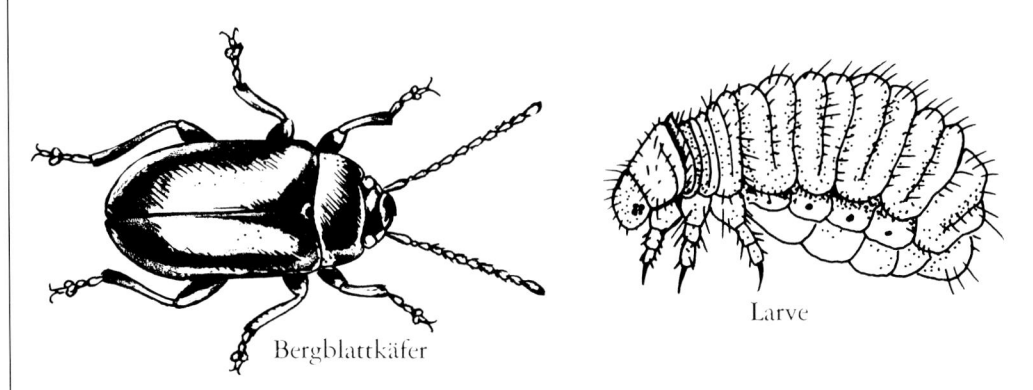

Bergblattkäfer — Larve

2–3 Käfer und 5–6 Larven werden in einem Glasgefäß mitgenommen (ein paar Blätter der Futterpflanze dazustecken!) und in den nächsten Tagen im Quartier beobachtet. Es genügt, beim Transport den Deckel des Gefäßes alle 1–2 Stunden zum Lüften zu öffnen. Keine Löcher in den Deckel bohren! Die kleinen Larven kommen dann leicht aus und können sich am durchlöcherten Deckel leicht verletzen. Nicht der Sonne aussetzen! Von der Futterpflanze wird ebenfalls ein beblätterter Stängel mitgenommen.

Im Quartier werden die Pflanzen in ein Gefäß mit Wasser gesteckt, in das „Gehege" gestellt und mit den Käfern und Larven besetzt. Nicht in die Sonne stellen!

Beobachtungsmöglichkeiten:
Wo sitzen die Larven bevorzugt? Gibt es Unterschiede zwischen kleinen und großen Larven? Wie fressen die Käfer und die Larven, wie schaut das befressene Blatt hinterher aus? Beobachte die Häutung der Larven: wie läuft die Häutung ab, wie sieht die Larve nach der Häutung aus, wie ändert sich ihre Farbe nach 1–2 Stunden? Ist die Larve jetzt noch genauso gefärbt wie vor der Häutung?

Im Juni kann man Käferweibchen beim Jungekriegen beobachten. Die Bergblattkäfer legen keine Eier, sondern bringen etwa 15–20 Junge zur Welt. Falls der „Bergblattkäfer" doch Eier legt, war es kein Bergblattkäfer, sondern der ebenfalls häufige, metallisch glänzende Minzenblattkäfer, den man aber genauso beobachten kann. Er sitzt normalerweise auf Minze und geht nicht in solche Höhenlagen hinauf wie der Bergblattkäfer. Er kann sich aber auch einmal auf eine andere Pflanze verirren. Am letzten Tag, an dem die Ergebnisse präsentiert werden, berichten die „Käferbeauftragten", was sich im Gurkenglas zugetragen hat. Die Käfer und Larven werden wieder am Entnahmeort ausgesetzt.

16. Nächtliche Beobachtung an einer Leuchtstelle

Ort: am Quartier, wenn die Gruppe in einer Hütte untergebracht ist
Dauer: 1–2 Stunden am Abend
Alter: ab 10 Jahren
Gruppengröße: 5–10 Personen pro Leuchtstelle; maximal zwei Leuchtstellen an zwei gegenüber liegenden Seiten der Hütte, wenn sie sich gegenseitig nicht beeinflussen.
Buch: Nr. 12

Ein Leintuch wird senkrecht aufgehängt (auf eine Wäscheleine oder einfach aus einem ebenerdigen Fenster hängen) und mit einer Lichtquelle beleuchtet (Schreibtischlampe, starke Taschenlampe). Auf dieser beleuchteten Fläche lassen sich diverse Insekten nieder (warum sie von Licht angezogen werden, weiß man bis heute nicht!). Am besten bei bedecktem Himmel, bei klarem Wetter kommen weniger Tiere!

Protokollbeispiel:
Aufschreiben und Abzählen der anfliegenden Tiere:
Schmetterlinge: / / / / / / / / / / / / / / /
Käfer: / / / / / / / / /
Köcherfliegen: / / / / / /
Mücken: / / / / /
Fliegen: / / / / / / /
Netzflügler: / / / / / / / / / / / / /

Wie unterscheiden sich die anfliegenden Schmetterlinge von denen, die man bei Tag sieht (Flügelstellung, Tarnzeichnung ...)? Welcher Schmetterling kommt am häufigsten vor (meist ist das die Gamma-Eule, ein Wanderfalter)?

17. Astronomische Beobachtungen

Ort: Umgebung des Quartiers, an einer Stelle ohne künstliche Lichtquelle
Dauer: etwa 2 Stunden ab Dunkelheit
Altersstufe: ab 10 Jahren
Gruppengröße: 10 bis 15 Personen
Ausrüstung: Kalender mit Angaben von Mond-Aufgangs- und -Untergangszeiten; Ferngläser; wenn vorhanden: Fernrohr
Bücher: Nr. 17, 18

Nach Möglichkeit sollte vor der Nationalparkwoche im Physikunterricht etwas Theorie zu den möglichen Beobachtungen durchgenommen werden.

Mondbeobachtungen:
Am Kalender wird nachgeschaut, welche Mondphasen und welche Auf- bzw. Untergangszeiten in der Nationalparkwoche zu erwarten sind. Die „Astronomiebeauftragten" überprüfen an Ort und Stelle diese Zeiten (Achtung: Sommerzeit beachten!) und tragen sie für die ganze Woche ins Protokoll ein.

Beobachtungen ohne Fernglas und Fernrohr:
Sternbilder:
In einer klaren Nacht kann man abseits von menschlichen Lichtquellen Sternbilder gut erkennen. Im bewohnten Gebiet ist dies kaum möglich.
Sternbilder: Großer Wagen und Kleiner Wagen mit Polarstern; daran Orientierung nach Norden; einige andere einfache Sternbilder: Cassiopeia, Schwan, Leier (siehe BLV-Buch: 2. Umschlagseite)

Beobachtung der Erddrehung:
Der Polarstern und einige andere Sterne werden mit durchgestreckter Hand anvisiert und ihre Position markiert. Nach einer Stunde wird dieses Anvisieren wiederholt. Der Polarstern verschiebt sich nicht. Die Verschiebung der anderen Sterne ist umso größer, je weiter sie vom Polarstern entfernt sind (Wirkung der Erddrehung).

Satellitenbeobachtung:
Wird ein Satellit von der Sonne beschienen, kann man ihn am Nachthimmel deutlich erkennen, obwohl viele Satelliten nicht größer als ein Auto sind! Man erkennt einen Satelliten an seiner raschen Bewegung und manchmal an seiner leicht torkelnden Bahn. Wenn mehrere Personen gleichzeitig den Himmel beobachten, kann man in einer Stunde gut 10 Satelliten entdecken. Alle Satellitenbeobachtungen werden protokolliert.

Sternschnuppen:
Gerade im Sommer kann man relativ häufig Sternschnuppen beobachten. Sie ziehen eine kurze, leuchtende Bahn und verglühen dann. Jede Sternschnuppe wird ebenfalls protokolliert.

Beobachtungen mit dem Fernglas:
Wenn nicht gerade Neumond ist, kann man den Mond in einer klaren Nacht mit einem Fernglas sehr gut beobachten. Die Strukturen der Mondoberfläche sind deutlich zu erkennen.
Mit einem Fernglas kann man auch Venus und Mars gut beobachten. Die Position von Venus und Mars in der Nationalparkwoche werden am besten schon vorher im Physikunterricht bestimmt. Mit dem Fernglas sind die Venusphasen (wie beim Mond!) und die rote Farbe des Mars gut zu erkennen. Die Venus ist der erste (und hellste) Stern am Himmel (Abendstern!). Positionsänderung dieses Planeten gegenüber den „echten" Sternen lassen sich mit bloßem Auge verfolgen!

Beobachtungen mit dem Fernrohr
Falls ein Betreuer oder ein Teilnehmer ein einfaches Fernrohr besitzt, kann man die Beobachtungen damit weiter ausbauen:
Mond, Venus, Mars, Doppelsterne (z. B. der kleine Stern über dem Deichselstern im Großen Wagen), Jupitermonde, Saturnringe usw. Galilei hatte für seine Entdeckungen wahrscheinlich ein schlechteres Fernrohr zur Verfügung!

18. Ortsbildprogramm

Ort: in einem Ortsteil einer Nationalparkgemeinde
Dauer: ein Halbtag für die Erhebungen,
ein Abend für die Klassendiskussion,
ein weiterer Nachmittag oder Abend für die Diskussion mit den Ortsvertretern
Altersstufe: ab 12 Jahren
Gruppengröße: 3–4 Personen, mehrere Gruppen parallel

Die Gruppen gehen, auf verschiedene Sektoren verteilt, durch den Ort und zeichnen in Skizzen ein, was ihnen besonders gefällt oder missfällt, was sie für das Nationalpark-Vorfeld für typisch halten und was sie als Fremdeinfluss empfinden, was ihrer Meinung nach vermehrt und was verringert bzw. entfernt werden sollte.
Zum Beispiel: Wo finden sich noch schöne alte oder geschmackvoll renovierte Bauern- oder Bürgerhäuser? Wie werden sie heute genutzt (Gemeindeamt, Museum, Wohnhaus, Bauernhof ...)?
Welche Bauten wirken kitschig oder protzig?
Wo gibt es noch alte Zäune aus Naturmaterialien?
Dachformen, Dachbedeckung/Türformen etc.?
Hausbemalung und Hausfiguren in Nischen: Hl. Maria, Hl. Florian?
Wo gibt es noch Bauerngärten? Wie sind sie angelegt, was wächst darin? (Nicht betreten!)
Wo findet man Allerweltsgärten mit sterilem Zierrasen und gebietsfremden Sträuchern (am Orts-

rand, bei Einfamilienhäusern oder Zweitwohnungen etc.)?
Wo gibt es noch alte Obstgärten, wie sehen die Bäume darin aus?
Alte Bäume in die Ortsskizze einzeichnen.
Falls ein Bach durch den Ort rinnt: Wie sieht er aus? Uferbebauung, naturnahes Ufer, Betonrinne?
Öffentliche Plätze: Wie sind sie gestaltet? Mit gebietsfremden oder heimischen Sträuchern und Blumen? Zierrasen? Asphalt, Pflasterung? Wie sehen die Bänke aus?
Wo gibt es noch schöne alte Brunnen?
Abends: Diskussion aller Gruppenergebnisse, Ausarbeitung eines gemeinsamen Vorschlages an die Gemeinde.
Was gefällt uns besonders gut:
Was sollte vermehrt oder gefördert werden:
Was sollte beseitigt oder in Zukunft vermieden werden:
Diskussionstermin ausmachen mit: Bürgermeistern, Schuldirektor, Gemeindevertreter, Mitglied des Ortsverschönerungsvereines ...

19. Vorschläge für Abend- und Schlechtwetterprogramme im Quartier

Waldriechspiel

Dauer: 1 Abend
Altersstufe: ab 8 Jahren
Gruppengröße: 3–5 Personen für das Programmteam; am Abend machen alle mit
Ausrüstung: mehrere gut verschließbare Blech- oder Plastikdosen

Die Mitarbeiter des Programmteams sammeln (in der Außenzone oder im Vorfeld) auf den Exkursionen verschiedene Naturobjekte, die einen typischen Geruch haben (z. B.: Waldboden, einige wenige Pilze, Heidelbeer- und Preiselbeerblätter, einige wenige Blumen oder Kräuter, Nadelbaumzweige, ein Stückerl alte Kuhfladen, Früchte ...). Jedes Sammelobjekt kommt in eine verschließbare Dose, die beschriftet wird.
Am selben Abend findet der Riechquiz statt:
Einem Teilnehmer werden die Augen verbunden und einer vom Programmteam hält ihm den Inhalt einer Dose unter die Nase. Fichtennadeln, Blätter und Kräuter werden dabei zerrieben, Früchte gequetscht etc. Der Kandidat muss raten, was es ist.
Je nach vorhandenen Objekten und Teilnehmerzahl kann man verschiedene Spielregeln aufstellen, z. B.: Jeder kommt einmal dran, wer am meisten „errochen" hat, ist Sieger. Oder: Zwei oder mehrere Mannschaften treten gegeneinander an, jeder sammelt so viele „Riechpunkte" wie möglich, oder je zwei Kandidaten schnuppern gleichzeitig, wer es schneller errät, kommt in die nächste Runde ...

Rollenspiele
Dauer: 1 Abend
Altersstufe: ab 10 Jahren
Gruppengröße: einige Freiwillige als Schauspieler, die anderen sind Publikum

Die „Schauspieler" spielen Stegreiftheater, z. B. zu folgenden Themen:
Ein (Fernseh-)Journalist kommt in eine Nationalparkgemeinde und interviewt verschiedene Leute: Bürgermeister, Großbauer, Bergbauer, Bäuerin, Naturforscher, Touristen, Hotelbesitzer, Kellnerin, Wanderer ...
Oder: Veranstaltung eines Nationalparkquiz analog einem Fernsehquiz. Mit Quizmaster, Assistenten, mehreren Kandidaten, „Prominenten", „Künstlern" für die Pauseneinlage, Zuschauerfragen usw. Die Fragen werden vorher von einem Team unter „größter Geheimhaltung" ausgearbeitet. Dieses Team ist dann die Jury, die in Zweifelsfällen entscheidet, ob die Frage als richtig beantwortet gilt oder nicht. Die Gewinner bekommen natürlich einen Preis.

Vorbereitung auf die Nationalparkwoche

Vorschläge für Projektarbeiten

Um die Bedeutung des Nationalparks für den Schutz alpiner Lebensräume klarzumachen, können die Schüler schon einige Monate vor dem Besuch ausgewählte Themen bearbeiten, z. B.:
Tourismus in den Alpen
Veränderungen durch die Anlage von Schipisten
Einfluss der Elektrizitätswirtschaft usw.

Dazu werden möglichst viele Informationen gesammelt (Zeitungsausschnitte, Landkarten, Prospekte, Befragungen usw.) und dann vor Ort Vergleiche angestellt. In den weitgehend selbstständig erarbeiteten Berichten können die Schüler ihre Meinung über die Grenze zwischen Nützen und Schützen entwickeln.

Bastelanleitungen

Zehnmeter-Knotenschnur
Diese vielseitig verwendbaren Messschnüre werden aus starkem Spagat hergestellt: in Abständen von genau einem Meter wird ein Knoten in die Schnur geknüpft. Nach 11 Knoten (= 10 m) wird die Schnur etwa 20 cm vor dem ersten und nach dem letzten Knoten abgeschnitten (Haltebereich, der nicht mehr zum Messen verwendet wird).

Messstäbe
An 1 m langen, geraden, dünnen Holz- oder Metallstäben werden mit farbigem Klebeband alle 10 cm Markierungen angebracht und mit wasserfestem Filzstift beschriftet (10, 20, 30 ...). Für die Vegetationsstruktur-Messungen soll der Stab nicht dicker als 0,5 cm sein.

Buntpapier-Quadratplatte
Auf festen Karton (30 x 30 cm) werden mit Buntpapier vier verschiedenfarbige Quadrate (15 x 15 cm) geklebt (siehe Skizze):

Lehrtafeln an der Großglockner-Hochalpenstraße

Empfohlene Bestimmungs-Literatur

Pflanzen:

- Exkursionsflora von Österreich v. W. Aah, K. Oswald u. R. Fischer
  Reine Bestimmungsflora ohne Pflanzenfotos, 1994 Verlag Ulmer
- Was grünt und blüht in der Natur?
  mit 736 Pflanzenfotos von wildwachsenden Blütenpflanzen Mitteleuropas.
  Kosmos Naturführer, Kosmos Verlag Stuttgart 1981
- Pareys Bergblumenbuch v. Grey Wilson u. M. Blamey
  2750 farbige u. 1290 einfarbige Pflanzendarstellungen
- Alpenflora v. G. Hegi mit 283 farbigen Abbildungen, 1977
  Die wichtigsten Alpenpflanzen Bayerns, Österreichs und der Schweiz
- Bäume und Sträucher des Waldes v. G. Amann
  1954 Verlag Neumann

Tiere:

- Was lebt in Tümpel, Bach und Weiher? Kosmos Naturführer 1996
- Pareys Buch der Insekten – Ein Feldführer der europäischen Insekten
  Über 2300 Insekten in Farbe, Verlag Paul Parey Berlin
- Die Tagfalter Europas und Nordwestafrikas. Kosmos Naturführer 1998
- Der neue Kosmos Vogelführer
  1999 Kosmos Verlag
- Pareys Vogelbuch aller Vögel Europas, Nordafrikas und des Mittleren Ostens
  1996 Verlag Parey Berlin
- Pareys Buch der Säugetiere – Alle wildlebenden Säugetiere Europas
  1982 Verlag Paul Parey Berlin
- Tierspuren von Preben Bang
  BLV Verlagsgesellschaft München 1973

Erlebnisspiele für Gruppen und Familien

Einleitung:

Der unmittelbare Zugang zur Natur, das Aufnehmen ihrer Reize mit allen Sinnen, drängt sich im Nationalpark geradezu auf:
Die Besucher **sehen** eine unendliche Vielfalt von der Weite der Bergwelt bis zur kleinsten Blüte ...
hören Bäche und Wasserfälle rauschen, Vögel rufen oder singen, Insekten summen, zirpen und surren, den Wind in den Wipfeln brausen ...
riechen Baumharz und -nadeln, Pilze und Waldboden, duftende Bergkräuter wie Thymian, Arnika, Blauen Speik (= Klebrige Primel) und Weißen Speik (= Weiße Schafgarbe), Alpen-Mutterwurz ...
schmecken Erdbeeren, Preisel- und Heidelbeeren, die am Wegrand wachsen, harzige blaue Früchte des Zwergwacholders und Kerne der Zirbelnüsse, sauberes Quellwasser, Blätter von Brunnenkresse, Sauerklee, Sauerampfer, Wiesen-Schafgarbe ...
betasten verschiedene Gesteine, Baumrinden, stachelige und weiche Baumnadeln, filzig behaarte oder glatte Blätter ...
fühlen die starke Sonneneinstrahlung, den rauen Bergwind ...

Gerade die Erfahrungen durch Riechen, Schmecken, Tasten und Hören (für das Kleinkind an der Mutterbrust lebenswichtig) prägen die Beziehung des Menschen zu seiner Umgebung. Die Sinneswahrnehmungen lösen Gefühle, Stimmungen, Erinnerungen aus und bestimmen oft mehr unsere Einstellung zur Natur als das verstandesmäßige Erfassen.
Hier einige Anregungen für das spielerische Sammeln solcher Erfahrungen während des Aufenthalts im Nationalpark:

1. Nationalpark-Indianer

sollen ihre Sinne für die Wahrnehmung der Umwelt schärfen. Dazu wird jeweils ein Kandidat mit verbundenen Augen ein paar Mal um seine eigene Achse gedreht, damit er die Orientierung verliert, und zu einer geeigneten Stelle geführt.
Er soll Lärchen, Zirben oder Zwergwacholder am Geruch und durch Befühlen der Rinden bzw. Nadeln erkennen;
die Laute und Geräusche der Umgebung identifizieren und ihre Richtung und ungefähre Entfernung angeben;
mit bloßen Füßen verschiedenen Untergrund ertasten;
essbare Beeren und Blätter durch Geruch und Geschmack unterscheiden;
sich mit verbundenen Augen in der Umgebung orientieren.
Die Beispiele können beliebig variiert werden (geeignete Objekte siehe Einleitung). Sie sollen sich aber immer auf die umgebende Natur beziehen und einen schonenden Umgang mit ihr einüben.

2. Freundschaft mit der Natur

für ca. 5–9 Jahre:
Jedes Kind soll sich etwas in der Umgebung aussuchen, was ihm gefällt: Baum, Stein, Bach, Blume oder dergleichen.
Dann darf es seinen selbst gewählten „Freund" ganz genau anschauen, beriechen, „be-greifen" – aber keinesfalls verletzen oder gar zerstören.
Blumen bewundern – aber nicht pflücken, Minerale bestaunen – aber nicht mitnehmen, ist die Devise. Diese Einstellung zur Natur sollte man üben.
für Ältere:
Inmitten der schützenswerten Natur wird diskutiert:
Wie sehr sind wir noch die Sammler und Jäger, als die unsere Vorfahren viele hunderttausend Jahre lang lebten?

Welchen biologischen Sinn haben Spiele bei Tieren und Menschen?
Dann wird mit dem Ziel, die Natur als gleichberechtigten Partner zu erleben, obige Übung gespielt oder die Gruppe erfindet selbst Spiele zu diesem Thema.

3. Zaubertiere

für Schüler bis ca. 12 Jahre:
Je drei bis sechs Kinder bilden eine Gruppe und bekommen vom Spielleiter eine Rolle zugeteilt: z. B. Specht, Eichhörnchen, Kreuzotter, Käfer, Spinne, Tausendfüßer ... Heimlich beraten und üben die Kinder, wie sie das entsprechende Lebewesen darstellen könnten, arbeiten dabei seine Erkennungsmerkmale heraus und identifizieren sich damit. Dann spielt die Gruppe gemeinsam die Rolle des zugeteilten Tieres vor. Wenn die anderen Kinder es richtig erraten haben, ist das Tier „erlöst".
für Familien:
Sich in andere Lebewesen hineinzudenken, fördert die Verbundenheit mit ihnen. Wer Spaß an Rollenspielen hat, kann im Nationalpark viele interessante Tiere beobachten und dann z. B. als Gämse auf einen Felsblock klettern und einen Warnpfiff ertönen lassen,
als Dohlenschwarm im Wind segeln und Jausenreste ergattern, Murmeltierfamilie und Adler spielen ...
(Der Phantasie der Darsteller und dem Gelächter der Zuschauer sind keine Grenzen gesetzt!)

4. Empfänger

Gerade bei Gruppenaufenthalten sollte jeder auch einmal das Alleinsein mit der Natur erleben. Beim „Empfänger"-Spielen muss sich jeder einen ungestörten Platz suchen und ganz still und konzentriert mit allen „Antennen", die er besitzt, die verschiedenen Signale der Umgebung aufnehmen (Farben und Formen, Geräusche, Gerüche, Wärme, Luftzug usw.). Nach einer bestimmten Zeit (z. B. 10 Minuten) soll jeder feststellen, welche Wahrnehmung ihn persönlich am meisten beeindruckt hat (z. B. Vogelruf, die Kälte ...)
Dann werden in der Gruppe die Ergebnisse gesammelt. Je wie viele Seh-, Hörerlebnisse usw. werden gemeldet?
Abwandlung als Meditation (ab ca. 17 Jahre):
Abstand von den Anderen gewinnen. Ganz still und aufnahmebereit sein. Augen schließen und den Duft der Umgebung einsaugen. In die Nähe und in die Ferne horchen. Den Wind spüren oder die Strahlen der Sonne. Dann um sich schauen.
Sich als Teil der Schöpfung empfinden ...

Empfehlenswerte Literatur über die gesamte Region des Nationalparks Hohe Tauern

1. Literatur über den gesamten Park

Bücher und Broschüren:

HARTL, H. und T. PEER: Die Pflanzenwelt der Hohen Tauern. Nationalparkkommission Hohe Tauern. Wissenschaftliche Schriften. 167 Seiten. Universitätsverlag Carinthia, Klagenfurt, 1985.
KRAINER, K: Die Geologie der Hohen Tauern. Wissenschaftliche Schriften/Nationalpark Hohe Tauern, 1994.
RETTER, W. und R. FLOIMAIR: Nationalpark Hohe Tauern. Den Ursprüngen begegnen. Verlag Anton Pustet, Salzburg, 1992.
RUCKER, T.: Die Pilze der Hohen Tauern. Nationalparkfonds der Länder Kärnten, Salzburg und Tirol. Wissenschaftliche Schriften/Nationalpark Hohe Tauern. Verlagsanstalt Tyrolia, Innsbruck-Wien, 1993.
STÜBER, E. und N. WINDING: Die Tierwelt der Hohen Tauern: Wirbeltiere. Wissenschaftliche Schriften/Nationalpark Hohe Tauern. Herausgegeben von der Nationalparkkommission Hohe Tauern. 184 Seiten. Universitätsverlag Carinthia, Klagenfurt, 1991.

2. Bundesländer

KÄRNTNER ANTEIL:

Bücher:
RETTER, W., M. JUNGMEIER und H. PRASCH: Nationalpark Hohe Tauern · Kärnten. Verlag Anton Pustet, Salzburg, 1993.

Führer:
HUTTER, C. M.: Nationalparks in Kärnten. 104 Seiten. VCM-Verlag, Salzburg, 1988.
ÖSTERREICHISCHER ALPENVEREIN (Hrsg.): Gletscherweg Pasterze. Naturkundlicher Führer zum Nationalpark Nr. 2. 60 Seiten. Innsbruck, 1983.
ÖSTERREICHISCHER ALPENVEREIN (Hrsg.): Naturführer Seebachtal. Naturkundlicher Führer zum Nationalpark Hohe Tauern Nr. 7. 60 Seiten. Innsbruck, 1990.
ÖSTERREICHISCHER ALPENVEREIN (Hrsg.): Familienwanderweg Winklerner Alm. Naturkundlicher Führer zum Nationalpark Hohe Tauern Nr. 8. 48 Seiten. Innsbruck, 1990.
ÖSTERREICHISCHER ALPENVEREIN (Hrsg.): Kulturwanderweg Römerstraßen. Naturkundlicher Führer zum Nationalpark Hohe Tauern, Band 14. Innsbruck, 1995.
ÖSTERREICHISCHER ALPENVEREIN (Hrsg.): Naturführer Gradental. Naturkundlicher Führer Nationalpark zum Nationalpark Hohe Tauern, Band 16. Innsbruck, 1998.
ÖSTERREICHISCHER ALPENVEREIN (Hrsg.): Naturführer Asten. Naturkundlicher Führer zum Nationalpark Hohe Tauern, Band 13. Innsbruck, 1994.
STÜBER, E. und N. WINDING: Erlebnis Nationalpark Hohe Tauern. – Band Kärnten. Naturführer und Programmvorschläge für Ökowochen, Schullandwochen, Jugendtouren und Gruppentouren im Nationalpark Hohe Tauern (Kärntner Anteil) und Umgebung. 224 Seiten. Nationalparkverwaltung Hohe Tauern – Kärnten, Großkirchheim, 2003.

SALZBURGER ANTEIL:

Bücher:
HUTTER, C. und W. RETTER: Nationalpark Hohe Tauern · Salzburg. Verlag Anton Pustet, 1994.
WAITZBAUER, H.: Erlebnis Nationalpark Hohe Tauern: Kunst- und Kulturführer. Band Salzburg. Neukirchen a. Grv., 1993.

Führer:
HUTTER, C. M.: Nationalpark Hohe Tauern im Salzburger Land. 96 Seiten. VCM-Verlag. Elsbethen, 1985.
IGLHAUSER, B. (Hrsg.): Naturführer Nationalpark Pomarium in der Gemeinde Bramberg. Naturkundlicher Führer zum Nationalpark Hohe Tauern. Nationalparkverwaltung Salzburg 1991.

ÖSTERREICHISCHER ALPENVEREIN (Hrsg.): Geolehrpfad Knappenweg Untersulzbachtal. 1986.
ÖSTERREICHISCHER ALPENVEREIN (Hrsg.): Wasserfallweg Krimmler Wasserfälle. 1985.
ÖSTERREICHISCHER NATURSCHUTZBUND, Landesgruppe Salzburg (Hrsg.): Naturlehrweg „Rauriser Urwald". Naturkundlicher Führer zum Nationalpark Hohe Tauern. 54 Seiten. 2. Auflage, Salzburg, 1988.
ÖSTERREICHISCHER NATURSCHUTZBUND (Hrsg.): Naturführer Inneres Fuscher Tal. Naturkundlicher Führer zum Nationalpark Hohe Tauern. 64 Seiten. Salzburg, 1991. SLUPETZKY, H.: Gletscherweg Obersulzbachtal. Naturkundlicher Führer zum Nationalpark Hohe Tauern. 81 Seiten. Herausgegeben vom Österreichischen Alpenverein. Innsbruck, 1986.
STÜBER, E. und N. WINDING: Erlebnis Nationalpark Hohe Tauern – Band Salzburg. Naturführer und Programmvorschläge für Ökowochen, Schullandwochen, Jugendtouren und Gruppentouren im Nationalpark Hohe Tauern (Salzburger Anteil) und Umgebung. 308 Seiten. Verlagsanstalt Tyrolia. 2. Auflage, Neukirchen, 1991.
In diesem Führer ist weitere Literatur über den Salzburger Anteil enthalten.
STÜBER, E. und N. WINDING (Hrsg.): Naturführer Felber- und Amertal, Hintersee. Naturkundlicher Führer zum Nationalpark Hohe Tauern. 73 Seiten. Nationalparkverwaltung Salzburg 1993.
STÜBER, E. und N. WINDING (Hrsg.): Naturführer Oberstes Murtal-Muhr. Naturkundlicher Führer zum Nationalpark Hohe Tauern. 75 Seiten. Nationalparkverwaltung Salzburg, 1993.
STÜBER, E. und N. WINDING (Hrsg.): Naturführer Kapruner Tal. Naturkundlicher Führer zum Nationalpark Hohe Tauern. Nationalparkverwaltung Salzburg, 1995.
STÜBER, E., N. WINDING und H. WITTMANN: Naturführer Hollersbachtal. Naturkundlicher Führer zum Nationalpark Hohe Tauern. 55 Seiten. Herausgegeben vom Salzburger Nationalparkfonds. Neukirchen, 1990.

Tiroler Anteil:

Bücher:
KURZTHALER, Siegmund: Geschichte – Kunst – Kultur. Begegnungen in der Nationalparkregion Hohe Tauern – Tirol. Innsbruck, 1997.
RETTER, W. und Gottfried RAINER: Nationalpark Hohe Tauern – Tirol. Den Ursprüngen begegnen, 1993.

Führer:
ÖSTERREICHISCHER ALPENVEREIN (Hrsg.): Blumenweg Oberseite – St. Jakob i. D. Naturkundlicher Führer zum Nationalpark Hohe Tauern, 1987.
ÖSTERREICHISCHER ALPENVEREIN (Hrsg.): Gletscherweg Innergschlöß. Naturkundlicher Führer zum Nationalpark Hohe Tauern, 1992.
ÖSTERREICHISCHER ALPENVEREIN (Hrsg.): Kulturwanderweg Kals. Naturkundlicher Führer zum Nationalpark Hohe Tauern, 1992.
ÖSTERREICHISCHER ALPENVEREIN (Hrsg.): Wasserschaupfad Umbalfälle. Naturkundlicher Führer zum Nationalpark Hohe Tauern, 1985.
ÖSTERREICHISCHER ALPENVEREIN (Hrsg.): Naturführer Wassererlebnisweg. Naturkundlicher Führer zum Nationalpark Hohe Tauern, Band 15. Innsbruck, 1997.

Weitere spezielle Literatur zu den einzelnen Tälern und Gemeinden: siehe Kapitel „Organisatorisches".

Zusätzlich verwendete Literatur

ALZINGER, W.: Aguntum und Lavant. Führer durch die römerzeitlichen Ruinen Osttirols. Wien, 1985.

ALZINGER, W. und R. TRUMMER: Die ältesten Bauten Aguntums. In: Osttiroler Heimatblätter 1989/11.

BORTENSCHLAGER, S. und G. PATZELT: Wärmezeitliche Klima- und Gletscherschwankungen im Pollenprofil eines hoch gelegenen Moores (2270 m) der Venedigergruppe. Eiszeitalter und Gegenwart 20: 116–122, 1969.

BUCHENAUER, H. W.: Gletscher- und Blockgletschergeschichte der westlichen Schobergruppe (Osttirol). Marburger geographische Schriften, Heft 117. 276 Seiten, 1990.

CEES, M. und F. GOLLER: Zur Vogelwelt im geplanten Osttiroler Anteil des Nationalparks Hohe Tauern. Vogelkundliche Berichte und Informationen aus Tirol. Herausgegeben von der Tiroler Vogelwarte, Innsbruck. Nr. 2/1984.

CORNELIUS, H. P.: Über einige Bergstürze im Virgental. Ber. der Reichsstelle für Bodenforschung, 1941, H. 3 u. 4.

DAURER, A.: Die Schobergruppe. In: Geologie von Österreich. Herausgegeben von der Geologischen Bundesanstalt. S. 351.

Dehio-Handbuch Tirol. Herausgegeben vom Institut für österreichische Kunstforschung des Bundesdenkmalamtes. Wien, 1980.

Die Felbertauernstraße, Sondernummer der „Osttiroler Heimatblätter" 1967 (mit Beiträgen von Hans Waschgler, Adolf Stois, Franz Kollreider).

115 Jahre Felsenkapelle im Gschlöß, 1870–1985. Matrei in Osttirol.

FLOIMAIR, R., W. RETTER und P. HASSLACHER: Nationalpark Hohe Tauern, der Tiroler Anteil.

FORCHER, M.: Felbertauern. Vom Saumpfad zur Panoramastraße, Lienz, o. J. (1980).

GASSER, H.: Erlebnis Osttirol. Graz, 1979.

GASSER, M.: Defereggental. Führer für Wanderer und Bergsteiger. Selbstverlag, St. Jakob i. Def., 1988.

GOLLER, F., A. HEINRICHER und L. KRANEBITTER: Zum Brut- und Durchzugsvorkommen des Flussuferläufers (Actitis hypoleucos) in Osttirol. Vogelkundliche Berichte und Informationen aus Tirol. Herausgegeben von der Tiroler Vogelwarte, Innsbruck. Nr. 1/1985.

HAESLER, F.: Die St.-Leonhards-Kirche in Defereggen. Sonderdruck aus den „Tiroler Heimatblättern" Nr. 4/6.

HARTL, H. und PEER, Th.: Die Pflanzenwelt der Hohen Tauern. Nationalpark Hohe Tauern, Wissenschaftliche Schriften. Universitätsverlag Carinthia, Klagenfurt, 1987. 168 Seiten.

HASSLACHER, P. und Ch. LANEGGER: Österreichisches Gletscherbachinventar. Fachbeiträge des Österreichischen Alpenvereins. Serie Alpine Raumordnung Nr. 1, 1988.

HEINRICHER, A.: Tierwelt. In: Katholischer Tiroler Lehrerverein/Bezirksleitung Lienz und Bezirksschulrat Lienz (Hrsg.): Bezirkskunde Osttirol. Auflage 1993. S. 14–16 (1993).

HEINRICHER, A.: Die Vogelarten Osttirols. Carinthia II 163/83: 583–599 (1973).

HEINRICHER, A. und F. NIEDERWOLFSGRUBER: Zur Vogelwelt Osttirols. In: Monticola. Organ der Internationalen Arbeitsgemeinschaft für Alpenornithologie, Band 4, Nummer 48. S. 129–146. Innsbruck, 1980.

HEUBERGER, H.: Die Alpengletscher im Spät- und Postglazial. Eiszeitalter und Gegenwart 19: 270–275, 1968.

Van HUSEN, D.: Die Ostalpen in den Eiszeiten (mit 1 Karte). Wien, 1987. 24 Seiten.

KAMMERLANDER, H.: Waldbauliche Analyse des Oberhauser Zirbenwaldes. Diplomarbeit, Univ., Kolsass, 1985.

KARWIESE, S.: Der Ager Aguntinus. Eine Bezirkskunde des ältesten Osttirol. Lienz, 1975.

KLEBELSBERG, R. v.: Alte Gletscherstände im Iseltal und seiner Nachbarschaft. Z. f. Gletscherkunde, Bd. 19, 1931.

KLEBELSBERG, R. v.: Die Obergrenze der Dauersiedlung in Südtirol (= Schlern-Schriften 1), Innsbruck-München, 1923.

KLEINLERCHER, H.: Prägraten in Osttirol. Kleiner Führer durch das hintere Iseltal und die umliegende Bergwelt. Herausgegeben vom Fremdenverkehrsverband Prägraten.

KOFLER, A.: Zum Vorkommen von Reptilien und Amphibien in Osttirol (Österreich). Carinthia II 168/88: 403–423 (1978).

KOFLER, A.: Zur Verbreitung der frei lebenden Säugetiere (Mammalia) in Osttirol. Carinthia II 169/89: 205–250 (1979).

KÜHTREIBER, J.: Vor der „wilden Badstube". In: Osttiroler Heimatblätter 1953/7.

KURZTHALER, S.: Der Bergbau im Froßnitztal. In: Osttiroler Heimatblätter Nr. 12 – 44. Jahrgang.

KURZTHALER, S.: Der Bergbau im 16. und 17. Jahrhundert im Gemeindegebiet Virgen. In: Osttiroler Heimatblätter 1990/5.

KURZTHALER, S.: Bergbaugeschichte Osttiroler Tauernregion. Ein Führer zu den erschlossenen Gruben und Schürfen. Herausgegeben vom Verein zur Erschließung des historischen Bergbaues in Zusammenarbeit mit den Tourismusverbänden der Ferienregionen Defereggental und Hohe Tauern-Süd, 1990

LANG, H.: Die Gletscher Kärntens. Naturschutz in Kärnten, Band 10. Amt der Kärntner Landesregierung. Klagenfurt, 1989. 92 Seiten, 6 Karten.

LIPPERT, A.: Das Gräberfeld von Welzelach (Osttirol). Eine Bergwerksnekropole der späten Hallstattzeit (= ANTIQUITAS, Reihe 3, Band 12), Bonn, 1972.

MAIR, W.: Osttiroler Wanderbuch: Über 400 Wanderungen zwischen den Hohen Tauern und den Karnischen Alpen, dem Großglockner und den Lienzer Dolomiten. Innsbruck–Wien, 1989.

MAIR, W.: Alpenvereinsführer Schobergruppe. Herausgegeben vom Deutschen und vom Österreichischen Alpenverein. München, 1979.

Matrei in Osttirol. Ein Gemeindebuch zum 700-Jahr-Jubiläum der ersten Erwähnung als Markt 1280–1980 (mit Beiträgen von Siegmund Kurzthaler, Josef Astner, Andreas Brugger, Michael Forcher u. a.), Matrei i. O., 1980

MAYER, G.: Blockgletscher im Nationalpark Hohe Tauern. Hausarbeit am Geographischen Institut, Univ. Salzburg. Salzburg, 1987. 61 Seiten.

MAYER, H., K. ZUKRIGL, W. SCHREMPF und G. SCHLAGER: Urwaldreste, Naturwaldreservate und schützenswerte Naturwälder in Österreich. Institut für Waldbau, Universität für Bodenkultur, Wien, 1987.

MAYER, P.: Verbreitungsatlas der Salzburger Gefäßpflanzen. Sauteria 2: 1–403. Salzburg, 1987.

MICHOR, K.: Landschaftspflegeplanung Virgen, Teil 1–3. 1991/1992.

MOSER, H.: Die Salzburger Herrschaft in Osttirol (Hausarbeit), MS, Salzburg, 1967.

MUTSCHLECHNER, G.: Bergbau auf Silber, Kupfer und Blei, in: Silber, Erz und weißes Gold. Bergbau in Tirol. Katalog der Tiroler Landesausstellung in Schwaz, hrsg. vom Tiroler Landesmuseum Ferdinandeum, Innsbruck, 1990, S. 23–267.

Obermauern. Herausgegeben vom Pfarramt Virgen in Osttirol. Niederösterreichisches Pressehaus Druck- und VerlagsgesmbH, St. Pölten, 1990.

ORTNER, P.: Naturpark Rieserfernergruppe. Herausgegeben vom Assessorat für Umweltschutz der Autonomen Provinz Bozen – Südtirol, 1988

ÖSTERREICHISCHER ALPENVEREIN: Almen und Almwirtschaft im Dorfertal. Eine volkskundliche Untersuchung in der Gemeinde Kals am Großglockner, Bezirk Lienz, Osttirol. OeAV-Dokumente Nr. 2. Innsbruck, Kals am Großglockner, 1987.

ÖSTERREICHISCHER ALPENVEREIN: Gletscherweg Innergschlöß. Naturkundlicher Führer zum Nationalpark Hohe Tauern Nr. 1. 57 Seiten, 2. Auflage, 1992.

PATZELT, G.: Die neuzeitlichen Gletscherschwankungen in der Venedigergruppe (Hohe Tauern, Ostalpen). Zeitschrift für Gletscherkunde und Glazialgeologie 9 (1/2): 5–57, 1973.

PATZELT, G.: Gletscherbericht 1989/90: Sammelbericht über die Gletschermessungen des Österreichischen Alpenvereins im Jahre 1990. OeAV-Mitteilungen 2/91: 1989.

PATZELT, G.: Die 1980er-Vorstoßperiode der Alpengletscher. OeAV-Mitteilungen 2/89: Seite 14–15, 1989.

PETERKA, H.: Alpenvereinsführer Glocknergruppe und Granatspitzgruppe. Herausgeben vom Deutschen und vom Österreichischen Alpenverein. München, 1975.

PETERKA, H.: Alpenvereinsführer Venedigergruppe. Herausgeben vom Deutschen und vom Österreichischen Alpenverein. München, 1976.

PITTIONI, R.: Über das Kupfererzbergbaugebiet Blindis-Tögisch bei St. Jakob i. Def./Osttirol. Verlag der Österreichischen Akademie der Wissenschaften, Wien, 1986.

PIZZININI, M.: Osttirol. Eine Bezirkskunde, Innsbruck–Wien–München–Würzburg, 1971.

PIZZININI, M.: Osttirol. Der Bezirk Lienz (= Österreichische Kunstmonographie, Bd. VII), Salzburg, 1974.

PLATZER, G.: Alter und Aufbau des

Schwemmkegels Dölsach. In: Osttiroler Heimatblätter 1968/11.

PRESSLABER, H.: Virgen in Osttirol. Ein Führer durch das äußere Virgental und die umliegende Bergwelt.

PREUSCHEN, E. und R. PITTIONI: Osttiroler Bergbaufragen, in: Beiträge zur älteren europäischen Kulturgeschichte, Bd. II, Festschrift für Rudolf Egger. Klagenfurt, 1953, S. 64–74.

REHBORN, A.: Geomorphologische Untersuchungen im Maurertal (Osttirol) unter besonderer Berücksichtigung der nivalen Formung. Diplomarbeit, Univ. Göttingen, 1989.

Revital, Büro für Landschaftspflege und angewandte Ökologie: Sanierung des „Stoanach Pitzend" in Virgen/Osttirol. Landschaftspflegerisch orientierte Projektierung. Lienz, 1991.

SCHIECHTL, H. M. und R. STERN: Die aktuelle Vegetation der Hohen Tauern. Matrei in Osttirol und Großglockner. Vegetationskarten 1:25.000 mit Erläuterungen. Wissenschaftliche Schriften. Innsbruck, 1985.

SLUPETZKY, H.: Zeugen der Eiszeit und die heutigen Gletscher in den Hohen Tauern, in: Amt der Salzburger Landesregierung und Nationalparkverwaltung Salzburg (Hrsg.): Ausbildungsunterlagen für Nationalpark-Wanderführer. S. 93–112. Salzburg, 1986.

SLUPETZKY, H.: Gletscherweg Obersulzbachtal. Naturkundlicher Führer zum Nationalpark Hohe Tauern, Band 4. Herausgegeben vom Österreichischen Alpenverein. Innsbruck, 1986. 81 Seiten.

SÖLCH, 1.: Geographie des Iselgebietes in Osttirol. Badische Geographische Abhandlungen, H. 12, 1933.

SRBIK, R. R. v.: Überblick des Bergbaues von Tirol und Vorarlberg in Vergangenheit und Gegenwart, in: Berichte des Naturwissenschaftlich-medizinischen Vereines Innsbruck, 41. Band (1929), S. 206 ff.

STADLER, H.: Die archäologische Sondierung in der mesolithischen Jägerraststation am Hirschbühel/Gem. St. Jakob i. D. In: Osttiroler Heimatblätter 1991/4.

STADLER, H.: Der Hirschbühel, ein mittelsteinzeitlicher Jägerrastplatz im hinteren Defereggental. In: Osttiroler Heimatblätter 1989/12; 1991/4.

STARK, K.: Iselsberger Heilquellen. In: Osttiroler Heimatblätter 1948/24.

STEINER, V.: Reinhaltung der Tiroler Gewässer – Die Hochgebirgsseen Tirols aus fischereilicher Sicht. Teil 1: Bestandsaufnahme 1980–1985. Amt der Tiroler Landesregierung. Innsbruck. 213 Seiten, 1987.

STOLZ, O.: Politisch-historische Landesbeschreibung von Südtirol (= Schlern-Schriften 40), Innsbruck–München, 1937.

STÜBER, E. und N. WINDING: Die Tierwelt der Hohen Tauern: Wirbeltiere. Wissenschaftliche Schriften/Nationalpark Hohe Tauern. Herausgegeben von der Nationalparkkommission Hohe Tauern. Klagenfurt, 1991.

TOLLMANN, A.: Geologie von Österreich. Band 1, Zentralalpen.

WAGNER, H.: Das Virgental/Osttirol eine bisher zu wenig beachtete inneralpine Trockeninsel, in: Phytocoenologia 6, 13 S., 1979.

WEBER, Beda: Das Land Tirol. Ein Handbuch für Reisende, 3. Band: Nebenthäler, Vorarlberg, Innsbruck, 1838.

WITTMANN, H., SIEBENBRUNNER, A., PILSL, P. und HEISELMAYER, P.: Verbreitungsatlas der Salzburger Gefäßpflanzen. Sauteria 2: 1–403, 1987.

Deutsche und lateinische Namen der erwähnten Pflanzen

Ackerhornkraut *Cerastium arvense*
Ackerkratzdistel *Cirsium arvense*
Ackerwitwenblume *Knautia arvensis*
Adlerfarn *Pteridium aquilinum*
Akelei, Schwarze *Aquilegia atrata*
Allermannsharnisch *Allium victorialis*
Alpenampfer *Rumex alpinus*
Alpenanemone = Alpenküchenschelle *Pulsatilla alpina*
Alpenaster *Aster alpinus*
Alpenazalee = Gämsheide *Loiseleuria procumbens*
Alpenbärentraube *Arctostaphylos alpinus*
Alpenbärlapp *Diphasium alpinum*
Alpenbergflachs *Linum perenne alpinum*
Alpenbrandlattich *Homogyne alpina*
Alpendistel *Carduus defloratus*
Alpendistel, Dickblättrige *Carduus crassifolius*
Alpendost, Grauer *Adenostyles alliariae*
Alpendost, Kahler *Adenostyles glabra*
Alpenehrenpreis *Veronica alpina*
Alpenfettkraut *Pinguicula alpina*
Alpengänsekresse *Arabis alpina*
Alpengämskresse *Hutchinsia alpina*
Alpengrasnelke *Armeria alpina*
Alpenhainsimse = Braune Hainsimse *Luzula alpino pilosa*
Alpenhelm *Bartsia alpina*
Alpenhornklee *Lotus alpinus*
Alpenküchenschelle = Alpenanemone *Pulsatilla alpina*
Alpenlaichkraut *Potamogeton alpinus*
Alpenleinkraut = Alpenlöwenmaul *Linaria alpina*
Alpenlieschgras *Phleum alpinum*
Alpenlinse = Nickender Tragant *Astragalus penduliflorus*
Alpenlöwenmaul = Alpenleinkraut *Linaria alpina*
Alpenlöwenzahn *Taraxacum alpinum*
Alpenmannsschild *Androsace alpina*
Alpenmaßliebchen *Aster bellidiastrum*
Alpenmauerpfeffer *Sedum alpestre*
Alpenmilchlattich *Cicerbita alpina*
Alpenmutterwurz *Ligusticum mutellina*
Alpenquendel *Thymus praecox, ssp. polytrichus*
Alpenrebe *Clematis alpina*
Alpenribisel *Ribes alpinum*

Alpenrispengras = Lebend gebärendes Rispengras *Poa alpina*
Alpenrose, Behaarte *Rhododendron hirsutum*
Alpenrose, Rostrote *Rhododendron ferrugineum*
Alpensäuerling *Oxyria digyna*
Alpenscharte, Echte *Saussurea alpina*
Alpenschaumkraut *Cardamine alpina*
Alpensimse *Juncus alpinus*
Alpensonnenröschen *Helianthemum alpestre*
Alpensteinquendel *Acinos alpinus*
Alpensüßklee *Hedysarum hedysaroides*
Alpentragant *Astragalus alpinus*
Alpenvergissmeinnicht *Myosotis alpestris*
Alpenweidenröschen *Epilobium alpestre*
Alpenwucherblume *Tanacetum alpinum*
Alpenwundklee *Anthyllis vulneraria alpestris*
Alpenziest *Stachys alpina*
Arnika *Arnica montana*
Augentrost, Kleiner *Euphrasia minima*
Bachbunge *Veronica beccabunga*
Bachgänsekresse *Arabis soyeri ssp. subcoriacea*
Bachnelkwurz *Geum rivale*
Baldrian, Zweihäusiger *Valeriana dioica*
Bärenklau *Heracleum*
Bärentraube, Immergrüne *Arctostaphylos uva-ursi*
Bartflechte *Usnea*
Bartnelke *Dianthus barbatus*
Bäumchenweide *Salix waldsteiniana*
Berberitze *Berberis vulgaris*
Bergahorn *Acer pseudoplatanus*
Bergfenchel, Einjähriger *Seseli annuum*
Bergfrauenfarn *Athyrium distentifolium*
Berggamander *Teucrium montanum*
Berghahnenfuß *Ranunculus montanus*
Berghauswurz *Sempervivum montanum*
Bergklee *Trifolium montanum*
Berglauch *Allium montanum*
Berglöwenzahn *Leontodon montanus*
Bergnelkenwurz *Geum montanum*
Bergpippau *Crepis montana*
Bergspitzkiel *Oxytropis montana*
Bergulme *Ulmus glabra*
Berufkraut, Einblütiges *Erigeron uniflorus*
Besenheide *Calluna vulgaris*
Bibernelle, Kleine *Pimpinella saxifraga*
Binse, Dreifädige = Simse, Dreifädige = Dreispaltige S. *Juncus trifidus*

Binse, Glanzfrüchtige *Juncus articulatus*
Binse, Jacquins *Juncus jacquini*
Birke *Betula pendula*
Birnbaum *Pyrus communis*
Blasenfarn, Zarter *Cystopteris fragilis*
Blasensegge *Carex vesicaria*
Blaugras *Sesleria*
Blutaugenflechte *Ophioparma ventosa*
Brandknabenkraut *Orchis ustulata*
Braunklee *Trifolium badium*
Braunsegge *Carex nigra*
Brennnessel *Urtica*
Brillenschötchen *Biscutella laevigata*
Buche *Fagus sylvatica*
Bürstling *Nardus stricta*
Buschnelke *Dianthus sylvestris*
Christophskraut *Actaea spirata*
Crantz' Fingerkraut *Potentilla crantzi*
Distel, Nickende *Carduus nutans*
Drahtschmiele *Deschampsia flexuosa*
Dukatenröschen = Habichtskraut, Gewöhnliches = Kleines *Hieracium pilosella*
Eberesche = Vogelbeere *Sorbus aucuparia*
Eberwurz, Gemeine *Carlina vulgaris*
Edelkastanie *Castanea sativa*
Edelraute, Echte *Artemisia mutellina*
Edelraute, Schwarze *Artemisia genipi*
Edelweiß *Leontopodium alpinum*
Eichenfarn *Gymnocarpium dryopteris*
Eisenhut, Gelbblauer = Bunter E. *Aconitum variegatum*
Eisenhut, Blauer *Aconitum napellus*
Eisenhut, Bunter = Gelbblauer E. *Aconitum variegatum*
Engelsüßfarn *Polypodium*
Engelwurz *Angelica sylvestris*
Enzian, Bayrischer *Gentiana bavarica*
Enzian, Clusius- *Gentiana clusii*
Enzian, Deutscher *Gentianella germanica*
Enzian, Kurzblättriger *Gentiana brachyphylla*
Enzian, Punktierter *Gentiana punctata*
Enzian, Stängelloser *Gentiana acaulis*
Enzian, Zarter *Gentianella tenella*
Esche *Fraxinus excelsior*
Esparsette *Onobrychis viciifolia*
Espe = Zitterpappel *Populus tremula*
Etagenmoos *Hylocomium splendens*
Fadenflechte, Gelbe *Alectoria ochroleuca*
Faulbaum *Frangula alnus*
Feldbeifuß *Artemisia campestris*
Feldspitzkiel *Oxytropis campestris*
Felsenbaldrian *Valeriana saxatilis*
Felsenblümchen, Immergrünes *Draba aizoides*
Felsenehrenpreis *Veronica fruticans*
Felsenleimkraut *Silene rupestris*

Felsenmauerpfeffer *Sedum rupestre*
Ferkelkraut, Einköpfiges = Einblütiges *Hypochoeris uniflora*
Fetthenne, Dunkle *Sedum atratum*
Fetthenne, Große *Sedum maximum*
Fetthennensteinbrech *Saxifraga aizoides*
Fettkraut, Gemeines *Pinguicula vulgaris*
Feuerlilie *Lilium bulbiferum*
Fichte *Picea abies*
Fieberklee *Menyanthes trifoliata*
Fiederzwencke *Brachypodium pinnatum*
Fingerkraut, Aufrechtes *Potentilla eretta*
Flatterbinse *Juncus effusus*
Fleischers Weidenröschen *Epilobium fleischeri*
Flockenblume, Perückenähnliche *Centaurea pseudophrygia*
Flohblumen-Teufelskralle *Phyteuma betonicifolium*
Flohsegge *Carex pulicaris*
Fransenenzian *Gentianella ciliata*
Frauenfarn *Athyrium*
Frauenmantel *Alchemilla*
Frauenschuh *Cypripedium calceolus*
Frühlingsenzian *Gentiana verna*
Frühlingsküchenschelle *Pulsatilla vernalis*
Frühlingsschlüsselblume = Echte Schlüsselblume *Primula veris*
Fuchsgreiskraut *Senecio fuchsii*
Furchenschwingel *Festuca stricta ssp. solcata*
Gamander-Ehrenpreis *Veronica chamaedrys*
Gamandersommerwurz *Orobanche teucri*
Gelbling *Sibbaldia procumbens*
Gämsheide = Alpenazalee *Loiseleuria procumbens*
Gämskresse, Kurzstängelige *Hutchinsia alpina brevicaulis*
Gämswurz, Österreichische *Doronicum austriacum*
Gämswurz, Zottige *Doronicum clusii*
Gämswurz-Kreuzkraut *Senecio doronicum*
Germer, Weißer *Veratrum album*
Gilbweiderich, Gemeiner *Lysimachia vulgaris*
Gipskraut, Kriechendes *Gypsophila repens*
Glanzlieschgras *Phleum phleoides*
Gletscher-Tragant *Astragalus frigidus*
Gletschergämswurz *Doronicum glaciale*
Gletscherhahnenfuß *Ranunculus glacialis*
Gletschernelke *Dianthus glacialis*
Gletschernelkenwurz = Nelkenwurz, Kriechende *Geum reptans*
Glockenblume, Ährige *Campanula spicata*
Glockenblume, Bärtige *Campanula barbata*
Glockenblume, Kleine = Niedrige *Campanula cochleaiifolia*
Glockenblume, Knäuelige *Campanula glomerata*

Glockenblume, Nesselblättrige *Campanula trachelium*
Glockenblume, Scheuchzers *Campanula scheuchzeri*
Goldfingerkraut *Potentilla aurea*
Goldhafer *Trisetum flavescens*
Goldklee *Trifolium aureum*
Goldnessel *Galeobdolon luteum*
Goldpippau *Crepis aurea*
Goldried = Goldschwingel *Festuca paniculata*
Goldrute, Echte *Solidago virgaure*
Goldschwingel = Goldried *Festuca paniculata*
Grannenklappertopf *Rhinanthus aristatus*
Grannenschwarzwurzel *Scorzonera aristata*
Grasnelken-Habichtskraut *Hieracium staticifolium*
Grauerle *Alnus incana*
Grauweide *Salix cinerea*
Greiskraut, Krainer = Kreuzkraut, Krainer *Senecio incanus carniolicus*
Großkopfpippau *Crepis conyzifolia*
Grünerle *Alnus viridis*
Haarbinse *Trichophorum*
Haarspitzenmoos, Norwegisches *Polytrichum norwegicum*
Habichtskraut, Drüsiges *Hieracium glanduliferum*
Habichtskraut, Gewöhnliches = Kleines = Dukatenröschen *Hieracium pilosella*
Habichtskraut, Hoppes *Hieracium hoppeanum*
Habichtskraut, Glattes *Hieracium laevigatum*
Habichtskraut, Kleines = Gewöhnliches = Dukatenröschen *Hieracium pilosella*
Habichtskraut, Orangerotes *Hieracium aurantiacum*
Habichtskraut, Weißliches = Wegwarte-Habichtskraut *Hieracium intybaceum*
Habichtskraut, Wolliges = Zottiges *Hieracium villosum*
Hahnenfuß, Brennender *Ranunculus flammula*
Hahnenfuß, Eisenhutblättriger *Ranunculus aconitifolius*
Hahnenfuß, Haarblättriger *Ranunculus trichophyllus*
Hahnenfuß, Platanenblättriger *Ranunculus platanifolius*
Hahnenfuß, Scharfer *Ranunculus acris*
Haingreiskraut, Behaartes *Senecio nemorensis*
Hainsimse, Braune = Alpenhainsimse *Luzula alpino pilosa*
Hainsimse, Weiße *Luzula luzuloides*
Händelwurz, Duftende *Gymnadenia odoratissima*
Hängefruchtrose *Rosa pendulina*
Hartschwingel *Festuca pseudodura*
Hasel *Corylus avellana*

Hauswurz, Wulfens *Sempervivum wulfeni*
Heckenkirsche, Blaue *Lonicera coerulea*
Heckenkirsche, Gemeine *Lonicera xylosteum*
Heckenkirsche, Schwarze *Lonicera nigra*
Heckenrose *Rosa corymbifera*
Heidelbeere *Vaccinium myrtillus*
Heilwurz, Gewöhnliche *Seseli libanotis*
Heinrich, Guter *Chenopodium bonus-henricus*
Himbeere *Rubus idaeus*
Hohlzahn, Gewöhnlicher *Galeopsis tetrahit*
Hohlzunge, Grüne *Coeloglossum viride*
Holunder, Roter = Traubenholunder *Sambucus racemosa*
Holunder, Schwarzer *Sambucus nigra*
Hopfen, Wilder *Humulus lupulus*
Hornkraut, Einblütiges *Cerastium uniflorum*
Horstsegge *Carex sempervirens*
Huflattich *Tussilago farfara*
Hügelwaldmeister *Asperula cynanchica*
Hungerblümchen, Hoppes *Draba hoppeana*
Hybridpappeln *Populus*
Igelsegge *Carex stellulata*
Isländisches Moos *Cetraria islandica*
Johannisbeere *Ribes*
Johanniskraut *Hypericum*
Kälberkropf, Behaarter *Chaerophyllum hirsutum*
Kalk-Glockenenzian *Gentiana clusii*
Kaltsegge *Carex frigida*
Karpaten-Katzenpfötchen *Antennaria carpatica*
Katzenpfötchen *Antennaria*
Kirsche *Prunus avium*
Klappertopf *Rhinanthus*
Klee, Bleicher *Trifolium pallescens*
Klettendistel *Carduus personata*
Knabenkraut, Breitblättriges *Dactylorhiza majalis*
Knabenkraut, Geflecktes *Dactylorhiza maculata*
Knabenkraut, Männliches *Orchis mascula*
Knabenkraut, Schmalblättriges *Dactylorhiza traunsteineri*
Knaulgras *Dactylis glomerata*
Knollenhahnenfuß *Ranunculus bulbosus*
Knotenfuß *Streptopus amplexifolius*
Knöterich, Lebend gebärender *Polygonum viviparum*
Kohlröschen, Schwarzes *Nigritella nigra*
Königskerze, Dichtblütige *Verbascum densiflorum*
Königskerze *Verbascum*
Kopfgras, Zweizeiliges *Oreochloa disticha*
Korallenflechte *Stereocaulon*
Krähenbeere *Empetrum hermaphroditum*
Kratzdistel, Gemeine *Cirsium vulgare*

Kratzdistel, Klebrige *Cirsium erisithales*
Kratzdistel, Stachelige *Cirsium spinosissimum*
Kratzdistel, Verschiedenblättrige *Cirsium heterophyllum*
Kratzdistel, Wollige *Cirsium eriophorum*
Krautweide *Salix herbacea*
Kreuzblume, Buchsbaumblättrige *Polygala chamaebuxus*
Kreuzdorn *Rhamnus*
Kreuzkraut, Krainer = Greiskraut, Krainer *Senecio incanus carniolicus*
Krummsegge *Carex curvula*
Küchenschelle *Pulsatilla*
Kuckuckslichtnelke *Lychnis flos-cuculi*
Kugelblume, Herzblättrige *Globularia cordifolia*
Kugelorchis *Traunsteinera globosa*
Labkraut *Galium*
Labkraut, Glänzendes *Galium lucidum*
Labkraut, Niedriges *Galium pumilum*
Labkraut, Ungleichblättriges *Galium anisophyllum*
Labkrautsommerwurz *Orobanche caryophyllacea*
Laichkraut, Berchtolds *Potamogeton berchtoldii*
Laichkraut, Schwimmendes *Potamogeton natans*
Lampenkönigskerze *Verbascum lychnitis*
Landkartenflechte *Rhizocarpon geographicum*
Langspornhändelwurz *Gymnadenia conopsea*
Lapplandspitzkiel *Oxytropis lapponica*
Lärche *Larix decidua*
Laserkraut, Breitblättriges *Laserpitium latifolium*
Latsche = Legföhre *Pinus mugo*
Läusekraut, Farnblättriges *Pedicularis aspleniifolia*
Läusekraut, Knolliges *Pedicularis tuberosa*
Läusekraut, Kopfiges *Pedicularis rostrato-capitata*
Lavendelweide *Salix eleagnos*
Legföhre = Latsche *Pinus mugo*
Leimkraut, Aufgeblasenes *Silene vulgaris*
Leimkraut, Klebriges *Silene viscosa*
Leimkraut, Nickendes *Silene nutans*
Leimkraut, Stängelloses *Silene acaulis*
Leinkraut, Gemeines *Linaria vulgaris*
Leuchtflechte *Chrysothrix chlorina*
Lichtnelke, Rote *Silene dioica*
Löwenzahn, Rauher *Leontodon hispidus*
Löwenzahn, Schweizer *Leontodon helveticus*
Mandelweide *Salix triandra*
Mannsschild, Stumpfblättriger *Androsace obtusifolia*
Mannsschild-Steinbrech *Saxifraga andosacea*

Margerite *Chrysanthemum leucanthemum*
Maßliebchen-Ehrenpreis *Veronica bellidioides*
Mauerlattich *Mycelis muralis*
Mauerpfeffer, Einjähriger *Sedum annuum*
Mauerpfeffer, Falscher *Sedum sexangulare*
Mauerpfeffer, Scharfer *Sedum acre*
Mauerpfeffer, Weißer *Sedum album*
Mehlbeere *Sorbus aria*
Mehlprimel *Primula farinosa*
Meisterwurz *Peucedanum ostruthium*
Miere, Gerardis *Minuartia gerardii*
Mondraute, Echte *Botrychium lunaria*
Moos, Isländisches *Cetraria islandica*
Moosnabelmiere *Moehringia muscosa*
Moossteinbrech *Saxifraga bryoides*
Moschusschafgarbe *Achillea moschata*
Moschussteinbrech *Saxifraga moschata*
Mückenhändelwurz *Gymnadenia conopsea*
Mutterwurz *Ligusticum*
Nabelflechte *Umbilicaria*
Nachtschatten, Bittersüßer *Solanum dulcamara*
Natternkopf, Gemeiner *Echium vulgare*
Nebelbeere = Rauschbeere *Vaccinium uliginosum*
Nelkenwurz, Kriechende = Gletschernelkenwurz *Geum reptans*
Netzweide *Salix reticulata*
Ochsenzunge *Anchusa officinalis*
Pechnelke *Lychnis viscaria*
Pelzkopfhabichtskraut *Hieracium piliferum*
Pestwurz, Weiße *Petasites albus*
Pfeifengras *Molinia caerulea*
Platterbse, Verschiedenblättrige *Lathyrus heterophyllus*
Polstermiere *Minuartia cherlerioides*
Polstersegge *Carex firma*
Preiselbeere *Vaccinum vitis-idaea*
Primel, Klebrige = Blauer Speik *Primula glutinosa*
Purgier-Kreuzdorn *Rhamnus cathartica*
Purpurweide *Salix purpurea*
Pyramiden-Schillergras *Koeleria pyramidata*
Pyramidengünsel *Ajuga pyramidalis*
Quellen-Hornkraut *Cerastium fontanum*
Rasenhaarbinse *Trichophorum cespitosum*
Rasenschmiele *Deschampsia cespitosa*
Rauhblattschwingel *Festuca strikta ssp. sulcata*
Rauhhaargänsekresse *Arabis hirsuta*
Rauhsegge *Carex davalliana*
Rauke, Steife *Sisymbrium strictissimum*
Rauschbeere = Nebelbeere *Vaccinium uliginosum*
Reifweide *Salix daphnoides*
Reitgras, Wolliges = Zottiges = Wollreitgras *Calamagrostis villosa*
Rentierflechte *Cladonia rangifera*

Rispenflockenblume *Centaurea stoebe*
Rispengras, Gewöhnliches *Poa trivialis*
Rispengras, Lebend gebärendes =
 Alpenrispengras *Poa alpina*
Rispengras, Moliners *Poa molineri*
Rispengras, Schlaffes *Poa laxa*
Rispensegge *Carex paniculata*
Rispensteinbrech *Saxifraga paniculata*
Rose, Behaarte *Rosa villosa*
Rose, Graugrüne *Rosa dumalis subcanina*
Rose, Keilblättrige *Rosa elliptica*
Rose, Lederblättrige *Rosa caesia ssp. subcollina*
Rosenwurz *Sedum rosea*
Rosetten-Ehrenpreis *Veronica bellidioides*
Rosmarinweidenröschen *Epilobium dodonaéi*
Rostsegge *Carex ferruginea*
Rotföhre = Rotkiefer *Pinus silvestris*
Rotkiefer = Rotföhre *Pinus silvestris*
Rotschwingel *Festuca rubra*
Rundblatt-Täschelkraut *Thlaspi rotundifolium*
Sadebaum = Sebenstrauch *Juniperus sabina*
Safranflechte *Solorina crocea*
Salbei, Klebriger *Salvia glutinosa*
Salomonssiegel, Duftendes *Polygonatum odoratum*
Salomonssiegel *Polygonatum*
Salweide *Salix caprea*
Sanddorn *Hippophae rhamnoides*
Sandhauswurz *Jovibarba arenaria*
Sandkraut, Zweiblütiges *Arenaria biflora*
Sauerklee *Oxalis acetosella*
Saumsegge *Carex hostiana*
Schachtelhalm, Bunter *Equisetum variegatum*
Schafgarbe, Gemeine *Achillea millefolium*
Schafgarbe, Schwarze *Achillea atrata*
Schafgarbe, Weiße = Speik, Weißer *Achillea clavenae*
Schafschwingel *Festuca ovina*
Schaumkraut, Bitteres *Cardamine amara*
Schildampfer *Rumex scutatus*
Schildehrenpreis *Veronica scutellata*
Schilf *Phragmites stralis*
Schlammsegge *Carex limosa*
Schlangenknöterich *Polygonum bistorta*
Schlehdorn *Prunus spinosa*
Schlüsselblume, Echte =
 Frühlingsschlüsselblume *Primula veris*
Schnabelsegge *Carex rostrata*
Schnee-Enzian *Gentiana nivalis*
Schneealge *Chlamydomonas nivalis*
Schneeball, Gemeiner *Viburnum opulus*
Schneeball, Wolliger *Viburnum lantana*
Schneeheide *Erica herbacea*
Schneetälchen-Haarmützenmoos *Polytrichum sexangulare*

Schöterich, Wilder = Waldschotendotter *Erysimum sylvestre*
Schwalbenwurz *Vincetoxicum hirundinaria*
Schwarzweide *Salix nigricans*
Schwefelanemone *Pulsatilla alpina apiifolia*
Schwingel, Bunter *Festuca varia*
Sebenstrauch = Sebenstrauch = Sadebaum = Säfe = Stinkwacholder *Juniperus sabina*
Segge, Gelbe *Carex flava*
Segge, Hirsefrüchtige *Carex panicea*
Segge, Lachenalls *Carex lachenallii*
Segge, Patagonische *Carex magellanica*
Segge, Steife *Carex elata*
Seidelbast *Daphne mezerum*
Seifenkraut, Rotes *Saponaria ocymoides*
Sichelklee *Medicago falcata*
Silberdistel *Carlina acaulis*
Silberwurz *Dryas octopetala*
Simse, Dreifädige = Dreispaltige *Juncus trifidus*
Simse, Graugrüne *Juncus inflexus*
Simsenlilie = Torflilie *Tofieldia*
Simsenlilie, Kleine *Tofieldia pusilla*
Skabiose, Glänzende *Scabiosa lucida*
Skabiose, Grasblättrige *Scabiosa gramuntia*
Skabiosenflockenblume *Centaurea scabiosa*
Soldanelle, Kleine = Zwergsoldanelle *Soldanella pusilla*
Sommerlinde *Tilia platyphyllos*
Sommerwurz *Orobanche*
Sonnenröschen, Gemeines *Helianthemum nummularium*
Sonnenröschen, Großblütiges *Helianthemum grandiforum*
Sonnenröschen, Trübgrünes *Helianthemum ovatum*
Sonnentau, Rundblättriger *Drosera rotundifolia*
Speik, Blauer = Klebrige Primel *Primula glutinosa*
Speik, Weißer = Schafgarbe, Weiße *Achillea clavenae*
Spindelstrauch *Evonymus*
Spinnwebhauswurz *Sempervivum arachnoideum*
Spitzahorn *Acer platanoides*
Spitzkiel, Gelber *Oxytropis campestris*
Spitzkiel, Hallers *Oxytropis halleri*
Springkraut *Impatiens*
Stachelbeere *Ribes uva-crispa*
Steinbrech, Blauer *Saxifraga caesia*
Steinbrech, Gegenblättriger = Steinbrech, Roter *Saxifraga oppositifolia*
Steinbrech, Rauher *Saxifraga aspera*
Steinbrech, Roter = Steinbrech, Gegenblättriger *Saxifraga oppositifolia*
Steinbrech, Rudolphs *Saxifraga rudolphiana*

Steinbrech, Zweiblütiger *Saxifraga biflora*
Steinbrech-Felsennelke *Petrorhagia saxifraga*
Steinmispel, Gewöhnliche *Cotoneaster integerrimus*
Steinquendel *Acinos arvensis*
Steinrösel *Daphne striata*
Sternsegge *Carex echinata*
Sternsteinbrech *Saxifraga stellaris*
Stieleiche *Quercus robur*
Stinkwacholder = Sebenstrauch *Juniperus Sabina*
Strahlsame *Silene pusilla*
Straußgras, Kriechendes *Agrostis stolonifera*
Sudetenhainsimse *Luzula sudetica*
Sumpfbinse, Gewöhnliche *Eleocharis palustris*
Sumpfdotterblume *Caltha palustris*
Sumpfdreizack *Triglochin palustre*
Sumpfherzblatt *Parnassia palustris*
Sumpfkratzdistel *Cirsium palustre*
Sumpfkreuzblume *Polygala amarella*
Sumpflabkraut *Gavum palustre*
Sumpfläusekraut *Pedicularis palustris*
Sumpfpippau *Crepis paludosa*
Sumpfschachtelhalm *Equisetum palustre*
Sumpfveilchen *Viola palustris*
Sumpfvergissmeinnicht *Myosotis palustris*
Sumpfweidenröschen *Epilobium palustre*
Sumpfwurz, Dunkelrote *Epipactis atrorubens*
Sumpfwurz, Weiße *Epipactis palustris*
Tamariske, Deutsche *Myricaria germanica*
Tannenbärlapp *Huperzia selago*
Tannenwedel *Nippuris vulgaris*
Tauerneisenhut *Aconitum napellus tauricum*
Tauern-Esparsette *Onobrychis arenarta ssp. taurerica*
Teichschachtelhalm *Equisetum fluviatile*
Teufelskralle, Armblütige = Rundblättrige Teufelskralle *Phyteuma globulariifolium*
Teufelskralle, Halbkugelige *Phyteuma hemisphaericum*
Teufelskralle, Kugelige *Phyteuma orbiculare*
Teufelskralle, Steirische *Phyteuma zahlbruckneri*
Thymian *Thymus*
Torflilie = Simsenlilie *Tofieldia*
Torfmoos *Sphagnum*
Totengebeinflechte *Thamnolia vermicularis*
Tragant, Nickender = Alpenlinse *Astragalus penduliflorus*
Traubenholunder = Holunder, Roter *Sambucus racemosa*
Traubenkirsche *Prunus padus*
Traubensteinbrech *Saxifraga paniculata*
Trollblume *Trollius europaeus*
Türkenbundlilie *Lilium martagon*
Uferreitgras *Calamagrostis pseudophragmites*

Ulme *Ulmus*
Uralpen-Küchenschelle *Pulsatilla alpina alba*
Vogelbeere = Eberesche *Sorbus aucuparia*
Vogelkirsche *Prunus avium*
Wacholder, Gemeiner *Jumperus communis*
Wachtelweizen *Melampyrum*
Waldgeißbart *Aruncus sylvestris*
Waldhyazinthe *Platantheria bifolia*
Waldschachtelhalm *Equisetum sylvaticum*
Waldschotendotter = Schöterich, Wilder *Erysimum sylvestre*
Waldstorchschnabel *Geranium sylvaticum*
Waldvöglein *Cephalanthera*
Waldwachtelweizen *Melampyrum sylvaticum*
Walnussbaum *Juglans regia*
Wasserampfer *Rumex aquaticus*
Wasserknöterich *Polygonum amphibium*
Wasserlinse, Kleine *Lemna minor*
Wasserschlauch, Gemeiner *Utricularia vulgaris*
Wegdistel *Carduus acanthoides*
Wegwarte-Habichtskraut = Weißliches H. *Hieracium intybaceum*
Weide, Großblättrige *Salix appendiculata*
Weide, Quendelblättrige *Salix serpyllifolia*
Weide, Stumpfblättrige *Salix retusa*
Weidenröschen, Mierenblättriges *Epilobium alsinifolium*
Weidenröschen, Schmalblättriges *Epilobium angustifolium*
Weißorchis = Weißzüngel *Pseudorchis albida*
Weißzüngel = Weißorchis *Pseudorchis albida*
Wermut, Echter *Artemisia absinthium*
Wiesenbocksbart *Tragopogon orientalis*
Wiesenflockenblume *Centaurea jacea*
Wiesenglockenblume *Campanula patula*
Wiesenraute, Akeleiblättrige *Thalictrum aquilegifolium*
Wiesenraute, Einblütige *Thalictrum simplex*
Wiesenraute, Kleine *Thalictrum minus*
Wiesensalbei *Salvia pratensis*
Wildrose *Rosa*
Wimper-Nabelmiere *Moehringia ciliata*
Windröschen, Dreiblättriges *Anemone trifolia*
Wintergrün, Einseitswendiges *Orthilia secunda*
Wintergrün, Rundblättriges *Pyrula rotundifolia*
Winterlinde *Tilia cordata*
Witwenblume, Langblättrige *Knautia longifolia*
Wolfseisenhut *Aconitum vulparia*
Wolfsflechte *Letharia vulpina*
Wolfstrapp, Gemeiner = Gemeiner Wolfsfuß *Lycopus europaeus*
Wolfsfuß, Gemeiner = Gemeiner Wolfstrapp *Lycopus europaeus*
Wollgras, Breitblättriges *Eriophorum latifolium*
Wollgras, Scheidiges *Eriophorum vaginatum*

Wollgras, Scheuchzers *Eriophorum scheuchzeri*
Wollgras, Schmalblättriges *Eriophorum angustifolium*
Wollkratzdistel *Cirsium eriophorum*
Wollreitgras = Reitgras, Wolliges = Zottiges *Calamagrostis villosa*
Wundklee *Anthyllis vulneraria*
Wurmfarn *Dryopteris*
Zirbe *Pinus cembra*
Zitterpappel = Espe *Populus tremula*
Zweiblatt, Großes *Listera ovata*
Zweiblatt, Kleines *Listera cordata*

Zwergfingerkraut *Potentilla pusilla*
Zwerghahnenfuß *Ranunculus pygmaeus*
Zwergmiere *Minuartia sedoides*
Zwergmispel *Cotoneaster tomentosus*
Zwergorchis *Chamorchis alpina*
Zwergprimel = Zwergschlüsselblume *Primula minima*
Zwergruhrkraut *Gnaphalium supinum*
Zwergseifenkraut *Saponaria pumila*
Zwergsoldanelle = Kleine Soldanelle *Soldanella pusilla*
Zwergwacholder *Juniperus communis alpina*
Zypressenwolfsmilch *Euphorbia cyparissias*

Organisatorisches

Die im Folgenden angegebenen Preise für Nächtigungen und Eintritte dienen zur Orientierung. Sie können sich jedoch durch neue Pächter bzw. Indexsteigerungen oder dergleichen ständig ändern. Es kann daher dafür keine Garantie übernommen werden. – Bitte rückfragen.

Wichtige Ansprechpartner

Nationalpark Hohe Tauern Tirol
Kirchplatz 2, A-9971 Matrei i. O.
Tel. 04875/5161-0, Fax 04875/5161-20
npht@tirol.gv.at
www.hohetauern.at

**Nationalpark Hohe Tauern Kärnten
Geschäftsstelle Oberes Mölltal
Parkdirektion**
Döllach 14, A-9843 Großkirchheim
Tel. 04825/6161-0 oder 6162-0
Fax 04825/6161-16
Zweigstelle Mallnitz-Hochalmspitze
A-9822 Mallnitz 8
Tel. 04784/701, Fax 04784/701-21
kaernten@hohetauern.at
www.hohetauern.at

Nationalpark Hohe Tauern Salzburg
A-5741 Neukirchen am Großvenediger 306
Tel. 06565/5858 oder 6541
Fax 06565/5858-18
nationalpark@salzburg.gv.at
www.hohetauern.at

**Sekretariat des Nationalparkrates
Hohe Tauern**
Kirchplatz 2, A-9971 Matrei i. O.
Tel. 04875/5112, Fax 04875/5112-21

Bundesministerium für Land- und Forstwirtschaft, Umwelt und Wasserwirtschaft
Radetzkystraße 2, A-1030 Wien
Tel. 01/711000

Nationalparkbetreuer
Im Tiroler Nationalparkanteil steht in jeder Gemeinde von Mai bis Ende Oktober ein Nationalparkbetreuer für Führungen und Vorträge zur Verfügung (rechtzeitige Voranmeldung wichtig!). Auskünfte: Tourismusverbände der Gemeinden oder Nationalpark Hohe Tauern Tirol.

Marktgemeinde Matrei in Osttirol

Nützliche Adressen

Tourismusverband Oberes Iseltal
A-9971 Matrei i. O.
Tel. 04875/6527, Fax 04875/6527-40
matrei.osttirol@netway.at
www.matreiinosttirol.com

Kessler Stadl
A-9971 Matrei i. O.
Tel. 04875/5181
Veranstaltungsräume, Alpenvereinsinformation
www.alpenverein.at

Heimatmuseum
im Keller des Rathauses, Rauterplatz 1
Information und Anmeldung im Tourismusverband

Taxibus Innergschlöß
Venedigerhaus, Fam. Mühlburger
Tel. 04875/8820

Bibliothek-Mediothek
Pattergasse 10, A-9971 Matrei in Osttirol
Tel. 04875/6964

Freischwimmbad
solarbeheizt, Ballspielplätze
Tel. 04875/6455

Öffentliches Hallenbad
im Hotel „Goldried"
Tel. 04875/6113

Tauerncenter
Sport- und Veranstaltungshalle
Tel. 04875/5133

Mountainbike-Verleih
Sport Steiner, Pattergasse 5, Tel. 04875/6711
Sport Wibmer, Hintermarkt 3, Tel. 6581

Apotheke
Tauerntalapotheke
Tauerntalstraße 5, Tel. 04875/6523

Ärzte
Arztgemeinschaft Dr. Trojer/Dr. Gamper

(Allg. Medizin, Zahnarzt, Notarzt, Physikal. Therapie), Tel. 04875/20000
Dr. Bogusch, Tel. 04875/5151
Dr. Girstmair, Zahnärztin, Tel. 04875/5222
Dr. Huber, Virgen, Tel. 04874/20030
Dr. Moser, Tel. 04875/6488
Dr. Oblasser, Huben, Tel. 04872/5206

Empfehlenswerte Unterkünfte für Jugendgruppen

Alpengasthof-Jugendheim „Matreier Tauernhaus"
Otto Brugger, A-9971 Matrei i. O., Tauernhaus
Tel. 04875/8811, Fax 04875/8811-12
matreier.tauernhaus@aon.at
Lage: im oberen Tauerntal (1512 m), 2 km von der Felbertauernstraße. Idealer Ausgangspunkt für Wanderungen ins Innergschlöß usw.
ca. 60 Betten

Jugend- und Sporthotel Hohe Tauern
Alois Riepler, Korberplatz 1, A-9971 Matrei i. O.
Tel. 04875/20104, Fax 04875/20104-4
riepler.alois@utanet.at
Lage: Ortszentrum, gegenüber Bushaltestelle
ca. 120 Betten

Haus Sportland
Fam. de Vos, Unterpeischlach 16
A-9953 Huben
Tel. 04872/5507, Fax 04872/5512
ca. 100 Betten

Hütten im Exkursionsgebiet

Venedigerhaus (1691 m)
geöffnet Ende Mai bis Mitte Oktober
Fam. Resinger, A-9971 Matrei i. O.
Tel. u. Fax 04875/8820
Lage/Erreichbarkeit: Innergschlöß, erreichbar mit Taxi oder Pferdekutsche.
Zu Fuß 1 Stunde ab Matreier Tauernhaus
24 Betten

Neue Prager Hütte (2796 m)
Alpenvereinshütte Sektion Prag, bewirtschaftet zu Ostern, Pfingsten und 1. Juli bis Ende September
Hüttentel. und Fax 04875/8840
Lage/Erreichbarkeit: am Inneren Kesselkopf, Ausgangspunkt für Venedigerbesteigung (Führungen). Von Innergschlöß 4 Stunden, Materialseilbahn
55 Betten, 40 Matratzenlager, Winterraum mit 14 Lagern

Badener Hütte (2608 m)
Alpenvereinshütte Sektion Baden/Wien, bewirtschaftet Anfang Juli bis Mitte September
Hüttentel. 0664/9155666
Lage/Erreichbarkeit: am Venediger Höhenweg zwischen Alter Prager Hütte und Bonn-Matreier Hütte. Von Innergschlöß über Löbbentörl 4½ Stunden, von Gruben durch das Froßnitztal 5 Stunden
17 Betten, 31 Matratzenlager und 10 Lager im Winterraum

St. Pöltner Hütte (2481 m)
Alpenvereinshütte Sektion St. Pölten, bewirtschaftet Mitte Juni bis Ende September
Hüttentel. 06562/6265
Lage/Erreichbarkeit: am Felbertauern. Vom Matreier Tauernhaus über Grün-, Schwarz- und Grausee 4 Stunden, von Sessellift-Bergstation 2–3 Stunden, von Außergschlöß 3 Stunden
18 Betten, 59 Matratzenlager, 13 Lager Winterraum

Sudetendeutsche Hütte (2650 m)
Alpenvereinshütte Sektion Sudeten, bewirtschaftet von Anfang Juli bis Ende September
Hüttentel. 04875/6466
Lage/Erreichbarkeit: am Sudetendeutschen Höhenweg, von Matrei mit Goldried-Bergbahnen 4–5 Stunden. Von Matrei über Äußere Steiner Alm ca. 4 Stunden (Materialseilbahn), über Dr.-Karl-Jirsch-Weg ca. 6 Stunden.
22 Betten, 30 Bergsteigerlager, Etagendusche/WC

Äußere Steiner Alm (1909 m)
Jausenstation, geöffnet Mitte Juni bis Anfang Oktober
Tel. 04875/6958 od. 0664/5953363
Lage/Erreichbarkeit: von Matrei über Glanz 2 Stunden, vom Felbertauernstüberl 2½ Stunden
6 Betten, 10 Bergsteigerlager

Jausenstation Zunigalm (1846 m)
Fam. Rainer, Wairer 2, A-9971 Matrei i. O.
Tel. 04875/6240
Lage/Erreichbarkeit: am Zunig, dem Matreier Hausberg, gelegen; vom Parkplatz Ganz-Guggenberg ca. 2 Stunden
8 Lager

Literatur und Karten

FORCHER, Michael (Redaktion): Matrei in Osttirol, Gemeindebuch zum 700-Jahr-Jubiläum 1980, Selbstverlag der

Marktgemeinde Matrei i. O., 1980
FORCHER, Michael: Matrei in Osttirol, Wanderführer. Herausg. Fremdenverkehrsverband Matrei
Österreichischer Alpenverein: Gletscherweg Innergschlöß, Naturkundlicher Führer zum Nationalpark Hohe Tauern, Band 1, 1978
Freytag & Berndt Wanderkarte Nr. 123, Matrei, Defereggen, Virgental, 1:50.000
Alpenvereinskarte Nr. 36, Venedigergruppe, Maßstab 1:25.000
Geologische Karte der Republik Österreich, 1:50.000, Blatt 152 Matrei in Osttirol, Geologische Bundesanstalt, Wien

Gemeinde Virgen

Nützliche Adressen

Tourismusverband Virgen
A-9972 Virgen 38
Tel. 04874/5210, Fax 04874/5630
tvb.virgen@netway.at
www.virgen.at/tourismus

Arzt
Dr. Huber, A-9972 Virgen 1a, Tel. 04874/20030

Bus- und Taxiunternehmen
Reisebüro Bstieler, 9972 Virgen 107
Tel. 04874/5244 od. 0664/1915454
Hüttentaxi zur Wetterkreuzhütte:
Tel. 04874/5227

Bücherei
gegenüber Bäckerei Joast, Tel. 04874/5795

Führungen
in der Wallfahrtskirche „Maria Schnee" in Obermauern: Therese Fuetsch, A-9972 Virgen, Görlach 7, Tel. 04874/5226

Freibad
mit Solarenergie geheiztes Schwimmbad
Tel. 04874/5280 od. 0676/3925726

Hütten im Exkursionsgebiet

Nilljochhütte (1990 m)
Hüttenwirtin: Hilda Hatzer, A-9974 Prägraten, Wallhorn 21, Tel. 04877/5296,
Hüttentel. 04877/5440
bewirtschaftet von Mitte Mai bis Mitte Oktober
Lage: am Weg zur Bonn-Matreier Hütte
Übernachtungsmöglichkeit für 25 Personen

Bonn-Matreier Hütte (2750 m)
Alpenvereinshütte
Tel. 04874/5577
bewirtschaftet von Mitte Juni bis Ende September
Lage/Erreichbarkeit: am Venediger-Höhenweg, Zugang von Virgen, Obermauern 4 Stunden, von Prägraten 4½ Stunden

Lasörlinghütte (2350 m)
Fam. Wurnitsch, 9972 Virgen 52
Tel. u. Fax 04874/20025,
Hüttentel. 0664/9758899
bewirtschaftet über Ostern und Ende Mai bis Mitte Oktober
Lage/Erreichbarkeit: im Mullitztal, von Welzelach 3 Stunden
50 Übernachtungsmöglichkeiten

Zupalseehütte (2342 m)
Fam. Tschoner, 9972 Virgen, Mellitz 7
Tel. 04874/5227, Fax 04874/5227-4
Hüttentel. 0650/9949602
geöffnet von Mitte Juni bis Mitte Oktober
Lage/Erreichbarkeit: am Zupalsee, erreichbar durch das Steinkaastal von Virgen in 3 Stunden, von St. Veit i. D. über Speikboden in 2½ Stunden
25 Betten, 10 Bergsteigerlager

Literatur und Karten

PRESSLABER, Helmut: Virgen in Osttirol. Ortsführer herausgegeben vom Tourismusverband Virgen. – 1994 Neuauflage durch Franz HOLZER
Freytag & Berndt Wanderkarte 123, Matrei, Defereggen, Virgental, 1:50.000
Kompass Wanderkarte 46, Matrei i. Osttirol, Venedigergruppe, 1:50.000
Alpenvereinskarte 36, Venedigergruppe, 1:25.000
Geologische Karte der Republik Österreich, Blatt 151 Krimml und Blatt 152 Matrei, 1:50.000

Gemeinde Prägraten

Nützliche Adressen

Tourismusverband
A-9974 Prägraten i. O.
Tel. 04877/6366, Fax 04877/6366-5
praegraten@netway.at
www.praegraten.at

Heimatmuseum Oberbichlerhof
geöffnet Mittwoch und Freitag 18–20 Uhr und
an Schlechtwettertagen
Auskunft: Adolf Berger, Bichl 9,
9974 Prägraten, Tel. 04877/5361

Hüttentaxis
zu Johannishütte und Bodenalm
Aloisia Unterwurzacher, A-9974 Prägraten
Nr. 36, Tel. 04877/5231
Friedrich Kratzer, Bichl 8, A-9974 Prägraten,
Tel. 04877/5369

Bergrettung
Notruf 140

Empfehlenswerte Unterkünfte für Jugendgruppen

Haus Bergkristall
Hinterbichl 9a, A-9974 Prägraten a. Grv.
Tel. 04877/5223, Fax 04877/5223-4
ca. 50 Betten

Haus Niederrhein
Hirschbichl 10, A-9974 Prägraten a. Grv.
Tel. 04877/6301, Fax 04877/6301-4
ca. 120 Betten

Hütten im Exkursionsgebiet

Essener-Rostocker Hütte (2208 m)
Alpenvereinshütte, Pächter: Friedrich Steiner,
A-9974 Prägraten, St. Andrä 3a
Tel. u. Fax 04877/5101
bewirtschaftet von Mitte März bis Ende Mai
und von Mitte Juni bis Ende September
Lage: im Maurertal
Übernachtungsmöglichkeit für 120 Personen

Johannishütte (2121 m)
Alpenvereinshütte, Pächter: Ferdinand Berger,
A-9974 Prägraten, St. Andrä 54
Tel. 04877/5387, Hüttentel. u. Fax 04877/5150
bewirtschaftet von Anfang Juni bis Mitte
Oktober sowie Ostern und Pfingsten
Lage: im Dorfertal auf dem Weg zum
Großvenediger
Übernachtungsmöglichkeit für 30 Personen

Defreggerhaus (2962 m)
ÖTK, Tel. 04875/6110, Fax 04875/6110-4
Hüttentel. 0676/9439145
bewirtschaftet Mitte Juni bis Anfang Oktober,
auch Ostern und Pfingsten
Lage: am Weg zum Großvenediger (leichtester
und kürzester Aufstieg)
Übernachtungsmöglichkeitfür ca. 100 Personen

Eisseehütte (2520 m)
Fam. Wurzacher, A-9974 Prägraten,
Timmelbach 11
Tel. 04877/5171, Hüttentel. 0664/848828
bewirtschaftet von Anfang Juni bis Anfang
Oktober sowie ab Ende März
Lage: im Timmeltal, südwestlich unter dem
Eissee
Übernachtungsmöglichkeit für 45 Personen

Stabanthütte (1800 m)
Besitzer: Erich und Gabi Obkircher,
9974 Prägraten, St. Andrä 60a
Tel. 04877/5277, Hüttentel. 0664/2207577
bewirtschaftet von Mitte Mai bis Mitte Oktober
Lage: oberhalb von Hinterbichl
Übernachtungsmöglichkeit für 16 Personen
(Lager für 10 und für 4 Personen,
1 Zweibettzimmer mit Fließwasser)

Sajathütte (2575 m)
Hüttenwirt: Friedl Kratzer, A-9974 Prägraten,
Bichl 8
Tel. 04877/5369, Fax 04877/53694,
Hüttentel. 04877/6369
bewirtschaftet von Anfang Juni bis
ca. 20. Oktober
Lage: im Sajatkar unterhalb der Kreuzspitze
36 Betten, 14 Lager (Vorbestellung erwünscht)

Clara-Hütte (2038 m)
Alpenvereinshütte, Pächterin: Anna Hatzer
Tel. u. Fax 04875/6422,
Hüttentel. 0664/9758893
bewirtschaftet Anfang Juni bis Anfang Oktober
Lage: im Umbaltal
Übernachtungsmöglichkeit für 30 Personen

Lasnitzenhütte (1887 m)
Hüttenwirt: Josef Berger, A-9974 Prägraten,
St. Andrä 56
Tel. u. Fax 04877/5252,
Hüttentelefon 04877/5267
bewirtschaftet von Ende Mai bis Mitte Oktober
Lage: im Lasnitzental, am Muhs-Panoramaweg
und Anstieg zum Lasörling
Übernachtungsmöglichkeit für 20 Personen

Bergerseehütte (2182 m)
Hüttenwirt: Hansjörg Unterwurzacher,
A9974 Prägraten, St. Andrä 35
Tel. 04877/5115, Fax 04877/5115-4,
Hüttentel. 0664/4338333

bewirtschaftet von Mitte Juni bis Mitte Oktober
Lage: am Bergersee im Zopanitzental
Übernachtungsmöglichkeit für 25 Personen

Neue Reichenberger Hütte: siehe St. Jakob
siehe auch unter Gemeinde Virgen

Literatur und Karten

KLEINLERCHER, Heinrich: Prägraten in Osttirol. Kleiner Führer durch das hintere Iseltal und die umliegende Bergwelt. Herausg. vom Tourismusverband Prägraten
PETERKA, Hubert: Venedigergruppe, ein Führer für Täler, Hütten, Berge, 1976
Österreichischer Alpenverein: Wasserschaupfad Umbalfälle. Naturkundlicher Führer zum Nationalpark, Band 6, 1989
Freytag & Berndt Wanderkarte 123, Matrei, Defereggen, Virgental, 1:50.000
Kompass Wanderkarte 45, Defereggental, Lasörlinggruppe, 1:50.000
Alpenvereinskarte 36 Venedigergruppe, 1:25.000
Geologische Karte der Republik Österreich, Bd. 151 Krimml, 1:50.000, herausg. Geologische Bundesanstalt Wien

Gemeinde Hopfgarten im Defereggental

Nützliche Adressen

Urlaubsregion Defereggental Hopfgarten
9961 Hopfgarten
Tel. 04872/5356, Fax 04872/5513
hopfgarten@defereggental.at
www.defereggental.at

Arzt
Sprengelarzt Dr. Gerhard Oblasser
9953 Huben/Osttirol, Huben Nr. 4
Tel. 04872/5206
siehe auch St. Jakob

Bus- und Taxiunternehmen
Jakob Blaßnig
9961 Hopfgarten i. D., Dorf 56
Tel. 04872/5361

Bücherei
9961 Hopfgarten, Dorf 46 (Gemeindehaus)
Informationen bei Frau Hopfgartner,
Tel. 04872/5243

Holzschnitzer
Meisterwerkstätte Blaßnig, A-9961 Hopfgarten, Dorf 49
Tel. 04872/5266 (Ausstellungen)
Peter Wahler, A-9961 Hopfgarten, Dölach 5
Tel. 04872/5405
Michael Wahler, A-9961 Hopfgarten, Dölach 20
Tel. 04872/5645

Empfehlenswerte Unterkünfte für Jugendgruppen

Pension Auenschmied
Christine Blaßnig, A-9961 Hopfgarten, Plon 11,
Tel. 04872/5366
Lage: Ortsteil Plon, zwischen Straße nach St. Jakob und dem Bach
53 Betten, eigene Küche und Speiseraum, Selbstverpflegung, Frühstück, Halb- oder Vollpension
hauseigenes Schwimmbad, Kinderspielplatz
Preis nach Vereinbarung

Hütten im Exkursionsgebiet

Bloshütte (1800 m)
Besitzer: Friedrich Blaßnig, 9961 Hopfgarten, Dorf 1
Tel. 04872/5364, Hüttentel. 0699/10845212
bewirtschaftet Mitte Juni bis Ende September
Lage/Erreichbarkeit: im Zwenewaldtal,
2½ Gehstunden von Hopfgarten entfernt.
Ausgangspunkt für zahlreiche Gipfeltouren in die Defereger Alpen
15 Betten, 10 Matratzenlager

Literatur und Karten

Freytag & Berndt, WK 123, Matrei, Defereggen-, Virgental, 1:50.000
Kompass Karte 45, Defereggental, Lasörlinggruppe, 1:50.000
Karte des Österreichischen Bundesamtes für Eich- und Vermessungswesen, 1:25.000, Nr. 178, Hopfgarten i. D.
Mayr Walter, Wander- und Tourenkarte Osttirol, 1:100.000

Gemeinde St. Veit im Defereggental

Nützliche Adressen

Urlaubsregion Defereggental St. Veit
A-9962 St. Veit, Tel. 04879/660, Fax 04879/6661

stveit@defereggental.at
www.defereggental.at

Arzt und Apotheke
Dr. Ottokar Widemair, St. Jakob
Tel. 04873/5400
in St. Veit Dienstag und Donnerstag
7.30–9.30 Uhr, Tel. 04879/314

Bergrettung
Notruf 140

Bücherei
im Pfarrhaus, geöffnet Sonntag
ca. 10.00–11.00 Uhr, Tel. 04879/313

Holzbildhauer
Johann Planer, A-9962 St. Veit i. D.,
Görtschach 54, Tel. 04879/440

Hütten im Exkursionsgebiet

Lasörlinghütte (2350 m)
Fam. Wurnitsch, A-9972 Virgen, Göriach 24
Tel. u. Fax 04874/20025, Hüttentel. 0664/6343466
Geöffnet über Ostern und Ende Mai bis Mitte Oktober
Lage/Erreichbarkeit: am Fuß des Lasörling, erreichbar von St. Veit über Speikboden oder Gritzer See in 3–4 Stunden
ca. 50 Übernachtungsmöglichkeiten

Zupalseehütte (2342 m)
siehe Virgen
siehe auch St. Jakob und Hopfgarten

Literatur und Karten
St. Veiter Wanderführer, herausg. vom Fremdenverkehrsverband St. Veit i. Def.
Freytag & Berndt Wanderkarte 123, Matrei, Defereggen, Virgental, 1:50.000
Kompass Wanderkarte 45, Defereggental, Lasörlinggruppe, 1:50.000

Gemeinde St. Jakob in Defereggen

Nützliche Adressen

Urlaubsregion Defereggental St. Jakob
A-9963 St. Jakob, Unterrotte 44
Tel. 04873/6360-0, Fax 04873/6360-60
stjakob@defereggental.at
www.defereggental.at

Arzt
Dr. Ottokar Widemair
A-9963 St. Jakob, Unterrotte NB
Tel. 04873/5400

Busunternehmen
Christl-Reisen
A-9963 St. Jakob, Unterrotte 18c
Tel. 04873/5233
Autoreisen Gasser
A-9963 St. Jakob, Unterrotte 21
Tel. 04873/5297

Öffentliche Bücherei
A-9963 St. Jakob, Unterrotte 99 (im Gebäude der Hauptschule St. Jakob)

Fahrradverleih
Kaufhaus Passler, A-9963 St. Jakob, Unterrotte 47, Tel. 04873/5203, Fax 04873/5203-7
Sporthaus Troger, A-9963 St. Jakob, Innerrotte 33, Tel. 04873/6309, Fax 04873/6309-33

„Trojer Mühle"
Getreidemahlen, 1x wöchentlich
Informationen Urlaubsregion Defereggental St. Jakob
Tel. 04873/63600

Empfehlenswerte Unterkünfte für Jugendgruppen

Barmer Haus
Ferienhaus der DAV-Sektion Barmen, Höfen 13, D-42277 Wuppertal, Silvia Michelitsch,
Tel. 04873/5454
Lage: zentral
Ein-, Zwei- und Mehrbettzimmer und Lager; gesamt ca. 35 Betten
Etagendusche und Aufenthaltsräume vorhanden
Nur Selbstversorgung!

Forellenhof
Fam. Werner Unterkircher, A-9963 St. Jakob, Unterrotte 73, Tel. 04873/5232, Fax 04873/5165-5
Lage: Nebenhaus von Gasthof Edelweiß, ca. 500 m außerhalb vom Ortskern
insgesamt 45 Betten in Ein-, Zwei-, Drei- und Vierbettzimmern

Lärchen- und Zirbenhof
Fam. Heinz Ladstätter, A-9963 St. Jakob i. D., Oberrotte 66
Tel. 04873/6333, Fax 04873/6333-66
pension.laerchenhof@netway.at
www.tiscover.com/pension.laerchenhof

Lage: am Rande der Ortschaft Maria Hilf, 2 km vom Ortszentrum St. Jakob entfernt
ca. 70 Betten

Hütten im Exkursionsgebiet
Neue Barmer Hütte (2610 m)
DAV-Sektion Barmen, Höfen 13,
D-42277 Wuppertal
Geöffnet von Mitte Juni bis Mitte September
Lage/Erreichbarkeit: am Fuße des Hochgall.
Erreichbar über Patsch in 3 Stunden, über Staller Sattel – Jägerscharte in 3½–4 Stunden, über Antholzer See in 3–3½ Stunden
20 Betten und 30 Matratzenlager

Neue Reichenberger Hütte (2586 m)
Alpenvereinshütte, Hüttenwirt: Johann Feldner, Bich12, 9974 Prägraten, Tel. 04877/5136, Hüttentel. 04873/5580
Geöffnet von ca. Anfang Juni bis Ende September
Lage/Erreichbarkeit: nahe der Gösleswand, von St. Jakob durch das Trojeralmtal in 3–4 Stunden erreichbar
20 Betten, 40 Lager

Oberseehütte (2015 m)
Raimund Wieser, Oberrotte 89,
A-9963 St. Jakob i. Def., Tel. 04873/5363, Hüttentel. 0676/9439150
Geöffnet von ca. Anfang Juni bis ca. Ende Oktober
Lage/Erreichbarkeit: direkt am Obersee. Erreichbar mit Pkw auf der Staller-Sattel-Straße oder zu Fuß in 2 Stunden von Erlsbach
10 Betten

Seespitzhütte (2314 m)
Roland Waldburger, Oberrotte 92,
A-9963 St. Jakob i. Def., Tel. 04873/5107, Hüttentel. 0676/7558881
Geöffnet von ca. Mitte Juni bis Anfang Oktober
Lage/Erreichbarkeit: am Oberseitweg (Blumenweg St. Jakob), erreichbar von St. Jakob in ca. 3½ Stunden
14 Lager

Literatur und Karten
Österreichischer Alpenverein: Blumenweg Oberseite – St. Jakob i. Def., Naturkundlicher Führer zum Nationalpark Hohe Tauern, Band 5, 1987
Österreichischer Alpenverein: Wassererlebnisweg St. Jakob i. Def. Naturkundlicher Führer zum Nationalpark Hohe Tauern, Band 15, 1997
St. Jakob i. Defereggen, Wanderinformation vom Fremdenverkehrsverband
Freytag & Berndt Wanderkarte 123, Matrei, Defereggen, Virgental, 1:50.000
Kompass-Wanderkarte 45, Defereggental, Lasörlinggruppe, 1:50.000
Geologische Karte der Westlichen Deferegger Alpen, 1:25.000, Herausg. Geologische Bundesanstalt Wien, 1972

Gemeinde Kals am Großglockner

Nützliche Adressen

Tourismusverband Kals am Großglockner
A-9981 Kals am Großglockner
Tel. 04876/8800, Fax 04876/8800-14
kals@tirol.com
www.kals.at

Heimatmuseum
in der alten Volksschule Kals/Ködnitz
Auskünfte und Führungen: Sebastian Oberlohr, Kals, Tel. 04876/8277

Leihbücherei
in der alten Volksschule Kals/Ködnitz

Arzt
Dr. Oblasser, zweimal wöchentlich in Kals, Tel. 04876/821016, Ordination Huben 04872/5206

Bergrettung
Notruf 140

Bergbahnen Glocknerblick
Tel. 04876/8233

Taxi, Bus
Rupert Hanser
A-9981 Kals/Ködnitz 28, Tel. 04876/8247
Hans Berger
Ködnitzhof, A-9981 Kals/Ködnitz,
Tel. 04876/8201

Hütten im Exkursionsgebiet
Kalser Tauernhaus (1755 m)
Alpenvereinshütte, geöffnet Mitte Juni bis Ende September
Fam. Gliber, Kals/Lana 9, Tel. 0664/9857090
Lage/Erreichbarkeit: im Dorfertal, von Kals/Taurer durch Daberklamm 2 Stunden

16 Betten, 25 Matratzen-, 2 Notlager, Etagendusche/WC

Kals-Matreier-Törl-Haus (2207 m)
geöffnet Mitte Juni bis Mitte Oktober
Kontaktadresse: Johann Brugger, Kirchweg 8, A-9971 Matrei i. O.
Tel. 04875/6214, Fax 04875/6214-20, Hüttentel. 0699/11101073
Lage/Erreichbarkeit: am Europa-Panorama-Weg. Von Bergbahn Glocknerblick 1½ Stunden, von Goldriedbahn/Matrei 1 Stunde
14 Betten, 9 Lager

Sudetendeutsche Hütte (2650 m)
siehe Marktgemeinde Matrei

Lesachalm (1828 m)
geöffnet Anfang Juni bis Mitte Oktober
Übernachtung nach Anmeldung bei
Fam. Unterweger, Lesach 4, A-9981 Kals
Hüttentel. 0664/9759996
Lage/Erreichbarkeit: im Lesachtal, von Kals ca. 2½ Stunden, 20 Lager

Lesachriegelhütte (2131 m)
Lage/Erreichbarkeit: im Lesachtal, von Kals 2½ Stunden

Lucknerhaus (1984 m)
Außer Nov./Dez. ganzjährig geöffnet
Johann Oberlohr, A-9981 Kals/Glor-Berg 16
Tel. 04876/8555, Fax 04876/8555-5
Lage/Erreichbarkeit: an Kalser Glocknerstraße (Maut), Postbuszufahrt
29 Zimmerbetten mit Dusche/WC, 21 Bergsteigerlager

Lucknerhütte (2241 m)
geöffnet Anfang Juni bis Mitte Oktober
Fam. Oberlohr, Glor 1, A-9981 Kals
Hüttentel. 04876/8455, Fax 04876/8221
Lage/Erreichbarkeit: im Ködnitztal, 3 Stunden von Kals, 1 Stunde vom Lucknerhaus
11 Zimmerbetten mit Dusche/WC, 28–34 Lager, Etagendusche

Stüdlhütte (2802 m)
Alpenvereinshütte, geöffnet Mitte Juni bis Mitte Oktober
Fam. Oberlohr, Ködnitz 55, A-9981 Kals
Hüttentel. 04876/8209
Lage/Erreichbarkeit: wichtigster Stützpunkt für Glocknerbesteigung über Stüdlgrat, vom Lucknerhaus 2–2½ Stunden
20 Betten, 80 Lager, Winterraum mit 10 Lagern

Erzherzog-Johann-Hütte (3454 m)
Österreichischer Alpenclub. Geöffnet Anfang Juni bis Ende September
Rupert Tembler, Hüttentel. 04876/8500
Stützpunkt für Glocknerbesteigungen, 140 Lager

Glorer Hütte (2642 m)
Alpenvereinshütte, geöffnet Mitte Juni bis Mitte Oktober und zu Ostern
Fam. Oberlohr, 9981 Kals,
Hüttentel. 0664/3032200
Lage/Erreichbarkeit: am Bergertörl, von Kals 4 Stunden (vom Lucknerhaus 2 Stunden), von Heiligenblut 5 Stunden
14 Betten, 44 Lager, Etagendusche

Literatur und Karten

JUNGMEIER, Michael: Kulturwanderweg Kals. Naturkundlicher Führer zum Nationalpark Hohe Tauern, Band 9, Österreichischer Alpenverein, 1992
MAIR, Walter: Hohe Tauern – Südseite. Alpenvereinsführer, 1981
NOPP, Dr. Lisl: Almen und Almwirtschaft im Dorfertal. Österreichischer Alpenverein, 1989
Österreichischer Alpenverein und Nationalparkkommission Hohe Tauern: Kals – im Banne des Großglockners, 1985.
Kals am Großglockner, Wanderführer und Panorama
Kompass Wanderkarte 48, Kals am Großglockner, 1:50.000
Freytag & Berndt Wanderkarte 181, Kals, Heiligenblut, Matrei, 1:50.000
Alpenvereinskarte 40, Großglocknergruppe, 1:25.000
Alpenvereinskarte 41, Schobergruppe, 1:25.000
Alpenvereinskarte 39, Granatspitzgruppe, 1:25.000

Gemeinde Nußdorf-Debant

Nützliche Adressen

Tourismusverband Nußdorf-Debant
A-9990 Nußdorf-Debant,
Hermann-Gmeiner-Str. 4
Tel. 04852/65456, Fax 04852/62222-75
tv@nussdorf-debant.at, www.nussdorf-debant.at

Öffentliche Büchereien
Mehrzweckhaus Nußdorf und Pfarrwidum Debant

Ärzte
Dr. Nikolaus Jaufer, Tel. 04852/63959
Dr. Albrecht Straganz, Tel. 04852/64888
Zahnarzt: Dr. Gert Koban, Tel. 04852/62733

Bergrettung
Notruf 140

in Lienz:

Museum Schloss Bruck
Tel. 04852/62580, geöffnet von Anfang Juni bis
Ende Oktober, 10–17 Uhr

Dolomitenbad Lienz
Tel. 04852/63820, Hallenbad und geheiztes
Freibad mit Wasserrutsche

Bahnhof, Auskunft
www.oebb.at

Postauto-Verkehrsbüro
Tel. 04852/64044

Zettersfeldseilbahn
Tel. 04852/63975

Krankenhaus
Emanuel-von-Hibler-Straße,
Tel. 04852/606-0

**Empfehlenswerte Unterkünfte für
Jugendgruppen**

Gasthof Mühle
A-9990 Nußdorf-Debant, Alt-Debant 25
Fam. Achorner, Tel. u. Fax 04852/70031
muehle@thetoms.net
www.muehle.thetoms.net
Lage: in Alt-Debant, abseits des
Durchzugsverkehrs
ca. 50 Betten

in Lienz und Umgebung:

Kolping-Ferienhaus am Zettersfeld
Tel. 04852/64302
Lage/Erreichbarkeit: auf 1980 m im
Zettersfeld-Schigebiet, erreichbar mit Seilbahn
und 10 Minuten Gehweg (Materialseilbahn für
Gepäck) oder mit Pkw bis zum Haus
71 Betten in Zimmern und Schlafräumen,
Etagenwaschräume und Duschen,
nahe gelegenes Panorama-Hallenbad

Gasthof Amlacherhof
A-9900 Amlach, Tel. 04852/62317
Besitzer: Fam. Pfeifhofer

Gasthof Leisacher Hof
A-9900 Leisach, Tel. 04852/64422
Besitzer: Fam. Nothdurfter
60 Betten in großteils Zwei- und
Mehrbettzimmern, Aufenthaltsraum

Hütten im Exkursionsgebiet

Lienzer Hütte (1977 m)
Alpenvereinshütte, geöffnet Mitte Juni bis
Anfang Oktober
Tel. 04852/69966
Lage/Erreichbarkeit: im besonders schönen
inneren Debanttal gelegen, umgeben von
Dreitausendern. Erreichbar vom Parkplatz
Seichenbrunn (Pkw und Kleinbusse) zu Fuß in
1 Stunde, von Zettersfeldseilbahn in 4½ Stunden
33 Betten, 47 Lager, Etagendusche

Hochschoberhütte (2322 m)
neu erbaute Alpenvereinshütte, geöffnet Ende
Juni bis Anfang Oktober
Hüttentel. 0664/9157727
Lage/Erreichbarkeit: am Fuß des
Hochschobers. Mit Pkw oder Kleinbus von
Ainet auf sehr schmaler Straße bis Parkplatz
Leibnitzbrücke, von dort zu Fuß ca. 1½ Stunden
14 Betten, 46 Lager

Wangenitzseehütte (2508 m)
Alpenvereinshütte, geöffnet 20. Juni bis Ende
September
Tel. 04826/229
Lage/Erreichbarkeit: am Wangenitzsee im
Kärntner Nationalparkanteil, erreichbar mit
Pkw oder Hüttentaxi (Tel. 04826/229) von
Debant bis Seichenbrunn, von dort zu Fuß 2½
Stunden (Materialseilbahn)
25 Betten, 59 Lager

Roaneralm (1903 m)
geöffnet von Anfang Mai bis Mitte Oktober
Fam. Obersteiner, A-9991 Iselsberg 19,
Tel. 04852/67578
Lage/Erreichbarkeit: hoch über dem
Debanttal mit herrlichem Rundblick,
erreichbar mit Pkw oder zu Fuß in
2½ Stunden von Iselsberg
Ganztägig warme Küche, nur Notunterkünfte

Winklerner Alm (1960 m)
Alpenvereinshütte, geöffnet von 1. Juni bis 10. Oktober
Tel. 04822/242
Lage/Erreichbarkeit: nahe Roaneralm auf Kärntner Gebiet, Zufahrt mit Pkw oder Kleinbus von Iselsberg oder Winklern bis Hüttennähe, zu Fuß 2½ Stunden ab Iselsberg
5 Betten, 25 Lager, Etagendusche

Anna-Schutzhaus am Ederplan (1991 m)
bewirtschaftet von Ende Mai bis Ende September
Tel. 04852/67787
Lage/Erreichbarkeit: am Ederplan (2061 m) in der Kreuzeckgruppe, von Dölsach 4 Stunden, von Stronach 2½ Stunden, vom Parkplatz Zwischenberger Sattel 1½ Stunden
Nächtigungsmöglichkeit

Literatur und Karten

MAIR, Walter: Alpenvereinsführer Schobergruppe, Bergverlag R. Rother, München 1979
Kompass Wanderkarte 47, Lienzer Dolomiten, Maßstab 1:50.000
Kompass Wanderkarte 48, Kals am Großglockner, Maßstab 1:50.000

Alpenvereinskarte Schobergruppe, Nr. 41, Maßstab 1:25.000

Gemeinde Iselsberg-Stronach

Nützliche Adressen

Tourismusverband Iselsberg-Stronach
A-9991 Iselsberg 172
Tel. u. Fax 04852/64117
tvblienz@aon.at
www.lienz-tourismus.at

Gästeverkehrsverband Iselsberg-Stronach
A-9991 Dölsach, Tel. 04852/64117

Gemeindeamt
A-9991 Iselsberg 33, Tel. 04852/65300

Bücherei
Leiterin: Gertraud Ebner, A-9991 Iselsberg 33,
Tel. 04852/64536

Empfehlenswerte Unterkünfte für Jugendgruppen

Hotel Iselsberger Hof
A-9991 Iselsberg/Stronach, Tel. 04852/64112

Besitzer: Josef Obersteiner
Lage/Erreichbarkeit: auf 1100 m an der Iselsberger Passstraße, Postbushaltestelle
50 Betten in Zimmern mit Dusche/WC, in Vorsaison auch für Schulklassen

Hütten im Exkursionsgebiet
siehe Gemeinde Nußdorf-Debant

Literatur und Karten

siehe Gemeinde Nußdorf-Debant
Örtlicher Wegeplan bei Informationsstand des Fremdenverkehrsverbandes in Iselsberg erhältlich

Gemeinde Dölsach

Nützliche Adressen

Tourismusverband Lienzer Dolomiten Dölsach
A-9991 Dölsach,
Tel. 04852/65265, Fax 04852/65265-2
tvblienz@aon.at, www.lienz-tourismus.at

Bücherei
beim Volksschul-Gebäude, Tel. 04852/73451

Geheiztes Freischwimmbad
geöffnet von Juni bis Anfang September täglich 9.30–19 Uhr
Tel. 04852/68233

Aguntum
Röm. Ausgrabungen, Archäologiepark
Stribach, Tel. 04852/61550
aguntum@aon.at
geöffnet 1. Mai bis Mitte September täglich, Mitte September bis Mitte Oktober
Mo–Fr 9–16 Uhr

Ärzte
Dr. Steiner-Riedl, Tel. 04852/68950

Unterkünfte in **Lienz** und Umgebung
siehe Gemeinde Nußdorf-Debant

Hütten im Exkursionsgebiet
siehe Gemeinde Nußdorf-Debant

Literatur und Karten

siehe Gemeinde Nußdorf-Debant
Örtliche Wegeübersicht und Ausflugsvorschläge erhältlich beim Fremdenverkehrsverband Dölsach

Gemeinde Mittersill

Nützliche Adressen

Fremdenverkehrsverband Mittersill
Marktplatz/Sparkassengebäude
A-5730 Mittersill,
Tel. 06562/42920, Fax 06562/5007
info@mittersill-tourismus.at
www.naturerleben.at

Nationalparkmuseum im Felberturm
geöffnet von 1.6.–30.9., Mo–Fr 9–17 Uhr,
Sa/So 13–17 Uhr
Tel. 06562/4444 oder Herr Reifmüller,
Tel. 06562/4583

Gemeindebücherei und Lesesaal
Pinzgauer Literatur vorhanden; geöffnet:
Di 16–18 Uhr, Do 16–17 Uhr, Fr 11–12 Uhr,
Tel. 06562/6236
Für Schülergruppen an Regentagen Benützung nach Anmeldung bei der Gemeinde möglich.

Lichtbildervorträge
nach Vereinbarung: Kaspar Steger,
Tel. 06562/48934

Freibad
beim Sportzentrum, Tel. 06562/4024

Hallenbad
im Hotel Kogler, Tel. 06562/4615

Bus- und Taxiunternehmen
Walter und Lioba Proßegger,
Alte Passstraße 7, Mittersill
Tel. 06562/4447, 0664/4238858 oder
0664/4238859
Gassner Reisen, Tel. 06562/57882 oder
06563/8231

Fahrradverleih
Sport Breitfuß, Tel. 06562/5858
Sport Lechner, Tel. 06562/6440
Sport Arnsteiner, Tel. 06562/6391-455

Allgemeines öffentliches Krankenhaus Mittersill
Unfallambulanz; Tel. 06562/4536

Sprengelarzt
Dr. Bernd Steinbauer, Tel. 06562/272

Apotheke
Kirchgasse 6, Mittersill

Empfehlenswerte Unterkünfte für Jugendgruppen

Jugenderholungsheim Oberhof am Sonnberg
A-5730 Mittersill, Spielbichl 7; Tel. 06562/4343
Besitzer: Fam. Franz Goller
Lage/Erreichbarkeit: am sonnseitigen Hang in der Nähe der Pass-Thurn-Straße; Zufahrtsmöglichkeit mit dem Bus ab Mittersill bis zur Haltestelle „Lipperkreuz" (gute Busverbindung: Kitzbühel–Mittersill–Zell/See); von hier 5 Gehminuten zum Quartier; Gehzeit vom Quartier nach Mittersill ca. eine ½ Stunde
60 Betten in 15 Zimmern; Aufenthaltsraum für 60–70 Schüler vorhanden, eigene Landwirtschaft, Spielplatz, Liegewiese

Gasthof-Pension Alpenhof am Sonnberg
A-5730 Mittersill, Spielbichl 25
Besitzer: Bartl Goller, Tel. 06562/4349
Lage/Erreichbarkeit: an der Pass-Thurn-Straße, neben dem Jugenderholungsheim Oberhof; Busverbindungen: wie Jugenderholungsheim Oberhof
35–40 Betten in 14 Zimmern; Aufenthaltsraum vorhanden, Verdunkelungsmöglichkeit für Diavorträge

Klausnerhof am Sonnberg
A-5730 Mittersill, Pass-Thurn-Straße 13
Besitzer: Fam. Steger, Tel. 06562/20152
Lage: An der Pass-Thurn-Straße, Zufahrtsmöglichkeit mit Bus bis zur Haltestelle „Tauernblick", von hier 5 Gehminuten abwärts zum Quartier. Gehzeit nach Mittersill auf Fußweg 1½ Stunden
50 Betten; ein Raum für gesellschaftliche Veranstaltungen ist vorhanden

Jugenderholungsheim Dietsteinhof am Sonnberg
A-5730 Mittersill, Pass-Thurn-Straße 7
Besitzer: Fam. Brennsteiner, Tel. 06562/8370
Lage/Erreichbarkeit: An der Pass-Thurn-Straße, Zufahrt mit Bus bis zur Haltestelle „Gasthaus Hohe Brücke", von dort 10 Gehminuten abwärts zum Quartier. Gehzeit nach Mittersill auf Fußweg 1 Stunde
Es sind 2-, 4- und 8-Bett-Zimmer vorhanden (insgesamt 18 Zimmer); Aufenthaltsraum und Spielraum mit Tischtennis sowie Diaprojektor sind vorhanden, Preise auf Anfrage.

Campingplatz
im Ortsteil Felben, A-5730 Mittersill
Besitzer: Familie Schmidl

Hütten im Exkursionsgebiet

St. Pöltner Hütte (2481 m)
A-5730 Mittersill, Alpenvereinshütte
Pächter: Helmut Strohmaier, Tel. 06562/6265
Lage/Erreichbarkeit: auf der Scharte des Felbertauerns, ca. 100 m von der Grenze zu Osttirol entfernt (siehe Felbertal: Wanderroute Nr. 5).
12 Betten, 63 Lager

Literatur und Karten

FORCHER, M.: Mittersill in Geschichte und Gegenwart. Eigenverlag Marktgemeinde Mittersill, 1985. 456 Seiten.
STÜBER, E. & N. WINDING (Hrsg.): Naturführer Felber- und Amertal – Hintersee Naturkundlicher Führer zum Nationalpark Hohe Tauern. 73 Seiten. Salzburger Nationalparkfonds, 1993
Österreichische Karte 1:50.000, Blatt 122, Kitzbühel
Österreichische Karte 1:50.000, Blatt 152, Matrei
Karte des Österreichischen Bundesamtes für Eich- und Vermessungswesen 1:50.000, Blatt Hohe Tauern: Glockner-, Granatspitz-, Venedigergruppe
Kompass Wanderkarte 1:50.000, Blatt Nr. 38, Venedigergruppe – Oberpinzgau (vom Felber- bis zum Gerlostal)
Geologische Karte 1:50.000, Blatt 152, Matrei

Gemeinde Winklern

Nützliche Adressen

Touristikverband Winklern-Mörtschach
A-9841 Winklern,
Tel. 04822/227-16, Fax 04822/227-19
winklern.tourist@ktn.gde.at
www.tiscover.at/winklern
Information über geführte Wanderungen, Nationalparkveranstaltungen, Vermittlung von Bergführern usw.

Taxi/Busse
Taxi Grubenbauer, A-9841 Winklern, Namlach 11
Tel. 04822/361

Geheiztes Freischwimmbad
Geöffnet: Anfang Juni bis ca. Mitte September.

Hütten im Exkursionsgebiet

OeAV-Jugendheim Winklerner Alm (1920 m)
Alpenvereinshütte, geöffnet vom 1. Juni bis 15. Oktober, Tel. 0664/2333081
Lage/Erreichbarkeit: schöne Lage in 1920 m Höhe im Almenbereich an der Waldgrenze, Zufahrt nur mit Pkw/Kleinbus möglich (vgl. Gemeinde Winklern, Wandervorschlag Nr. 1) Anmarsch zu Fuß ca. 2½ Stunden von Winklern/Ortsmitte

Literatur und Karten

MAIR, Wolfgang: Alpenvereinsführer Schobergruppe. Bergverlag R. Rother, München 1979
Österreichischer Alpenverein (Hrsg.): Familienwanderweg Winklerner Alm. Naturkundlicher Führer zum Nationalpark Hohe Tauern Nr. 8. 48 Seiten. Innsbruck 1990
VCM-VERLAG und NATIONALPARKVERWALTUNG HOHE TAUERN/OBERES MÖLLTAL (Hrsg.): Nationalpark Hohe Tauern/Oberes Mölltal – Info-Set: Wanderkarte und Kurzführer zur Wanderkarte. Karte 1:50.000, Führer: 68 Seiten. CM-Verlag, Salzburg, 1991
Alpenvereinskarte 41, Schobergruppe, Maßstab 1:25.000
Freytag & Berndt Wanderkarte Nr. 181, Kals – Heiligenblut – Matrei, Maßstab 1:50.000
Österreichische Karte Nr. 180 (Winklern), Maßstab 1:50.000
Wanderkarte Winklern – Mörtschach erhältlich beim Touristikverband Winklern-Mörtschach